DICTIONNAIRE

DE Sciences Economiques ET Sociales

Serge d'Agostino
Agrégé de sciences sociales

Philippe Deubel
Agrégé de sciences sociales

Judith Leverbe
Agrégée de sciences sociales

Marc Montoussé
Agrégé de sciences sociales
Docteur en sciences économiques

Bréal
by Studyrama

Auteurs des chapitres : Serge d'Agostino (9, 10, 13, 14) ; Philippe Deubel et Judith Leverbe (5, 16, 17, 18, 19, 20, 21, 23, 24, 25, 26) ; Marc Montoussé (1, 2, 3, 4, 6, 7, 8, 11, 12, 15, 22, 27, 28).
Édition : Myriam Pasek
Maquette : Daphné Alain
Mise en page de l'édition 2024 : Daphné Alain

ISBN 978-2-7495-5665-9

PRÉSENTATION

Ce dictionnaire permet une double utilisation :

■ Vous pouvez l'utiliser comme un dictionnaire classique en consultant l'index en fin d'ouvrage. Toutes les notions clés à connaître en sciences économiques et sociales y figurent : **2 500 termes sont définis**. Lire le passage dans lequel est insérée la notion vous permettra de mieux en comprendre le sens et l'usage.

■ Vous pouvez l'utiliser comme un véritable ouvrage de sciences économiques et sociales pour aborder des thèmes plus larges en faisant une lecture par chapitre.

Nous avons recensé **vingt-huit thèmes incontournables** des sciences économiques et sociales.

Les auteurs

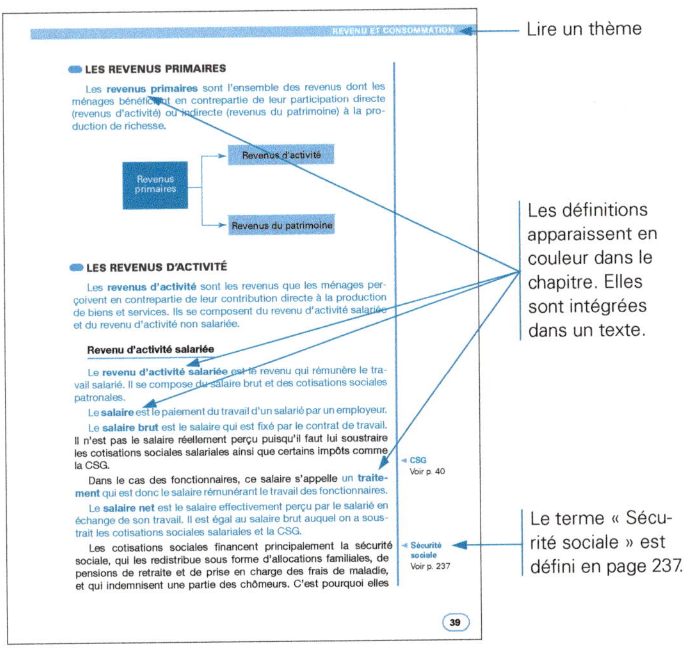

REVENU ET CONSOMMATION

LES REVENUS PRIMAIRES

Les **revenus primaires** sont l'ensemble des revenus dont les ménages bénéficient en contrepartie de leur participation directe (revenus d'activité) ou indirecte (revenus du patrimoine) à la production de richesse.

LES REVENUS D'ACTIVITÉ

Les **revenus d'activité** sont les revenus que les ménages perçoivent en contrepartie de leur contribution directe à la production de biens et services. Ils se composent du revenu d'activité salariée et du revenu d'activité non salariée.

Revenu d'activité salariée

Le **revenu d'activité salariée** est le revenu qui rémunère le travail salarié. Il se compose du salaire brut et des cotisations sociales patronales.

Le **salaire** est le paiement du travail d'un salarié par un employeur.

Le **salaire brut** est le salaire qui est fixé par le contrat de travail. Il n'est pas le salaire réellement perçu puisqu'il faut lui soustraire les cotisations sociales salariales ainsi que certains impôts comme la CSG.

Dans le cas des fonctionnaires, ce salaire s'appelle un **traitement** qui est donc le salaire rémunérant le travail des fonctionnaires.

Le **salaire net** est le salaire effectivement perçu par le salarié en échange de son travail. Il est égal au salaire brut auquel on a soustrait les cotisations sociales salariales et la CSG.

Les cotisations sociales financent principalement la sécurité sociale, qui les redistribue sous forme d'allocations familiales, de pensions de retraite et de prise en charge des frais de maladie, et qui indemnisent une partie des chômeurs. C'est pourquoi elles

39

SOMMAIRE

1

SCIENCES ÉCONOMIQUES ET SOCIALES

(A) LA SCIENCE ÉCONOMIQUE

(B) LA SOCIOLOGIE

(C) LA SCIENCE POLITIQUE

Les **sciences économiques et sociales** sont une discipline d'enseignement dont l'objet est la connaissance des économies et des sociétés contemporaines et de leurs mécanismes, et qui s'appuient pour parvenir à cet objectif sur trois sciences : l'économie, la sociologie et la science politique. Les sciences économiques et sociales sont nées dans la première moitié des années 1960, au moment où il s'agissait de créer les bases d'une filière nouvelle à dominante sciences humaines et sociales dans un contexte de forte démocratisation scolaire. Dès le départ, le champ d'étude des sciences économiques et sociales s'inscrit dans la **pluridisciplinarité**, qui se définit comme l'analyse d'un objet d'étude selon les points de vue de champs disciplinaires différents, ceux-ci conservant une autonomie totale dans leurs démarches d'investigation. La pluridisciplinarité ne doit pas être confondue avec l'**interdisciplinarité**, qui se définit comme la recherche d'un dialogue entre les différentes disciplines dans la perspective de l'enrichissement de l'analyse d'un objet d'étude ; elle ne doit pas être confondue non plus avec la **transdisciplinarité**, qui se définit comme l'étude du réel à partir de démarches et de symboles communs à un certain nombre de disciplines.

A. LA SCIENCE ÉCONOMIQUE

Le terme « **économie** », dans son acception la plus courante, désigne l'ensemble des activités sociales qui concourent à la production, à la répartition et à la consommation des richesses. Il est également utilisé pour désigner la **science économique**, science qui étudie les mécanismes relatifs à la production, la répartition et la consommation des richesses. L'origine étymologique du terme (oikos, la maison, et nomos, la règle ou la loi) renvoie chez Aristote (384-322 avant J.-C.) à la couverture des besoins de subsistance, et ainsi à la « bonne » gestion de la maison, du domaine, du milieu environnant.

Smith ►
Voir p. 507

Longtemps, les économistes et les philosophes ont inscrit leur définition de l'économie dans cette approche voisine du sens commun en appréhendant celle-ci comme une science de l'accumulation des richesses et des biens. Ainsi, l'**économie politique au sens d'Adam Smith** est la science qui a pour finalité de procurer au peuple un revenu ou une subsistance abondante et de fournir à l'État ou à la communauté un revenu suffisant pour faire fonctionner le service public. Dans une approche voisine, mais plus élargie, **l'économie politique au sens de Karl Marx** est une science qui étudie non seulement la façon dont les hommes produisent, consomment et échangent, mais aussi les rapports de production qui sont le cadre de leurs activités. Marx possède donc une vision englobante de l'économie politique en l'inscrivant dans la permanence historique de la lutte des classes. Plus proche de nous, en 1920, l'**économie politique au sens d'Alfred Marshall** est la science qui examine la partie de la vie individuelle et sociale qui a le plus particulièrement trait à l'acquisition et à l'usage des choses matérielles nécessaires au bien-être.

◄ **Marx**
Voir p. 517

◄ **Marshall**
Voir p. 514

Toutefois, l'approche d'une science par l'étude de son objet présente des limites évidentes qui tiennent à ce qu'aucune discipline scientifique ne peut s'estimer propriétaire d'un objet donné. Ainsi, les phénomènes économiques sont aussi un objet d'étude pour les sociologues, les historiens ou les politistes. L'inflation, le chômage, la consommation ne relèvent pas seulement de l'économie : ce sont également des phénomènes historiques, sociologiques, politiques, et aussi psychologiques.

Il est en conséquence plus légitime de définir une science, non par son objet, mais par sa manière de considérer la réalité. En ce qui concerne la science économique, elle s'appuie sur le postulat de la **rareté des ressources**, que l'on définit comme une situation où, compte tenu des ressources disponibles de la société et de l'état de la technologie, la somme totale de ce que les acteurs veulent posséder en biens et en services est supérieure à ce qu'ils peuvent obtenir en mobilisant leur force de travail ou leur capital. Il n'y a en effet que dans les sociétés primitives que l'on rencontre l'**abondance**, situation où il y a une quantité telle de biens et de services disponibles que chacun peut satisfaire ses besoins de manière illimitée, abondance qui alterne d'ailleurs dans ces sociétés avec la **pénurie**, situation où l'offre est inférieure à la demande, ce qui fait que tous les besoins ne sont pas satisfaits. Dans nos sociétés industrielles ou post-industrielles, la plupart des biens sont des **biens économiques**, biens rares produits par une activité humaine, que l'on oppose aux **biens libres**, qui sont des biens disponibles gratuitement, en quantité illimitée, et dont la production ne nécessite aucun travail humain.

◄ **Rareté**
Voir p. 16

Dès lors que les ressources sont rares, il faut opérer des choix : la **répartition des ressources** est la manière dont la production disponible est partagée entre les individus en fonction des ressources monétaires qui leur sont attribuées. Puisqu'il faut choisir entre les emplois alternatifs de ressources disponibles, il faut renoncer aux éventuelles satisfactions qu'auraient pu procurer d'autres choix possibles. Toutes ces considérations nous amènent très logiquement à proposer une définition généralement acceptée de la **science économique au sens de Lionel Robbins**, qui est l'étude de la façon dont les individus ou la société emploient les ressources rares à des usages alternatifs, en vue de satisfaire leurs besoins.

Les économistes ne sont pas tous d'accord sur la méthode à mobiliser pour étudier l'économie. Il existe des traditions méthodologiques que l'on peut schématiser en deux points de vue opposés :

– l'école historique allemande prend parti pour l'**induction** : type de raisonnement selon lequel il faut partir des faits pour aboutir à une proposition générale ; cette école suggère qu'il n'y a pas une loi universelle et que l'économie politique a pour mission de décrire la réalité historique et son évolution ;

– l'école autrichienne s'en remet plutôt à la **déduction** : type de raisonnement selon lequel il faut tirer toutes les conséquences d'un principe par une série de raisonnements logiques avant de rencontrer les faits.

Aujourd'hui dominante en économie, la méthode déductive s'appuie sur l'élaboration de modèles. Un **modèle** est une représentation simplifiée de la réalité sur laquelle le scientifique fait porter son analyse. Ces modèles ne sont pas réalistes au sens que l'on attribue généralement à ce terme, on ne peut donc pas leur reprocher leur absence de ressemblance avec la réalité (par exemple, le jugement selon lequel le modèle de concurrence pure et parfaite ne décrit pas le fonctionnement concret des marchés). Ils sont des constructions intellectuelles qui permettent d'éclairer le réel par l'écart enregistré entre celui-ci et cette construction abstraite.

Concurrence pure et parfaite ►
Voir p. 52

Les modèles reposent sur des hypothèses et sont souvent formalisés à partir d'une analyse mathématique. On entend par **formalisation** l'exposition d'une situation dans un langage précis et rigoureux permettant de définir les concepts de façon unique et d'énoncer les propositions sous une forme ramassée. La formalisation est un outil de démonstration et de calcul grâce auquel on peut confronter la théorie avec les observations empiriques. C'est ce rapport entre la théorie et les faits qui établit la scientificité de la démarche de l'économiste. En effet, selon Karl Popper, une proposition est scientifique si elle obéit au critère de **réfutabilité**, c'est-à-dire s'il est possible de confronter la théorie avec les faits, pour établir non pas la vérité de cette théorie (la vérité étant un concept métaphysique), mais plutôt sa non-fausseté, toujours provisoire.

L'économie est donc une science positive qui vise à expliquer les choses comme elles sont, en émettant des hypothèses sur le comportement des agents, et leurs conséquences sur l'évolution des prix, des revenus, de l'emploi… Mais l'économiste ne se contente pas d'expliquer la réalité. Il est sollicité aussi par les gouvernants pour donner un avis sur les mesures mise en œuvre pour lutter contre le chômage, sur la manière d'accélérer le processus de croissance économique, etc.

La science économique débouche alors sur l'**économie normative**, qui est une démarche économique ne se limitant pas à dire ce qui est, mais qui dit ce qui doit être en fonction des priorités qui sont fixées par la société et des objectifs qu'elle poursuit, et que l'on oppose à l'**économie positive**, qui est une démarche qui expose les explications scientifiques du fonctionnement de l'économie, notamment les conséquences des décisions prises relativement à la production, à l'échange et à la consommation de biens. Si les propos de l'économiste s'appuient toujours sur l'analyse scientifique, son avis sur les orientations de politique économique demeure dépendant de jugements de valeur. La science économique n'émet pas en effet des lois à vocation universelle comme celles des sciences de la nature, car les **lois de l'économie** sont des lois qui établissent des régularités, mais qui sont déterminées par des décisions humaines parfois contingentes et qui sont aussi évolutives.

B. LA SOCIOLOGIE

La **sociologie** est la science qui étudie les êtres humains dans leur milieu social, avec pour objectif de comprendre et d'expliquer comment la dimension sociale affecte le comportement des individus. De manière classique, on oppose la **sociologie au sens de Durkheim**, qui est la science des faits sociaux, et la **sociologie au sens de Weber**, qui est une science compréhensive de l'action sociale, prenant appui sur la signification que les agents sociaux donnent à leurs conduites.

◄ **Durkheim** Voir p. 488
◄ **Weber** Voir p. 490
◄ **Fait social** Voir p. 488
◄ **Action sociale** Voir p. 491

Si l'intérêt pour l'étude de la société remonte à l'Antiquité, on a longtemps considéré que le social était une chose divine. À partir de là, celui-ci ne pouvait avoir une consistance propre. Il faut attendre la fin du XVIIIe siècle, avec la théorie du **droit naturel**, qui est une conception idéale du droit énonçant que chaque individu possède des droits fondamentaux du fait de son appartenance à l'humanité, opposée au **droit positif**, qui est le droit tel qu'il existe réellement, variable selon les types d'organisation sociale, et la **théorie du contrat social**, théorie reposant sur un idéal de société civile fondée sur l'idée d'un contrat passé entre des individus libres pour former une association, afin que les faits sociaux puissent être étudiés pour eux-mêmes. Cette définition élémentaire permet déjà de situer la sociologie du côté des disciplines scientifiques, ce qui permet de la distinguer de l'art, de la littérature et de la philosophie, et de la différencier aussi de quelques disciplines voisines, dont l'objet et la démarche sont quelque peu différents.

Alors que la sociologie étudie les sociétés contemporaines, l'**ethnologie** se définit comme la science qui étudie les sociétés exotiques, ou traditionnelles, ou primitives. La démarche de l'ethnologue comporte souvent un moment d'**ethnographie**, qui est la transcription des données premières sur le terrain. Vient ensuite le travail scientifique proprement dit, qui insiste sur l'effort d'explicitation, donc sur l'apport théorique de la recherche. Si l'ethnologie, au sens strict, est un travail de collecte et d'interprétation des données, l'anthropologie a plutôt une ambition comparatiste et généralisante. Étymologiquement, l'**anthropologie** est la science de l'homme. Elle comporte différentes disciplines, comme l'**anthropologie physique**, science qui étudie les caractères somatiques généraux ou distinctifs des êtres humains, et l'**anthropologie sociale**, science ayant pour objet privilégié l'organisation sociale des sociétés traditionnelles. Elle devient même chez Claude Lévi-Strauss l'étude comparative de l'homme en société. Quant à l'**anthropologie économique**, c'est une science qui part du principe que l'économie n'est pas une sphère autonome, se proposant d'étudier les rapports sociaux d'après trois fonctions : l'accès des groupes aux richesses et aux méthodes de production, le **procès de travail,** c'est-à-dire les modalités par lesquelles les membres de la société transforment la nature dans la perspective de satisfaire leurs besoins, et la circulation et la distribution du produit du travail.

La sociologie se différencie aussi de la **psychologie sociale**, qui est l'étude des interactions entre les individus en tant que membres d'un groupe social. Cette étude est bien souvent celle de l'**influence sociale**, qui est la possibilité d'orienter les jugements, les comportements ou les décisions d'autrui, sans user de la contrainte et sans qu'il y ait de processus explicite de récompense. En mettant l'accent sur l'individu et la société, la psychologie sociale se trouve en contact étroit avec la **psychologie**, qui est depuis la fin du XIXe siècle une discipline scientifique ayant pour but de déterminer les lois qui règlent les états psychiques des individus observés à travers leurs manifestations comportementales, ainsi qu'avec la sociologie et l'ethnologie. L'objet d'étude de la psychologie sociale est généralement le **groupe restreint**, que l'on définit comme un groupe social de taille réduite caractérisé par la possibilité d'interaction entre ses membres, par opposition aux groupements larges comme les classes sociales.

◄ **Groupe social** Voir p. 336

◄ **Classe sociale** Voir p. 359

Enfin, il faut également distinguer la sociologie de la **démographie**, qui est une science qui a pour objet l'étude de l'état des populations humaines et de leurs mouvements. Le terme « **population** » désigne toute catégorie d'êtres vivants envisagés sous l'angle d'une caractéristique commune, et l'« **état d'une population** » rend compte de la situation d'une population appréhendée selon un ensemble de caractéristiques, comme par exemple son importance numérique, son évolution, sa répartition dans l'espace, sa composition par sexe, par âge ou par profession. La **démographie quantitative** est une science qui décrit les phénomènes touchant la vie des populations : naissances, décès, mouvements migratoires, et qui dispose pour cela d'instruments spécifiques (tables de mortalité, indicateurs synthétiques). La sociologie a des points communs avec la **démographie qualitative**, qui est une science interprétant les différentes mesures effectuées sur les populations en faisant appel aux autres sciences sociales. Ainsi, l'analyse des structures démographiques ou la mise à jour de la notion de cycle de vie sur certains comportements économiques nécessitent de mêler les apports des différentes sciences sociales. Toutes ces analyses constituent la base des politiques démographiques, qui sont les actions des pouvoirs publics pour modifier les événements relatifs à la naissance et à la mort des individus. Par exemple, la politique familiale est l'ensemble des mesures ayant pour objectif de réguler le nombre de naissances dans une population donnée, ainsi que de réduire le coût des enfants (par le biais de la distribution d'allocations familiales) et d'améliorer le sort des familles les plus démunies (redistribution verticale).

◄ **Cycle de vie** Voir p. 280

Au XIXe siècle, les transformations engendrées par la révolution industrielle imposent l'idée que les phénomènes sociaux doivent être analysés pour eux-mêmes. Cette idée générale se déclinera selon différentes conceptions. Tout d'abord, le **matérialisme historique de Marx et Engels**, qui est une conception matérialiste de l'histoire affirmant que les évolutions de la société se fondent sur des causes matérielles, et plus particulièrement sur l'histoire des rapports entre les classes sociales. Le naturalisme de Spencer et de Comte ensuite, qui invite à considérer les phénomènes sociaux comme des phénomènes naturels. Enfin, les diverses tentatives de réduire le social au biologique dans la seconde moitié du XIXe siècle, qui porteront le nom de **darwinisme social**, doctrine évolutionniste qui postule que la lutte pour la vie entre les hommes est l'état naturel des relations sociales, et que les conflits sont la source de tous les progrès par le mécanisme de la sélection des plus aptes. C'est cependant Émile Durkheim qui fournira le vrai point de départ de la sociologie dans Les Règles de la méthode sociologique en 1895 en définissant l'objet de la sociologie comme l'étude du fait social.

Classe sociale ► Voir p. 359
Comte ► Voir p. 480
Durkheim ► Voir p. 488

Dès sa naissance, à l'objectivisme durkheimien et ses différentes variantes va s'opposer un **subjectivisme** qui affirme que le comportement ne s'explique pas seulement en référence à des normes et des modèles culturels qui déterminent les actions, mais renvoie d'abord au sens subjectif que leur donne l'acteur social. Dès la seconde moitié du XIXe siècle, beaucoup d'auteurs ont voulu réagir contre la conception positiviste de l'unité des sciences en affirmant l'idée d'une coupure entre les sciences de la nature et les sciences de l'esprit : les **sciences de la nature** sont des sciences qui se caractérisent par l'existence d'un objet extérieur sur lequel on construit un discours objectif en ayant recours à l'explication ; les **sciences de l'esprit** sont des sciences dites compréhensives car elles font appel à l'introspection pour comprendre la signification des conduites humaines. C'est ainsi que Wilhelm Dilthey (1833-1911) propose de mettre en avant le concept d'herméneutique, une démarche d'interprétation des manifestations concrètes de l'esprit humain. D'autres auteurs, comme Wilhelm Windelband (1848-1915) et Heinrich Rickert (1863-1936) affirment que les sciences de la nature sont des **sciences nomologiques** (sciences qui visent à produire des propositions de portée générale, que l'on qualifie d'apodictiques) alors que les sciences de l'esprit sont des **sciences idiographiques** (sciences qui formulent des propositions se rapportant à un objet particulier, dites assertoriques).

Norme culturelle ► Voir p. 324
Modèle culturel ► Voir p. 323

Si de nombreux épistémologues relativisent aujourd'hui l'opposition entre sciences de la nature et sciences de l'esprit, il n'en reste pas moins que l'objectivité est assez difficile à atteindre en sociologie parce que la connaissance est souvent liée aux intérêts des acteurs sociaux. En effet, dans la tradition positiviste, l'**objectivité** est la mise en évidence de relations entre des phénomènes, sans intervention du sujet connaissant. Elle repose sur l'abandon des prénotions et la soumission au verdict des faits. Aujourd'hui, cette vision sommaire est abandonnée au profit de la mise en évidence du **processus d'objectivation du réel** : processus de construction des faits reposant sur la définition de concepts par le chercheur et l'explicitation des techniques d'enquête. Les faits sont construits, ils ne sont pas donnés immédiatement à l'observateur. Ce travail scientifique permet au sociologue d'éviter le reproche de **sociocentrisme** (analyse des phénomènes sociaux en fonction des valeurs et des représentations propres à son groupe d'appartenance).

C. LA SCIENCE POLITIQUE

La **science politique** est la science qui étudie les rapports de pouvoir entre les individus et les **groupes**, tout particulièrement au sein de l'État. La science politique est une discipline ancienne, dont les Grecs sont les créateurs, avec notamment La République de Platon et *La Politique* d'Aristote, relayés ensuite par les Romains (Cicéron, De la république), et bien plus tard par le florentin Machiavel (Le Prince, 1532). Il faut cependant différencier la philosophie politique de la science politique proprement dite. Alors que la **philosophie politique** est le domaine de la philosophie qui a pour but de saisir par la pensée la structure fondamentale de l'État, la **science politique** est la science qui analyse les différentes dimensions du fait politique.

La science politique s'est structurée autour de la constitution progressive d'un savoir portant sur des phénomènes aussi divers que la mobilisation électorale, le rôle des idéologies, ou encore les variables lourdes du comportement électoral. Le **politologue** (parfois appelé **politiste**) est le spécialiste qui consacre sa recherche et sa réflexion au fait politique. Il faut donc différencier la science politique de la **sociologie politique**, qui est la sociologie dont l'objet est l'étude des comportements politiques.

◄ **Mobilisation électorale**
Voir p. 457

◄ **Idéologie**
Voir p. 471

◄ **Variables lourdes du comportement électoral**
Voir p. 472

Cette définition générale étant donnée, on distingue généralement deux conceptions de la science politique. La **conception européenne de la science politique** définit la science politique comme l'étude de l'État et des institutions politiques. Le politologue s'intéresse alors à des thématiques aussi diverses que l'impact des modes de scrutin sur le résultat des élections, ou encore la mise en œuvre des principes de démocratie participative. Si cette conception rejoint celle du sens commun, elle n'est néanmoins pas pleinement satisfaisante, ne serait-ce que parce-que le mot État est polysémique. S'agit-il seulement de la machine gouvernementale ? Ou de la société politique tout entière ? L'État doit-il se définir en termes juridiques (en référence à l'idée de souveraineté) ou en termes sociologiques (en référence à l'idée de domination) ? C'est la raison pour laquelle les spécialistes préfèrent généralement utiliser la **conception américaine de la science politique** qui définit la science politique comme l'étude de la nature du pouvoir, qu'il s'agisse du pouvoir dans l'État ou du pouvoir dans les autres groupements humains. Ce pouvoir peut faire référence à la force physique (dont les instruments sont la police, l'armée, les prisons...), mais aussi à la force économique (le pouvoir de la classe dominante, ou encore à la **pression sociale** (influence du groupe sur l'individu qui le pousse bien souvent au conformisme) et à la **propagande** (technique de persuasion pour propager une idée, une opinion, une idéologie ou une doctrine auprès d'une population déterminée).

Pouvoir ►
Voir p. 449
État ►
Voir p. 439

Le pouvoir se différencie de la **domination**, qui est une relation dissymétrique entre des individus qui sont en position de commander et d'autres qui leur doivent obéissance.

Dans son acception plus étendue, le politique est alors appréhendé comme l'ensemble des régulations contribuant à unifier et à pérenniser l'espace social. On ne considère pas que la sphère politique joue un rôle à part dans la société, différent des autres activités sociales, mais que « tout est politique », aussi bien l'élection du chef de l'État que l'éducation des enfants, la volatilité électorale ou la répartition des rôles hommes/femmes.

Volatilité électorale ►
Voir p. 472

La langue anglo-saxonne dispose d'ailleurs de deux termes pour désigner les différents pôles du champ politique :

– le terme ***policy*** désigne les programmes, décisions et actions imputables aux autorités politiques (exemple : la politique étrangère de la France) ;

– le terme ***politics*** désigne les processus liés à l'exercice et à la conquête du pouvoir d'État (exemple : la stratégie d'un parti).

2

LA PRODUCTION

A QU'EST-CE QUE LA PRODUCTION ?

B L'ACTIVITÉ DE PRODUCTION

- La mesure de la production
- Les facteurs de production
- La productivité des facteurs de production
- Les coûts de production
- La fonction de production

C LES PRODUCTEURS

- La nature et les objectifs des entreprises privées
- La mesure de la performance des entreprises
- Les producteurs non capitalistes
- Les secteurs de l'activité économique

A. QU'EST-CE QUE LA PRODUCTION ?

La **production** est l'activité socialement organisée qui consiste à créer des biens et des services contribuant à satisfaire des besoins ou à produire d'autres biens et services.

Au sens strict, pour qu'il y ait production, certaines conditions doivent être réunies :

• L'activité doit être socialement organisée (par la société) ; ce qui signifie qu'elle doit être légale, déclarée aux autorités publiques et qu'elle doit s'acquitter des différents devoirs relatifs à sa situation. Ainsi, la **production domestique**, qui désigne le résultat du travail réalisé par les ménages dans le cadre domestique, c'est-à-dire en dehors du travail rémunéré, n'est pas au sens strict une production. De la même façon, la production n'englobe pas les richesses créées par le travail au noir.

Travail au noir ► Voir p. 152

• L'activité doit créer des produits (un **produit** est un bien ou un service résultant de la production). Ainsi, tout ce qui est offert par la nature (l'air par exemple) n'est pas un produit, car cela ne provient pas de l'activité productive. La production permet de lutter contre la **rareté** (insuffisance de produits consommables par rapport aux besoins potentiels). Il existe deux sortes de produits : les biens et les services. Un bien est un produit matériel alors qu'un service est un produit immatériel. Parmi les biens, on distingue habituellement le **bien durable** (bien ayant une durée d'utilisation importante – bien électroménager par exemple) du **bien non durable** (bien détruit dès sa première utilisation – bien alimentaire par exemple). Parmi les services, on distingue le **service marchand** qui est un service acheté directement par son utilisateur (coupe de cheveux chez un coiffeur, transport dans un taxi…) du **service non marchand** qui est principalement financé par la collectivité grâce aux prélèvements obligatoires (cours dans un lycée public, sécurité grâce à la police…).

Prélèvements obligatoires ► Voir p. 226

Ainsi la **production marchande** englobe-t-elle la production des biens (par convention, tous les biens sont considérés comme marchands) et des services marchands qui résultent de la production des entreprises. La **production non marchande** désigne la production de services non marchands qui résulte de l'activité des administrations.

Administration ► Voir p. 32

• La finalité de ces produits est de satisfaire directement les besoins humains ou de contribuer à la production d'autres produits. Les **biens et services de consommation** sont les produits directement utilisés pour la consommation, donc pour la satisfaction des besoins humains. Un **besoin économique** est un manque, une envie qui peut être satisfaite par la consommation de biens et de services.

On distingue le **besoin primaire** qui est un besoin économique dont la satisfaction est nécessaire à la survie (besoin de s'alimenter par exemple) du **besoin secondaire** qui est un besoin économique dépendant de la société ou du groupe social dans lequel l'individu évolue (besoin d'une automobile par exemple).

Les **biens et services de production** sont les produits réutilisés dans le processus de production afin de contribuer à la production d'autres produits. Parmi ces derniers, on distingue les **biens et services intermédiaires** qui sont des biens de production consommés, donc détruits au cours du processus de production (matières premières et produits semi finis) des **biens d'équipement** qui sont des biens de production ayant une longue durée d'utilisation et qui peuvent servir durant plusieurs cycles de production (machines, et bâtiments par exemple).

B. L'ACTIVITÉ DE PRODUCTION

LA MESURE DE LA PRODUCTION

La production d'une entreprise comprend tous les biens et services qu'elle vend. Elle n'équivaut pas à sa contribution réelle à la production nationale, car elle comprend les biens et services qu'elle a achetés, donc qu'elle n'a pas produits. C'est pour cela que l'on utilise la notion de valeur ajoutée.

La **valeur ajoutée** désigne la contribution réelle d'une entreprise, d'une administration, d'une branche ou d'une économie à la création de richesses économiques. Elle se calcule en soustrayant à la valeur de la production les consommations intermédiaires.

◄ **Branche**
Voir p. 132

Les **consommations intermédiaires** désignent le montant des achats de biens intermédiaires et de services qui sont entrés dans le processus de production.

Pour déterminer la production d'un pays, on ne doit pas additionner les productions, car cela reviendrait à comptabiliser plusieurs fois les mêmes biens et services (d'abord par l'entreprise qui a réellement produit ces biens et services, puis par l'entreprise qui les a achetés pour les transformer). Il est donc nécessaire de faire la somme des valeurs ajoutées.

Agrégats ►
Voir p. 134

Les deux agrégats les plus fréquemment utilisés sont le produit intérieur brut (PIB) et le produit national brut (PNB).

Entreprise ►
Voir p. 26
Administration ►
Voir p. 32

Le **PIB (produit intérieur brut)** est la somme des valeurs ajoutées réalisées par les entreprises et les administrations résidant sur le territoire national, quelle que soit leur nationalité. Du point de vue de la comptabilité nationale :

PIB = Somme des valeurs ajoutées brutes + TVA + Droits de douane – Subventions à l'importation

Le PNB est moins fréquemment utilisé que le PIB.

Le **PNB (produit national brut)** est la somme des valeurs ajoutées réalisées par les entreprises et administrations de la nationalité du pays. Du point de vue de la comptabilité nationale :

PNB = PIB + Revenus de facteurs versés par le reste du monde – Revenus de facteurs versés au reste du monde

Le **PIB par habitant** qui se calcule en faisant le rapport entre le PIB d'un pays et son nombre d'habitants offre une indication sur la richesse des pays.

Administration publique ►
Voir p. 32
Association ►
Voir p. 32

Le PIB peut être décomposé en PIB marchand et PIB non marchand. Le **PIB non marchand** est la partie du PIB qui comptabilise uniquement les valeurs ajoutées réalisées par les administrations publiques (l'État) ou privées (associations par exemple) qui proposent à la collectivité, à titre gratuit ou quasi gratuit, des services marchands. Le **PIB marchand** comptabilise uniquement les valeurs ajoutées réalisées par les entreprises qui produisent et offrent sur le marché des biens et services marchands.

Le calcul du PIB s'effectue obligatoirement en unité monétaire, mais celle-ci peut avoir été déflatée (corrigée de la variation des prix) ou non.

Inflation ►
Voir p. 101

Le **PIB en valeur** (appelé aussi **PIB en euros courants**) est le PIB exprimé en unités monétaires dont la valeur change avec la variation des prix. Ainsi, en période d'inflation, le PIB ne s'accroît pas seulement en raison d'une augmentation des richesses créées, mais aussi en raison d'une augmentation des prix.

Le **PIB en volume** (ou **PIB en euros constants** d'une année de base donnée) est le PIB exprimé en unité monétaire déflatée, ce qui signifie que la valeur du PIB est corrigée des effets de la variation des prix.

$$\text{PIB en volume} = \frac{\text{PIB en valeur}}{\text{Indice des prix}} \times 100$$

Le PIB n'est pas un indicateur exact de création de richesses. Ainsi, par certains aspects, le PIB surestime la création de richesses : c'est le cas des dépenses de défense ou de restauration de l'environnement qui sont considérées comme une production, mais qui en réalité ne font que pallier en partie les effets pervers d'autres productions ; c'est aussi le cas de la production d'alcool ou de tabac qui peut nuire à l'intérêt général, donc diminuer la richesse réelle.

Par d'autres aspects, le PIB sous-estime la création de richesses : le travail au noir et surtout le travail domestique sont de véritables sources de richesse, pourtant non comptabilisées dans le PIB.

◄ **Travail au noir**
Voir p. 152

LES FACTEURS DE PRODUCTION

Pour produire, les entreprises et les administrations utilisent des **facteurs de production** qui désignent les différents éléments mis en œuvre dans le cadre du processus de production. On distingue généralement deux facteurs de production principaux qui sont le travail et le capital technique :

◄ **Administration**
Voir p. 32

– le **travail** est une activité humaine dont le but est de contribuer à la production de biens et de services ; c'est un facteur de production que les entreprises et les administrations achètent ;

– le **capital technique** est un facteur de production qui se décompose en capital fixe et en capital circulant. Le **capital circulant** désigne le capital technique qui est amené à être transformé ou détruit au cours du processus de production ; il s'agit des biens intermédiaires tels que les matières premières et les produits semi-finis. Le **capital fixe** est le capital technique durable utilisé durant plusieurs cycles de production ; il s'agit essentiellement des biens d'équipement et des locaux. L'acquisition de capital fixe s'appelle l'investissement.

◄ **Investissement**
Voir p. 135

Les entreprises et les administrations utilisent nécessairement ces deux facteurs de production. La **combinaison productive** désigne la proportion de capital technique et de travail utilisée pour produire. Celle-ci peut être plus ou moins capitalistique, c'est-à-dire incorporer proportionnellement plus ou moins de capital. L'**intensité capitalistique**, qui est le rapport entre la quantité de capital et celle de travail utilisée pour produire, indique si une activité utilise proportionnellement beaucoup ou peu de capital. On peut aussi calculer le **coefficient de capital**, qui est le rapport entre la quantité de capital et le volume de la production. Il s'agit de l'inverse de la productivité du capital.

Productivité du capital ► Voir p. 22

Au sein de la combinaison productive, les facteurs de production peuvent être complémentaires ou substituables.

Il y a **complémentarité des facteurs de production** lorsqu'il n'existe pour chaque niveau de production qu'une combinaison productive possible. Dans ce cas, la proportion de facteurs de production est fixe et l'on ne peut pas substituer un facteur à un autre. L'exemple le plus fréquent de la complémentarité des facteurs de production est celui de l'activité de transport en taxi : à chaque taxi correspond un chauffeur et à chaque chauffeur correspond un taxi (dans la réalité on pourrait imaginer un taxi pour trois ou quatre chauffeurs se relayant de jour comme de nuit).

Il y a **substituabilité des facteurs de production** lorsqu'il existe pour chaque niveau de production un grand nombre de combinaisons possibles. Dans ce cas, il est possible de substituer un facteur à un autre. Ainsi, pour terrasser une route, il est possible d'utiliser des centaines de travailleurs équipés de pelles et de pioches ou quelques travailleurs utilisant des bulldozers.

Le choix de la combinaison productive résulte d'un calcul technique et économique ayant pour objectif de maximiser l'efficacité et d'atteindre l'efficience.

L'**efficacité** est la qualité de ce qui produit les effets attendus.

L'**efficience** est la qualité de la solution la plus favorable en termes de coûts et d'avantages. Ainsi, il existe plusieurs combinaisons productives efficaces, mais une seule est efficiente, il s'agit de celle qui offre une quantité produite maximale pour un coût minimal. Il s'agit donc de maximiser l'*output* et de minimiser les coûts des *inputs*. L'**output** désigne le résultat de l'activité productive, c'est-à-dire la quantité produite ; les ***inputs*** désignent les éléments qui entrent dans le processus productif, c'est-à-dire les facteurs de production.

Pays développés ► Voir p. 161

Dans les pays développés, le coût de la main-d'œuvre est généralement élevé comparativement à celui du capital. Dans ces pays, on a donc tendance à substituer le capital au travail. La **substitution du capital** au travail désigne le phénomène qui aboutit à utiliser de plus en plus de capital et de moins en moins de travail pour un même niveau de production. Autrement dit, la combinaison devient plus capitalistique et le coefficient de capital augmente.

LA PRODUCTIVITÉ DES FACTEURS DE PRODUCTION

L'efficacité de la combinaison productive se mesure par la productivité. La production résulte de la mise en œuvre de différents facteurs de production ; la **productivité** désigne la contribution de chacun des facteurs de production à la production totale.

Il est nécessaire de distinguer la productivité physique de la productivité en valeur ; la première nous informe sur le nombre de produits qu'une unité de facteur de production contribue à produire, alors que la seconde tient compte du prix de la production.

La **productivité physique du travail** désigne le volume de production que permet de produire en moyenne une certaine quantité de travail (heure, année…). Ses deux principaux indicateurs sont la productivité horaire du travail et la productivité annuelle par actif occupé :

La **productivité horaire du travail** désigne le volume de production que permet de produire en moyenne une heure de travail.

Sa mesure est : $\dfrac{\text{Nombre d'unités produites}}{\text{Nombre d'heures de travail}}$

La **productivité annuelle par actif occupé** désigne le volume de production que permet de produire en moyenne une année de travail d'un actif occupé.

Sa mesure est : $\dfrac{\text{Nombre d'unités produites dans l'année}}{\text{Nombre d'actifs occupés}}$

La **productivité physique du capital** indique le volume de production que permet de produire en moyenne une certaine quantité de capital (une machine par exemple).

Sa mesure est : $\dfrac{\text{Nombre d'unités produites}}{\text{Quantité de capital utilisé}}$

Comme il n'est pas possible d'additionner différents types de capital, la productivité physique du capital ne tient compte que de la contribution d'un seul élément. Le rendement agricole est un exemple de productivité physique du capital, car il indique la quantité produite (nombres de quintaux par exemple) par hectare de terre (facteur capital).

La **productivité en valeur du travail** est une mesure de la productivité du travail qui tient compte du prix de la production et du prix du travail.

Sa mesure est : $\frac{\text{Valeur ajoutée}}{\text{Coût du travail}}$

Ainsi, la productivité en valeur du travail est généralement plus forte là où le coût du travail est moins élevé (dans certains pays en développement par exemple).

Pays en développement ► Voir p. 162

La **productivité apparente du travail** qui est une mesure de la productivité du travail obtenue par le rapport entre la valeur ajoutée et les effectifs employés. Le qualificatif « apparente » souligne que la productivité du travail n'indique pas la seule contribution du facteur travail ; ainsi, l'augmentation de la productivité du travail provient souvent de l'acquisition de capital plus productif.

La **productivité en valeur du capital** est une mesure de la productivité du capital qui tient compte du prix de la production et du prix du capital.

Sa mesure est : $\frac{\text{Valeur ajoutée}}{\text{Coût du capital}}$

Il est nécessaire de distinguer la productivité du capital installé de la productivité du capital utilisé, car les équipements sont parfois sous-utilisés.

La **productivité du capital installé** est une mesure de la productivité du capital obtenue par le rapport entre la valeur ajoutée et le coût du capital installé ; elle prend en compte la totalité du capital dont l'entreprise dispose.

La **productivité du capital utilisé** est une mesure de la productivité du capital obtenue par le rapport entre la valeur ajoutée et le coût du capital utilisé ; elle ne prend en compte que le capital que l'entreprise utilise réellement.

En cas de sous-utilisation du capital, la productivité du capital utilisé est supérieure à celle du capital installé. Généralement, en période de crise, la baisse de la productivité du capital (installé) s'explique davantage par une sous-utilisation du capital que par une perte d'efficacité de celui-ci.

La **productivité globale des facteurs** de production correspond à la partie non expliquée de la croissance par la variation de la quantité des facteurs. Elle est en grande partie due au progrès technique.

La productivité marginale d'un facteur de production indique la production induite par l'emploi d'une unité supplémentaire de ce facteur de production. Celle-ci peut être croissante, constante ou décroissante. Elle est croissante lorsque chaque unité additionnelle de facteur de production a une productivité supérieure à la précédente, décroissante lorsqu'elle est inférieure à la précédente et constante lorsqu'elle est égale à la précédente. La théorie économique considère généralement qu'à partir d'un certain seuil, la productivité marginale est décroissante. C'est ce que l'on nomme la loi des rendements décroissants.

◄ **Facteurs de production**
Voir p. 19

Loi des rendements décroissants : principe selon lequel, au fur et à mesure que l'on augmente la quantité d'un facteur de production (les autres restant à quantité constante), la production augmente moins fortement.

La loi des rendements décroissants a d'abord été présentée par Turgot, qui a noté que l'augmentation des dépenses en semences, irrigation, etc., ne peut induire une augmentation proportionnelle de la production agricole ; puis par Ricardo, qui affirme que, comme les parcelles de terre les plus fertiles sont cultivées les premières, chaque nouvelle terre mise en culture a un rendement plus faible que la précédente. Cette loi des rendements décroissants est largement reprise par les néoclassiques. Il s'agit ici de rendements factoriels (rendements de chaque facteur de production), mais on peut aussi prendre en compte les rendements d'échelle.

◄ **Turgot**
Voir p. 506
◄ **Ricardo**
Voir p. 510
◄ **École néoclassique**
Voir p. 512

Les **rendements d'échelle** (**rendements de la combinaison productive**) se mesurent par le rapport entre la variation de la quantité produite (*output*) et le volume des facteurs de production (*inputs*). On parle de **rendements croissants** lorsqu'une augmentation des *inputs* induit une augmentation plus forte de la production ; **rendements constants** quand la quantité produite (*output*) et le volume des facteurs de production (*inputs*) varient au même rythme et **rendements décroissants** lorsque l'augmentation des facteurs de production induit une augmentation plus faible de la production.

LES COÛTS DE PRODUCTION

Les **coûts de production** sont la somme des dépenses engagées par les entreprises (ou les administrations) pour produire. Ils dépendent du prix des facteurs de production.

◄ **Administration**
Voir p. 32

Il est tout d'abord nécessaire de distinguer les coûts fixes des coûts variables.

Les **coûts fixes** sont les coûts constants sur courte période : il s'agit essentiellement du coût des machines et des bâtiments. Sur moyenne et longue période, les coûts fixes augmentent par seuils, lorsque l'entreprise procède à de nouveaux investissements.

Investissement ► Voir p. 135

Les **coûts variables** sont les coûts qui varient en fonction de la quantité produite ; ce sont essentiellement le coût du travail et celui des consommations intermédiaires. Certains coûts variables sont proportionnels, car ils varient proportionnellement à la quantité produite ; d'autres sont non proportionnels (c'est par exemple le cas lorsque l'augmentation des achats de biens intermédiaires permet à l'entreprise de bénéficier de ristournes).

Consommations intermédiaires ► Voir p. 17

En raison de la loi des rendements décroissants (ou loi de la productivité marginale décroissante), les coûts variables augmentent de plus en plus fortement à partir d'un certain seuil quand la production augmente.

Loi des rendements décroissants ► Voir p. 23

Le **coût total** désigne l'ensemble des coûts de production ; c'est la somme des coûts fixes et variables.

Le **coût moyen** (ou **coût unitaire**) est le rapport entre le coût total et le nombre d'unités produites. L'augmentation de la quantité produite et de la dimension de l'entreprise permet jusqu'à un certain seuil de diminuer le coût moyen ; on dit alors que l'entreprise réalise des **économies d'échelle** (diminution des coûts unitaires obtenue par l'augmentation de la taille de l'entreprise et de la quantité produite). À partir d'un certain seuil, il arrive que l'augmentation de la dimension de l'entreprise alourdisse certains coûts (notamment des coûts d'organisation et de gestion) ; l'entreprise réalise alors des **déséconomies d'échelle** (augmentation des coûts unitaires due à l'augmentation de la taille de l'entreprise et de la quantité produite).

Le coût marginal est le coût induit par la production d'une unité supplémentaire. En raison de la loi des rendements décroissants, il est d'abord une fonction décroissante (les coûts fixes sont de mieux en mieux rentabilisés), puis croissante (loi des rendements décroissants) de la quantité produite.

Coût marginal ► Voir p. 58

L'analyse économique moderne (la nouvelle macroéconomie keynésienne notamment) met l'accent sur de nouveaux types de coûts. Il s'agit, par exemple, des coûts de transaction qui désignent l'ensemble des coûts liés à la vente ou à l'achat d'un produit : coûts liés à la recherche d'information, perte de temps, coûts de l'adaptation... Les **coûts d'étiquette** sont des coûts de transactions liés à un changement de prix (impression de nouveaux catalogue, renégociation de contrats...). Ces différents coûts limitent les

Nouvelle macroéconomie keynésienne ► Voir p. 538

modifications des prix, même parfois en cas de déséquilibre entre l'offre et la demande. On parle d'effet de catalogue pour montrer, en prenant l'exemple de la vente par correspondance, que chaque déséquilibre entre l'offre et la demande concernant un produit ne peut pas conduire à une modification des prix et à l'édition d'un nouveau catalogue.

◄ **Effet de catalogue**
Voir p. 528

L'entreprise doit bien sûr tenir compte de ces différents coûts pour choisir sa combinaison productive et la quantité produite. Chaque choix implique de renoncer à une autre possibilité. Le **coût d'opportunité** est ce à quoi l'agent économique a renoncé en faisant son choix ; il représente le gain qui aurait pu être obtenu grâce à l'autre meilleur choix possible.

LA FONCTION DE PRODUCTION

La **fonction de production** est une fonction mathématique qui associe aux facteurs de production (généralement le capital et le travail) une quantité produite.

Le niveau de la production dépend de la quantité et de la productivité des facteurs de production.

La fonction de production standard prend l'hypothèse des rendements décroissants, c'est-à-dire qu'elle considère que la productivité marginale de chaque facteur est décroissante.

◄ **Productivité**
Voir p. 21

Cette fonction de production se caractérise par la parfaite substituabilité des facteurs de production. Il est toujours possible de remplacer une certaine quantité d'un facteur par une certaine quantité de l'autre facteur tout en conservant le même niveau de production.

◄ **Substituabilité des facteurs de production**
Voir p. 20

L'économie est alors nécessairement en situation de plein-emploi. En effet, un excédent d'offre de travail par rapport à la demande de travail (situation de sous-emploi) entraîne, dans une économie de marché, la diminution du salaire ; ce qui incite les entreprises à substituer le travail au capital, donc à embaucher ; le mécanisme fonctionne jusqu'au plein-emploi du facteur travail.

◄ **Plein-emploi**
Voir p. 197

◄ **Offre / Demande de travail**
Voir p. 195

Fonction Cobb Douglas : fonction de production d'inspiration néoclassique la plus célèbre ; elle a été formulée par James Cobb et Paul Douglas en 1928 :

$$Q = f(L, K) \text{ et } Q = L^{\alpha} \times K^{1-\alpha}$$

Où L représente la quantité de travail et K la quantité de capital ;
α et $(1 - \alpha)$ expriment l'intensité capitalistique ; $0 < \alpha < 1$ et $\alpha + (1 - \alpha) = 1$.

C. LES PRODUCTEURS

Les producteurs sont des agents économiques qui détiennent une place centrale dans la création des richesses. Un **agent économique** est un individu ou une catégorie d'individus qui assure une fonction économique particulière : consommation ou production par exemple. Les principaux agents économiques sont les ménages, les entreprises et l'État.

Ménage ►
Voir p. 131

Il existe de nombreux types de producteurs. Les entreprises privées recherchent majoritairement le profit, les entreprises publiques ont généralement une mission de service public et les organisations de l'économie sociale sont fondées sur les concepts d'équité et de solidarité. Les différentes activités productives sont regroupées en secteurs d'activité.

LA NATURE ET LES OBJECTIFS DES ENTREPRISES PRIVÉES

Une **entreprise** est un organisme produisant des biens et des services marchands. Une **entreprise privée** est une entreprise qui appartient majoritairement à des propriétaires privés.

Le **secteur privé** désigne la partie de l'économie composée par les entreprises et les institutions sans but lucratif au service des ménages qui appartiennent majoritairement à des propriétaires privés.

Les principales formes d'entreprise

Les entreprises constituent un ensemble hétérogène que l'on peut classer selon différents critères : la taille (très petites entreprises, petites et moyennes entreprises, entreprises de taille intermédiaire et grandes entreprises) le secteur d'activité (agriculture, industrie, services), le résultat (chiffre d'affaires ou bénéfice) ou le statut juridique.

Secteur d'activité ►
Voir p. 32
Chiffre d'affaires ►
Voir p. 27
Bénéfice ►
Voir p. 27

Une **entreprise individuelle** est une entreprise appartenant à un propriétaire unique qui est le seul responsable de son entreprise. Sa responsabilité est illimitée, ses biens propres peuvent être saisis pour rembourser les dettes éventuelles de l'entreprise. En revanche, l'**entreprise unipersonnelle à responsabilité limitée (EURL)** est une entreprise appartenant à un seul propriétaire, mais qui n'est pas responsable sur ses biens propres.

Les entreprises individuelles sont les entreprises les plus nombreuses ; elles regroupent la majorité des exploitants agricoles, des artisans et des commerçants.

Une **société de personnes** est une entreprise appartenant à un nombre limité d'associés. Les associés sont indissociables de l'entreprise et ne peuvent donc pas vendre leurs parts sociales (une **part sociale** est un titre de propriété d'une partie de la société). Les sociétés de personnes sont le plus souvent de taille limitée et les associés sont généralement responsables sur leurs biens propres.

Une **société de capitaux** est une entreprise généralement de grande taille appartenant à de nombreux associés. Les associés peuvent vendre librement leurs parts (appelées actions) et ne sont pas responsables sur leurs biens. Ils participent à la gestion de l'entreprise à travers l'élection annuelle, en assemblée générale des actionnaires, d'un conseil d'administration qui, à son tour, élit un président-directeur général ou d'un conseil de surveillance qui élit un directoire.

◄ **Action**
Voir p. 95

La **SARL (société à responsabilité limitée)** est un type d'entreprise hybride entre la société de capitaux et la société de personnes. Elle permet de concilier un nombre de propriétaires limité et une responsabilité limitée aux apports des associés.

La **société anonyme** est une société de capitaux. Elle permet de réunir les capitaux nécessaires à la grande entreprise, le capital est divisé en actions librement cessibles et il est possible d'effectuer des augmentations de capital par émission de nouvelles actions. Afin de faciliter le recours à l'épargne publique, les sociétés anonymes peuvent être cotées en Bourse.

Les stratégies des entreprises

Le mobile principal de l'entreprise capitaliste est la recherche du profit. Le **profit** (ou **bénéfice**) est le revenu de l'entreprise obtenu en faisant la différence entre ses recettes (son chiffre d'affaires) et ses coûts de production. Il est mesuré par l'excédent brut d'exploitation (EBE).

◄ **EBE**
Voir p. 133

Le **chiffre d'affaires** correspond aux recettes de l'entreprise. Il est calculé ainsi : Prix de vente unitaire 3 Quantités vendues.

L'entreprise optimise son profit en maximisant son chiffre d'affaires et en minimisant ses coûts de production.

La **croissance externe de l'entreprise** désigne le fait qu'une entreprise s'agrandit en se regroupant, de différentes manières, avec d'autres entreprises.

La **croissance interne de l'entreprise** désigne le fait qu'une entreprise s'agrandit par elle-même grâce à ses investissements, sans effectuer de regroupement avec d'autres entreprises.

L'**absorption** désigne l'achat d'une entreprise (qui donc disparaît) par une autre entreprise.

La **fusion** désigne le regroupement de deux entreprises pour n'en former plus qu'une.

La **fusion-acquisition** désigne l'absorption d'une entreprise par une autre. L'entreprise absorbée transmet la totalité de son patrimoine à l'entreprise absorbante et est dissoute.

La croissance de certaines entreprises peut nuire à la concurrence et induire un **abus de position dominante** (situation d'une entreprise qui domine le marché et qui en profite pour imposer ses règles et restreindre ainsi le jeu de la concurrence sur le marché). Dans ce cas, le marché n'est plus totalement libre et des **barrières à l'entrée et à la sortie** (obstacles que rencontrent les entreprises pour entrer sur un marché donné ou pour en sortir) sont présentes.

La **concentration** consiste en l'augmentation de la taille moyenne des entreprises et la diminution de leur nombre.

La concentration économique peut d'abord prendre la forme d'une **concentration horizontale** : c'est un regroupement d'entreprises qui fabriquent le même produit. Elle débouche souvent sur des situations d'oligopole ou de monopole.

Oligopole ►
Voir p. 65
Monopole ►
Voir p. 64

Elle peut aussi être une **concentration verticale** : c'est un regroupement d'entreprises situées à différents stades du processus productif. Elle est achevée lorsque l'ensemble de la **filière de production** (toutes les étapes de la production, de la matière première au produit fini) est concernée. Elle permet de réduire les coûts en supprimant les marges bénéficiaires des stades intermédiaires et d'assurer aussi la sécurité des approvisionnements et des débouchés.

Enfin, la concentration est parfois une **concentration conglomérale** : c'est un regroupement d'entreprises ayant des activités différentes (les produits fabriqués ne sont apparemment pas liés entre eux). On cherche à rentabiliser les capitaux en diversifiant les risques.

D'un point de vue juridique, la **concentration financière** est un regroupement d'entreprises qui se placent sous une direction commune, prenant alors le nom de holding. Un **holding** est une société financière qui contrôle et définit les orientations stratégiques d'autres sociétés parce qu'elle possède un nombre suffisant d'actions pour peser sur les décisions prises. Lorsque le holding détient plus de 50 % du capital d'une société, la société dépendante est qualifiée de filiale.

Action ►
Voir p. 95

Concurrence ►
Voir p. 52

Les entreprises peuvent opter pour d'autres stratégies. Ainsi certaines différencient leurs produits pour limiter la concurrence que leur livrent d'autres entreprises ou tissent des liens d'alliance et de partenariat.

Coopération (entre entreprises) : stratégies d'entreprises visant à s'entendre sur des objectifs communs.

Différenciation (du produit) : modification d'une ou de plusieurs caractéristiques de son produit, par une entreprise, pour le distinguer de celui de ses concurrents et ainsi faire en sorte que la concurrence ne se joue pas uniquement par les prix.

LA MESURE DE LA PERFORMANCE DES ENTREPRISES

L'évaluation de sa situation comptable permet à l'entreprise d'analyser ses performances et, si besoin est, de revoir sa stratégie, mais en plus, elle rend possible l'exercice du contrôle de l'entreprise par des agents extérieurs comme le fisc, une banque ayant accordé des prêts, ou même les actionnaires. Les deux documents comptables principaux qui permettent l'examen de la situation financière et économique de l'entreprise sont le bilan et le compte de résultat.

◄ **Banque**
Voir p. 90

La récapitulation des flux annuels : le compte de résultat

Le **compte de résultat** est un document comptable qui présente l'ensemble des charges et des recettes (produits) durant une année. Le résultat est obtenu en faisant la différence entre les produits et les charges. Lorsque le résultat est positif, l'entreprise dégage un bénéfice. Lorsque le résultat est négatif, l'entreprise réalise une perte.

Compte de résultat simplifié

CHARGES		PRODUITS	
Charges d'exploitation		**Produits d'exploitation**	
• Achats de marchandises		• Ventes de marchandises	
• Autres achats et charges externes (électricité, publicité…)		Produits financiers	
• Impôts et taxes		Produits exceptionnels	
• Charges de personnel			
Charges financières			
Charges exceptionnelles			
Bénéfice		**Perte**	
Total		**Total**	

La récapitulation de la situation patrimoniale : le bilan

Le **bilan** est un document comptable qui récapitule à un moment donné la nature et l'origine de ce que possède l'entreprise.

Le bilan n'est pas un compte de flux, il n'examine pas les opérations de l'entreprise, mais la situation de celle-ci à un moment donné ; c'est un compte patrimonial. Les premières lignes du bilan sont consacrées aux données relativement stables et, plus on descend dans le tableau, plus les variables peuvent fluctuer à courte échéance.

L'**actif (au sens de la comptabilité)** est l'ensemble du patrimoine détenu par une entreprise. Dans le bilan, il indique comment sont employées les ressources que possède l'entreprise.

Le **passif** est l'ensemble des dettes d'une entreprise. Dans le bilan, il indique l'origine des ressources de l'entreprise.

L'égalité comptable du passif et de l'actif est obtenue en inscrivant le bénéfice (si l'actif est supérieur au passif) au passif et la perte (si le passif est supérieur à l'actif) à l'actif.

Bilan simplifié

ACTIF		PASSIF	
Actif immobilisé • Actif corporel (locaux, matériel, fournitures…) • Actif incorporel (brevets, fonds de commerce) • Immobilisations financières (titres de participation…) **Actif circulant** • Stocks de marchandises • Créances • Disponibilités		**Capitaux propres** • Capital • Résultat **Emprunts** **Dettes**	
Total		**Total**	

Les entreprises ou établissements dont l'effectif est supérieur à 300 personnes ont l'obligation de publier un bilan social. Le **bilan social** est un document qui récapitule, à travers des indicateurs chiffrés, les principales données sociales de l'entreprise.

Les entreprises ou établissements dont l'effectif est supérieur à 500 personnes ont l'obligation de publier un bilan carbone. Le **bilan carbone** d'une entreprise est un document qui récapitule les émissions, directes ou indirectes, de gaz à effet de serre induites par son activité.

LES PRODUCTEURS NON CAPITALISTES

Le secteur public

Le **secteur public** désigne la partie de l'économie contrôlée par l'État, les collectivités locales et les organismes de sécurité sociale. Il est composé des entreprises publiques et des administrations publiques.

Une **entreprise publique** est une entreprise appartenant totalement ou majoritairement à l'État ou à une collectivité locale. Comme les entreprises privées, les entreprises publiques produisent des biens et des services marchands, mais elles ne recherchent pas prioritairement le profit ; elles ont souvent une mission de **service public** (activité d'intérêt général, assurée même lorsqu'elle n'est pas rentable sous le contrôle des pouvoirs publics).

Le secteur public s'est développé par la création d'entreprises par l'État, mais aussi et surtout par la **nationalisation** (appropriation d'une entreprise par l'État).

Les nationalisations ont été effectuées dans des circonstances et pour des motifs différents :

– certaines sont liées à la conjoncture économique et politique ; c'est le cas des nationalisations d'entreprises allemandes après la première guerre mondiale ou d'entreprises accusées de collaboration (par exemple, Renault) après la seconde guerre mondiale. C'est aussi le cas des nationalisations pour motif de reconstruction après la guerre (la Compagnie nationale du Rhône par exemple) ou des nationalisations d'entreprises en difficulté auxquelles l'État vient ainsi en aide (cas de la métallurgie) ;

– d'autres sont plus structurelles. Il s'agit de la prise de contrôle de secteurs considérés comme stratégiques d'un point de vue politique (armement par exemple) ou d'un point de vue économique (secteur bancaire, transports ou énergie).

Depuis le début des années 1980, on assiste à un désengagement de l'État, qui se traduit notamment par un mouvement de privatisations. La **privatisation** désigne la vente partielle ou totale d'une entreprise publique au secteur privé.

Une **administration** est un organisme qui produit des services non marchands.

Une **administration publique** est un organisme, contrôlé par les pouvoirs publics, qui produit des services non marchands.

On peut distinguer trois types d'administrations publiques : l'État et l'administration centrale (ministères) ; les administrations locales (services départementaux, municipaux…) ; la sécurité sociale.

Administration centrale ► Voir p. 455
Sécurité sociale ► Voir p. 237
Service public ► Voir p. 31

La vocation des administrations publiques est le service public.

L'économie sociale

L'**économie sociale** (ou **tiers-secteur**) désigne l'ensemble des organisations (associations, coopératives et mutuelles) appartenant à des propriétaires privés, mais ne recherchant pas prioritairement le profit. Leur mission principale est la solidarité.

Une **association** est une organisation produisant des services non marchands et regroupant des personnes réunies dans un but commun non lucratif.

Une **coopérative** est une entreprise régie par les principes de coopération et de solidarité. Une coopérative de production appartient à ses salariés et une coopérative de consommation appartient aux consommateurs.

Une **mutuelle** est une organisation à but non lucratif ayant pour objectif de prémunir ses adhérents contre certains risques (maladie, accidents de voiture…).

LES SECTEURS DE L'ACTIVITÉ ÉCONOMIQUE

Un **secteur d'activité** est un ensemble d'activités économiques de même nature. Il est habituel de distinguer trois grands secteurs d'activité : les secteurs primaire, secondaire et tertiaire. Cette répartition a été réalisée pour la première fois par Colin Grant Clark puis largement utilisée par Jean Fourastié.

Colin Grant Clark (1905-1989) est un économiste britannique. Il a étudié les facteurs du développement économique et social (*The Conditions of Economic Progress*, 1940) et est connu pour sa division de l'activité économique en trois secteurs (primaire, secondaire et tertiaire).

Jean Fourastié (1907-1990) est un sociologue et économiste français. Ses principaux ouvrages sont *Le Grand Espoir du XXe siècle* (1949), *Machinisme et Bien-être* (1951), *Les Trente Glorieuses* (1979). Il est surtout connu pour ses études sur les transformations économiques et sociales de la France qui mettent en évidence l'évolution des trois grands secteurs d'activité et l'ampleur de la « révolution invisible » qui désigne les activités de culture des végétaux et d'élevage.

Le **secteur primaire** est un secteur d'activité qui regroupe les activités liées à l'exploitation du milieu naturel telles que l'agriculture, la pêche et les activités forestières (sylviculture). Il est surtout composé de l'**agriculture**, qui désigne les activités de culture des végétaux et d'élevage.

Dans les pays développés, la production du secteur primaire voit sa part relative diminuer dans la production totale. En effet, les besoins en produits primaires augmentent proportionnellement moins fortement que les besoins en autres produits quand l'activité économique se développe et les revenus augmentent.

◄ **Besoins**
Voir p. 17

La population active occupée dans le secteur primaire diminue assez fortement, car la croissance de la productivité est dans ce secteur plus forte que la croissance de la production.

◄ **Population active**
Voir p. 186

◄ **Productivité**
Voir p. 21

Le **secteur secondaire** est un secteur d'activité qui regroupe les activités industrielles, c'est-à-dire les activités de transformation, et celles du bâtiment et des travaux publics.

Il est surtout composé de l'**industrie** qui désigne toutes les activités de transformation. L'Insee distingue généralement l'**industrie agro-alimentaire (IAA)** qui est l'industrie transformant les produits agricoles en produits alimentaires à destination de la consommation humaine et animale (industrie des viandes, du lait des boissons…), l'industrie des biens de consommation (habillement, équipement du foyer…), l'industrie automobile, l'industrie des biens d'équipement (construction navale, aéronautique et ferroviaire, équipement mécanique…) et l'industrie des biens intermédiaires (produits minéraux, textile, chimie, composants électroniques…).

Les pays développés sont des pays industrialisés. L'**industrialisation** désigne le développement des activités industrielles et l'augmentation de la part relative de la production industrielle dans la production totale.

Actif occupé ►
Voir p. 186

Or en France, depuis les années 1970, le nombre d'actifs occupés dans le secteur secondaire diminue et la part relative de la production industrielle décline au profit de celle des services. Certains auteurs craignent alors une **désindustrialisation**, c'est-à-dire un déclin absolu ou relatif de l'industrie. En réalité, les secteurs secondaire et tertiaire sont complémentaires et l'industrie conserve une place primordiale, comme en témoigne le développement des industries de haute technologie.

Le **secteur tertiaire** est un secteur d'activité qui regroupe toutes les activités de services, comme les activités administratives, bancaires, commerciales… L'Insee distingue parmi les activités tertiaires le commerce, le transport, les activités financières (banques et assurances), les activités immobilières, les services aux entreprises (postes et télécommunications, recherche et développement…), les services aux particuliers (restauration, activité culturelles, récréatives et sportives…), l'éducation, la santé, l'action sociale et l'administration. Certains auteurs considèrent que le secteur tertiaire englobe toutes les activités que l'on ne peut pas placer dans les autres secteurs. Il est vrai que ce secteur très hétérogène rassemble aussi bien des services de proximité que de grandes administrations. Pour cette raison, la création d'un secteur quaternaire a été proposée.

Banque ►
Voir p. 90

Le **secteur quaternaire** est un secteur d'activité qui n'est pas reconnu en tant que tel par l'Insee et regrouperait l'ensemble des activités d'information et de communication (informatique, Internet…).

Pays développé ►
Voir p. 151

Le secteur tertiaire prend une place croissante dans l'économie des pays développés. La **tertiairisation** (ou **tertiarisation**) se définit par la croissance de la part des services dans la production globale qui va de pair avec la part croissante des actifs du secteur tertiaire dans la population active totale.

La tertiairisation est due à plusieurs phénomènes :

– la forte augmentation du pouvoir d'achat des ménages a transformé la structure de consommation ; une part croissante de celle-ci se tourne vers les services ;

Production de masse ►
Voir p. 204

– la production de services est rarement une production de masse ; si certaines activités du tertiaire comme le commerce, les banques ou les assurances ont des gains de productivité importants, de nombreuses activités tels les services de proximité et les services de l'administration n'enregistrent que de faibles gains de productivité. Ainsi, globalement, les gains de productivité sont plus faibles que dans le secteur secondaire. La croissance de la production de services étant supérieure à la croissance de la productivité du secteur tertiaire, les besoins de main-d'œuvre sont croissants ;

– les services aux entreprises se sont multipliés sous l'effet du développement de la sous-traitance. C'est ce que l'on appelle l'**externalisation** : tendance des entreprises à se recentrer sur leur activité principale et à faire appel à d'autres entreprises pour les activités annexes, souvent celles de services (transport, gardiennage...).

◄ **Sous-traitance** Voir p. 279

La tertiairisation touche également les emplois des autres secteurs. La **tertiairisation des emplois** désigne l'augmentation de la part des emplois de type tertiaire, c'est-à-dire de type non manuel. Ainsi, par exemple, dans les entreprises du secteur secondaire, le nombre de cols bleus diminue au profit de celui des cols blancs, car les techniques, dont l'automation, diminuent les besoins en travail manuel.

◄ **Emplois tertiaires** Voir p. 188
◄ **Cols blancs / Cols bleus** Voir p. 187

On assiste donc sur le long terme, dans les pays développés, à un **déversement sectoriel** qui désigne, dans un premier temps la diminution de la population active occupée dans le primaire au profit du secondaire, puis, dans un second temps, celle des secteurs primaire et secondaire au profit du secteur tertiaire.

Ce déversement sectoriel peut créer des déséquilibres :

– le secteur tertiaire n'est pas un secteur moteur comme pouvait l'être le secteur secondaire. En effet, ses effets d'entraînement sur le reste de l'économie sont moins importants, car ses consommations intermédiaires sont moins fortes ;

– les gains de productivité du secteur tertiaire sont plus faibles, ce qui, par effet de structure, tire vers le bas les gains de productivité de l'ensemble de l'économie. Cela présente un risque de ralentissement de la croissance.

◄ **Consommations intermédiaires** Voir p. 17
◄ **Effet de structure** Voir p. 545

3

REVENU ET CONSOMMATION

A LES REVENUS

- Revenu et pouvoir d'achat
- Les revenus primaires
- Les revenus d'activité
- Les revenus du patrimoine
- Le revenu disponible

B CONSOMMATION ET ÉPARGNE

- Les différentes consommations
- Les transformations de la consommation
- Les déterminants de la consommation
- Les différentes formes d'épargne
- Le patrimoine

Les revenus des ménages sont la contrepartie directe ou indirecte de leur contribution à l'activité productrice. Les ménages utilisent ces revenus pour consommer et épargner. La consommation est influencée par le niveau de revenu d'une part et par d'autres facteurs comme le type de travail effectué ou la culture d'autre part.

A. LES REVENUS

REVENU ET POUVOIR D'ACHAT

Un **revenu** est une somme d'argent perçue par un agent économique en contrepartie de sa participation à la création de richesse (revenu primaire) ou pour compenser une insuffisance de revenu primaire (revenus de transfert). Les ménages sont les principaux bénéficiaires de ces revenus.

Les revenus servent d'abord à se procurer des biens et des services. La consommation est étroitement liée au revenu, mais dépend également du prix des biens achetés. Il faut donc raisonner en terme de pouvoir d'achat. Le **pouvoir d'achat** est la quantité des biens et services qu'un revenu permet de se procurer. Ce pouvoir d'achat est favorisé par l'augmentation du revenu, mais réduit par l'augmentation des prix. Il ne faut pas confondre le pouvoir d'achat avec le niveau de vie. Le **niveau de vie** est le revenu disponible d'un individu, sa mesure tient compte de la taille du ménage auquel l'individu appartient. Pour le calculer, on divise le revenu disponible du ménage par le nombre d'unités de consommation (uc). Le niveau de vie est donc le même pour tous les individus d'un même ménage. Les unités de consommation sont généralement calculées selon une échelle qui attribue 1 uc au premier adulte du ménage, 0,5 uc aux autres personnes de 14 ans ou plus et 0,3 uc aux enfants de moins de 14 ans. Le niveau de vie étant une notion quantitative, il est possible de comparer le niveau de vie d'une population à des périodes différentes ou celui de populations différentes au même moment.

LES REVENUS PRIMAIRES

Les **revenus primaires** sont l'ensemble des revenus dont les ménages bénéficient en contrepartie de leur participation directe (revenus d'activité) ou indirecte (revenus du patrimoine) à la production de richesse.

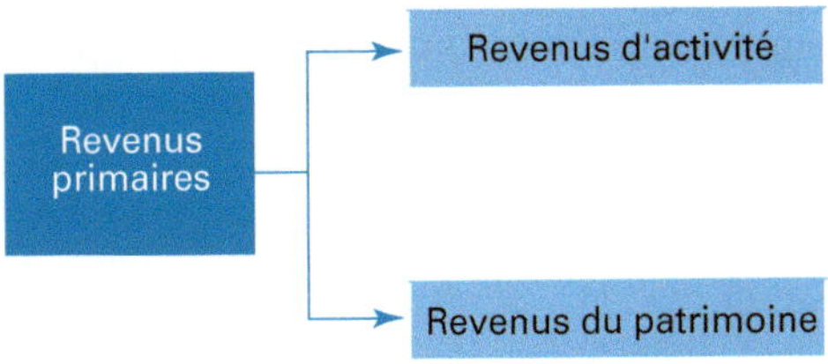

LES REVENUS D'ACTIVITÉ

Les **revenus d'activité** sont les revenus que les ménages perçoivent en contrepartie de leur contribution directe à la production de biens et services. Ils se composent du revenu d'activité salariée et du revenu d'activité non salariée.

Revenu d'activité salariée

Le **revenu d'activité salariée** est le revenu qui rémunère le travail salarié. Il se compose du salaire brut et des cotisations sociales patronales.

Le **salaire** est le paiement du travail d'un salarié par un employeur.

Le **salaire brut** est le salaire qui est fixé par le contrat de travail. Il n'est pas le salaire réellement perçu puisqu'il faut lui soustraire les cotisations sociales salariales ainsi que certains impôts comme la CSG.

CSG
Voir p. 40

Dans le cas des fonctionnaires, ce salaire s'appelle un **traitement** qui est donc le salaire rémunérant le travail des fonctionnaires.

Le **salaire net** est le salaire effectivement perçu par le salarié en échange de son travail. Il est égal au salaire brut auquel on a soustrait les cotisations sociales salariales et la CSG.

Les cotisations sociales financent principalement la sécurité sociale, qui les redistribue sous forme d'allocations familiales, de pensions de retraite et de prise en charge des frais de maladie, et qui indemnisent une partie des chômeurs. C'est pourquoi elles

Sécurité sociale
Voir p. 237

sont partie prenante de la rémunération des salariés. Bien qu'elles ne soient pas directement perçues par les salariés, elles alimentent des revenus qui bénéficient aux ménages. À ces cotisations sociales traditionnelles, il faut ajouter deux impôts. Le premier est la contribution sociale généralisée (CSG) et le second la contribution au remboursement de la dette sociale (CRDS). Leur principal intérêt est qu'ils ne sont pas limités au salaire, mais supportés par l'essentiel des revenus des ménages. Un point de CSG rapporte donc plus à la sécurité sociale qu'un point de cotisation sociale.

La **CSG (contribution sociale généralisée)** est un impôt portant sur l'essentiel des revenus des ménages (salaires, traitement des fonctionnaires, revenus de la propriété et une partie des prestations sociales) et qui s'est partiellement substitué aux cotisations sociales dans le financement de l'assurance maladie. Il est prélevé à la source, c'est-à-dire avant que les ménages ne perçoivent leur revenu.

De son côté, l'employeur ne se contente pas de verser un salaire brut puisqu'il doit en plus payer des cotisations sociales patronales. L'ensemble de ces dépenses constitue un revenu immédiat ou différé pour le salarié, mais un coût pour son employeur.

Le **coût salarial** est l'ensemble des dépenses occasionnées par l'emploi d'un salarié. Il se compose principalement du salaire brut et des cotisations sociales patronales.

Revenu d'activité non salariée

Le **revenu d'activité non salariée** est le revenu qui est la contrepartie de l'activité productrice des non-salariés (principalement des travailleurs indépendants). Il est assimilé au bénéfice de l'entreprise au sens large, c'est-à-dire à l'excédent brut d'exploitation (EBE).

EBE ►
Voir p. 133

Ce revenu rémunère à la fois leur travail (ils travaillent dans leur propre entreprise) et leur capital (ils possèdent leur entreprise et souhaitent tirer un revenu de leur propriété). Il est impossible de séparer la part de leur travail et de leur capital. Leur revenu est donc qualifié de mixte.

Revenus mixtes : excédent brut d'exploitation (EBE) des entrepreneurs individuels. Il rémunère à la fois le travail que l'entrepreneur accomplit dans son entreprise et les capitaux qu'il y a apportés.

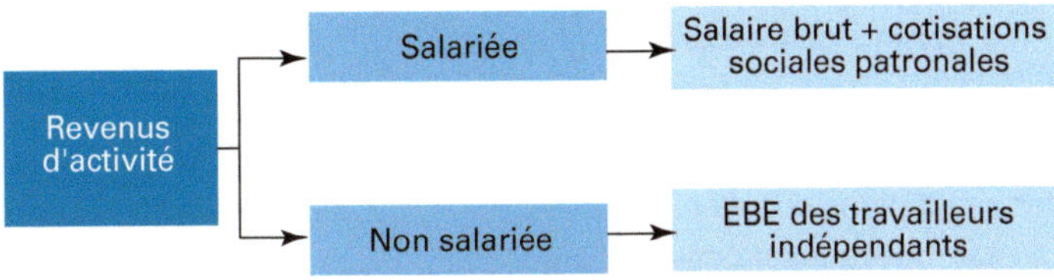

LES REVENUS DU PATRIMOINE

Aux revenus issus directement de l'activité économique s'ajoutent ceux provenant de la possession d'un patrimoine. Ce patrimoine donne généralement lieu à des revenus : les actions procurent un dividende, les obligations (comme toutes les créances) un intérêt, les appartements loués à d'autres ménages des loyers, etc. L'ensemble de ces revenus forme ce que l'on appelle les revenus de la propriété.

Revenus de la propriété : revenus provenant des placements financiers (actions et obligations) ou immobiliers (logements, terrains) des ménages. Ils se composent de dividendes et d'intérêts d'une part, de loyers, de fermages et baux commerciaux d'autre part.

Revenus du patrimoine : revenus de la propriété auxquels on ajoute le montant des loyers fictifs des ménages propriétaires, car on considère que ces ménages bénéficient d'un revenu représentant le montant du loyer qu'ils pourraient obtenir de leur logement s'ils le louaient.

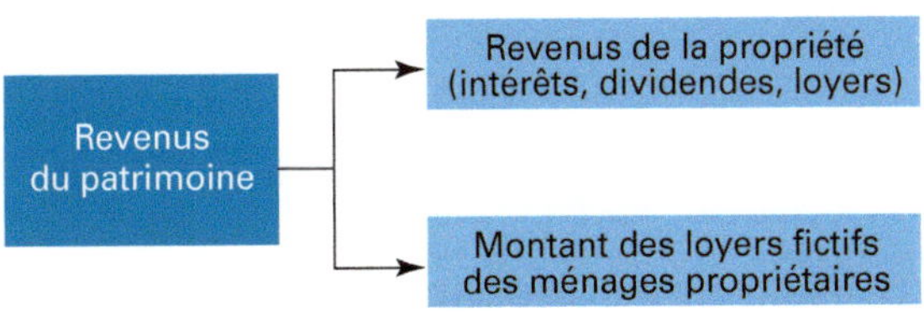

LE REVENU DISPONIBLE

Le **revenu disponible** est le revenu que les ménages peuvent effectivement utiliser pour la consommation et l'épargne. Il est égal au revenu primaire, diminué des cotisations sociales salariales et des impôts versés (CSG, CRDS et impôt sur le revenu), et augmenté des prestations sociales.

	Revenus d'activité
+	Revenus du patrimoine
=	Revenu primaire
–	Cotisations sociales et impôts
+	Prestations sociales
=	Revenu disponible brut

Prestations sociales ►
Voir p. 237

Administration publique ►
Voir p. 32

Les prestations sociales (en espèces) sont des revenus versés par les administrations publiques afin de couvrir des « risques sociaux » (retraite, chômage, etc.) et effectivement perçus par les ménages. Elles se composent principalement des pensions de retraite, allocations familiales et indemnités de chômage.

Ces prestations sociales sont une des formes prises par les revenus de transfert.

Les **revenus de transfert** (ou **revenus sociaux**) sont les dépenses des administrations publiques destinées à couvrir les risques sociaux. Elles se décomposent en revenus de transfert en espèce (les prestations sociales) et revenus de transfert en nature (les dépenses destinées à couvrir gratuitement un risque social). Parmi ces revenus de transfert en nature, la comptabilité nationale intègre toutes les dépenses visant à assurer la gratuité des soins (y compris les remboursements de frais de maladie).

Comptabilité nationale ►
Voir p. 130

B. CONSOMMATION ET ÉPARGNE

LES DIFFÉRENTES CONSOMMATIONS

La **consommation** est l'usage d'un bien ou d'un service qui se traduit par sa destruction totale ou partielle. La destruction est totale lorsque l'on mange une glace, partielle lorsque l'on utilise une voiture.

La **dépense de consommation finale des ménages** est égale à la valeur des biens et services achetés par les ménages. Elle inclut les dépenses de santé non remboursées par les administrations publiques, mais ne comprend ni les achats de logements et les grosses réparations dans les logements qui sont considérés comme des investissements, ni le paiement des impôts et des cotisations sociales qui sont des prélèvements obligatoires.

Mais, pour tenir compte des services mis gratuitement à la disposition des ménages, l'Insee distingue les dépenses de consommation des ménages de leur consommation effective.

La **consommation finale effective des ménages** représente l'ensemble des biens et services effectivement utilisés par les ménages, que ces biens soient achetés (dépenses de consommation) ou qu'ils soient mis gratuitement à leur disposition par les administrations publiques (soins, éducation principalement), à l'exclusion, dans ce dernier cas, des services non marchands tels l'armée, la justice ou la police, dont on ne peut identifier précisément les destinataires (ils bénéficient aussi bien aux ménages qu'aux entreprises).

Les biens et services consommés peuvent être soit des biens privés soit des biens collectifs.

Un bien privé (ou privatif) est un bien ou un service qui ne peut être consommé que par une personne ou un ménage à la fois. Les biens privés (vêtements, voitures, coupes de cheveux…) constituent la part la plus importante de la consommation des ménages. Il existe également des **biens collectifs** qui sont des services (séance de cinéma, utilisation d'une autoroute, protection du pays, signal émis par un phare…) qui peuvent bénéficier à plusieurs ménages à la fois en même temps. Dans le cas de la séance de cinéma ou d'une autoroute, il est techniquement possible de restreindre le bénéfice du service aux ménages qui acceptent de payer. Dans le cas de la sécurité (intérieure ou extérieure) ou du signal émis par un phare, une fois le service fourni, il est impossible d'en limiter le bénéfice à certains usagers qui accepteraient d'en payer le prix. On a alors affaire à un **bien collectif pur** (ou bien public) qui est un bien collectif dont on ne peut réserver l'usage à certains consommateurs ou usagers. En effet, à partir du moment où le phare émet son signal, tous les navigateurs en bénéficient sans qu'il soit possible d'en exclure aucun.

Selon le type de bien, les consommations seront individuelles ou collectives.

◄ **Bien privé**
Voir p. 68

◄ **Bien collectif pur**
Voir p. 69

La **consommation individuelle** est l'achat par un individu de biens ou services dont l'usage ne profite qu'à un seul consommateur en même temps. C'est le cas d'un vêtement par exemple.

Une **consommation collective (au sens large)** est l'usage de services qui peuvent être consommés simultanément par plusieurs individus sans que la consommation de l'un ne réduise la consommation de l'autre. Le plus souvent, le concept de consommation collective est pris dans un sens plus restreint. Une **consommation collective (au sens restreint)** est l'usage de services produits par les administrations publiques et fournis gratuitement aux autres agents économiques. Certains de ces services correspondent à des biens publics purs (services produits par la police, l'armée, la justice par exemple) ; d'autres à des biens collectifs qui ne sont pas purs, mais qui sont fournis gratuitement par les administrations en raison des avantages qu'ils procurent (éducation par exemple).

La distinction entre les entreprises et les administrations nous amène à différencier la consommation marchande de la consommation non marchande.

La **consommation marchande** est l'acquisition par les ménages de biens et services le plus souvent fournis par des entreprises et achetés sur un marché à un prix donné. La consommation marchande ne comprend pas l'acquisition de logements ou les grosses réparations de logements qui sont considérés comme des investissements.

La **consommation non marchande** est l'utilisation de services fournis par des administrations et obtenus à titre gratuit (défense, justice, etc.) ou moyennant une participation de l'usager couvrant moins de la moitié des coûts réels (musées nationaux par exemple). La consommation non marchande concerne en premier lieu des biens collectifs purs, car ceux-ci ne peuvent pas être produits de façon rentable par les entreprises. En effet, une fois le service produit, il est impossible d'en exclure un usager. Seul l'État peut financer un tel service en obligeant tous les contribuables à participer à son financement. En contrepartie, ces biens collectifs purs sont mis gratuitement à la disposition des usagers. Cependant, les consommations non marchandes débordent du cadre des biens publics purs et peuvent concerner des services que les pouvoirs publics estiment nécessaire de diffuser massivement (l'éducation par exemple).

LES TRANSFORMATIONS DE LA CONSOMMATION

L'augmentation de la richesse produite au cours du XXe siècle a entraîné celle des revenus et de la consommation. Au cours des Trente Glorieuses, les sociétés des pays développés sont devenues des sociétés de consommation. Une **société de consommation** est une société dans laquelle la majorité de la population a accès aux biens de consommation de masse. Sur le plan économique, la consommation devient le moteur de la croissance ; sur le plan sociologique, elle devient un instrument permettant d'afficher son identité sociale. Avec la société de consommation s'impose une **norme de consommation** qui est un objectif de consommation que les ménages doivent atteindre sous peine de marginalisation (chaque ménage se doit de posséder une voiture, des appareils électroménagers, etc.). Le rôle central de la consommation dans la société a favorisé le développement du **consumérisme** qui est la protection des consommateurs par des associations créées à cet effet.

Mais la consommation ne se contente pas d'augmenter : elle se transforme, certaines consommations augmentent faiblement tandis que d'autres progressent plus vite que la moyenne. Ces transformations peuvent être mesurées par le calcul de coefficients budgétaires, un **coefficient budgétaire** étant la part (exprimée en pourcentage) d'une dépense consacrée à un groupe spécifique de biens ou de services (ex. : l'alimentation) dans l'ensemble des dépenses de consommation des ménages. Ainsi, aujourd'hui, l'alimentation représente un peu plus de 15 % de la consommation des ménages contre plus de 30 % dans les années 1960. Cela ne signifie pas que la consommation alimentaire a diminué en valeur absolue (les ménages dépensent plus d'argent pour leur alimentation aujourd'hui qu'en 1960), mais que ces dépenses ont augmenté moins vite que la moyenne. Leur importance relative a donc diminué.

◄ **Pourcentage de répartition**
Voir p. 544

Ce phénomène avait déjà été remarqué par le statisticien allemand Ernst Engel (1821-1896) qui a énoncé en 1857 une loi qui porte encore son nom :

La **loi d'Engel** est la loi qui stipule que la part du revenu consacré à l'alimentation (le coefficient budgétaire de l'alimentation) diminue lorsque le revenu augmente.

Ainsi la consommation alimentaire est peu sensible à l'augmentation du revenu (elle augmente moins vite que le revenu).

Au contraire, les loisirs sont très sensibles aux variations du revenu (ils augmentent plus vite que ce dernier).

LES DÉTERMINANTS DE LA CONSOMMATION

Les déterminants économiques : revenu et prix

La consommation répond à des besoins.

Les besoins ne déterminent pas la totalité de la consommation car, dans une société marchande, seuls les besoins solvables sont satisfaits.

Un **besoin solvable** est un besoin exprimé par un individu qui aura les moyens de le satisfaire à travers l'achat d'un bien ou d'un service. Ainsi, un SDF, dont les besoins essentiels ne sont pourtant pas satisfaits, consommera très peu, alors que des ménages aisés, dont l'ensemble des besoins semble satisfait, chercheront à accroître ou à diversifier leur consommation.

D'un point de vue économique, la consommation dépend à la fois du revenu et des prix. En principe, la consommation augmente lorsque le prix baisse. La question est de savoir si la consommation est très sensible à la variation du prix. Pour cela, on calcule l'élasticité-prix de la consommation.

Élasticité-prix
►
Voir p. 552

La consommation évoluant en sens inverse des prix, cette élasticité est négative. Par convention, on présente souvent cette élasticité en valeur absolue en lui donnant une valeur positive. Ainsi, une élasticité-prix égale à 1 signifie que la hausse de la consommation est proportionnelle à la baisse des prix (par exemple, une baisse des prix de 10 % se traduit par une hausse de la consommation de 10 %). L'élasticité est supérieure à 1 pour des produits très sensibles aux prix : une hausse des prix va se traduire par une baisse plus importante de la consommation. C'est le cas des céréales consommées au petit déjeuner. Par contre, pour des produits peu sensibles au prix (par exemple, le fuel, puisque les ménages sont « obligés » de chauffer leur logement), l'élasticité est inférieure à 1. Dans ce cas, une hausse des prix n'entraîne qu'une faible diminution de la consommation.

Il existe pourtant des produits dont la consommation baisse lorsque les prix baissent. C'est le cas de certains biens de luxe qui sont justement achetés en raison de leur prix élevé et de l'image attribuée à ceux qui les possèdent. Il y a donc des consommations qui ne répondent pas à une stricte logique économique.

Les déterminants sociaux : un marqueur social

Le premier sociologue à avoir étudié le rôle social de la consommation est l'américain d'origine scandinave Thorstein Veblen (1857-1929). Dans son livre *Théorie de la classe de loisir* (1899), il affirme que les très riches propriétaires cherchent à se distinguer du peuple par leur absence de travail concret et par leurs consommations ostentatoires.

◄ **Veblen (effet Veblen)** Voir p. 58

Une **consommation ostentatoire** est la consommation d'un bien ou d'un service dans le seul but de signifier aux autres une position sociale ou un niveau de vie élevé. Ce type de consommation, fondé sur le gaspillage apparent, permet aux plus riches d'afficher leur statut social. À une époque où les congés payés n'existaient pas, les riches s'affirmaient grâce aux loisirs.

Au-delà de cette volonté d'afficher une supériorité sociale, la consommation permet également d'exprimer sa différence ou, du moins, son appartenance à un groupe social. La consommation vestimentaire ou musicale est un moyen privilégié pour une large partie des jeunes de signifier leur appartenance à cette catégorie sociale. La consommation est alors un langage qui permet de communiquer avec les autres, les objets étant des symboles utilisés par les individus pour afficher leurs références.

◄ **Groupe social** Voir p. 336

Les sociologues désignent par **effet de signes** la fonction sociale jouée par la consommation de biens ou de services, qui permet à un individu d'afficher ses goûts et donc ses valeurs. La consommation permet alors à un ensemble d'individus de se rassembler en partageant les mêmes signes tout en se différenciant d'un ou plusieurs autres groupes caractérisés par des consommations différentes.

LES DIFFÉRENTES FORMES D'ÉPARGNE

L'**épargne** est la partie du revenu disponible qui n'est pas consommée. Pour mesurer l'effort réalisé par les ménages en matière d'épargne, il est possible de calculer un **taux d'épargne** (exprimé en %) qui est le rapport de l'épargne brute au revenu disponible des ménages.

$$\text{Taux d'épargne} = \frac{\text{Épargne}}{\text{Revenu disponible}} \times 100$$

Thésaurisation
►
Voir p. 100

Cette épargne se partage en deux parties :

– l'**épargne non financière** est la partie de l'épargne consacrée à l'achat de biens immobiliers (logements, terrains). Elle est donc consacrée à l'investissement des ménages ;

– l'**épargne financière** est la partie de l'épargne qui est conservée sous forme de monnaie ou de placements rémunérés (dépôts sur un compte jeune, action d'achat). La première forme d'épargne financière est le résultat d'une thésaurisation qui est le fait de conserver son épargne sous forme de monnaie (billets ou dépôts sur un compte courant non rémunéré). Cette forme d'épargne est toujours disponible, mais ne procure aucun revenu à son propriétaire. La seconde forme est le résultat d'un **placement financier** qui est l'achat de titres financiers (actions, obligations) de façon directe ou indirecte (par l'intermédiaire d'un contrat d'assurance vie par exemple). Cette forme d'épargne est rémunérée, mais comporte des risques qui nuisent à sa liquidité.

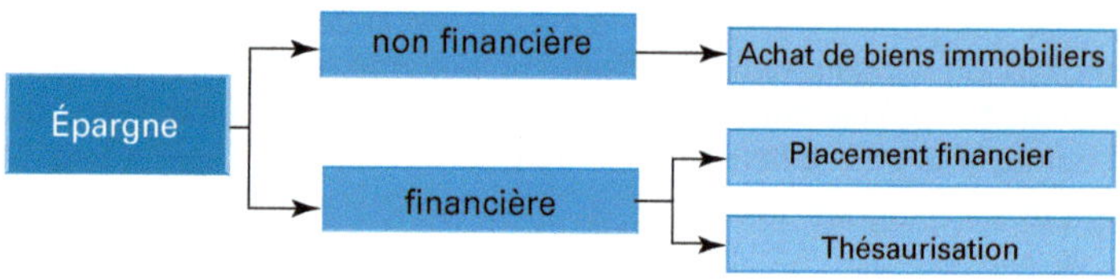

LE PATRIMOINE

Alors que l'épargne est un flux, le **patrimoine** est un stock qui représente les avoirs d'un agent économique (entreprise, ménage, etc.) sous forme de biens immobiliers, de liquidités ou de placements financiers. Le patrimoine des ménages n'intègre donc pas les biens durables (voitures, télévisions, etc.) ni les œuvres d'art. Selon que l'on prenne ou non en compte les dettes du ménage, on s'intéressera à son patrimoine brut ou net.

Le **patrimoine brut** est l'avoir global d'un agent économique alors que le **patrimoine net** est l'avoir global d'un agent économique auquel est soustrait l'ensemble de ses dettes.

4

LE MARCHÉ

A L'ÉCHANGE SUR LE MARCHÉ

- La diversité des marchés
- Les gains à l'échange

B LES MÉCANISMES DU MARCHÉ CONCURRENTIEL

- La demande
- L'offre
- La confrontation de l'offre et de la demande sur le marché

C LES MARCHÉS IMPARFAITEMENT CONCURRENTIELS

- La diversité des structures de marché
- Pouvoir de marché et régulation de la concurrence

D LES DÉFAILLANCES DU MARCHÉ

- Les asymétries d'information
- Les biens collectifs
- Les externalités

A. L'ÉCHANGE SUR LE MARCHÉ

Le **marché** est le lieu (réel ou fictif) où la demande et l'offre d'une marchandise se rencontrent et donnent naissance à des flux d'échange.

LA DIVERSITÉ DES MARCHÉS

Marché monétaire ▶ Voir p. 97

Il existe une multitude de marchés différents. L'**échange marchand** (cession d'un bien ou d'un service sur un marché avec une contrepartie monétaire) a pris les formes les plus diverses, des foires du Moyen Âge jusqu'aux achats en ligne en passant par le **marché des capitaux** – appelé aussi **marché des fonds prêtables** – (marché sur lequel se confrontent la demande de capitaux et l'offre de capitaux ; le prix du capital est le taux d'intérêt), le marché monétaire ou le **marché du travail** (marché sur lequel la demande de travail, qui provient des entreprises et des administrations, se confronte à l'offre de travail qui provient de la population active ; le prix du travail est le salaire). Il existe autant de marchés que de produits à échanger et les modalités d'échange diffèrent fortement d'un marché à un autre.

Pour les libéraux, le marché est un ordre naturel ; il est universel. Ainsi, Smith pense que les hommes ont un penchant naturel à échanger. D'autres économistes mettent l'accent sur les différentes formes prises par l'échange au cours du temps. **Karl Polanyi** (1886-1964) est un économiste et historien d'origine hongroise. Il a émigré en 1930 en Grande-Bretagne puis aux États-Unis. Son œuvre principale (*La grande transformation*, 1944) explique comment le marché n'est devenu une institution majeure dans les pays européens à partir du début du XIXe siècle. Auparavant, les rapports économiques n'étaient pas séparés des autres rapports sociaux, familiaux ou politiques. C'est la séparation des sphères économiques et sociales, en partie sous l'influence des États, qui a permis l'émergence des marchés autorégulateurs. Selon Polanyi, au XXe siècle a eu lieu la grande transformation qui, grâce à la mise en place de la législation sociale, a réduit la rupture entre les deux sphères qui avaient été séparées.

Le marché ne peut se passer de l'intervention de l'État. L'État doit en effet garantir les droits de propriété. Un **droit de propriété** est le droit de disposer librement d'un bien que l'on possède (ce bien n'est pas forcément économique ; il peut s'agir du droit à disposer d'air pur par exemple).

Les marchés sont encadrés par des **institutions** (ensemble des règles et des organisations qui structurent la société, aussi bien dans la sphère économique que dans la sphère sociale) qui ont été mises en place par les États ou qui sont le résultat de l'évolution sociale (certaines règles morales par exemple). L'État réglemente la concurrence et protège les consommateurs et les salariés par la définition d'un certain nombre de règles.

Certains contre-pouvoirs, comme les associations de consommateur, limitent aussi les éventuels abus nés de la liberté des marchés.

Les rapports économiques sont essentiellement fondés sur l'échange marchand, mais les rapports sociaux non marchands ne disparaissent pas pour autant. Les liens entre les individus ne sont pas toujours marchands ; ainsi, par exemple, un salarié est-il soumis à une hiérarchie et à des règles formelles et informelles dans l'entreprise. Dans ce cas, le lien qui unit l'entreprise et son salarié est à la fois un lien marchand et un lien de subordination.

LES GAINS À L'ÉCHANGE

Qu'ils s'effectuent entre individus ou entre nations, les échanges présentent de nombreux avantages.

Sans échange, les individus devraient produire eux-mêmes la totalité de ce qu'ils consomment ; l'échange permet donc d'accroître très fortement la diversité des produits consommés. Grâce aux échanges, les individus peuvent se spécialiser (certains produisent des automobiles, d'autres sont médecins) ce qui permet de gagner en efficacité. Le **gain de l'échange** désigne l'avantage que gagnent les agents économiques à l'échange ; il se mesure par la différence entre le prix auquel le vendeur ou l'acheteur était prêt à effectuer la trans-action et le prix réel de l'échange. Il est égal à la somme du surplus du consommateur et du surplus du producteur.

◄ **Surplus du consommateur**
Voir p. 62

◄ **Surplus du producteur**
Voir p. 62

◄ **Spécialisation**
Voir p. 106

◄ **Avantage absolu**
Voir p. 266

L'échange entre nations présente deux avantages principaux : se procurer des produits que le pays ne peut pas produire ; se procurer des produits qui sont moins chers à l'étranger. Il permet aussi la spécialisation.

Les échanges, donc la spécialisation des individus et des nations, sont avantageux en cas d'avantages absolus (les deux partenaires échangeant deux produits : l'un est plus efficace pour la production du premier produit, l'autre pour la production du second produit), mais aussi même lorsque des individus et des nations sont moins

Avantage comparatif ►
Voir p. 266

productifs que d'autres dans tous les produits ; il suffit qu'il existe un avantage comparatif. C'est le cas lorsqu'un individu ou une nation, moins productif que ses partenaires dans toutes les activités, est moins désavantagé dans certaines d'entre elles. Chaque individu ou chaque nation a alors intérêt à produire le bien pour lequel il est le plus avantagé ou le moins désavantagé et à acheter l'autre.

La spécialisation est nécessaire, car aucun individu ou aucune nation ne peut produire tous les produits dont ils ont besoin. Les avantages productifs, qu'ils soient absolus ou comparatifs, conduisent à la spécialisation et celle-ci permet d'accroître les gains de l'échange, car elle permet d'accroître la productivité des individus et des nations.

Productivité ►
Voir p. 21

B. LES MÉCANISMES DU MARCHÉ CONCURRENTIEL

L'étude du marché est le domaine privilégié de la microéconomie. La **microéconomie** est un mode d'analyse de l'économie qui étudie le comportement des principaux agents économiques (essentiellement les consommateurs et les producteurs) et postule que c'est l'agrégation de leurs comportements qui forme l'économie. Ces agents économiques rationnels évoluent dans une économie de marché régulée par la variation des prix ; ils se livrent à un **calcul économique**, c'est-à-dire une comparaison systématique des avantages et des coûts de chacune des possibilités de choix de façon à maximiser la satisfaction.

Agent économique ►
Voir p. 26

Pour que la régulation par les prix soit optimale (le **prix** est la valeur d'échange d'une marchandise), donc pour que l'économie soit réellement et totalement une **économie de marché** (système économique régi par la concurrence et par la loi du marché – c'est-à-dire la loi de l'offre et de la demande), il est nécessaire que la **concurrence** (compétition entre les offreurs sur un même marché) soit effective et que soient donc respectées les conditions de la **concurrence pure et parfaite** (appelée aussi parfois **concurrence parfaite**), c'est-à-dire les conditions qui assurent une libre variation des prix et permettent à la loi de l'offre et de la demande d'être opérante :

– l'**atomicité** du marché (multitude d'offreurs et de demandeurs) est nécessaire pour qu'aucun des agents ne puisse à lui seul maîtriser les prix ou le niveau de la production ;

– grâce à l'**homogénéité** des produits (les prix sont semblables afin d'être comparables), la concurrence s'effectue sur le prix et pas sur la qualité du produit ;

– la libre entrée, la libre sortie du marché et la mobilité des facteurs de production permettent de fluidifier ce dernier ;

– la transparence du marché permet à tous les agents d'obtenir toutes les informations nécessaires.

La **loi de l'offre et de la demande** désigne le mécanisme selon lequel les prix diminuent lorsque l'offre est supérieure à la demande et augmentent lorsque la demande est supérieure à l'offre, ce qui induit un rééquilibrage. Ce mécanisme n'est effectif que si le prix est parfaitement flexible.

LA DEMANDE

La **demande** est, en microéconomie, la quantité d'un produit que les agents économiques sont prêts à acheter à un prix donné. En macroéconomie, la demande est l'ensemble des emplois de la production : consommation finale, consommation intermédiaire, investissement et exportations.

Le terme de demande s'applique à des objets ou produits différents : demande de biens et services (c'est celle-ci qui sera surtout étudiée ici), mais aussi demande de travail, demande de capital ou demande de monnaie.

Le consommateur est un agent rationnel qui cherche à maximiser son **utilité** (degré de satisfaction généralement procuré par la consommation des produits) et, de ce fait, à acheter au meilleur prix les produits qui lui apportent le plus de satisfaction. L'**équilibre du consommateur**, appelé aussi optimum du consommateur, est le niveau d'utilité maximal que le consommateur peut atteindre avec un budget donné.

Chaque consommateur rationnel n'achète un produit que s'il lui procure davantage d'utilité que ne lui coûte en désutilité son prix. Or, chaque unité consommée supplémentaire a une utilité inférieure à la précédente ; l'utilité marginale est donc décroissante.

On peut reprendre le célèbre exemple de Carl Menger, qui explique qu'un premier litre de blé servira à l'alimentation et aura donc une grande utilité, un second litre de blé pourra être utilisé pour l'alimentation du bétail et aura donc un niveau d'utilité inférieur et le troisième litre pourra servir à faire de l'alcool, d'où une utilité encore plus faible.

◄ **Facteur de production**
Voir p. 19

◄ **Consommation finale**
Voir p. 43

◄ **Consommation intermédiaire**
Voir p. 17

◄ **Investissement**
Voir p. 135

◄ **Exportation**
Voir p. 256

◄ **Biens et services**
Voir p. 16-17

◄ **Demande de travail**
Voir p. 195

◄ **Capital**
Voir p. 19

◄ **Monnaie**
Voir p. 88-89

◄ **Utilité marginale**
Voir p. 515

◄ **Menger**
Voir p. 515

Le choix entre deux biens

La théorie du consommateur suppose que tout consommateur a un ensemble bien défini de préférences et qu'il n'est jamais totalement saturé d'un bien, ce qui signifie que, même si l'utilité marginale est décroissante, elle n'est jamais nulle et toujours positive. Pour simplifier l'étude mathématique et la représentation graphique, l'analyse microéconomique suppose que les produits sont parfaitement divisibles et qu'il est donc toujours possible d'ajouter ou de soustraire n'importe quelle quantité de produit.

Considérons un bien représentant l'ensemble de l'alimentation et un autre représentant l'habillement. Le consommateur choisit la combinaison de consommation optimale entre ces deux biens. Il est tout à fait possible d'imaginer qu'une relativement forte consommation d'habillement et une relativement faible consommation d'alimentation lui procurent la même utilité qu'une relativement faible consommation d'habillement et une relativement forte consommation d'alimentation.

Utilité ►
Voir p. 53

À partir de là, on comprend que, pour un niveau d'utilité totale donné, il existe une infinité de combinaisons de ces deux biens ; chacune de ces combinaisons procure indifféremment la même utilité au consommateur. La **courbe d'indifférence** est la courbe qui retrace toutes les combinaisons de deux biens procurant le même niveau d'utilité au consommateur. À chaque nouveau degré d'utilité correspond une nouvelle courbe d'indifférence ; plus l'utilité est élevée, plus la courbe d'indifférence se situe sur la droite.

Les courbes d'indifférence

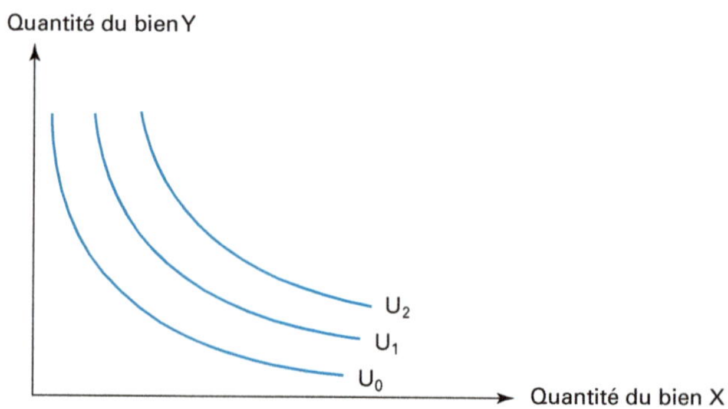

Imaginons que le consommateur dispose pour se procurer ces biens d'un budget de 100 euros. Chaque bien « alimentation » vaut 10 euros et chaque bien « habillement » en vaut 20. Avec son budget, le consommateur peut acheter différentes combinaisons des deux biens : il peut décider de n'acheter que de l'alimentation – dans ce cas, il pourra s'en procurer 10 unités – ou n'acheter que de l'habillement – dans ce cas, il pourra s'en procurer 5 unités –, mais le plus probable est qu'il achète une combinaison de ces deux biens.

Pour représenter graphiquement le domaine des choix possibles, il faut tracer la **droite de budget** (appelée aussi **ligne de budget** ou **ligne des prix**), qui est la droite retraçant toutes les combinaisons des deux produits que le consommateur peut acheter avec son budget – dans notre exemple, toutes les combinaisons de biens d'alimentation et d'habillement qu'il peut obtenir pour 100 euros. Pour cela il suffit de déterminer le nombre de biens Y qu'il peut se procurer s'il n'achète que des biens Y (ce point que l'on posera sur l'axe des y correspond à R/py – dans notre exemple, si le bien Y est l'habillement : 100/20 = 5) et le nombre de bien X qu'il peut se procurer s'il n'achète que des biens X (ce point que l'on posera sur l'axe des x correspond à R/px – dans notre exemple, si le bien X est l'alimentation : 100/10 = 10).

La droite de budget

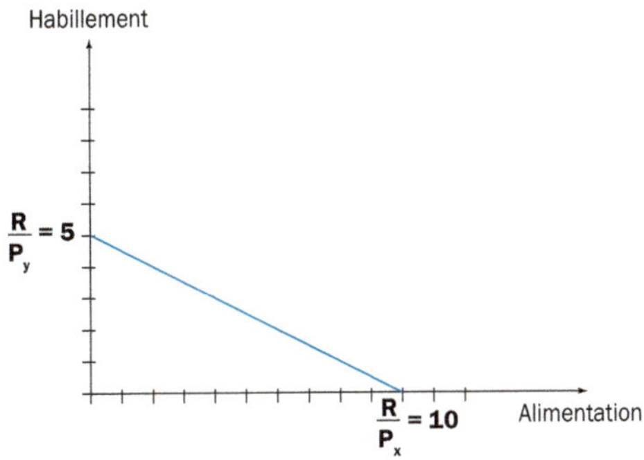

Chaque point de la ligne de budget représente une combinaison des deux biens que le consommateur peut acheter en dépensant la totalité de son budget ; tous les points situés en dessous de la droite appartiennent aussi au domaine des choix possibles, mais leur choix n'implique pas la dépense de la totalité du budget.

Courbe d'indifférence ► Voir p. 54

Utilité ► Voir p. 53

Le **maximum du consommateur** (appelé aussi équilibre du consommateur) correspond à la combinaison de biens de consommation qui maximise son utilité pour un budget donné. Le choix du consommateur résulte donc à la fois de la contrainte budgétaire (budget dont il dispose et prix des biens) et de son système de préférence qui, dans le cas de l'arbitrage entre deux biens, est représenté pas sa **carte d'indifférence** (ensemble des courbes d'indifférence du consommateur). La combinaison choisie, celle qui maximise l'utilité pour un budget et un système de prix donnés, est celle qui se situe à l'intersection entre cette ligne des prix et la courbe d'indifférence la plus élevée (celle qui représente l'utilité la plus forte), c'est-à-dire le point où la ligne de budget est la tangente de la courbe d'indifférence.

L'optimum du consommateur

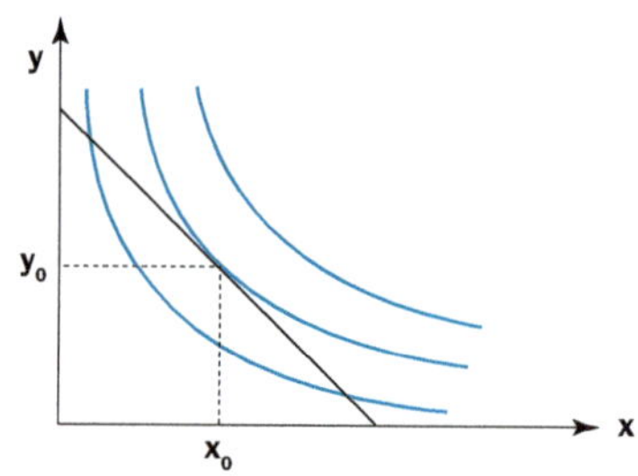

Une modification du prix d'un des deux biens peut provoquer deux effets :

– l'**effet de substitution** désigne la modification de la combinaison de consommation à la suite de la variation du prix d'un des biens : le bien dont le prix relatif a augmenté est moins consommé au profit de l'autre bien ;

– l'**effet de revenu** désigne la modification du pouvoir d'achat du consommateur à la suite de la variation du prix d'un des biens : une augmentation du prix réduit le pouvoir d'achat, donc la satisfaction globale, alors qu'une baisse du prix augmente le pouvoir d'achat, donc la satisfaction globale.

La fonction de demande du consommateur

Si la demande globale du consommateur dépend surtout de son niveau de revenu, sa demande pour un bien particulier résulte essentiellement du prix de ce bien. Ici, le terme « prix » doit être compris au sens large : c'est-à-dire le prix relatif du bien par rapport aux autres biens.

La demande est dans la grande majorité des cas une fonction décroissante du prix. La théorie de l'utilité permet de le comprendre : le consommateur rationnel consomme tant que son utilité marginale est supérieure à la désutilité que représente le prix ; si l'utilité était mesurable (comme le pensaient les premiers microéconomistes), on pourrait dire que l'équilibre du consommateur se situe au point qui égalise l'utilité marginale et la désutilité du prix de vente (au-dessus, il a un manque à gagner). Lorsque le prix augmente, la demande diminue donc.

◄ **Utilité** Voir p. 53

◄ **Utilité marginale** Voir p. 515

Mais la réaction de la demande face à une modification de prix n'est pas équivalente pour tous les produits. Ainsi, par exemple, la demande de sel de table ou d'allumettes ne change quasiment pas quand le prix varie, alors que la demande d'automobiles varie fortement par rapport au prix. C'est l'élasticité de la demande par rapport au prix qui mesure le degré de variation de la demande lorsque le prix varie. L'élasticité se mesure par le rapport du taux de variation de la demande et du taux de variation du prix.

◄ **Élasticité** Voir p. 550

Les **biens de première nécessité** sont des produits indispensables qui ont une demande relativement inélastique, alors que les **biens de luxe** sont des produits non indispensables qui ont une demande relativement élastique.

La pente de la **courbe de demande** (courbe qui détermine la quantité demandée en fonction du prix ; elle est généralement décroissante) résulte donc du degré d'élasticité de la demande par rapport au prix. Une droite verticale correspond à une demande inélastique ; plus la pente est faible, plus l'élasticité est forte.

Différentes élasticités-prix

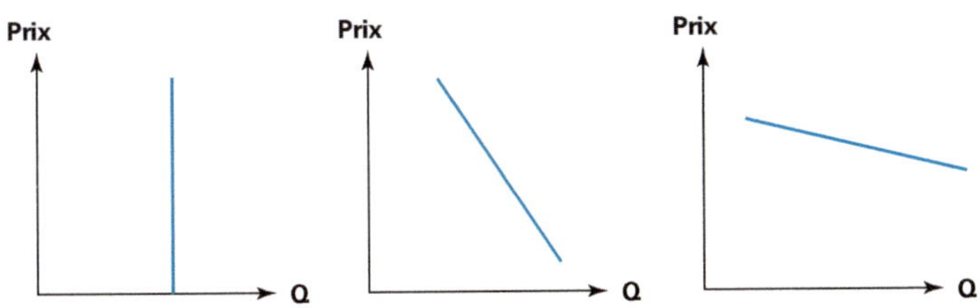

Inélasticité *(exemple : le sel de table)*

Élasticité faible *(exemple : le pain)*

Élasticité forte *(exemple : l'automobile)*

Dans certains cas, parfois reconnus par l'analyse microéconomique, la demande n'est pas une fonction décroissante du prix :

– l'**effet Giffen** met en évidence que la baisse du prix de certains produits de toute première nécessité, appelés produits inférieurs, peut provoquer une baisse de leur demande (symétriquement, la hausse de leur prix induit une hausse de leur demande). Ainsi, la baisse du prix du pain peut permettre aux consommateurs d'acheter davantage de produits alimentaires supérieurs, donc moins de pain ;

– l'**effet d'anticipation** met en évidence que la hausse du prix peut aussi susciter une hausse de la demande si le consommateur prévoit que cette hausse se poursuivra. Cet effet joue aussi pour la baisse des prix conduisant alors à une baisse de la demande ;

Veblen ► Voir p. 47
Statut ► Voir p. 325
Groupe social ► Voir p. 336
Akerlof ► Voir p. 539

– l'**effet d'ostentation**, appelé aussi **effet Veblen**, car il a été mis en avant par l'économiste sociologue américain d'origine scandinave Thorstein Veblen (1857-1929), montre que, pour des produits de luxe, certains demandeurs préfèrent des achats à prix élevé, signes de leur statut ou du groupe social auquel ils se réfèrent ;

– l'**effet de marque**, appelé aussi **effet Akerlof**, met en évidence que le consommateur peut être amené à préférer des produits chers, gages, selon lui, d'une meilleure qualité.

L'OFFRE

Offre de travail ► Voir p. 195
Profit ► Voir p. 27
Production ► Voir p. 16

L'**offre** désigne en microéconomie la quantité d'un produit que les agents économiques sont prêts à vendre (et éventuellement à produire) à un prix donné. En macroéconomie, l'offre globale est l'ensemble des ressources en biens et services (production et importations).

Le terme d'offre s'applique pour des marchandises et produits différents : offre de biens et services (c'est celle-ci qui sera surtout étudiée ici), mais aussi offre de travail, offre de capital ou offre de monnaie.

Facteur de production ► Voir p. 19
Loi des rendements décroissants ► Voir p. 23
Coût fixe ► Voir p. 24

L'entrepreneur est un agent rationnel qui cherche en premier lieu le profit. L'activité de l'entreprise est la production ; pour cela, elle achète des facteurs de production, qu'elle combine de la façon la plus efficace possible.

Le **coût marginal** est le coût induit par la production d'une unité supplémentaire. Il est d'abord une fonction décroissante (les coûts fixes sont de mieux en mieux rentabilisés), puis croissante (loi des rendements décroissants) de la quantité produite.

Coût moyen et marginal

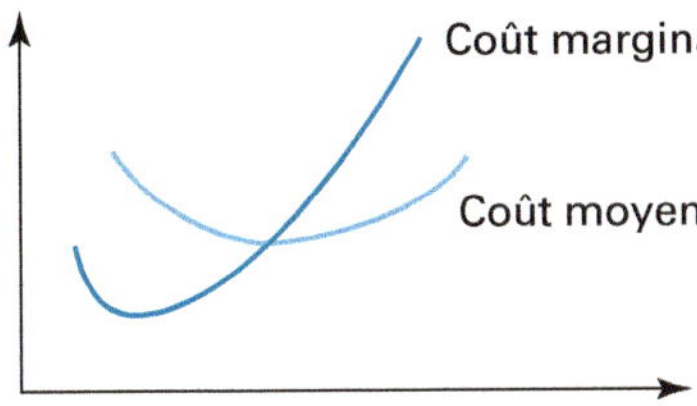

L'entreprise cherche à maximiser son profit. Pour déterminer la quantité à produire qui le maximise, elle compare ce que lui rapporte et ce que lui coûte chaque unité produite. Il s'agit alors de comparer le coût marginal et la **recette marginale** (recette de la dernière unité produite et vendue) et de produire la quantité qui permet exactement d'égaliser ces deux termes. Produire moins signifierait un manque à gagner et produire plus signifierait une perte sur la vente des unités supplémentaires.

◄ **Coût marginal** Voir p. 58

En situation de concurrence pure et parfaite, l'entreprise est un **preneur de prix** (agent économique n'ayant à lui seul aucune influence sur le niveau du prix) ; le prix provient du marché. En raison de l'atomicité du marché chaque entreprise ne peut agir que très marginalement sur les prix et les quantités produites. Dans ces conditions la demande à l'entreprise est infinie pour un prix donné. Elle peut être représentée par une droite horizontale : au-dessus du prix du marché, les ventes sont nulles et aucune entreprise ne vend en dessous du prix du marché puisque la totalité de la production peut être écoulée à ce prix.

◄ **Atomicité du marché** Voir p. 52

◄ **Prix de marché** Voir p. 61

Dans une situation de concurrence pure et parfaite, la recette marginale de l'entreprise est égale au prix de vente puisque chaque unité vendue supplémentaire lui rapporte ce prix de vente. L'entreprise doit donc produire la quantité qui égalise le prix de vente et le coût marginal.

◄ **Concurrence pure et parfaite** Voir p. 52

◄ **Entreprise** Voir p. 26

Au-dessus de ce point, l'entreprise a un manque à gagner et, en dessous, l'entreprise réalise une perte sur la dernière unité produite.

On peut donc affirmer qu'au-dessus d'un certain seuil, la **courbe d'offre** (courbe qui détermine la quantité produite en fonction du

Coût marginal ►
Voir p. 58

prix ; elle est généralement croissante) de l'entreprise se confond avec la courbe de coût marginal.

Le **seuil de rentabilité** ou **point mort** désigne la situation dans laquelle l'entreprise ne réalise ni profit, ni perte. Ce point se situe à l'intersection entre la courbe du coût marginal et celle du coût moyen ; au-dessous, l'entreprise réalise des pertes et, au-dessus, des profits. Mais la perte peut être acceptée à titre temporaire, car la poursuite de la production, sans couvrir le coût unitaire, permet au moins de couvrir une partie des coûts fixes tant que le prix de vente est supérieur au coût variable unitaire.

Coût unitaire ►
Voir p. 24
Coût fixe ►
Voir p. 24

Fonction d'offre

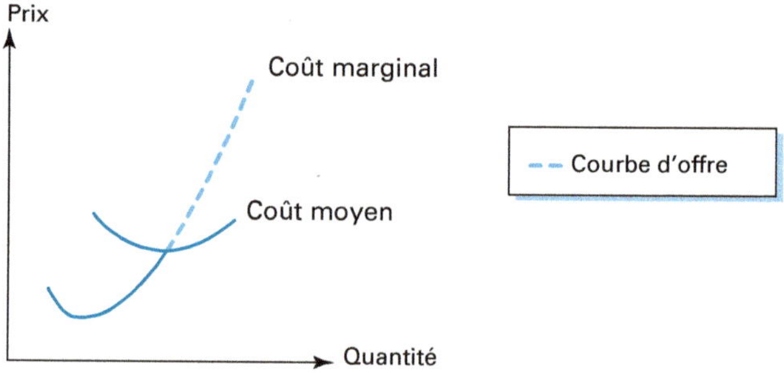

Sur longue période, le profit a tendance à s'annuler : en effet, tout **surprofit** (en microéconomie, rémunération du capital au-dessus de sa productivité marginale) attire de nouveaux offreurs, ce qui modifie la courbe d'offre, fait augmenter le niveau de la production et fait baisser les prix.

LA CONFRONTATION DE L'OFFRE ET DE LA DEMANDE SUR LE MARCHÉ

Marché ►
Voir p. 50
Taux d'intérêt ►
Voir p. 92
Offre ►
Voir p. 58
Demande ►
Voir p. 53

Sur chacun des marchés se confrontent une **offre globale** (somme des offres de chacun des producteurs présents sur le marché) et une **demande globale** (somme des demandes de chacun des acheteurs présents sur le marché). Chaque marché est régulé par un prix qui est parfaitement flexible (le prix du travail est le salaire et le prix du capital est le taux d'intérêt). L'offre est une fonction croissante du prix alors que la demande en est une fonction décroissante. La concurrence pure et parfaite permet d'atteindre sur le marché le **prix d'équilibre** (ou **prix de marché**), qui est le prix fixé par la loi de marché, c'est-à-dire par la libre confrontation de l'offre et de la demande sur un marché (seul ce prix assure l'égalité entre l'offre et la demande) et la **quantité d'équilibre**, c'est-à-dire la quantité qui correspond à l'égalité de l'offre et de la demande. La quantité offerte étant égale à la quantité demandée, il n'y a ni pénurie, ni surproduction.

◄ **Concurrence pure et parfaite**
Voir p. 52

Tout choc qui modifie l'offre ou la demande provoque un ajustement des prix qui assure ainsi un retour à l'équilibre. Il faut distinguer les déplacements de la courbe des déplacements sur la courbe. Le **déplacement sur la courbe** est, en microéconomie, une modification du couple prix/quantité d'offre ou de demande ne se produisant qu'à un nombre de demandeurs ou d'offreurs donnés (les fonctions d'offre et de demande demeurent inchangées). Il s'agit, par exemple, du nombre d'heures de travail qu'offre une population active donnée. Mais la plupart du temps, la variation des prix provoque l'arrivée de nouveaux offreurs ou demandeurs sur le marché ou le départ de certains d'entre eux du marché ; on observe dans ce cas un **déplacement de la courbe** (en microéconomie, glissement de la courbe d'offre ou de demande dû à l'entrée ou à la sortie d'agents sur le marché ; cela provoque une modification des fonctions d'offre ou de demande).

◄ **Population active**
Voir p. 186

Le déplacement de la courbe

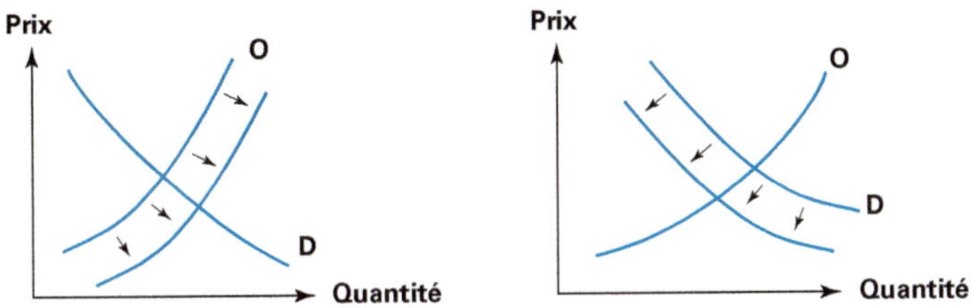

Augmentation du nombre d'offreurs

Diminution du nombre de demandeurs

Au prix d'équilibre, les demandeurs qui effectuent la transaction (c'est-à-dire ceux qui achètent) sont tous ceux qui avaient proposé un prix égal ou supérieur au prix d'équilibre. De nombreux demandeurs se retrouvent donc avec un surplus.

Le **surplus du consommateur** désigne l'utilité gagnée par les consommateurs qui disposent de produits à prix plus bas que ce qu'ils étaient prêts à payer. Inversement, les offreurs qui auraient proposé des prix plus faibles que le prix d'équilibre se retrouvent avec un surplus. Le **surplus du producteur** désigne le gain induit par la différence entre le prix d'équilibre et le prix qu'ils avaient posé au départ.

Le surplus du consommateur et du producteur

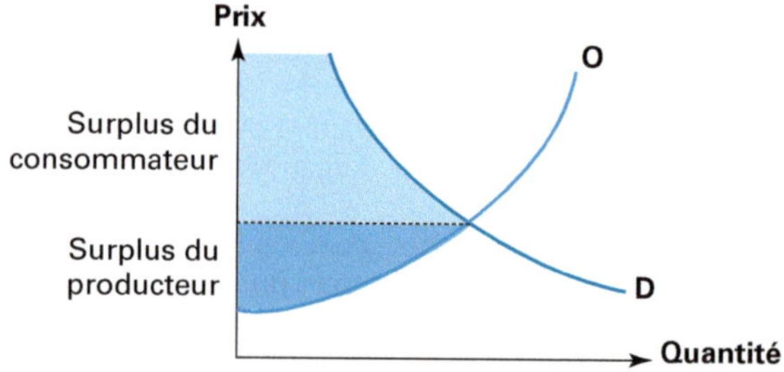

Prix ► Voir p. 52
Fonction de demande ► Voir p. 56
Production ► Voir p. 16

Le prix est un signal. Il oriente les ressources vers les secteurs où la demande est forte. Si, à la suite d'une modification de la fonction de demande, le prix augmente, les producteurs vont accroître leur production. À l'inverse, si le prix baisse, les producteurs réduiront leur production. Le prix des facteurs de production indique aux producteurs quelle combinaison des facteurs de production choisir. Par exemple, si le prix relatif du travail par rapport au capital augmente, les producteurs utiliseront plus de capital et moins de travail.

Pour chaque combinaison des quantités demandées ou offertes par rapport aux prix, le consommateur maximise son utilité et le producteur son profit. En participant aux échanges marchands, les individus améliorent donc leur situation. Ainsi le prix permet-il l'**allocation des ressources**, c'est-à-dire la répartition et l'affectation des différentes richesses dans une économie.

Pénurie ► Voir p. 7
Surproduction ► Voir p. 115
Chômage ► Voir p. 128
Épargne ► Voir p. 47

La flexibilité des prix permet l'égalité entre l'offre et la demande, donc l'équilibre sur tous les marchés : ni pénurie ni surproduction sur le marché des biens et des services ; ni chômage ni pénurie d'actifs sur le marché du travail ; toute l'épargne est investie et toutes les opportunités d'investissement sont satisfaites sur le marché du capital.

L'équilibre ne peut être atteint si les prix sont rigides. Par exemple, la fixation par l'État, par des syndicats ou des groupes de pression, d'un prix supérieur au prix d'équilibre provoque une situation de surproduction, une offre plus importante que la demande. À l'inverse, la fixation d'un prix inférieur au prix d'équilibre provoque une situation de pénurie, une offre inférieure à la demande. Dans les deux cas, cette situation provoque un **rationnement de l'offre ou de la demande** : quand l'offre et la demande ne sont pas égales, les quantités échangées le sont au niveau le plus bas de l'offre ou de la demande. L'offre est rationnée quand son niveau est supérieur à celui de la demande et la demande est rationnée quand son niveau est supérieur à celui de l'offre.

◄ **État**
Voir p. 435
◄ **Syndicat**
Voir p. 408
◄ **Groupe de pression**
Voir p. 340

Le rationnement de l'offre et de la demande

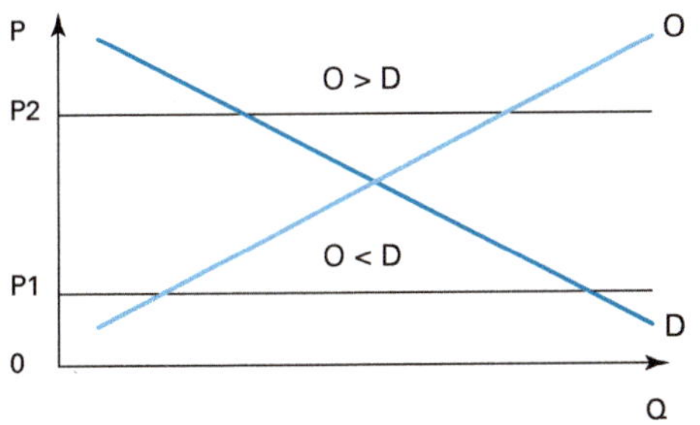

Pour un prix P2, le marché est en situation de surproduction.
Pour un prix P1, le marché est en situation de pénurie.

C. LES MARCHÉS IMPARFAITEMENT CONCURRENTIELS

◄ **Concurrence pure et parfaite**
Voir p. 52
◄ **Concurrence imparfaite**
Voir p. 65
◄ **Oligopole**
Voir p. 65
◄ **Concurrence monopolistique**
Voir p. 65

LA DIVERSITÉ DES STRUCTURES DE MARCHÉ

Une **structure de marché** se caractérise par le nombre d'offreurs et de demandeurs présents sur le marché ainsi que par les stratégies mises en œuvre par les offreurs. On distingue trois grandes formes de marché : la concurrence pure et parfaite, le monopole et la concurrence imparfaite (entente, oligopole et concurrence monopolistique).

Le monopole

La situation opposée à celle de la concurrence est celle du monopole. Le **monopole** désigne à la fois la forme de marché sur lequel se trouve un seul offreur et l'entreprise qui est le seul offreur sur le marché. (Le **monopsone** désigne à la fois la forme de marché sur lequel se trouve un seul demandeur et l'entreprise qui est le seul demandeur sur le marché).

Coût fixe ►
Voir p. 24

On différencie habituellement trois types de monopoles : le **monopole naturel** (forme de monopole justifié par des conditions techniques – coûts fixes élevés, par exemple – qui font que des entreprises concurrentes ne seraient pas rentables), le **monopole légal** ou **monopole institutionnel** (forme de monopole protégé par des règlements administratifs) et le **monopole d'innovation** (forme de monopole, étudiée par Schumpeter, résultant de la fabrication par l'entreprise d'un nouveau produit ; il s'agit d'un monopole temporaire, car l'innovation est rapidement imitée par d'autres entreprises).

Innovation ►
Voir p. 142
Schumpeter ►
Voir p. 519

Le monopole a parfois intérêt à discriminer. Un **monopole discriminant** est un monopole qui propose des prix différents en fonction de l'élasticité de la demande par rapport aux prix de sa clientèle. Plus l'élasticité est faible, plus le prix est élevé. Ainsi, les producteurs automobiles vendent généralement plus cher sur leur marché d'origine, en raison de la préférence nationale, qu'à l'étranger ; les prix des billets d'avion sont plus élevés pour les hommes d'affaires, dont la demande est plus rigide, qui voyagent en semaine ; les billets de train sont moins chers pour les étudiants, dont les revenus sont faibles…

Élasticité ►
Voir p. 550

Pour mener de façon optimale cette stratégie de prix, le monopole doit être capable de bien connaître les fonctions de demande de chaque catégorie de consommateurs.

Fonction de demande ►
Voir p. 56

Le monopole n'est pas un preneur de prix, mais un **faiseur de prix** (agent économique qui est en mesure de fixer le prix sur un marché). Pour cela, il doit tenir compte de l'élasticité de la demande par rapport au prix. La demande qui s'adresse au monopole n'est pas infinie (comme en concurrence pure et parfaite), elle est une fonction décroissante du prix, car la demande au monopole est identique à la demande au marché. Lorsqu'un monopole produit une unité supplémentaire, il est obligé de diminuer le prix pour pouvoir vendre davantage. La **rente de monopole** désigne le surprofit du monopole ; contrairement à celui des entreprises en concurrence pure et parfaite, ce surprofit est durable même sur longue période.

Concurrence pure et parfaite ►
Voir p. 52
Surprofit ►
Voir p. 60

La concurrence imparfaite

La **concurrence imparfaite** est une forme de marché intermédiaire entre le monopole et la concurrence pure et parfaite. Il existe trois principaux cas de concurrence imparfaite : le cartel, la concurrence monopolistique et l'oligopole.

Un **cartel** est un regroupement de producteurs qui s'entendent pour fixer les prix et la quantité produite. Lorsque plusieurs entreprises créent un cartel, elles passent un accord entre elles afin de limiter la concurrence et de se retrouver dans la situation la plus proche possible du monopole. Les cartels durables sont rares, car la formation d'un cartel impose des coûts de négociation et, surtout, des coûts de surveillance très élevés. Chacun des membres du cartel est incité à tricher en vendant moins cher ou en produisant plus ; une surveillance est donc nécessaire. De plus, lorsque le cartel est efficace, les surprofits qu'il engendre incitent de nouvelles entreprises à entrer sur le marché.

◄ **Monopole**
Voir p. 64

◄ **Surprofit**
Voir p. 60

La **concurrence monopolistique** est une forme de marché sur lequel les offreurs différencient leurs produits afin de tenter de les rendre uniques et de profiter ainsi d'un certain avantage de monopole. L'entreprise qui cherche à différencier son produit veut développer une « **concurrence hors prix** » (concurrence qui porte sur des critères autres que le prix : qualité des produits, service après-vente…). Cette différenciation peut porter sur des critères objectifs (couleur, esthétique, résistance) ou sur des critères subjectifs (mode, prestige de la marque). Ce sont ces stratégies de différenciation qui incitent à faire usage de la publicité. La compétitivité des entreprises ne dépend donc pas que du prix ; la compétitivité produit (compétitivité qui porte sur des critères autres que le prix : qualité des produits, service après-vente…) est souvent déterminante.

◄ **Différenciation**
Voir p. 29

◄ **Compétitivité**
Voir p. 258

◄ **Compétitivité produit**
Voir p. 258

◄ **Entreprise**
Voir p. 26

L'**oligopole** est une forme de marché sur lequel se trouvent un nombre limité d'offreurs. Chaque décision de chaque entreprise a une influence sur les autres entreprises ; elles doivent donc adopter un comportement de type stratégique. Dans le cas du **duopole** (forme de marché sur lequel se trouvent uniquement deux offreurs), on considère que chaque entreprise peut soit chercher à dominer le marché, soit se comporter en satellite.

L'**équilibre du monopole** correspond au niveau de production qui permet au monopole de maximiser son profit. Le niveau de production est plus faible et le prix plus élevé que ceux qui résulteraient de la concurrence. La situation de monopole n'est donc pas optimale pour le consommateur et pour l'économie.

POUVOIR DE MARCHÉ ET RÉGULATION DE LA CONCURRENCE

Concurrence pure et parfaite ► Voir p. 52
Preneur de prix ► Voir p. 59

En concurrence pure et parfaite, toutes les entreprises sont des preneurs de prix et aucune ne peut fixer un prix supérieur à celui du marché. Lorsque le marché est en situation de monopole ou de concurrence imparfaite, les entreprises ont intérêt à profiter d'un **pouvoir de marché** (capacité à fixer un prix supérieur à celui qui résulterait de la concurrence) pour augmenter leur profit. Pour être en mesure d'identifier si une entreprise détient un pouvoir de marché, il est nécessaire de définir ce qu'est un **marché pertinent** : il s'agit d'un segment de marché sur lequel un produit est en concurrence avec d'autres produits que les consommateurs considèrent comme substituables. Le marché pertinent présente deux dimensions : une dimension « produit » (tous les produits qui, par leurs caractéristiques, sont interchangeables) et une dimension « territoire » (zones dans lesquels les conditions de concurrence sont suffisamment homogènes).

Barrière à l'entrée ► Voir p. 28
Monopole ► Voir p. 64

Ce pouvoir de marché ne se maintient que s'il existe des barrières à l'entrée. Les entreprises ont en effet intérêt à mettre en œuvre des stratégies qui dissuadent de nouveaux producteurs d'entrer sur le marché. Ainsi, le monopole peut faire savoir qu'il réaliserait des investissements lui permettant de produire plus et de baisser son prix si de nouvelles entreprises se présentaient sur son marché. Il peut aussi vendre à un « prix limite » inférieur au prix maximisant le profit ou même accepter momentanément de vendre en dessous du coût moyen, quitte à faire des pertes.

Réglementation ► Voir p. 232

Les barrières à l'entrée peuvent aussi résulter des réglementations, de contraintes technologiques ou naturelles, ou bien de la possession d'un savoir-faire spécifique.

Optimum ► Voir p. 516

En situation de monopole, le niveau de la production est généralement plus faible et celui des prix plus élevé que ceux qui résulteraient d'une situation de concurrence. Comme la situation de monopole éloigne de l'optimum, l'État doit intervenir pour interdire le monopole (c'est, par exemple, l'objet des lois antitrust aux États-Unis) sauf en situation de monopole naturel, car cela conduirait à empêcher l'activité. Lorsque les conditions techniques du marché rendent nécessaire un monopole, les pouvoirs publics doivent le contrôler en mettant en œuvre une réglementation adaptée de façon à ce que les prix et le niveau de production ne soient pas contraires à l'intérêt général.

Les opérations de concentration sont réglementées et doivent être notifiées à la Commission européenne lorsqu'elles portent sur un montant de chiffre d'affaires important. L'objectif n'est pas d'interdire les concentrations, mais de prévenir les situations d'abus de position dominante.

◄ **Abus de position dominante** Voir p. 28

Par ailleurs, dans le cadre européen, les pays doivent déréglementer et libéraliser leurs services publics, notamment ceux qui sont en réseau (gaz, électricité, télécommunications, transports ferroviaires). Généralement, les infrastructures restent en situation de monopole (monopole naturel), alors que l'exploitation des services est ouverte à la concurrence, donc à des opérateurs privés.

◄ **Monopole naturel** Voir p. 64

D. LES DÉFAILLANCES DU MARCHÉ

Les trois principales défaillances du marché sont les asymétries d'information, les externalités et les biens collectifs.

◄ **Externalité** Voir p. 70

◄ **Bien collectif** Voir p. 43

◄ **Consurrence pure et parfaite** Voir p. 52

LES ASYMÉTRIES D'INFORMATION

Une des conditions de la concurrence pure et parfaite est la transparence du marché, c'est-à-dire l'information complète et gratuite pour tous les agents économiques. Pourtant, l'information est souvent imparfaite. Ainsi, l'**information asymétrique** (ou **asymétrie d'information**) désigne la situation où un seul des deux agents se livrant à la transaction dispose d'une information complète.

Il existe essentiellement deux cas d'information asymétrique étudiés par l'analyse économique : tout d'abord la **sélection adverse** (ou **anti-sélection**), qui désigne la situation où l'agent, victime de manque d'information, risque de sélectionner uniquement les mauvais produits ; ensuite, l'**aléa moral**, qui est une situation dans laquelle l'agent mal informé n'est pas en mesure de contrôler l'action de son partenaire, qui peut en profiter pour adopter un comportement opportuniste.

Les deux principaux exemples de sélection adverse sont celui des voitures d'occasion (présenté par Akerlof) et celui des assurances (présenté par Rothschild et Stiglitz). Dans les deux cas, la sélection adverse a tendance à chasser les bons produits du marché (seul les mauvais produits sont sélectionnés) et les bons assurés (ceux dont le risque est le plus faible) et peut même, à terme, faire disparaître le marché. En effet, lorsque certains agents

◄ **Akerlof** Voir p. 539

◄ **Stiglitz** Voir p. 539

ne peuvent pas connaître la qualité exacte de chaque produit, ils sont obligés d'opter pour un prix reflétant l'ensemble des produits se trouvant sur le marché (une sorte de moyenne des prix de tous les produits incluant ceux de bonne qualité et ceux de mauvaise qualité). À ce prix-là, l'agent informé refuse de vendre ses produits de bonne qualité (car leur valeur est supérieure) ou d'acheter des produits de moindre qualité.

Une solution est de donner un **signal** (information donnée pour aider un agent économique à prendre une décision) ayant pour objectif d'informer de la qualité de son produit ou de sa motivation. Par exemple, les vendeurs de voiture d'occasion peuvent offrir une garantie qui sera un signal de qualité ; une entreprise peut proposer de reprendre et de rembourser les produits qui n'ont pas donné satisfaction. Un travailleur peut montrer ses références dans des emplois précédents.

Les deux exemples d'aléa moral les plus connus sont :

Tire-au-flanc ► Voir p. 541

– le modèle du « tire-au-flanc » (qui désigne les cas où il est difficile de contrôler la bonne volonté d'un agent) ; par exemple, les dirigeants d'une entreprise peuvent être accusés de tirer au flanc par les actionnaires si ces derniers ne sont pas absolument sûrs qu'ils mettent tout en œuvre pour maximiser les dividendes, ou les salariés par les chefs d'entreprise si ces derniers ne sont pas sûrs que les salariés font tous les efforts de productivité nécessaires ;

Dividendes ► Voir p. 95
Productivité ► Voir p. 21

– l'exemple de l'assuré qui adopte un comportement particulièrement risqué sachant qu'il n'en supportera pas lui-même la totalité des conséquences.

LES BIENS COLLECTIFS

Le marché n'est efficace que pour la production des biens privés. Un **bien privé** est rival, car son usage par un consommateur réduit les possibilités de consommation des autres consommateurs, et avec exclusion (on dit aussi exclusif), car un paiement direct est exigé et il est possible d'exclure tout consommateur qui refuserait de payer.

Certains biens sont rivaux mais sans exclusion, d'autres sont non rivaux mais avec exclusion, et d'autres enfin sont non rivaux et sans exclusion.

Bien rival / Bien non excluable ► Voir p. 242
Productivité ► Voir p. 21

Un **bien commun** est un bien rival mais sans exclusion. On peut prendre l'exemple de la pêche en mer : il est impossible d'exclure en faisant payer un prix pour avoir prélevé du poisson qui n'appartient à personne en particulier, mais toute pêche fait diminuer les ressources maritimes. Le marché n'est pas efficient pour ce type de biens, car chacun est tenté de pêcher le plus possible, d'où un risque de pénurie.

Un **bien collectif impur** (ou **bien de club**) est non rival, car son coût n'est pas directement lié au nombre de consommateurs, mais avec exclusion. La production de certains de ces biens admet la concurrence entre les entreprises (salles de cinéma, salles de fitness…), mais dans d'autres cas, lorsque les coûts fixes sont très importants, la concurrence n'est pas possible ; il s'agit, par exemple, des autoroutes à péage ou des réseaux de voie ferrée.

◄ **Coût fixe** Voir p. 24

◄ **Concurrence** Voir p. 52

◄ **Bien non rival** Voir p. 242

Un **bien public** (ou **bien collectif pur**) est non rival, car son coût de production n'augmente pas à chaque consommation supplémentaire, mais sans exclusion. Il a pour vocation de répondre aux besoins, exprimés ou non, d'un maximum de personnes. Comme il n'est pas possible d'exclure les utilisateurs qui ne paient pas, c'est aux pouvoirs publics de se charger de la production de ce type de biens et de contraindre tous les individus à contribuer à leur financement grâce à l'impôt.

◄ **Impôt** Voir p. 225

	Biens privés	**Biens publics** (ou biens collectifs purs)	**Biens communs**	**Biens de club** (ou biens collectifs impurs)
Rivalité	Oui	Non	Oui	Non
Exclusion	Oui	Non	Non	Oui
Exemples	Baguette de pain, coupe de cheveux	Digue, défense nationale	Ressources primaires non renouvelables	Salle de cinéma, autoroute, lignes téléphoniques
Efficience	Régulation par le marché	Régulation par les pouvoirs publics	Réglementation par les pouvoirs publics	Régulation par le marché lorsque la concurrence est possible ; réglementation par les pouvoirs publics en cas de monopole naturel

LES EXTERNALITÉS

Une **externalité** (ou **effet externe**) est une répercussion de l'activité d'un agent économique sur d'autres agents qui ne donne pas lieu à une compensation monétaire. Certaines externalités sont positives (ex. : implantation d'une usine qui profite aux commerçants locaux), mais la plupart des externalités sont négatives (pollution, épuisement des ressources naturelles, coûts sociaux et médicaux d'un travail éprouvant…).

Optimum ► Voir p. 516

Recette marginale ► Voir p. 59

Coût marginal ► Voir p. 58

La présence d'externalité éloigne l'économie de son optimum :

– l'entreprise rationnelle égalise sa recette marginale avec son coût marginal, mais elle ne tient pas compte des effets externes négatifs engendrés par son activité (ex. : pollution) ; or son coût marginal privé est plus faible que le coût marginal réel qui englobe le coût marginal de l'entreprise, mais aussi les coûts additionnels supportés par l'entourage. Ne tenant compte que du coût marginal privé, l'entreprise produit et offre une quantité qui est trop élevée par rapport à l'optimum ;

– si une entreprise produit un effet externe positif (par exemple, un parc d'attraction qui attire des touristes dont profitent les commerçants d'une commune), elle ne tient compte dans son calcul que de son coût marginal privé. En réalité, son activité crée un avantage social qu'il faudrait prendre en compte. Ici, le coût social est plus faible que le coût privé, ce qui conduit à un niveau de production trop faible par rapport à l'optimum.

Le marché étant inefficient dans les situations d'externalité, l'État peut intervenir pour internaliser l'effet externe en taxant les activités à effets externes négatifs et en subventionnant les activités à effets externes positifs.

5

ENTREPRISE ET ORGANISATION

A UN MODE DE COORDINATION DES ACTIVITÉS ÉCONOMIQUES

- Théorie de la firme et coûts de transaction
- D'autres fondements théoriques : droits de propriété et relation d'agence

B L'ORGANISATION DE L'ENTREPRISE

- Le modèle taylorien
- Le modèle bureaucratique : un idéal type
- La dimension culturelle de l'entreprise

C GOUVERNANCE ET PRISE DE DÉCISION DANS L'ENTREPRISE

- Les parties prenantes
- La gouvernance
- Du conflit à la coopération

Le **cycle de vie de l'entreprise** désigne sa trajectoire, les différentes étapes par lesquelles elle passe, par exemple l'enfance, la croissance et la maturité.

A. UN MODE DE COORDINATION DES ACTIVITÉS ÉCONOMIQUES

La production d'un bien ou d'un service fait l'objet, dans les circonstances habituelles, d'une coordination d'activités différentes, mais complémentaires réalisées dans le cadre d'une entreprise. Pourquoi l'agencement de ces différentes activités a-t-il besoin de se réaliser dans ce mode d'organisation coordonnée (l'entreprise) alors qu'un enchaînement d'activités indépendantes et d'échanges sur un marché pourrait conduire au même résultat ?

THÉORIE DE LA FIRME ET COÛTS DE TRANSACTION

• Un article de Ronald Coase de 1937 a contribué à renouveler l'analyse du rôle et du statut de l'entreprise. Dans *The Nature of the Firm*, R. Coase s'interroge sur les raisons profondes de l'existence de **firmes** qu'il définit comme un mode de coordination d'activités économiques. R. Coase examine l'hypothèse d'une production réalisée par un très grand nombre de micro-entreprises indépendantes coordonnées par un système d'échanges sur un marché : cette solution impliquerait des coûts de transaction multiples et élevés. Les **coûts de transaction** se définissent comme l'ensemble des coûts liés à la vente ou à l'achat d'un produit. Ce sont donc des coûts externes, extérieurs au périmètre de l'activité de production de l'entreprise proprement dit, par exemple, des dépenses liées à la recherche d'information sur les acheteurs ou sur les concurrents, à l'adaptation au marché ou au progrès technique, à la négociation des contrats, à leur surveillance et leur exécution, etc. Ces coûts viennent alourdir le strict coût de production des biens et services. La théorie néoclassique ne prend pas en compte ces coûts et considère que la coordination par le marché est toujours la plus efficace. R. Coase rejette cette hypothèse néoclassique en montrant que, lorsque les coûts de transaction sont élevés, la coordination de l'activité économique au sein d'une firme est plus efficiente, même si cette dernière solution engendre des coûts d'organisation. Les **coûts d'organisation** sont l'ensemble des dépenses nécessaires au fonctionnement d'une entité telle qu'une entreprise ou une administration (secrétariat, circulation de l'information, incitation, contrôle...). Tant que les coûts d'organisation de la coordination par la firme sont inférieurs aux coûts de transaction de la coordination par le marché, la création d'une entreprise se trouve justifiée. Dans la même logique, l'intégration à l'entreprise existante d'une activité supplémentaire (production de biens intermédiaires, distribution ou recherche par exemple) peut se révéler moins coûteuse que l'appel à une activité extérieure. C'est cette logique de comparaison de coûts qui permet de répondre à la question : telle entreprise doit-elle produire par elle-même ou externaliser une partie de sa production vers un partenaire sous-traitant ?

◄ **Sous-traitance**
Voir p. 279

La supériorité organisationnelle de la firme s'explique, selon R. Coase, par l'existence d'un pouvoir d'autorité et d'une **hiérarchie**, définie ici comme une organisation dans laquelle chaque élément est lié aux autres par des relations de subordination et de contrôle. L'organisation de la firme est donc fondée sur un **principe hiérarchique** qui est un classement, une échelle de commandement qui définit le statut de chaque agent. Cette approche, qui aborde l'entreprise comme une institution, a donné lieu à partir des années 1970 à des développements mettant l'accent sur une vision contractuelle de l'entreprise.

◄ **Institution**
Voir p. 315

• La théorie des coûts de transaction de O. Williamson (1932-) a précisé la nature des facteurs pouvant expliquer l'existence de coûts de transaction. Le premier facteur tient, selon l'auteur, à la rationalité limitée des agents économiques. La **rationalité limitée** est une rationalité restreinte par des contraintes cognitives et par le coût de l'information. Elle s'oppose à la rationalité absolue qui serait celle d'un agent économique maîtrisant la totalité de l'information. Cette mise en cause de l'hypothèse de rationalité parfaite de l'agent économique résulte des travaux de l'économiste américain Herbert Simon (1916-2001), qui considère que les individus ne peuvent prévoir tous les événements susceptibles d'intervenir et que, dans ces conditions, ils ne recherchent pas la solution optimale, mais s'arrêtent, le plus souvent, à la première solution qu'ils jugent satisfaisante. Selon O. Williamson, cette solution non optimale engendre des coûts de transaction. Le deuxième facteur susceptible d'engendrer des coûts de transaction tient à l'existence d'une asymétrie d'information, situation où un seul des deux agents (ou des deux coéchangistes) dispose d'une information complète. Cela débouche sur un aléa moral qui est une situation dans laquelle l'agent non informé ne peut contrôler ou évaluer l'action de son partenaire. Ce déséquilibre peut se traduire, de la part du coéchangiste, par des **comportements**

◄ **Rationalité**
Voir p. 513

◄ **Asymétrie d'information**
Voir p. 67

◄ **Aléa moral**
Voir p. 541

opportunistes qui consistent à profiter du caractère forcément incomplet des contrats qui ne peuvent prévoir toutes les situations. La firme doit donc se protéger contre le risque qu'un cocontractant n'abuse de la situation et ne réalise une sorte de « hold up » sur l'enjeu du contrat : cela est d'autant plus crucial que l'entreprise a réalisé des investissements spécifiques (compétences particulièrement pointues, équipements techniques peu courants, etc.). Pour éviter ce genre de coûts de transaction, il peut s'avérer préférable de produire soi-même plutôt que d'entrer dans une relation de dépendance vis-à-vis d'un fournisseur de biens et de services. Certains mouvements d'absorption de sous-traitants stratégiques, détenant un savoir-faire rare, peuvent être analysés dans cette logique.

Absorption ►
Voir p. 28

D'AUTRES FONDEMENTS THÉORIQUES : DROITS DE PROPRIÉTÉ ET RELATION D'AGENCE

Certains économistes abordent la question de la nature de l'entreprise à travers la notion de droits de propriété. Dans cette optique, la firme est définie comme une structure spécifique de droits de propriété, composés des droits d'usage d'un bien, d'une compétence ou d'un titre (usus), des droits d'en retirer un revenu (fructus) et d'en disposer (abusus). Cette définition des droits de propriété est donc particulièrement large puisqu'elle recouvre tout ce qui peut donner un pouvoir d'influence direct ou indirect dans l'entreprise. Elle inclut donc aussi bien la possession d'un terrain que la détention d'un brevet, la maîtrise d'une compétence professionnelle, la propriété d'une marque, etc. L'entreprise est ainsi un lieu d'échange de ces droits sur la base de multiples contrats entre les détenteurs. Armen Alchian et Harold Demsetz ont analysé l'entreprise capitaliste comme mettant en œuvre une structure des droits de propriété permettant d'aboutir à l'efficience maximale.

D'autres analyses (Michael Jensen, William Meckling et Eugène Fama) précisent la théorie des droits de propriété en abordant l'entreprise comme une **relation d'agence**, c'est-à-dire une relation contractuelle entre un principal (ou mandant) et un agent (ou mandataire). L'entreprise serait donc un réseau de contrats multiples, chacun d'entre eux visant la coopération des membres de l'organisation. Ces contrats entre le principal et un agent qui agit en son nom doivent être incitatifs pour ce dernier et, en même temps, préserver les intérêts du principal face aux risques de conflits d'intérêt entre les deux contractants. Un exemple typique de cette situation est celui qui met en relation les propriétaires du capital (actionnaires) et les gestionnaires d'une entreprise (managers). L'intérêt des actionnaires tient à la valorisation des titres et à la distribution de dividendes élevés alors que l'intérêt des managers est plus centré sur des enjeux productifs liés à la taille de l'entreprise, à sa place sur le marché face aux concurrents et à sa réussite technique. L'un des « contrats » qui permet de concilier les deux logiques est la distribution aux managers de ***stocks-options***, options d'acquisition d'actions offertes par une entreprise à ses cadres à un prix préférentiel et qui représentent une forme d'intéressement aux résultats de l'entreprise.

B. L'ORGANISATION DE L'ENTREPRISE

La question de la manière optimale d'organiser l'entreprise a fait l'objet, dès la fin du XIXe siècle, de démarches parallèles, à la fois empiriques, avec l'organisation scientifique du travail (OST) de F. W. Taylor, et théoriques, avec l'analyse de l'organisation bureaucratique par Max Weber. Par la suite s'est développée une sociologie des organisations, champ important de la sociologie, qui étudie notamment la division des tâches et les règles de fonctionnement qui garantissent l'efficacité au sein des entreprises et des administrations.

LE MODÈLE TAYLORIEN

Le modèle développé par F. W. Taylor (1856-1915) est à la fois le résultat d'observations et de préconisations empiriques et d'une théorisation exposée dans L'organisation scientifique du travail (*The Principles of Scientific Management*, 1911). L'**OST (appelée aussi taylorisme)** est un mode d'organisation fondé sur la séparation verticale des fonctions de conception et d'exécution, la division horizontale des tâches en segments parcellaires et le contrôle de la qualité d'exécution des tâches par la hiérarchie. D'un point de vue technique, le système taylorien affiche la prétention de mettre en œuvre le « ***one best way*** », solution technique et ergonomique conçue comme la meilleure possible, donc la plus efficace sur le plan économique. Cette méthode repose sur une organisation censée être optimale du poste de travail, une analyse précise des gestes d'exécution complétée par un chronométrage des opérations. Ces éléments permettent de définir la productivité attendue de l'opérateur. Ce système est complété par le principe de la **rémunération au rendement**, qui

◄ **Organisation scientifique du travail (OST)**
Voir p. 203

◄ **Productivité**
Voir p. 21

consiste à faire dépendre le salaire de chaque opérateur de sa productivité individuelle.

Ce modèle s'est développé aux États-Unis dans la première moitié du XXe siècle, puis en Europe occidentale après la Seconde Guerre mondiale, enrichi par les apports de l'industriel H. Ford (1863-1947), qui a notamment systématisé l'introduction du convoyeur, base technique du **travail à la chaîne**, organisation de la production en postes de travail interdépendants et reliés par un système de transport des pièces d'un poste à l'autre. Opposé au salaire au rendement, H. Ford inverse la logique de rémunération préconisée par Taylor en fixant une norme de salaire élevée incitatrice à la productivité.

École des relations humaines ►
Voir p. 205

Psychologie sociale ►
Voir p. 10

Norme ►
Voir p. 324

Cette double expérience s'appuie sur l'hypothèse de rationalisation de l'organisation de l'entreprise, hypothèse que vont remettre en cause certaines analyses sociologiques. Dès les années 1930, les analyses de l'école des relations humaines, école de psychologie sociale qui analyse en quoi les relations qu'un individu entretient avec son environnement humain interagissent sur son comportement. Le chef de file de ce courant, E. Mayo (1880-1949), met en évidence les limites psychosociologiques du modèle taylorien : celui-ci analyse l'opérateur comme un individu isolé, obéissant à une rationalité strictement limitée à ses propres intérêts économiques. E. Mayo montre l'importance de la pression qu'exerce le collectif de travail (atelier, bureau, service, etc.) sur les comportements individuels. Le collectif de travail peut, par exemple, se sentir menacé par les performances trop élevées d'un de ses membres, car elles amènent la hiérarchie à mettre le groupe en observation, à modifier la norme de rendement et à sanctionner les moins performants. Le groupe sécrète donc une norme implicite qui garantit la tranquillité de l'ensemble des membres tout en tolérant une légère marge de rendement supérieur de la part de certains. Ces études mettent aussi en évidence l'importance des facteurs relationnels indépendants de la sphère économique dans la performance du groupe : jeux d'influence entre individus, hiérarchie non explicite de prestige, capacité de coopération, autorité morale de certains membres du groupe.

D'autres courants ont développé, à partir des années 1950, une critique plus radicale de l'organisation tayloro-fordiste en dénonçant le caractère déshumanisant du travail à la chaîne. Dans son livre, *Le Travail en miettes* (1956), G. Friedman (1902-1977) analyse les effets contre-productifs de cette forme d'organisation du travail (malfaçons, freinage de la productivité, démotivation, etc.). Cette remise en cause ouvre la voie à l'émergence de nouvelles formes d'organisation du travail s'intégrant dans une conception repensée de la firme.

LE MODÈLE BUREAUCRATIQUE : UN IDÉALTYPE

Max Weber (1864-1920) a mis au centre de son analyse des grandes organisations collectives le concept de **bureaucratie**, mode de fonctionnement fondé sur l'application du principe de la rationalisation des activités. Fidèle à sa méthodologie de l'idéal-type, le sociologue caractérise les grandes organisations modernes, publiques ou privées, par un certain nombre de traits communs :

- les membres de l'organisation sont choisis en fonction de leurs compétences selon des modalités s'appuyant sur la détention de diplômes et/ou une sélection par le concours ouvert à tous ;
- les liens au sein de la structure sont des liens entre fonctions et non des relations de personne à personne ;
- les fonctions sont spécialisées et leur périmètre est strictement défini ;
- les relations sont codifiées par des obligations formelles définies et prévisibles ;
- enfin, la cohérence du système est assurée à la fois par une hiérarchie des grades et des fonctions codifiée dans un organigramme et par une exigence de contrôle renforcée.

Rationalisation Voir p. 203

Idéal-type Voir p. 491

Hiérarchie Voir p. 73

L'impersonnalité des relations et le caractère abstrait des règles sont donc des garanties du primat de la règle sur l'arbitraire et donnent à la bureaucratie un fondement légal-rationnel.

Légal-rationnel (légitimité rationnelle ou légale) Voir p. 435

Pour Max Weber, la bureaucratie est techniquement supérieure aux autres formes d'organisation ; elle est plus précise, plus rapide, réductrice de conflit et source d'économies, aussi bien en moyens humains qu'en matériel. Elle s'oppose en cela à l'administration par les notables qui est caractérisée par l'imprécision des missions, la confusion des intérêts d'affaires et des intérêts personnels, l'achat de charges administratives et un fonctionnement quotidien qui s'appuie sur la distribution de faveurs et de privilèges.

Avant même d'avoir donné lieu à une théorisation par Max Weber, le modèle bureaucratique avait fait, dès le XIXe siècle, l'objet d'analyses critiques.

Karl Marx (1818-1883), dans *Le 18 brumaire de Louis-Napoléon Bonaparte* (1852), affirme que la bureaucratie est un corps parasitaire dont les traits empiriques sont la compétence, le goût du secret, le culte de l'autorité, le matérialisme sordide (« la chasse aux postes ») et le spiritualisme (c'est-à-dire une abstraction inutile, à défaut d'un travail productif), lui aussi sordide. Le bureaucrate veut tout à la fois ; faute d'une fonction réelle, il est condamné à une activité incessante.

Le point de vue des libéraux, exprimé par J. S. Mill (1806-1873) dans *La Liberté* (1859), est assez proche, paradoxalement, de cette perspective. Il énonce la loi de prolifération bureaucratique, théorie selon laquelle l'intérêt de la bureaucratie est de croître indéfiniment, de multiplier les emplois inutiles, source de rémunération pour ses membres.

Au cours du XXe siècle, différents auteurs ont mis l'accent sur les dysfonctions de la bureaucratie. Il s'agit d'analyses en termes d'effets pervers : le fonctionnement normal de l'appareil bureaucratique débouche sur des conséquences non souhaitées, particulièrement improductives.

Dans les décennies 1940 et 1950, trois auteurs anglo-saxons, Gouldner, Merton et Selznick, ont mis en évidence les causes des dysfonctionnements du modèle bureaucratique : l'exigence de contrôle de chaque échelon par l'échelon immédiatement supérieur multiplie les risques de conduites rigides de chaque échelon dans le but de se protéger de la critique et de la sanction.

Ces conduites peuvent être empreintes de **ritualisme**, comportement consistant à privilégier le protocole prévu à l'objectif recherché, ou encore de **routine**, comportement privilégiant l'imitation des situations antérieures. Ces pratiques détournent ainsi l'ensemble du système de son objectif initial, c'est-à-dire la satisfaction de la clientèle ou des usagers. La lourdeur de l'organisation bureaucratique devient alors un obstacle à l'adaptation au changement et à la réponse personnalisée aux cas particuliers qu'elle rencontre. R. K. Merton qualifie ce processus de **cercle vicieux des organisations bureaucratiques**, enchaînement de règles de contrôle et de rigidité de comportements pouvant déboucher sur l'inefficacité globale de l'institution, voire sur sa paralysie.

M. Crozier (1922-2013) a mené une analyse critique du modèle bureaucratique français dans plusieurs ouvrages (*Le Phénomène bureaucratique*, 1963 ; *Le Monde des employés de bureau*, 1965 ; *L'Acteur et le système*, 1977), analyse qu'il fait reposer sur le concept de rationalité limitée emprunté à H. Simon.

Rationalité limitée ►
Voir p. 73

Par exemple, le modèle taylorien (« *the one best way* ») suppose qu'il n'existe qu'une seule solution répondant à une rationalité soi-disant absolue alors que, si on applique le concept de rationalité limitée, il n'apparaît plus que comme une solution parmi d'autres. Plus généralement, le modèle bureaucratique s'appuie sur le principe de rationalité, mais ses dysfonctionnements démontrent qu'il laisse se développer des espaces informels de liberté et d'autonomie que les acteurs vont utiliser dans des stratégies de négociation et d'élargissement de leur pouvoir. Le **pouvoir au sens de Crozier** traduit la capacité d'un individu à contrôler une source d'incertitude déterminante pour la bonne marche de l'organisation. La lutte pour le pouvoir apparaît de la sorte centrale dans les organisations. Celles-ci y répondent soit en figeant les rapports par des structures rigides, soit en essayant de maintenir des équilibres fluides, c'est-à-dire des modalités de travail et de coopération qui s'adaptent selon les évolutions de l'environnement. La solution de l'organisation bureaucratique présente un coût (puisqu'elle est relativement imperméable à l'innovation et qu'elle ne se corrige pas facilement en fonction de ses erreurs), mais elle a aussi l'avantage de protéger les individus et d'assurer un minimum de sécurité et de stabilité dans les rapports interpersonnels.

LA DIMENSION CULTURELLE DE L'ENTREPRISE

Le fonctionnement et l'organisation de l'entreprise sont ancrés dans les pratiques sociales et culturelles. C'est ce que montrent notamment les **théories de la contingence**, théories qui mettent l'accent sur les facteurs externes à l'organisation et qui influencent son mode d'organisation. La **théorie de la contingence culturelle** affirme que l'organisation de l'entreprise est en rapport étroit avec les caractéristiques culturelles en vigueur dans une région ou un pays donnés. La théorie de la contingence structurelle est une théorie qui énonce que les règles d'organisation collective sont en rapport étroit avec le milieu externe dans lequel baigne l'entreprise.

Ainsi, de nombreuses études mettent l'accent sur l'impact des cultures nationales. M. Crozier montre clairement que l'organisation bureaucratique française, impersonnelle et centralisée, correspond à des traits culturels bien présents dans la société française, à savoir l'isolement des individus et des catégories, la peur du face-à-face et l'attitude ambivalente vis-à-vis de l'autorité (les relations d'autorité sont à la fois évitées et reconnues comme très importantes). Dans ces conditions, l'administration centralisée à la française est un modèle rationnel et efficace permettant de répondre à deux exigences contradictoires : préserver l'indépendance de chacun et assurer le succès de l'action collective.

La référence culturelle est aussi présente à travers l'avènement d'une **sociologie de l'entreprise**, c'est-à-dire d'une sociologie dont le programme d'étude porte sur la relation entre la société globale et l'entreprise considérée sous l'angle des phénomènes identitaires et culturels. Certains auteurs, comme D. Segrestin (*Sociologie de l'entreprise*, 1992) et R. Sainsaulieu (*L'Entreprise, une affaire de société*, 1990), mettent en évidence l'existence de **cultures d'entreprise**, formes de régulation des rapports sociaux au sein des entreprises qui sont un foyer de production de l'identité collective et, au-delà, de l'identité individuelle. Dans le même esprit, les travaux de P. d'Iribarne (*La Logique de l'honneur*, 1989 ; *L'Épreuve des différences*, 2009) montrent que le management des entreprises est marqué par les singularités culturelles des divers pays dans lesquels elles sont implantées.

Management
►
Voir p. 81

Enfin, les approches en termes de contingence structurelle conçoivent l'organisation comme un système ouvert aux influences extérieures. P. R. Lawrence et J. W. Lorsch (*Adapter les structures de l'entreprise*, 1973) posent la question de savoir comment une entreprise est amenée à transformer ses modes d'organisation pour s'adapter à l'environnement. Plus un environnement externe est sûr (par exemple, lorsque le marché sur lequel opère l'entreprise est stable et lui assure ainsi un niveau de commandes permanent), plus la structuration interne de l'entreprise sera rigide ou bureaucratique. Inversement, plus l'environnement est incertain, plus la souplesse prévaudra dans l'organisation des relations de travail. Les organisations sont ainsi conduites à adopter des structures qui correspondent aux caractéristiques spécifiques de leur environnement.

C. GOUVERNANCE ET PRISE DE DÉCISION DANS L'ENTREPRISE

LES PARTIES PRENANTES

Dès les années 1930, des travaux mettent l'accent sur la pluralité des intervenants dans l'activité de l'entreprise, sur son impact social et sa responsabilité. Ce sont les travaux de R. E. Freeman (*Strategic Management: A Stakeholder Approach*, 1984) qui popularisent la notion de **parties prenantes** (ou ***stakeholders***), qui sont les individus, les groupes d'individus ou les institutions qui peuvent affecter ou être affectés par la réalisation des objectifs de l'entreprise. Cette définition est évidemment très large. L'entreprise n'est plus seulement une organisation dont il faut comprendre le fonctionnement interne, mais elle est décrite comme un lieu ouvert, un espace de relations diverses en osmose permanente avec ses partenaires. Cette analyse en termes de « *stakeholder society* » se fonde sur l'idée que l'entreprise ne sert pas uniquement les intérêts de ses propriétaires, mais que sa responsabilité va beaucoup plus loin, qu'elle génère des externalités qui doivent être prises en compte dans son mode de direction. Cette vision partenariale peut s'inscrire dans une perspective étroite et techniciste, centrée sur les intérêts de l'entreprise et de ses actionnaires ; elle peut, à l'inverse, s'orienter vers la prise en compte plus large des responsabilités sociétales de l'entreprise en y incluant des acteurs qui, *a priori*, peuvent sembler relativement éloignés du champ étroit de l'entreprise (associations de consommateurs, par exemple).

◄ **Externalité**
Voir p. 70

Les parties prenantes peuvent être internes à l'entreprise (propriétaires, dirigeants, salariés, syndicats) ou externes (pouvoirs publics, institutions financières, clients, fournisseurs, associations diverses, etc.). Certaines parties prenantes, comme les sous-traitants, se situent dans une zone frontière, ni complètement à l'intérieur de l'entreprise, ni totalement à l'extérieur. Certains auteurs incluent dans cet ensemble les concurrents directs de l'entreprise.

◄ **Sous-traitance**
Voir p. 279

Ce courant d'analyse de l'entreprise donne lieu à différents types d'approches, l'approche instrumentale et stratégique d'une part, l'approche éthique d'autre part.

L'approche instrumentale et stratégique s'attache à décrire et à décrypter le réseau de relations que l'entreprise entretient avec ses parties prenantes, l'objectif étant d'améliorer l'efficacité du management. Le **management** recouvre l'ensemble des techniques et des méthodes de gestion utilisées pour organiser une entreprise (ou une administration).

◄ **Réseau**
Voir p. 341

L'approche éthique se donne une ambition plus sociétale. Elle s'attache à prendre en compte et à intégrer dans le mode de management des exigences morales liées à l'impact que l'activité de l'entreprise a sur l'ensemble de son environnement de manière à renforcer sa légitimité aux yeux des acteurs sociaux. Il s'agit, en quelque sorte, d'instaurer une forme de contrat implicite de confiance entre la société et l'entreprise, mettant en relief la **responsabilité sociale** (ou sociétale, selon les auteurs) de l'**entreprise (RSE)**, qui désigne la prise en compte par l'entreprise des enjeux sociaux de son activité. La RSE peut donner lieu à une évaluation à travers une série d'indicateurs de performance sociale aussi divers que les solutions écologiques adoptées, la politique d'intégration de personnes handicapées, l'embauche de salariés à faible employabilité, l'implantation dans des zones à fort taux de chômage ou encore la prise en compte d'objectifs de santé publique, etc. En France, la loi fait désormais obligation aux entreprises de plus de 500 salariés de publier un certain nombre d'indicateurs de performance sociale.

Employabilité ►
Voir p. 193

LA GOUVERNANCE

Le thème de la gouvernance d'entreprise (*corporate governance*) est apparu dans les années 1990, même si des travaux précurseurs avaient posé les jalons dès les années 1930, période durant laquelle la question du pouvoir dans l'entreprise s'était déjà posée du fait de l'évolution des grandes entreprises. La **gouvernance d'entreprise** désigne donc les modalités d'organisation du pouvoir et du contrôle des dirigeants au sein d'une entreprise. Le terme est également utilisé dans un sens plus restreint pour qualifier la relation entre les propriétaires du capital et les organes de décision (conseil d'administration, directoire, conseil de surveillance).

Dans une entreprise, ces questions de gouvernance sont liées au mode de propriété et aux modalités de répartition de la valeur créée. L'évolution des entreprises a mécaniquement entraîné des transformations des relations entre propriétaires du capital et dirigeants ainsi que des changements dans les modes de gouvernance. Au début du XXe siècle, et notamment après la crise des années 1930, se développe le **modèle managérial** qui désigne un système de direction des entreprises par des salariés-managers, soumis à un contrat de travail et percevant des rémunérations fixes. À travers une relation d'agence, le recrutement de ces cadres dirigeants est alors fondé sur leur compétence en matière d'expertise économique et financière, et leur statut reste celui de salarié. Mais leur position particulière dans l'entreprise, notamment leur rôle de décideurs, ont amené des économistes tels que J. K. Galbraith (1908-2006) à analyser la nature du pouvoir de cette

Relation d'agence ►
Voir p. 74

« technostructure ». Selon Galbraith, ce modèle managérial peut générer des conflits d'intérêts entre actionnaires et managers, ces derniers ayant tendance à privilégier la croissance de la taille de l'entreprise, de ses parts de marché et de l'évolution du chiffre d'affaires plutôt que la maximisation de la rentabilité du capital, critère de référence habituel des actionnaires. Ces conduites de valorisation de leurs compétences de gestionnaires peuvent entrer en contradiction avec les intérêts des apporteurs de capital mesurés à l'aune des dividendes distribués.

◄ **Techno-structure** Voir p. 523

◄ **Rentabilité** Voir p. 139

◄ **Dividende** Voir p. 95

Les années 1980 ont vu le passage au **modèle actionnarial de gouvernance**, désignant un système de contrôle par les actionnaires et notamment les investisseurs institutionnels. Les critères de gouvernance en sont alors radicalement transformés. L'objectif prioritaire devient la maximisation du rendement des titres, c'est-à-dire des dividendes, mais aussi leur valorisation de manière à générer des plus-values boursières. La valeur actionnariale est donc devenue la finalité du modèle de gouvernance, dont la logique s'appuie désormais sur des incitations spécifiques visant en particulier à mobiliser les dirigeants vers cet objectif. Les managers ont été peu à peu transformés en managers-actionnaires, leur rémunération étant complétée par l'attribution de *stock-options*.

◄ **Investisseur institutionnel** Voir p. 106

◄ **Plus-value** Voir p. 486

◄ ***Stock-option*** Voir p. 75

DU CONFLIT À LA COOPÉRATION DANS L'ENTREPRISE

Les théories traditionnelles du management font du conflit dans l'entreprise un obstacle, un dysfonctionnement. Ainsi, Henri Fayol (1842-1925), considéré comme l'un des pères des théories du management, rangeait le conflit parmi les catastrophes auxquelles s'expose le fonctionnement de l'entreprise. Ce type d'approche débouchait donc sur deux solutions : au mieux, il s'agissait d'éviter les situations de conflit et, au pire, de l'éliminer au plus vite par l'explication des choix mis en œuvre par la direction. Toute négociation est *a priori* jugée inutile, compte tenu de l'asymétrie supposée de l'information entre les acteurs en place.

◄ **Management** Voir p. 81

◄ **Conflit** Voir p. 406

La nature constructive du conflit est pourtant apparue assez tôt, notamment dans les travaux de Mary Parker Follett (1868-1933), souvent considérée comme une des pionnières de la démocratie participative (*The New State*, 1918 ; *Constructive Conflict*, 1925). Elle propose d'aborder la question du conflit dans les organisations à partir de trois postulats nouveaux. D'une part, l'individu est unique et cette singularité est, selon M. Parker Follett, source de richesses et de diversité pour l'entreprise. D'autre part, le conflit

◄ **Démocratie participative** Voir p. 447

doit être envisagé de façon sereine comme un mode normal et nécessaire de confrontation des points de vue. Enfin, les partenaires ne doivent pas être sous-estimés, leurs objectifs divergents ayant leur légitimité propre.

Une fois ces conditions posées, trois façons de résoudre le conflit s'offrent, selon l'auteur, aux parties en présence. La première est la domination ou la soumission : elle consiste à faire taire la critique ou la contestation en expliquant la mesure que certains rejettent. Cette solution est la plus simple et elle a l'avantage de la rapidité mais, à terme, elle fait disparaître la diversité des points de vue et implique donc qu'il y ait un perdant. La deuxième méthode est la recherche d'un **compromis**, arrangement où chacun cède un peu de terrain et renonce à une partie de ses objectifs ou de ses attentes. Cette solution présente le risque de n'être que temporaire et, à terme, inefficace : les problèmes sont refoulés, les rancœurs conduiront à ce que le conflit resurgisse ultérieurement. La seule bonne méthode est donc, selon Mary Parker Follett, « l'intégration », entendue ici comme la recherche de solutions qui satisferont les attentes des parties en présence sans qu'aucune n'ait à renoncer à ses objectifs. Cette voie suppose l'explication réciproque de la nature des attentes de chacun permettant une réévaluation des enjeux et elle nécessite aussi que l'ensemble des partenaires fassent preuve de créativité. L'auteur mobilise un exemple simple pour illustrer l'intégration. Imaginons deux personnes présentes dans une bibliothèque ; l'une souhaite ouvrir la fenêtre, l'autre craint les courants d'air. La clarification de leurs attentes réciproques, à savoir aérer pour l'une, ne pas recevoir directement l'air frais pour l'autre, a conduit à une solution simple : ouvrir la fenêtre de la pièce voisine. Les deux personnes résolvent leur désaccord par la voie de l'intégration des points de vue de chacun. Le **conflit constructif** est donc, selon Mary Parker Follett, un conflit dont le mode de sortie débouche sur de nouvelles bases d'organisation qui éviteront des conflits ultérieurs et favoriseront la coopération.

6

MONNAIE ET FINANCEMENT

A LES MÉCANISMES MONÉTAIRES ET FINANCIERS

- La monnaie : définition, fonctions et formes
- Le financement de l'activité économique
- La création de la monnaie
- Équilibres et déséquilibres monétaires

B INSTABILITÉ FINANCIÈRE ET RÉGULATION

- La globalisation financière
- L'instabilité financière
- La régulation financière

A. LES MÉCANISMES MONÉTAIRES ET FINANCIERS

LA MONNAIE : DÉFINITION, FONCTIONS ET FORMES

La monnaie est un instrument de paiement accepté par les différents membres d'une collectivité.

Avec le développement de l'activité économique, le besoin de monnaie devient croissant. Très rapidement, l'ancienne forme d'échange, le **troc** (échange direct d'une marchandise contre une autre marchandise sans usage de monnaie), s'est vue dépassée et une véritable monnaie est devenue nécessaire.

Selon une présentation assez simplificatrice de l'histoire monétaire, le troc existait avant la monnaie et a été remplacé avantageusement par celle-ci. On serait passé d'un **équivalent simple** (valeur d'une marchandise évaluée par rapport à celle d'une autre marchandise) à un **équivalent général** (marchandise unique dont la valeur permet d'évaluer celle de toutes les autres marchandises) : c'est une des caractéristiques de la monnaie.

Avec la **division sociale du travail** (spécialisation de chaque producteur dans une activité bien définie), les échanges se sont multipliés. De ce fait, les inconvénients du troc ont été rapidement mis en évidence : il est inapproprié aux échanges de produits périssables et non divisibles ; il ne permet pas de mesurer la valeur des produits et, surtout, il suppose à chaque fois que chacun ait besoin de ce que l'autre produit.

Produit ►
Voir p. 16

Le troc et la monnaie ne doivent toutefois pas être opposés :

– avant l'usage de la monnaie, le troc n'était pas la seule forme d'échange. Une partie non négligeable des échanges s'effectuait aussi sous forme de dons croisés ;

– même si elle n'était pas utilisée dans les échanges, une forme de monnaie coexistait bien souvent avec le troc. En effet, un équivalent général est nécessaire pour comparer la valeur des marchandises entre elles. Une marchandise plus convoitée que les autres (coquillages, bijoux...) jouait souvent ce rôle ;

– la monnaie a un emploi très ancien, car elle est liée à la notion de pouvoir et de souveraineté (les pièces sont souvent frappées à l'effigie des chefs d'État) ;

Souveraineté ►
Voir p. 437

– le troc est encore parfois utilisé.

Les fonctions de la monnaie

Les **fonctions de la monnaie** désignent à la fois les fonctions classiques, ou instrumentales (intermédiaire dans les échanges, mesure des valeurs et instrument de réserve), et des fonctions sociales (entretien du lien social) et politiques (instrument de domination).

La monnaie assure traditionnellement trois fonctions :

– la fonction principale d'intermédiaire dans les échanges : le **pouvoir libératoire** désigne la capacité d'une monnaie d'éteindre les dettes ; ce pouvoir est assorti de l'obligation pour les agents d'accepter la monnaie concernée en moyen de paiement ;

– la fonction d'**étalon des valeurs** (équivalent général permettant de comparer la valeur des différentes marchandises entre elles) ;

– la fonction de **réserve des valeurs** désigne la possibilité qu'offre la monnaie d'épargner, c'est-à-dire de renoncer à une consommation présente et d'opter pour une consommation future.

Ces trois fonctions ne définissent qu'imparfaitement la monnaie :

• La monnaie est un étalon instable, car sa valeur est fluctuante ; elle diminue en cas d'inflation et augmente en cas de déflation. Un exemple éloquent est l'hyperinflation allemande de 1923 ; peut-on parler d'étalon alors qu'en quelques mois, le mark a perdu un billion de fois sa valeur ?

◄ **Inflation**
Voir p. 101
◄ **Déflation**
Voir p. 102
◄ **Hyperinflation**
Voir p. 102

• Les fonctions de réserve et d'intermédiaire des échanges peuvent se révéler contradictoire. Ce phénomène a été mis en évidence par la **loi de Gresham** : principe énoncé par un banquier anglais du XVIe siècle, Thomas Gresham, selon lequel « la mauvaise monnaie chasse la bonne ». En effet, lorsque deux monnaies sont utilisés simultanément (l'or et l'argent dans le bimétallisme qui était en vigueur dans la plupart des pays d'Europe), la monnaie la plus appréciée, l'or en l'occurrence, est thésaurisée, alors que la « mauvaise monnaie », ici l'argent, est la seule à être utilisée dans les échanges. L'or remplissait donc correctement sa fonction de réserve, mais imparfaitement sa fonction d'intermédiaire dans les échanges, tandis que l'argent n'assurait qu'une fonction d'intermédiaire.

La monnaie ne remplit réellement ses fonctions que lorsqu'elle est parfaitement acceptée, donc lorsque les agents économiques lui accordent leur confiance ; c'est seulement à cette condition qu'ils l'acceptent comme paiement et qu'ils sont prêts à l'utiliser comme instrument de réserve. Facilitatrice des échanges économiques, la monnaie crée du lien entre les individus d'une même société et est un instrument de tissage de relations sociales diverses, notamment de dépendance.

Dépendance ►
Voir p. 162

Les formes de la monnaie

La nature des moyens de paiement évolue. Les **formes de la monnaie** regroupent les différents aspects qu'ont pris et que prennent actuellement les moyens de paiement. La tendance générale est celle de la **dématérialisation de la monnaie** (la monnaie revêt, au fil du temps, une forme de moins en moins matérielle). Après avoir pris des aspects très concrets comme des vases, des coquillages, des bijoux ou des animaux d'élevage, elle prend la forme de billets, puis se dématérialise totalement sous la forme de monnaie scripturale.

Monnaie scripturale ►
Voir p. 89

Les premières formes de monnaie étaient des objets très appréciés par les individus et revêtant une importance certaine dans l'activité économique. Ces marchandises avaient généralement comme qualité de ne pas être périssables, donc de pouvoir être mises en réserve, et d'être divisibles.

La **monnaie-marchandise** désigne une marchandise particulière qui est utilisée comme monnaie et qui a deux caractéristiques principales : son pouvoir d'achat est égal à sa valeur intrinsèque ; elle est une marchandise fortement appréciée par les individus.

Au fil du temps, les métaux précieux furent les monnaies-marchandises les plus utilisées. Leur première forme fut celle de lingots, qui étaient pesés à chaque échange, puis, par commodité mais aussi afin de permettre au pouvoir politique d'exercer un contrôle, des pièces de poids identique frappées sous sa surveillance.

Pouvoir politique ►
Voir p. 434

La **monnaie métallique** est une monnaie sous forme de métaux précieux ; son pouvoir d'achat est égal à la valeur des métaux précieux qui la composent.

Alors que le système le plus répandu était le **bimétallisme** (système monétaire qui utilise conjointement deux métaux précieux, généralement l'or et l'argent), les pays européens ont progressivement adopté au XIXe siècle le **monométallisme** (système monétaire qui n'utilise qu'un seul métal précieux, généralement l'or) en raison de la loi de Gresham. On retrouve ici la qualité obligatoire d'une bonne monnaie : les agents économiques doivent l'apprécier et avoir confiance en elle.

Loi de Gresham ►
Voir p. 87

L'inconvénient majeur de l'or est son poids ; il a donc paru plus commode, pour les transactions importantes, de régler le paiement à l'aide d'un billet qui permet au créancier d'aller lui-même retirer l'or à la banque, ou même de le conserver afin de l'utiliser de nouveau dans une transaction ultérieure. Le billet convertible est ainsi apparu en Europe au début du XVIIIe siècle (l'assignat français en est un exemple). Le billet convertible n'est pas une monnaie au sens strict, il n'est qu'un support facilitant le paiement (l'or demeure la seule monnaie).

◄ **Banque**
Voir p. 90

Les agents économiques se sont progressivement habitués à l'utilisation de la **monnaie-papier** (monnaie sous forme de billets) et l'ont peu à peu appréciée « pour elle-même », et non plus seulement pour la quantité d'or qu'elle pouvait représenter. On assiste alors à la disparition de la monnaie-marchandise et à l'apparition de la monnaie fiduciaire ; la monnaie n'a plus de valeur en elle-même.

Pour répondre aux besoins accrus de l'économie en monnaie et parce que les billets sont encombrants pour les transactions importantes (même s'ils le sont moins que l'or), se sont développés des règlements par jeux d'écriture, matérialisés par des ordres de virement (les chèques par exemple).

La même évolution se reproduit : la confiance dans cette nouvelle sorte de monnaie (monnaie scripturale) s'étend, le billet devient de moins en moins nécessaire… La monnaie est non seulement fiduciaire mais aussi dématérialisée.

La monnaie actuelle se présente soit sous une forme manuelle, soit sous une forme scripturale :

– la **monnaie manuelle** (monnaie qui passe de la main à la main) regroupe la **monnaie divisionnaire** (pièces de monnaie) – émise par le Trésor public et qu'il ne faut pas confondre avec la monnaie métallique, car sa valeur n'a pas de rapport avec la quantité de métal contenue dans la pièce – et la **monnaie fiduciaire** (du latin *fides*, signifiant « confiance »), constituée par les billets de banque émis par la Banque centrale (la Banque centrale européenne en Europe) ;

◄ **Banque centrale**
Voir p. 96

– la **monnaie scripturale**, constituée des dépôts à vue des ménages et des entreprises dans les banques, est une forme de monnaie parfaitement liquide (contrairement, par exemple, aux comptes sur livret ou aux dépôts à terme), car il est possible de l'utiliser à tout moment grâce à des instruments de circulation comme le chèque ou la carte bancaire. Le progrès des technologies de l'information et de la communication a renforcé la dématérialisation monétaire en multipliant les instruments de circulation : carte de paiement, titre universel de paiement, porte-monnaie électronique… La monnaie scripturale est aujourd'hui la forme monétaire de loin la plus utilisée. Cette forme de monnaie n'existerait donc pas sans les banques. La **banque** (appelée aussi banque commerciale ou banque de second rang pour la distinguer de la Banque centrale) est un intermédiaire financier qui collecte des dépôts, accorde des crédits et effectue des transactions sur les marchés financiers.

Crédit ►
Voir p. 92
Marché financier ►
Voir p. 95
Épargne ►
Voir p. 47
Actif ►
Voir p. 30

Depuis plusieurs années se sont développés des produits d'épargne (comptes sur livret, comptes d'épargne logement…) qui ne sont pas au sens strict de la monnaie, car ils ne sont pas parfaitement liquides.

La **liquidité** désigne la plus ou moins grande facilité de conversion d'un actif en moyens de paiement. Ainsi, la monnaie est parfaitement liquide ; les sommes contenues sur un livret A sont relativement liquides, car elles peuvent être utilisées rapidement ; les Sicav sont un peu moins liquides, car il faut les vendre avant de pouvoir les utiliser comme moyen de paiement.

Les **agrégats monétaires** (M1, M2, M3) sont des indicateurs regroupant les avoirs aisément transférables en moyens de paiement détenus par les agents non financiers résidents ; ils sont classés selon leur degré de liquidité. M1 représente la monnaie (ou disponibilités monétaires) au sens strict et M3 la **masse monétaire** (ensemble des moyens de paiement en circulation dans une économie ou une zone monétaire).

Agrégats monétaires de la zone euro

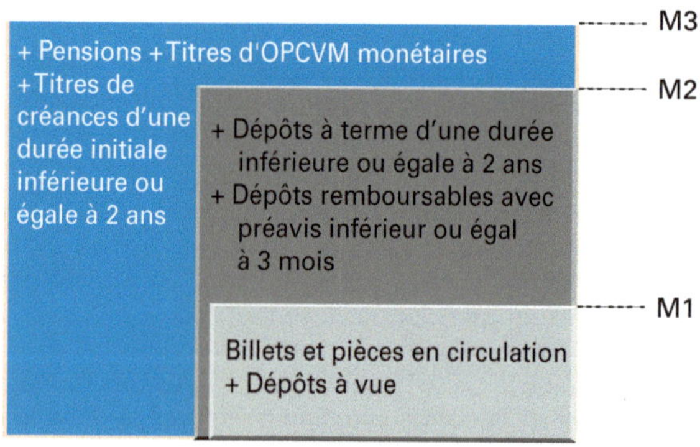

LE FINANCEMENT DE L'ACTIVITÉ ÉCONOMIQUE

Afin de financer leurs investissements, les entreprises disposent de plusieurs moyens ; elles peuvent faire appel à leurs ressources internes ou à des ressources externes.

Les différents modes de financement

Une entreprise s'autofinance lorsqu'elle utilise ses propres ressources pour investir. L'**autofinancement** désigne le financement des investissements d'un agent économique grâce à sa propre épargne. La **capacité d'autofinancement** d'une entreprise est constituée de son bénéfice et des sommes qui ont été mises de côté pour l'amortissement du matériel (afin de compenser la perte de valeur due à l'usure et à l'obsolescence) et pour les provisions (afin de se couvrir d'un risque éventuel, le non-paiement d'une facture par exemple).

◄ **Épargne**
Voir p. 47

◄ **Bénéfice**
Voir p. 27

◄ **Amortissement**
Voir p. 137

Le taux d'autofinancement est le rapport entre la capacité d'autofinancement des entreprises et l'investissement. L'autofinancement est la source de financement considérée comme la plus avantageuse et témoigne d'ailleurs souvent de la bonne santé de l'entreprise. Mais l'autofinancement ne couvre que rarement l'ensemble du financement de l'investissement, car il dépend des profits antérieurs et les entreprises peuvent être incitées à emprunter si les taux d'intérêt sont faibles. L'autofinancement, source privilégiée de financement, comporte des effets pervers : pour améliorer leur capacité d'autofinancement, les entreprises peuvent être tentées de gonfler leurs prix ou de diminuer la part de profit distribué sous forme de dividendes, ce qui risque de détourner les actionnaires.

◄ **Taux d'autofinancement**
Voir p. 138

◄ **Profit**
Voir p. 27

◄ **Taux d'intérêt**
Voir p. 92

◄ **Dividende**
Voir p. 95

Le **financement externe direct** (ou **financement désintermédié**) est le financement par le marché financier. Ce financement est dit direct ou désintermédié, car il ne fait pas appel à l'intermédiation bancaire et permet de mettre directement en contact l'offre et la demande de capitaux.

Deux moyens principaux permettent aux entreprises de se financer sur le marché financier :

– l'émission d'actions, qui permet d'augmenter le capital de l'entreprise, mais qui risque de modifier la structure de l'assemblée générale des actionnaires et, parfois, du conseil d'administration si les anciens actionnaires ne profitent pas de leur droit préférentiel de souscription ;

◄ **Action**
Voir p. 95

– l'émission d'obligations, emprunt public, qui génère le versement d'un intérêt annuel et le remboursement de capital selon les échéances fixées.

Le **financement externe indirect** (ou **financement intermédié**) est le financement par le crédit bancaire. Ce financement est dit indirect ou intermédié, car les banques jouent un rôle d'intermédiaire entre les épargnants et les emprunteurs en transformant les dépôts en crédits.

L'**intermédiation** désigne un mode de financement dans lequel les banques jouent un rôle d'intermédiaire en collectant des dépôts et en accordant des prêts.

Les banques effectuent alors une **transformation monétaire** (utilisation de dépôts pour accorder des crédits dont les échéances sont différentes ; par exemple, octroi de prêts à long terme à partir de dépôts à court terme ou à vue).

Le financement externe indirect a non seulement un coût supérieur au financement direct (il faut rémunérer l'activité bancaire), mais en plus il induit une certaine dépendance des entreprises vis-à-vis des banques.

Crédit et taux d'intérêt

Le **crédit** désigne la mise à disposition par une personne ou un organisme (souvent spécialisé, comme les banques ou les sociétés de crédit) d'une ressource (une somme d'argent dans la plupart des cas) contre l'engagement d'un remboursement dans le futur, généralement assorti d'un intérêt. Parfois l'organisme qui accorde le crédit exige un **collatéral** qui est la garantie utilisée dans les secteurs bancaire et financier (ainsi le collatéral du prêt immobilier est l'hypothèque).

L'**intérêt** est le revenu de l'agent qui accorde un crédit, il rémunère le fait de renoncer à la liquidité en mettant celle-ci à la disposition d'autrui. Le **taux d'intérêt** est le prix du crédit, c'est-à-dire le prix de la renonciation à la liquidité ; il rémunère également le **risque de crédit**, c'est-dire le risque pour le créancier de ne pas être remboursé à l'échéance prévue en raison d'un retard ou d'une défaillance de son débiteur.

Ainsi, plus le risque de crédit est estimé important, plus le taux d'intérêt demandé est élevé. Des **agences de notation** (organismes dont la fonction est d'évaluer le risque de crédit des emprunteurs privés et publics) attribuent des notes (de AAA pour les risques les plus faibles à DDD pour les risques les plus élevés) aux emprunteurs ; de celles-ci dépendent la facilité d'obtention d'un crédit et le niveau de taux d'intérêt.

Le risque de crédit ne concerne pas uniquement les emprunteurs privés ; les plus gros débiteurs sont les États. Plus ils sont endettés, donc moins solvables, plus les taux d'intérêt qui leur sont demandés sont élevés, ce qui aggrave encore leur dette et réduit leur solvabilité. Ils doivent alors donner un signe fort aux agences de notation et aux créanciers en réduisant fortement leurs dépenses.

◄ **Dette**
Voir p. 262

Le **taux d'intérêt nominal** est le taux d'intérêt courant ; il ne tient pas compte de l'évolution des prix. Le **taux d'intérêt réel** est le taux d'intérêt déflaté ; l'effet de l'évolution des prix a été supprimé : le taux d'intérêt réel se calcule par le rapport entre le taux d'intérêt nominal et l'indice des prix (multiplié par 100).

Il existe plusieurs types de crédit, que l'on peut distinguer en fonction de leurs destinations et de leurs échéances :

– le **crédit à l'investissement** est un crédit à moyen ou long terme à destination des entreprises, qui sert à financer les achats d'équipement ;

◄ **Entreprise**
Voir p. 26

– le **crédit à la consommation** est un crédit à court ou moyen terme à destination des ménages, qui sert à financer les dépenses de consommation ;

◄ **Ménage**
Voir p. 131

– le **crédit de trésorerie** est un crédit à court terme à destination des entreprises et des ménages, qui sert à financer les besoins de trésorerie ;

– le **crédit à l'exportation** est un crédit à court et moyen terme à destination des entreprises, qui sert à financer les exportations et certains investissements à l'étranger ;

◄ **Exportation**
Voir p. 256

◄ **Investissement**
Voir p. 136

– le **crédit habitat-promoteur** est un crédit à moyen ou long terme à destination des entreprises et des ménages, qui sert à financer l'achat de terrains, la construction et l'amélioration d'immeubles ;

– l'**escompte** est un crédit à court terme à destination des entreprises. Les entreprises règlent rarement leurs achats au comptant. Le plus souvent, l'entreprise débitrice signe une reconnaissance de dette (appelée effet de commerce ou traite) à l'entreprise créancière qui peut, si elle a besoin de liquidité, la faire escompter à la banque. Dans ce cas, la banque achète la traite en faisant payer un intérêt et se tourne à échéance (généralement 90 jours) vers l'entreprise débitrice pour le remboursement de l'emprunt.

Investissement ►
Voir p. 135

Épargne brute ►
Voir p. 48

Économie d'endettement et économie de marché financier

Certains agents économiques (généralement les ménages) épargnent et dégagent une **capacité de financement** (un agent économique est en capacité de financement lorsque ses investissements sont inférieurs à son épargne brute. Il peut mettre une partie de son épargne à la disposition des agents qui ont des besoins de financement) : leurs dépenses sont inférieures à leurs revenus. D'autres agents économiques (généralement les entreprises et l'État) ont, au contraire, un **besoin de financement** (un agent économique est en besoin de financement lorsque ses investissements sont supérieurs à son épargne brute) : leurs revenus ne sont pas suffisants pour couvrir leurs dépenses.

Les capacités de financement peuvent être globalement suffisantes pour couvrir les besoins de financement ; les termes **économie de marchés financiers**, ou **économie de marchés de capitaux**, ou encore **économie de financement désintermédié** désignent une économie dans laquelle le recours aux banques et à la création monétaire est marginal ; le financement s'effectue essentiellement par autofinancement et recours au marché financier.

Les capacités de financement peuvent, en revanche, être insuffisantes pour couvrir les besoins de financement ; le terme **économie d'endettement** désigne une économie principalement financée par le crédit bancaire et à la création monétaire.

Création monétaire ►
Voir p. 96

Pendant la période des Trente Glorieuses, l'économie s'est progressivement transformée en une économie d'endettement. En effet, les capacités de financement se sont révélées insuffisantes pour couvrir les besoins de financement considérables de l'économie dus aux fortes croissances de l'investissement et de la demande de consommation.

Consommation ►
Voir p. 42

Pour couvrir leurs besoins de financement, les agents économiques ont eu de plus en plus recours au crédit, d'ailleurs favorisé par des taux d'intérêt peu élevés et par une inflation rampante.

Inflation rampante ►
Voir p. 102

Mais, à force d'emprunter, de nombreux agents économiques se sont retrouvés lourdement endettés. L'**effet boomerang**, appelé aussi parfois **effet de massue**, désigne les limites de l'économie d'endettement, qui sont le surendettement des agents économiques et l'inflation induite par le recours massif au crédit.

Inflation ►
Voir p. 101

Les années 1970 marquent les limites d'une création monétaire peu contrôlée et d'un financement surtout intermédié. Depuis les années 1980, le financement de l'économie a tendance à se désintermédier. Il est en effet possible de remarquer une hausse importante du financement externe direct (recours au marché financier) au détriment du financement externe indirect (recours à l'emprunt bancaire).

Le **marché financier** est le marché des capitaux à long terme ; c'est le lieu d'émission et d'échange des valeurs mobilières (actions et obligations principalement). Les **valeurs mobilières** désignent l'ensemble des titres négociables et susceptibles d'être cotés (actions, obligations, titres d'OPCVM...).

La Bourse de Paris est installée depuis 1826 au palais Brongniart ; elle comprend le marché financier, le marché des changes et celui des métaux précieux.

Pour se financer sur le marché financier, les entreprises émettent des titres financiers (appelés aussi valeurs mobilières) dont les deux principaux sont les actions et les obligations :

– l'**action** est une part de propriété de l'entreprise (société anonyme principalement), qui donne droit au dividende et au vote lors de l'assemblée générale. Le **dividende** est la fraction du bénéfice perçue par l'**actionnaire** (propriétaire d'au moins une action) ;

– l'**obligation** est un titre de créance négociable émis par des États et par des entreprises sous forme de sociétés ; l'obligataire ne possède pas de part dans le capital de l'entreprise, mais reçoit un intérêt qui ne dépend pas des résultats de l'entreprise. Le **coupon** désigne les intérêts versés au détenteur de l'obligation.

◄ **Intérêt**
Voir p. 92

Les nouvelles actions et obligations sont émises sur le **marché primaire** (marché sur lequel sont émises les valeurs mobilières ; il n'est pas localisé, l'achat de nouveaux titres s'effectuant aux guichets des banques ou directement auprès des entreprises), puis cotées sur le **marché secondaire** (marché sur lequel s'échangent les valeurs mobilières après leur émission). La **cotation** désigne la détermination, en fonction de l'offre et de la demande, du cours boursier, c'est-à-dire du prix du titre.

Une entreprise peut, pour augmenter son capital, avoir plusieurs fois recours à l'émission d'actions, mais, à chaque fois, les anciens actionnaires bénéficient d'un droit préférentiel de souscription.

◄ **Capital**
Voir p. 19

LA CRÉATION DE MONNAIE

La monnaie étant constituée de papier et de jeux d'écriture, il est virtuellement possible d'en créer de façon illimitée ; pourtant, des règles très strictes régissent la création monétaire.

Crédit ▶
Voir p. 92

La **création monétaire** (processus par lequel la masse monétaire est augmentée) provient essentiellement du crédit. Pour comprendre le mécanisme de la création monétaire, il est nécessaire de rappeler que, si les dépôts permettent aux banques d'accorder les crédits, les crédits, à leur tour, font les dépôts. En effet, les agents économiques empruntent pour faire face à une dépense et, dans la majorité des cas, l'argent prêté par les banques sous forme de crédit leur revient à elles-mêmes ou à d'autres banques sous forme de dépôt. Grâce à un dépôt initial, la banque accorde un crédit qui permet l'ouverture d'un nouveau dépôt et qui a donc comme effet d'accroître la quantité d'avoirs en monnaie. C'est donc le crédit qui crée la monnaie.

Le **multiplicateur de crédit** mesure la quantité de monnaie qui peut être créée à partir d'un dépôt initial ; il est égal à l'inverse du taux de réserve. Si, par exemple, la banque prête l'équivalent de 80 % des dépôts et en conserve 20 % (taux de réserve), le multiplicateur est de 5 (120 %).

La création de monnaie comporte aussi des limites :

– le remboursement du crédit détruit la monnaie créée ;

– la demande de crédit des agents économiques est limitée par leurs besoins et leurs budgets ;

– la liquidité des banques est limitée : si les crédits font les dépôts, les dépôts sont nécessaires pour accorder des crédits ;

– les **réserves obligatoires** (fraction des liquidités que les banques reçoivent et qu'elles doivent déposer sur un compte non rémunéré à la Banque centrale) limitent aussi les possibilités de crédit ;

– la Banque centrale peut contrôler la création de monnaie par une politique monétaire appropriée.

Politique monétaire ▶
Voir p. 223

Les banques commerciales ne sont pas les seules à créer de la monnaie. La **Banque centrale** (institution financière qui est chargée de veiller sur la monnaie d'un pays ou d'une zone monétaire comme l'Union européenne ; elle émet les billets, facilite le refinancement des banques commerciales et se charge de la mise en œuvre de la politique monétaire) crée de la monnaie sous deux formes différentes :

– les billets qu'elle émet ;

– la **monnaie Banque centrale**, c'est-à-dire une monnaie scripturale utilisée dans les règlements entre les banques et la Banque centrale.

Elle crée de la monnaie en monétisant des actifs non monétaires, c'est-à-dire en donnant aux banques de la monnaie (créée de toute pièce) en échange de titres et de devises.

Trois cas principaux peuvent se produire :

– la Banque centrale rembourse aux banques les **bons du Trésor** (emprunts émis par l'État) qu'elles avaient souscrits ;

– la Banque centrale rachète des devises contre de la monnaie nationale ;

◄ **Devise**
Voir p. 305

– la Banque centrale rachète aux banques des **traites**, c'est-à-dire des créances à court terme, si celles-ci ont besoin de liquidités.

La création de monnaie a donc trois sources :

– le crédit à l'État ;

◄ **Crédit**
Voir p. 92

– l'achat de devises ;

– le crédit aux entreprises et aux ménages.

À chaque crédit correspond en contrepartie une **créance** (montant qui est dû à un agent économique). Les **contreparties de la masse monétaire** désignent les créances qui correspondent aux crédits ayant permis la création de monnaie. Leur examen permet de connaître la part de chaque facteur dans le processus de création monétaire. On distingue deux grandes catégories :

– la contrepartie extérieure, qui permet l'examen de la situation du pays avec le reste du monde : entrées et sorties de devises ;

– la contrepartie créances sur les résidents qui regroupe : les créances sur le Trésor public (créances à l'État), d'une part ; les créances sur l'économie, c'est-à-dire sur les ménages et les entreprises (principale source de création monétaire), d'autre part.

◄ **Trésor public**
Voir p. 228

Lorsque les banques ont besoin de liquidités, elles peuvent s'en procurer sur le marché interbancaire ou sur le marché monétaire. Le **marché monétaire** est le marché des capitaux à court ou moyen terme, sur lequel les banques commerciales et quelques entreprises s'échangent des liquidités. Le **marché interbancaire** est un compartiment du marché monétaire. Son accès est réservé aux établissements de crédit et à certaines institutions financières, comme la Banque centrale ou le Trésor public.

Politique monétaire ►
Voir p. 223

Taux d'intérêt ►
Voir p. 92

La Banque centrale utilise le marché monétaire dans le cadre de sa politique monétaire. La politique monétaire désigne l'action sur les variables économiques au moyen de la quantité de monnaie en circulation et des taux d'intérêt. Les mesures visant à diminuer la quantité de monnaie et à augmenter les taux d'intérêt limitent la hausse des prix, mais aussi la croissance. Les mesures visant à augmenter la quantité de monnaie et à diminuer les taux d'intérêt favorisent la croissance, mais aussi la hausse des prix.

Taux directeur ►
Voir p. 224

Ainsi, en fonction de l'objectif qu'elle s'est donnée (le taux directeur est l'objectif que se fixe la Banque centrale en matière de taux d'intérêt du marché monétaire), la Banque centrale peut intervenir sur le marché monétaire pour offrir ou demander des liquidités. Si elle demande des liquidités sur le marché monétaire, le taux d'intérêt sur ce marché (appelé parfois le prix de l'argent au jour le jour) augmente ; cette hausse est répercutée sur les taux d'intérêt que les banques demandent à leurs clients. Le crédit devient donc plus cher et la demande de crédit baisse.

La politique de l'***open market*** est une politique monétaire indirecte qui consiste, pour la Banque centrale, à agir sur le taux d'intérêt selon les objectifs qu'elle s'est donnée, en achetant ou en vendant des titres contre des liquidités sur le marché monétaire.

Réserves obligatoires ►
Voir p. 96

La Banque centrale peut aussi intervenir sur la création monétaire en jouant sur les réserves obligatoires. Les banques ont en effet l'obligation de détenir en monnaie centrale, sur un compte non rémunéré à la Banque de France, un pourcentage de leurs dépôts, qui constitue les réserves obligatoires. La **politique des réserves obligatoires** est une politique monétaire indirecte qui consiste à faire varier le taux de réserves obligatoires pour agir sur les liquidités des banques, donc sur le volume des crédits qu'elles accordent.

Depuis le 1er janvier 1999, la conduite de la politique monétaire en Europe a été transférée à la Banque centrale européenne qui utilise trois instruments principaux :

– les opérations d'*open market* ;

– les **facilités permanentes**, qui sont des procédures qui permettent à la Banque centrale européenne de fournir ou de retirer des liquidités au jour le jour. Deux instruments sont utilisables : la **facilité de prêt marginal** (possibilité pour les banques d'obtenir de la Banque centrale des liquidités à 24 heures, à un taux déterminé par la Banque centrale) ; la **facilité de dépôt** (possibilité pour les banques de déposer à la Banque centrale des liquidités à

24 heures, à un taux déterminé par la Banque centrale). Les taux de ces facilités encadrent, en temps normal, les taux d'intérêt courts sur le marché monétaire ;

– la politique des réserves obligatoires.

Par ailleurs, la Banque centrale a aussi un rôle de **prêteur en dernier ressort** (agent qui garantit la liquidité bancaire et qui protège l'économie du risque d'une illiquidité qui provoquerait une crise majeure du système financier – le rôle de prêteur en dernier ressort revient généralement à la Banque centrale). Il s'agit pour la Banque centrale de créer de la monnaie centrale pour assurer la liquidité des banques et éventuellement éviter des faillites bancaires qui affecteraient l'ensemble de l'économie.

La **base monétaire** désigne à la fois les pièces et billets en circulation et les avoirs monétaires détenus par les banques auprès de la Banque centrale.

ÉQUILIBRES ET DÉSÉQUILIBRES MONÉTAIRES

La monnaie est-elle neutre ?

La conception de la **neutralité de la monnaie** (indépendance des sphères monétaire et réelle ; les variables monétaires – niveau et évolution des prix notamment – n'ont aucun effet sur les variables réelles – niveau de la production, de la demande, de l'emploi…) est notamment présentée par la **théorie quantitative de la monnaie**, qui est une analyse monétaire qui considère, à la suite de Jean Bodin, Stuart Mill ou Irving Fisher, que le niveau des prix dépend directement de la quantité de monnaie.

◄ **Bodin**
Voir p. 504

◄ **Mill**
Voir p. 512

L'**équation de Fisher** est une formalisation de la théorie quantitative de la monnaie. Elle est d'abord présentée par Stuart Mill, puis reprise par Irving Fisher : $M \times V = P \times T$

– M est la quantité de monnaie en circulation ;

– V est la vitesse de circulation de la monnaie, c'est-à-dire le nombre de fois qu'une unité monétaire est utilisée durant une période donnée ;

– P représente le prix moyen ;

– T est le montant total des transactions effectuées dans une année, c'est-à-dire approximativement la production, déduction faite de la variation des stocks.

Si V et T sont considérés comme des variables indépendantes (sphère réelle) et constantes à court terme, toute augmentation de la quantité de monnaie se traduit par une augmentation des prix. Sous cette hypothèse, la monnaie est neutre, car toute variation de la quantité de monnaie est contrebalancée par une modification des prix, mais n'influe pas sur le niveau réel des transactions et de la production.

Production ► Voir p. 16

Keynes ► Voir p. 524

Keynes s'oppose à cette conception de la neutralité de la monnaie, car la monnaie peut être demandée pour elle-même. Il affirme qu'une unité monétaire peut aussi être thésaurisée. La **thésaurisation** désigne la partie de l'épargne qui n'est pas placée et qui quitte donc le circuit économique.

Épargne ► Voir p. 47

Préférence pour la liquidité ► Voir p. 525

Spéculation ► Voir p. 106

La préférence pour la liquidité a trois motifs selon Keynes :

– un motif de spéculation : les individus thésaurisent en vue d'un placement ultérieur, plus rémunérateur que ne le sont les placements du moment ;

– un motif de précaution : ils thésaurisent en vue de se couvrir contre un risque éventuel ;

– un motif de transaction : il s'agit d'une thésaurisation qui permet de couvrir l'intervalle entre l'encaissement du revenu (une seule fois par mois pour les salariés) et son utilisation (durant tout le mois).

Revenu ► Voir p. 38

Selon les keynésiens, une augmentation de la quantité de monnaie peut, en accroissant les moyens de paiement mis à la disposition de l'économie, avoir un effet positif sur la croissance économique ; cela dépend de l'élasticité de la production par rapport à la demande :

Élasticité ► Voir p. 552

Facteur de production ► Voir p. 19

– en situation de plein emploi des facteurs de production, la production n'est pas prête à satisfaire une demande additionnelle (inélasticité de la production par rapport à la demande) et seuls les prix augmentent ;

– si certains facteurs de production ne sont pas utilisés et si les entreprises ont confiance en l'avenir, la production peut réagir positivement à une augmentation de la demande et de la quantité de monnaie (dans ce cas, la production est élastique par rapport à la demande).

Les débats sur la neutralité de la monnaie et sur la quantité optimale de monnaie sont nombreux.

Ainsi, un débat « *currency principle* contre *banking principle* » a eu lieu au XIXe siècle en Grande-Bretagne. La polémique portait sur la création monétaire : la quantité de monnaie doit-elle suivre l'activité économique ou faut-il la limiter au stock d'or ?

Ricardo ► Voir p. 510

Le ***currency principle***, dont un partisan est David Ricardo, est une conception qui considère que la quantité de monnaie fiduciaire et scripturale en circulation ne doit pas dépasser le stock d'or ; une gestion restrictive de la monnaie permet de lui conserver sa valeur et, par conséquent, la confiance que les agents économiques peuvent lui accorder.

La quantité d'or ne dépendant pas uniquement de l'activité économique (mais aussi des découvertes de gisements d'or), le ***banking principle***, dont les principaux partisans sont Thomas Cooke et Stuart Mill, est une conception qui affirme que la quantité de monnaie ne doit pas être limitée par le stock d'or, car elle doit suivre l'activité économique et s'y adapter.

Le débat actuel oppose monétaristes, keynésiens et nouveaux économistes classiques.

◄ **Monétarisme**
Voir p. 531
◄ **Nouveaux économistes classiques**
Voir p. 536
◄ **Friedman**
Voir p. 532

Les monétaristes (dont le chef de file est Milton Friedman) et les keynésiens considèrent que la quantité de monnaie doit au moins suivre l'activité économique. Ainsi, trop peu de monnaie est préjudiciable à la croissance, et ils s'accordent sur le fait que la raréfaction monétaire du début des années 1930 fut un facteur d'aggravation de la crise.

En revanche, ils s'opposent sur la détermination de la quantité optimale de monnaie :

– les keynésiens considèrent que la monnaie peut doper l'économie ;

– les monétaristes considèrent quant à eux que toute augmentation de la quantité de monnaie supérieure à celle de la production conduit à une augmentation des prix. Or, l'inflation est source de déséquilibres puisqu'elle nuit à la compétitivité et altère les anticipations des agents économiques.

La nouvelle économie classique considère que la monnaie est parfaitement neutre et qu'aucune variation de sa quantité n'est susceptible de modifier l'équilibre réel.

Inflation et désinflation

L'**inflation** désigne la hausse généralisée des prix. Le taux d'inflation désigne le taux de variation du niveau général des prix.

La **désinflation** désigne, au sens strict, le ralentissement de la hausse des prix ; ceux-ci continuent d'augmenter, mais moins fortement. Au sens le plus courant, elle caractérise une période de faible inflation faisant suite à une période de forte inflation (à partir du milieu des années 1980 en France, par exemple).

La **déflation** désigne au sens strict la baisse généralisée des prix (taux d'inflation négatif). Ce terme est parfois utilisé pour caractériser une période de baisse des prix et de la production (crise des années 1930 par exemple).

Les causes générales de l'inflation sont :

Demande ►
Voir p. 53
Offre ►
Voir p. 58

– l'**inflation par la demande**, qui désigne la hausse des prix induite par un excès de la demande sur l'offre. En effet, en économie de marché, les prix sont fixés par la confrontation entre l'offre et la demande ; si la demande excède l'offre, ils ont tendance à augmenter. Il y a donc un risque d'inflation lorsque la demande s'accroît et que la production est inélastique par rapport à celle-ci (l'offre ne suit pas les variations de la demande) ; c'est le cas lorsque le plein emploi des facteurs de production (main-d'œuvre et capital) empêche toute augmentation à court terme de la production et que les anticipations des entreprises sont mauvaises ;

Facteur de production ►
Voir p. 19

– l'**inflation par les coûts**, qui désigne la hausse des prix induite par une hausse des coûts de production. En effet, les entreprises cherchent à répercuter la hausse des coûts de production sur les prix. On appelle **inflation importée** l'inflation qui provient d'un autre pays par le biais de l'augmentation du prix des produits importés ; l'exemple le plus frappant est celui de la hausse du prix des matières premières et, particulièrement, celui du pétrole lors des deux chocs pétroliers de 1973 et 1979. Le coût le plus souvent incriminé dans les mécanismes inflationnistes est le salaire : toute augmentation des coûts salariaux supérieure à celle de la productivité est source d'inflation. L'inflation est souvent un processus auto-entretenu par la **spirale inflationniste** : mécanisme cumulatif de hausse des prix ; la hausse des prix conduit généralement à une hausse des salaires (revendication de la part des salariés qui ne veulent pas que leur pouvoir d'achat diminue), qui augmente les coûts de production, ce qui mène à une hausse des prix… ;

Choc pétrolier ►
Voir p. 122
Productivité ►
Voir p. 21

– l'inflation par la monnaie, qui désigne la hausse des prix induite par une augmentation de la quantité de monnaie supérieure à celle de la production.

Durant l'entre-deux-guerres, les déséquilibres monétaires sont fréquents. Ainsi, en Allemagne, l'inflation s'est progressivement aggravée, au point de devenir une **hyperinflation** (très forte augmentation cumulative et incontrôlée des prix).

Trente Glorieuses ►
Voir p. 154

L'inflation a accompagné la croissance des Trente Glorieuses. L'inflation est alors rampante. Une **inflation rampante** est une inflation assez forte (mais dont le taux est généralement inférieur à 10 %), structurellement installée dans l'économie. Les raisons principales de ces tendances inflationnistes sont : le déséquilibre monétaire international, dû à la trop forte augmentation de moyens de paiements internationaux (surtout le dollar) ; le développement du recours au crédit de la part des entreprises et des ménages, mais aussi de la part de l'État afin de couvrir ses déficits budgétaires ; les hausses considérables de la demande (aussi bien de consommation que d'investissement).

◄ **Crédit**
Voir p. 92

◄ **Déficit budgétaire**
Voir p. 229

C'est dans cet environnement d'inflation rampante que le choc pétrolier a joué un rôle de détonateur. Malgré la baisse du prix relatif du pétrole, entre 1975 et 1979 (date du second choc pétrolier), l'inflation demeure importante. En effet, l'économie est toujours une économie d'endettement, les salaires augmentent plus fortement que la productivité. Mais surtout, l'inflation est un phénomène cumulatif qui s'auto-entretient par la spirale inflationniste et par les échanges internationaux. La **stagflation** (situation d'une économie qui connaît à la fois une forte inflation et une stagnation de la production, induisant généralement du chômage) s'installe. L'**inflation galopante** (forte inflation ; la hausse des prix devient cumulative et le taux d'inflation dépasse 10 %) apparaît.

◄ **Économie d'endettement**
Voir p. 94

◄ **Spirale inflationniste**
Voir p. 102

Depuis le début des années 1980 (1985 pour la France), la tendance est à la désinflation. Cette désinflation a été permise par un environnement économique international favorable (contre-choc pétrolier et dépréciation du dollar après 1985), mais surtout par la mise en place dans tous les pays développés de politiques qui modèrent la création monétaire et ravivent la concurrence.

◄ **Contre-choc pétrolier**
Voir p. 123

◄ **Dépréciation**
Voir p. 309

Inflation et croissance

L'inflation a un **effet de seuil** (à partir d'un certain niveau, un phénomène produit un effet différent de l'effet initial) sur la croissance. En effet, jusqu'à un certain seuil, l'inflation favorise la croissance :

– l'inflation accompagne les périodes de croissance ; ainsi, la phase A des cycles Kondratieff se caractérise par une augmentation de la production et des prix alors que la phase B correspond à une baisse de la production et des prix ;

◄ **Cycle Kondratieff**
Voir p. 114

– en diminuant la valeur de la monnaie, l'inflation facilite les remboursements et favorise les agents emprunteurs.

Mais trop d'inflation est un obstacle à la croissance :

– trop d'inflation, mais surtout un **différentiel d'inflation** (écart entre le taux d'inflation d'un pays et ceux de ses partenaires)

Compétitivité ►
Voir p. 258
Solde commercial ►
Voir p. 257

fortement positif, nuit à la compétitivité des entreprises et au solde commercial et, par ce biais, à la production nationale ;

– trop d'inflation risque de provoquer une fuite des capitaux due à la défiance envers la monnaie ;

– l'excès d'inflation induit des anticipations pessimistes : l'effritement de la valeur de la monnaie peut saper la confiance en l'économie nationale et conduire les entreprises à moins investir. Par crainte d'une dépréciation de leurs réserves, les agents économiques peuvent être incités à moins épargner.

Salaire nominal ►
Voir p. 195

En 1958, l'économiste néo-zélandais William Alban Phillips publie les résultats d'une étude comparant l'évolution du taux de chômage et celle du salaire nominal en Grande-Bretagne entre 1867 et 1957. En période de croissance, le taux de chômage a tendance à baisser alors que le salaire tend à augmenter. En revanche, la crise conduit à une hausse du chômage et à une baisse du salaire nominal. La courbe de Phillips établit une relation inverse entre le taux de croissance des salaires nominaux et le taux de chômage.

Courbe de Philips ►
Voir p. 245
Samuelson ►
Voir p. 527
Chômage ►
Voir p. 128
Politique économique ►
Voir p. 221
Fiedman ►
Voir p. 532

Samuelson interprète cette courbe et met en évidence une symétrie entre l'inflation (souvent due à l'augmentation des salaires nominaux) et le chômage ; ce qui implique un choix de politique économique : opter pour un faible taux d'inflation, mais dans ce cas accepter un chômage important, ou au contraire diminuer le chômage, quitte à tolérer de l'inflation.

Selon Friedman, la courbe de Phillips est une droite verticale à long terme ; le choix des gouvernements s'articule en réalité entre plus ou moins d'inflation. L'activité économique et le chômage retournent toujours à leur niveau naturel.

Chômage naturel ►
Voir p. 532
Politique de relance ►
Voir p. 222

Certains économistes nouveaux keynésiens reconnaissent l'existence de ce taux de chômage naturel ; ils le désignent parfois par le terme de **NAIRU (*Non Accelerating Inflation Rate of Unemployment*)**, c'est-à-dire le taux de chômage compatible avec une inflation stable. Une politique de relance ne peut être efficace pour réduire le chômage qui si le taux de chômage effectif est supérieur au NAIRU ; sinon elle n'a aucun effet sur le chômage et ne fait qu'accroître l'inflation. Le **NAWRU (*Non Accelerating Wage Rate of Unemployment*)** désigne le taux de chômage compatible avec la stabilité des salaires nominaux.

B. INSTABILITÉ FINANCIÈRE ET RÉGULATION

LA GLOBALISATION FINANCIÈRE

Depuis les années 1970-1980, les banques voient leur rôle de transformation des liquidités et d'intermédiation s'affaiblir au profit du développement du marché financier.

◄ **Intermédiation**
Voir p. 92

Afin de combler le manque à gagner de la **désintermédiation** (processus selon lequel le financement de l'économie passe de moins en moins par le crédit bancaire et de plus en plus par l'autofinancement et le recours au marché financier), les banques opèrent de plus en plus ce que l'on pourrait appeler une **intermédiation de marché** (financement par le marché financier, mais avec une intervention des banques en tant qu'intermédiaires entre les agents économiques et le marché financier). Ainsi, le particulier qui préfère acheter des Sicav plutôt que de déposer son argent à la banque devra tout de même passer par elle et lui verser une commission.

Le marché financier peut aussi avoir une fonction d'intermédiation. L'**intermédiation financière** désigne la pratique qui consiste, pour des intermédiaires financiers, à acheter des titres (de longue échéance) émis par des entreprises à l'aide des fonds qu'ils ont eux-mêmes collectés par l'émission de titres auprès des épargnants (souvent à plus courte échéance).

Le processus de désintermédiation doit donc être nuancé ; il n'est d'ailleurs que l'une des facettes des profondes mutations que la sphère financière a connues. La **globalisation financière** désigne le mouvement de constitution d'un marché financier global, mondial et unifié des capitaux ; elle se caractérise par « les trois D » : désintermédiation, déréglementation et décloisonnement.

La **déréglementation financière** désigne l'assouplissement des règles régissant l'activité bancaire, le fonctionnement des marchés financiers et les mouvements internationaux de capitaux. Ainsi, la levée du contrôle des changes a provoqué un développement considérable du **marché des changes** (marché sur lequel sont échangées les différentes devises entre elles – une devise désignant la monnaie d'un autre pays). En limitant les domaines réservés (monopole des agents de change et ouverture difficile de nouvelles banques), la déréglementation a créé de profondes mutations. Les mécanismes de marché se sont en partie substitués à une régulation étatique.

◄ **Banque**
Voir p. 90

◄ **Marché**
Voir p. 50

Le **décloisonnement** consiste en la suppression des barrières entre les différents compartiments nationaux et internationaux des marchés financiers. Il a permis la constitution d'un marché mondial des capitaux.

Les acteurs des marchés financiers

Différents épargnants interviennent sur le marché financier : les ménages, les entreprises et les **investisseurs institutionnels** qui sont des organismes disposant de ressources importantes à placer : les compagnies d'assurance, les caisses de retraite, les fonds de pension, les OPCVM...

Cotisations ►
Voir p. 226
Retraite par capitalisation ►
Voir p. 242

Les **fonds de pension** sont des institutions qui collectent l'épargne des ménages et les cotisations des employeurs dans le cadre d'un système de retraite par capitalisation. Les fonds collectés sont placés sur les marchés financiers. Ils sont surtout importants aux États-Unis et en Grande-Bretagne.

Les **OPCVM (organismes de placement collectif en valeurs mobilières)** sont des organismes collectant l'épargne pour ensuite l'investir sur le marché financier. Les Sicav et les fonds communs de placement sont les OPCVM les plus fréquents.

Société anonyme ►
Voir p. 27

Les **Sicav (société d'investissement à capital variable)** sont des sociétés anonymes ayant pour objet la gestion d'un portefeuille de valeurs mobilières. Leur capital est variable, car il augmente par émission d'actions nouvelles souscrites par les épargnants et il diminue par remboursement de capital aux épargnants.

Les **FCP (fonds commun de placement)** sont des copropriétés de titres. Contrairement aux Sicav, les FCP ne sont pas des entreprises et n'ont pas la personnalité juridique. Elles sont plus spécialisées que les Sicav et s'adressent davantage aux entreprises qu'aux ménages.

Se sont aussi développés des **fonds spéculatifs** (*hedge funds*) qui sont des institutions financières qui cherchent à atteindre des rendements très élevés grâce à des stratégies financières particulièrement risquées.

Action ►
Voir p. 95
Obligation ►
Voir p. 95
Plus-value ►
Voir p. 486

Un **portefeuille** désigne l'ensemble des titres (actions, obligations, Sicav...) détenus par un agent économique.

Les motifs du placement boursier sont de trois ordres :

– la **spéculation**, qui est une transaction effectuée dans le but de réaliser une plus-value grâce à la revente d'un actif à un cours supérieur à celui de l'achat, les spéculateurs sont peu averses au risque (**l'aversion au risque** consiste à choisir systématique la solution la moins soumise aux aléas et donc celle qui censée aboutir aux effets les plus certains) ;

– la recherche du rendement, c'est-à-dire du dividende, dans le cas de l'action, ou de l'intérêt, dans le cas de l'obligation. Le ***price***

***earning ratio* (PER)** est un indicateur permettant d'évaluer le prix relatif d'une action ; c'est le rapport entre le cours du titre et son bénéfice net par action ;

– la participation au capital d'une entreprise (uniquement pour les actions).

◄ **Bénéfice**
Voir p. 27

Les échanges de titres s'effectuent sur le marché secondaire, mais les entreprises qui veulent prendre le contrôle d'une autre entreprise peuvent avoir recours aux OPA et OPE.

◄ **Entreprise**
Voir p. 26

Une **offre publique d'achat (OPA)** est une intention annoncée publiquement de prendre le contrôle d'une société par rachat de ses titres aux actionnaires.

Une **offre publique d'échange (OPE)** est une intention annoncée publiquement de prendre le contrôle d'une société par l'échange de titres contre ceux de la société cible.

Un **indice boursier** est un indicateur permettant de mesurer les évolutions d'un marché boursier. Chaque marché d'actions a un ou plusieurs indices. En France, le CAC 40 est le plus connu, mais il en existe de nombreux autres : SBF 120, SBF 250…

Le **CAC (cotation assistée en continu)** désigne à la fois le système informatique de cotation à la Bourse de Paris et l'indice boursier de la place de Paris représentant les 40 actions les plus échangées.

Les principaux indices boursiers mondiaux sont :

– le **Dow Jones**, qui est le principal indice de la Bourse de New York. Créé en 1884, il a comme base 100 en 1928 ;

– le **Nikkei**, qui est le principal indice de la Bourse de Tokyo. Il regroupe 225 actions avec une base de 176,21 en 1949 ;

– le **Dow Jones Stoxx (DJS)**, qui est le principal indice boursier européen. Il a été créé en 1998.

La diversité des marchés financiers et des produits financiers

Alors qu'un **marché au comptant** est un marché financier à règlement immédiat, un **marché à terme** est un marché caractérisé par le décalage de temps entre la conclusion du contrat et son exécution. La plupart de ces marchés à terme sont des **marchés dérivés** : marchés sur lesquels les cours des produits traités sont liés aux cours d'autres produits (actions, obligations, taux d'intérêt...). Leur objectif est de permettre la couverture des risques de change, de taux et de portefeuille.

Le **Matif (Marché à terme international de France)** est un marché à terme, créé en 1986, sur lequel se négocient des contrats à terme fermes et optionnels portant sur des taux ou des marchandises.

Le **Monep (Marché des options négociables de Paris)** est un marché à terme, créé en 1987, sur lequel se négocient des contrats à terme fermes ou des options sur indices ou sur actions.

Sur ces marchés à terme s'échangent des contrats fermes et des options. Une **option** est un droit, et non une obligation, d'acheter ou de vendre, à un prix convenu à l'avance, une certaine quantité d'un actif en contrepartie du paiement d'une prime.

Différents marchés, comme le **second marché** (marché financier, créé en France en 1983, destiné aux entreprises de taille moyenne) et le **nouveau marché** (créé en France en 1996, spécialisé dans les entreprises ayant un fort potentiel de croissance) ont été fusionnés en 2005. Le nouveau marché avait pris exemple sur le **Nasdaq** (marché financier américain créé en 1971 et spécialisé dans les entreprises de haute technologie).

Valeurs mobilières ▶ Voir p. 95
Créance ▶ Voir p. 97
Risque de crédit ▶ Voir p. 92

Les **actifs financiers** regroupent l'ensemble des valeurs mobilières et créances détenues par un agent économique. La tendance générale est celle de la **titrisation**, c'est-à-dire de la transformation de créances en titres négociables sur les différents marchés financiers et monétaires. Cela permet aux établissements de crédit de refinancer une partie de leurs encours et de transférer le risque de crédit sur d'autres agents.

De nouveaux titres sont ainsi apparus ; il s'agit, d'une part, de titres s'échangeant au comptant et, d'autre part, de titres s'échangeant sur les marchés à terme.

Marché monétaire ▶ Voir p. 97
Liquidité ▶ Voir p. 90

Les **titres de créance négociables (TCN)** sont des produits qui permettent un financement direct sur le marché monétaire ; ils sont apparus dans les années 1980. Ces produits, dont les billets de trésorerie et les certificats de dépôt, sont dits négociables, car ils peuvent être vendus avant terme et ont donc un certain degré de liquidité. Un **billet de trésorerie** est un titre de créance négociable que les entreprises peuvent émettre de façon à se procurer sur les marchés les fonds à court terme dont elles ont besoin. Un **certificat**

de dépôt est un titre de créance à court terme émis par une institution financière.

Les bons du Trésor ont changé de nature. Alors qu'il existait de nombreux types de bons du Trésor, la réforme de 1985 a unifié le système en créant les bons du Trésor négociables. Le **bon du Trésor négociable** est un titre représentatif d'une créance de l'État dont la souscription est ouverte à tous, aussi bien aux banques, aux entreprises, aux particuliers, qu'aux agents économiques étrangers.

◄ **Créance** Voir p. 97

◄ **Banque** Voir p. 90

De nombreux produits financiers existent ; cela va du ***swap***, qui est un échange de contrat (les *swaps* de devises permettent d'échanger une dette libellée dans une monnaie contre une dette libellée dans une autre monnaie ; les *swaps* de taux d'intérêt permettent d'échanger des dettes libellées dans une même monnaie, mais ne bénéficiant pas du même taux – par exemple, variable ou fixe) aux **produits exotiques** (il s'agit des divers produits financiers complexes et peu diffusés vendus à des investisseurs spécifiques).

◄ **Taux d'intérêt** Voir p. 92

L'INSTABILITÉ FINANCIÈRE

À partir des années 1980, les marchés financiers se sont très rapidement développés. La sphère financière s'est en partie déconnectée de la sphère réelle. Les cours boursiers évoluent ainsi de façon parfois indépendante de l'activité économique. L'instabilité financière se caractérise par la volatilité des cours (à la hausse comme à la baisse) et par le risque systémique.

La volatilité des cours

Lorsque les anticipations sont positives, un phénomène de bulle financière peut se produire. Une **bulle financière** (appelée aussi **bulle spéculative**) désigne la **capitalisation boursière** (valeur totale de tous les titres cotés) excessive, due à la surcotation des titres induite par la spéculation. Dans ce cas, la valeur des titres est sans commune mesure avec les **fondamentaux** (données principales de la situation économique d'une entreprise – rentabilité, perspectives de profit... – ou d'un pays – croissance, inflation...). En principe, les fondamentaux devraient déterminer le cours des valeurs mobilières.

◄ **Valeurs mobilières** Voir p. 95

Un ajustement devient inévitable lorsque, en raison de la spéculation, les cours boursiers sont surévalués par rapport aux résultats de l'économie et des entreprises ; un ajustement perturbe

◄ **Spéculation** Voir p. 106

Actif financier ►
Voir p. 108
Épargne ►
Voir p. 47
Consommation ►
Voir p. 42
Investissement ►
Voir p. 135

généralement négativement la sphère non financière. En effet, en diminuant les actifs financiers des agents économiques, le krach financier déprime la consommation et l'investissement, car les ménages et les entreprises tentent de reconstituer leur épargne. Cela est dû à l'**effet de richesse** (relation positive entre le cours des actifs financiers – qui se répercute sur la richesse des agents économiques – et la demande de consommation et d'investissement).

Le risque systémique

Établissement systémique ►
Voir p. 110

Avec la globalisation et les facilités d'accès à l'information, le risque de krachs boursiers augmente. Le **risque systémique** désigne un risque pouvant mettre en danger la pérennité du système financier dans son ensemble ; il est dû à des facteurs divers dont les principaux sont les effets pervers dus à l'agrégation d'actions individuelles pourtant rationnelles, le risque de faillite des établissements systémiques et la procyclicité du crédit (évolution dans le même sens que le cycle économique) :

– prise individuellement, chaque action de chaque intervenant peut être rationnelle (par exemple, vente des titres quand leurs cours baissent), mais leur agrégation provoque un approfondissement de la crise. Le problème est que, par **comportement mimétique** (attitude qui consiste, pour un intervenant sur un marché, à adopter le comportement supposé des autres intervenants), la hausse des cours appelle la hausse des cours et la baisse des cours appelle la baisse des cours. Le marché est alors sensible aux rumeurs et certaines prophéties deviennent autoréalisatrices (une **prophétie autoréalisatrice** est la réalisation d'un événement – par exemple, une chute des cours boursiers – anticipée par les agents économiques qui, agissant dans le sens de cette anticipation, créent de par leur comportement l'événement qu'ils prévoyaient) ;

Banque ►
Voir p. 90
Aléa moral ►
Voir p. 67
Désintermédiation ►
Voir p. 105

– certains établissements bancaires sont dits systémiques ; un **établissement systémique** est un établissement, généralement de grande taille, dont la crise éventuelle peut provoquer une contagion à l'ensemble du système financier national ou international. Certaines banques sont ainsi protégées de la faillite par les pouvoirs publics, qui les considèrent « *too big to fail* » (trop grosses pour faire faillite) ; cela peut inciter ces banques à accepter des risques trop importants et suscite donc un problème d'aléa moral ;

– malgré la tendance à la désintermédiation, le crédit n'a pas disparu ; il est au contraire fortement procyclique : il augmente très fortement durant les phases d'expansion économique et s'effondre durant les phases de récession. Ainsi, le crédit a un effet déstabilisateur important qui amplifie les cycles économiques et induit une instabilité financière source de risque systémique.

LA RÉGULATION FINANCIÈRE

Face à l'augmentation des risques, il est nécessaire de mettre en place des instruments de régulation. Le contrôle doit se réaliser au niveau national (ainsi, l'**AMF – Autorité des marchés financiers –** est en France l'autorité administrative chargée de surveiller les marchés financiers) mais aussi international, car la finance est mondialisée. Le G20 est ainsi l'instance principale qui organise la coopération internationale en matière d'instabilité financière. La **supervision bancaire** désigne le contrôle des institutions financières par les autorités publiques.

◄ **Régulation**
Voir p. 220

De façon à limiter les risques d'instabilité financière, il importe d'édicter des règles microprudentielles et macroprudentielles.

Les **règles microprudentielles** sont des règles qui s'imposent aux établissements financiers afin de limiter les risques d'insolvabilité, donc de défaillance ; l'objectif est d'améliorer la quantité et la qualité des fonds propres des établissements de crédit. Le **ratio de solvabilité bancaire** est un pourcentage de fonds propres par rapport à leurs engagements que toutes les banques doivent respecter de façon à assurer la stabilité du système bancaire. Le comité de Bâle (1974) impose ainsi un rapport minimal de 8 % entre les fonds propres et les crédits distribués. Bâle 2 et Bâle 3 cherchent à renforcer ces règles prudentielles, mais se heurtent aux réticences des banques et au manque de supervision internationale. Bâle 3 propose de faire passer le ratio de 8 % à 10,5 % à l'horizon de 2019.

◄ **Fonds propres**
Voir p. 139

Avec la prise de conscience du risque systémique, la mise en œuvre d'une politique macroprudentielle semble de plus en plus nécessaire. La **politique macroprudentielle** regroupe les différentes mesures destinées à réduire le risque systémique et à limiter les effets de contagion spécifiques aux marchés financiers.

Les mesures prudentielles pourraient aussi consister à encadrer la titrisation. En effet, en titrisant certaines de leurs créances, les banques transfèrent une partie de leurs risques de crédit à des institutions moins encadrées et réglementées qu'elles ne le sont elles-mêmes. Il est effectivement très difficile d'encadrer les fonds spéculatifs (*hedge funds*), dont beaucoup sont implantés dans des paradis fiscaux.

◄ **Risque de crédit**
Voir p. 92

◄ **Fonds spéculatifs**
Voir p. 106

Un **paradis fiscal** est une place financière qui fait bénéficier à ses clients d'une exonération fiscale et du secret bancaire. Des fonds spéculatifs s'y installent pour pouvoir se développer de façon libre et n'avoir aucun compte à rendre sur la provenance des fonds qu'ils gèrent ou sur leur degré de solvabilité. La lutte contre l'instabilité financière passe donc par plus de transparence et par la lutte contre les paradis fiscaux ; ainsi l'OCDE a-t-elle publié une liste noire pour inciter les pays en question à accepter de conclure des accords d'échange d'informations.

7

CRISES ET FLUCTUATIONS

A LES CYCLES

- Les cycles longs
- Les cycles majeurs et mineurs

B LES PRINCIPALES INTERPRÉTATIONS

C DES FLUCTUATIONS

- Les chocs de demande
- Les chocs d'offre
- Les phénomènes de surajustement

D LA NATURE DES CRISES

- Crises de l'Ancien Régime, crises mixtes et crises classiques
- La crise de fin de XXe siècle

La croissance économique est un phénomène instable. Les **fluctuations économiques** désignent les variations des grandeurs économiques (production, emploi, niveau des prix…) dues à l'instabilité de la croissance, c'est-à-dire à la succession de période d'expansion et de ralentissements, voire de récession.

La **crise économique** est un ensemble de déséquilibres économiques se traduisant généralement par une dépression ou une récession, par des problèmes monétaires (inflation ou déflation) et, le plus souvent, par un sous-emploi.

Inflation ►
Voir p. 101
Déflation ►
Voir p. 102
Sous-emploi ►
Voir p. 191

La **récession** désigne la baisse de la production (taux de croissance économique négatif).

A. LES CYCLES

Un **cycle** est une fluctuation qui revient avec une certaine régularité et une certaine périodicité. Chaque cycle est composé d'une phase ascendante (croissance économique) et d'une phase descendante (crise économique).

LES CYCLES LONGS

Kondratieff, dans *Les Vagues longues de la conjoncture* paru en 1926, remarque que les prix suivent des vagues longues de variation.

Le **cycle Kondratieff**, ou **cycle long**, est un cycle dont la durée varie de 40 à 60 ans. C'est Schumpeter qui, le premier, a utilisé l'appellation « cycle Kondratieff ». Un cycle Kondratieff est composé de deux phases : une phase d'expansion (souvent qualifiée de phase A), durant laquelle les prix et la production augmentent, et une phase de récession (souvent qualifiée de phase B), durant laquelle les prix baissent et la production diminue ou augmente faiblement.

Schumpeter ►
Voir p. 519
Expansion ►
Voir p. 150

Les principales explications des cycles Kondratieff sont l'irrégularité du progrès technique et de la quantité de monnaie :

– Selon Schumpeter, la croissance économique s'explique essentiellement par l'action du progrès technique, et c'est l'irrégularité de celui-ci qui explique les irrégularités de la croissance.

Des périodes à fort progrès technique succèdent à des périodes à faible progrès technique. En effet, les innovations se manifestent par grappes. Une **grappe d'innovations** désigne un nombre important d'innovations qui surviennent durant une même période, car

Progrès technique ►
Voir p. 155
Monnaie ►
Voir p. 88-89
Croissance économique ►
Voir p. 150
Innovation ►
Voir p. 142

elles sont dépendantes les unes et les autres. Ainsi, une innovation dans un secteur crée des goulets d'étranglement (un **goulet d'étranglement** est un déséquilibre dû aux différences de capacités productives de deux secteurs liés entre eux par des échanges) dans les secteurs complémentaires (une innovation dans le tissage nécessite, par exemple, des innovations complémentaires dans le filage) qui sont ainsi incités à innover à leur tour.

Les phases A correspondent à des périodes de progrès technique important (*take-off* ou deuxième révolution industrielle par exemple), alors que les phases B correspondent à des périodes de faible progrès technique.

◄ ***Take-off***
Voir p. 165

– F. Simiand s'inspire de la théorie quantitative de la monnaie et considère que la succession des phases serait due à la variation du rapport entre la quantité de monnaie et le volume de la production. Ainsi, en cas d'augmentation de la quantité de monnaie (due, par exemple, à la découverte de nouveaux gisements d'or), les prix augmentent, ainsi que la demande et, par conséquent, la production. Mais une augmentation trop importante de la production par rapport à la quantité de monnaie risque de créer un déséquilibre entre l'offre et la demande de biens et de services, une **surproduction** (situation d'un secteur ou d'une économie caractérisée par l'excès de l'offre sur la demande. Cela conduit généralement à une baisse de la production et des prix), donc une baisse des prix. On retrouve ici les deux phases.

◄ **Théorie quantitative de la monnaie**
Voir p. 99

Les cycles Kondratieff n'expliquent pas toutes les grandes crises : la crise des années 1970-1980, avec ses tensions inflationnistes et son progrès technique important, ne présente pas beaucoup d'analogies avec une phase B d'un cycle Kondratieff. De la même façon, les crises de l'Ancien Régime étaient essentiellement des crises de sous-production agricole qui semblent bien étrangères à la théorie des cycles.

LES CYCLES MAJEURS ET MINEURS

Le **cycle des affaires**, appelé aussi **cycle majeur** ou **cycle Juglar** (du nom de l'économiste français – 1819-1905 – qui les a mis en lumière dans *Les crises commerciales et leur retour périodique en France*) est un cycle ayant une durée moyenne de 6 à 10 ans.

La théorie traditionnelle des cycles suppose que l'économie est toujours en déséquilibre. Lorsque la demande est supérieure à l'offre, les prix augmentent ainsi que la production, mais au lieu de parvenir à une situation d'équilibre (la hausse des prix permet d'augmenter l'offre et de diminuer la demande), l'économie se retrouve dans la situation opposée : l'offre devient supérieure à la demande, ce qui se traduit par une baisse des prix et une baisse de la production. L'économie passe donc d'un déséquilibre à un autre.

Le **cycle mineur**, ou cycle Kitchin (du nom de l'économiste américain qui les a mis en évidence en 1923), est un cycle court d'une durée approximative de 40 mois. Il a une faible amplitude : ni vraie crise ni expansion forte, mais seulement accélération économique et décélération.

Stock ►
Voir p. 132

Il y aurait une certaine périodicité dans la gestion des stocks ; ainsi des périodes durant lesquelles les entreprises stockent (d'où une production plus forte) succéderaient à des périodes durant lesquelles les entreprises vident leurs stocks (d'où une production moins forte).

B. LES PRINCIPALES INTERPRÉTATIONS DES FLUCTUATIONS

La **croissance potentielle**, qui désigne la croissance économique qu'autorise la pleine utilisation des facteurs de production et que l'on peut assimiler à la croissance de longue période, n'est pas toujours la **croissance effective** (croissance économique réellement observée) ; la croissance effective peut être plus forte lorsque l'économie connaît une embellie ou au contraire moins forte lorsqu'elle traverse une récession. La croissance effective résulte de la conjonction de nombreux facteurs dont les principaux se situent du côté de la demande.

Demande ►
Voir p. 53

LES CHOCS DE DEMANDE

Consommation ►
Voir p. 42
Investissement ►
Voir p. 135
Dépense publique ►
Voir p. 218
Exportation ►
Voir p. 256

Les entreprises ne produisent que si elles peuvent vendre, donc si elles anticipent une demande. Chaque composante de la demande (consommation des ménages, investissement des entreprises, dépenses publiques, exportations) peut être appréhendée comme un débouché à la production, donc une contribution à la croissance économique. Par le biais de la demande, un grand nombre de facteurs jouent sur la croissance.

Un **choc de demande** désigne une modification de la demande, due à tout autre facteur que la variation des prix, ayant un impact microéconomique et/ou macroéconomique. Au niveau macroéconomique, il peut être dû à de nombreux facteurs, aussi bien internes (importance du crédit, données démographiques, budget de l'État…) qu'extérieures (croissance ou politique plus ou moins protectionniste des pays partenaires…). Un choc de demande joue sur le niveau des prix et sur le niveau de la production : un choc positif accroît le niveau des prix et celui de la production, alors qu'un choc négatif fait diminuer le niveau des prix et celui de la production.

Exemple de choc de demande positif

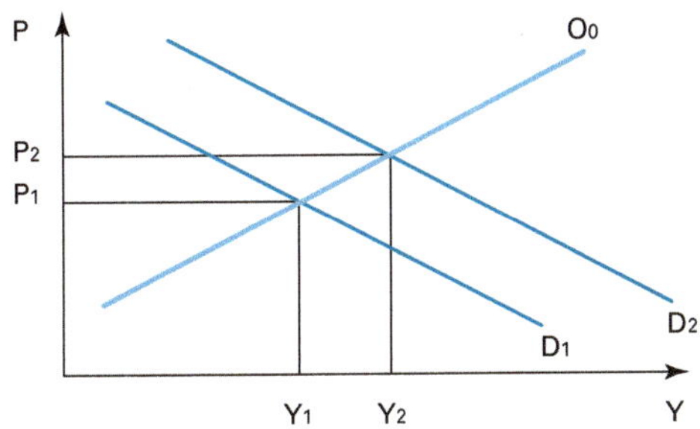

(P désigne le niveau général des prix et Y le niveau général de la production.)

Les analyses traditionnelles expliquent les fluctuations essentiellement par des chocs de demande. Elles considèrent que la croissance suit une tendance générale (résultant de facteurs de production, donc de facteurs d'offre) et que les fluctuations (résultant de l'instabilité de la demande) sont des déviations temporaires de part et d'autre de cette tendance générale qu'elles n'affectent pas sur le long terme. Il est alors généralement admis qu'il faut lisser les fluctuations grâce aux politiques conjoncturelles contracycliques : mettre en œuvre une politique de relance de la demande lorsque la croissance effective ralentit et une politique d'austérité lorsque l'augmentation des prix et du niveau de la production est trop forte.

◄ **Politique contracyclique**
Voir p. 223

LES CHOCS D'OFFRE

Les chocs perturbant la croissance peuvent aussi être des chocs d'offre. Un **choc d'offre** désigne une modification de l'offre, due à un tout autre facteur que la variation des prix, ayant un impact microéconomique et/ou macroéconomique. Une innovation qui permet de diminuer le coût marginal, une nouvelle réglementation, une catastrophe naturelle, une variation du prix des biens de production... sont autant de chocs d'offre qui peuvent agir sur la croissance. Comme le choc de demande, le choc d'offre joue sur le niveau des prix et sur le niveau de la production : un choc d'offre positif accroît le niveau de la production et fait diminuer le niveau des prix alors qu'un choc négatif accroît le niveau des prix et fait diminuer celui de la production.

Exemple de choc d'offre positif

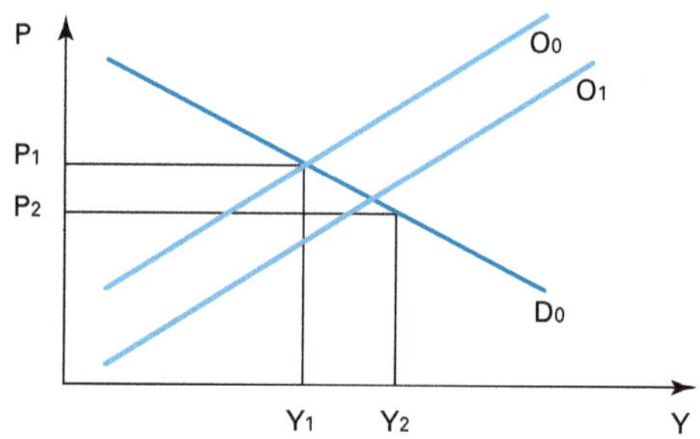

(P désigne le niveau général des prix et Y le niveau général de la production.)

Nouvelle économie classique ► Voir p. 536

Pour les économistes du cycle réel, qui sont des nouveaux économistes classiques, les fluctuations économiques s'expliquent essentiellement par des chocs d'offre dus au progrès technique. Ils pensent que la tendance générale de la croissance n'existe pas ; les déterminants de la croissance et ceux des fluctuations sont les mêmes. Les fluctuations sont dues à des chocs de l'offre qui ont une influence permanente.

LES PHÉNOMÈNES DE SURAJUSTEMENT

Le cycle est souvent expliqué par des phénomènes de **surajustement** (surréaction due à un mécanisme qui provoque un mouvement plus ample que ne l'exigerait le retour à l'équilibre). Fisher montre en 1933 comment l'endettement explique le cycle : dans la phase de croissance, les profits anticipés sont supérieurs aux taux d'intérêt, ce qui incite les entreprises à s'endetter (effet de levier de l'endettement). Il en résulte un surendettement lorsque les impératifs de remboursement deviennent importants ; les anticipations deviennent pessimistes, la dépression s'installe et ne prendra fin que lorsque la plus grande partie de la dette sera éliminée. On peut aussi citer les bulles spéculatives, qui peuvent gonfler de façon excessive en période de croissance et dont l'éclatement crée la récession. Les mouvements de taux de change sont aussi souvent plus amples que ne l'exigerait un simple retour à l'équilibre ; ce phénomène de surajustement des taux de change, par rapport aux taux d'intérêt ou aux fondamentaux de l'économie, crée une grande volatilité de ceux-ci.

◄ **Profit** Voir p. 27
◄ **Taux d'intérêt** Voir p. 92
◄ **Dette** Voir p. 262
◄ **Bulle spéculative** Voir p. 109
◄ **Taux de change** Voir p. 305

L'économiste russe Turgan-Baranovski explique en 1894 le cycle par le déséquilibre (et le surajustement) entre l'investissement et l'épargne. En période d'expansion, l'investissement augmente et l'épargne devient insuffisante ce qui enclenche la crise. La récession durera jusqu'à ce que l'épargne soit élevée (relativement à la situation économique), ce qui favorisera la reprise de l'investissement et le retour à l'expansion. Le cycle s'explique donc par l'incapacité du système à ajuster les besoins de financement aux capacités de financement.

◄ **Investissement** Voir p. 135
◄ **Épargne** Voir p. 47
◄ **Expansion** Voir p. 150
◄ **Besoin de financement** Voir p. 94
◄ **Capacité de financement** Voir p. 94
◄ **Accélérateur de l'investissement** Voir p. 139

L'économiste français A. Aftalion explique le cycle par l'accélérateur de l'investissement. Il montre en 1909 que l'investissement est une fonction de la variation de la production et non du niveau de production. Lorsque la croissance de la production augmente, l'investissement croit fortement (ce qui accentue l'expansion) alors que, lorsque la croissance de la production diminue (cela ne signifie pas nécessairement que la production baisse), l'investissement diminue (ce qui favorise l'entrée dans la récession). L'investissement est donc une variable instable que le système parvient difficilement à ajuster aux besoins de la production.

Aftalion propose l'exemple du fourneau : tant que la pièce est froide, on a tendance à le charger de combustible, puis elle devient trop chaude et on n'ajoute plus de combustible jusqu'à ce qu'elle soit trop froide. En combinant l'accélérateur de l'investissement d'Aftalion et le multiplicateur de l'investissement de Kahn, mis en évidence par Keynes, P. A. Samuelson montre comment l'instabilité de l'investissement peut créer des mouvements oscillatoires qui expliquent les cycles.

◄ **Multiplicateur de l'investissement** Voir p. 143
◄ **Keynes** Voir p. 524
◄ **Samuelson** Voir p. 527

C. LA NATURE DES CRISES

Les crises sont de natures différentes ; ainsi, leurs causes peuvent être exogènes (un **facteur exogène** est une cause extérieure au phénomène étudié) ou endogènes (un **facteur endogène** est une cause interne au phénomène étudié).

CRISES DE L'ANCIEN RÉGIME, CRISES MIXTES ET CRISES CLASSIQUES

Les crises de l'Ancien Régime et les crises mixtes ont des causes exogènes : la sous-production agricole.

La **crise de l'Ancien Régime**, ou **crise à antécédence agricole**, ou **crise frumentaire**, est une crise économique spécifique aux économies dominées par le poids de l'agriculture ; ses causes sont toujours liées à la production agricole. La crise de 1788-1789, analysée par Labrousse, en est un exemple éloquent. Un incident climatique provoque une chute de la production agricole ayant deux effets principaux : l'augmentation des prix des produits agricoles et la forte baisse des revenus des agriculteurs. Ces difficultés de l'agriculture se diffusent rapidement à l'ensemble de l'économie.

Revenu ►
Voir p. 38

La **crise mixte** est une crise du capitalisme naissant (la crise de 1846-1850 en est un exemple). Elle a une antécédence agricole, mais sa diffusion provoque une crise financière et industrielle. Les premiers enchaînements de la crise mixte sont semblables à ceux des crises de l'Ancien Régime, mais en plus, les dysfonctionnements atteignent aussi le secteur monétaire et financier, ce qui tend à accentuer la crise. En raison de la crise agricole, certains capitaux se détournent de l'industrie pour contribuer à l'achat des produits agricoles dont les prix ont augmenté et, éventuellement, pour les importer. Le manque de capitaux nuit donc à l'industrie, ce qui aggrave la crise et est à l'origine de difficultés bancaires.

Industrie ►
Voir p. 33

Une **crise classique**, comme la grande dépression de la fin du XIXe siècle ou la grande crise des années 1930, est une crise provoquée par une surproduction et se caractérisant par la baisse (ou le ralentissement) de la production et la baisse des prix.

La **grande dépression** désigne la crise de surproduction qui a touché l'Europe à partir des années 1870-1880 (entre 1873 et 1896 pour la France).

La **grande crise**, ou crise des années trente, désigne la crise de surproduction de grande ampleur qui a touché tous les pays industriels dans les années trente. Elle a débuté aux États-Unis en 1929 par le krach boursier de Wall Street, puis s'est diffusée dans tout le monde développé.

Ces crises font suite à une période de croissance importante à l'origine d'une très forte spéculation boursière et d'une tendance à la surproduction (certains auteurs préfèrent le terme de **sous-consommation** : situation provoquée par la faiblesse des revenus d'une grande partie de la population et caractérisée par l'insuffisance de la consommation pour écouler l'ensemble de la production). Elles ont comme détonateur des difficultés bancaires et financières : série de krachs boursiers (le **krach boursier** est un effondrement du cours des valeurs mobilières – les actions sont généralement les plus touchées – sur le marché boursier) et de difficultés bancaires (krachs boursiers de Vienne et de Berlin en 1873 et, pour le cas de la France, krach bancaire de l'Union générale et chute boursière de 1882) pour la grande dépression ; krach boursier qui secoua Wall Street le jeudi 24 octobre 1929 pour la crise des années trente. Elles ont des manifestations comparables : le choc boursier déprime la demande et conduit à des anticipations pessimistes ; la production diminue, ce qui conduit au chômage et à la diminution des revenus, qui suscite celle de la demande qui accentue la baisse de la production. C'est la **spirale récessionniste** (cercle vicieux à l'origine de l'auto-entretien de la crise : le ralentissement de la production provoque celui des revenus, donc celui de la demande, donc celui de la production…) et déflationniste.

◄ **Surproduction** Voir p. 115

LA CRISE DE FIN DE XXe SIÈCLE

La situation préalable : une forte croissance

La croissance des années 1960 fut beaucoup plus forte que celle de toutes les autres périodes de l'histoire économique. Entre 1950 et 1974, le taux de croissance annuel moyen des pays de l'OCDE était de 4,2 % (5,5 % pour la France). Cela a conduit à un développement très rapide caractérisé par de fortes hausses du pouvoir d'achat et une réduction de la pauvreté, la consommation de masse et l'apparition d'une société de loisirs, le développement de la protection sociale et plus largement de l'État-providence.

La conjonction d'un grand nombre de facteurs favorables a rendu cette croissance possible parmi lesquels figurent notamment les gains

◄ **Demande** Voir p. 53
◄ **Taux de croissance annuel moyen** Voir p. 151
◄ **Développement** Voir p. 159
◄ **Pouvoir d'achat** Voir p. 38
◄ **Pauvreté** Voir p. 422
◄ **Consommation de masse** Voir p. 204
◄ **Protection sociale** Voir p. 396
◄ **État-providence** Voir p. 220

Productivité ► Voir p. 21
Baby-boom ► Voir p. 189
Crédit ► Voir p. 92
Investissement ► Voir p. 135
Concentration ► Voir p. 28
Production de masse ► Voir p. 204
Choc pétrolier ► Voir p. 122

importants de productivité, la croissance démographique (baby-boom), le développement du crédit, les interventions de l'État, les fortes croissances de la demande et de l'investissement, la concentration des entreprises, la production de masse et l'internationalisation des échanges.

Certains de ces facteurs s'essoufflent à partir de la fin des années 1960 ; c'est le cas de la productivité, qui ralentit en raison de la crise de l'organisation fordiste du travail, de la demande des ménages, qui ralentit en raison d'une saturation relative en biens durables et du ralentissement démographique, de l'investissement des entreprises, qui ralentit en raison de la saturation de la demande et de la concurrence des nouveaux pays industrialisés. L'essoufflement de tous ces facteurs de croissance n'est pas suffisant pour faire basculer l'économie dans la crise. Les déséquilibres sont encore latents, le choc pétrolier va les rendre manifestes.

À la fin des années 1960, avec l'augmentation du pouvoir d'achat, les aspirations des individus deviennent des aspirations de plus en plus qualitatives et de moins en moins quantitatives. Ils recherchent avant tout une amélioration de leur qualité de vie. Des économistes font écho à cette opinion publique. Ainsi, Gunnar Myrdal explique, dans *Procès de la croissance* (1973), qu'il faut se méfier des indicateurs économiques comme le PNB et que les politiques économiques ne devraient pas avoir comme seul objectif la recherche de la croissance.

PNB ► Voir p. 18

Rapport Meadows ► Voir p. 174

Le rapport Meadows est un rapport, commandé par le club de Rome et publié en 1971, qui met en évidence le phénomène de la rareté. Il a comme titre éloquent « *Limits of growth* », traduit en français par « Halte à la croissance ». Selon cet ouvrage, la croissance ne peut pas se poursuivre infiniment au même rythme. Le club de Rome préconise donc une croissance zéro.

Le choc pétrolier a joué un rôle de détonateur

Le **choc pétrolier** désigne la forte augmentation des tarifs pétroliers. Le premier choc pétrolier a eu lieu en 1973, le second en 1979. Le choc pétrolier casse la croissance économique mondiale et provoque une forte inflation. Il entraîne, par ailleurs, d'importants déficits commerciaux pour les pays importateurs.

Inflation ► Voir p. 101

Le choc pétrolier n'est pas pour autant le responsable de la crise, il n'en est que le révélateur ; trois arguments vont dans ce sens :

– certains facteurs de croissance s'étaient essoufflés dès la fin des années 1960 ;

– le choc pétrolier a permis d'augmenter fortement les exportations des pays développés vers les pays de l'OPEP ;

– la baisse du prix relatif du pétrole entre 1973 et 1979, ainsi que la baisse importante des tarifs pétroliers à partir de 1982 et surtout 1984, n'ont pas permis de sortir le monde de la crise. Le **contre-choc pétrolier** désigne la baisse importante des tarifs pétroliers, à partir de 1984, due à un ralentissement de la demande de pétrole (elle-même due à la crise économique, aux économies d'énergie et au développement des énergies de substitution) alors que la production, notamment réalisée par des pays n'appartenant pas à l'OPEP, augmentait).

Les manifestations de la crise de fin de XXe siècle

Il est possible de distinguer trois phases :

• La crise inflationniste des années 1970 : les trois manifestations principales de la crise durant les années 1970 sont le ralentissement économique, l'inflation galopante et les débuts du chômage de masse. La croissance de la productivité devient supérieure à celle de la production, l'économie devient une économie de sous-emploi. En raison des habitudes keynésiennes et des pressions syndicales, les salaires augmentent, durant les années 1970, à un rythme supérieur à celui de la valeur ajoutée. Ces augmentations de salaires nourrissent l'inflation et provoquent la baisse du taux de marge des entreprises, qui sont ainsi obligées de réduire leur investissement et leur autofinancement par manque de disponibilités financières. Malgré le maintien de la demande intérieure, par manque de disponibilité financière et de confiance en l'avenir, les entreprises investissent peu et produisent peu.

◄ **Productivité** Voir p. 21

◄ **Valeur ajoutée** Voir p. 17

◄ **Taux de marge** Voir p. 135

◄ **Investissement** Voir p. 135

◄ **Auto-financement** Voir p. 91

• Durant les années 1980, les politiques économiques se modifient ; leurs objectifs sont de restaurer la part du profit dans la valeur ajoutée afin de favoriser l'investissement par autofinancement et de lutter contre l'inflation. Ces politiques permettent un certain assainissement monétaire puisque l'inflation diminue et, peu à peu, le crédit est remplacé par le recours au marché financier et par l'autofinancement pour le financement de l'investissement. À partir du milieu des années 1980, une reprise économique est largement perceptible. En 1989, la crise semble terminée. L'inflation est vaincue, la croissance est revenue et tout laisse à penser que le chômage va se résorber.

◄ **Marché financier** Voir p. 95

• Les incertitudes des années 1990-2010 : à partir de 1989-1990, l'économie mondiale semble renouer avec la crise. De nouveau, le chômage augmente et la croissance diminue. Cette nouvelle récession est très différente de celle des années 1970 : l'inflation est faible et les comptes des entreprises sont assainis. À la fin des années 1970, les entreprises ne pouvaient satisfaire la demande, car elles manquaient de disponibilités financières pour investir ; au début des années 1990, les entreprises disposent de capacités de financement, mais elles investissent peu, car elles manquent de débouchés du fait de l'insuffisance de la demande. La crise de 2008 plonge de nouveau l'économie mondiale dans la récession. Les reprises sont incertaines ; il semble que la croissance redevienne cyclique.

8

ÉQUILIBRE ET DÉSÉQUILIBRES MACROÉCONOMIQUES

A. L'ÉQUILIBRE EMPLOIS-RESSOURCES

L'**équilibre emplois-ressources** désigne l'égalité entre les emplois et les ressources.

Les **ressources (au sens de la comptabilité nationale)** sont l'ensemble des biens et services dont une économie dispose (production et importations).

Les **emplois (au sens de la comptabilité nationale)** désignent les différentes utilisations des biens et services (consommation intermédiaire, consommation finale, FBCF, exportations et variation de stocks).

Toutes les ressources sont utilisées à des emplois et tous les emplois proviennent des ressources ; emplois et ressources sont donc égaux.

La **formation brute de capital fixe (FBCF)** désigne l'agrégat mesurant l'investissement. Elle correspond à l'acquisition d'actifs fixes (actifs utilisés de façon continue et répétée), corporels et incorporels (logiciels…).

Variation de stocks : différence entre la valeur des entrées de produits en stock (évaluées au prix du jour d'entrée) et la valeur des sorties (évaluées au prix du jour de sortie).

L'équilibre emplois-ressources correspond donc à l'égalité :

$$P + M = CI + CF + FBCF + V \text{ de stocks} + X$$

Avec P pour la production, M pour les importations, CI pour les consommations intermédiaires, CF pour la consommation finale, FBCF pour la formation de capital fixe, V de stocks pour la variation des stocks et X pour les exportations.

Les exportations et les importations peuvent être comptabilisées FAB ou CAF.

Franco à bord (FAB) : comptabilisation de la valeur des importations ou des exportations à leur prix à la frontière du pays exportateur. Seule la valeur des produits est comptabilisée.

Coût, assurance, frêt (CAF) : comptabilisation de la valeur des importations à leur prix à la frontière du pays importateur. On ajoute à la valeur du produit le coût de l'assurance et du transport pour l'acheminer vers le pays importateur.

Si seuls les emplois finals sont pris en considération, il convient d'ôter les consommations intermédiaires des emplois comme des ressources, ce qui donne l'équation :

VA + M = CF + FBCF + V de stocks + X

Le PIB étant égal à la somme des valeurs ajoutées, on peut aussi écrire cette équation :

PIB + M = CF + FBCF + V de stocks + X

Ou :

PIB = CF + FBCF + V de stocks + (X – M)

PIB = CF + FBCF + V de stocks + (solde extérieur)

L'équilibre emplois-ressources permet aussi de mettre en évidence le lien entre le niveau d'épargne d'une économie et le solde extérieur.

En effet, puisque (en faisant abstraction de la variation des stocks) :

Production = Consommation + Investissement + Solde extérieur

et que la production donne lieu à la distribution de revenus d'un même montant ;

et puisque que :

Revenu = Consommation + épargne

on peut noter :

Consommation + Epargne = Consommation + Investissement + Solde extérieur

Solde extérieur = Epargne – Investissement

Si le solde extérieur est négatif, le déficit signifie que le pays consomme et investit plus qu'il ne produit. Cela révèle une insuffisance d'épargne dans l'économie nationale (un besoin de financement), ce qui nécessite une entrée de capitaux étrangers pour couvrir le besoin de financement.

Si le solde extérieur est positif, l'excédent signifie que le pays produit plus qu'il ne consomme et investit. Cela révèle un surplus d'épargne dans l'économie nationale (une capacité de financement) qui induit une sortie de capitaux destinés à financer des économies étrangères en besoin de financement.

◄ **Épargne**
Voir p. 47

◄ **Besoin de financement**
Voir p. 94

◄ **Capacité de financement**
Voir p. 94

B. LES DÉSÉQUILIBRES MACROÉCONOMIQUES

Si l'égalité entre les emplois et les ressources est naturellement assurée, des déséquilibres macroéconomiques peuvent toutefois exister. Les principaux déséquilibres macroéconomiques sont l'inflation, le chômage et les déséquilibres extérieurs ; ils sont généralement liés aux fluctuations de la demande.

L'INFLATION

L'inflation désigne la hausse généralisée des prix. Le **taux d'inflation** désigne le taux de variation du niveau général des prix.

La déflation désigne au sens strict la baisse généralisée des prix (taux d'inflation négatif). Ce terme est parfois utilisé pour caractériser une période de baisse des prix et de la production (crise des années 1930 par exemple).

Les principales causes de l'inflation sont l'inflation par la demande (qui désigne la hausse des prix induite par un excès de la demande sur l'offre), l'inflation par les coûts (qui désigne la hausse des prix induite par une hausse des coûts de production) et l'**inflation par la monnaie**, qui désigne la hausse des prix induite par une augmentation de la quantité de monnaie supérieure à celle de la production.

Croissance ►
Voir p. 150
Demande ►
Voir p. 53
Crédit ►
Voir p. 92

L'inflation accompagne souvent les périodes de croissance, car la hausse des prix et la hausse conjoncturelle de la production ont le même principal déterminant : l'augmentation de la demande. Par ailleurs, en période de croissance, le crédit est stimulé, ce qui induit une augmentation de la création monétaire, donc un surcroît d'inflation.

LE CHÔMAGE

Le **chômage** désigne l'état d'un individu ou d'une population privés involontairement d'emploi.

Un chômeur (au sens du Bureau international du travail – BIT) est une personne qui cumule les caractéristiques suivantes : être sans travail, c'est-à-dire sans emploi salarié ou non salarié ; être disponible pour travailler ; être à la recherche d'un emploi.

Inflation ►
Voir p. 101
Expansion ►
Voir p. 150
Récession ►
Voir p. 114

Si l'inflation accompagne les périodes d'expansion, le chômage accompagne les périodes de récession. Le niveau de l'emploi est en effet lié au niveau de la production ; les périodes de croissance sont donc des périodes de création d'emploi, alors que la crise, le ralentissement de la croissance et encore plus la baisse de la production sont des facteurs de chômage. Les variations conjoncturelles de la production étant généralement dues à celles de la demande, le chômage a tendance à augmenter en période d'atonie de la demande et à diminuer lorsque la demande est dynamique.

LA PRISE EN COMPTE DES ÉCHANGES INTERNATIONAUX

Les déséquilibres macroéconomiques ont pour origine une situation dans laquelle la demande intérieure globale (consommation, investissement et dépenses publiques) évolue différemment que la production. Une demande intérieure supérieure à la production nationale se traduit par des importations supérieures aux exportations (ou par une augmentation des prix si les échanges extérieurs ne permettent pas l'ajustement entre l'offre et la demande). Ce déséquilibre entre l'offre et la demande peut aussi inciter les producteurs nationaux à investir davantage et à augmenter leur activité. À l'inverse, une demande globale inférieure à l'offre globale provoquera sur la période suivante un ralentissement de l'activité et une augmentation du chômage.

◄ **Importation**
Voir p. 256
◄ **Exportation**
Voir p. 256

Avec la mondialisation, les économies nationales sont de plus en plus interdépendantes ; par exemple, l'inflation est un phénomène relativement indolore en économie fermée ; la hausse des prix, si elle est compensée par une hausse des salaires, n'a que peu de répercussions sur l'économie ; par contre, dès que l'on se situe en économie ouverte, l'inflation, ou plus exactement le différentiel d'inflation, a des impacts considérables. Un différentiel d'inflation positif nuit à la compétitivité extérieure.

◄ **Mondialisation**
Voir p. 254
◄ **Différentiel d'inflation**
Voir p. 104
◄ **Compétitivité**
Voir p. 258

La contrainte extérieure limite la marge de manœuvre des politiques économiques, notamment des politiques de relance. Ainsi, l'augmentation de la demande intérieure globale provoque en effet naturellement une augmentation des importations, car tous les produits consommés ne sont pas des produits nationaux. De plus, si la politique de relance permet effectivement d'augmenter la production, elle va, là aussi, accroître les importations car, pour produire, il faut plus de matières premières (dont une partie est importée), plus de biens intermédiaires (dont une partie est importée) et plus de biens d'équipement (dont une partie est importée).

◄ **Contrainte extérieure**
Voir p. 258
◄ **Politique de relance**
Voir p. 222
◄ **Bien intermédiaire**
Voir p. 17
◄ **Bien d'équipement**
Voir p. 17

Le choix d'une politique économique doit donc tenir compte de la situation économique des pays partenaires et être, si possible, coordonné.

◄ **Politique économique**
Voir p. 221

C. ÉLÉMENTS DE COMPTABILITÉ NATIONALE

La **comptabilité nationale** est une représentation globale, détaillée et quantifiée de l'économie d'un pays.

Impôt ► Voir p. 225

Très tôt, l'État cherche à recenser les hommes et les richesses pour deux raisons principales : lever les armées et les impôts. Avec l'engagement croissant de l'État dans l'économie, la nécessité d'une comptabilisation plus complète et plus précise devient de plus en plus présente :

– en 1946, un système de comptes nationaux est élaboré en France ;

– en 1976, la France se rapproche des autres pays industrialisés en adoptant le SECN (système élargi de comptabilité nationale) ;

Union européenne ► Voir p. 289

– en 1993, l'ONU crée un nouveau système de comptabilité nationale ; ce système est adopté par l'Union européenne sous le nom de SEC 95 (système européen des comptes 95). Tous les pays de l'Union l'utilisent depuis 1999.

LES ACTEURS ET LEURS RELATIONS

L'**économie nationale** est l'ensemble des unités résidentes, c'est-à-dire des unités qui effectuent des opérations sur le territoire pendant un an ou plus.

Les différents acteurs

Un **secteur institutionnel**, au sens de la comptabilité nationale, est l'ensemble des unités institutionnelles ayant des fonctions et des ressources analogues.

Agent économique ► Voir p. 26

Une **unité institutionnelle**, au sens de la comptabilité nationale est un centre élémentaire de décision économique, c'est-à-dire un agent économique qui jouit d'une autonomie de décision.

Le système de comptabilité nationale distingue cinq secteurs institutionnels :

– les **sociétés non financières** sont le secteur institutionnel qui regroupe toutes les unités institutionnelles dont la fonction principale est de produire des biens et services non financiers marchands. Les ressources des sociétés financières proviennent de la vente de leurs produits. Ce secteur institutionnel regroupe aussi bien les sociétés privées (sociétés anonymes, sociétés coopérative...) que les entreprises publiques ;

– les **sociétés financières** sont le secteur institutionnel qui regroupe toutes les unités institutionnelles dont la fonction est de financer (c'est-à-dire collecter, transformer et distribuer des disponibilités financières), de gérer les moyens de financement ou d'assurer. Ce secteur institutionnel comprend les banques, différents intermédiaires et auxiliaires financiers (Sicav, carte bleue…) et les sociétés d'assurance (y compris les mutuelles) ;

◄ **Banque**
Voir p. 90
◄ **Sicav**
Voir p. 106
◄ **Mutuelle**
Voir p. 32

– les administrations publiques sont le secteur institutionnel qui regroupe toutes les unités institutionnelles publiques dont la fonction est de produire des services non marchands et d'effectuer des opérations de redistribution. Le secteur des administrations publiques comprend les administrations publiques centrales (Éducation nationale par exemple), les administrations publiques locales et les administrations de sécurité sociale ;

◄ **Sécurité sociale**
Voir p. 237

– les **institutions sans but lucratif au service des ménages** sont le secteur institutionnel qui regroupe toutes les unités institutionnelles privées dont la fonction est de produire des services non marchands pour les ménages. Elles étaient autrefois appelées « administrations privées ». Il s'agit des partis politiques, églises, associations diverses… ;

– les **ménages (au sens de la comptabilité nationale)** sont le secteur institutionnel qui regroupe toutes les unités institutionnelles dont la fonction principale est la consommation (et la production pour les entreprises individuelles). Les ressources des ménages proviennent de la rémunération des facteurs de production qu'ils fournissent (travail, capital), des revenus de transferts et, dans le cas des entreprises individuelles, de la vente de produits. On distingue trois sortes de ménages : les ménages ordinaires, les ménages collectifs (foyers de travailleurs par exemple) et les entreprises individuelles.

Le **reste du monde** est un secteur institutionnel fictif qui regroupe les opérations économiques entre l'ensemble des unités non résidentes et l'ensemble des unités résidentes.

La comptabilité nationale distingue les branches des secteurs.

Une **branche** est l'ensemble des unités de production fournissant un seul type de biens ou de services. Un **secteur** est l'ensemble des entreprises ayant la même activité principale.

Entreprise ►
Voir p. 26

Ménage ►
Voir p. 131

Consommation intermédiaire ►
Voir p. 17

Valeur ajoutée ►
Voir p. 17

Le circuit économique

Des flux réels ou monétaires relient les agents économiques entre eux.

Un **flux** est une grandeur qui fait l'objet d'un mouvement ; elle est mesurée au cours d'une période donnée. On l'oppose à la notion de **stock**, qui est une grandeur économique mesurée à un moment donné.

Ainsi, en simplifiant, les ménages fournissent aux entreprises du travail (flux réel) et reçoivent en contrepartie des salaires (flux monétaire) ; les entreprises fournissent aux ménages des biens et services (flux réel) et reçoivent en contrepartie le paiement des achats (flux monétaire).

Le **circuit économique** est une représentation simplifiée de l'économie nationale, sous forme de flux reliant les différents agents de l'économie.

Suivant son niveau de complexité, le circuit peut être représenté avec ou sans État, avec ou sans intermédiaires financiers, en **économie ouverte** (représentation de l'économie tenant compte de ses relations avec l'extérieur) ou en **économie fermée** (représentation de l'économie faisant abstraction de ses relations avec l'extérieur).

LE TABLEAU ENTRÉES-SORTIES

Le **tableau entrées-sorties (TES)** est une représentation de l'économie nationale qui montre les différents emplois des produits, leurs différentes ressources et la façon dont l'équilibre emplois-ressources est assuré.

Le TES récapitule toutes les opérations sur les biens et services des différentes **branches de l'économie**. Il est composé : 1°) du tableau des échanges interindustriels, appelé aussi tableau *input-output*, qui représente les consommations intermédiaires des différentes branches, 2°) du tableau des emplois finals, 3°) du tableau des comptes de production et d'exploitation des branches qui présente le partage de la valeur ajoutée, et 4°) du tableau des ressources en produits.

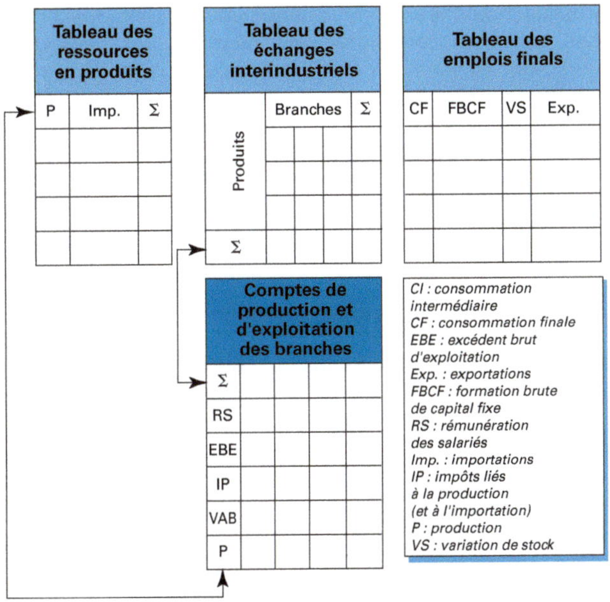

L'**excédent brut d'exploitation (EBE)** est la partie de la valeur ajoutée qui revient aux entreprises après versement des salaires, cotisations et impôts liés à la production. L'EBE sert à payer les intérêts des emprunts, à verser des dividendes aux actionnaires, à payer les impôts sur le bénéfice et à épargner. Il se distingue du bénéfice se calculant avant l'amortissement du capital.

◄ **Bénéfice**
Voir p. 27
◄ **Amortissement**
Voir p. 137
◄ **Leontief**
Voir p. 269

Les premiers tableaux entrées-sorties ont été réalisés par Wassily Leontief, qui les utilisa pour étudier l'évolution de l'économie américaine.

Le TES permet de mettre en évidence l'interdépendance des branches. Il est ainsi possible de simuler les effets de la variation de l'activité d'une branche sur les autres branches. Pour cela, on utilise les coefficients techniques.

Le **coefficient technique** est un concept créé par Leontief mesurant la consommation intermédiaire d'un produit nécessaire à une branche pour la production d'une unité.

$$c_{ij} = \frac{\text{Consommation intermédiaire de produit i par la branche j}}{\text{Production de la branche j}}$$

Consommation intermédiaire ► Voir p. 17

Certaines branches, comme le bâtiment, sont des branches motrices, car leurs consommations intermédiaires dans d'autres branches sont élevées. En cas de récession, l'État peut relancer ces branches en priorité.

LE TABLEAU ÉCONOMIQUE D'ENSEMBLE

Le **tableau économique d'ensemble (TEE)** est une représentation complète de l'économie récapitulant les différents comptes de tous les secteurs institutionnels.

Les comptes des secteurs institutionnels

Valeur ajoutée ► Voir p. 17
Revenus primaires ► Voir p. 39
Prélèvement obligatoire ► Voir p. 226
Épargne ► Voir p. 47
Investissement ► Voir p. 135

Les comptes des secteurs institutionnels sont : le compte de production, qui décrit la création de la valeur ajoutée ; le compte d'exploitation, qui décrit la répartition de la valeur ajoutée ; le compte d'affectation des revenus primaires, qui décrit comment se constitue le revenu primaire ; le compte de distribution secondaire du revenu, qui mesure l'effet des prélèvements obligatoires d'une part et des revenus de transfert d'autre part ; le compte d'utilisation du revenu, qui montre comment le revenu disponible brut est utilisé pour la consommation et pour l'épargne ; le compte de capital, qui montre comment l'épargne est utilisée pour financer l'investissement et le compte financier, qui retrace toutes les opérations financières.

Les principaux agrégats

Le TEE permet de définir les principaux agrégats.

Un **agrégat** est une grandeur économique caractérisant le résultat de l'activité économique.

PIB ► Voir p. 18
PNB ► Voir p. 18

Le PIB est l'agrégat le plus utilisé par la comptabilité nationale ; il est bâti sur un critère de territorialité. Le PNB, agrégat bâti sur un critère de nationalité, n'est plus utilisé par la comptabilité nationale.

Le **revenu national brut (RNB)**, appelé aussi revenu national des facteurs, est un agrégat de niveau de vie ; il correspond à la somme des revenus primaires.

Le **revenu national disponible brut** est un agrégat de revenu disponible. Son montant est égal à la somme des dépenses de consommation et de l'épargne nationale ; il permet de connaître les sommes qui peuvent être utilisées par les unités résidentes.

Les principaux ratios

À partir du TEE, il est possible de calculer certains ratios.

Un **ratio** est un rapport entre deux grandeurs constituant un indicateur de la situation économique et financière d'une catégorie d'agents ou de la nation toute entière.

Les principaux ratios des ménages sont :

– le **taux d'épargne des ménages** : rapport (exprimé en pourcentage) de l'épargne brute au revenu disponible brut des ménages ;

– le **taux d'épargne financière des ménages** : rapport (exprimé en pourcentage) de la capacité de financement au revenu disponible brut des ménages.

Les principaux ratios des sociétés non financières sont :

– le taux d'investissement : rapport (exprimé en pourcentage) de la FBCF à la valeur ajoutée ;

– le taux d'autofinancement : rapport (exprimé en pourcentage) de l'épargne brute à la FBCF ;

– le **taux de marge** : rapport (exprimé en pourcentage) de l'EBE à la valeur ajoutée.

Les principaux ratios des administrations publiques sont :

– le **taux de prélèvements obligatoires** : rapport (exprimé en pourcentage) des prélèvements obligatoires au PIB ;

– le **taux de pression fiscale** : rapport (exprimé en pourcentage) des impôts au PIB.

◄ **Épargne financière** Voir p. 48

◄ **Taux d'autofinancement** Voir p. 138

◄ **Autofinancement** Voir p. 91

◄ **Prélèvements obligatoires** Voir p. 226

◄ **Pression fiscale** Voir p. 249

D. UNE DES DEUX PRINCIPALES COMPOSANTES DE LA DEMANDE : L'INVESTISSEMENT

Les deux principales composantes de la demande sont la consommation (cf. pages 42 à 52) et l'investissement.

L'**investissement** est, au sens large, l'acquisition, au cours d'une période déterminée, de biens ou de services durables destinés à produire d'autres biens et services.

LES FORMES D'INVESTISSEMENT

Investissement immatériel et investissement matériel

Deux catégories d'investissement doivent être distinguées :

• L'**investissement immatériel** désigne les dépenses correspondant à l'usage de services productifs durables qui permettent de maintenir ou d'accroître la capacité de production ou d'augmenter la productivité. Il s'agit de l'achat de logiciels ou de brevets, de dépenses de publicité, de formation du personnel, de recherche-développement...

La **recherche-développement** est l'ensemble des activités liées, d'une part, à la recherche (fondamentale et appliquée) et, d'autre part, à l'expérimentation de nouveaux produits ou de nouveaux procédés de production.

• L'**investissement matériel** (ou **investissement physique**) est, d'une part, l'acquisition de biens de production durables utilisés au cours de plusieurs cycles de production, et, d'autre part, la création d'infrastructures matérielles (routes, ports...) et l'acquisition de logements par les ménages.

Un investissement en infrastructures et en logements (ou bâtiments) constitue un **investissement non productif** (ou **investissement improductif**), soit un investissement qui ne participe pas directement à la production de biens ou de services ; un **investissement productif** est un investissement qui agit sur le volume de capital fixe intervenant directement dans la production de biens ou de services. Toutefois, cette distinction est contestable : le rôle des infrastructures sur l'efficience des appareils productifs des firmes est démontré depuis Adam Smith.

Smith ►
Voir p. 507

Dans le langage courant, investissement et placement sont souvent assimilés. Or, un investissement n'est pas un **placement**, qui désigne un usage de fonds destinés à rapporter un revenu financier. De même, il ne faut pas confondre investissement et investissement de portefeuille, qui se rapporte à des placements internationaux.

Investissement brut et investissement net

La mesure de l'investissement relève du système de comptabilité nationale. Dans ce cadre, l'**investissement brut**, c'est-à-dire l'investissement total effectué par un agent économique au cours d'une période donnée, est évalué par la formation brute de capital fixe. La FBCF inclut les biens de production durables fabriqués par les producteurs résidents pour leur propre compte. Depuis 1995, la FBCF comprend également une partie des investissements immatériels. La FBCF est réalisée par plusieurs secteurs institutionnels : les sociétés financières ou non financières, les administrations publiques et les ménages (la FBCF des ménages correspond à l'acquisition de logements et aux investissements effectués par les entrepreneurs individuels).

FBCF ►
Voir p. 126

Secteur institutionnel ►
Voir p. 130

L'investissement brut correspond à deux types d'investissement :

• Une partie de l'investissement brut est un **investissement de remplacement**, c'est-à-dire un investissement qui compense la dépréciation du capital fixe du fait de son usure physique et de son obsolescence. L'**obsolescence** est la dévalorisation que subit un bien en raison de la moindre satisfaction de son propriétaire ou des consommateurs, provoquée par la présence sur le marché de biens plus performants ou plus adaptés à la demande. Ainsi, le progrès technique se traduit par la production de nouvelles machines-outils dont l'efficience est plus grande que celle des machines plus anciennes.

◄ **Progrès technique**
Voir p. 155

Lorsqu'au cours d'une période, l'investissement brut des agents économiques est inférieur à ce qu'exigerait l'investissement de remplacement, le stock de capital fixe disponible diminue : il y a dans ce cas un **désinvestissement**, qui correspond à la diminution du stock de capital fixe résultant du non-remplacement d'une partie du capital.

L'**amortissement** est la traduction comptable de l'investissement de remplacement. Il désigne l'opération par laquelle un agent économique consacre des ressources à compenser la dépréciation du capital fixe résultant de son usure physique ou de son obsolescence, au cours d'une période déterminée. L'amortissement correspond à la **consommation de capital fixe (CCF)**, c'est-à-dire, dans le cadre du système de comptabilité nationale, la partie de la FBCF destinée à compenser la dépréciation annuelle du capital fixe consécutive à son usure physique et à son obsolescence.

• Une autre partie de l'investissement brut correspond à un **investissement net**, soit un investissement nouveau, qui s'ajoute à l'investissement de remplacement pour accroître le stock de capital fixe disponible. La formation nette de capital fixe (FNCF) est l'évaluation de l'investissement net dans le cadre du système de comptabilité nationale.

Les ratios concernant l'investissement

Le système de comptabilité nationale permet d'établir plusieurs ratios :

– le **taux d'investissement** est le rapport, exprimé en pourcentage, entre la FBCF d'un secteur institutionnel et la valeur ajoutée qu'il réalise au cours d'une période donnée. Au niveau macroéconomique, le taux d'investissement est le rapport, exprimé en

◄ **FBCF**
Voir p. 126

pourcentage, entre la FBCF de l'ensemble des secteurs institutionnels et le produit intérieur brut ;

– le **taux d'autofinancement** est le rapport, exprimé en pourcentage, de l'épargne brute d'un secteur institutionnel et sa FBCF, au cours d'une période donnée. Au niveau macroéconomique, le taux d'autofinancement est le rapport, exprimé en pourcentage, entre l'épargne brute de l'ensemble des secteurs institutionnels et leur FBCF, au cours d'une période donnée.

Besoin de financement ► Voir p. 94

Capacité de financement ► Voir p. 94

Un taux d'autofinancement inférieur à 100 % révèle une situation de besoin de financement ; un taux d'autofinancement supérieur à 100 % révèle une situation de capacité de financement. Il est habituel que le taux d'autofinancement des ménages soit supérieur à 100 % et que celui des entreprises soit inférieur à 100 % ; les administrations publiques sont fréquemment dans la même situation que les entreprises.

Amortissement ► Voir p. 137

La capacité des entreprises à s'autofinancer, mesurée par leur marge brute d'autofinancement, est en fait supérieure à ce que révèle leur taux d'autofinancement : en effet, la **marge brute d'autofinancement (MBA)** est égale au bénéfice (après impôts sur les bénéfices) auquel s'ajoutent les dotations aux amortissements et certaines provisions. Toutefois, une partie du bénéfice peut être distribuée aux propriétaires des entreprises (dividendes) ; par conséquent, la MBA est la capacité maximale d'autofinancement des entreprises ;

– le **taux d'accumulation** est le rapport, exprimé en pourcentage, entre la FBCF réalisée au cours d'une période et le stock de capital disponible. Les difficultés attachées à la mesure du capital rendent délicat le calcul de ce ratio. La hausse du taux d'accumulation traduit une reprise de l'investissement, généralement corrélée à une croissance économique plus soutenue.

LES DÉTERMINANTS DE L'INVESTISSEMENT

L'investissement des entreprises

Facteur de production ► Voir p. 19

L'investissement des entreprises dépend de plusieurs facteurs : l'évolution de la demande, le coût relatif des facteurs de production, les contraintes financières.

L'évolution de la demande

La croissance de la demande ouvre des perspectives de profits qui incitent les entrepreneurs à investir. Cette relation est formalisée par le **principe d'accélération** (ou **accélérateur**), qui désigne le mécanisme selon lequel la variation de la demande induit une variation plus que proportionnelle de l'investissement des entreprises : une accélération de la croissance de la demande induit une hausse plus importante de celle de l'investissement ; *a contrario*, un freinage de la demande (voire une baisse) provoque une décélération plus forte (voire une diminution) de l'investissement. Cet investissement est un **investissement induit** (investissement qui découle de la variation de la demande). Par opposition, un **investissement autonome** est un investissement dont les déterminants sont exogènes.

◄ **Demande effective**
Voir p. 524

Pour John Maynard Keynes (1883-1946), les entrepreneurs fondent en partie leurs décisions d'investissement sur la **demande anticipée**, c'est-à-dire sur les prévisions de l'évolution de la demande future (composée de la consommation et de l'investissement).

◄ **Keynes**
Voir p. 524

Le coût relatif des facteurs de production et les contraintes financières

Lorsque le coût du travail augmente davantage que celui du capital (le prix relatif du travail augmente), les combinaisons productives les plus capitalistiques sont privilégiées, ce qui dope l'investissement.

Les contraintes financières interviennent aussi dans la décision d'investir. Lorsque les entrepreneurs ne peuvent totalement autofinancer leurs investissements, il leur faut recourir à l'emprunt. Dès lors, ils doivent prendre en compte le taux d'intérêt réel attaché à leur emprunt. L'incitation à investir repose alors sur le niveau de la rentabilité de l'investissement. La **rentabilité** désigne le fait qu'un investissement génère un profit satisfaisant. Elle est évaluée par la **rentabilité économique**, c'est-à-dire le rapport entre le profit et la valeur du capital physique mis en œuvre pour l'obtenir. Ces capitaux proviennent des emprunts et des **capitaux propres** (ou **fonds propres**), à savoir le capital social, et les bénéfices non distribués et mis en réserve. Le **capital social (au sens économique)** est constitué par l'ensemble des apports du ou des propriétaires de l'entreprise.

La rentabilité peut aussi être appréciée par un indicateur de **rentabilité financière** (rapport entre le profit et les capitaux propres) ; celle-ci est mesurée par le taux de rentabilité financière. L'incitation à investir dépend alors de la profitabilité de l'investissement. La profitabilité est parfois assimilée à la rentabilité économique ou à la rentabilité financière. Dans un sens plus spécifique, la **profitabilité** est égale à la différence entre la rentabilité économique (ou la rentabilité financière) et le taux d'intérêt réel. Une profitabilité négative n'incite pas à investir, mais plutôt au désendettement ou au placement de l'épargne sur les marchés financiers. En revanche une profitabilité positive incite à investir, d'autant plus que l'effet de levier de l'endettement joue favorablement.

Keynes ►
Voir p. 524

Selon l'analyse keynésienne, l'incitation à investir repose sur l'**efficacité marginale du capital** qui est, pour Keynes, le taux de rentabilité économique qui résulterait d'une situation telle que la somme des profits anticipés générés par l'investissement, soit juste égale au montant de l'investissement. Il s'agit donc du taux de rentabilité économique minimum qui permettrait de couvrir la dépense que représente l'investissement. Pour que ce calcul ait un sens, il est nécessaire que la somme des profits anticipés soit actualisée. L'**actualisation** est une méthode permettant de calculer la valeur actuelle d'une somme future (exprimée en unités monétaires). Ce calcul repose sur un **taux d'actualisation**, soit le taux d'intérêt annuel moyen qu'il faut appliquer pendant *n* années à une somme actuelle pour que la somme obtenue la nième année soit, pour les agents économiques, équivalente à la somme initiale. Un taux d'actualisation élevé signifie que les agents économiques se défient du futur et privilégient le présent ; dans ce cas, une somme actuelle de 100 euros équivaudra, par exemple, à 200 euros dans dix ans. En revanche, la confiance en l'avenir se traduit par un faible taux d'actualisation : une somme actuelle de 100 euros équivaudra, par exemple, à 120 euros dans dix ans.

Par ailleurs, les entrepreneurs comparent l'efficacité marginale du capital au taux d'intérêt. Dès lors que l'efficacité marginale du capital, qui équivaut de fait à un taux de rentabilité économique anticipé, est supérieure au taux d'intérêt, il y a incitation à investir.

Action ►
Voir p. 95
Capital social ►
Voir p. 366
Déréglementation ►
Voir p. 232

Il faut noter que des sources de financement alternatives à l'emprunt existent : une **augmentation de capital** (émission d'actions nouvelles pour accroître le capital social) ou l'émission de titres assimilables aux actions permettent de disposer de fonds sans endettement. La déréglementation financière au cours des vingt dernières années a conduit les investisseurs à recourir davantage à ce type de formule.

L'investissement des ménages et des collectivités publiques

Dans le système de comptabilité nationale, l'investissement des ménages correspond, d'une part, à leurs investissements immobiliers et, d'autre part, aux investissements des entrepreneurs individuels qui relèvent en grande partie des mêmes catégories d'explication que l'investissement des entreprises.

L'investissement immobilier des ménages dépend de plusieurs facteurs. Le taux d'intérêt est un élément important, dans la mesure où le prix des logements dépasse fréquemment les possibilités d'autofinancement des ménages ; en outre, ceux qui destinent à la location le logement acquis fondent leur investissement sur un calcul de profitabilité similaire à celui des entrepreneurs. Il peut en être de même des acquéreurs-occupants, dont le revenu de l'investissement équivaut au loyer qu'ils se versent à eux-mêmes. Dans les deux cas, la question de l'acquisition d'un logement relève d'un arbitrage entre différentes opportunités d'usage de l'épargne.

L'âge des accédants à la propriété est également à prendre en compte, notamment parce qu'il influe sur les comportements d'épargne des ménages.

Enfin, des facteurs sociologiques ou psychologiques influent également sur l'investissement immobilier : désir de transmettre un patrimoine symbole de solidarité familiale, désir de marquer un statut social…

L'essor des investissements en infrastructures effectués par les collectivités publiques repose sur les contraintes de financement auxquelles sont confrontées ces collectivités. Des taux d'intérêt élevés grèvent les remboursements et pèsent sur les comptes publics. En cas d'endettement élevé, les décideurs politiques hésiteront à emprunter davantage. Le niveau des prélèvements obligatoires intervient également : s'ils sont élevés, il peut être difficile de les accroître davantage. Le contexte est également à prendre en compte : la nécessité de soutenir l'activité économique, les rapports de force politiques, les choix doctrinaux des gouvernants, influent sur la décision d'investir dans les infrastructures.

◄ **Prélèvements obligatoires**
Voir p. 226

LES EFFETS ÉCONOMIQUES DE L'INVESTISSEMENT

L'investissement influe sur l'offre et la demande ; il exerce en outre des effets sur le nombre d'emplois.

L'investissement, facteur de croissance de l'offre

L'investissement agit sur les capacités d'offre des producteurs. L'offre est accrue du fait des investissements de capacité. Un **investissement de capacité** est un investissement destiné à accroître les capacités productives des agents économiques. Par exemple, la construction d'une nouvelle usine destinée à accroître la production d'automobiles de l'entreprise Renault est un investissement de capacité.

Par ailleurs, l'investissement est destiné à accroître l'efficience de l'appareil productif en générant des gains de productivité, facteurs de réduction de coûts unitaires : un appareil productif plus efficient permet de produire davantage.

Progrès technique ► Voir p. 155

L'influence de l'investissement sur la productivité des facteurs de production résulte du fait que l'investissement est un vecteur du progrès technique. Le progrès technique se traduit par des inventions (par exemple, de nouveaux procédés de production, de nouveaux produits) qui sont ensuite appliquées par les agents économiques et deviennent des innovations (une invention est une découverte ; une **innovation** est l'application d'une ou plusieurs inventions). L'innovation peut être une innovation de procédés (ou innovations de processus), c'est-à-dire une innovation consistant à mettre en œuvre de nouvelles techniques de production ou de commercialisation, une innovation de produits (innovation consistant à créer de nouveaux produits) ; il peut s'agir aussi d'une innovation organisationnelle qui correspond à de nouvelles formes d'organisation des entreprises ou des marchés (par exemple, constitution d'un monopole). Dans cette perspective, l'investissement concourt à la diffusion du progrès technique lorsqu'il contribue à la transformation des conditions de production (par exemple, construction d'usines dotées d'ateliers flexibles) ; il peut en outre se matérialiser par des produits nouveaux (par exemple, de nouvelles machines).

L'investissement, facteur de croissance de la demande

Le rôle de l'investissement sur la demande est au cœur de l'analyse keynésienne.

Keynes intègre à son analyse le concept de multiplicateur d'investissement à la suite des travaux de Richard Kahn. Celui-ci publie en 1931 un article dans lequel il étudie l'incidence de l'**investissement public** (investissement effectué par les administrations publiques) sur le volume d'emplois : à la création d'emplois attachée directement à l'investissement public s'ajoutent les emplois créés grâce à la croissance économique impulsée par l'investissement.

◄ **Keynes**
Voir p. 524

◄ **Administration publique**
Voir p. 32

Richard Kahn (1905-1989) est un économiste disciple de Keynes. Cet auteur est le premier à introduire le concept de multiplicateur dans la théorie économique. Après la mort de Keynes en 1946, Kahn s'oppose au courant de la synthèse néoclassique qu'il considère comme un courant non keynésien. Il a publié *The Relation of Home Investment to Unemployment* (1931) et *The Making of Keynes's Theory* (1984).

Un **effet multiplicateur** est un mécanisme par lequel l'accroissement d'une grandeur au cours d'une période entraîne un accroissement plus que proportionnel d'une autre grandeur. Le **multiplicateur** est le coefficient par lequel est multiplié l'accroissement d'une grandeur X pour obtenir l'accroissement d'une grandeur Y qui découle de celui de X : si l'augmentation de X (ΔX) provoque l'accroissement de Y (ΔY), le multiplicateur $k = \Delta Y / \Delta X$.

Keynes s'inspire de la démarche de Kahn pour décrire l'**effet multiplicateur d'investissement**, mécanisme traduisant le fait que l'augmentation d'un investissement initial entraîne un accroissement plus que proportionnel du revenu national. Le **multiplicateur d'investissement** est le coefficient égal au rapport entre l'accroissement du revenu national et celui de l'investissement initial ; il traduit l'ampleur de la variation du revenu national qu'implique celle de l'investissement initial. Par exemple, un multiplicateur d'investissement égal à 3 signifie qu'un investissement supplémentaire de 1 milliard d'euros provoque un accroissement du revenu national de 3 milliards d'euros.

◄ **Revenu national brut**
Voir p. 134

Un supplément d'investissement au cours d'une période accroît la demande en direction des entreprises produisant des biens d'équipement. La production de ces firmes s'accroît ; leur masse salariale augmente du fait des embauches nouvelles ou du paiement d'heures supplémentaires liées à la hausse de la production ;

leur profit s'accentue. Une partie de ces revenus est dépensée dans l'achat de biens de consommation en fonction de la propension marginale à consommer. Ces dépenses dopent l'activité des entreprises fabriquant des biens de consommation, d'où un accroissement de leur masse salariale et de leur profit, qui alimente un nouveau flux de dépenses de consommation et de production.

Propension marginale à consommer ►
Voir p. 554

Ainsi, pour un accroissement de l'investissement donné, la croissance du revenu national est plus importante ; elle le sera d'autant plus que la propension marginale à consommer est forte (ou que la propension marginale à épargner est faible).

Propension marginale à épargner ►
Voir p. 555

Économie fermée ►
Voir p. 132

La valeur du multiplicateur d'investissement peut être calculé de la façon suivante :

- Dans une économie fermée

Au produit national Y, constituant l'offre globale, correspond une demande de consommation C, une demande d'investissement I et la demande de l'État (dépenses publiques G).

Ainsi, $Y = C + I + G$ ou $\Delta Y = \Delta C + \Delta I + \Delta G$ (le symbole Δ signifiant variation).

La variation de la consommation est fonction de celle du revenu :

$\Delta C = c \times \Delta Y$ (c étant la propension marginale à consommer).

Par conséquent, $\Delta Y = c \times \Delta Y + \Delta I + \Delta G$, d'où $(1 - c) \times \Delta Y = \Delta I + \Delta G$

Ainsi, $\Delta Y = [1/(1 - c)] \times (\Delta I + \Delta G)$

$1 - c = s$ (propension marginale à épargner), donc $\Delta Y = (1/s) \times (\Delta I + \Delta G)$

L'effet de l'accroissement de l'investissement ΔI (avec $\Delta G = 0$) sur la croissance du revenu national est donc le suivant : $\Delta Y = (1/s) \times \Delta I$. Le multiplicateur d'investissement est égal à 1/s.

Si $\Delta I = + 1$ milliard d'euros et $c = 0{,}8$ (c'est-à-dire 80 %),

$\Delta Y = 5 \times 1 = + 5$ milliards d'euros. Le multiplicateur d'investissement est égal à 5 (soit $1/(1 - 0{,}8) = 1/0{,}2$).

Multiplicateur de dépenses publiques ►
Voir p. 229

Les formules précédentes permettent de calculer un multiplicateur de dépenses publiques, coefficient mesuré par le rapport entre l'accroissement du produit national (ou du revenu national) et celui des dépenses publiques. Il traduit l'ampleur de la variation du produit national (ou du revenu national) qu'implique celle des dépenses publiques. Sa valeur est calculée à partir de la formule précédente, avec $\Delta I = 0$.

Dans ce cas, $\Delta Y = (1/s) \times \Delta G$: le multiplicateur des dépenses publiques en économie fermée est égal à 1/s.

• Dans une économie ouverte

◄ **Économie ouverte** Voir p. 132

Au produit national Y s'ajoutent, d'une part, les importations M, pour répondre à la demande de consommation C et d'investissement I, ainsi que, d'autre part, la demande de l'État G et celle de l'étranger X qui correspond aux exportations ; c est la propension marginale à consommer et m, la propension marginale à importer.

Ainsi, $C = c \times Y$ et $M = m \times Y$

Par conséquent, $Y + m \times Y = c \times Y + I + G + X$,

d'où $\Delta Y + m \times \Delta Y = c \times \Delta C + \Delta I + \Delta G + \Delta X$

Ainsi, $(1 - c + m) \times \Delta Y = \Delta I + \Delta G + \Delta X$

$\Delta Y = [1 / (s + m)] \times (\Delta I + \Delta G + \Delta X)$

Le **multiplicateur en économie ouverte** est le coefficient mesuré par le rapport entre l'accroissement du produit national (ou du revenu national) d'une économie insérée dans le commerce international et l'accroissement des dépenses engendrées par une augmentation des investissements, ou des dépenses publiques, ou des exportations (une augmentation des dépenses de consommation, par exemple, lorsque les ménages prélèvent sur leur épargne, exercerait également un effet multiplicateur). Le multiplicateur en économie ouverte traduit l'ampleur de la variation du produit national (ou du revenu national) qu'implique celle des dépenses citées. Sa valeur est moins élevée qu'en économie fermée : il est égal à $1 / (s + m)$.

Le **multiplicateur d'investissement en économie ouverte** est le coefficient mesuré par le rapport entre l'accroissement du produit national (ou du revenu national) d'une économie insérée dans le commerce international et l'accroissement des dépenses engendrées par une augmentation des investissements. Sa valeur découle de formules précédentes avec $\Delta X = \Delta G = 0$. Ce multiplicateur traduit l'ampleur de la variation du produit national (ou du revenu national) qu'implique celle des investissements. Il est égal à $1 / (s + m)$.

Les formules précédentes permettent de définir et de mesurer deux autres multiplicateurs :

– le **multiplicateur de commerce extérieur** est le coefficient mesuré par le rapport entre l'accroissement du produit national (ou du revenu national) et celui des exportations. Il traduit l'ampleur de la variation du produit national (ou du revenu national) qu'implique celle des exportations. Sa valeur est calculée à partir de la formule précédente, avec $\Delta I = \Delta G = 0$.

Dans ce cas, $\Delta Y = [1/(s + m)] \times \Delta X$ et $1 / (s + m)$ est le multiplicateur du commerce extérieur ;

– le **multiplicateur de dépenses publiques en économie ouverte** est le coefficient mesuré par le rapport entre l'accroissement du produit national (ou du revenu national) d'une économie insérée dans le commerce international et l'accroissement des dépenses publiques. Il traduit l'ampleur de la variation du produit national (ou du revenu national) qu'implique celle des dépenses publiques. Sa valeur est calculée à partir de la formule précédente, avec $\Delta I = \Delta X = 0$. En économie ouverte, le multiplicateur de dépenses publiques est égal à $1 / (s + m)$.

L'ampleur de l'effet multiplicateur sur la croissance économique d'un pays peut être limitée pour plusieurs raisons :

– au fur et à mesure que le revenu national s'accroît, la propension marginale à consommer décroît, réduisant de ce fait la valeur du multiplicateur ;

– une partie de la croissance de la demande qu'autorise la croissance du revenu national peut se porter sur les importations ;

– les agents économiques peuvent utiliser leur supplément de revenu pour rembourser des dettes contractées à l'égard de prêteurs étrangers ;

– les firmes peuvent mobiliser leurs profits pour investir à l'étranger ; les épargnants peuvent placer leurs fonds à l'étranger ;

– les capacités de production peuvent être pleinement utilisées : la croissance économique va alors devenir inflationniste, l'offre étant momentanément bloquée.

Investissement et emploi

Dès lors que l'investissement favorise la croissance, ses conséquences sur le nombre d'emplois peuvent être positives : la nature de l'investissement doit être cependant considérée.

Un investissement de capacité est destiné à accroître la production et l'emploi ; en revanche, un **investissement de productivité** (ou **investissement de modernisation**, ou encore **investissement de rationalisation**) est un investissement qui, à production égale, diminue les coûts unitaires de production en économisant les facteurs de production, en particulier en réduisant le nombre d'emplois nécessaires pour produire (par exemple, l'acquisition de robots se substituant à une main-d'œuvre faiblement qualifiée). L'investissement de productivité exerce donc des effets directs négatifs sur l'emploi.

Toutefois, l'investissement de productivité peut indirectement exercer des effets positifs sur l'emploi. Par exemple, les gains de productivité réduisent les coûts unitaires des entreprises ; la compétitivité prix peut alors s'améliorer ; la croissance de la demande qui en résulte conduit à une hausse de la demande de travail, qui contribue à réduire le chômage (à la condition que l'offre de travail n'augmente pas davantage et que la demande de biens se porte sur les produits nationaux) ; de plus, l'investissement de productivité implique une demande de biens d'équipement ; l'emploi dans cette branche en bénéficie…

◄ **Compétitivité prix**
Voir p. 258

◄ **Demande de travail**
Voir p. 195

◄ **Offre de travail**
Voir p. 195

9

LA CROISSANCE ÉCONOMIQUE

A LA CROISSANCE ÉCONOMIQUE

- Définition et mesure de la croissance économique
- Les facteurs de la croissance économique
- Théories de la croissance

B LA CROISSANCE N'EST PAS LE DÉVELOPPEMENT

- Définition et mesure du développement
- Les conditions du développement
- Expériences de développement

A. LA CROISSANCE ÉCONOMIQUE

DÉFINITION ET MESURE DE LA CROISSANCE ÉCONOMIQUE

Qu'est-ce que la croissance économique ?

PIB ► Voir p. 18
PNB ► Voir p. 18

La **croissance économique** est un processus quantitatif se traduisant par l'augmentation, au cours d'une longue période, d'un indicateur représentatif de la production de richesses d'un pays. Cet indicateur est le plus souvent le produit intérieur brut (PIB) en volume, voire le produit national brut (PNB) en volume (parfois le PIB ou le PNB par habitant). La croissance économique ne doit pas être confondue avec l'**expansion**, qui désigne l'augmentation du PIB (ou du PNB) en volume, au cours d'une courte période.

La croissance économique ne doit pas être assimilée au progrès économique. En effet, le **progrès économique** est, selon François Perroux, une évolution des sociétés se traduisant par l'augmentation des revenus réels de la population et une amélioration de ses conditions de vie, en particulier en matière de sécurité, de liberté, d'éducation, de santé… Le progrès économique est donc aussi un progrès social (certains auteurs disjoignent ces deux formes de progrès : le progrès économique se traduit par la hausse des revenus réels ; le progrès social, par l'amélioration des conditions de vie). Ainsi, la croissance économique peut ne pas se traduire par le progrès économique. Il en est ainsi, par exemple, lorsque la répartition des revenus défavorise une grande partie de la population.

Développement ► Voir p. 159

François Perroux (1903-1987) est un économiste français qui a particulièrement étudié les questions du développement. Par ailleurs, il a remis en cause les fondements de l'analyse néoclassique en dénonçant l'irréalisme du modèle de concurrence pure et parfaite : l'économie réelle, au sein de laquelle l'État est actif, est la résultante de la confrontation entre acteurs économiques inégaux, les uns dominant les autres. Il a notamment publié : *Le Capitalisme* (1948), *L'Économie du XXe siècle* (1961), *Pouvoir et économie* (1973).

Comment mesurer la croissance économique ?

Agrégat ► Voir p. 134

La croissance économique étant un processus quantitatif, il convient de la mesurer. Pour cela, il est nécessaire de retenir un indicateur significatif, en général le PIB. L'évolution de cet agrégat au cours d'une période permet d'établir le taux de croissance de l'économie d'un pays.

La **croissance réelle** (ou **croissance en volume**) est l'évolution, au cours d'une période déterminée, du PIB (parfois du PNB) en volume. Le **taux de croissance** (ou **taux de croissance en volume**) est calculé en comparant l'évolution du PIB (parfois du PNB) en volume entre deux dates au PIB (ou au PNB) en volume correspondant à la date de début de la période ; le résultat est exprimé en pourcentage.

Par exemple, si le PIB en volume d'un pays vaut 1 300 milliards d'euros en 2014 et 1 400 milliards d'euros en 2017, le taux de croissance est calculé de la manière suivante :

Évolution du PIB / niveau initial du PIB, soit + 100 / 1 300 = + 0,077, c'est-à-dire + 7,7 %. Le PIB en volume a augmenté de 7,7 % entre 2014 et 2017 ; le taux de croissance de l'économie au cours de cette période est de 7,7 %.

La **croissance nominale** est l'évolution en valeur du PIB (parfois du PNB) au cours d'une période déterminée. Le **taux de croissance nominale** est calculé en comparant l'évolution du PIB (parfois du PNB) en valeur entre deux dates, au PIB (ou au PNB) en valeur correspondant à la date du début de la période ; le résultat est exprimé en pourcentage.

Le taux de croissance nominal est peu utilisé dans la pratique : en effet, il intègre l'effet de la variation des prix sur le PIB et par conséquent reflète mal l'évolution réelle de la production de richesses.

Le taux de croissance peut être établi sur la totalité d'une période de plusieurs années ou en rythme annuel (il en est de même du taux de croissance nominal).

Le **taux global de croissance** se calcule en comparant l'évolution du PIB en volume au cours d'une période de plusieurs années, au PIB en volume correspondant à la date de début de période. Dans l'exemple précédent, le taux global de croissance du PIB est de 7,7 % entre 2014 et 2017.

Le **taux de croissance annuel moyen** est le taux de croissance annuel qui, appliqué à l'identique, année après année, sur l'ensemble d'une période de plusieurs années, aboutit à un accroissement du PIB (ou du PNB) identique à celui que mesure le taux de croissance global. Le principe du calcul du taux de croissance annuel moyen est le suivant : soit a, le taux de croissance annuel, exprimé en nombre décimal (0,077 est le nombre décimal correspondant à 7,7 %) ; le PIB en volume en 2014 est de 1 300 milliards d'euros. En 2015, il serait de $1\,300 + 1\,300 \times \alpha$, soit $1\,300 \times (1 + \alpha)$; en 2016, il serait de $1\,300 \times (1 + \alpha) + [1\,300 \times (1 + \alpha)] \times \alpha$, soit $1\,300 \times (1 + \alpha)^2$; en 2017, il serait de $1\,300 \times (1 + \alpha)^3$, soit

1 400 milliards d'euros. Par conséquent, $(1+\alpha)^3 = 1\,400/1\,300 = 1{,}077$ (soit 1 + le taux global de croissance exprimé en nombre décimal). Par conséquent, $1+\alpha = \sqrt[3]{1{,}077}$, soit 1,025. Ainsi, $\alpha = \sqrt[3]{1{,}077} - 1 = 0{,}025$, c'est-à-dire 2,5 %.

Le taux de croissance annuel moyen est de 2,5 % par an : le PIB en volume s'est accru de 2,5 % en moyenne par an, soit un taux global de croissance de 7,7 % entre 2014 et 2017.

Pour une période de *n* années et un taux global de croissance égal à G (exprimé en nombre décimal), le taux de croissance annuel moyen est égal à $\sqrt[n]{1+G} - 1$ (le résultat étant un nombre décimal qu'il faut exprimer en pourcentage).

Le taux de croissance annuel moyen calculé sur une longue période permet d'établir un trend de croissance (un **trend** est la tendance générale dans laquelle s'inscrit l'évolution d'un phénomène économique au cours d'une longue période).

Les imperfections de la mesure de la croissance économique

L'indicateur de croissance, le PIB (ou parfois le PNB), souffre de plusieurs imperfections :

• Le PIB (ou le PNB) est un indicateur imparfait de la production de richesses d'un pays. Une partie des biens et des services est produite dans le cadre de l'**économie souterraine** (ou **économie parallèle**), qui désigne l'ensemble des activités de production qui ne sont pas enregistrées par le système de statistiques des États. Ces activités peuvent être légales : il en est ainsi des activités domestiques, des services licites rendus entre voisins. D'autres activités, relevant de l'économie souterraine, sont illégales : il s'agit d'activités de production de biens et de services non autorisées par la loi (trafic de drogue, prostitution…), ou du **travail au noir**, qui désigne le fait de travailler sans être déclaré aux autorités fiscales et aux organismes de protection sociale pour ne pas être soumis aux prélèvements obligatoires.

Prélèvements obligatoires ►
Voir p. 226

Dans certains pays, en particulier les pays en développement, l'économie souterraine inclut une **économie informelle**, qui désigne l'ensemble des unités de production de petite taille, mobilisant peu de capital et une main-d'œuvre faiblement qualifiée, et dont la comptabilité est soit inexistante soit trop parcellaire pour permettre une évaluation précise de leur production.

La production de biens et de services au sein de l'économie souterraine n'est pas ou est mal prise en compte par les systèmes de comptabilité nationale des États. De ce fait, le PIB sous-estime la production de richesses réellement effectuée.

• La croissance économique peut être source d'externalités positives ou négatives, n'intervenant pas dans le calcul du PIB. Une externalité (ou effet externe) est la conséquence négative ou positive, pour un agent économique, de l'activité d'autres agents économiques, sans que ceux-ci n'en supportent les coûts (dans le cas d'effets externes négatifs) ou n'en retirent un gain (dans le cas d'effets externes positifs).

◄ **Externalité / Effet externe** Voir p. 70

Par exemple, l'activité productive des entreprises peut élever le niveau de pollution au détriment de la santé de la population, qui subit dans ce cas une externalité négative. Le PIB s'accroît doublement : d'une part, en raison de la production des entreprises ; d'autre part, du fait de la production de services destinés à répondre à la demande de soins médicaux des ménages. La production de richesses paraît alors surestimée : la croissance du PIB résultant des externalités négatives ne devrait pas être prise en compte.

Les efforts des entreprises pour réduire leurs émissions polluantes se traduisent par des commandes adressées à d'autres entreprises (par exemple, des biens d'équipement consommant moins d'énergie) qui sont enregistrées dans le PIB. La population, qui bénéficie dans ce cas d'un effet externe positif, réduit ses dépenses de santé puisque la pollution diminue : le PIB se contracte puisque cette externalité positive n'est pas considérée comme un accroissement de richesses.

• L'évolution du PIB dépend en partie de celle des prix relatifs des produits. Le **prix relatif** désigne le rapport entre le prix nominal d'un produit, c'est-à-dire son prix monétaire, et le prix d'un autre produit considéré comme base de référence, ou les prix de l'ensemble des produits synthétisés par l'indice des prix.

En général, sur longue période, le prix des services s'accroît davantage que les prix industriels et agricoles ; le prix relatif des services augmentent. Toutes choses égales par ailleurs, l'essor du secteur tertiaire influe positivement sur la croissance du PIB.

LES FACTEURS DE LA CROISSANCE ÉCONOMIQUE

◄ **Combinaison productive** Voir p. 19

◄ **Facteur de production** Voir p. 19

Le rythme de croissance économique dépend de la qualité intrinsèque de la combinaison productive, associant plusieurs facteurs de production (travail, capital). Dans cette perspective, la croissance potentielle désigne, selon les auteurs, la croissance économique qu'autorise la pleine utilisation des facteurs de production ou l'utilisation optimale de ces facteurs.

La croissance économique peut être une **croissance extensive**, c'est-à-dire une hausse du PIB (ou du PNB) sur longue période, résultant de l'accroissement de la quantité de facteurs de production (capital, travail) ; la croissance économique peut être une **croissance intensive**, c'est-à-dire une hausse du PIB (ou du PNB) sur longue période, résultant de l'accroissement de l'efficience des facteurs de production se traduisant par une productivité plus élevée du capital et/ou du travail. La croissance économique est en réalité à la fois extensive et intensive. Toutefois, selon l'époque et les pays, l'une des deux formes de croissance est prédominante ; par exemple, la croissance économique des ex-pays socialistes d'Europe de l'Est et de l'ex-URSS était davantage extensive qu'intensive ; en revanche, la croissance économique française était pour la plus grande part intensive, au cours des **Trente Glorieuses** (selon Jean Fourastié, période d'une trentaine d'années, de 1945 à 1975, au cours de laquelle l'économie française connaît d'importantes mutations économiques et sociales et une forte croissance économique).

Efficience ►
Voir p. 20

Fourastié ►
Voir p. 33

L'efficience de la combinaison productive résulte pour partie de son environnement : par exemple, l'existence d'infrastructures éducatives, sanitaires, ferroviaires, routières… favorise la croissance ; il en est de même d'un contexte culturel propice à l'innovation.

Innovation ►
Voir p. 142

Le rythme de croissance économique dépend également de l'évolution de la demande. Celle-ci correspond à un ensemble de dépenses effectuées par les agents économiques, privés et publics, nationaux ou étrangers (consommation finale, consommations intermédiaires, investissements, exportations).

La relation qui impute la croissance économique à l'évolution de la demande est d'autant plus intense que la compétitivité de l'appareil productif est telle qu'il puisse répondre à la demande ; dans le cas contraire, une partie de la demande se porte sur les produits étrangers (importations) et dope la croissance des autres pays.

Compétitivité ►
Voir p. 258

Si la croissance (ou l'expansion) est la conséquence de l'augmentation de la demande, celle-ci dépend en retour de la croissance. Par exemple, la croissance peut générer des économies d'échelle : les coûts unitaires diminuent au fur et à mesure que le PIB augmente. La compétitivité prix des firmes est alors dopée, provoquant un accroissement des exportations…

THÉORIES DE LA CROISSANCE

Des théories classiques à la théorie de la croissance endogène

Pour Adam Smith et David Ricardo, la croissance économique dépend de l'**accumulation du capital**, c'est-à-dire le processus d'accroissement du stock de capital résultant de l'investissement net. L'investissement étant financé par l'épargne (celle des capitalistes pour l'essentiel), celle-ci est donc perçue comme un élément favorisant la croissance.

◄ **Investissement net**
Voir p. 137

Par ailleurs, Smith analyse les effets positifs de la division du travail sur la productivité des travailleurs et la croissance de la production.

Cependant, à long terme, la croissance amène les économies nationales au stade de l'état stationnaire.

Smith et Ricardo perçoivent que le progrès technique est de nature à contrecarrer les forces conduisant à l'**état stationnaire** (situation d'une économie sans croissance), mais ils en sous-estiment largement ses effets. Le **progrès technique** désigne l'ensemble des innovations instaurant de nouvelles manières de produire, de nouvelles combinaisons productives, qui induisent un accroissement de la productivité des facteurs de production. Ainsi, grâce au progrès technique, l'accumulation du capital peut être intensive : l'**accumulation intensive** est un mode d'accumulation tel que l'accroissement du stock de capital génère une augmentation plus que proportionnelle de la production ; en revanche, l'**accumulation extensive** est un mode d'accumulation tel que l'accroissement du stock de capital génère une croissance moins que proportionnelle de la production.

Le progrès technique apparaît comme un élément déterminant de la croissance économique dans des modèles établis par des auteurs contemporains.

Dans son ouvrage *Business Cycle* (1939), Schumpeter explique les phases longues de croissance, repérées par Nicolaï Kondratiev, par la diffusion des innovations majeures parmi lesquelles figurent de nouvelles méthodes de production. Le processus est enclenché au cours de la phase descendante du cycle par des entrepreneurs qui, pour développer leurs activités, assument les risques inhérents aux innovations. Celles-ci contribuent à relancer la croissance en provoquant une **destruction créatrice** (selon Schumpeter, processus de destruction d'activités anciennes et de création d'activités

◄ **Schumpeter**
Voir p. 519

nouvelles du fait des innovations). Cette perspective endogénéise le progrès technique, ses déterminants étant liés à la croissance, elle-même induite par le progrès technique.

Le progrès technique occupe également une place importante dans le modèle d'inspiration néoclassique de Robert Solow.

Robert Solow (né en 1924) est un économiste américain, prix Nobel d'économie en 1987 pour ses travaux sur la théorie de la croissance économique. Au cours des années 1950 et 1960, il élabore plusieurs modèles de croissance d'inspiration néoclassique au sein desquels le progrès technique joue un grand rôle. Par la suite, il explore largement la théorie macroéconomique et s'est intéressé à l'économie de l'environnement. Il a notamment publié : *A Contribution to the Theory of Economic Growth* (1956), *Growth Theory* (1970), *The Labor Market as a Social Institution* (1990).

Pour Solow, le progrès technique intervient conjointement à l'augmentation de la population (qui accroît la quantité de facteur travail) pour soutenir le rythme de croissance économique, ces deux facteurs étant exogènes.

Depuis les années 1980, d'autres auteurs d'inspiration libérale, contestant la perspective de Solow, contribuent à l'émergence d'une théorie de la croissance endogène. La **croissance endogène** désigne un processus de croissance économique reposant sur des facteurs qui en sont aussi la conséquence. Élaborée par des économistes libéraux, la théorie de la croissance endogène légitime cependant les politiques structurelles de l'État dans plusieurs domaines : financement ou construction d'infrastructures, formation professionnelle, aides à la recherche-développement.

Recherche-développement ►
Voir p. 136

Par exemple, pour l'économiste américain Robert Lucas (né en 1937, prix Nobel d'économie en 1995), la croissance économique est favorisée par l'élévation du niveau de formation des individus qui est, en partie, une conséquence de la croissance : en effet, la croissance économique permet aux individus de disposer des ressources (revenus) nécessaires au financement de leur formation ; de plus, elle génère une demande de travail qualifié du fait de la mise en œuvre de technologies nouvelles, nécessitant une formation plus élevée. L'intervention de l'État en matière d'éducation et de formation est donc légitimée.

Demande de travail ►
Voir p. 195

Lucas s'inscrit dans la lignée des travaux des économistes américains Gary Becker et Theodore Schultz qui, au cours des années 1960, exposent leurs théories du capital humain.

Becker ►
Voir p. 535

Theodore Schultz (1902-1998) est un économiste américain ayant orienté ses travaux vers les questions du développement. Il a particulièrement étudié le rôle de l'agriculture et les comportements des agriculteurs dans les pays en développement. C'est à ce titre qu'il reçoit le prix Nobel d'économie en 1979. Par ailleurs, Schultz explicite le rôle joué par le capital humain dans la croissance économique. Les dépenses en éducation et en formation contribuent de ce fait un élément essentiel des politiques de développement (*The Economic Value of Education*, 1963 ; *Human Ressources*, 1972).

Croissance équilibrée et croissance déséquilibrée

Les théories de la croissance ont également ouvert des débats sur les caractéristiques de la croissance, singulièrement sur son caractère équilibré ou déséquilibré.

En 1939, l'économiste britannique Roy Harrod (1900-1978) élabore un modèle de croissance qu'il reformule en 1948. Il établit que la **croissance équilibrée**, c'est-à-dire la croissance qui, d'une part, assure l'égalité au plan macroéconomique entre épargne et investissement et, d'autre part, garantit le plein-emploi, a peu de chance d'être réalisée : en effet, le taux de croissance de l'économie est le plus souvent différent du taux de croissance requis pour assurer l'égalité entre épargne et investissement.

La situation la plus probable est donc celle d'une **croissance déséquilibrée**, c'est-à-dire une croissance économique n'assurant pas l'équilibre macroéconomique entre épargne et investissement et/ou ne garantissant pas le plein-emploi. Harrod ajoute qu'aucune force centripète ne ramène l'économie nationale vers un rythme de croissance équilibrée : au contraire, des forces centrifuges accentuent les déséquilibres. Pour toute économie nationale, la croissance équilibrée représente donc une voie étroite (« un équilibre de fil de rasoir ») qu'il est quasiment impossible de maintenir. Il revient alors à l'État d'intervenir dans l'économie pour préserver le plein-emploi ou contrer les dérives inflationnistes excessives.

L'économiste américain Evsey Domar (1914-1991) développe en 1946 un modèle de croissance dont les conclusions sont similaires à celles d'Harrod. Pour Domar, l'investissement exerce un double effet : d'une part, il dope la demande et enclenche le mécanisme du multiplicateur keynésien ; d'autre part, il induit un accroissement de l'offre en augmentant le stock de capital. La croissance équilibrée est celle qui assure la compatibilité entre l'accroissement de la demande, qui dépend de la valeur du multiplicateur, d'autant plus

◄ **Multiplicateur**
Voir p. 143

Propension à épargner ►
Voir p. 525

Productivité du capital ►
Voir p. 22

élevée que la propension à épargner est faible, et l'accroissement de l'offre, qui est fonction de la productivité du capital. Il est donc peu probable que ces deux effets soient durablement conciliables.

La compatibilité des approches d'Harrod et de Domar conduit à l'élaboration du **modèle Harrod-Domar** : modèle, établi à la fin des années 1940, synthétisant les analyses du Britannique Roy Harrod et de l'Américain Evsey Domar pour montrer le caractère aléatoire de la croissance équilibrée.

Au cours des années 1950, plusieurs auteurs proposent leur solution au problème du « fil du rasoir » en énonçant les conditions permettant de perpétuer la croissance équilibrée.

Kaldor ►
Voir p. 529

Les économistes post-keynésiens Nicholas Kaldor (1905-1986) et Joan Robinson (1903-1983) associent la croissance équilibrée au partage du revenu national entre salaires et profits. Par exemple, si la part des profits dans le revenu national est en dessous du niveau qui assure un investissement de plein-emploi, le chômage pèse sur les salaires réels, provoquant une hausse des profits qui dope l'investissement…

Pour Robert Solow, le problème du « fil du rasoir » trouve sa solution dans le caractère substituable des facteurs de production (capital, travail) et dans la flexibilité de leurs prix. Cette approche, développée à la fin des années 1950, est fortement inspirée des thèses néoclassiques. Par exemple, lorsque le chômage s'accroît, le prix relatif du travail (prix du travail par rapport au prix du capital) diminue, incitant les chefs d'entreprises à mettre en œuvre de nouvelles combinaisons productives utilisant davantage de facteur travail et moins de facteur capital. Ainsi, la croissance assure naturellement le plein-emploi.

Combinaison productive ►
Voir p. 19

Fonction de production ►
Voir p. 25

L'approche de Solow ouvre également un débat sur le poids respectif des facteurs de croissance ainsi que sur le rôle du progrès technique. Le modèle de croissance élaboré par Solow en 1956 et 1957 est fondé sur une fonction de production agrégée de type Cobb-Douglas. Sur cette base, il établit que l'augmentation quantitative des facteurs travail et capital (dont la productivité est supposée constante) n'explique qu'une faible part de la croissance (les travaux de Solow portaient sur la croissance économique américaine entre 1909 et 1949). Pour Solow, le **facteur résiduel**, c'est-à-dire la partie de la croissance non expliquée par la variation de la quantité de facteurs de production (le facteur résiduel est alors l'équivalent d'un troisième facteur de production), constitue une mesure de la contribution du progrès technique à la croissance.

Progrès technique ►
Voir p. 155

Le progrès technique est ici considéré comme un facteur exogène de croissance, c'est-à-dire s'expliquant pour des raisons relevant de l'environnement dans lequel se déroule le processus de croissance et non de ce processus lui-même (*a contrario*, un facteur de croissance endogène proviendrait du processus même de croissance ; dans ce cas, le progrès technique serait à la fois cause et conséquence de la croissance).

Depuis les années 1960, de nombreux travaux, tels ceux du Britannique Angus Maddison, de l'Américain Edward Denison et des Français Edmond Malinvaud, Jean-Jacques Carré et Paul Dubois, approfondissent l'approche de Solow en mesurant non seulement la contribution quantitative du capital et du travail à la croissance, mais également leur contribution qualitative : une part du progrès technique exogène contribue à relever la productivité du capital et celle du travail.

◄ **Malinvaud**
Voir p. 527

En outre, l'explication de la croissance intègre l'analyse des conséquences de certains éléments, telle l'insertion dans le commerce international. Ces approches réduisent la part du **résidu**, c'est-à-dire la partie restant inexpliquée de la croissance après prise en compte non seulement de la variation de la quantité de facteurs de production, mais aussi de l'amélioration de leur qualité et du rôle de certains éléments spécifiques (le résidu n'est donc pas assimilable au facteur résiduel défini par Solow). Cependant, la part du résidu reste toujours significative. Par exemple, Malinvaud, Carré et Dubois estiment que le résidu explique la moitié de la croissance française entre 1951 et 1969 (l'effet de la variation de la quantité des facteurs de production n'expliquant que 20 % de la croissance).

B. LA CROISSANCE N'EST PAS LE DÉVELOPPEMENT

DÉFINITION ET MESURE DU DÉVELOPPEMENT

Qu'est-ce que le développement ?

La croissance économique doit être distinguée du **développement** : celui-ci désigne un processus qualitatif de transformation des structures économiques, sociales et mentales qui accompagne et favorise la croissance économique d'un pays ; le développement s'inscrit dans la longue durée.

Le **sous-développement** est la situation qui caractérise des pays qui ne peuvent faire croître durablement le PIB (ou le PNB) en volume en raison des dysfonctionnements de leurs structures économiques et sociales.

Ces pays souffrent du dualisme de leur économie. Le **dualisme** est une configuration d'une économie nationale telle qu'un secteur moderne côtoie un secteur traditionnel. Ainsi, un secteur moderne, regroupant des unités de production à forte intensité capitalistique et dont l'activité est liée aux échanges commerciaux et financiers avec l'étranger, côtoie un secteur traditionnel au sein duquel des unités de production à forte intensité de main-d'œuvre centrent leur activité sur la satisfaction des besoins fondamentaux de la population des zones rurales ; à la frontière de ces deux secteurs s'insère souvent une économie informelle. Cette configuration peut désarticuler l'économie. La **désarticulation** désigne une situation telle que l'essor du secteur moderne n'exerce aucun effet d'entraînement (ou très peu) sur le secteur traditionnel.

Toutefois, des auteurs, à l'instar d'Arthur Lewis, ne perçoivent pas le dualisme comme un frein au développement.

Arthur Lewis (1915-1991) est un économiste britannique ; il reçoit le prix Nobel d'économie en 1979 pour ses travaux en économie du développement. Au cours des années 1950, il élabore un modèle d'économie dualiste favorable au développement. Au cours des années 1970, Lewis montre que le développement ne peut être fondé sur les seules exportations vers les pays développés (surtout lorsqu'il s'agit d'exportations de produits primaires). Le développement exige également une réorientation de l'activité économique vers le marché intérieur et la modernisation de l'agriculture (*The Theory of Economic Growth*, 1955 ; *L'Ordre économique international*, 1978).

Pour Lewis, le développement se traduit par l'extension progressive du secteur moderne qui crée des emplois et absorbe le surplus de main-d'œuvre provenant du secteur traditionnel. La croissance des investissements dans le secteur moderne accroît la productivité du travail : les salaires peuvent augmenter sans entamer les profits. Progressivement, le dualisme va disparaître.

Perroux ►
Voir p. 150

Le sous-développement se traduit par l'impossibilité de couvrir les « **coûts de l'homme** », c'est-à-dire, selon François Perroux, les frais que doivent engager les individus et les collectivités publiques pour garantir à la population une vie digne de l'homme. Ces frais correspondent à la satisfaction des besoins physiologiques (se nourrir, se vêtir, se loger…) et à l'accès aux biens collectifs essentiels : distribution d'eau potable, système de soins, éducation… Par exemple, la population des pays en développement souffre de **sous-nutrition** ou de **sous-alimentation** (insuffisance de la ration calorique au regard des besoins alimentaires) et de **malnutrition** (déséquilibre alimentaire, source de carences).

Par conséquent, un **pays développé** est un pays dont la population est apte à faire croître durablement le PIB (ou le PNB) en volume et qui peut satisfaire ses besoins physiologiques et essentiels. A contrario, un **pays sous-développé** est un pays dont la situation ne permet pas à sa population ou à une grande partie d'entre elle de vivre dignement et dont les structures socioéconomiques sont inadaptées, au point de nuire à la croissance économique.

◄ **Croissance économique**
Voir p. 150

Qu'est-ce que le tiers-monde ?

De la fin des années 1940 à la fin des années 1960, les expressions « pays sous-développés » et « tiers-monde » sont utilisées conjointement, souvent comme des synonymes. Le **tiers-monde**, expression créée en 1952 par Alfred Sauvy, désigne un groupe de pays pauvres et marginalisés sur la scène mondiale, formant un troisième monde aux côtés des pays capitalistes et socialistes ; le tiers-monde est supposé regrouper des pays dont les dirigeants manifestent une conscience commune de leur situation qui fonde leur solidarité au plan international. L'expression tiers-monde est créée par analogie avec le tiers-état d'avant la Révolution française de 1789, qui était un troisième ordre aux côtés de la noblesse et du clergé.

Alfred Sauvy (1898-1990) est un démographe français, fondateur en 1945 de l'Institut national des études démographiques (INED) ; opposé au malthusianisme, il dénonce cependant les effets négatifs sur le développement de certains pays d'une croissance démographique excessive. Il considère par ailleurs que le progrès technique est globalement créateur d'emplois. Ses principaux ouvrages sont : *Théorie générale de la population* (1956), *Histoire économique de la France* (1965), *La Machine et le chômage* (1980).

◄ **Progrès technique**
Voir p. 155

L'expression tiers-monde revêt une dimension politique plus marquée que l'expression pays sous-développés. C'est aussi le cas du concept de périphérie, forgé dès la fin des années 1940 par l'économiste argentin Raúl Prebisch. Pour cet auteur, les relations économiques internationales s'articulent autour d'un **centre**, c'est-à-dire l'ensemble des pays développés qui occupent une position dominante au sein de l'économie mondiale, au détriment d'une **périphérie**, c'est-à-dire les pays sous-développés dont les exportations de produits primaires et l'approvisionnement en biens d'équipement dépendent du centre. Les relations économiques internationales sont alors organisées par le centre, qui ponctionne les richesses de la périphérie, perpétuant son sous-développement.

Raúl Prebisch (1901-1985) est un économiste argentin pour qui le développement résulte de l'évolution des structures spécifiques aux PED et nécessite que ces derniers se soustraient à la domination des pays développés. Il soutient (avec Hans Singer) que les PED, spécialisés dans la production et l'exportation de produits primaires, souffrent de la détérioration de leurs termes de l'échange. C'est pourquoi il préconise une stratégie de développement orientée vers le marché intérieur (*The Economic Development of Latin America*, 1950 ; *Capitalismo periférico*, 1981).

Termes de l'échange ►
Voir p. 260

Cette approche affirme que le développement nécessite qu'il soit mis un terme à la dépendance des PED à l'égard des pays développés. La **dépendance** est l'état de sujétion, de subordination, d'un pays à l'égard d'un ou de plusieurs pays dominants ; la dépendance peut être financière, commerciale, technologique, politique, culturelle… Symétriquement, la **domination** est, selon François Perroux, une relation asymétrique qui confère à l'entité dominante A la capacité d'influencer une entité B, sans réciprocité ou sans que la réciprocité atteigne le même degré d'influence : les pays développés exerceraient leur domination sur les PED.

Perroux ►
Voir p. 150

Au cours des années 1970, les organismes internationaux substituent l'expression pays en voie de développement (PVD) à pays sous-développés ; puis, depuis les années 1980, l'expression pays en développement ou PED est préférée à PVD. Un **pays en voie de développement (PVD)** ou un **pays en développement (PED)**, est un pays qui a entamé le processus de développement sans avoir atteint le stade des pays développés ; par extension, les pays n'ayant pas entamé leur développement sont inclus dans les PED.

C'est également au cours des années 1970 que l'opposition pays développés/pays en voie de développement (ou pays en développement) est centrée sur son aspect géographique : le **Nord**, c'est-à-dire les pays développés, y compris l'Australie et la Nouvelle-Zélande pourtant situées dans l'hémisphère Sud, est confronté aux revendications du **Sud**, c'est-à-dire les pays en développement.

La référence géographique à l'origine de l'expression Nord/Sud atténue, sans le faire totalement disparaître, le caractère conflictuel des relations entre pays développés et PED : le Nord et le Sud constituent les deux éléments d'un même monde. En cela, le couple Nord/Sud se différencie du couple centre/périphérie, dont le fondement réside dans l'opposition des intérêts entre pays développés et PED.

Les indicateurs de niveau de développement traditionnels

Il a été longtemps d'usage d'évaluer le niveau de développement des pays par le PNB (ou le PNB par habitant). Le faible niveau de cet indicateur traduisait alors le sous-développement. Dans cette optique la Banque mondiale distingue plusieurs catégories de pays :

◄ **Banque mondiale** Voir p. 307

– les pays à faible revenu (PNB par habitant inférieur à 1 135 dollars en 2023) ;

– les pays à revenu intermédiaire (PNB par habitant compris entre 1 136 et 13 845 dollars, en distinguant une tranche inférieure (de 1 136 à 4 465 dollars) et une tranche supérieure (de 4 466 à 13 845 dollars) ;

– les pays à revenu élevé (PNB par habitant supérieur à 13 845 dollars).

Si les pays à faible revenu appartiennent bien à la catégorie des PED, il n'est pas possible d'assimiler les pays à revenu intermédiaire de la tranche supérieure à des PED : par exemple, la Grèce appartient à cette catégorie ; de nombreux pays en transition également.

La **transition** désigne le passage d'une économie socialiste fondée sur la **collectivisation** (appropriation collective des moyens de production) au **capitalisme** (système économique fondé sur la propriété privée des moyens de production et l'accumulation du capital).

◄ **Accumulation du capital** Voir p. 155

Par ailleurs, certains PED appartiennent à la catégorie des pays à revenu élevé (Brunei, Singapour…).

Depuis 2016, ces imperfections ont conduit la Banque mondiale à rejeter la distinction pays développés/pays en développement et à privilégier dorénavant les regroupements de pays par zone géographique plutôt qu'en fonction de leur PNB par habitant (ou de leur revenu par habitant).

Le PNB par habitant est un indicateur partiel, imparfait. Par exemple, son niveau ne révèle rien du degré d'inégalité des revenus, qui diffère grandement selon les pays. En outre, le PNB par habitant prend mal en compte les revenus en nature, pourtant très présents dans les PED. Par ailleurs, il est établi sur la base des taux de change courants du dollar. Or, 1 dollar en Éthiopie n'a pas le même pouvoir d'achat qu'1 dollar à Singapour. C'est pourquoi les statistiques de la Banque mondiale sont également établies sur la base de taux de change fondés sur le principe de la **parité de pouvoir d'achat (PPA)**, qui est une méthode permettant de comparer les devises nationales en fonction de leur pouvoir d'achat et donc du niveau général des prix dans les pays en question. Il s'agit de l'équivalence entre le pouvoir d'achat d'une unité monétaire d'un pays (la quantité de biens et de services que permet de se procurer cette unité monétaire) et le pouvoir d'achat de n unités monétaires d'un autre pays. Les taux de change entre monnaies nationales sont établis sur ce principe : par exemple, si le pouvoir d'achat de 100 euros dans la zone euro équivaut au pouvoir d'achat de 90 dollars aux États-Unis, 1 euro vaut 0,90 dollar sur la base de la parité de pouvoir d'achat.

La comparaison des PNB par habitant, établie en appliquant des taux de change fondés sur le principe de la parité de pouvoir d'achat, modifie les niveaux apparents de développement des pays et réduit leurs écarts.

Le sous-développement doit être apprécié par des indicateurs plus complexes que le PNB par habitant. La non-couverture des « coûts de l'homme » résulte en partie de revenus trop faibles. Par conséquent, le PNB par habitant (ou le revenu par habitant) n'est pas sans importance, mais cette perspective est trop restrictive. C'est pourquoi, depuis 1990, le Programme des Nations unies pour le développement (PNUD) élabore de nouveaux indicateurs de développement humain.

Indicateurs de développement humain ►
Voir p. 177

LES CONDITIONS DU DÉVELOPPEMENT

Les étapes du développement

Selon certains auteurs, le développement de tous les pays passerait nécessairement par les mêmes étapes. Cette analyse est notamment développée, au cours des années 1960, par Walt Whitman Rostow.

Walt Whitman Rostow (1916-2003) est un économiste et historien américain. En 1960, il expose une analyse qu'il oppose explicitement à celle de Marx. Pour Rostow, le développement est un processus linéaire en cinq étapes ou cinq stades de développement. Parmi les ouvrages qu'il a publiés, on peut citer : *Les Étapes* *de la croissance économique, un manifeste non communiste* (1960) et Réflexion sur le XXIe siècle (1998).

Rostow établit un modèle de développement en cinq étapes :

– la première étape est celle de la société traditionnelle ;

– la deuxième étape est celle où sont réunies les conditions préalables au développement (émergence d'une classe d'entrepreneurs, d'un État dont les interventions favorisent le développement, la modernisation de l'activité agricole) ;

– la troisième étape est celle du ***take-off*** ou **décollage**, qui désigne une période d'une à trois décennies au cours de laquelle une économie nationale accède à un niveau de développement tel que la croissance est durable et autoentretenue ; au cours de cette étape, le taux d'investissement augmente de manière conséquente, la productivité agricole s'accroît, des industries nouvelles se développent et dynamisent l'ensemble de l'économie, la classe des entrepreneurs s'élargit ;

◄ **Taux d'investissement**
Voir p. 137

– après leur décollage, les pays accèdent à la quatrième étape : le stade de la maturité ;

– la cinquième étape, la société de consommation de masse, est celle à laquelle sont parvenus les actuels pays développés.

◄ **Consommation de masse**
Voir p. 204

Cette analyse a suscité d'importants débats. Par exemple, au début des années 1960, Alexander Gerschenkron soutient que le développement ne suit pas les étapes décrites par Rostow.

Alexander Gerschenkron (1904-1978) est un économiste et historien américain d'origine russe. Au cours des années 1960, il développe une analyse fondée sur l'observation de l'industrialisation du Japon à la fin du XIXe siècle et de l'URSS. Il en conclut que les pays en retard sur le plan industriel peuvent mettre en œuvre des stratégies spécifiques leur permettant de rattraper, voire de dépasser, les pays en avance (*Economic Backwardness in Historical Perspective*, 1962).

Cependant, Rostow n'exclut pas non plus la spécificité du développement de chaque pays : au sein de chaque étape, les trajectoires nationales peuvent être très différentes.

Les institutions et la culture

Certains auteurs mettent en avant l'efficience des institutions comme facteur de développement et s'interrogent sur la compatibilité entre la culture traditionnelle et celle que nécessite et véhicule le développement.

◄ **Institution**
Voir p. 315

Par exemple, l'absence d'un droit réel de propriété privée de la terre en Afrique noire n'incite pas aux progrès agricoles ; le fatalisme dissuade d'innover ; les dysfonctionnements de l'État déstabilisent l'économie nationale et ne favorisent pas l'essor des infrastructures. Le développement passe alors par des évolutions culturelles et des réformes radicales des institutions des PED.

Karl Gunnar Myrdal s'inscrit dans une telle perspective. **Karl Gunnar Myrdal** (1898-1987) est un économiste suédois. D'abord spécialisé sur les questions monétaires (années 1920-1930), il oriente ensuite ses recherches sur l'étude des fluctuations puis des déséquilibres cumulatifs (dynamique des inégalités). Devenu haut fonctionnaire aux Nations unies en 1947, il est sensibilisé aux problèmes du développement auxquels il consacre, au cours des années 1950 et 1960, plusieurs ouvrages dans lesquels il combine les analyses économique et sociologique (*L'Équilibre monétaire*, 1931 ; *Le Drame de l'Asie*, 1957) ; il reçoit le prix Nobel d'économie en 1974.

L'intérêt de ce type d'approche est de montrer que le développement n'est pas seulement économique : il nécessite des institutions (dont l'État) et des caractéristiques socioculturelles qui le favorisent.

Pôles de croissance et effets d'entraînement

Albert Otto Hirschman élabore, dans les années 1950, un modèle de **développement déséquilibré**, qui désigne un développement fondé sur les déséquilibres dans les relations entre agents économiques, induits par le lancement de programmes d'investissements directement productifs faisant apparaître des goulets d'étranglement ; ceux-ci nécessitent alors de nouveaux investissements (y compris en infrastructures)… Par exemple, l'augmentation de la demande de machines due à l'essor de l'industrie automobile peut se heurter à l'incapacité des producteurs à accroître leur offre de biens d'équipement nécessitant l'accroissement des investissements dans ce secteur.

Goulet d'étranglement ► Voir p. 115

Albert Otto Hirschman (1915-2012) est un économiste et sociologue américain d'origine allemande. Ses travaux en économie du développement portent sur les vertus des déséquilibres induits par la croissance et le développement et sur les effets bénéfiques des industries motrices. Ses recherches sociologiques le conduisent à étudier les fondements des comportements individuels ou collectifs et le changement social. Principaux ouvrages : *Stratégie de développement économique* (1958), *Défection et prise de parole* (1972),

Changement social ► Voir p. 406

La Passion et les intérêts (1977), *Un certain penchant à l'autosubversion* (1995).

Au cours de la même période, François Perroux défend une thèse analogue à celle d'Hirschman en préconisant la création par l'État de pôles de croissance générateurs d'effets d'entraînement.

◄ **Perroux**
Voir p. 150

Un **pôle de croissance** est un foyer pouvant correspondre, au sein d'un pays, à une ou plusieurs entreprises, une ou plusieurs branches ou secteurs, une ou plusieurs entités géographiques (villes, régions), à partir desquelles la croissance se propage à l'ensemble de l'économie en raison de forts effets d'entraînement en amont et en aval.

Un **effet d'entraînement** est le processus par lequel l'essor de l'activité d'une entreprise, d'une branche, d'un secteur ou d'une entité géographique, provoque l'essor de l'activité d'autres entreprises, branches, secteurs ou entités géographiques. Un effet d'entraînement peut s'exercer vers l'aval (fourniture de biens, de services, de capitaux) ou vers l'amont (commandes de biens, de services, demande de capitaux) des entités qui en sont à l'origine. Par exemple, la croissance de l'activité agricole provoque celle de l'activité industrielle du fait des commandes d'engrais, de pesticides, de machines agricoles (effet d'entraînement amont) ou du fait de la fourniture de produits agricoles (dont les prix peuvent baisser en raison de la croissance de la productivité des travailleurs agricoles) aux industries agro-alimentaires (effet d'entraînement aval).

EXPÉRIENCES DE DÉVELOPPEMENT

Les deux révolutions industrielles qu'ont connues les pays aujourd'hui développés, entre la fin du XVIIIe siècle et le début du XXe, ont favorisé leur développement. Une **révolution industrielle** est un ensemble de profondes mutations structurelles accompagnant et favorisant l'essor des activités industrielles. La thèse de Rostow peut alors laisser croire qu'il suffit de reproduire les **stratégies de développement** (l'ensemble d'objectifs à long terme et les politiques qu'il faut mettre en œuvre pour les atteindre) des pays aujourd'hui développés pour enclencher le développement dans tout pays. En fait, les trajectoires de développement des pays leur sont spécifiques et accréditent plutôt la thèse de Gerschenkron.

◄ **Rostow**
Voir p. 164

◄ **Gerschenkron**
Voir p. 165

Le développement des pays d'Asie du Sud-Est

Depuis les années 1960, plusieurs pays d'Asie de l'Est ont opté pour une insertion croissante dans l'économie mondiale fondée sur la **promotion d'exportations**, c'est-à-dire l'essor des exportations et l'insertion dans le commerce international. Mais, pour ceux disposant d'un marché intérieur significatif comme la Corée du Sud, les responsables politiques ont voulu également mettre en œuvre une politique de **substitution d'importations**, c'est-à-dire le remplacement des importations de produits industriels par des productions locales à l'abri de barrières protectionnistes. La substitution s'applique, dans un premier temps, aux biens de consommation ; dans un second temps, les biens d'équipement sont à leur tour concernés dans une logique de remontée de filières. La **remontée de filières** est une stratégie consistant, à partir de la production d'un produit donné, à développer progressivement, sur le territoire national, l'activité d'unités de production intervenant en amont de la production de ce produit, constituant de ce fait une filière de production composée d'activités productives complémentaires. Sous l'impulsion de l'État, ces pays ont également fait évoluer leur spécialisation par une politique de **substitution d'exportations**, c'est-à-dire la promotion des exportations de produits manufacturés en remplacement des exportations de produits primaires, ou la substitution d'exportations de produits manufacturés à fort contenu technique aux exportations de produits à fort contenu de main-d'œuvre. Enfin, certains de ces pays (Corée du Sud, Hong-Kong) ont cherché, toujours sous l'impulsion de l'État, à favoriser l'essor d'**industries industrialisantes**, c'est-à-dire des activités industrielles situées en amont du système productif (l'industrie lourde notamment), qui sont supposées exercer des effets d'entraînement sur l'ensemble de l'économie.

Effet d'entraînement
► Voir p. 167

Au début des années 1950, la Corée du Sud et Taïwan disposaient d'un secteur agricole important mais peu efficient. Ces pays ont réussi à mener à bien des **réformes agraires** (ensemble de mesures destinées à transformer les conditions de production dans l'agriculture par la redistribution des terres au bénéfice de ceux qui les cultivent) qui ont participé au développement national en transformant les structures agricoles. Par ailleurs, la modernisation de l'agriculture impliquait également l'évolution des techniques culturales. Certaines d'entre elles s'inscrivaient dans le schéma de la révolution verte. La **révolution verte** est un modèle de développement de l'agriculture élaboré au début des années 1960, promouvant une forte croissance de la production agricole au sein des PED. Fruit des recherches conduites par le professeur Norman Borlaug (prix Nobel de la paix en 1970), des variétés de céréales à hauts rendements (blé, maïs, riz), nécessitant l'usage d'engrais, de pesticides et des terres suffisamment arrosées ou irriguées, laissent espérer une forte hausse des rendements en quelques années.

Ces évolutions de l'agriculture ont provoqué un **exode rural** (mouvements de population quittant les zones rurales pour aller vivre dans les villes), pourvoyeur de main-d'œuvre pour l'industrie et favorisant l'essor des villes, accentuant ainsi l'**urbanisation** (accroissement de la part de la population d'un pays vivant dans les villes).

Le développement des BRICS

L'essor des pays d'Asie du Sud-Est illustre le poids croissant qu'occupent les pays émergents dans l'économie mondiale. Un autre exemple provient d'un ensemble de pays en développement, les BRIC, puis les BRICS. **BRIC** est un acronyme qui désigne, depuis le début des années 2000, quatre pays (Brésil, Russie, Inde et Chine) occupant une part de plus en plus importante au niveau de l'économie mondiale et ambitionnant d'exercer un rôle de leader des PED pour établir un ordre international qui leur soit plus favorable. Les BRIC, désireux d'inclure un représentant du continent africain, sont devenus **BRICS**, un acronyme désignant, depuis 2011, les BRIC et l'Afrique du sud (le S étant l'initiale de South Africa), avec la même ambition d'influer sur l'ordre international. Les BRIC se réunissent de manière informelle jusqu'en 2008, pour ensuite institutionnaliser leurs rencontres ou sommets. Ces pays représentent près d'un quart de la population mondiale, un peu plus de 40 % du PNB mondial et, selon le FMI, ont contribué pour plus de la moitié à la croissance mondiale depuis 2005. Ce groupe veut peser sur l'ordre international en élaborant des politiques et des projets communs (par exemple, une banque de développement commune), en faisant bloc au sein d'instances internationales comme le G20, la Banque mondiale, le FMI ou l'ONU, en invitant à leurs sommets d'autres PED. Toutefois, certains BRICS connaissent des difficultés (par exemple, la Russie, le Brésil et l'Afrique du Sud souffrent notamment de l'instabilité du cours des produits primaires et de difficultés politiques internes) qui pourraient entamer leur pouvoir d'influence.

◂ **Pays émergents** Voir p. 264

◂ **FMI** Voir p. 307

◂ **G20** Voir p. 247

◂ **Banque mondiale** Voir p. 307

Planification ►
Voir p. 235

Domination ►
Voir p. 162

Économie de marché ►
Voir p. 52

Parmi les BRICS, la Chine occupe une place prépondérante en raison de son poids économique mais aussi de plus en plus politique. Ce pays a connu des transformations considérables de son mode de développement. Des années 1950 à 1970, la Chine communiste était une **économie centralement planifiée** (pays dont l'activité économique est régie par une planification, le plus souvent impérative, élaborée par l'État) donnant la priorité à l'essor de l'industrie lourde, comptant sur ses effets d'entraînement sur l'ensemble de l'économie. En outre, plusieurs réformes agraires collectivisaient l'agriculture. Il s'agissait de privilégier un **développement autocentré**, c'est-à-dire un développement fondé sur l'essor de l'appareil productif national, prioritairement orienté vers la demande intérieure, à l'abri de barrières protectionnistes. Les dirigeants politiques chinois promouvaient l'**introversion**, à savoir l'orientation vers le marché intérieur d'une part largement prépondérante de l'activité économique nationale afin de s'extraire de la domination des pays capitalistes. À la fin des années 1970, pour stimuler une croissance jugée trop faible et mettre un terme aux nombreux dysfonctionnements de l'économie, les dirigeants chinois opèrent un renversement de leurs priorités : ils adoptent les principes de l'économie de marché, décollectivisent partiellement l'agriculture, assouplissent la planification et insèrent progressivement la Chine dans le flux des échanges mondiaux. Le mode de développement chinois ne rejette plus l'**extraversion**, c'est-à-dire l'orientation vers l'extérieur d'une part importante de l'activité économique nationale. La valorisation des exportations consécutive à l'évolution de la spécialisation de la production vers des produits à plus fort contenu technique est spectaculaire, si bien que le pays est devenu, au cours des années 2000, le premier exportateur mondial de marchandises. Cependant, depuis quelques années, avec l'accentuation de la concurrence mondiale, les dirigeants chinois semblent vouloir davantage réorienter l'appareil productif vers le marché intérieur.

Un développement entravé pour certains pays

D'autres pays, notamment en Afrique, peinent à enclencher le processus de développement. Confrontés aux cercles vicieux du sous-développement, ils éprouvent de grandes difficultés à les briser.

Un **cercle vicieux** est une relation circulaire entre plusieurs variables, revenant à son point de départ en aggravant ou en perpétuant une situation initiale défavorable ; a contrario, un cercle vertueux est une relation circulaire entre plusieurs variables revenant à son point de départ en perpétuant ou en améliorant une situation initiale favorable. Un **cercle vicieux du sous-développement** est un cercle vicieux mettant en relation plusieurs éléments qui entretiennent, voire aggravent, le sous-développement. Par exemple, la faiblesse des revenus au sein des PED génère une épargne modeste, voire nulle, d'autant que la pression démographique est forte du fait d'une fécondité élevée ; les investissements sont alors bridés faute de financement et les gains de productivité sont très faibles ; la hausse des revenus est par conséquent modérée ou nulle (voire négative), etc. Le développement des PED est alors entravé. Ce type d'analyse est conduit notamment par l'américain Ragnar Nurkse (1907-1959) dans les années 1950. Nurkse voit une possibilité de briser les cercles vicieux dans l'aide internationale et le choix d'une stratégie de **développement équilibré**, qui désigne un développement fondé sur l'essor harmonieux des investissements : prioritairement, l'État doit contribuer à la croissance des investissements en infrastructures ; puis, l'essor des investissements productifs tous azimuts permettra de consolider le processus de développement. En revanche, à la même époque, Albert Otto Hirschman préconise une autre stratégie de croissance déséquilibrée.

◄ **Hirschman**
Voir p. 166

◄ **Croissance déséquilibrée**
Voir p. 157

Par ailleurs, plusieurs auteurs ont dénoncé la priorité trop souvent accordée par les dirigeants de ces pays aux cultures d'exportation (arachide, coton...) au détriment des cultures vivrières : la promotion des **cultures d'exportation** (productions agricoles destinées à répondre à la demande extérieure) peut retirer les meilleures terres aux **cultures vivrières** (productions agricoles destinées à répondre à la demande intérieure, permettant ainsi d'accroître le niveau de subsistance de la population) et nuire de ce fait au bien-être des populations. Cette distinction est contestée, notamment par Paul Bairoch : par exemple, le riz est en même temps une culture vivrière et une culture d'exportation.

10

ÉCONOMIE DU DÉVELOPPEMENT DURABLE

A DÉVELOPPEMENT DURABLE ET SOUTENABILITÉ

- Le développement durable
- Deux façons d'appréhender la durabilité ou soutenabilité

B LES INSTRUMENTS DE LA POLITIQUE CLIMATIQUE DES POUVOIRS PUBLICS

- Un développement humain
- La prise en compte de l'environnement

C LES DIFFICULTÉS À PRÉSERVER LE CAPITAL NATUREL

- Les instruments de la politique climatique des pouvoirs publics
- La gestion des biens communs

Les débats sur les effets de la croissance et la nature du développement se sont multipliés depuis une cinquantaine d'années. Ils ont notamment porté sur la promotion d'un développement durable.

A. DÉVELOPPEMENT DURABLE ET SOUTENABILITÉ

LE DÉVELOPPEMENT DURABLE

Au début des années 1970, plusieurs auteurs doutent de la pérennité du développement en raison du caractère destructeur pour l'environnement de la croissance économique. Le **rapport Meadows** est une étude publiée en 1972, conduite par une équipe de chercheurs du Massachusetts Institute of Technology qui dressent un tableau alarmant des conséquences de la poursuite de la croissance économique sur l'environnement. Cette équipe était dirigée par Donnella Meadows. Sur la base des conclusions de ce rapport, plusieurs auteurs préconisent la **croissance zéro**, c'est-à-dire la stagnation du PIB ou du PNB (pour certains auteurs, du PIB ou du PNB par habitant) afin de préserver l'environnement et les ressources naturelles. Depuis plusieurs années, certains auteurs vont encore plus loin en promouvant la **décroissance**, qui est une notion à la fois économique, sociale et politique, traduisant le fait que, pour préserver l'environnement et les ressources naturelles, il est nécessaire individuellement et collectivement de diminuer progressivement la consommation pour réduire la production.

Au cours des années 1980, la prise en compte des préoccupations environnementales de la communauté internationale préside à l'élaboration du concept de développement durable, qui fait l'objet d'un rapport rédigé pour le compte de l'Organisation des Nations unies par la norvégienne Gro Brundtland. Le **développement durable** (ou **développement soutenable**) est un développement fondé sur une croissance économique permettant de satisfaire les besoins des générations actuelles tout en préservant la possibilité de satisfaire ceux des générations à venir.

Le développement durable traduit le fait que le **bien-être**, c'est-à-dire le sentiment de satisfaction d'une population ou d'un individu ou d'un groupe d'individus au regard de leurs conditions de vie, n'est pas correctement traduit par le niveau du PIB ou du PIB par habitant et ne se résume pas aux revenus que génère la croissance économique. Par exemple, une forte croissance peut conduire à l'épuisement des ressources naturelles au détriment des générations futures. De même, la distribution des revenus issus de la croissance pourrait être très inégalitaire et jugée injuste par la population, démotivant les travailleurs et/ou provoquant des troubles sociaux, au détriment du bien-être du plus grand nombre et des générations à venir. Par conséquent, s'agissant du développement, la **durabilité** (ou **soutenabilité**) est la caractéristique d'un développement conjuguant l'efficience économique, l'équité sociale et la préservation des ressources naturelles et, plus largement, de l'environnement. Le développement durable repose donc sur un équilibre harmonieux entre trois piliers des activités humaines : l'environnement, le social et l'économie.

◄ **Équité**
Voir p. 425

La protection de l'environnement et le développement durable sont l'objet de nombreuses rencontres internationales depuis les années 1970. En 1972, à Stockholm, la première grande conférence des Nations unies sur l'environnement met en avant les droits et devoirs de l'humanité envers l'environnement. À cette occasion est créé le Programme des Nations unies pour l'environnement (PNUE). Parmi les nombreuses conférences internationales réunies pour traiter de points particuliers ou d'aspects plus globaux intéressant le développement durable, sont organisés des Sommets de la Terre. Les **Sommets de la Terre** sont des conférences internationales décennales organisées depuis 1972 sous l'égide de l'ONU, réunissant les dirigeants et délégués des États membres afin de promouvoir le développement durable au niveau mondial.

Ainsi, en 1992, le Sommet de Rio révèle une prise de conscience croissante de la question environnementale mais aussi les intérêts divergents des États. Pourtant, elle aboutit à ce qu'en 1997 soit signé le protocole de Kyoto qui prévoit la réduction des émissions de gaz à effet de serre, prioritairement dans les pays industrialisés, pour lutter contre le réchauffement climatique (ce protocole n'est mis en œuvre qu'à partir de 2005 après qu'un nombre suffisant d'États l'ont ratifié). Les sommets de 2002 (Johannesburg) et 2012 (une nouvelle fois à Rio) tentent d'accentuer les engagements des pays en faveur du développement durable avec des résultats sans doute en deçà des attentes, mais qui entretiennent la prise de conscience des États (et de leurs populations), en dépit de la réticence de certains d'entre eux à ce que soient adoptées des mesures trop contraignantes.

DEUX FAÇONS D'APPRÉHENDER LA DURABILITÉ OU SOUTENABILITÉ

Capital humain ► Voir p. 535

Le développement durable repose sur la reproduction et l'élargissement de plusieurs types de capitaux permettant aux générations futures de bénéficier d'un bien-être au moins équivalent à celui des générations présentes : le **capital physique** (l'ensemble des biens d'équipement et des bâtiments produits par l'activité humaine) ; le **capital naturel** (les ressources naturelles) ; le capital humain (capacités physiques et intellectuelles des individus) ; le **capital social (dans une logique de réseaux**, il s'agit de l'ensemble des relations interpersonnelles et sociales des individus facilitant leur coopération en vue d'accroître le bien-être commun) ; enfin, le **capital institutionnel** (ensemble des institutions dont disposent un pays – ou un groupe de pays – et qui influent sur l'action des agents économiques et sur les relations entre les individus et entre les groupes sociaux).

La **soutenabilité faible** est une approche de la soutenabilité de la croissance fondée sur la possibilité d'une substitution entre le capital naturel et les autres formes de capital de manière à préserver le bien-être des générations futures. Par exemple, la réduction du capital naturel consécutive à son exploitation pourrait être compensée par une augmentation du capital physique qui accroîtrait l'efficience du capital humain. Toutefois, cette approche est contestée : d'une part, la substituabilité entre les différentes formes de capitaux n'est pas parfaite, donc la préservation du bien-être des générations futures n'est pas garantie ; d'autre part, il est probablement nécessaire de préserver un stock critique de capital naturel indispensable pour garantir le bien-être des générations futures. Par ailleurs, le progrès technique induit par l'amélioration du capital physique et du capital humain réduit les coûts d'exploitation des ressources naturelles et ceux de fabrication de produits énergivores comme l'automobile. La hausse de la demande qui en découle conduit à l'accroissement de la production et des nuisances environnementales afférentes au détriment du stock de capital naturel. Ce mécanisme a été qualifié d'effet-rebond, suite aux travaux de l'économiste britannique Stanley Jevons (1831-1885) au XIXe siècle. L'**effet-rebond** désigne le mécanisme par lequel, à mesure que les améliorations technologiques augmentent l'efficacité de l'exploitation d'une ressource rare en en réduisant le coût, la consommation de cette ressource augmente. Dès lors, seules la modification des comportements des consommateurs et/ou la coercition imposée par les pouvoirs publics peuvent éviter la dégradation du capital naturel.

Une autre conception de la soutenabilité s'oppose à la précédente en tentant de prendre en compte les limites mentionnées. La **soutenabilité forte** est une approche de la soutenabilité de la croissance qui repose sur la complémentarité et non la substituabilité entre capital naturel – dont il convient d'encadrer l'usage, en particulier par la mise en œuvre d'institutions adaptées – et les autres types de capitaux. Cette conception de la soutenabilité pose également de nombreux problèmes d'applicabilité, ne serait-ce que pour déterminer le seuil critique de capital naturel et parce qu'il est nécessaire d'obtenir un accord international entre des États dont les intérêts divergent.

B. LES INSTRUMENTS DE LA POLITIQUE CLIMATIQUE DES POUVOIRS PUBLICS

UN DÉVELOPPEMENT HUMAIN

La dimension sociale du développement durable renvoie à la satisfaction des besoins humains et au respect de l'équité sociale. Il en résulte que le développement durable est un développement humain. Depuis le début des années 1990, le Programme des Nations unies pour le développement élabore plusieurs indicateurs de développement humain.

Par exemple, l'**indice de développement humain (IDH)** est un indicateur de développement établi à la suite des travaux d'Amartya Sen (né en 1933, prix Nobel d'économie en 1998), lequel synthétise plusieurs autres indicateurs : revenu national brut par habitant, espérance de vie à la naissance, durée moyenne de scolarisation et durée attendue de scolarisation. Cet indice est compris entre 0 (aucun développement humain) et 1 (développement humain le plus élevé). Les pays sont classés en quatre groupes selon leur IDH : très élevé (supérieur à 0,8) ; élevé (entre 0,7 et 0,799) ; moyen (entre 0,55 et 0,699) ; faible (inférieur à 0,549). Dans ce dernier groupe on trouve les pays les moins avancés.

Depuis 2010, d'autres indicateurs ont été élaborés pour prendre davantage en compte le caractère humain du développement. L'**indice de développement humain ajusté aux inégalités (IDHI)** est un indicateur qui reflète les inégalités existant dans chacune des composantes de l'IDH. Ainsi, les pays connaissant les inégalités les plus fortes en matière de santé, de revenu ou d'éducation ont un IDHI plus faibles que leur IDH.

L'**indice des inégalités de genre (IIG)** traduit le désavantage des femmes dans trois domaines : la santé reproductive (assistance à l'accouchement, visites médicales prénatales…), l'autonomisation (participation politique, niveau d'enseignement…) et le marché de l'emploi (taux d'activité). L'indice varie entre 0 (les femmes ont un traitement égal aux hommes) et 1.

L'**indice de pauvreté multidimensionnelle (IPM)** est un indicateur reflétant les privations multiples dont souffre chaque individu sur le plan de l'éducation, de la santé et du niveau de vie. L'IPM, qui s'exprime par un pourcentage de la population totale, est établi sur la base d'une batterie d'indicateurs de privations au niveau de chacune des trois dimensions du développement humain.

LA PRISE EN COMPTE DE L'ENVIRONNEMENT

Depuis plusieurs années, de nombreux indicateurs sont élaborés pour mieux apprécier la durabilité du développement. Encore imparfaits et sujets à débats sur la pertinence de leur élaboration, ils permettent cependant de mieux appréhender la durabilité du développement que ne le font le PIB ou le PNB.

PIB ►
Voir p. 18
PNB ►
Voir p. 18

Issue de travaux universitaires menés au cours des années 1970, puis popularisée par des organisations non gouvernementales et s'inscrivant dans la perspective d'une soutenabilité forte, l'**empreinte écologique** est une mesure de l'impact des activités humaines sur le milieu naturel. Elle est exprimée en hectares par personne et par an et correspond à la surface terrestre et maritime nécessaire pour produire tout ce que consomme un individu ou une population au cours d'une période donnée, ainsi que pour absorber les déchets rejetés. Depuis les années 1970, l'empreinte écologique de la population mondiale est supérieure à la surface terrestre, ce qui traduit la non-durabilité de la croissance.

Capital fixe ►
Voir p. 19
Consommation de capital fixe ►
Voir p. 137

L'**épargne nette ajustée** est un indicateur de soutenabilité mis au point par la Banque mondiale à la fin des années 1990, déduisant de l'épargne nationale brute la dégradation du capital fixe (mesurée par la consommation de capital fixe), la baisse du stock de ressources naturelles consommées (énergie, minerais, forêts…) et les dommages causés par la pollution (par exemple, par les émissions de gaz à effet de serre), et y ajoutant l'investissement en capital humain (mesuré par les dépenses d'éducation).

Une épargne nette ajustée négative traduit la non-durabilité du développement. A contrario, plus elle est élevée (en pourcentage du revenu national brut), plus la capacité du pays à œuvrer pour le bien-être des générations futures est importante. Cet indicateur s'inscrit dans une logique de soutenabilité faible puisque la dégradation du capital naturel pourrait être compensée par un accroissement du capital économique et/ou du capital humain.

Un autre indicateur relevant de la soutenabilité faible est proposé depuis 2012 par le Programme des Nations unies pour l'environnement (PNUE), l'inclusive wealth index ou indice de richesse globale. Il constitue l'une des variantes du **PIB vert** (conception du calcul du PIB prenant en compte les effets négatifs de la croissance sur l'environnement et le stock de ressources naturelles). L'**indice de richesse globale** est un indicateur de soutenabilité mis au point par le PNUE qui synthétise plusieurs variables représentatives du capital physique (productivité, amortissement du capital, croissance de la production…), du capital naturel (énergie, minerais, agriculture…), du capital humain (population active par âge et genre, rémunérations, niveau d'éducation…) et de la santé (probabilité de décès par âge, population par âge…) au sein des pays, au cours d'une période donnée. L'indice de richesse globale d'un pays est évalué en unités monétaires et comparé au PIB ou au PNB pour statuer sur le véritable niveau de richesse de la nation (et sa croissance). Il est également calculé par habitant.

◄ **Productivité**
Voir p. 24
◄ **Amortissement**
Voir p. 137

C. LES DIFFICULTÉS À PRÉSERVER LE CAPITAL NATUREL

LES INSTRUMENTS DE LA POLITIQUE CLIMATIQUE DES POUVOIRS PUBLICS

La **politique climatique** correspond à l'ensemble des mesures mises en œuvre par les pouvoirs publics pour combattre les modifications du climat qui mettraient à mal le bien-être des générations présentes et futures. Elle repose notamment sur la combinaison de trois types d'instruments pour contrer les défaillances du marché en matière environnementale : la réglementation, qui impose des obligations aux agents économiques ; la **taxation** (action des pouvoirs publics consistant à imposer une taxe dont le montant sera

◄ **Défaillances du marché**
Voir p. 241
◄ **Réglementation**
Voir p. 232

affecté au financement d'une dépense spécifique), qui découle de l'application du principe du pollueur-payeur ; et enfin l'organisation de **marchés de quotas d'émissions** (rencontre d'une offre et d'une demande de droits à polluer alloués aux entreprises par les pouvoirs publics). Ces trois types d'instruments ne sont pas exclusifs et peuvent être combinés dans une même politique climatique.

Externalités ▶
Voir p. 70

La réglementation relève du champ juridico-politique. Elle est fondée sur l'idée que, pour limiter les externalités négatives provoquées par les agents économiques, l'activité de ceux-ci doit être soumise à des contraintes punitives (lorsqu'elles ne sont pas respectées) et/ou incitatives. La réglementation se traduit par exemple par la fixation de normes (normes d'émission de gaz à effet de serre, normes de processus pour inciter à l'usage de technologies propres, normes de produits définissant leurs caractéristiques au regard d'exigences environnementales…). Toutefois, elle pourrait générer des dysfonctionnements dont les effets négatifs seraient supérieurs à ceux créés par les externalités que les pouvoirs publics cherchent à internaliser.

La réglementation mise en œuvre par les pouvoirs publics peut prévoir l'institutionnalisation du principe de précaution. Le **principe de précaution** est une règle de conduite qui stipule qu'en l'absence de certitudes, compte tenu des connaissances scientifiques et techniques du moment, l'adoption de mesures visant à prévenir un risque dans les domaines de l'environnement, de la santé ou de l'alimentation, ne doit pas être différée. Le principe de précaution peut être juridiquement reconnu, jusqu'à être inscrit dans la Constitution, comme en France. Certaines conditions d'application de ce principe doivent être réunies pour éviter qu'il soit dévoyé, par exemple en servant de prétexte au rejet des innovations. Ainsi, selon la loi française institutionnalisant ce principe, le risque doit être évalué compte tenu des connaissances du moment et non des connaissances en devenir, les mesures à prendre doivent être en rapport avec les dommages encourus, les dommages encourus doivent être graves et irréversibles et, enfin, les mesures envisagées doivent être d'un coût acceptable. L'application de ce principe permet donc de mener une réflexion quant aux effets sur l'environnement des activités des agents économiques et ceux des progrès techniques et scientifiques.

Les deux autres instruments mobilisés dans les cadres des politiques climatiques relèvent plutôt du champ économique. C'est le cas de l'adoption du principe du pollueur-payeur.

Au cours des années 1920, dans le cadre théorique de l'économie du bien-être, l'économiste britannique Arthur Cecil Pigou (1877-1965) prévoit que l'État puisse intervenir dans l'économie pour lutter contre les effets externes négatifs que les mécanisme du marché ne peuvent prendre en compte : il s'agit de taxer les agents produisant des effets externes négatifs (à la hauteur des nuisances qu'ils provoquent) et de subventionner ceux produisant des effets externes positifs (à la hauteur des bienfaits qu'ils génèrent). L'analyse de Pigou permet de justifier le **principe du pollueur-payeur**, qui est une règle imposant aux agents économiques dont les activités sont sources de pollution de verser à la collectivité (État ou collectivités locales) une indemnité compensatrice.

◄ **Arthur Cecil Pigou**
Voir p. 516

Cette approche est contestée par d'autres économistes. Depuis les années 1970, ils proposent une alternative au principe du pollueur-payeur : l'allocation de droits à polluer, qui permet de préserver les mécanismes du marché. Un **droit à polluer**, ou **quota d'émission**, est un permis de polluer correspondant à un volume d'émission d'un polluant (par exemple, un gaz à effet de serre) alloué aux entreprises par les pouvoirs publics. Après distribution initiale des droits à polluer, les entreprises dont l'activité génère un niveau de pollution dépassant le niveau autorisé doivent acquérir des droits à polluer auprès d'autres entreprises qui n'utilisent pas la totalité de leurs permis. Le prix des droits à polluer est déterminé par la confrontation de l'offre et de la demande de ces droits. Ainsi, un niveau de pollution excessif entraîne la hausse du prix des droits à polluer, ce qui incite les entreprises à être plus attentives à la préservation de l'environnement. L'action de l'État (et des pouvoirs publics en général) devient alors réglementaire : il s'agit de fixer les niveaux de pollution autorisés et de les contrôler pour imposer l'usage des droits à polluer.

LA GESTION DES BIENS COMMUNS

Un bien commun est un bien non excluable et rival. La gestion de tels biens a donné lieu à une abondante littérature depuis plusieurs années. Par exemple, à la fin des années 1960, le biologiste américain Garrett Hardin (1915-2003) publie un article intitulé « *The Tragedy of the Commons* » (« La tragédie des biens communs »). La **tragédie des biens communs** désigne les effets dommageables résultant d'un libre accès à une ressource rare par des agents économiques ne tenant compte que de leur intérêt individuel et qui aboutit de ce fait à la surexploitation de la ressource au détriment de tous. Hardin prend l'exemple de pâturages dont l'accès est libre

◄ **Bien commun**
Voir p. 68
◄ **Bien excluable**
Voir p. 242
◄ **Bien rival**
Voir p. 242

pour tout éleveur. Dès lors, chaque éleveur a intérêt à y faire paître le plus de bêtes possible. Mais tous les éleveurs procédant de même, les pâturages finissent par s'épuiser au détriment de tous. Cette « tragédie » ne peut être évitée qu'en lotissant et en privatisant la propriété des pâturages ou par une régulation étatique.

Cette approche a été critiquée, notamment par Elinor Ostrom.

Elinor Ostrom (1933-2012) est une politologue et économiste institutionnaliste américaine, première et seule femme, à ce jour, à avoir reçu le prix Nobel d'économie en 2009, pour ses travaux sur la gouvernance et pour avoir démontré notamment comment les biens communs peuvent être efficacement gérés par des associations d'usagers. Sa réflexion est largement inspirée par des enquêtes de terrain et déborde largement du seul champ économique. Parmi ses ouvrages, on peut citer La Gouvernance des biens communs : pour une nouvelle approche des ressources naturelles (2010).

Ostrom montre que de nombreuses modalités d'action sont envisageables pour faire face à la tragédie des biens communs au-delà de ce que suggère Hardin. Elle distingue libre accès et propriété commune d'une ressource non excluable : à la différence du libre accès, la propriété commune renvoie à une communauté particulière bien définie. Ces communautés peuvent parfaitement s'organiser pour gérer la ressource en évitant tant leur privatisation que leur gestion par une collectivité publique.

Privatisation ► Voir p. 32

Droits de propriété ► Voir p. 50

Nationalisation ► Voir p. 31

Lorsque la gestion des biens communs s'exerce au sein d'un territoire bien défini, qu'il soit local, régional ou national, trois formes de gestion des biens communs peuvent être distinguées si l'on suit Hardin, ce que ne conteste pas Ostrom. La privatisation des biens communs peut être privilégiée en instituant des droits de propriété privée sur ces biens, les rendant de ce fait excluables, car leurs propriétaires les géreront efficacement puisque leur intérêt est de préserver la source de leurs revenus. Mais le contrôle public peut être préféré, soit par la nationalisation, soit par la réglementation, la puissance publique étant supposée plus soucieuse de l'intérêt collectif. Ostrom complète cette approche en mettant en avant les vertus d'une gestion communautaire locale des biens communs par ceux qui les utilisent avec le souci que leur descendance puisse également en bénéficier. Ces communautés peuvent être tout à fait capables d'élaborer des règles et de fonder des normes sociales encadrant leurs activités pour garantir une utilisation durable des ressources. Cela n'exclut pas la possibilité que certaines n'y parviennent pas.

Par ailleurs, il est des cas où les biens communs relèvent d'un territoire moins bien défini qu'un territoire local, régional ou national. Dès lors, des difficultés de coopération sont plus ardues. Par exemple, les bancs de poissons circulant hors des eaux territoriales nationales sont disponibles pour tout pêcheur croisant leur route (non-exclusion) et tous les poissons qu'il capturera ne pourront l'être par un autre pêcheur (rivalité). Les bancs de poissons sont donc des biens communs. Dès lors qu'il n'y a pas exclusion et puisque chaque pêcheur a intérêt à maximiser ses prises pour accroître ses gains, tous les poissons vont être pêchés, épuisant les ressources halieutiques au détriment des populations qui s'en nourrissent. C'est la « tragédie des biens communs » au sens d'Hardin. Pour pallier ces difficultés, plusieurs solutions peuvent être mises en œuvre : réglementation (ici, internationale) fixant des quotas de pêche, subventions versées aux pêcheurs qui acceptent de réduire leurs prises, taxation en fonction des quantités pêchées... Toutefois, la mise en œuvre de ces mesures se heurte à de nombreuses limites du fait de la difficulté à organiser une coopération internationale efficace.

Réglementation
Voir p. 232

11

TRAVAIL, EMPLOI ET CHÔMAGE

Il ne faut pas confondre les notions de travail et d'emploi. L'**emploi** désigne toute forme d'occupation rémunérée. La définition du travail est plus large. Le travail s'identifie à l'ensemble des activités humaines, intellectuelles ou manuelles, rémunérées ou non, qui sont subordonnées à la production de choses utiles.

L'**appariement (sur le marché du travail)** désigne une concordance quantitative et qualitative (qualifications, localisation géographique...) entre l'offre et la demande de travail.

A. L'EMPLOI ET LE CHÔMAGE

LA POPULATION ACTIVE

Qu'est-ce que la population active ?

La **population active** regroupe l'ensemble des personnes déclarant exercer ou chercher à exercer une activité professionnelle rémunérée.

Un **actif** est une personne exerçant ou cherchant à exercer une activité professionnelle.

La population active représente donc la main-d'œuvre disponible pour travailler en contrepartie d'une rémunération. Elle comprend la **population active occupée** (ensemble des personnes exerçant effectivement une activité professionnelle) et les chômeurs.

Il existe deux principales catégories d'actifs occupés :

– les salariés. Un **salarié** est un actif qui vend son travail contre un salaire ; il est dépendant d'un employeur ;

Salaire ►
Voir p. 39

– les personnes à leur compte. Une **personne à son compte** est un travailleur indépendant qui peut travailler seul ou employer des salariés. C'est le cas des professions libérales, artisans, commerçants et chefs d'entreprise.

La **population inactive** regroupe l'ensemble des personnes qui n'exercent pas et ne cherchent pas à exercer d'activité professionnelle.

Un **inactif** est une personne qui n'exerce pas et ne cherche pas à exercer une activité professionnelle. On distingue généralement les inactifs de moins de 15 ans, qui sont en grande majorité scolarisés, et les inactifs de plus de 15 ans, qui sont des jeunes qui poursuivent leurs études, des personnes dans l'incapacité de travailler, des personnes qui ont fait le choix de ne pas occuper d'activité professionnelle et les retraités.

Mais la frontière entre l'activité et l'inactivité est relativement floue (cas du travail clandestin, du travail à temps partiel ou de la multiplication des petits boulots).

◄ **Travail à temps partiel** Voir p. 191

La **population totale** englobe la population active et la population inactive.

Les taux d'activité

Le taux d'activité permet de mesurer la part des actifs dans la population totale.

Le **taux d'activité** est le rapport entre le nombre d'actifs et l'ensemble de la population correspondante en âge de travailler (multiplié par 100). Il peut se calculer selon le sexe et/ou selon l'âge :

$$\text{Taux d'activité} = \frac{\text{Population active}}{\text{Pop. totale de plus de 15 ans}} \times 100$$

Quelques exemples :

$$\text{Taux d'activité des femmes} = \frac{\text{Nombre de femmes actives}}{\text{Nombre total de femmes de plus de 15 ans}} \times 100$$

$$\text{Taux d'activité des 20-25 ans} = \frac{\text{Nombre d'actifs de 20 à 25 ans}}{\text{Population totale du même âge}} \times 100$$

$$\text{Taux d'activité des hommes de 35 à 40 ans} = \frac{\text{Nombre d'hommes actifs de 35 à 40 ans}}{\text{Nombre total d'hommes du même âge}} \times 100$$

Les différentes classifications de la population active

Il existe plusieurs classifications possibles de la population active :

– secteurs d'activité : on distingue dans ce cas les actifs du secteur primaire de ceux du secteur secondaire et de ceux du secteur tertiaire ;

– emploi salarié ou non salarié : on distingue dans ce cas les salariés des travailleurs indépendants ;

– travail manuel ou non manuel : on distingue dans ce cas les **cols bleus** (travailleurs manuels) des **cols blancs** (travailleurs non manuels). Cette distinction est proche de celle qui oppose l'**emploi**

◄ **Secteur primaire** Voir p. 33
◄ **Secteur secondaire** Voir p. 33
◄ **Secteur tertiaire** Voir p. 34
◄ **Salarié** Voir p. 186

de type primaire (emploi manuel proche de la nature – pêcheur, jardinier ou agriculteur, par exemple) de l'**emploi de type secondaire** (emploi manuel contribuant à la production de biens manufacturés), et de l'**emploi de type tertiaire** (emploi non manuel – employé, par exemple). Cette classification ne doit pas être confondue avec celle par secteur d'activité : un salarié ayant un emploi de type primaire peut travailler dans les secteurs secondaire ou tertiaire (jardinier dans une usine ou dans un lycée), ou un salarié ayant un emploi de type tertiaire dans le secteur secondaire (employé de bureau chez Renault par exemple). Ces classifications sont toutefois de moins en moins fréquentes, car l'utilisation des nouvelles technologies rend floue la frontière entre ces catégories ;

Secteur secondaire ► Voir p. 33

Secteur tertiaire ► Voir p. 34

PCS ► Voir p. 369

Catégorie socio-professionnelle ► Voir p. 370

– professions et catégories socioprofessionnelles (PCS). C'est la classification la plus fine, car elle permet de distinguer les différentes professions, les différentes catégories socioprofessionnelles et les différents groupes socioprofessionnels (agriculteurs exploitants ; artisans commerçants et chefs d'entreprises ; cadres et professions intellectuelles supérieures ; professions intermédiaires ; employés ; ouvriers ; chômeurs n'ayant jamais travaillé).

Les transformations qualitatives de la population active

La structure de la population active s'est fortement modifiée durant ces cinquante dernières années. Sur le long terme, les évolutions les plus marquantes sont :

– la **féminisation de la population active**, c'est-à-dire l'augmentation de la part des femmes dans la population active. Un taux d'activité féminin élevé n'est pas un phénomène nouveau : de nombreuses femmes travaillaient au début du siècle dernier. Après avoir diminué à partir de la première guerre mondiale (en raison principalement de l'émergence du modèle de la femme au foyer), le taux d'activité féminin augmente vers la fin des années 1960 ;

– la hausse du niveau des qualifications. La **qualification** désigne l'ensemble des compétences, c'est-à-dire des savoirs et des savoir-faire nécessaires pour exercer un emploi. Le niveau de qualification d'un individu dépend essentiellement de son niveau de formation et de son expérience. La hausse du niveau de qualification de la population active a été rendue nécessaire par la complexification des emplois et a été rendue possible par l'amélioration du niveau de formation de la population. Elle s'est traduite par une modification relative de la structure socioprofessionnelle : augmentation du nombre de cadres et professions intellectuelles supérieures et des professions intermédiaires au détriment des groupes à qualification plus faible (ouvriers et employés) ;

– la **salarisation de la population active**, c'est-à-dire l'augmentation de la part des salariés dans la population active. Ainsi, le **taux de salarisation** (rapport entre le nombre de salariés et la population active, multiplié par 100) s'approche des 90 %. On peut établir un lien entre la baisse du nombre des petites entreprises, notamment agricoles, et l'augmentation du taux de salarisation, car cette baisse provoque celle du nombre des chefs d'entreprise, donc des non-salariés ;

– la tertiairisation (ou tertiarisation), c'est-à-dire l'augmentation de la part des emplois occupés dans le secteur tertiaire au détriment de ceux occupés dans les secteurs primaire et secondaire ;

◄ **Tertiairisation / Tertiarisation**
Voir p. 34

– la concentration de l'activité aux âges intermédiaires, car les jeunes entrent plus tard sur le marché du travail (en raison essentiellement du prolongement de la durée moyenne des études) et, jusqu'aux années 2000, l'âge moyen de sortie du marché du travail diminue (en raison de l'abaissement de l'âge de la retraite et des possibilités accrues de mise en préretraite). Cette tendance s'est maintenant inversée car la durée moyenne des études stagne tandis que l'âge moyen de la retraite augmente.

◄ **Marché du travail**
Voir p. 50

Les transformations quantitatives de la population active

La population active a fortement augmenté depuis 1960, mais cette croissance s'est ralentie depuis la fin des années 1980 ; la population active devrait diminuer à partir des années 2020.

L'évolution quantitative de la population active s'explique essentiellement par deux types de facteurs :

– les facteurs démographiques. Le nombre des actifs résulte de l'importance de la population totale (qui elle-même résulte du nombre de naissances, de décès et du solde migratoire) et de la structure par âge de cette population. Ainsi, le **baby-boom** (augmentation forte du nombre des naissances entre le milieu des années 1940 et le milieu des années 1960) a fortement contribué à l'augmentation de la population active : les personnes nombreuses nées durant le baby-boom se retrouvent environ vingt ans plus tard sur le marché du travail ;

◄ **Population totale**
Voir p. 187
◄ **Solde migratoire**
Voir p. 208
◄ **Structure par âge**
Voir p. 209

– les comportements d'activité. Si la concentration de l'activité aux âges intermédiaires tend à faire baisser la population active, l'augmentation du taux d'activité féminin tend à la faire augmenter.

Au total, la forte augmentation de la population active des années 1960-1980 résulte de trois phénomènes principaux : le baby-boom, l'augmentation du taux d'activité féminin et un solde migratoire nettement positif. La population active augmente moins fortement et devrait même diminuer ces prochaines années : l'immigration a été fortement limitée depuis le milieu des années 1970 ; le taux d'activité féminin est maintenant proche du taux d'activité masculin ; les générations nombreuses nées durant le baby-boom quittent le marché du travail.

L'EMPLOI

Le **taux d'emploi** est la proportion de personnes disposant d'un emploi parmi celles en âge de travailler.

Avant 1945, aucune **norme d'emploi** (caractéristiques communes à la plupart des emplois à une période donnée) n'existe. L'emploi est globalement instable, la plupart des entreprises ne cherchent pas à fidéliser la main-d'œuvre, le **salaire à la tâche** (rémunération liée à la quantité produite) est courant et une part non négligeable de la population active est non salariée. L'emploi typique n'existe pas encore.

Salaire ► Voir p. 39

Après 1945, une norme d'emploi émerge ; on peut donc parler d'emploi typique. Un **emploi typique** est un emploi salarié stable (donc à durée indéterminée), à temps plein, qui assure un salaire décent et croissant avec l'ancienneté, une protection sociale et, par voie de conséquence, une certaine reconnaissance sociale.

Protection sociale ► Voir p. 396

Le **contrat de travail** est un contrat liant un salarié à son employeur et fixant un niveau de rémunération en échange de la mise à disposition de la capacité de travail du salarié.

Avec la crise, les emplois atypiques se multiplient, ce qui provoque l'éclatement de la norme d'emploi. Un **emploi atypique** est un emploi ne présentant pas les caractéristiques d'un emploi typique ; il peut s'agir d'un emploi à durée déterminée, de travail intérimaire, d'apprentissage, de stages divers, d'emplois aidés ou d'emploi à temps partiel.

La plupart des emplois atypiques sont des emplois précaires.

Un **emploi précaire** est un emploi caractérisé par son instabilité, car le contrat de travail qui y est associé permet d'embaucher le salarié pour un temps limité (emploi intérimaire ou emploi sous contrat à durée déterminée – CDD, par exemple).

Le **travail à temps partiel** (travail ayant une durée, généralement hebdomadaire, plus courte que la durée légale ou habituelle) se développe. Il est le plus souvent subi.

Ces nouvelles formes particulières d'emploi se diffusent dans toute l'économie ; elles ne sont plus, comme les anciennes formes particulières, limitées à certaines professions ou à certains employeurs. Même les grandes entreprises et l'État font appel à l'emploi atypique, à tel point que la norme d'emploi semble s'effriter et que le concept même d'emploi typique risque de perdre de son sens. Si les jeunes sont les premiers touchés, ils ne sont pas les seuls ; les emplois précaires atypiques concernent aussi de nombreuses femmes, de nombreux travailleurs peu qualifiés et de nombreux étrangers, clandestins.

LE CHÔMAGE

Le chômage désigne l'état d'un individu ou d'une population privés involontairement d'emploi.

Un **chômeur (au sens du Bureau international du travail – BIT)** est une personne qui cumule les trois caractéristiques suivantes :

– être sans travail, c'est-à-dire sans emploi salarié ou non salarié ;

– être disponible pour travailler dans un emploi salarié ;

– être à la recherche d'un emploi, c'est-à-dire avoir pris des dispositions particulières au cours d'une période récente pour chercher un emploi salarié ou non salarié.

Le **taux de chômage** désigne la proportion de chômeurs dans la population active. Il se mesure en rapportant le nombre de chômeurs à la population active (multiplié par 100).

Les mesures du chômage n'appréhendent pas la réelle importance du **sous-emploi** (situation dans laquelle toutes les disponibilités en travail dont dispose une économie ne sont pas utilisées en totalité).

En effet, le travail à temps partiel, lorsqu'il est subi, entraîne une sous-estimation du chômage. Il faut aussi ajouter les différents stages de formation qui font partie des dispositifs de lutte contre le chômage, mais qui ont aussi comme intérêt de le sous-évaluer ; il s'agit donc, en partie, de chômage déguisé.

◄ **Travail à temps partiel**
Voir p. 191

Allocation ►
Voir p. 237

Certains chômeurs renoncent à être inscrits sur les listes de Pôle Emploi ou en sont radiés. Ils peuvent se décourager et ne plus respecter les règles d'inscription, ou ne pas en voir l'utilité s'ils ne peuvent pas prétendre au versement d'allocations.

Le clivage inactif/actif n'est pas toujours sans ambiguïté. Ainsi, le **halo du chômage** correspond à la situation d'une frange de la population inactive mais proche du chômage. Il est composé des personnes déclarant chercher un emploi sans être disponibles ou sans effectuer de réelles recherches, de ceux qui n'ont pas encore commencé leur recherche, mais disent souhaiter avoir un emploi, et de ceux qui ont renoncé alors qu'ils souhaitaient avoir un emploi (le renoncement a plusieurs raisons : âge, santé...). En France, le « halo » pourrait concerner plusieurs centaines de milliers de personnes.

Le **taux de flexion** est le rapport entre la réduction du chômage en valeur absolue et les créations nettes d'emplois (créations – suppressions). Un taux de 50 % signifie qu'il faudrait créer 200 emplois nets pour faire baisser le chômage de 100.

Un faible taux de flexion signifie que, parmi les inactifs, des individus souhaitent travailler. Dès que le rythme de créations d'emplois s'élève, ils se portent demandeurs d'emploi et, par conséquent, gonflent la population active.

Les formes de chômage

Le **chômage frictionnel** est le chômage qui résulte du délai qui sépare le moment où un individu quitte son emploi et le moment où il en trouve un autre.

Le **chômage conjoncturel** est un chômage temporaire. Il est la conséquence d'un ralentissement de l'activité économique.

Le **chômage structurel** est un chômage durable. Il résulte des structures socioéconomiques du pays (déséquilibres démographiques, vieillissement de l'appareil productif, réglementation inefficiente, inadaptation des qualifications de la main-d'œuvre...).

Qualification ►
Voir p. 188

Le **chômage volontaire** est le chômage qui provient du refus des chômeurs de travailler pour le salaire qui assurerait l'équilibre entre offre et demande de travail.

Pour les libéraux, le chômage est avant tout volontaire, alors que, pour les keynésiens, il est avant tout involontaire. Le **chômage involontaire** est le chômage qui est subi par les salariés qui souhaiteraient trouver un emploi, mais qui n'en ont pas la possibilité.

Le chômage naturel est le chômage résultant du chômage volontaire, du chômage frictionnel et de l'inadaptation de certains individus.

◄ **Chômage naturel**
Voir p. 532

Le **chômage technologique** est le chômage dû à la mise en place de nouveaux procédés de production qui économisent de la main-d'œuvre. Mais si, à court terme et dans un secteur précis, le progrès technique peut être un facteur de chômage, d'une façon globale il ne peut être accusé de favoriser le sous-emploi, car il est un des principaux facteurs de la croissance.

La sélectivité du chômage

En France, le taux de chômage est plus élevé chez les jeunes actifs (moins de 25 ans) et chez les moins qualifiés.

◄ **Taux de chômage**
Voir p. 191

L'**employabilité** désigne la capacité pour un chômeur de trouver un emploi, alors que la **vulnérabilité au chômage** désigne le risque pour un actif occupé de devenir chômeur. En raison de l'inadaptabilité et de la plus faible productivité des actifs âgés, l'employabilité décroît avec l'âge. Au contraire, les jeunes actifs sont plus facilement embauchés, mêmes s'ils sont généralement les premiers licenciés.

◄ **Productivité**
Voir p. 21

Le **chômage de longue durée** (chômage d'une durée supérieure à un an) concerne surtout les actifs de plus de quarante ans. Ces derniers subissent parfois un chômage d'exclusion.

La vulnérabilité décroît avec l'âge. Plus un actif est âgé, mieux il est inséré dans son entreprise et sur le marché du travail. Au contraire, plus un actif est jeune, plus sa vulnérabilité est forte, en raison de son manque d'expérience et de la précarité de l'emploi qu'il occupe généralement. Les jeunes sont donc surtout victimes d'un **chômage de précarité** (chômage de courte durée, mais répétitif). Les actifs concernés alternent des périodes de chômage et les périodes d'emploi précaire.

◄ **Marché du travail**
Voir p. 50

Le **chômage de reconversion** est un chômage lié aux restructurations des entreprises et le **chômage d'insertion** est un chômage propre aux moins de 25 ans qui manquent de qualification pour s'insérer dans le marché du travail ; le **chômage d'exclusion** est un chômage qui s'accompagne d'une exclusion durable, voire définitive, du marché de l'emploi et concerne les travailleurs plus âgés.

Les causes du chômage

Offre de travail ► Voir p. 195
Demande de travail ► Voir p. 195
Crise économique ► Voir p. 114
Chômage-keynésien ► Voir p. 528
Chômage classique ► Voir p. 528

Les trois explications avancées le plus souvent sont l'inadéquation qualitative entre l'offre et la demande de travail, des coûts trop élevés de la main-d'œuvre qui décourageraient les entreprises d'embaucher (cette explication est celle que les économistes libéraux mettent généralement en avant) et la crise économique, le chômage étant alors surtout conjoncturel (cette explication est privilégiée par les économistes keynésiens). On distingue ainsi généralement le chômage keynésien, qui est dû à une insuffisance de la demande, du chômage classique, qui est dû à un coût de la main-d'œuvre trop élevé, et du chômage structurel, qui est dû à un manque de formation et de flexibilité de la main-d'œuvre.

Productivité du travail ► Voir p. 22

Le chômage peut aussi être aggravé par une augmentation de la population active. En effet, l'emploi dépend du rapport entre le niveau de production et celui de la productivité du travail. À temps de travail égal, l'emploi augmente lorsque la croissance de la production est supérieure à celle de la productivité, et il diminue lorsque la croissance de la production est inférieure à la croissance de la productivité.

Il ne faut pas confondre perte d'emplois avec augmentation du chômage. Le chômage représente l'excédent de l'offre de travail sur la demande de travail. Il est donc possible d'affirmer que le chômage correspond à la différence entre la population active et l'emploi. Ainsi, le chômage augmente lorsque la hausse de la population active est supérieure à la création d'emplois et il diminue lorsque la croissance des emplois est supérieure à celle de la population active.

Récession ► Voir p. 114
Croissance économique ► Voir p. 150

À partir de 1973, le chômage augmente fortement, car, en raison de la récession, la croissance économique est loin d'atteindre le seuil qui lui permettrait de dépasser suffisamment les gains de productivité et de créer ainsi assez d'emplois pour compenser la hausse toujours importante de la population active.

B. LE MARCHÉ DU TRAVAIL

L'ANALYSE NÉOCLASSIQUE DU FONCTIONNEMENT DU MARCHÉ DU TRAVAIL

L'école néoclassique se situe dans un univers de concurrence pure et parfaite. Dans cet univers, le bon déroulement des opérations économiques repose sur trois hypothèses :

– la première est l'homogénéité du facteur travail : les compétences, les aptitudes ou les savoir-faire ne constituent pas des signes distinctifs entre les salariés ;

– la seconde est la libre circulation de l'information : tout changement intervenu dans les conditions de production est porté immédiatement à la connaissance des agents concernés ;

– la troisième est la mobilité de la main-d'œuvre (changement de lieu, de profession, de secteur d'activité ou de catégorie sociale).

Sous ces conditions, et si, en outre, offreurs et demandeurs sont considérés comme des preneurs de prix, le **salaire d'équilibre** est le salaire déterminé par la rencontre de l'offre et de la demande de travail qui égalise les quantités offertes et demandées.

L'**offre de travail** correspond à la quantité de travail que fournissent ou que souhaitent fournir les travailleurs en échange d'une rémunération. C'est une fonction croissante du salaire réel.

La **demande de travail** correspond à la quantité de travail qu'achètent ou souhaitent acheter les entreprises et les administrations. C'est une fonction décroissante du salaire réel (**salaire réel** : pouvoir d'achat du salaire, que l'on obtient en divisant l'indice du **salaire nominal**, qui est le salaire à prix courant, par l'indice des prix).

◄ **Indice**
Voir p. 549

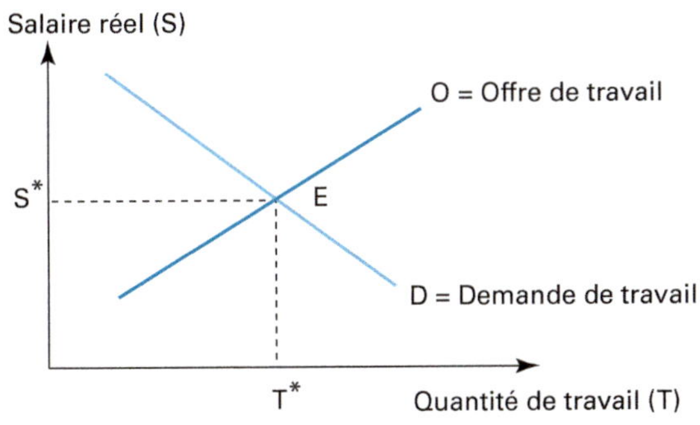

Le point E représente le salaire et la quantité de travail d'équilibre. À ce niveau, tous ceux qui désirent occuper un emploi en ont la possibilité. De leur côté, les entreprises voient leurs besoins en main-d'œuvre également satisfaits.

Régulation ►
Voir p. 220

La régulation se fait de la manière suivante :

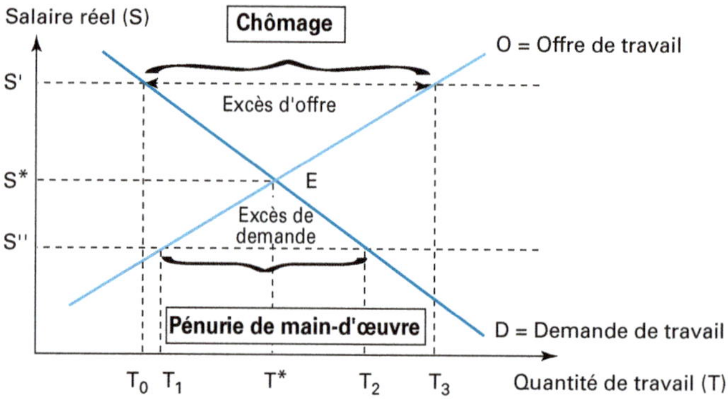

Lorsqu'on s'éloigne du salaire d'équilibre, deux cas de figures peuvent intervenir :

Chômage ►
Voir p. 128

– le premier se traduit par l'apparition du chômage (T3 – T0) ;

– le second par une pénurie de main-d'œuvre (T2 – T1).

La longueur de chaque segment dépend des pentes respectives des droites D et O. Dans le modèle néoclassique, les dysfonctionnements ne sont en tout cas que momentanés car les forces de la concurrence ramènent le marché du travail au point E. Si les effectifs sont trop nombreux, une baisse des rémunérations incite à des retraits d'activité (passage de S' à S*) ; à l'inverse, un relèvement des rémunérations permet d'attirer davantage de travailleurs (S" tend alors vers S*).

SMIG – SMIC ►
Voir p. 239

L'instauration d'un salaire minimum de type SMIG ou SMIC fait que l'offre du travail devient durablement supérieure à la demande.

De nombreux individus cherchent à travailler alors que les entreprises refusent d'embaucher une main-d'œuvre dont le coût est jugé excessif. Selon la théorie néoclassique, il s'agit d'un chômage volontaire dû au refus des individus de réviser à la baisse leurs prétentions salariales. Si ceux-ci acceptent cet ajustement, les entreprises embauchent tous ceux qui souhaitent travailler au niveau du salaire d'équilibre, et le plein-emploi est réalisé. Le **plein-emploi** est la situation où toutes les personnes appartenant à la population active trouvent un emploi ; ne subsiste alors plus qu'un chômage résiduel, ou frictionnel, qui correspond souvent à des périodes de changement d'activité.

◄ **Population active**
Voir p. 186

Si cette construction est intéressante, elle a cependant fait l'objet de nombreuses critiques.

Ainsi, l'information comporte une part d'incertitude, est inégalement distribuée et peut faire l'objet de manipulation ou de rétention. Sa connaissance et sa maîtrise représentent donc un coût. Dans cette perspective, l'augmentation de l'ancienneté au chômage est due à un **chômage de prospection** ou ***job search*** (situation où un individu est en quête d'un emploi conforme à ses attentes et à ses aptitudes, sa durée pouvant s'allonger en fonction de l'octroi de revenus de transfert et d'indemnités spécifiques).

◄ ***Job search***
Voir p. 197

HÉTÉROGÉNÉITÉ DU TRAVAIL ET SALAIRE D'EFFICIENCE

Une « marchandise » hétérogène

Le modèle du marché du travail postule que le travail est une marchandise homogène, ce qui signifie que toutes les unités de travail sont identiques et interchangeables. Dans la réalité, le travail n'est pas homogène ; les différences de qualifications d'un travailleur à un autre peuvent être importantes et conditionnent les postes occupés. Une unité de travail à la chaîne n'est pas interchangeable avec une unité de travail de management. Les différences de productivité d'un travailleur à un autre peuvent également être très importantes.

◄ **Productivité**
Voir p. 21

La théorie du dualisme permet d'illustrer cette hétérogénéité du travail. La **segmentation du marché du travail** est la situation où le marché du travail n'est pas homogène, composé d'un segment primaire et d'un segment secondaire. Le **segment primaire** est le segment du marché du travail sur lequel les emplois sont stables, bien rémunérés, avec des possibilités de promotion et une syndicalisation relativement forte. Le **segment secondaire** est le segment du marché du travail sur lequel les emplois sont instables, mal payés, sans promotion, avec un taux de syndicalisation très faible. Cette théorie permet de comprendre pourquoi des travailleurs reçoivent des rémunérations différentes selon qu'ils exercent leur activité dans un segment ou dans l'autre.

Le salaire d'efficience

Dans l'analyse néoclassique, la productivité est une donnée dépendant de la combinaison productive et de la quantité relative du facteur travail et le salaire résulte de l'offre et de la demande de travail.

En revanche, la théorie du **salaire d'efficience** considère que la productivité dépend en partie du niveau de salaire. Le salaire d'efficience est le salaire optimal qui offre la meilleure combinaison entre le coût du travail et sa productivité. Il est fixé par l'entreprise selon des critères hors-marché ; l'entreprise peut en effet avoir intérêt à opter pour un salaire plus élevé que le salaire d'équilibre.

La fixation d'un salaire supérieur à celui du marché peut être motivée par différentes raisons :

Turn-over ►
Voir p. 204

– fidéliser la main-d'œuvre afin de réduire le *turn-over*, qui a un coût non négligeable pour l'entreprise : coût de licenciement, coût d'embauche, coût de formation et coût d'adaptation ;

– motiver les salariés qui, reconnaissants envers l'entreprise, améliorent leur productivité ;

– attirer les salariés les plus productifs qui ont le **salaire de réservation** (salaire en dessous duquel les salariés refusent de travailler, compte tenu de la valeur – dépendant notamment de leur qualification et de leur productivité – à laquelle ils estiment leur travail) le plus élevé ;

– dissuader les individus de « tirer au flanc » car, s'ils sont démasqués et licenciés, la perte est plus importante.

L'entreprise a donc souvent intérêt à rémunérer ses salariés au-dessus du salaire d'équilibre. Ce phénomène risque de produire un excès d'offre de travail par rapport à la demande et de créer du chômage involontaire.

UNE RELATION SALARIALE INSTITUTIONNALISÉE

Contrats de travail ►
Voir p. 190

Le salaire n'est pas réellement fixé sur un marché respectant les règles de la concurrence pure et parfaite. Le salaire n'est pas parfaitement flexible, car la relation salariale est en grande partie institutionnalisée. Les contrats de travail sont régis par la réglementation du travail et par les conventions collectives. Il n'est ainsi pas possible de baisser le salaire nominal de tous les salariés en cas d'un excédent de l'offre de travail sur la demande de travail. L'institutionnalisation de la relation de travail est d'ailleurs un enjeu majeur des relations professionnelles, résultant à la fois du conflit et de la coopération.

◄ **Conflit**
Voir p. 406
◄ **Coopération**
Voir p. 29

La théorie des contrats implicites explique comment ces contrats de travail peuvent être une source de rigidité des salaires. Dans un système concurrentiel, l'équilibre se réalise par la variation des prix, qui fluctuent en fonction de la conjoncture. Pour la théorie des contrats implicites, la rigidité des salaires ne provient pas des syndicats ni du refus des salariés de travailler en dessous d'un certain niveau de salaire ; elle provient du **contrat implicite**, qui est un accord tacite entre les employés et les employeurs dans le but de limiter l'incertitude : craignant que leur salaire ne subisse les aléas de la conjoncture, les salariés attendent de l'entreprise qu'elle garantisse des salaires stables. Les employés acceptent un salaire réel en moyenne inférieur à celui, fortement variable, qui résulterait des seules forces du marché. Le salaire est alors rigide et différent du salaire d'équilibre.

C. LES POLITIQUES POUR L'EMPLOI

LA FLEXIBILITÉ DU MARCHÉ DU TRAVAIL

La **flexibilité de l'emploi** et du travail est une forme de gestion de la main-d'œuvre permettant de faire en sorte que celle-ci s'ajuste rapidement aux modifications de la production.

La **flexibilité quantitative externe** est une forme de flexibilité dans laquelle l'ajustement se fait par le recours au marché du travail externe à l'entreprise en modulant librement la quantité de travail par des licenciements et des embauches. L'utilisation d'un **contrat à durée déterminée** (contrat de travail comportant une limite temporelle par opposition au **contrat à durée indéterminée**, contrat qui ne prend fin qu'à la suite d'une volonté de rupture du travailleur ou en cas de faute grave remettant en cause les termes mêmes du contrat) joue le rôle d'amortisseur conjoncturel et permet de prévenir les situations de sureffectif. En tout cas, cette recherche de flexibilité externe débouche sur la **précarité du travail**, qui est le fait que l'emploi que possède un individu ne soit plus considéré comme un élément permanent, introduisant ainsi une incertitude face à l'avenir.

La **flexibilité interne** est une forme de flexibilité dans laquelle l'ajustement se fait au sein de l'entreprise grâce à la formation, à l'organisation du travail et à la modulation du temps de travail.

La flexibilité interne s'accompagne bien souvent d'une **individualisation des rémunérations**, politique salariale visant à remettre en cause les mesures d'indexation et de promotion à l'ancienneté pour responsabiliser le personnel, récompenser les plus méritants et lutter contre l'absentéisme. Cette politique passe par le versement de primes d'objectifs liées à la qualité des produits ou au volume des ventes.

La flexibilité interne peut être quantitative ou qualitative. La **flexibilité interne quantitative** consiste en la variation nombre d'heures de travail en fonction des besoins de l'entreprise. La **flexibilité qualitative** consiste en l'adaptation des qualifications et l'organisation de la production aux évolutions de la demande.

D'autres changements organisationnels appartiennent au registre de la flexibilité :

Juste-à-temps ►
Voir p. 206

– la *lean production*, ou production au plus juste : élimination des stocks, technique du « juste-à-temps » ;

– le *re-engineering*, ou reconfiguration : recherche de la réduction des coûts par l'émergence de nouveaux services internes s'appuyant sur les technologies de l'information et de la communication et permettant d'éviter l'emploi de cadres intermédiaires ;

Cercle de qualité ►
Voir p. 206

– la **qualité totale**, opération ayant pour objectif la satisfaction complète du client et la chasse au gaspillage. Les cercles de qualité s'inscrivent dans cette perspective ;

– l'usine automatisée regroupe des machines-outils à commandes numériques, un système de manutention programmable (convoyeurs) et un ordinateur pour piloter l'ensemble. La construction automobile en est une parfaite illustration. Réglage, fixation ou soudure sont confiés à des « systèmes experts » capables de contrôler simultanément plusieurs processus.

LES DÉPENSES POUR L'EMPLOI

La **dépense pour l'emploi** est la mesure de l'effort que fait la nation pour lutter contre le chômage. Cette dépense se compose de dépenses dites passives et de dépenses dites actives.

• Les **dépenses actives** sont des dépenses pour l'emploi qui ont pour but d'obtenir une croissance plus riche en emplois en créant des conditions favorables à l'utilisation du facteur travail. Elles peuvent prendre l'aspect de la création d'emplois publics. D'une manière plus générale et moins directe, elles englobent toutes les actions qui donnent lieu à des aides (subventions, exonérations fiscales…) pour maintenir ou créer des emplois ; ces actions peuvent viser les catégories les plus touchées par le chômage, comme les jeunes ou les chômeurs de longue durée. Un **chômeur de longue durée** est une personne privée d'emploi depuis plus d'un an. Les dépenses actives recouvrent aussi les mesures qui visent à rendre le marché du travail plus flexible, par exemple en améliorant la **flexibilité réglementaire** (actions qui consistent à rendre le cadre législatif plus souple, par exemple en supprimant l'autorisation administrative de licenciement).

◄ **Chômage**
Voir p. 128

Enfin, les politiques de formation sont également un volet important de ces dépenses. Elles ont pour finalité d'adapter la main-d'œuvre aux besoins de l'appareil productif.

• Les **dépenses passives** sont des dépenses pour l'emploi qui ont pour but de réduire l'offre de travail, soit en diminuant le nombre d'actifs, soit en partageant l'emploi. Pour réduire le nombre d'actifs, on pourra abaisser l'âge de la retraite, inciter les femmes à rester au foyer ou les jeunes à prolonger leurs études, distribuer des aides pour le retour des immigrés dans leur pays d'origine. Le partage du travail prend la forme de la **réduction du temps de travail (RTT)**, ensemble de mesures qui consistent à employer plus de personnes avec le même nombre d'heures ouvrées.

◄ **Offre de travail**
Voir p. 195

Les modalités sont très différentes. Aux deux extrêmes, on opposera une modalité visant à promouvoir le temps partiel librement choisi, et une modalité organisée collectivement dans le cadre de la loi, comme celle sur les 35 heures en France. En ce qui concerne cette dernière, il est difficile de mesurer l'impact d'une telle disposition juridique sur l'économie. En effet, la création d'emplois n'est jamais la résultante mécanique de l'apparition d'heures disponibles. D'une part, la baisse du temps de travail peut s'accompagner

Productivité ►
Voir p. 21

de gains de productivité qui compensent la réduction effectuée ; d'autre part, tout dépend de la manière dont on traite la question de la compensation salariale (maintien de la rémunération à un niveau identique avec moins d'heures de travail, ou diminution de cette rémunération dans une proportion moindre de la RTT envisagée). La compensation salariale intégrale pèse lourdement sur les entreprises, qui voient leurs coûts de production augmenter. Une compensation partielle réduit le pouvoir d'achat et présente donc l'inconvénient d'être assez impopulaire.

Pouvoir d'achat ►
Voir p. 38

Depuis le début des années 1970, les politiques d'emploi ont fortement évolué. Alors qu'au départ les mesures étaient essentiellement passives et s'intégraient dans une vision conjoncturelle de la crise, on s'est orienté progressivement vers un recentrage sur des « publics ciblés », à savoir les jeunes et les chômeurs de longue durée.

D. L'ORGANISATION DU TRAVAIL

L'**organisation du travail** fait référence aux différentes méthodes mises en place dans les organisations pour accroître l'efficacité des travailleurs.

L'ORGANISATION SCIENTIFIQUE DU TRAVAIL

Smith ►
Voir p. 507

Dans un exemple célèbre, Smith montre que l'on peut accroître massivement la production d'épingles d'une manufacture en spécialisant les travailleurs dans les différentes étapes de la fabrication et en les faisant travailler séparément.

La **division du travail** est la décomposition de l'opération de production en différentes activités. La **division technique du travail** est une décomposition du processus de production en un certain nombre de tâches partielles, qui s'accompagne de spécialisation si ces tâches partielles sont confiées à des personnes différentes.

Division sociale du travail ►
Voir p. 86

La division sociale du travail met l'accent sur la différenciation des activités au sein de la société, sur la séparation ville/campagne ou encore sur une partition reposant sur des critères biologiques (l'âge, le sexe).

Deux auteurs importants se sont intéressés au travail vers 1900 : l'Américain F. Taylor et le Français H. Fayol.

Frederick Winslow Taylor (1856-1925), ingénieur et économiste américain, est le père du **taylorisme**, méthode de production qui a pour but d'augmenter le rendement des ouvriers en appliquant l'organisation scientifique du travail.

Il a énoncé les principes de l'**organisation scientifique du travail** (OST), soit l'étude méthodique des gestes des travailleurs dans la perspective de leur rationalisation. Leurs gestes ne reposent plus sur la tradition, ni sur la transmission d'un savoir-faire et d'une expérience accumulés (*La Direction scientifique des entreprises*, 1910).

Cette rationalisation repose sur un approfondissement des divisions horizontale et verticale du travail :

– la **division horizontale du travail** consiste en l'attribution à chaque travailleur de quelques opérations bien délimitées après une analyse scientifique des gestes, des temps et des pauses par le **bureau des méthodes**, bureau qui rassemble des experts en organisation, chargés d'analyser et de préparer le travail. Ils déterminent « ***the one best way*** », une norme de gestes productifs qui seront ensuite enseignés aux travailleurs et dont ils ne devront pas s'écarter ;

– la **division verticale du travail** consiste en la séparation du travail de conception (effectué par le bureau des méthodes) du travail d'exécution. Cela permet une plus grande efficacité des ouvriers, qui ont pour seule mission de se concentrer sur l'exécution de quelques gestes simples. On aboutit ainsi à une division du travail selon les aptitudes de chacun (*the right man in the right place*).

La **parcellisation des tâches** (ou encore le **travail en miettes**, selon l'expression de Georges Friedmann) exprime ce mouvement où chaque ouvrier se voit confier une ou quelques tâches simples et au terme duquel il perd la vision d'ensemble de l'acte productif.

L'application stricte des principes de Taylor conduit à instaurer un **salaire aux pièces**, salaire directement lié au rendement de chacun.

Le fordisme, approfondissement du taylorisme, doit son nom à **Henry Ford** (1863-1947), industriel américain pionnier de la production automobile en grandes séries.

Le **fordisme** désigne une méthode d'organisation du travail qui prolonge le taylorisme par l'introduction du convoyeur (tapis roulant) et de la standardisation des produits. Le convoyeur est une innovation capitale parce qu'il renforce le contrôle sur l'ouvrier (le chronométrage n'est plus nécessaire). Le fordisme a aussi pour corollaire la **standardisation**, c'est-à-dire la fixation de normes rigoureuses pour la fabrication de produits ou de leurs composants, qui deviennent ainsi tous identiques.

Production de masse ►
Voir p. 204

Le terme **fordisme** désigne aussi un système économique et social qui associe une production de masse à une politique de salaires élevés. Ainsi, le ***Five Dollars Day***, journée de travail rémunérée à 5 dollars, que Ford accorde à ses ouvriers, représente une progression considérable des rémunérations pour l'époque et a pour effet immédiat de baisser le taux de ***turn-over*** (rotation de l'emploi, renouvellement des salariés), c'est-à-dire le rapport entre le nombre de salariés quittant l'entreprise au cours d'une période et l'effectif total.

Cette augmentation des salaires permet surtout de relier le phénomène naissant de la **production de masse** (production en grande série d'objets standardisés, ce qui diminue leur coût de production) avec celui de la **consommation de masse** (consommation destinée au plus grand nombre qui a accès à un volume de biens et de services dépassant largement le niveau de subsistance). Elle est rendue possible par l'augmentation du pouvoir d'achat, symbolisée par la progression du taux d'équipement des ménages en bien durables au cours des Trente Glorieuses.

Henri Fayol (1841-1925) est un ingénieur français, dont l'originalité de la doctrine est de mettre l'accent sur l'organisation administrative générale ainsi que sur le rôle des bureaux.

On le considère aujourd'hui comme le principal fondateur de l'école française d'organisation des entreprises. Il constate que, dans toute entreprise importante, les diverses fonctions se cantonnent à six rubriques essentielles : la fonction technique, la fonction commerciale, la fonction financière, la fonction de sécurité, la fonction de comptabilité et la fonction d'administration. À ces grandes fonctions doivent correspondre les capacités des employés. Par exemple, la capacité technique du directeur n'occupe que 10 % de son registre d'activités alors qu'elle est de 85 % chez l'ouvrier. Par ailleurs, Fayol insiste beaucoup sur le principe d'**unicité du commandement** : principe introduisant un pôle d'autorité, une structure de commandement clairement identifiée, malgré la spécialisation des tâches, quitte à déléguer les fonctions considérées comme subalternes.

Si Taylor insiste bien sur l'intérêt commun des deux parties, l'apparition du taylorisme dans les entreprises a engendré des conséquences bien différentes : émergence de travailleurs non qualifiés, faiblesse des rémunérations, remise en cause des syndicats. Peu à peu, c'est l'**ouvrier de métier** (ouvrier compétent dont les qualifications sont reconnues) qui est évincé au profit d'une recrue moins qualifiée, plus malléable, donc aussi moins chère.

LES NOUVELLES FORMES D'ORGANISATION DU TRAVAIL

L'**école des relations humaines** (conduite par E. Mayo) est une école qui met à jour l'importance des relations sociales au sein des organisations et ses effets sur la production. Elle invite à considérer l'être humain non seulement comme une « main », mais aussi comme un « cœur ». Cette réflexion fut élaborée à l'usine Hawthorne dans les années 1920, usine qui produisait du matériel téléphonique.

Les chercheurs avaient fait l'hypothèse qu'une amélioration des conditions d'éclairage des ateliers devait se traduire par une amélioration de la productivité. Or, à leur grande surprise, ils constatèrent que la productivité augmentait à chaque fois que des changements avaient lieu et étaient expliqués par la direction, même lorsque ces changements n'induisaient pas d'amélioration des conditions de travail. On mit ainsi en évidence, pour la première fois, l'**effet Hawthorne**, qui établit le lien entre l'intérêt de la direction pour les salariés et l'amélioration de la productivité. Chaque entreprise est un système social et le climat, la culture qui règnent au sein des ateliers jouent un rôle important dans la détermination de la contribution productive de chacun.

◄ **Productivité**
Voir p. 21

L'école des relations humaines a connu des prolongements chez de nombreux psychosociologues américains. S'il ne faut en citer qu'un, on retiendra le nom de Maslow (1908-1970) et de la pyramide qui porte son nom. La **pyramide de Maslow** est représentée sous la forme d'un cône dans lequel les besoins de l'être humain se hiérarchisent de l'inférieur au supérieur : l'individu n'a de préoccupations supérieures que lorsque les étages inférieurs sont satisfaits. On va ainsi progressivement des besoins purement physiologiques aux besoins de réalisation de soi, en passant par les besoins de sécurité, puis les besoins proprement sociaux de reconnaissance des autres.

Parmi les **nouvelles formes d'organisation du travail**, qui sont des méthodes de production qui enrichissent le travail humain pour remédier aux inconvénients liés à la parcellisation des tâches, on retiendra :

– la **rotation des postes** : technique qui consiste à rendre les opérateurs interchangeables pour rompre la monotonie ;

– l'**élargissement des tâches** : regroupement d'opérations élémentaires jusque-là ventilées sur plusieurs personnes ;

– l'**enrichissement des tâches** : adjonction de tâches plus intéressantes par rapport à la mission traditionnellement dévolue à l'opérateur (par exemple, tâches d'entretien de machines qui viennent s'ajouter à des tâches de fabrication) ;

– les **équipes semi-autonomes** : groupe de travailleurs dépourvu de responsabilité hiérarchique immédiate qui organise le travail en le répartissant entre ses membres ;

– les **cercles de qualité** : quelques salariés analysent un problème rencontré en situation professionnelle et déterminent une solution, encadrés par un membre de la hiérarchie et aidés dans leur mission par un « facilitateur ».

Le **toyotisme** est une nouvelle forme d'organisation du travail, inventée par T. Ohno (ingénieur puis vice-président de la société Toyota dans les années 1950) qui met en œuvre le *kan-ban*. Le ***kan-ban*** est une méthode de production à flux tendus dans laquelle c'est la commande du client qui déclenche la chaîne de production. Cette méthode de production inverse la régulation habituelle de l'entreprise. Dans ces conditions, chaque poste reçoit des consignes très précises pour produire exactement de qu'il faut ; c'est la **méthode du « juste-à-temps »**, méthode de fabrication des produits uniquement lorsque le client a besoin d'être livré. Cette voie japonaise, qui s'oppose à la recherche de débouchés pour la production de masse dans le cadre du fordisme, énonce cinq principes : zéro défaut, zéro délai, zéro panne, zéro papier, zéro stock. Ce système s'accompagne aussi d'une plus grande polyvalence des opérateurs.

Le **post-taylorisme** est l'organisation du travail dans laquelle le salarié est plus autonome et plus qualifié que dans le cadre du taylorisme. On distinguera cette expression de celle de néo-taylorisme, qui affirme que les nouvelles organisations ne font que reproduire l'asservissement des travailleurs sous d'autres formes.

12

ÉCONOMIE ET DÉMOGRAPHIE

A. ÉLÉMENTS DE DÉMOGRAPHIE

LES INDICATEURS DÉMOGRAPHIQUES

La mesure de l'évolution de la population nécessite l'élaboration d'outils et d'indicateurs pertinents.

Le **solde naturel** (ou **excédent naturel**) est la différence entre le nombre de naissances et le nombre de décès enregistrés au cours d'une période.

Le **taux d'accroissement naturel** pendant une période est le rapport de l'excédent naturel à la population de cette période (il est généralement exprimé en pour mille). Il est aussi égal à la différence entre le taux de natalité et le taux de mortalité.

Le **solde migratoire** est la différence entre le nombre d'immigrants et le nombre d'émigrants enregistrés au cours d'une période.

Le **solde démographique** mesure la variation d'une population durant une période donnée. Il est égal à la somme des soldes naturel et migratoire.

Les indicateurs relatifs aux décès

Population totale ► Voir p. 187
Structure par âge ► Voir p. 209

Le **taux de mortalité** est le nombre de décès pendant une année rapporté à la population totale (il est exprimé généralement en pour mille). Il ne tient pas compte de la structure par âge de la population. On élimine le biais dû au vieillissement en construisant le **quotient de mortalité par âge** : c'est le nombre de décès à l'âge *i* rapporté à la population de cet âge au début de l'année. Le quotient de mortalité par âge suit une courbe en U : la mortalité par âge diminue de la naissance jusque vers l'âge de 10-12 ans, puis augmente de nouveau. Il existe un grand nombre (une centaine) de quotients. L'**espérance de vie** (sous-entendue à la naissance ou à l'âge *x*) est la durée de vie moyenne probable d'une génération fictive de nouveau-nés ou de personnes ayant l'âge *x*. On la calcule en appliquant à une génération les quotients de mortalité par âge actuels.

La **mortalité infantile** est la mortalité des enfants de moins d'un an.

Les indicateurs relatifs aux naissances

Le **taux de natalité** correspond au nombre de naissances pendant une année rapporté à la population totale (il est exprimé généralement en pour mille). Cet indicateur ne tient pas compte des caractéristiques par âge et par sexe de la population dont sont issues les naissances. Pour corriger le taux de natalité, on calcule le **taux de fécondité général**, qui est le rapport du nombre de naissances vivantes au cours d'une période (en général l'année) à la population de femmes en âge d'être fécondes (de 15 à 49 ans). Ce taux laisse subsister le biais induit par la structure par âge au sein de la population. Il faut donc à son tour le corriger en calculant le **taux de fécondité par âge**, qui correspond au nombre de naissances par femme d'un âge donné, rapporté à l'effectif des femmes de cet âge. Mais le grand nombre de taux de fécondité selon l'âge (49 – 15 = 34) ne permet pas une vision synthétique du comportement de toutes les femmes en âge de procréer. C'est pourquoi on utilise l'**indicateur synthétique de fécondité** (**indicateur conjoncturel de fécondité** ou **somme des naissances réduites**), qui est la somme des taux de fécondité par âge. Il indique le nombre moyen d'enfants que mettrait au monde chaque femme d'une génération fictive dont le comportement procréateur serait, à chaque âge, égal à celui observé durant l'année considérée.

La **descendance finale** mesure le nombre d'enfants effectivement mis au monde par une génération de femmes. Elle se calcule comme la somme des taux de fécondité par âge de la génération. Cet indicateur (contrairement à l'indicateur conjoncturel de fécondité) ne peut se calculer qu'une fois que la vie féconde de la génération étudiée est achevée.

La structure de la population par âge et par sexe : la pyramide des âges

La **structure par âge** (composition d'une population selon un critère d'âge) affecte la natalité et la mortalité dans un pays donné, donc le taux d'accroissement de la population. Une population dans laquelle les jeunes représentent une tranche d'âge importante par rapport à l'effectif total a un taux de natalité supérieur à celui d'une population vieillissante, même si chaque femme en âge de procréer n'a pas plus d'enfants. Le taux de mortalité a tendance à être plus élevé si les personnes âgées représentent une proportion importante de la population totale.

◄ **Taux de mortalité**
Voir p. 208

Histogramme ► Voir p. 557

La **pyramide des âges** représente la répartition par sexe et âge de la population à un instant donné. Elle est constituée de deux histogrammes, un pour chaque sexe (par convention, les hommes à gauche et les femmes à droite), où les effectifs sont portés horizontalement et les âges placés verticalement au centre entre les deux graphiques.

LE MODÈLE DE LA TRANSITION DÉMOGRAPHIQUE

La **transition démographique** désigne le passage d'un régime traditionnel d'équilibre démographique, à mortalité et natalité fortes, vers un régime moderne d'équilibre démographique, à mortalité et natalité basses.

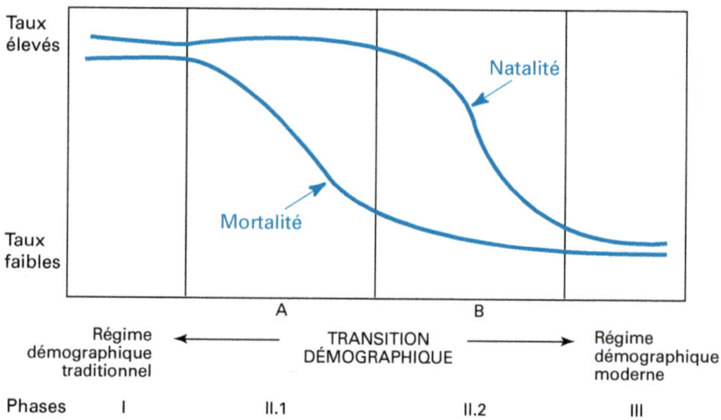

Un **régime démographique** désigne les caractéristiques démographiques principales d'une période donné ; les trois paramètres sont : le niveau de la natalité, le niveau de la mortalité et le niveau de l'accroissement naturel (soit la différence entre natalité et mortalité).

B. DYNAMIQUE DÉMOGRAPHIQUE ET CROISSANCE ÉCONOMIQUE

CYCLE DE VIE ET ÉPARGNE

Franco Modigliani élabore au cours des années 1950 et 1960 un modèle de cycle de vie de l'individu qui considère que le volume d'épargne d'un pays résulte en grande partie de la structure par âge de sa population. Le **cycle de vie de l'individu** est une succession de phases marquant la vie d'une personne, caractérisées par des événements familiaux intervenant à différents âges (mariage, naissance et éducation des enfants, départ des enfants, retraite...). Au début de leur vie active, les individus sont emprunteurs, notamment s'ils souhaitent accéder à la propriété ; puis la croissance de leurs revenus et de leur épargne leur permet de rembourser leurs dettes ; par la suite, la progression des revenus ralentit, mais les charges diminuent (ou augmentent moins) du fait du départ des enfants et du remboursement total des dettes contractées pour accéder à la propriété : l'épargne supplémentaire est alors placée ; enfin, après l'âge de la retraite, les revenus diminuent, mais la consommation ne baisse pas pour autant, les individus puisant dans leur patrimoine. Dans cette perspective, le niveau d'épargne national dépend davantage de la structure par âge de la population que du revenu national.

◄ **Épargne**
Voir p. 47

Franco Modigliani (1918-2003) est un économiste américain d'origine italienne faisant partie du courant de la synthèse néoclassique. Au cours des années 1950 et 1960, il élabore un modèle de cycle de vie de l'individu. Il reçoit le prix Nobel d'économie en 1985 pour ses analyses de l'épargne et des marchés financiers. Il a notamment publié *Utility Analysis and the Consumption Fonction*, avec Richard Brumberg, et « Cycle de vie, épargne individuelle et richesse des nations », dans la *Revue française d'économie* en 1986.

Cette théorie offre un élément d'explication de l'évolution à long terme de l'épargne. Un allongement de l'espérance de vie à la retraite (allongement de la durée de vie à durée d'activité inchangée, ou réduction de la durée d'activité) conduit les actifs à gonfler leur épargne. On peut ainsi considérer que les taux d'épargne importants des populations qui commencent à vieillir traduisent la volonté des générations d'actifs d'anticiper une longue vie de désépargne. En revanche, le vieillissement démographique à lui seul devrait provoquer une contraction de l'épargne.

◄ **Espérance de vie**
Voir p. 208

◄ **Taux d'épargne**
Voir p. 47

◄ **Vieillissement démographique**
Voir p. 213

La relation entre l'épargne et les variables démographiques est toutefois difficile à préciser, tant de nombreux paramètres interfèrent. L'épargne a de nombreux autres déterminants, comme le niveau du taux d'intérêt, le niveau du revenu, le degré de couverture sociale, la confiance en l'avenir...

STRUCTURES DÉMOGRAPHIQUES ET RELATION ÉPARGNE-INVESTISSEMENT

Croissance économique ► Voir p. 150
Investissement ► Voir p. 135

La croissance économique d'une nation est notamment liée à son effort d'investissement, donc au niveau d'épargne réalisée. Les transformations démographiques peuvent alors avoir des conséquences en termes de croissance économique : le vieillissement de la population peut favoriser l'épargne, qui favorise l'investissement, qui favorise la croissance.

La dynamique démographique est aussi un des éléments d'explication des flux de capitaux dans le monde, en raison des déséquilibres entre épargne et investissement qu'elle peut provoquer.

Équilibre emplois-ressources ► Voir p. 126

L'équilibre emplois-ressources permet de mettre en évidence le lien entre le niveau d'épargne d'une économie et le solde extérieur. En effet, puisque (en faisant abstraction de la variation des stocks) :

Production = Consommation + Investissement + Solde extérieur

et que, la production donnant lieu à la distribution de revenus d'un même montant : Production = Revenu ;

et que :

Revenu = Consommation + Épargne

on peut noter :

Consommation + Épargne = Consommation + Investissement + Solde extérieur

Solde extérieur = Épargne – Investissement

Si le solde extérieur est négatif, le déficit signifie que le pays consomme et investit plus qu'il ne produit. Cela révèle une insuffisance d'épargne dans l'économie nationale, ce qui nécessite une entrée de capitaux étrangers. Au contraire, si le solde extérieur est positif, l'excédent signifie que le pays produit plus qu'il ne consomme et investit. Cela révèle un surplus d'épargne dans l'économie nationale, qui induit une sortie de capitaux destinés à financer des économies étrangères en besoin de financement.

Transactions courantes ► Voir p. 302

Les déséquilibres internationaux des transactions courantes peuvent donc s'analyser comme le résultat de déséquilibres entre épargne et investissement dus en partie à la dynamique démographique.

C. DYNAMIQUE DÉMOGRAPHIQUE ET FINANCEMENT DE LA PROTECTION SOCIALE

LE FINANCEMENT DES RETRAITES

Le problème du vieillissement

Le **vieillissement démographique** désigne l'augmentation de la part des personnes âgées dans l'ensemble d'une population. Une population vieillit de deux façons : soit par la baisse de la natalité, soit par l'augmentation de l'espérance de vie. On peut calculer le **rapport actifs/inactifs** (rapport entre le nombre d'individus actifs et le nombre d'individus inactifs), mais l'indicateur le plus approprié pour mesurer les enjeux du vieillissement démographique est le **ratio de dépendance**, qui est le rapport entre les inactifs âgés (plus de 65 ans) et les classes d'âge d'actifs potentiels (15-64 ans).

◄ **Actifs** Voir p. 213

◄ **Inactifs** Voir p. 213

Le vieillissement de la population présente des risques :

– un manque de dynamisme de l'économie : une population qui vieillit risque d'être moins favorable au changement et à l'innovation ;

– un risque financier pour la protection sociale : le vieillissement affecte le financement des régimes de retraites (la **retraite** est la situation d'une personne qui, en raison de son âge, n'est plus active et reçoit une pension).

Le risque du vieillissement de la population ne doit toutefois pas être surévalué. Il faut distinguer l'effet d'âge (le comportement des individus est fonction de leur âge) et l'effet de génération (le comportement des individus est fonction de l'époque à laquelle vit leur génération). En effet, rien ne permet de penser que les comportements des personnes âgées futures seront identiques à ceux des personnes âgées passées ou présentes. On peut imaginer, au contraire, que les générations nées dans une société de consommation et ayant adopté ses valeurs conserveront leur dynamisme, notamment celui de leur consommation.

◄ **Effet d'âge** Voir p. 372

◄ **Effet de génération** Voir p. 372

◄ **Société de consommation** Voir p. 45

Les régimes de retraite

Le régime principal des retraites en France est le régime par répartition, appelé aussi régime par redistribution. Le principe de ce système est basé sur la solidarité : les actifs cotisent pour les retraités.

◄ **Retraite par répartition** Voir p. 242

Ratio de dépendance ► Voir p. 213

Le système par répartition a bien fonctionné pendant les Trente Glorieuses ; d'une part, le ratio de dépendance était favorable et, d'autre part, l'activité croissante des femmes et l'immigration ont permis d'augmenter le nombre de cotisants. Mais la dégradation du ratio de dépendance semble mettre en cause ce système : le nombre de prestataires devient trop important par rapport au nombre de cotisants.

Pour faire face à cette situation, différents plans gouvernementaux vont dans le sens d'une augmentation des cotisations afin de maintenir le pouvoir d'achat des retraites, d'une augmentation du nombre d'années de cotisation, donc d'un recul de l'âge moyen de la retraite et/ou d'une diminution du **taux de remplacement** (c'est-à-dire le pourcentage du revenu d'activité qui est perçu une fois arrivé à la retraite).

Régime de retraite par capitalisation ► Voir p. 242

Une autre solution serait la substitution partielle ou totale d'un nouveau régime de retraite par capitalisation au régime par répartition. Le système par capitalisation est un système dans lequel chaque actif cotise pour sa propre retraite ; les cotisations représentent une forme d'épargne que des fonds de pension placent et font fructifier. Chaque actif cotisant pour sa propre retraite, ce système n'est pas dépendant des variations démographiques, mais l'épargne placée n'est pas à l'abri des crises financières.

LA GESTION DES SYSTÈMES DE SANTÉ

Le système de protection sociale est victime de son succès. Les dépenses de santé ont tendance à augmenter en raison de plusieurs facteurs :

– la généralisation et l'amélioration de la couverture des soins ;

– le coût croissant des soins médicaux (notamment de l'imagerie médicale) ;

Collectivité locale ► Voir p. 455

– la logique des acteurs : les médecins, dont les revenus dépendent du nombre de consultations, les malades, qui exigent les soins les meilleurs, et les collectivités locales, qui espèrent des infrastructures hospitalières modernes et efficientes ;

– le vieillissement de la population.

Asymétrie d'information ► Voir p. 67

Sélection adverse ► Voir p. 67

Aléa moral ► Voir p. 67

Les asymétries d'information expliquent aussi certaines difficultés auxquelles se heurtent les systèmes de santé ; ainsi, des problèmes de sélection adverse et d'aléa moral peuvent nuire à leur efficacité :

• La sélection adverse joue dans le cas des systèmes privés d'assurance maladie (assurances privées et mutuelles). Certains assurés ont un risque maladie élevé alors que d'autres ont une probabilité plus faible de tomber malade. Lorsque les assurés connaissent leur potentiel de risque, mais pas les assureurs, on est dans une situation d'information asymétrique qui peut provoquer des effets négatifs importants. Ne pouvant discriminer les assurés à faible risque des assurés à haut risque, l'entreprise d'assurance fixe une prime moyenne qui est supérieure à celle que devraient payer les agents à faible risque ; ces derniers peuvent alors préférer ne plus s'assurer ou changer de compagnie d'assurance. Progressivement, l'entreprise d'assurance sélectionne involontairement les assurés à moyen et haut risque, ce qui la conduit à augmenter encore davantage ses primes et fait fuir, à leur tour, les assurés à moyen risque. L'entreprise ou la mutuelle ne sélectionne alors que des agents à risque élevé et peut même être amenée à devoir cesser son activité.

◄ **Assurance**
Voir p. 430

◄ **Mutuelle**
Voir p. 32

• Les systèmes de santé sont parfois fragilisés par un autre volet de l'information asymétrique : l'aléa moral. D'une part, le contrat d'assurance maladie peut avoir un effet négatif sur les incitations individuelles si, se sachant protégés, les individus adoptent des comportements risqués. D'autre part, les acteurs de la santé peuvent être tentés de prescrire davantage de soins dans le but d'augmenter leur revenu ou leur chiffre d'affaires.

◄ **Incitation**
Voir p. 427

◄ **Chiffre d'affaires**
Voir p. 27

Dans un tel contexte, la maîtrise des dépenses de soins devient particulièrement difficile et il importe de faire en sorte que les asymétries d'information ne perturbent pas le fonctionnement du système. Il peut s'agir de laisser une partie des frais de santé à la charge des assurés (ticket modérateur ou forfait hospitalier, par exemple) ; par ailleurs, les systèmes d'assurance privés vont chercher à obtenir le maximum d'information sur chaque assuré afin de connaître leur niveau de risque et d'adapter les primes qu'ils leur demandent. Cela pose toutefois de véritables problèmes de solidarité et peut rendre nécessaire, dans un souci d'équité, une régulation publique. Il s'agit, pour les pouvoirs publics, de concilier les impératifs de solidarité, de justice sociale et de maîtrise des coûts de la santé.

◄ **Équité**
Voir p. 425

◄ **Justice sociale**
Voir p. 427

13

L'ACTION ÉCONOMIQUE ET SOCIALE DES POUVOIRS PUBLICS

A LA CROISSANCE DES DÉPENSES PUBLIQUES

- Les facteurs d'accroissement des dépenses publiques
- Les politiques économiques et sociales des pouvoirs publics

B LES POLITIQUES ÉCONOMIQUES CONJONCTURELLES

- Politiques de relance et politiques d'austérité
- Les politiques monétaires
- Les politiques budgétaires
- Le *policy mix*

C LES POLITIQUES STRUCTURELLES

- Les politiques économiques structurelles
- Les politiques sociales

D DES DÉBATS THÉORIQUES SUSCITÉS PAR L'INTERVENTION DE L'ÉTAT DANS L'ÉCONOMIE

- Les trois fonctions de l'État dans une économie de marché
- La modélisation de la fonction de régulation de l'État depuis Keynes
- L'intervention de l'État dans l'économie est critiquée

Pouvoir politique ►
Voir p. 434
Union européenne ►
Voir p. 289
Collectivité locale ►
Voir p. 455

Les **pouvoirs publics** sont les autorités publiques détenant, à différents niveaux, le pouvoir politique :

– au niveau supranational, il s'agit des institutions, auxquelles les États ont délégué leur souveraineté dans certains domaines (par exemple, les institutions de l'Union européenne) ;

– au niveau national, il s'agit de l'État ;

– au niveau local, il s'agit des collectivités locales.

Par conséquent, les pouvoirs publics correspondent aux autorités publiques supranationales, à l'État et aux collectivités locales.

A. LA CROISSANCE DES DÉPENSES PUBLIQUES

Depuis deux siècles, dans les pays développés, l'action économique et sociale des pouvoirs publics a induit la croissance quasi continue des **dépenses publiques** (dépenses engagées par les administrations publiques) et de leur part dans le PIB de ces pays.

Les administrations publiques constituent un secteur institutionnel de la comptabilité nationale qui regroupe les administrations centrales, les administrations locales (collectivités locales) et les administrations chargées de la protection sociale, c'est-à-dire la prise en charge par les pouvoirs publics des conséquences pour les individus de certaines situations pénalisantes (maladie, vieillesse, maternité, accidents du travail, perte d'emploi...).

Pour la comptabilité nationale, ce secteur institutionnel représente l'État. Une conception plus restrictive assimile l'État aux administrations centrales.

LES FACTEURS D'ACCROISSEMENT DES DÉPENSES PUBLIQUES

L'accroissement des dépenses publiques depuis deux siècles relève de plusieurs facteurs :

• Pour l'économiste allemand Adolf Wagner (1835-1917), l'accroissement des dépenses publiques provient de la complexité croissante de la société. La **loi de Wagner** (ou **loi d'extension croissante de l'activité publique**) est un principe énoncé à la fin du XIXe siècle par Adolf Wagner, qui stipule que la part de l'État dans l'économie (part des dépenses publiques dans le produit national) augmente avec le niveau de développement industriel des pays. La croissance des dépenses publiques est notamment due à l'urbanisation, à l'augmentation de la population, à l'élévation du niveau de vie, à la nécessité de financer des investissements en infrastructures...

• D'autres auteurs soutiennent que la croissance des dépenses publiques intervient au cours de périodes de crises graves, de guerres... Un **effet de cliquet** (phénomène de rigidité à la baisse) empêche tout retour en arrière au cours des périodes plus calmes. En effet, les citoyens s'accoutument au niveau plus élevé des prélèvements obligatoires, notamment parce que les dépenses publiques leur profitent.

◄ **Prélèvements obligatoires**
Voir p. 226

• Pour les auteurs marxistes, l'intervention des pouvoirs publics est commandée par les intérêts de la classe capitaliste : sans l'État qui socialise les coûts (financement, au profit des entreprises, des équipements collectifs nécessaires à l'activité économique, distribution de subventions, aides à la recherche-développement...), le capitalisme s'effondrerait du fait de la baisse tendancielle des taux de profit.

◄ **Recherche-développement**
Voir p. 136

• Pour les économistes libéraux du *Public Choice*, la croissance des dépenses publiques tient au fait que les hommes politiques ont tout intérêt à répondre favorablement aux demandes d'interventions publiques des groupes de pression qui défendent leurs propres intérêts. Le coût de l'intervention est réparti sur l'ensemble des contribuables : il est donc minime en regard des gains dont bénéficient les membres des groupes de pression. Ainsi, ceux-ci vont agir pour faire croître les dépenses publiques, la population ne s'y opposant que faiblement.

Par ailleurs, la croissance des dépenses publiques traduit les transformations de la conception des missions de l'État (entendu au sens large de la comptabilité nationale) :

L'**État-gendarme** (ou **État minimal**) est un État dont le champ d'action est limité aux fonctions régaliennes : assurer la sécurité intérieure et extérieure du pays, l'économie étant régulée par les mécanismes de marché ; cette conception de l'État est développée par le courant libéral depuis Adam Smith.

◄ **Smith**
Voir p. 507

Cependant, de nombreux auteurs libéraux admettent que l'État (ou les collectivités locales) puisse dépasser le champ limité de ses fonctions régaliennes. Ainsi, pour Adam Smith, il doit également prendre en charge certaines activités (infrastructures, éducation de base...) délaissées par le secteur privé faute d'une rentabilité suffisante et pourtant nécessaires au bon fonctionnement de l'économie.

L'**État-providence** est, au sens large, un État dont le champ d'action, dans une économie de marché, dépasse celui de l'État-gendarme, car il intervient largement dans les domaines économique et social. Cette conception de l'État est développée par le courant keynésien. L'État-providence est, au sens strict, la traduction de l'expression ***Welfare State*** qui désigne l'ensemble des interventions de l'État dans le domaine social. Cette conception est notamment exposée par William Henry Beveridge.

William Henry Beveridge (1879-1963) est un homme politique anglais considéré comme le fondateur du ***Welfare State***. Au cours de la Deuxième Guerre mondiale, il est chargé par le gouvernement britannique de diriger le comité interministériel qui élabore le célèbre rapport Beveridge, créant le premier système moderne d'assurances sociales. Son œuvre, d'inspiration keynésienne, a pour objectif de concilier l'économique et le social. Il a notamment publié *Social Insurance and Allied Services* (1942) et *Du travail pour tous dans une société libre* (1944).

L'État-providence (au sens large) est l'une des modalités du **dirigisme** (ou **interventionnisme**), doctrine conférant à l'État une fonction de contrôle de l'activité économique sans pour autant faire disparaître la régulation par le marché. Cette doctrine promeut l'**économie mixte**, qui est une organisation économique caractérisée par la coexistence d'une régulation par le marché et des interventions, parfois très larges, de l'État. La **régulation** est un ensemble de mécanismes qui permettent d'ajuster l'offre et la demande sur les différents marchés. La régulation peut être fondée sur les mécanismes de marché (flexibilité des prix) ou être étatique : dans ce cas, l'État intervient dans l'économie pour rétablir les déséquilibres.

À partir des années 1970, l'État-providence connaît une crise. La **crise de l'État-providence** désigne, selon Pierre Rosanvallon, la conjonction de trois types de difficultés auxquelles sont confrontés les pouvoirs publics : une moindre efficacité de leurs interventions, un financement plus problématique des dépenses publiques et une perte de légitimité de l'interventionnisme.

LES POLITIQUES ÉCONOMIQUES ET SOCIALES DES POUVOIRS PUBLICS

Les pouvoirs publics élaborent des **politiques publiques** c'est-à-dire un ensemble de mesures destinées à atteindre des objectifs d'intérêt public dans un domaine particulier de la société (par exemple, la santé, l'éducation, l'aménagement du territoire…).

Les politiques publiques résultent de l'interaction de divers acteurs qui se mobilisent pour faire émerger certains problèmes et des solutions susceptibles de les résoudre. Mais pour qu'un problème fasse l'objet d'une politique publique il doit être inscrit à l'**agenda politique** (mise à l'ordre du jour d'un problème et des solutions envisagées pour le résoudre). Dans une société démocratique, le contrôle de l'agenda politique est un enjeu essentiel pour les acteurs sociaux (gouvernement, partis politiques, associations, intellectuels…) qui rivalisent pour faire valoir leurs points de vue et proposer des réformes.

Au sein des politiques publiques, qui couvrent un large domaine d'interventions publiques, il est courant de singulariser les politiques économiques et sociales des pouvoirs publics. Une **politique économique** est l'ensemble des mesures décidées par les pouvoirs publics destinées à atteindre des objectifs se rapportant à la situation économique d'un pays. Une **politique sociale** est l'ensemble des mesures prises par les pouvoirs publics pour cantonner ou réduire les inégalités dans des limites socialement acceptables, et pour garantir à la population l'accès aux biens et aux services jugés indispensables.

Les politiques économiques peuvent être conjoncturelles ou structurelles :

- Une **politique économique conjoncturelle** (ou **politique de régulation**) est une politique économique mise en œuvre par les pouvoirs publics pour agir à court terme sur l'activité économique d'un pays et atteindre des objectifs jugés souhaitables (plein-emploi, stabilité des prix, équilibre de la balance commerciale ou de celle des biens et des services…). Une politique économique conjoncturelle est destinée à influer sur la conjoncture : la **conjoncture** est la situation économique d'un pays qui résulte, au cours d'une brève période, des relations entre agents économiques résidents et de celles nouées avec d'autres pays.

◄ **Balance commerciale**
Voir p. 257

La conjoncture peut être partiellement représentée par le carré magique. Le **carré magique** est une représentation graphique, établie au début des années 1960 par l'économiste britannique Nicholas Kaldor, permettant de visualiser la situation économique à court terme d'un pays en regard de quatre objectifs souhaitables : le plein-emploi, la stabilité des prix, une croissance économique soutenue et l'équilibre de la balance courante (ou un excédent jugé souhaitable, exprimé en pourcentage du PIB). Le graphique ci-dessous représente les modalités du carré magique de Kaldor :

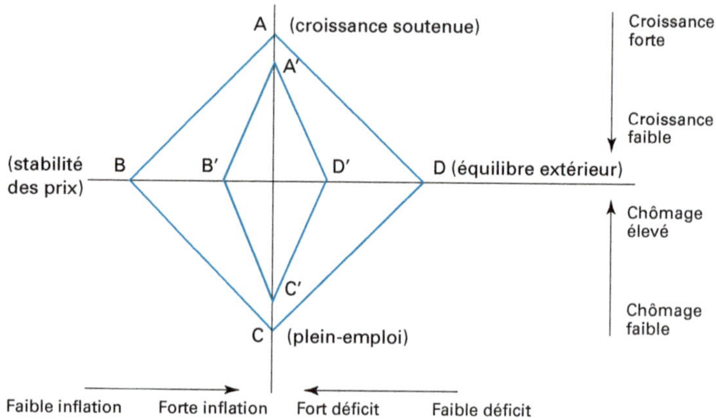

La figure ABCD est le carré magique représentatif d'un idéal vers lequel il faudrait tendre. La figure A'B'C'D' est le quadrilatère représentatif des performances réalisées par une économie nationale ; il visualise la situation de cette économie en regard de l'idéal que constitue le carré magique : par exemple, la situation économique d'un pays correspondant au quadrilatère A'B'C'D' est la suivante : une croissance forte (A') préserve le plein-emploi (C'), mais provoque une forte inflation (B') et un déséquilibre extérieur (D').

• Une **politique économique structurelle** est l'ensemble des interventions des pouvoirs publics destinées à faire évoluer les structures de la société, donc à modifier les conditions qui président aux évolutions de fond de la société, pour améliorer durablement les performances macroéconomiques du pays ; les politiques structurelles sont donc des politiques de long terme.

B. LES POLITIQUES ÉCONOMIQUES CONJONCTURELLES

POLITIQUES DE RELANCE ET POLITIQUES D'AUSTÉRITÉ

Une politique économique conjoncturelle peut être une **relance** (ou **politique de relance**), c'est-à-dire une politique économique conjoncturelle mise en œuvre par les pouvoirs publics pour stimuler l'expansion économique et faire reculer le niveau du chômage. Les politiques de relance interviennent généralement au cours de phases de récession : il s'agit donc de politiques contracycliques.

◄ **Expansion** Voir p. 150
◄ **Récession** Voir p. 114

Une **politique contracyclique** est une politique économique conjoncturelle destinée à infléchir le rythme de croissance dans le sens opposé à celui effectivement enregistré au cours d'une période déterminée ; ainsi, en période de récession, une politique contracyclique est une politique de relance. Les politiques contracycliques interviennent également en période de **surchauffe** (forte croissance de la demande qui induit une accélération de la hausse des prix et, fréquemment, un déficit de la balance des transactions courantes). Dans ce cas, des mesures seront prises pour ralentir la croissance de la demande. Ainsi, une **politique de rigueur** (ou **politique d'austérité**, ou **politique de stabilisation**) est une politique économique conjoncturelle destinée à freiner la croissance de la demande pour réduire la hausse des prix et éliminer (ou diminuer) le déficit de la balance des transactions courantes.

◄ **Transactions courantes** Voir p. 302

Les politiques économiques conjoncturelles peuvent être procycliques. Une **politique procyclique** est une politique économique conjoncturelle destinée à influer sur le rythme de croissance économique dans le même sens que celui effectivement enregistré au cours d'une période déterminée. Par exemple, lorsque la croissance économique s'accélère, l'État peut appliquer une politique économique conjoncturelle destinée à accentuer la croissance pour faire baisser plus rapidement le chômage.

LES POLITIQUES MONÉTAIRES

Une **politique monétaire** est une politique économique conjoncturelle conduite par l'État et la Banque centrale pour agir sur la quantité de monnaie circulant dans un pays, afin d'influer sur la situation économique de ce pays (croissance économique, taux de chômage, taux d'inflation, soldes de la balance commerciale, de la balance des biens et des services…).

La politique monétaire mobilise différents instruments. Par exemple, une politique de relance se traduira par une politique monétaire assouplissant le **contrôle du crédit** (ensemble des mesures destinées à agir sur le volume des crédits accordés par les banques au cours d'une période). Les autres modalités d'une politique monétaire de relance peuvent être les suivantes :

– le desserrement de l'encadrement du crédit ; mais cette pratique est abandonnée depuis les années 1980 ;

– la baisse des taux directeurs : un **taux directeur** est un taux d'intérêt fixé par la Banque centrale et appliqué à certaines opérations de **refinancement** des banques auprès de la Banque centrale ; le refinancement est une opération permettant aux banques d'emprunter des liquidités auprès d'autres banques ou de la Banque centrale. La baisse des taux directeurs stimule la création monétaire par les banques qui, pouvant se refinancer à moindre coût, sont incitées à accorder davantage de crédits ;

Open market ►
Voir p. 98

– les interventions de la Banque centrale sur le marché monétaire interbancaire : la Banque centrale peut, sur le marché monétaire interbancaire, emprunter ou prêter des liquidités aux banques (opérations d'*open market*). La confrontation de l'offre et de la demande de liquidités établit un taux d'intérêt (par exemple, le **taux d'intérêt au jour le jour**, qui est un taux d'intérêt qui mesure le coût d'un emprunt de liquidités sur le marché monétaire interbancaire à échéance d'une journée). Une politique de relance monétaire suppose une offre de liquidités accrue de la Banque centrale pour faire baisser le taux d'intérêt sur le marché monétaire interbancaire afin de diminuer le coût de refinancement des banques ;

– la diminution du **taux de réserves obligatoires** (fraction appliquée aux dépôts reçus par les banques pour déterminer le montant de leurs réserves obligatoires ; des réserves obligatoires sont parfois établies sur la base des crédits octroyés). La baisse du taux de réserves obligatoires réduit le besoin de refinancement des banques sur le marché monétaire interbancaire et les incite de ce fait à accorder davantage de crédits ;

Base monétaire ►
Voir p. 99

– l'accroissement de la base monétaire : la base monétaire est la quantité de monnaie centrale dans l'économie nationale. L'accroissement de la base monétaire du fait de l'émission de monnaie par la Banque centrale accroît, pour un multiplicateur de crédit donné, la quantité de monnaie scripturale créée par les banques. L'activité économique en bénéficie.

La crise économique et financière entamée en 2007 a conduit les banques centrales à soutenir l'activité économique en mettant en œuvre des **politiques monétaires conventionnelles**, c'est-à-dire des politiques monétaires fondées sur la variation des taux directeurs. Ces taux directeurs ont atteint un très bas niveau, ce qui ne permettait plus de mener à bien ce type de politique monétaire alors que l'activité économique avait encore besoin d'être soutenue. C'est pourquoi les banques centrales ont élaboré des

politiques monétaires non conventionnelles (politiques monétaires fondées sur d'autres instruments que la variation des taux directeurs). Par exemple, elles ont pratiqué un **assouplissement quantitatif**, ou ***quantitative easing*** (achat des titres privés ou publics aux institutions financières), et/ou ont accru le montant des liquidités prêtées aux institutions de crédit pour leurs opérations de refinancement. Les banques centrales ont permis ainsi aux institutions financières de se procurer des liquidités à moindre coûts et de poursuivre leurs activités de financement de l'économie.

LES POLITIQUES BUDGÉTAIRES

Une **politique budgétaire** est une politique économique conjoncturelle mise en œuvre par les pouvoirs publics pour influer sur l'activité économique par la variation des dépenses et des recettes budgétaires. Il s'agit d'utiliser le **budget de l'État** (document récapitulant l'ensemble des recettes et des dépenses de l'État, au cours d'une année) pour agir sur l'activité économique d'un pays. Dans une société démocratique, le budget de l'État est soumis au vote du Parlement : la **loi de finances** est la loi votée par le Parlement validant le budget de l'État pour une période donnée (une année). Au cours de l'année d'exécution du budget, une **loi de finances rectificative** ou **collectif budgétaire** (loi autorisant l'engagement de nouvelles dépenses ou la perception de nouvelles recettes, modifiant de ce fait le budget initial) peut intervenir.

Le budget de l'État ne doit pas être confondu avec le **budget social** (ou, selon une ancienne terminologie, l'**effort social de la nation**) qui est un document annexé à la loi de finances, récapitulant le montant et l'évolution des dépenses et des recettes des organismes de protection sociale.

Recettes et dépenses budgétaires

Les recettes de l'État sont essentiellement composées d'impôts.

Un **impôt** est un versement obligatoire à l'État ou à une collectivité publique, effectué par les agents économiques, sans contrepartie immédiate et sans que ce versement soit affecté *a priori* au financement d'une dépense particulière. Il est fréquent d'assimiler l'impôt à une taxe ; d'ailleurs, l'intitulé de certains impôts inclut à tort le mot taxe (par exemple, taxe d'habitation). Une **taxe** est, au sens strict, un versement obligatoire des agents économiques à l'État ou à une collectivité publique, préalablement affecté au financement d'une dépense spécifique (par exemple, la taxe de ramassage des ordures ménagères). Les taxes relèvent de la **parafiscalité** (ensemble des prélèvements obligatoires affectés au financement de dépenses spécifiques engagées par les pouvoirs publics) ; les cotisations sociales sont incluses dans la parafiscalité. Une **cotisation sociale** est un versement obligatoire parafiscal des agents économiques aux administrations de sécurité sociale, affecté au financement de la protection sociale.

L'ensemble des versements obligatoires constitue des **prélèvements obligatoires** (ensemble des impôts, taxes et cotisations sociales versés par les agents économiques aux administrations publiques).

Le versement et la perception des impôts sont soumis à la réglementation fiscale ou **fiscalité** (règles définissant les modalités des prélèvements fiscaux).

Un impôt est caractérisé par son assiette, un mode de recouvrement et un barème d'imposition.

L'**assiette fiscale** est la valeur des éléments constituant la base sur laquelle est appliqué le barème d'imposition. Le barème d'imposition permet de calculer le montant de l'impôt. Ce calcul est fondé sur un **taux d'imposition**, c'est-à-dire la part (exprimée en pourcentage) de l'assiette qui doit être prélevée ; un même barème peut comporter plusieurs taux d'imposition selon certaines spécificités de l'assiette : son montant, sa composition… Ainsi, le **taux marginal d'imposition** est le taux d'imposition appliqué à la fraction (ou tranche d'imposition) la plus élevée de l'assiette fiscale lorsque le montant de celle-ci est subdivisé en plusieurs fractions (ou tranches d'imposition) hiérarchisées, auxquelles sont appliqués différents taux d'imposition ; le **taux moyen d'imposition** est égal au montant total de l'impôt dû par le contribuable, exprimé en pourcentage du montant de l'assiette. Par exemple, le barème de l'impôt sur le revenu payé par les ménages prévoit plusieurs tranches de revenu auxquelles s'appliquent des taux d'imposition d'autant plus élevés que la tranche est elle-même élevée. Comme le taux marginal d'imposition est le taux d'imposition appliqué à la tranche la plus haute du revenu du contribuable, un gain d'un euro supplémentaire dans cette tranche de revenu est imposé au taux d'imposition correspondant à cette tranche. Le montant total de l'impôt sur le revenu est donc égal à la somme des impôts prélevés sur chaque tranche du revenu : ainsi, le taux moyen d'imposition est égal à la part du total de l'impôt sur le revenu rapporté au revenu imposable du contribuable.

La nature du barême d'imposition permet de définir plusieurs types d'impôts : l'**impôt proportionnel** est un impôt dont le montant est fixé en appliquant à la valeur imposée, c'est-à-dire l'assiette fiscale, le même taux d'imposition pour tous les contribuables ; l'**impôt progressif** est un impôt dont le montant est fixé par l'application d'un taux d'imposition de plus en plus élevé quand la valeur imposée, c'est-à-dire l'assiette fiscale, augmente ; l'**impôt dégressif** est un impôt dont le montant est fixé par l'application d'un taux d'imposition de plus en plus faible quand la valeur imposée, c'est-à-dire l'assiette fiscale, augmente. Enfin, l'**impôt forfaitaire** est un impôt dont le montant est le même pour tous les contribuables.

Par ailleurs, le barème d'imposition, s'appuyant sur la législation fiscale, peut prévoir des mesures permettant aux contribuables de payer moins d'impôts : l'**évasion fiscale** est le comportement des contribuables qui utilisent les possibilités offertes par la législation fiscale pour diminuer le montant de leurs impôts ; en revanche, la **fraude fiscale** est le comportement des contribuables qui réduisent le montant de leurs impôts par des procédés illégaux (par exemple, en ne déclarant pas la totalité des revenus reçus).

La troisième caractéristique de l'impôt est son mode de recouvrement, c'est-à-dire les modalités du paiement de l'impôt par le contribuable. Les impôts peuvent être directs ou indirects :

- Un **impôt direct** est un impôt appliqué à un contribuable qui le paie directement à l'administration publique chargée du recouvrement de cet impôt. Il en est ainsi de l'**impôt sur le revenu des personnes physiques (IRPP)**, impôt direct payé par les personnes physiques en fonction du montant de leur revenu ; c'est aussi le cas de l'**impôt sur les sociétés** ou **impôt sur les bénéfices** (impôt direct payé par les entreprises sociétaires en fonction de leurs bénéfices), et de l'**impôt de solidarité sur la fortune (ISF)**, impôt direct payé par les propriétaires d'un patrimoine dont la valeur dépasse un certain montant (l'ISF est égal à une fraction de la valeur du patrimoine). Les droits de succession sont également des impôts directs : ils frappent les patrimoines lorsqu'ils font l'objet d'un héritage.

Collectivité locale ►
Voir p. 455

Certains impôts directs sont versés à des collectivités locales : il en est ainsi de la **taxe d'habitation**, qui est un impôt direct payé aux collectivités locales par les ménages en fonction de certaines caractéristiques du logement qu'ils occupent, qu'ils en soient locataires ou propriétaires ; la **taxe foncière** est un impôt direct payé aux collectivités locales par les propriétaires de propriétés bâties ou non bâties en fonction des caractéristiques de ces propriétés. La taxe d'habitation, la taxe foncière et la contribution économique territoriale sont des **impôts locaux**, c'est-à-dire des impôts payés aux collectivités locales.

• Un **impôt indirect** est un impôt payé par des agents économiques à d'autres agents économiques qui le reversent ensuite au **trésor public** (administration publique chargée du recouvrement des recettes fiscales et de la gestion des finances de l'État). La **taxe sur la valeur ajoutée (TVA)** est un impôt indirect portant sur la valeur des biens et des services de consommation. Elle est collectée par les entreprises qui l'imputent sur leur prix de vente, puis la reversent au trésor public. La TVA est donc payée par le consommateur. La taxe intérieure sur les produits pétroliers, les droits de douane... sont d'autres exemples d'impôts indirects.

Quelles qu'en soient les modalités, l'impôt est censé être payé par le contribuable à qui il est destiné. Cependant, il convient de se demander qui supporte réellement la charge de tel ou tel impôt : l'**incidence fiscale**, c'est-à-dire la répercussion d'une mesure fiscale sur le montant de l'impôt que vont effectivement payer les contribuables à qui cette mesure est destinée, est un processus complexe. Par exemple, une hausse de la TVA élève les prix toutes taxes comprises, donc est supportée par les consommateurs.

Toutefois, dans une économie concurrentielle, les entreprises peuvent vouloir réduire plus ou moins fortement leurs prix hors taxes pour accroître ou maintenir leur clientèle. Dès lors, le prix TTC payé par les consommateurs augmentera moins que prévu. Les entreprises supportent de fait une partie de la hausse de la TVA en réduisant leur marge bénéficiaire, ce qu'elles ne feraient pas si la concurrence était limitée.

Les recettes budgétaires permettent à l'État de financer ses dépenses. Les dépenses de l'État font partie des dépenses publiques qui constituent une partie des **finances publiques**, c'est-à-dire l'ensemble des recettes et des dépenses des administrations publiques.

Les dépenses budgétaires de l'État sont affectées à certains postes : justice, éducation nationale, défense... Une partie des dépenses est consacrée au remboursement de la dette de l'État. Celle-ci est une composante de la **dette publique**, qui est la somme des dettes contractées par les administrations publiques.

Les effets de la politique budgétaire sur l'activité économique

La comparaison des dépenses et des recettes de l'État permet d'établir le **solde budgétaire** : différence entre les recettes et les dépenses de l'État). L'**équilibre budgétaire** signifie que le solde budgétaire est nul : les dépenses de l'État sont égales à ses recettes ; un **excédent budgétaire** signifie que les recettes de l'État sont supérieures à ses dépenses : le solde budgétaire est donc positif ; un **déficit budgétaire** signifie que les dépenses de l'État dépassent ses recettes : le solde budgétaire est alors négatif.

Le budget de l'État est mobilisé dans la mise en œuvre de politiques budgétaires. Par exemple, un accroissement des dépenses de l'État (et/ou une réduction de ses prélèvements fiscaux) stimule la demande. Ainsi, des mesures budgétaires qui accroissent le déficit stimulent l'activité. En revanche, un excédent budgétaire exerce un effet de freinage sur l'activité.

◄ **Politique budgétaire**
Voir p. 225

Les effets des politiques budgétaires sur l'activité économique reposent sur l'effet multiplicateur.

- Le **multiplicateur de dépenses publiques** est le coefficient k, tel que la variation du produit national ou du revenu national ΔY, provoquée par la variation des dépenses publiques ΔG, soit égale à $k \times \Delta G$. Il traduit l'ampleur de la variation du produit national ou du revenu national qu'implique celle des dépenses publiques. Le multiplicateur de dépenses publiques en économie ouverte est égal à $[1/(s + m)]$; s est la propension marginale à épargner et m est la propension marginale à importer. Il est d'autant plus élevé que la propension marginale à consommer des ménages est forte et que la propension à importer est faible.

◄ **Multiplicateur de dépenses publiques en économie ouverte**
Voir p. 146

Le multiplicateur des dépenses publiques rencontre les mêmes limites que le multiplicateur d'investissement keynésien.

◄ **Multiplicateur d'investissement**
Voir p. 143

- Le **multiplicateur fiscal** est le coefficient k' tel que la variation du produit national ou revenu national ΔY, provoquée par la variation des impôts (ou de n'importe quel prélèvement) ΔT, soit égale à $k' \times \Delta T$. Il traduit l'ampleur de la variation du produit national ou du revenu national qu'implique celle des impôts. Un accroissement des impôts réduit la demande des agents économiques, donc le revenu national ; une baisse des impôts stimule la demande des agents économiques, donc le revenu national.

Le multiplicateur fiscal en économie ouverte est égal à [– c / (s + m)], c étant la propension marginale à consommer, s, la propension marginale à épargner et m, la propension marginale à importer.

Quand la propension à consommer est forte et la propension à importer faible, l'effet du multiplicateur fiscal sur le produit national ou le revenu national est important.

En 1945, l'économiste norvégien Trygve Haavelmo s'appuie sur les deux multiplicateurs précédents pour établir un théorème qui porte son nom : le **théorème de Haavelmo** stipule que, partant d'un budget équilibré, l'accroissement concomitant des dépenses et des recettes budgétaires, tout en maintenant l'équilibre budgétaire, exerce un effet multiplicateur sur le produit national ou le revenu national : celui-ci augmente comme les dépenses ou les recettes budgétaires. En effet, la conjonction des deux effets multiplicateurs conduit à une hausse du produit national ou du revenu national. Celui-ci augmente, car l'accroissement des recettes budgétaires freine l'activité économique au prorata du freinage des dépenses des agents économiques qui en résulte, celles-ci ne constituant qu'une fraction de leur revenu disponible (propension à la dépense inférieure à 1). En revanche, l'intégralité des dépenses publiques supplémentaires influe sur l'activité économique. Dès, lors l'effet de relance est plus fort que l'effet de freinage.

Les différents soldes budgétaires

La mise en œuvre de la politique budgétaire commande de prendre en compte différents soldes budgétaires :

- Le **solde structurel** est la partie du solde budgétaire effectif qui résulte des choix explicites de l'État.
- Le **solde conjoncturel** est la partie du solde budgétaire effectif résultant de la conjoncture économique : par exemple, l'accélération de la croissance induit celle du revenu national, donc des recettes fiscales (à barème d'imposition donné, la hausse du revenu national stimule la consommation, donc les recettes de TVA). Dans ce cas, le déficit budgétaire se réduit et/ou l'excédent s'accroît, freinant la croissance ; en revanche, quand la croissance décélère, le déficit

Conjoncture ►
Voir p. 221

Déficit budgétaire ►
Voir p. 229

se creuse ou l'excédent diminue. La croissance est alors stimulée. Cette autorégulation partielle de la conjoncture est la conséquence de stabilisateurs automatiques.

Les **stabilisateurs automatiques** sont les effets contracycliques de la variation du solde budgétaire induite par l'évolution de la conjoncture ; ces effets contracycliques contrecarrent automatiquement les fluctuations de la conjoncture. Par exemple, en cas de surchauffe, le gouvernement peut décider de laisser jouer les stabilisateurs automatiques : la croissance est automatiquement freinée par la diminution du déficit conjoncturel (ou par l'accroissement de l'excédent conjoncturel) et réduit de ce fait les pressions inflationnistes.

◄ **Surchauffe**
Voir p. 223

• Le **solde primaire** est le solde du budget de l'État calculé sans prendre en compte les dépenses afférentes au paiement des intérêts de la dette de l'État. Lorsque les taux d'intérêt réels dépassent le taux de croissance du PIB, il en résulte un effet boule de neige de la dette de l'État. L'**effet boule de neige** est le processus cumulatif d'accroissement de la dette d'un agent économique en raison de la charge trop lourde que représente le paiement des intérêts, accentuant le besoin de financement de l'agent économique qui est alors contraint de s'endetter davantage…

Dans ce contexte, au-delà d'un seuil, le poids de la dette devient insupportable. Le solde primaire doit alors être excédentaire : s'il ne l'était pas, la dette s'alourdirait, d'une part, du montant des charges d'intérêts qui augmentent plus que le PIB en raison du niveau des taux intérêt réels, et, d'autre part, du montant du déficit primaire. Dès lors, il est nécessaire de réduire les dépenses publiques et/ou d'augmenter les impôts pour éviter l'effet boule de neige. Cette contrainte n'existe pas si les taux d'intérêt réels diminuent et deviennent inférieurs au taux de croissance du PIB : pour les économistes keynésiens, une politique monétaire de baisse des taux d'intérêt nominaux irait dans ce sens.

LE *POLICY MIX*

La combinaison des politiques monétaire et budgétaire

Un ***policy mix*** (ou **politique mixte**) est une politique économique conjoncturelle combinant les instruments de la politique monétaire et ceux de la politique budgétaire.

Changes fixes ►
Voir p. 307

Au début des années 1960, l'économiste canadien Robert Mundell (prix Nobel d'économie en 1999) suggère, en régime de change fixe, que la politique budgétaire soit affectée au rétablissement des déséquilibres internes (chômage et inflation), et la politique monétaire, au rétablissement des déséquilibres externes. Au cours des années 1970, dans un contexte de change flexible, il préconise d'affecter la politique budgétaire à la lutte contre le chômage et la politique monétaire à la lutte contre l'inflation (la variation des taux de change permet de résorber les déséquilibres externes).

C. LES POLITIQUES STRUCTURELLES

Les politiques économiques et sociales des États peuvent être structurelles.

LES POLITIQUES ÉCONOMIQUES STRUCTURELLES

Les politiques économiques structurelles interviennent dans plusieurs domaines.

L'activité réglementaire des pouvoirs publics

La **réglementation** est un ensemble de mesures (lois, décrets, règlements...) qui imposent des obligations aux agents économiques. Par exemple, l'État peut mettre en œuvre une politique de **prix administrés**, c'est-à-dire des prix fixés autoritairement par l'État ou par un accord entre les pouvoirs publics et les organisations professionnelles. Cette politique est une des modalités des politiques de **contrôle des prix** (réglementation publique portant sur l'évolution ou la fixation des prix). Elle intervient dans le cadre d'une **économie administrée**, c'est-à-dire une économie dans laquelle les mécanismes de marché sont fortement encadrés par un ensemble de réglementations.

Concurrence pure et parfaite ►
Voir p. 52
Concurrence imparfaite ►
Voir p. 65

À l'opposé, la mise en œuvre d'une **politique de concurrence** (politique structurelle destinée à éliminer les entraves à la concurrence) comportera des mesures visant à libérer les prix de tout contrôle. Cette pratique est une forme de **déréglementation** (suppression partielle ou totale des mesures imposant des obligations aux agents économiques).

Les politiques de concurrence prévoient également de lutter contre les abus de position dominante et de démanteler les cartels de producteurs qui confèrent aux entreprises un pouvoir de marché (capacité pour une entreprise à imposer son prix de vente) au détriment des consommateurs.

◄ **Abus de position dominante** Voir p. 28

◄ **Cartel de producteurs** Voir p. 65

◄ **Pouvoir de marché** Voir p. 66

Ainsi, les politiques de concurrence ambitionnent de transformer les **marchés imparfaitement concurrentiels** (marchés sur lesquels la concurrence est imparfaite) en **marchés concurrentiels** (marchés sur lesquels prévalent au plus près les conditions de la concurrence pure et parfaite, ou à tout le moins sur lesquels se rencontrent un grand nombre d'offreurs et de demandeurs sans qu'aucun ne puisse influer sur les prix des produits échangés).

◄ **Concurrence pure et parfaite** Voir p. 52

Pour étalonner les sanctions lors de manquements aux règles définies par la politique de concurrence du moment, les autorités en charge de sa mise en œuvre doivent établir le degré de concurrence des marchés qu'elles supervisent. Elles définissent alors des marchés pertinents qui correspondent, pour une catégorie de produit et une zone géographique, aux marchés sur lesquels se rencontrent l'offre et la demande de produits que les acheteurs jugent substituables. Par exemple, pour les voitures de luxe, le marché pertinent n'est pas celui de l'ensemble des véhicules, mais uniquement celui des automobiles de haut de gamme et, du fait de l'ouverture des frontières, à l'échelle de continents, voire du monde entier.

◄ **Marché pertinent** Voir p. 66

Les politiques sectorielles

Une **politique sectorielle** est une politique économique structurelle, conduite essentiellement par l'État, regroupant des mesures destinées à intervenir sur le développement des entreprises de certains secteurs économiques. Les politiques sectorielles participent au redéploiement de l'appareil productif.

Le **redéploiement** désigne :

– soit l'évolution de l'appareil productif national résultant de l'abandon progressif des branches mises en difficulté par la concurrence internationale et prévoyant la mobilisation des ressources disponibles en faveur du développement des branches d'avenir ;

– soit la politique économique structurelle destinée à favoriser l'essor des branches d'avenir et à accompagner le déclin de certaines branches.

En France, cette politique structurelle est adoptée par l'État à partir du premier choc pétrolier. À travers elle, l'État promeut une **politique de créneaux** (politique économique structurelle dont l'objet est de renforcer les branches les plus compétitives du pays). Les résultats mitigés de cette politique ont conduit l'État à privilégier une politique de filière à partir du début des années 1980.

Une **politique de filière** est une politique économique structurelle dont l'objet est de renforcer certaines filières de production jugées prioritaires. Les résultats décevants de cette politique ont contribué à la réorientation de la politique sectorielle de l'État à partir du milieu des années 1980 ; cette politique devient de moins en moins interventionniste, d'autant plus que la réglementation européenne évolue dans un sens plus libéral.

Les politiques sectorielles interviennent dans différents secteurs de l'économie :

• L'agriculture : l'État peut intervenir pour contribuer à la modernisation des exploitations agricoles en accordant des subventions. Une **subvention** est une aide financière non remboursable que les pouvoirs publics accordent aux agents économiques pour alléger une partie de leurs charges ou accroître leurs ressources afin de réaliser certains objectifs économiques ou sociaux jugés prioritaires. L'État peut également soutenir les prix agricoles, en mettant en œuvre une politique de formation destinée aux agriculteurs…

• L'industrie : l'État peut concevoir une **politique industrielle**, c'est-à-dire une politique économique structurelle qui regroupe des mesures spécifiques orientées vers l'industrie et dont la finalité est de susciter ou d'accompagner la restructuration des entreprises industrielles. La restructuration consiste en la réorganisation de l'appareil productif.

• Les services : l'État peut intervenir pour contribuer au développement de certains services (transports, finances, télécommunications…).

L'intervention de l'État et, plus généralement, des pouvoirs publics en direction des entreprises peut être directe ou indirecte.

• L'action des pouvoirs publics est indirecte lorsqu'ils interviennent sur l'environnement des entreprises. C'est le cas, lorsque l'État prend en charge le financement et la construction d'**infrastructures**, c'est-à-dire des équipements durables à usage collectif (routes, autoroutes, port, aéroports...) contribuant à l'efficience de l'appareil productif et à l'aménagement du territoire. L'**aménagement du territoire** est une politique économique et sociale des pouvoirs publics destinée à organiser l'espace géographique.

◄ **Efficience**
Voir p. 20

• L'intervention des pouvoirs publics est directe lorsqu'ils prennent directement en charge l'activité productive. C'est notamment le cas lorsque l'État nationalise des entreprises.

◄ **Nationalisation**
Voir p. 31

Les nationalisations renforcent le poids du secteur public en raison du développement du **secteur public d'entreprises** (ensemble des entreprises publiques et des entreprises partiellement publiques dont la gestion est sous contrôle public). Dans certains cas, l'État (ou une collectivité locale) peut juger préférable de constituer une **société d'économie mixte**, c'est-à-dire une entreprise appartenant conjointement à l'État (ou à une collectivité locale) et à des apporteurs de capitaux privés.

La planification

La politique sectorielle de l'État peut s'inscrire dans un cadre plus large, celui de la planification. La **planification** est un mode de régulation de l'économie, établi sous la conduite des pouvoirs publics, qui définit des objectifs à moyen terme et organise l'allocation de ressources permettant de les atteindre. Le **plan** est le document regroupant l'ensemble des objectifs et des moyens de les atteindre sur une période de plusieurs années (par exemple, un **plan quinquennal** est un plan établi pour une durée de cinq ans ; il peut prévoir des plans annuels intermédiaires). L'application du plan peut être obligatoire : la **planification impérative** est un système de planification de l'économie qui impose aux agents économiques la réalisation d'objectifs à moyen terme. La planification impérative a été pratiquée dans la plupart des pays socialistes.

La **planification indicative** est un système de planification de l'économie dont les objectifs ne s'imposent pas aux agents économiques privés et qui doivent être plus ou moins respectés par les agents publics. La planification indicative établit les évolutions souhaitables de l'économie et permet aux agents économiques de disposer de repères. Elle s'inscrit dans un processus de concertation entre les pouvoirs publics et les partenaires sociaux.

La planification indicative intervient dans les pays capitalistes depuis la fin des années 1940, en particulier en France, où elle a contribué à la croissance économique au cours des Trente Glorieuses ; depuis les années 1970, elle connaît plusieurs réformes qui traduisent une réorientations libérale des politiques économiques de l'État. La planification indicative est alors réduite à quelques grandes orientations; en outre, elle intègre un processus de contractualisation entre État et Régions qui donne lieu à l'élaboration de contrats de plan. Un **contrat de plan** est un document établissant les engagements réciproques de l'État et d'une Région en vue de l'exécution du plan.

Trente Glorieuses ► Voir p. 154

La politique de change

L'État et la Banque centrale mettent en œuvre une politique de change. Dans certains cas, l'État adopte des mesures intervenant à court terme pour influer sur le taux de change de la monnaie nationale ; mais, le plus souvent, les politiques de change regroupent des mesures destinées à influer sur le niveau du taux de change de la monnaie nationale afin d'améliorer durablement les performances économiques des firmes du pays. Ainsi, après 1983, la priorité des gouvernements français est la lutte contre l'inflation et la réduction des déficits extérieurs. Ils mettent en œuvre une **politique de monnaie forte**, c'est-à-dire une politique de change destinée à faire croître durablement la demande de la monnaie nationale sur les marchés des changes pour que son taux de change s'apprécie à l'égard de celui de la monnaie des autres pays. Cette politique, dont les modalités sont celles des politiques de rigueur, doit réduire le prix des importations de produits primaires ou de machines exprimé en monnaie nationale : les coûts de production diminuent et la compétitivité des firmes s'améliore. La politique de monnaie forte est l'un des facteurs de la désinflation entamée en France depuis le milieu des années 1980. Il s'agit d'une **politique de désinflation compétitive**, c'est-à-dire une politique économique structurelle destinée à freiner durablement la hausse des prix pour réduire le différentiel d'inflation à l'égard des partenaires commerciaux et restaurer la compétitivité des firmes du pays. Cette politique de lutte contre l'inflation n'a pas conduit à la déflation, mais elle a contribué à la croissance du chômage.

Politique de rigueur ► Voir p. 223

Désinflation ► Voir p. 101

Inflation ► Voir p. 101

Déflation ► Voir p. 102

LES POLITIQUES SOCIALES

Les politiques structurelles des pouvoirs publics, en particulier celles de l'État, peuvent être des politiques sociales. La distinction entre politiques économiques et politiques sociales n'est pas toujours aisée, ni pertinente. Par exemple, l'indemnisation du chômage est destinée à préserver un niveau de vie jugé socialement nécessaire aux chômeurs ayant déjà travaillé. Les politiques sociales contribuent à limiter le degré d'inégalité de la répartition des revenus et, à ce titre, tentent de réduire un déséquilibre social. De plus, elles exercent des effets sur la conjoncture : le versement des indemnités de chômage compense une partie de la perte du revenu d'activité et évite ainsi un effondrement de la consommation préjudiciable à l'emploi. Par conséquent, les politiques sociales interviennent pour faire face à des déséquilibres sociaux mais aussi économiques.

◄ **Politique sociale**
Voir p. 221

La protection sociale

Parmi les politiques sociales, la protection sociale occupe une place centrale.

La protection sociale est basée sur la solidarité. Concrètement, la solidarité se manifeste par des prélèvements effectués par des instances spécifiques chargées de distribuer des allocations à la population, sans contrepartie productive. Une **allocation** ou **prestation sociale** est un versement, en espèces, au profit des ménages, provenant de l'État, d'une collectivité locale ou d'un organisme de protection sociale.

La protection sociale relève, pour la plus grande part, des organismes de sécurité sociale. La sécurité sociale désigne, au sens le plus restreint, les administrations publiques créées en France après la deuxième guerre mondiale et chargées de verser les prestations familiales, de prendre en charge une grande partie des frais de maladie et de maternité, de verser les pensions de retraite et d'invalidité… En fait, la sécurité sociale couvre un domaine plus vaste : en effet, la **sécurité sociale** est un ensemble d'organismes publics sans but lucratif chargés de gérer la protection sociale. Il s'agit des **administrations de sécurité sociale**, c'est-à-dire les instances chargées de la gestion des différents régimes d'assurance sociale (régime général de la sécurité sociale, régime des fonctionnaires, régime d'indemnisation du chômage…).

Assurance ► Voir p. 430
Assistance ► Voir p. 430

La distribution des allocations par les administrations de sécurité sociale correspond à une logique d'assurance et non pas une logique d'assistance. La logique d'assurance tient cependant compte du principe de solidarité qui fonde la protection sociale : le montant des cotisations est très inférieur aux effets financiers des risques encourus.

Les cotisations sociales finançant les régimes d'assurance sociale proviennent pour l'essentiel de prélèvements sur les revenus d'activité des agents économiques. Une partie de ces cotisations sociales est imputée aux salariés et apparaît sur leur fiche de paie en déduction de leur salaire brut. Une autre partie correspond aux **charges sociales** (ou **cotisations patronales**), c'est-à-dire les cotisations imputées aux employeurs pour chacun de leurs salariés et destinées à alimenter les régimes d'assurances sociales.

Minimum social ► Voir p. 430

Une partie des prestations sociales est distribuée par les collectivités locales ou par l'État. Elles sont financées par l'impôt. La distribution de ces prestations n'est pas fondée sur une logique d'assurance, comme le système d'assurance sociale, mais sur une logique d'assistance. Par exemple, le principe d'assistance préside au versement de minima sociaux. La même logique fonde l'**aide sociale**, qui désigne un système de distribution d'allocations, en espèces ou en nature, destinées à aider les personnes disposant de faibles ressources, à satisfaire leurs besoins essentiels. En France, la gestion de l'aide sociale est confiée pour la plus grande part aux collectivités locales.

En fait, la couverture de nombreux risques sociaux relève à la fois d'une logique d'assurance et d'une logique d'assistance : par exemple, l'**indemnisation du chômage**, c'est-à-dire le versement d'indemnités compensant la perte de revenus consécutive au chômage, est assurée par Pôle Emploi conformément à la logique d'assurance, et par l'État selon une logique d'assistance (versement d'allocations aux chômeurs qui n'ont pas cotisé ou cotisé insuffisamment, et à ceux qui ont épuisé leur droit à l'allocation chômage de base).

La politique des revenus

Une **politique des revenus** est une politique économique et sociale destinée à modifier la répartition des revenus au sein de l'économie nationale. Les politiques des revenus sont parfois mobilisées pour infléchir la conjoncture économique ; le plus souvent, les politiques de revenus sont appliquées pour agir durablement sur l'activité économique ; il s'agit donc de politiques structurelles ; elles sont souvent engagées en fonction d'objectifs sociaux (notamment pour lutter contre les inégalités sociales) mais aussi économiques.

L'État intervient dans la répartition des revenus primaires. Par exemple, en France, il fixe un salaire minimum : ainsi, institué en 1950, le **salaire minimum interprofessionnel garanti (SMIG)** désigne le niveau du salaire horaire sous lequel aucun salarié ne peut être rémunéré ; l'évolution du SMIG est indexée sur celle des prix. À la fin des années 1960, le SMIG est remplacé par le **salaire minimum interprofessionnel de croissance (SMIC)**, salaire minimum créé en 1969, dont la revalorisation est indexée sur l'évolution des prix et sur les gains de pouvoir d'achat du salaire horaire moyen ouvrier. L'indexation est le procédé qui lie l'évolution d'une variable à celle d'une autre. L'indexation des salaires (ou indexation salariale) est le procédé qui lie la hausse des salaires à celle des prix, voire également à d'autres variables.

◄ **Revenu primaire**
Voir p. 39

L'État peut influer sur les revenus de la propriété par sa politique de taux d'intérêt ou par le contrôle qu'il peut éventuellement exercer sur les loyers. Il peut aussi réglementer les revenus des professions indépendantes (par exemple, réglementation des tarifs des professions libérales). Il peut intervenir dans le processus de négociation des salaires ; en outre, la politique de salaires dans la fonction publique peut revêtir un caractère d'exemplarité pour le secteur privé.

◄ **Revenus de la propriété**
Voir p. 41

L'État intervient également dans la détermination du revenu disponible des agents économiques par sa **politique fiscale**, qui désigne l'ensemble des mesures décidées par l'État pour faire évoluer les modalités des prélèvements fiscaux ; cette politique est un élément de la politique structurelle de l'État lorsqu'elle s'inscrit dans une perspective de long terme.

La politique des revenus est mise en œuvre pour atteindre des objectifs sociaux, mais aussi pour améliorer les performances économiques du pays : par exemple, à partir de 1983, le gouvernement français applique une nouvelle **politique des salaires** (politique des revenus destinée à fixer le niveau ou l'évolution des salaires), consistant à désindexer les salaires des prix. La **désindexation** est un procédé qui dissocie l'évolution d'une variable de l'évolution d'une autre. La **désindexation des salaires** (ou **désindexation salariale**) est le procédé qui consiste à ne plus lier l'évolution des salaires à celle des prix ou de ne le faire que partiellement.

L'État intervient également sur le revenu disponible des ménages en distribuant des allocations ou prestations sociales.

Les politiques de l'emploi

Une **politique de l'emploi** est une politique structurelle destinée à influer sur l'offre et la demande de travail et à améliorer le fonctionnement du marché du travail. Elle revêt un caractère social mais aussi économique. Elle se traduit par un ensemble de dépenses : les dépenses pour l'emploi (les mesures relevant des politiques conjoncturelles et la diminution des charges sociales appliquées de manière générale ne sont pas comprises dans les dépenses pour l'emploi).

Charges sociales ► Voir p. 238
Dépenses pour l'emploi ► Voir p. 201
Dépense active ► Voir p. 201
Dépense passive ► Voir p. 201

Ces dépenses peuvent être actives ou passives. Les dépenses passives constituent le support privilégié du **traitement social du chômage**, à savoir un ensemble de mesures destinées à atténuer les effets du chômage sur les individus et non pas à agir sur ses causes ; en revanche, le **traitement économique du chômage** est l'ensemble des mesures destinées à agir sur les causes du chômage.

D'autres politiques sociales

Une politique familiale est une politique structurelle mise en œuvre par les pouvoirs publics pour réduire le poids des dépenses supportées par les familles du fait de la naissance et de l'éducation des enfants. Ainsi, la distribution d'**allocations familiales** (revenus de transfert versés aux familles en fonction du nombre et de l'âge de leurs enfants) est un instrument des politiques familiales ; de même, le montant de l'impôt sur le revenu est réduit en fonction du nombre d'enfants par la prise en compte du **quotient familial** (résultat de la division du montant du revenu imposable par un nombre de parts attribuées au foyer fiscal en fonction du nombre de personnes vivant dans ce foyer) : le quotient familial sur lequel est établi le montant de l'impôt sur le revenu est d'autant plus bas que le nombre d'enfants est élevé.

La politique familiale est un élément de la **politique démographique**, une politique structurelle mise en œuvre par les pouvoirs publics pour influer sur l'évolution de la population. Outre la politique familiale, la politique démographique concerne toutes les mesures agissant sur la natalité (par exemple, libéralisation ou restriction de l'avortement) et sur les flux migratoires.

D. DES DÉBATS THÉORIQUES SUSCITÉ PAR L'INTERVENTION DE L'ÉTAT DANS L'ÉCONOMIE

L'intervention de l'État dans l'économie suscite de nombreux débats sur l'importance et la nature de cette intervention.

LES TROIS FONCTIONS DE L'ÉTAT DANS UNE ÉCONOMIE DE MARCHÉ

L'économie de marché ne peut se passer de l'intervention de l'État, comme l'a montré, par exemple, Richard Abel Musgrave.

Richard Abel Musgrave (1910-2007) est un économiste américain proche du courant néoclassique. À la fin des années 1950, il établit une typologie qui distingue trois **fonctions économiques de l'État** (rôle que joue l'Etat dans l'économie se traduisant par différentes modalités d'interventions) dans une économie de marché : les fonctions d'allocation de ressources, de redistribution (ou de répartition) des revenus, et de stabilisation ou de régulation (*The Theory of Public Finance*, 1959).

La fonction d'allocation

La **fonction d'allocation de ressources** recouvre les interventions de l'État et d'autres administrations publiques dans la vie économique consistant à produire des biens et des services que ne fournit pas le secteur privé et pourtant nécessaires à l'activité économique, à prélever des impôts pour financer ces productions et/ou à instaurer un cadre réglementaire destiné à contrer les **défaillances du marché** (incapacité d'un marché à assurer l'allocation optimale des ressources économiques, c'est-à-dire la meilleure utilisation possible de ces ressources) qui nuiraient au bien-être de la population. Par exemple, l'État peut lutter contre les externalités négatives, créer les institutions qui permettent le bon fonctionnement de l'économie, contrôler les monopoles et les oligopoles (par exemple, en instituant une législation qui préserve la concurrence grâce à une une **loi anti-trust** qui désigne la loi, appliquée depuis la fin du XIXe siècle aux États-Unis, interdisant ou limitant la constitution de firmes susceptibles d'entraver la concurrence sur le marché), produire des biens collectifs...

Bien collectif ►
Voir p. 69

Un bien collectif est un **bien** ou un **service indivisible ou non rival** (un bien ou un service pouvant être consommé simultanément par plusieurs consommateurs alors qu'un **bien rival** est un bien ou un service qui, lorsqu'il est consommé, ne peut l'être conjointement par d'autres). Mais dans certains cas, un bien collectif peut être à la fois non rival et **non excluable** (un bien ou un service dont il est impossible d'individualiser la consommation alors qu'un bien **excluable ou divisible** est un bien ou un service dont la consommation est individualisable). Il s'agit alors d'un bien public qui est un bien collectif pur : la défense nationale est un bien collectif pur.

Bien public ►
Voir p. 69

Par ailleurs, un bien collectif peut être excluable. Il s'agit alors d'un bien collectif impur ou bien de club (bien indivisible et excluable). C'est par exemple le cas du service rendu par l'Éducation nationale.

Bien collectif impur / Bien de club ►
Voir p. 69

La fonction de redistribution et la fonction de régulation

L'État exerce une **fonction de redistribution** ou **fonction de répartition des revenus** (actions de l'État ayant pour but de modifier la répartition des revenus). La **redistribution** est l'ensemble des mesures prises par l'État ou par d'autres administrations publiques pour modifier la répartition des revenus en prélevant des impôts et des cotisations sociales et en distribuant des revenus de transfert. La redistribution peut être horizontale ou verticale.

La **redistribution horizontale des revenus** désigne les flux de **transferts sociaux** (c'est-à-dire l'ensemble des revenus de transfert et des prélèvements obligatoires qui les financent), au bénéfice des ménages ou des individus victimes des risques sociaux.

Ainsi, un système de **retraite par répartition** (principe d'un système de retraite selon lequel les retraités perçoivent une pension financée par les cotisations sociales des actifs) opère une redistribution horizontale des personnes dont l'âge n'a pas atteint celui de la retraite, aux personnes qui ont atteint cet âge. Il ne faut pas confondre ce système de retraite avec le système de **retraite par capitalisation** (principe d'un système de retraite selon lequel les retraités perçoivent le revenu issu du placement de leur épargne ou qu'un tiers a versé pour leur compte).

La **redistribution verticale** des revenus désigne les flux de transferts sociaux destinés à réduire les inégalités de revenus entre les individus ou les ménages. Cette redistribution agit sur les inégalités au nom d'un principe de justice sociale que la population légitime.

◄ **Justice sociale**
Voir p. 427

Par ailleurs, l'État exerce une **fonction de stabilisation** ou **fonction de régulation** (mesures prises par l'État pour stabiliser l'activité économique afin d'assurer une croissance équilibrée) en mettant en œuvre des politiques économiques conjoncturelles adaptées à la situation économique du moment.

◄ **Croissance équilibrée**
Voir p. 157

La fonction régulation de l'État est au cœur des **politiques économiques keynésiennes**, c'est-à-dire les politiques économiques conjoncturelles qui confèrent à l'État la responsabilité de mobiliser les politiques budgétaire et monétaire pour améliorer les performances macroéconomiques d'un pays sur courte période. Par exemple, en cas d'accélération de l'inflation, des politiques de rigueur sont mises en œuvre ; en cas de croissance du chômage, il faut recourir aux politiques de relance.

◄ **Politique de rigueur**
Voir p. 223
◄ **Politique de relance**
Voir p. 222

LA MODÉLISATION DE LA FONCTION DE RÉGULATION DE L'ÉTAT DEPUIS KEYNES

Le modèle IS/LM

À la suite des travaux de John Hicks, en 1937, plusieurs économistes formalisent l'intervention conjoncturelle de l'État dans l'économie : celle-ci est perçue comme le moyen de rétablir les déséquilibres momentanés. Dès lors que les déséquilibres sont rétablis, l'analyse néoclassique (à laquelle Keynes s'opposait) retrouve sa pertinence. Cette approche, qui est celle du courant de la synthèse néoclassique, est fondée sur le **modèle IS/LM**, qui est une représentation graphique permettant de déterminer le niveau du revenu national et celui du taux d'intérêt qui assurent en même temps l'égalité entre l'offre et la demande globale de biens et de services et l'équilibre entre l'offre et la demande de monnaie. Le modèle permet également de spécifier les politiques économiques conjoncturelles qu'il faut mettre en œuvre pour assurer le plein-emploi.

Le modèle IS/LM

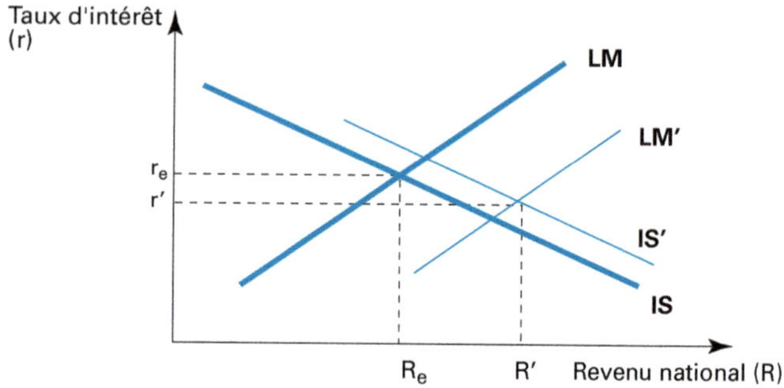

La courbe IS (*investment-saving*) est constituée de l'ensemble des couples (R, r) pour lesquels l'offre globale et la demande globale de biens et de services sont égales. La courbe LM (*liquidity-money*) est constituée de l'ensemble des couples (R, r) pour lesquels l'offre et la demande de monnaie sont égales.

Le couple (Re, re) est celui qui assure à la fois l'équilibre sur le marché des biens et des services et sur celui de la monnaie. Re peut être inférieur au niveau du revenu national assurant le plein-emploi. Une politique budgétaire de relance (qui induit un déplacement de la courbe IS vers la droite) et/ou une politique monétaire expansionniste (qui provoque un déplacement de la courbe LM vers la droite) sont de nature à faire croître le revenu national jusqu'à son niveau de plein-emploi. Le modèle montre que le nouveau niveau du revenu national de plein-emploi R' correspond à un niveau du taux d'intérêt r' tel que le marché des biens et des services et celui de la monnaie sont à l'équilibre. En cas d'accélération de l'inflation, une politique budgétaire de rigueur (qui induit un déplacement de la courbe IS vers la gauche) et/ou une politique monétaire d'austérité (qui provoque un déplacement de la courbe LM vers la gauche) sont de nature à réduire le revenu national, donc à diminuer les pressions inflationnistes.

Le modèle Mundell-Fleming

Le **modèle Mundell-Fleming**, établi au début des années 1960 par le Canadien Robert Mundell et l'Américain Marcus Fleming, est un modèle IS/LM appliqué dans le cadre d'une économie ouverte.

De ce fait, le modèle prend en compte les effets des politiques monétaire et budgétaire sur la balance des paiements.

Balance des paiements
Voir p. 302

Le modèle montre les limites des politiques économiques conjoncturelles selon les régimes de change :

– en régime de change fixe, la variation des taux d'intérêt ne peut pas être une mesure efficace pour agir sur l'activité économique puisqu'elle induit la variation des taux de change (alors que les changes doivent être fixes), d'autant plus fortement que les capitaux circulent librement au plan international. Dans ce contexte, la politique budgétaire peut être privilégiée ;

– en régime de change flexible, la politique monétaire peut être efficace. La variation du taux de change ajoute ses effets à ceux de la variation des taux d'intérêt : par exemple, la baisse des taux d'intérêt contribue à relancer l'investissement ; la dépréciation du taux de change consécutive à la baisse des taux d'intérêt dope les exportations ; l'activité économique est donc doublement stimulée. En revanche, le modèle montre que la politique budgétaire est d'autant moins efficace que les capitaux circulent librement.

La courbe de Phillips

Au début de années 1960, les américains Robert Solow et Paul Samuelson, qui ont largement contribué à la vulgarisation du modèle IS/LM, s'inspirent des travaux du Néo-Zélandais William Alban Phillips (1914-1975), pour fonder, sur le plan théorique, la possibilité d'un arbitrage de l'État entre inflation et chômage.

En effet, à la fin des années 1950, sur la base de statistiques concernant l'économie britannique au cours de la période 1861-1957, Phillips constate qu'en règle générale, plus le taux de chômage est élevé, moins la hausse des salaires est forte. Il résume ce constat par une courbe qui portera son nom, la **courbe de Phillips**, qui est une courbe décroissante représentative de la corrélation négative entre variation annuelle des salaires nominaux et taux de chômage (voir courbe ci-dessous). En 1960, Samuelson et Solow testent la validité de cette courbe sur l'économie américaine pour la période 1900-1958. Les résultats ne sont pas probants. Les deux auteurs substituent la variation des prix à celle des salaires. Ils font alors apparaître la possibilité d'un arbitrage entre inflation et chômage :

– aux États-Unis, le plein-emploi (taux de chômage proche de 3 %) s'accompagnerait d'une hausse des prix de l'ordre de 5 % ;

– une inflation nulle correspondrait à un taux de chômage de l'ordre de 5 ou 6 %.

La courbe de Phillips

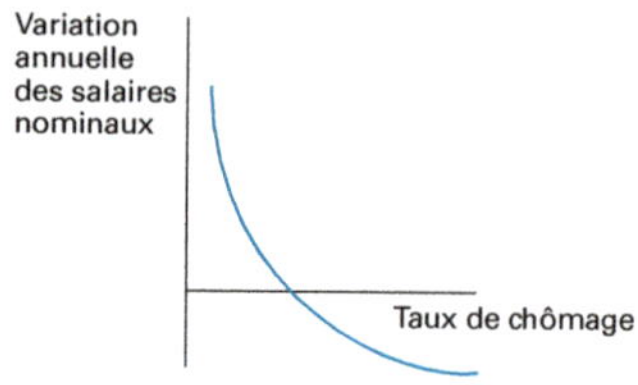

Corrélation de Phillips (1958)

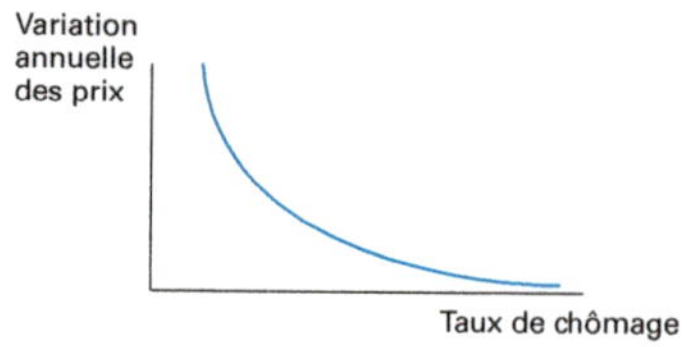

Corrélation établie en 1960 par Solow et Samuelson
Cette courbe est également appelée courbe de Phillips

La courbe de Phillips, combinée au modèle IS/LM, constitue un ensemble théorique formalisant et justifiant les politiques de régulation de l'État. C'est dans ce cadre théorique que s'inscrivent les politiques économiques conjoncturelles appliquées dans les pays développés à économie de marché depuis 1945.

Surchauffe ►
Voir p. 223

Jusqu'aux années 1970, ces politiques économiques soutiennent la croissance (politiques monétaire et budgétaire de relance). En cas de surchauffe, des politiques d'austérité sont mises en œuvre (freinage des dépenses publiques et/ou hausse des impôts ; freinage de la création monétaire). Dans certains cas (en Grande-Bretagne, par exemple, au cours des années 1950-1960), ces pratiques se traduiront par des politiques de *stop and go* qui freineront la croissance économique. Une **politique de *stop and go*** est une politique qui combine une alternance rapide de politiques de rigueur et de politiques de relance.

Politique d'austérité ►
Voir p. 223

Les politiques d'austérité tendent à durer plus longtemps au cours des années 1960 du fait d'une hausse des prix plus élevée qu'au cours de la décennie précédente.

Depuis les années 1970, les choix des autorités publiques ont évolué. En effet, au cours des années 1970, les pouvoirs publics hésitent entre la politique d'austérité qui induit une hausse du chômage, atteignant des niveaux alarmants à cette époque, et la politique de relance qui aggrave les déséquilibres inflationnistes alors que la hausse des prix est forte. À la fin des années 1970, au sommet de Tokyo, le G7 décide de donner la priorité à la lutte contre l'inflation.

Le **G7** est le groupe des sept principales puissances industrielles mondiales (États-Unis, Japon, Allemagne, France, Grande-Bretagne Italie, Canada), créé en 1975 pour favoriser la concertation entre ces pays (il est parfois fait mention du G5 qui est le regroupement des cinq premières puissances mondiales : États-Unis, Japon, Allemagne, France, Grande-Bretagne). Le G8 (le G7 auquel se joint, depuis 1997, la Russie) semble devoir se substituer au G7. Depuis 1999, à la suite de la crise asiatique, un G20 a été constitué. Le **G20** réunit les ministres, les gouverneurs des banques centrales et, depuis 2008, les chefs d'États de 19 pays (dont des pays émergents), auxquels se joint l'Union européenne, pour favoriser la concertation internationale en matière économique et financière.

En raison du choix d'éradiquer l'inflation (et de résorber les déséquilibres externes excessifs), les politiques conjoncturelles se tendent. Cependant, lorsque le chômage croît fortement, certains États appli-quent des politiques de relance en combinant les instruments des politiques conjoncturelles : la relance budgétaire peut être accompagnée d'une rigueur monétaire ; une politique monétaire accommodante peut être combinée à une politique budgétaire de freinage…

L'INTERVENTION DE L'ÉTAT DANS L'ÉCONOMIE EST CRITIQUÉE

Les entraves aux mécanismes de marché

La fonction d'allocation renvoie à l'action structurelle des pouvoirs publics. Pour les libéraux, celle-ci peut-être néfaste dès lors qu'elle perturbe les mécanismes de marché : ils soutiennent que le marché doit jouer un rôle important dans l'allocation des ressources.

Puisque l'intervention de l'État dans l'allocation de ressources provoque des dysfonctionnements, les libéraux promeuvent la **neutralité budgétaire**, qui est un principe qui conditionne l'élaboration du budget de l'État à la nécessité de préserver le bon fonctionnement des mécanismes de marché. La neutralité budgétaire suppose le respect de trois contraintes :

– le budget doit être le plus souvent équilibré (de nombreux libéraux acceptent cependant de laisser jouer les stabilisateurs automatiques pour réguler les fluctuations économiques) ;

Stabilisateur automatique
Voir p. 231

– les interventions de l'État doivent être au plus proche de ses fonctions régaliennes, auxquelles il faut ajouter la prise en charge

Bien collectif ► Voir p. 69
Impôt proportionnel ► Voir p. 227
Impôt forfaitaire ► Voir p. 227

des infrastructures et de la production de biens collectifs que le secteur privé ne peut assurer ;

– l'impôt proportionnel doit être privilégié (si les résistances sociales n'étaient pas si fortes, il faudrait privilégier l'impôt forfaitaire, puisque les contribuables sont réputés consommer à parts égales les biens collectifs produits par l'État).

Les limites de la redistribution

Justice sociale ► Voir p. 427

L'action redistributrice de l'État est fondée sur un principe de justice sociale. Or, des libéraux, tel Friedrich Von Hayek, récusent le principe de justice sociale, qui suppose une atteinte aux libertés individuelles. Par exemple, prélever des impôts au-delà de ce qu'exigent les fonctions régaliennes est une confiscation injuste des revenus perçus légalement par les agents économiques ; ils sont en outre désincités à mobiliser leurs talents, leurs compétences. De plus, la distribution de prestations sociales modifie les comportements, perpétuant les déséquilibres : par exemple, la distribution d'un revenu minimum désincite les pauvres à chercher un emploi…

Pourtant, certains libéraux, comme Milton Friedman, proposent d'instituer une allocation (qui doit préserver l'incitation à travailler) versée aux individus ne disposant pas d'un **revenu minimum** (le niveau de revenus considéré, au sein d'une société déterminée et à une époque donnée, comme un **seuil de pauvreté**, à savoir le montant des ressources en dessous duquel les individus ne peuvent satisfaire une partie de leurs besoins essentiels).

Les limites de la régulation

La fonction de régulation de l'État fait également l'objet de nombreuses critiques émanant du courant libéral.

L'américain Arthur Laffer, conseiller économique du président Ronald Reagan au début des années 1980, établit une représentation graphique des effets négatifs d'un taux d'imposition excessif.

La **courbe de Laffer** est la représentation graphique (en forme de U inversé) de l'évolution du montant des recettes fiscales, qui augmente de moins en moins fortement au fur et à mesure que le taux d'imposition s'accroît ; au-delà d'un taux d'imposition critique, les recettes fiscales diminuent.

Prélèvements obligatoires ► Voir p. 226

Ce raisonnement vaut pour l'ensemble des prélèvements obligatoires. Le niveau trop élevé du taux de prélèvements obligatoires dissuade les entreprises de produire et les individus de travailler. Ainsi, l'offre diminue et le chômage augmente.

La courbe de Laffer

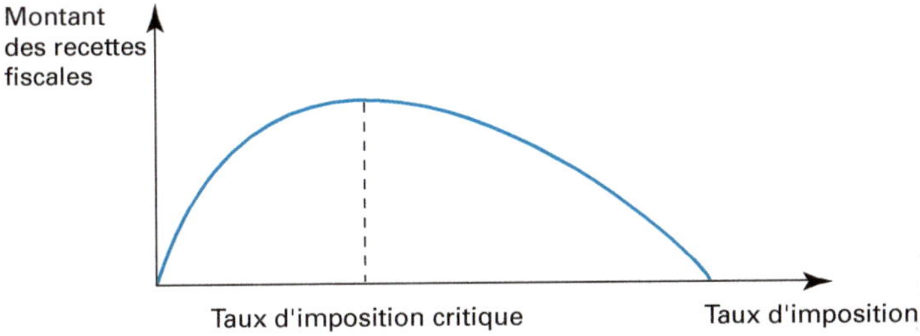

Par conséquent, aux politiques de demande, il convient de substituer des politiques d'offre. Une **politique d'offre** est une politique économique structurelle destinée à inciter les agents économiques à accroître leur offre, en réduisant durablement la **pression fiscale** (part des impôts dans le PIB, exprimée en pourcentage) et, plus globalement, le taux de prélèvements obligatoires. Cette proposition constitue un des axes principaux de l'**économie de l'offre**, courant de la pensée économique libérale dénonçant les interventions excessives de l'État dans l'économie qui brident l'offre.

◄ **Taux de prélèvements obligatoires**
Voir p. 135

La contestation libérale des politiques budgétaires repose également sur la dénonciation des effets négatifs des modalités de financement du déficit budgétaire. Le creusement des déficits pour relancer l'activité économique pourrait être financé par création monétaire : dans ce cas, l'inflation s'accélère ; le déficit pourrait être financé par l'augmentation des impôts : dans ce cas, l'effet de relance du déficit budgétaire est annulé et les agents économiques sont désincités à accroître leur offre. Si le déficit est financé par l'emprunt, la demande de capitaux de l'État augmente, orientant les taux d'intérêt à la hausse et provoquant un **effet d'éviction**, c'est-à-dire un phénomène provoqué par l'accroissement de la demande de capitaux par l'État qui, en drainant l'épargne disponible et en provoquant la hausse des taux d'intérêt, évince les entreprises du marché des capitaux.

◄ **Déficit budgétaire**
Voir p. 229

Au milieu des années 1970, l'économiste américain Robert Barro énonce son théorème d'équivalence ricardienne, proposition établissant que le financement des dépenses budgétaires par l'impôt a les mêmes effets qu'un financement par l'emprunt. Ainsi, lorsque l'État finance son déficit budgétaire par l'impôt, il confisque une

◄ **Principe d'équivalence ricardien**
Voir p. 538

partie des revenus des ménages et annule de ce fait l'effet de relance du déficit ; il en est de même lorsque le financement du déficit est couvert par un emprunt : les agents économiques, anticipant la hausse des impôts destinée à rembourser l'emprunt, épargnent davantage et réduisent leur consommation, ce qui annule l'effet de relance par le déficit budgétaire.

Au cours des années 1970, Milton Friedman conteste la pertinence de l'arbitrage entre inflation et chômage qui fonde les politiques conjoncturelles d'inspiration keynésienne. En effet, la relance dope la croissance à court terme, fait baisser le chômage et croître les prix. Les salariés, victimes de l'illusion monétaire, réclament avec retard une hausse de leurs salaires quand ils se rendent compte de la baisse de leur pouvoir d'achat ; dès lors, les employeurs licencient un personnel devenu trop coûteux. Le chômage revient à son niveau initial (taux de chômage naturel) et il faut alors une relance plus conséquente que la précédente pour faire à nouveau baisser temporairement le chômage. À long terme, le chômage est toujours à son niveau naturel (ou structurel) et la hausse des prix est plus élevée : la courbe de Phillips est verticale. Pour Milton Friedman, il convient de pratiquer une politique monétaire, qui cale la progression de la masse monétaire sur la croissance anticipée du PIB en volume, et de mettre en œuvre une politique budgétaire refusant le déficit.

Chômage naturel ► Voir p. 532

Au début des années 1970, des économistes libéraux américains développent une critique plus radicale : contrairement à ce qu'énonce Friedman, qui évoque les **anticipations adaptatives** (anticipations qui modifient progressivement les comportements des agents économiques, ceux-ci traitant avec retard les informations dont ils disposent), ces économistes (qui constituent le courant de la nouvelle économie classique) retiennent l'hypothèse d'**anticipations rationnelles** (anticipations d'agents rationnels qui ajustent sans délai leurs comportements à toute information nouvelle et qui sont supposés prévoir le futur de la façon la plus juste possible). Ainsi, les politiques économiques conjoncturelles sont inefficaces du fait d'un **effet d'annonce**, c'est-à-dire la modification des comportements des agents économiques à l'annonce d'un événement ou d'une prévision : anticipant les effets inflationnistes de la relance, les salariés exigent immédiatement des hausses de salaires compensatrices ; les employeurs licencient sans délai une main-d'œuvre devenant trop coûteuse… Le chômage ne diminue pas et les prix augmentent.

Nouvelle économie classique ► Voir p. 536

Ces critiques adressées aux politiques d'inspiration keynésienne fondent les politiques économiques libérales.

Les **politiques économiques libérales** sont des politiques destinées à promouvoir les mécanismes de marché, à libéraliser l'économie en réduisant le poids et les interventions de l'État ; elles sont essentiellement structurelles. Il s'agit généralement de politiques destinées à faire croître l'offre. Cependant, à court terme, la nécessité de préserver la stabilité des prix peut commander la mise en œuvre de politiques économiques conjoncturelles, notamment les politiques monétaires restrictives. Il est en outre parfois nécessaire de laisser jouer les stabilisateurs automatiques.

◄ **Stabilisateur automatique**
Voir p. 231

Par ailleurs, le courant libéral contemporain (auquel il faut ajouter de nombreux auteurs de la nouvelle économie keynésienne) fonde l'intervention des pouvoirs publics dans l'économie sur un principe de crédibilité. La **crédibilité d'une politique économique** repose sur sa faculté d'être maintenue sur une longue période, indépendamment de toute préoccupation électoraliste ou des fluctuations conjoncturelles. Par exemple, confier la politique monétaire à une banque centrale indépendante et soucieuse de la stabilité des prix est de nature à renforcer la crédibilité des pouvoirs publics en matière de lutte contre l'inflation : en effet, les agents économiques rationnels n'ont plus de raison de douter de la volonté des pouvoirs publics d'éradiquer l'inflation, même si le chômage devait croître.

Cette perspective ôte de sa pertinence au clivage traditionnel entre politiques économiques conjoncturelles et politiques économiques structurelles : les politiques économiques et sociales de l'État (et plus généralement, des pouvoirs publics) dans une économie de marché, qu'elles soient à court ou à long terme, doivent être des **politiques de règles**, c'est-à-dire des politiques constamment encadrées par des normes, des prescriptions, des contraintes. Ces politiques doivent contribuer à préserver les mécanismes de marché et à renforcer la crédibilité des pouvoirs publics. Les politiques des règles s'opposent aux **politiques discrétionnaires** qui désignent les politiques économiques et sociales définies par les pouvoirs publics sans qu'ils soient soumis à des contraintes réglementaires bridant leur pouvoir d'intervention.

14

MONDIALISATION ET INTÉGRATION EUROPÉENNE

(A) L'ESSOR DU COMMERCE INTERNATIONAL, FACTEUR D'INTERNATIONALISATION DES ÉCONOMIES NATIONALES

- **Internationalisation et mondialisation**
- **Les échanges internationaux de biens et de services**
- **La spécialisation des économies**
- **La recherche d'un nouvel ordre économique international plus favorable aux pays en développement (PED)**

(B) LES THÉORIES DU COMMERCE INTERNATIONAL

- **Libre-échange et protectionnisme**
- **Les théories du commerce international promouvant le libre-échange**
- **Les théories contestant le libre-échange et promouvant le protectionnisme**
- **Les nouvelles théories du commerce international**

(C) DU GATT À L'OMC

- **L'extension du libre-échange depuis 1947**
- **La mise en place de l'OMC**

(D) LES MIGRATIONS INTERNATIONALES DES TRAVAILLEURS ET L'INTERNATIONALISATION DES CAPITAUX

- **Les flux migratoires et les flux de capitaux**
- **La multinationalisation des firmes**

(E) L'INTÉGRATION EUROPÉENNE

- **Les modalités de l'intégration économique**
- **L'Union européenne, l'intégration économique régionale la plus aboutie**
- ***Policy mix* et coordination des politiques économiques et sociales au sein de l'Union européenne**
- **Du serpent monétaire européen à l'euro**

L'**ouverture internationale** est le processus par lequel les pays s'insèrent dans les flux d'échanges internationaux.

Les **échanges internationaux** sont des échanges entre pays pouvant porter sur des marchandises, des services, des capitaux (investissements des firmes et placements divers à l'étranger) et les migrations internationales des travailleurs.

À l'opposé, l'**autarcie** désigne la situation des pays refusant tout type d'échange avec l'extérieur. Actuellement, aucun pays n'est totalement autarcique, mais certains d'entre eux sont très peu ouverts sur l'extérieur.

A. L'ESSOR DU COMMERCE INTERNATIONAL, FACTEUR D'INTERNATIONALISATION DES ÉCONOMIES NATIONALES

INTERNATIONALISATION ET MONDIALISATION

Sur longue période, on constate la tendance à l'**internationalisation des économies nationales**, c'est-à-dire l'essor des échanges internationaux résultant d'une insertion plus grande des pays dans l'économie mondiale. Depuis les années 1980, cette tendance s'accentue : les obstacles aux échanges sont restreints ou éliminés. Cette évolution traduit le processus de **mondialisation** (ou **globalisation**), c'est-à-dire l'émergence d'un vaste marché mondial des biens, des services, des capitaux et de la force de travail, s'affranchissant des frontières politiques et, de ce fait, limitant la capacité des États à influer sur l'activité intérieure et sur les structures socioéconomiques nationales.

Toutefois, la distinction entre internationalisation et mondialisation n'est pas toujours retenue dans la littérature économique. Lesdeux termes sont alors parfois considérés comme synonymes.

Certains auteurs, prolongeant les thèses exposées par l'historien Fernand Braudel, considèrent que l'économie mondiale d'aujourd'hui reproduit le schéma d'une économie-monde.

Capitalisme ▸
Voir p. 163
Économie de marché ▸
Voir p. 52

Fernand Braudel (1902-1985), historien français, analyse la lente évolution des structures socioéconomiques des sociétés et privilégie de ce fait la longue durée. Il opère une distinction entre économie de marché et capitalisme. L'économie de marché est fondée sur des échanges de proximité, transparents et honnêtes, mettant directement en relation les producteurs et les consommateurs ; le capitalisme est caractérisé par les échanges au loin, la constitution de monopoles bafouant les règles de la concurrence et l'émergence d'une bourgeoisie d'affaires s'emparant de l'État. Braudel établit par ailleurs le concept d'économie-monde sur lequel il fonde son analyse des transformations qui marquent l'histoire des sociétés. Parmi les ouvrages qu'il a publiés, on peut citer : *La Méditerranée et le Monde méditerranéen à l'époque de Philippe II* (1949), *Civilisation matérielle, économie et capitalisme, XVe-XVIIIe siècle* (1979), *La Dynamique du capitalisme* (1985), *L'Identité de la France* (1986).

Une **économie-monde** est, selon Braudel, un vaste espace hiérarchisé : une ville-centre concentre tous les leviers du pouvoir ; les régions environnantes du centre constituent le cœur de l'économie-monde qui, selon les termes de Braudel, « réunit tout ce qui existe de plus avancé et de plus diversifié » ; le cœur domine des économies intermédiaires, « la zone des brillants seconds ». Au-delà, les zones périphériques regroupent les régions les plus attardées sur lesquelles la domination du centre et du cœur est totale.

Au sein d'une même économie-monde, deux centres (donc deux cœurs) peuvent être momentanément en concurrence mais, à terme, un seul subsiste. Par ailleurs, plusieurs économies-mondes coexistent au sein de l'économie mondiale. Chacune étant autosuffisante, les échanges entre économies-mondes sont très limités.

Aujourd'hui, l'économie mondiale est structurée par la **Triade** qui désigne, selon le Japonais Kenichi Ohmae, l'ensemble des pays exerçant une domination économique sur le monde qui constituent les trois pôles de l'économie mondiale : les États-Unis, le Japon et l'Union européenne. Ces pays représentent 50 à 55 % du commerce mondial des biens et des services et captent une large part des investissements des firmes à l'étranger et des flux de capitaux financiers internationaux. La Triade constituerait alors le cœur d'une économie-monde qui recouvrirait l'ensemble de la planète.

◄ **Union européenne**
Voir p. 289

Mais cette perspective est contestable. Braudel invite à distinguer économie mondiale, qui est « le marché de tout l'univers » pour reprendre la formule de Sismondi (citée par Braudel), et économie-monde, qui n'en constitue qu'une fraction. De plus, parmi les villes de la Triade qui disposent des atouts suffisants pour prétendre au statut de centre, aucune ne semble devoir l'emporter sur les autres. Par voie de conséquence, l'économie-monde triadique aurait durablement plusieurs cœurs, ce qui ne correspond pas au modèle de Braudel.

Une autre thèse soutient que chacun des trois pôles de la Triade constitue le cœur d'une économie-monde : l'économie mondiale serait alors composée de trois économies-mondes. Mais, par définition, une économie-monde est autosuffisante et développe peu d'échanges avec les autres économies-mondes constituant l'économie mondiale. Or, les trois pôles de la Triade développent entre eux d'intenses relations de toute nature.

Enfin, un grand nombre d'auteurs redéfinissent deux des trois pôles de la Triade pour tenir compte des évolutions qu'a connues l'économie mondiale au cours des trente dernières années. Ainsi, faudrait-il retenir l'Amérique du Nord (en y incluant éventuellement le Mexique) plutôt que les seuls États-Unis ; l'Asie de l'Est (Japon, Chine, Corée du Sud, Taïwan, Singapour…) se substituerait au seul Japon.

LES ÉCHANGES INTERNATIONAUX DE BIENS ET DE SERVICES

Le **commerce international** correspond aux échanges de biens et de services entre les pays. Son volume est égal à celui des exportations (ou des importations) mondiales de biens et de services (une conception plus restrictive du commerce international limite son champ aux seuls échanges mondiaux de biens).

Une **importation** est un flux de biens ou de services en provenance de l'étranger, entrant sur le territoire national ; à l'inverse, une **exportation** est un flux de biens ou de services sortant du territoire national, vers l'étranger.

L'essor du commerce international participe à l'internationalisation des économies nationales et implique l'accroissement de leur taux d'ouverture. Le **taux d'ouverture** est, pour une période donnée et un pays déterminé, la moyenne des exportations et des importations de biens et de services, exprimée en pourcentage du PIB. Cet indicateur est plus significatif que le **taux d'exportation**, c'est-à-dire, pour une période donnée, les exportations en pourcentage du PIB, ou que le **taux d'importation** (importation en pourcentage du PIB).

L'ouverture croissante des économies nationales aux échanges extérieurs se traduit par l'extension d'un **secteur exposé**, c'est-à-dire l'ensemble des entreprises dont l'activité est concurrencée par des producteurs étrangers ; par opposition, le **secteur abrité** correspond à l'ensemble des entreprises, mais aussi des administrations, exerçant leur activité sur le territoire national sans être confrontées à la concurrence internationale.

Balance des biens et des services et balance commerciale

Un relevé statistique périodique de leur **commerce extérieur**, c'est-à-dire les flux de biens et de services traversant la frontière des pays, permet aux pays d'établir leur **balance des biens et des services**, un document comptable qui compare les exportations et les importations de biens et de services au cours d'une période déterminée pour en dégager un solde positif (excédent) ou négatif (déficit). La **balance commerciale**, incluse dans la balance des biens et des services, est un document comptable comparant les seuls flux d'exportations et d'importations de marchandises (les biens).

Le **solde commercial** est la différence entre exportations et importations de marchandises au cours d'une période déterminée. Ce solde peut traduire l'équilibre, le déficit ou l'excédent de la balance commerciale. L'**équilibre commercial** exprime l'égalité entre importations et exportations de biens.

Dans ce cas, les exportations « couvrent » les importations : le **taux de couverture**, à savoir le rapport exportations/importations exprimé en pourcentage, est de 100 %. Un **déficit commercial** est le solde négatif résultant d'exportations de marchandises inférieures aux importations (le taux de couverture est alors inférieur à 100 %) ; un excédent commercial est le solde positif résultant d'exportations de marchandises dépassant les importations (le taux de couverture est supérieur à 100 %). Le solde commercial et le taux de couverture peuvent être calculés par branches ou par pays (clients ou fournisseurs). Un taux de couverture est également calculé pour la totalité des exportations et des importations de biens et de services.

◄ **Branche**
Voir p. 132

Les flux d'exportations de marchandises sont établis FAB ou franco à bord. Les importations sont mesurées CAF ou coût, assurance et fret. Cette méthode comptable gonfle la valeur des importations CAF en regard de celle des exportations FAB. L'application d'un coefficient correcteur aux importations CAF permet d'obtenir une valeur des importations FAB. Le solde commercial est alors calculé FAB/FAB.

◄ **FAB**
Voir p. 126
◄ **CAF**
Voir p. 126

Contrainte extérieure et compétitivité

L'accroissement du taux d'ouverture des pays traduit leur insertion plus grande dans l'économie mondiale et le renforcement de leur interdépendance. Certains d'entre eux peuvent être confrontés à une **contrainte extérieure** qui désigne la limitation du pouvoir

Pouvoir politique ► Voir p. 434

d'intervention des pouvoirs publics qu'engendrent de mauvaises conditions d'insertion dans les échanges internationaux de biens et de services (et de capitaux) : l'État ne peut plus alors mettre en œuvre les politiques économiques et sociales de son choix.

Dès lors qu'un pays participe plus intensément aux échanges internationaux de biens et de services, la contrainte extérieure à laquelle il est confronté sera d'autant plus forte que son taux d'ouverture est élevé, que sa dépendance à l'égard de l'extérieur est grande pour son approvisionnement en produits primaires (voire semi finis), et que la compétitivité des firmes installées sur son territoire est faible.

La **compétitivité** désigne, pour un produit donné, la capacité d'une entreprise ou d'une économie à préserver ou à augmenter sa part de marché. La **part de marché** représente la fraction des ventes globales du produit sur le marché national et sur les marchés extérieurs qui, au cours d'une période, est couverte par celles de l'entreprise ou d'une économie (la compétitivité d'une économie peut être établie produit par produit ou pour l'ensemble des produits).

La **compétitivité prix** désigne l'aptitude d'une entreprise ou d'une économie à pratiquer des prix plus bas que ceux des concurrents. Cette forme de compétitivité dépend de plusieurs facteurs :

– la **compétitivité coûts**, qui désigne la capacité d'une entreprise ou d'une économie à réduire les coûts de production unitaires ;

– les variations des taux de changes ;

– le **comportement de marge**, qui correspond aux comportements des exportateurs fixant leurs prix de vente en fonction du bénéfice par unité produite qu'ils escomptent.

Des prix élevés ne nuisent pas obligatoirement à la compétitivité. La **compétitivité hors prix** (ou **compétitivité structurelle** ou encore **compétitivité produit**) désigne la capacité d'une entreprise ou d'une économie à mobiliser d'autres facteurs que les prix (performances techniques des produits, les délais de livraison, l'efficience du service après-vente, l'offre de facilités de paiements...), pour vendre des produits même quand ils sont chers.

La faible compétitivité d'un pays, ou plus précisément de certaines entreprises qui y sont installées, est révélée par une forte **élasticité des importations par rapport à la croissance du PIB** (ou au revenu national) qui mesure la variation relative (en pourcentage) des importations en regard de celle du PIB (ou du revenu national) : elle permet de connaître le taux de croissance des importations lorsque le PIB (ou le revenu national) augmente de 1 % au cours d'une période donnée. Par exemple, une élasticité égale à 3 permet de déduire que les importations augmentent de 3 % quand le PIB (ou le revenu national) s'accroît de 1 %. Une faible compétitivité se traduit par un niveau élevé et/ou une forte croissance du **taux de pénétration** (calculé globalement ou par branches), qui mesure, au cours d'une période donnée et pour un pays déterminé, le rapport entre les importations de biens et de services du pays et la demande intérieure (ce rapport étant exprimé en pourcentage).

◄ **Branche**
Voir p. 132

LA SPÉCIALISATION DES ÉCONOMIES

Dans une économie insuffisamment compétitive, toute relance de la croissance dopera les importations, au risque de creuser le déficit de la balance des biens et des services (ou de réduire son excédent) et, par conséquent, d'accentuer l'endettement externe du pays. L'État peut alors être dans l'obligation d'appliquer une politique d'austérité destinée à freiner les importations au prix d'une hausse du chômage. Par ailleurs, l'appareil productif doit évoluer de façon à rétablir durablement la compétitivité nationale. Il s'agit de faire émerger des **pôles de compétitivité**, c'est-à-dire des secteurs au sein desquels les entreprises sont fortement compétitives par rapport aux concurrents et exercent des effets d'entraînement sur l'ensemble de l'économie. La constitution de pôles de compétitivité au sein d'un pays peut imposer l'évolution de sa **spécialisation**, qui correspond aux principales productions autour desquelles s'organise l'appareil productif national.

◄ **Politique d'austérité**
Voir p. 223

Une mauvaise spécialisation d'un pays s'insérant dans les échanges de biens et de services affaiblit la compétitivité nationale et alimente les déficits externes. Dans certains cas, elle peut également être source d'appauvrissement des nations : la **croissance appauvrissante**, concept forgé à la fin des années 1950 par l'économiste américain d'origine indienne Jagdish Bhagwati, désigne le fait que l'insertion dans le commerce international de certains pays se traduit par un recul de leur revenu par habitant du fait de la conjonction de certaines caractéristiques de leur économie :

– le secteur d'exportation représente une part importante du PIB ;

– l'élasticité des importations par rapport à la croissance du PIB est forte ;

– les termes de l'échange diminuent.

Les **termes de l'échange** sont un indicateur mesuré par le rapport indice des prix à l'exportation/indice des prix à l'importation (ce rapport étant, le plus souvent, multiplié par 100), c'est-à-dire le prix relatif des produits exportés.

Dans la configuration envisagée par Bhagwati, la hausse du PIB induite par celle des exportations conduit à une augmentation conséquente des importations du fait de leur forte élasticité. La dégradation des termes de l'échange, par exemple lorsque le prix des exportations augmente moins que celui des importations, commande d'accroître fortement le volume des exportations pour préserver le pouvoir d'achat des recettes d'exportations. En d'autres termes, pour maintenir le même volume d'importations, il est nécessaire d'accroître le volume des exportations pour pallier les effets négatifs, sur les recettes d'exportations, de la dégradation des termes de l'échange. Si tel n'est pas le cas, la hausse des importations doit être freinée, ce qui commande le ralentissement, voire la réduction de la demande intérieure (puisque, par hypothèse, la demande extérieure, à laquelle répondent les exportations, augmente), donc du revenu par habitant. Ce risque menace, par exemple, un pays exportateur de produits primaires dont la baisse des prix relatifs n'induit qu'un modeste accroissement de la demande du fait d'une faible élasticité-prix.

Élasticité-prix ►
Voir p. 552

La spécialisation des appareils productifs nationaux fonde une **division internationale du travail (DIT)**, c'est-à-dire la répartition des activités productives entre les différents pays. Cette DIT alimente plus ou moins fortement les courants d'échanges de biens et de services (mais aussi de capitaux et de force de travail). Elle résulte de plusieurs facteurs :

– pour les auteurs libéraux : la présence de ressources naturelles et les facteurs de production disponibles (capital et travail) commandent la spécialisation de nombreux pays ;

– pour les auteurs contestant le courant libéral (marxistes, tiers-mondistes…), la spécialisation peut être imposée par les économies dominantes ou les grandes firmes.

La spécialisation évoluant, la DIT n'est pas immuable. Certains auteurs discernent l'émergence d'une **nouvelle division internationale du travail (NDIT)**, à savoir la modification de la DIT provoquée par l'industrialisation de certains pays en développement depuis les années 1970 ; ceux-ci deviennent de sérieux concurrents pour les pays développés les plus industrialisés et mettent à mal le schéma d'une DIT traditionnelle, qui confère aux pays développés la production de biens industriels et de services, et aux pays en développement la production de produits primaires. En fait, cette perspective est contestée par de nombreux auteurs : d'une part, la DIT traditionnelle simplifie à l'excès les réalités de la spécialisation des nations ; d'autre part, la NDIT ne modifie en rien la domination des pays les plus avancés sur l'économie mondiale.

LA RECHERCHE D'UN NOUVEL ORDRE ÉCONOMIQUE INTERNATIONAL PLUS FAVORABLE AUX PAYS EN DÉVELOPPEMENT (PED)

Après le second conflit mondial, les pays issus de la décolonisation contestent l'ordre économique et politique mondial et affirment leur volonté de contrer la domination des pays avancés, qu'ils soient capitalistes ou socialistes.

Au début des années 1960, plusieurs PED, au sein de l'ONU, œuvrent pour la prise en compte des besoins spécifiques des pays sous-développés. Malgré les difficultés liées aux oppositions au sein même des PED, l'action revendicatrice de ces pays aboutit en 1974 à plusieurs résolutions de l'ONU prônant l'instauration d'un **nouvel ordre économique international (NOEI)**, qui est une conception des relations économiques internationales, remettant en cause la division internationale du travail traditionnelle et les conditions d'insertion des PED dans l'économie mondiale, pour qu'elles leur soient plus favorables.

Cependant, les résultats des politiques destinées à favoriser l'intégration des PED dans l'économie mondiale sont mitigés. Par exemple, l'**aide au développement**, qui est l'ensemble des actions mises en œuvre par les pays développés au bénéfice des PED, devait être l'un des pivots du NOEI. Or, elle est restée limitée.

Ainsi, l'**aide publique au développement (APD)**, c'est-à-dire les dons et prêts à conditions préférentielles accordés aux PED par le secteur public des pays développés, est loin de respecter l'objectif fixé par la CNUCED en 1968 (l'aide devrait représenter au moins 1 % du PNB des pays développés ; ce taux est ramené à 0,7 % par l'OCDE). En outre, l'**aide multilatérale** (aide au développement transitant par les institutions internationales comme le FMI ou la Banque mondiale) est, depuis les années 1980, de plus en plus conditionnelle : son octroi est soumis au respect de certaines dispositions, telle la mise en œuvre de politiques de libéralisation de l'économie ; enfin, l'**aide bilatérale** (aide fournie par un pays à un autre pays ou à un groupe de pays) peut être en partie liée. L'**aide**

◄ **Pays en développement (PED)**
Voir p. 162

◄ **Division internationale du travail**
Voir p. 260

◄ **CNUCED**
Voir p. 275

◄ **OCDE**
Voir p. 266

◄ **FMI**
Voir p. 307

◄ **Banque mondiale**
Voir p. 307

liée est une aide au développement qui est octroyée sous la condition que le pays qui la reçoit l'utilise pour assurer des débouchés au pays qui la fournit.

Par ailleurs, suite à la mise en œuvre de stratégies de développement coûteuses et de conditions de financement onéreuses, une grande partie des PED ont été confrontés à un endettement extérieur qui devient problématique à la fin des années 1970 et au cours des années 1980 et 1990. L'**endettement extérieur**, ou **dette extérieure**, est le volume de dettes contractées par les agents économiques d'un pays à l'égard de ceux d'autres pays. Plusieurs indicateurs permettent de juger du niveau de l'endettement extérieur des pays :

– le **taux d'endettement** ou **ratio d'endettement** est égal au rapport entre la dette extérieure et le PNB ; il s'exprime en pourcentage ;

– le **ratio de la dette** est égal au rapport entre le montant de la dette extérieure (le plus souvent à long terme) et les exportations annuelles de biens et services ; ce ratio s'exprime en pourcentage ;

– le **ratio du service de la dette** est égal au rapport entre, d'une part, le service de la dette (versement des intérêts annuels et de la part du capital remboursé par an) et, d'autre part, les exportations annuelles de biens et services ; ce ratio s'exprime en pourcentage.

Jusqu'au début des années 1980, les mesures destinées à endiguer la croissance de la dette extérieure des PED s'avèrent insuffisantes : il s'agit pour l'essentiel de mesures de **rééchelonnement de la dette** – c'est-à-dire l'allongement de la période de remboursement des emprunts – assorties de politiques d'ajustement structurel pour les PED auxquels les institutions internationales, mais aussi des banques, accordent de nouveaux prêts. Peuvent s'y ajouter des mesures de **réaménagement de la dette**, c'est-à-dire l'ensemble des modifications des conditions de remboursement de la dette.

Cependant, la croissance de l'endettement extérieur des PED se poursuit et nécessite alors plusieurs programmes internationaux de gestion de la dette qui, en dehors de mesures spécifiques, imposent aux PED des **politiques d'ajustement structurel (PAS)**, qui sont des politiques et des réformes économiques, promues notamment par le FMI depuis les années 1970, pour réduire les déséquilibres externes, sources d'endettement extérieur ; elles comportent un volet conjoncturel, correspondant à la mise en œuvre de politiques d'austérité classiques de freinage de la demande intérieure pour réduire les importations et l'inflation ; sur le plan structurel, les PAS visent à instaurer une économie de marché assainie, propre à garantir une croissance durable : il s'agit alors de libéraliser l'économie (liberté des prix, réduction des subventions…), donc de désengager l'État (diminution du nombre de fonctionnaires, privatisations…), de promouvoir l'épargne comme moyen privilégié de financement des investissements, de promouvoir le libre-échange… Ainsi, les PAS s'inscrivent nettement dans une perspective libérale. Il s'agit de permettre aux PED endettés de faire face à leurs engagements en consolidant leurs dettes. La **consolidation** est un ensemble de mesures destinées à renforcer la capacité des débiteurs à rembourser leurs dettes.

◄ **Subventions** Voir p. 234

◄ **Privatisations** Voir p. 32

◄ **Libre-échange** Voir p. 264

Suite à ces différentes mesures, le montant de la dette continue de croître, mais le ratio du service de la dette s'est globalement amélioré. Pour autant, de nombreux PED sont fragilisés et leur position dans le NOEI en souffre.

Aujourd'hui, comme hier, les PED ne constituent pas un groupe homogène. Dès les années 1950, le tiers-monde s'est diversifié. En effet, il regroupe des pays dissemblables par leurs cultures, l'étendue de leurs territoires, leur démographie, leur système politique, leur niveau de développement appréhendé par le PNB/habitant… Depuis les années 1970, l'éclatement du tiers-monde est encore plus net, comme en témoignent les indicateurs de développement humain. Par exemple, pour les PED les plus avancés d'Asie de l'Est, l'IDH dépasse 0,88 alors qu'il est très inférieur pour les pays les moins avancés (PMA). Un **pays moins avancé (PMA)** est un pays en développement caractérisé par un faible niveau de son PNB/habitant (moins de 1 035 dollars en 2015) ; la part de son industrie manufacturière dans le PNB et dans la population active est modeste ; en revanche, celle de son agriculture est très forte ; enfin, son économie est vulnérable (par exemple, aux chocs externes) et son IDH faible. Selon la CNUCED, 45 pays, dont 33 en Afrique, appartiennent à la catégorie des PMA en 2024.

◄ **Tiers-monde** Voir p. 161

◄ **Indicateurs de développement humain (IDH)** Voir p. 177

◄ **CNUCED** Voir p. 275

Au cours des années 1980, l'expression « nouveaux pays industrialisés » (NPI) – l'OCDE utilise plutôt l'appellation « pays nouvellement industrialisés » (PNI) – s'impose progressivement. Un **nouveau pays industrialisé (NPI)** ou **pays nouvellement industrialisé (PNI)** est un pays en développement connaissant une industrialisation marquée : les produits manufacturés représentent une part élevée de ses exportations, la production industrielle enregistre une croissance élevée (ce qui n'exclut pas des phases de crises), l'écart avec les pays développés se réduit… La liste des

◄ **OCDE** Voir p. 266

FMN ►
Voir p. 279

NPI ou PNI varie selon les auteurs ou organisations internationales. Toutefois, une série de pays revient le plus fréquemment : le Brésil, le Mexique, la Thaïlande, Singapour, Hong-Kong, la Chine, Taïwan, la Corée du Sud, le Chili… Certains auteurs préfèrent l'appellation **pays émergents**, qui sont des pays en développement ouvrant des perspectives de débouchés aux firmes exportatrices du reste du monde, des opportunités d'investissements aux FMN et de placements en capitaux mondiaux sur de nouveaux marchés financiers en forte expansion. La liste des NPI et celle des pays émergents se recoupent très largement. Ces pays comblent leur retard par rapport aux pays développés.

Bien que l'industrialisation progresse au sein du tiers-monde, beaucoup de pays restent, pour une grande part, exportateurs de produits primaires. C'est notamment le cas des PMA ou des pays membres de l'**Organisation des pays exportateurs de pétrole (OPEP)** : organisation, fondée en 1960, réunissant plusieurs pays producteurs dans le but de créer une entente destinée à soutenir et à valoriser le prix du pétrole afin de permettre aux membres de l'organisation de financer leur développement. En 2024, sont membres de l'organisation : Algérie, Arabie saoudite, Congo, Émirats arabes unis, Gabon, Guinée équatoriale, Iran, Irak, Koweït, Libye, Nigéria, Venezuela. Au début des années 1970, l'OPEP contrôlait 55 % de la production mondiale de pétrole (40 % actuellement). Cette position dominante lui a permis d'augmenter le prix du pétrole dont les pays industrialisés étaient fortement dépendants ; mais, depuis les années 1980, sa position hégémonique s'est en partie atténuée.

B. LES THÉORIES DU COMMERCE INTERNATIONAL

Commerce international ►
Voir p. 256

Depuis 1945, l'essor du commerce international des biens et des services s'inscrit dans un contexte marqué par l'extension du **libre-échange**, qui est une politique commerciale se traduisant par la réduction puis l'élimination de tout obstacle douanier aux échanges internationaux de biens et de services.

LIBRE-ÉCHANGE ET PROTECTIONNISME

Le libre-échange s'oppose aux politiques commerciales protectionnistes qui caractérisaient l'économie mondiale jusqu'aux années 1940 (à l'exception de la période comprise entre les années 1840 et les années 1870). Le **protectionnisme** est une politique commerciale dont l'objet est de favoriser l'activité nationale au détriment de la concurrence étrangère en instaurant des barrières douanières ; cette politique ne signifie pas obligatoirement que le volume du commerce international recule, mais qu'il est encadré par des mesures de contrôle mises en œuvre par les États.

Le protectionnisme peut être tarifaire ou non tarifaire.

Le **protectionnisme tarifaire** est une politique commerciale qui consiste à appliquer des droits de douane aux importations. Les droits de douane sont des taxes frappant le prix des produits importés. Ces taxes peuvent être forfaitaires ; elles sont le plus souvent exprimées en pourcentage du prix du produit (droits *ad valorem*).

Le **protectionnisme non tarifaire** est une politique commerciale qui regroupe un ensemble de mesures destinées à dresser des obstacles aux importations autrement que par des droits de douane. Par exemple, un **quota** est une mesure non tarifaire prise par un État qui fixe la fraction de la demande nationale pouvant être couverte par des importations (les quotas sont établis par produit et par pays). Les **contingentements** sont des mesures protectionnistes non tarifaires qui imposent pour certains produits et par pays ou groupes de pays, un contingent. Un **contingent** est un volume maximum d'importation, autorisé pour une période donnée. Ainsi, les **accords multifibres** sont des accords commerciaux permettant aux pays développés à économie de marché d'imposer des contingents d'importation aux pays en développement exportateurs de produits textiles. Ces accords, établis pour la première fois en 1974, puis plusieurs fois renouvelés, sont démantelés depuis 2005.

Le ***clearing*** (ou **compensation**) est une pratique permettant aux pays en manque de liquidités internationales de nouer des relations commerciales selon des règles proche de celle du troc. Le *clearing* relève du protectionnisme non tarifaire : il fixe le volume des échanges au cours d'une période et il peut être considéré comme une forme de contingentement.

◄ **Troc**
Voir p. 86

Alors que le protectionnisme tarifaire constituait la forme essentielle des barrières à l'échange au XIXe siècle, le protectionnisme non tarifaire se développe entre les deux guerres mondiales. De la fin des années 1940 aux années 1960, les deux formes de protectionnisme reculent ; depuis les années 1970, les barrières non tarifaires tendent à réapparaître lors des phases de freinage de la croissance. Ce **néoprotectionnisme**, c'est-à-dire le recours au

Trente Glorieuses ►
Voir p. 154

protectionnisme non tarifaire depuis la fin des Trente Glorieuses, n'a pas pour autant stoppé la tendance libre-échangiste entamée depuis la fin des années 1940, comme le montre notamment l'OCDE.

L'**OCDE (Organisation de coopération et de développement économique)** est instituée en 1960 pour faciliter la concertation entre les pays membres dans le but de favoriser leur croissance. Elle regroupe aujourd'hui 38 pays, qui pour la plupart sont des pays développés (États-Unis, Grande-Bretagne, France, Allemagne, Japon…).

LES THÉORIES DU COMMERCE INTERNATIONAL PROMOUVANT LE LIBRE-ÉCHANGE

Gain à l'échange ►
Voir p. 51

Les libre-échangistes veulent montrer que le commerce international génère un gain à l'échange qui, pour les pays, correspond à la possibilité de se procurer davantage de produits qu'en situation d'autarcie, notamment ceux qu'ils ne peuvent pas produire ou qui sont moins chers à l'étranger.

Smith ►
Voir p. 507

Au XVIIIe siècle, le courant libéral promeut le libre-échange en opposition aux idées mercantilistes qui privilégient le protectionnisme. Les physiocrates sont favorables à la libéralisation des échanges ; néanmoins, les fondements théoriques du libre-échange sont établis par l'école classique : Adam Smith (1723-1790) soutient, dans son ouvrage *Recherches sur la nature et les causes de la richesse des nations* (1776), que le libre-échange est facteur d'enrichissement pour les nations s'adonnant au commerce international. Chacune doit se spécialiser dans la production pour laquelle elle dispose d'un **avantage absolu**, c'est-à-dire un coût unitaire plus bas que dans les autres pays, en raison d'une productivité du travail élevée.

Ricardo ►
Voir p. 510

David Ricardo (1772-1823) approfondit cette analyse dans son ouvrage, *Des principes de l'économie politique et de l'impôt*, paru en 1817 : il établit la **loi des avantages comparatifs** (ou **relatifs**), loi stipulant que les pays ne disposant pas d'un avantage absolu bénéficient du libre-échange dès lors qu'ils se spécialisent dans la production pour laquelle ils disposent du désavantage le plus faible en termes de coûts unitaires ou de niveau de productivité du travail, tandis que les autres pays optent pour la production bénéficiant de l'avantage absolu le plus élevé.

Alors que l'avantage absolu est fondé sur le niveau absolu des coûts unitaires (l'avantage réside dans les coûts unitaires les plus bas), l'**avantage comparatif** (ou **relatif**) désigne l'écart relatif de ces coûts entre pays (l'avantage comparatif repose sur les coûts unitaires relativement les plus bas ou les plus faiblement supérieurs en regard de ceux des concurrents).

Par exemple, si en une heure de travail sont obtenus 5 mètres de tissu et 100 litres de vin en Grande-Bretagne, et 10 mètres de tissu et 300 litres de vin au Portugal, dans les deux cas, le Portugal dispose d'un avantage absolu (la Grande-Bretagne n'en bénéfice d'aucun). Cet avantage est plus important sur le vin (trois fois) que sur le tissu (deux fois). Le Portugal dispose donc d'un avantage comparatif (ou relatif) sur le vin et la Grande-Bretagne enregistre son désavantage le plus faible sur le tissu. Si les Portugais exportent 300 litres de vin en Grande-Bretagne, ils pourront en échange obtenir 15 mètres de tissu alors qu'au Portugal, 300 litres de vin s'échangent contre seulement 10 mètres de tissu. Si les Britanniques exportent 5 mètres de tissu au Portugal, ils se procureront 150 litres de vin alors qu'en Grande-Bretagne, ces 5 mètres s'échangent contre 100 litres de vin. Ainsi, les deux pays ont intérêt à opter pour le libre-échange en se spécialisant : la Grande-Bretagne dans le textile et le Portugal dans le vin.

Au début du XIXe siècle, Ricardo mobilise sa théorie pour justifier le libre-échange et l'abrogation des **lois sur les blés** (***ou corn laws***) qui sont des règles grevant de lourdes taxes les importations de blé en Grande-Bretagne afin de protéger l'agriculture britannique. Selon Ricardo, l'adoption du libre-échange permettrait d'abaisser le prix du blé en Grande-Bretagne, donc des salaires, gonflant les profits des industriels. Ceux-ci pourraient écouler leurs produits sur le marché intérieur et les marchés internationaux.

L'analyse ricardienne est reprise au XXe siècle par Eli Heckscher, en 1919, et par Bertil Ohlin, en 1933.

Eli Heckscher (1879-1952) est un économiste suédois dont les travaux relèvent de l'histoire économique. Il s'est, en particulier, intéressé à la doctrine mercantiliste, dont il montre les limites. Il a en outre développé des analyses sur les politiques monétaires des banques centrales. Dans un court article, paru en 1919, il fonde l'avantage comparatif dont disposent les pays sur leur dotation factorielle. Professeur de Bertil Ohlin, il en a été également l'inspirateur. Il a publié *Mercantilism* (1931).

Bertil Ohlin (1899-1979) est un économiste suédois qui a particulièrement étudié les questions relevant de l'économie internationale en s'intéressant aux fondements de l'avantage comparatif à la suite des travaux d'Eli Heckscher. Ces travaux lui ont valu le prix

Nobel d'économie en 1977 (qu'il partage avec le britannique James Meade). Par ailleurs, conjointement avec d'autres économistes suédois, il développe au cours des années 1930 certaines analyses proches de celles de Keynes (multiplicateur, rôle de l'incertitude...). Pourtant, il se réclame du libéralisme tout en manifestant son souci d'œuvrer pour la justice sociale. Son ouvrage, *Interregional and International Trade*, a été publié en1933.

Keynes ► Voir p. 524
Justice sociale ► Voir p. 427
Spécialisation ► Voir p. 259

Heckscher et Ohlin fondent la spécialisation des pays sur leur **dotation factorielle**, qui désigne les facteurs de production (capital travail, terre) dont les pays disposent : ils ont intérêt à se spécialiser dans les productions mobilisant les facteurs de production qu'ils possèdent en abondance, et à importer les produits incorporant les facteurs de production qui leur manquent. Par exemple, le Brésil, disposant de vastes étendues de terres, devrait exporter des produits agricoles et importer des biens d'équipement. En revanche, la Grande-Bretagne, disposant de peu de terres, mais de beaucoup de capital exportera des produits industriels en échange de produits agricoles.

Après le second conflit mondial, plusieurs auteurs complètent les thèses d'Heckscher et d'Ohlin pour justifier le libre-échange. C'est le cas, en 1948, de Paul Samuelson.

Samuelson établit, en 1948, les fondements du **théorème d'Heckscher-Ohlin-Samuelson** (ou **théorème HOS**), c'est-à-dire un ensemble de propositions logiques destinées à démontrer que l'extension des échanges et l'adoption du libre-échange induisent la convergence mondiale de la rémunération des facteurs de production. En effet, conformément aux principes énoncés par Heckscher et Ohlin, certains pays se spécialisent dans des productions nécessitant l'emploi d'une main-d'œuvre abondante, tandis que d'autres le feront dans des productions à forte intensité capitalistique. Dans les premiers, la hausse de la production conduit à un accroissement de la demande de travail, donc des salaires, tandis que les importations à fort contenu de capital réduisent la rareté de ce dernier dont le prix relatif chute. Symétriquement, dans les pays exportant des produits à fort contenu de capital, le prix relatif de ce facteur s'accroît et celui du travail diminue. Ainsi, les prix des facteurs tendent à converger.

Demande de travail ► Voir p. 195
Prix relatif ► Voir p. 153

Au début des années 1950, testant la pertinence des thèses d'Heckscher et d'Ohlin sur l'économie américaine, Wassily Leontief infirme l'analyse de ces auteurs.

Wassily Leontief (1906-1999) est un économiste américain d'origine russe, dont la plus grande partie des travaux portent sur les relations inter-industrielles entre les différentes branches de l'économie, qu'il représente sous la forme d'un tableau *input/output*. Ce tableau permet, par exemple, de connaître la quantité d'*input* nécessaire à la production d'une unité d'un bien ou l'intensité capitalistique des branches. Le tableau *input/output* est largement utilisé par les systèmes de comptabilité nationale. C'est en reconnaissance de la qualité de ses travaux que Leontief reçoit le prix Nobel d'économie en 1973. Il a notamment publié *Essais d'économiques* (1974).

◄ **Branche**
Voir p. 132

◄ ***Input / Output***
Voir p. 20

Sur la base de tableaux *input/output* établis sur l'économie américaine, Leontief révèle, au début des années 1950, un paradoxe. Le **paradoxe de Leontief** est le constat *a priori* inattendu que le contenu en facteur travail des exportations américaines est plus élevé que ne le laissait supposer le niveau de l'accumulation du capital aux États-Unis. Ce paradoxe paraît résolu dès lors que la productivité du travail est prise en compte. Si, par exemple, la productivité du travailleur américain vaut trois fois celle d'un travailleur dans un autre pays, la dotation en facteur travail des États-Unis est bien plus élevée qu'il n'y paraît (ici, trois fois plus élevée que la dotation apparente). La **dotation technologique** correspond au niveau de maîtrise technologique des pays qui prennent part au commerce international.

◄ **Accumulation du capital**
Voir p. 155

LES THÉORIES CONTESTANT LE LIBRE-ÉCHANGE ET PROMOUVANT LE PROTECTIONNISME

Les approches promouvant le libre-échange sont contestées par de nombreux auteurs. Par exemple, Karl Marx (1818-1883) voit dans le commerce international un facteur d'inégalité entre nations : le libre-échange est le moyen par lequel les firmes des pays capitalistes dominants enrayent la chute de leur taux de profit en élargissant leurs débouchés et en se procurant des produits primaires peu coûteux. La spécialisation des pays dominés est par ailleurs imposée par les pays dominants en fonction des intérêts des capitalistes. Cette analyse a été reprise à la fin des années 1960 par Arghiri Emmanuel.

◄ **Marx**
Voir p. 517

Arghiri Emmanuel (1911-2001) économiste d'inspiration marxiste, développe ses travaux en appliquant aux échanges entre pays pauvres et pays riches la théorie de l'exploitation de Marx. Le commerce international régi par les principes libre-échangistes est néfaste aux pays en développement : les exportations des pays

◄ **Exploitation**
Voir p. 361

capitalistes à destination des pays en développement incorporent moins d'heures de travail que les importations en provenance de ces pays. Ce transfert de valeur se traduit pour les firmes des pays avancés par un surprofit qui est en partie distribué à leurs salariés sous forme de hauts salaires relativement à ceux des pays en développement. Par conséquent, les salariés des pays riches participent à l'exploitation de salariés des pays pauvres. A. Emmanuel a publié *L'Échange inégal* (1969) et *La Dynamique des inégalités* (1999).

Prolongeant les thèses marxistes, la plupart des théoriciens de l'impérialisme développent une analyse critique de l'évolution du capitalisme et du commerce international. Cette approche est notamment celle de Lénine.

Wladimir Ilitch Oulianov (1870-1924) dit **Lénine** est le leader de la révolution bolchevique de 1917, en Russie. Son action politique est fondée sur l'œuvre de Karl Marx et de Friedrich Engels. Il développe une théorie de la révolution privilégiant le rôle d'un parti d'avant-garde de la classe ouvrière, auquel adhèrent des professionnels de l'action révolutionnaire. En 1916, il expose ses thèses sur l'impérialisme, qu'il considère comme la dernière phase du développement du capitalisme. Ses principaux ouvrages sont : *L'Impérialisme, stade suprême du capitalisme* (1916) et *L'État et la révolution* (1918).

Engels ►
Voir p. 485

Pour Lénine, l'**impérialisme** est le stade ultime du développement du capitalisme caractérisé par la concentration du capital et de la production, la fusion du capital bancaire et industriel, l'exportation des capitaux, la formation de firmes multinationales et le partage du globe par les grandes puissances, dont la domination bloque le développement des pays dominés.

Firme multinationale ►
Voir p. 279

Ces différentes approches confèrent au libre-échange un statut d'instrument de domination des pays développés sur les pays pauvres. Le commerce international ne peut alors être bénéfique à tous les participants aux échanges. Le protectionnisme, en revanche, peut permettre aux nations dominées d'enclencher un processus de développement fondé sur l'essor d'une industrie nationale, abritée de la concurrence des firmes des pays avancés.

Le protectionnisme est par ailleurs légitimé par des auteurs ne s'inscrivant pas dans la perspective marxiste. Ainsi, Friedrich List (1789-1846) perçoit le protectionnisme comme le moyen de stimuler l'industrialisation des nations. Il promeut un **protectionnisme éducateur**, c'est-à-dire un ensemble de mesures protégeant le marché intérieur et permettant l'essor d'entreprises naissantes qui, à l'abri des barrières douanières, disposent du temps d'apprentissage nécessaire pour accéder au niveau de compétitivité des pays plus avancés. Dès lors que ce niveau de compétitivité est atteint, les barrières douanières doivent être abolies et le libre-échange instauré.

Des auteurs contemporains développent une approche similaire en promouvant les politiques commerciales stratégiques. Une **politique commerciale stratégique** correspond à un ensemble de mesures mises en œuvre par les États (ou une coalition d'États) pour développer des activités jugées stratégiques (aéronautique, électronique...) de façon à réduire toute dépendance à l'égard de l'extérieur. La distribution de subventions et les commandes publiques en faveur des entreprises intervenant dans les secteurs jugés stratégiques, la protection du marché intérieur, sont les outils de ces politiques commerciales.

Cette approche a été popularisée et critiquée, au cours des années 1980, par Paul Krugman.

Paul Krugman (né en 1954, prix Nobel d'économie en 2008) est un économiste américain contemporain, spécialiste de l'économie internationale ; il contribue notamment à l'élaboration de nouvelles théories du commerce international, prenant en compte les imperfections de la concurrence. Il a publié *Économie internationale*, avec M. Obstfeld (2015, 10e éd.) ou encore *Sortez-nous de cette crise... maintenant !* (2012).

Pour Krugman, les politiques commerciales stratégiques d'inspiration protectionniste présentent plusieurs inconvénients : elles risquent de déclencher des conflits commerciaux majeurs entre les pays ; l'intervention de l'État perturbe l'allocation de ressources : les ressources consacrées au développement des secteurs stratégiques feront défaut aux autres secteurs et doperont artificiellement l'essor de certaines entreprises (par exemple, les fournisseurs des industries stratégiques). Toutefois, Krugman reconnaît que le libre-échange n'offre pas tous les avantages que décrivent les théories traditionnelles. Il n'en est pas moins vrai que les politiques commerciales libre-échangistes présentent moins d'inconvénients que les politiques protectionnistes : le libre-échange est un *second best*. Un ***second best*** est une situation qui n'est pas optimale (une situation optimale serait telle qu'il serait impossible d'améliorer la satisfaction d'un agent économique sans détériorer celle d'au moins un autre), mais la meilleure possible compte tenu du contexte. Ainsi, le libre-échange n'est pas totalement optimal mais, constituant la moins mauvaise des politiques commerciales, il offre des opportunités plus favorables que le protectionnisme.

LES NOUVELLES THÉORIES DU COMMERCE INTERNATIONAL

Smith ►
Voir p. 507
Ricardo ►
Voir p. 510
Branche ►
Voir p. 132

Les théories contemporaines du commerce international dénoncent l'irréalisme des théories traditionnelles issues des approches de Smith et de Ricardo. Les thèses de ces auteurs classiques induisent une représentation des échanges internationaux fondée sur un **commerce interbranche** qui désigne les échanges internationaux portant sur des produits issus de branches différentes (par exemple, un pays exporte des automobiles et importe des matières premières). Or, la plus grande part des échanges mondiaux de biens et de services est un **commerce intrabranche** (ou **échanges croisés**), à savoir des importations et des exportations concernant des produits similaires issus des mêmes branches (par exemple, les automobiles apparaissent à la fois dans les exportations et les importations d'un pays pour des montants significatifs, c'est-à-dire dépassant une certaine fraction des échanges extérieurs). Le commerce intrabranche peut concerner des produits similaires de même niveau de gamme, mais différenciés horizontalement selon la marque ou l'image que s'en font les acheteurs : par exemple, les Français achètent des voitures allemandes pour leur robustesse supposée ou réelle ; les Allemands acquièrent des voitures françaises pour leur confort... Le commerce intrabranche peut également concerner des produits similaires de gammes différentes (des automobiles de bas de gamme contre des automobiles de haut de gamme) : la différenciation des produits est dans ce cas verticale.

FMN ►
Voir p. 279

Une partie importante du commerce international résulte de la stratégie de **multinationalisation**, c'est-à-dire le fait pour une entreprise d'implanter une ou des unités de production à l'étranger, se transformant ainsi en firme multinationale (FMN). Ainsi, les FMN développent une forme de commerce dont les modalités échappent aux principes libéraux qui fondent le libre-échange : le **commerce captif** (ou **commerce intrafirme** ou encore **échange intrafirme**), c'est-à-dire les échanges de biens et de services au sein d'une FMN entre les différentes unités de production qui la composent, est régi par des impératifs fixés par la direction du groupe. Celle-ci élabore une **décomposition internationale des processus productifs (DIPP)** qui consiste à scinder le processus de production en différents segments localisés dans différents pays en vue de maximiser la rentabilité.

La **chaîne de valeur** désigne l'ensemble des activités mise en œuvre pour un produit fini, de la production des différents composants à la vente du produit, en passant par son assemblage (opérations de conception, de production, de logistique et de service).

La **fragmentation de la chaîne de valeur** désigne le fait que les activités aboutissant à la vente d'un produit fini sont réalisées par de nombreuses entreprises différentes dans des lieux différents.

L'**internationalisation de la chaîne de valeur** désigne le fait que les activités aboutissant à la vente d'un produit fini sont réalisées dans des pays différents.

Par ailleurs, les nouvelles théories du commerce international adoptent l'hypothèse de rendements d'échelle croissants, plus réaliste que celle des rendements d'échelle constants ou décroissants, sur laquelle reposent les théories traditionnelles justifiant le libre-échange. L'hypothèse des rendements d'échelle croissants permet de prendre en compte l'imperfection de la concurrence : en augmentant leur production, les entreprises présentes sur le marché d'un produit interdisent l'arrivée de tout concurrent nouveau du fait de la baisse des coûts unitaires renforçant leur compétitivité. Chaque pays se spécialise alors dans les productions pour lesquelles les rendements croissants sont les plus intenses et délaisse les autres : les marchés sont des oligopoles sur lesquels s'affrontent de grandes firmes peu nombreuses pour lesquelles le commerce international offre l'opportunité d'accroître leur production, donc de diminuer leurs coûts unitaires pour gonfler leur profit. Dans ce cas, les grandes firmes différencient leurs produits, notamment par l'image de marque. L'économiste Bernard Lassudrie-Duchêne y voit une manière de répondre à une demande de différence des consommateurs.

◄ **Rendements d'échelle**
Voir p. 23

◄ **Oligopole**
Voir p. 65

Pour le Suédois Steffen Linder, l'existence d'un important marché intérieur induit une demande de biens ou d'une variété de produits dont le volume et la structure sont liés au niveau de vie (demande représentative). Les firmes répondent à cette demande en bénéficiant d'économies d'échelle en raison des rendements d'échelle croissants qui élèvent leur compétitivité et dopent leurs exportations vers les pays à structure de demande proche, d'où des échanges intrabranches. Toutefois, les producteurs vont chercher à différencier leurs produits : dans ce cas, la différenciation n'est pas le fait d'une demande de différence des consommateurs, mais du comportement des producteurs.

◄ **Économies d'échelle**
Voir p. 24

◄ **Différenciation**
Voir p. 29

Les différentes perspectives ouvertes par les nouvelles théories du commerce international font apparaître les avantages comparatifs comme le résultat et non la cause des échanges internationaux de biens et de services : la croissance des échanges provoque un accroissement de la production qui réduit les coûts unitaires, conférant un avantage de compétitivité aux firmes en bénéficiant.

C. DU GATT À L'OMC

L'EXTENSION DU LIBRE-ÉCHANGE DEPUIS 1947

L'essor du commerce international de biens et de services n'est pas indépendant du contexte institutionnel dans lequel il intervient.

Ainsi, l'**Accord général sur les tarifs et le commerce (Agetac)** (ou, en anglais, ***General Agreement on Tariffs and Trade* [GATT])**, est un traité signé en 1947 par 23 pays, destiné à promouvoir le libre-échange et le multilatéralisme.

Le **multilatéralisme** désigne le fait qu'un ensemble de pays décident de coopérer et d'adopter les mêmes règles régissant leurs relations (dans le cadre du GATT, il s'agit des relations commerciales ; depuis 1945, le principe du multilatéralisme prévaut également en matière monétaire). Cette option s'oppose à celle du **bilatéralisme**, qui est une forme de relations entre pays correspondant au fait que chacun définit les modalités de ses relations internationales (notamment commerciales) par des accords qu'il signe avec chacun de ses partenaires ; les termes d'un accord intéressant deux pays (accord bilatéral) ne sont pas *a priori* applicables aux autres pays.

Le multilatéralisme promu par le GATT commande l'application de la **clause de la nation la plus favorisée**, qui est un principe stipulant que chaque pays s'engage à accorder à tout autre pays signataire de l'accord les avantages commerciaux qu'il concéderait à l'un d'entre eux (par exemple, la réduction des tarifs douaniers). En outre, l'accord prévoit qu'aucun pays ne peut favoriser ses producteurs par l'octroi de subventions à l'exportation ou l'érection de barrières douanières discriminantes, quelles que soient leurs formes. Le GATT prohibe le dumping, qui est une pratique commerciale consistant à vendre un produit à un prix inférieur à son coût de production. Toutefois, certaines pratiques pouvant être assimilées au dumping persistent. Par exemple, le **dumping monétaire** est une pratique des autorités monétaires de certains pays, consistant à prendre des mesures destinées à provoquer une sous-évaluation systématique du taux de change de la monnaie nationale pour doper la compétitivité des firmes installées sur leur territoire ; le **dumping social** désigne la pratique des pouvoirs publics de certains pays qui perpétuent un faible niveau de protection sociale pour réduire les charges des entreprises, donc diminuer leurs coûts. Il recouvre également les pratiques des employeurs et des États destinées à maintenir les salaires à de bas niveaux pour préserver la compétitivité prix des firmes.

Subvention ►
Voir p. 234

La mise en œuvre des mesures de libéralisation du commerce international promues par le GATT fait l'objet de **négociations commerciales multilatérales** (ou **rounds**), c'est-à-dire des réunions regroupant les responsables politiques des pays signataires en vue de décider de mesures concrètes favorisant l'essor du commerce international, de compléter l'accord initial et de consolider les acquis en matière de libéralisation des échanges commerciaux. De 1947 à 1993, huit *rounds* sont parvenus à réduire les barrières douanières.

Certaines exceptions aux principes généraux énoncés précédemment sont cependant prévues par le GATT. Ainsi, jusqu'à 1993, les services sont exclus des négociations multilatérales ; les produits agricoles ne sont pas expressément exclus, mais n'ont pas fait l'objet de négociation jusqu'à la fin des années 1980. Le recours à un protectionnisme temporaire est envisageable pour pallier des difficultés passagères.

La clause de la nation la plus favorisée peut ne pas être appliquée : la **Conférence des Nations unies sur le commerce et le développement**, la **CNUCED** (en anglais, **UNCTAD, *United Nations Conference on Trade and Development***), est une institution, mise en place en 1964 à la demande des pays du tiers-monde, qui réunit tous les quatre ans au sein de l'Organisation des Nations unies (ONU), pays développés et pays en développement et dont l'objectif est de favoriser le développement des PED en assurant leur insertion dans l'économie mondiale. Par exemple, la CNUCED a œuvré pour que les PED puissent accorder des avantages tarifaires à d'autres PED sans les accorder aux pays développés ; en outre, le **système généralisé de préférences (SGP)** est un accord international, signé en 1968, mais appliqué à partir de 1971, promu par la CNUCED et agréé dans le cadre du GATT, qui autorise la baisse des droits de douane sur les importations des pays développés en provenance des PED, sans réciprocité et sans avoir à réduire les droits appliqués aux importations en provenance d'autres pays développés.

Enfin, le GATT admet la constitution de zones d'échanges privilégiés entre pays. il s'agit d'une entorse à la clause de la nation la plus favorisée puisque les membres de la zone d'échanges réduisent les obstacles douaniers au sein de la zone sans en faire bénéficier les pays signataires du GATT hors zone. Cependant, les termes du GATT stipulent que la constitution de telles zones ne doit pas se traduire par un renforcement des obstacles douaniers à l'égard des pays tiers.

LA MISE EN PLACE DE L'OMC

La **conférence de Marrakech** est la réunion, en avril 1994, des responsables politiques des pays ayant participé à l'*Uruguay round*, confirmant la tendance à la libéralisation des échanges de biens et de services enregistrée depuis 1947. L'*Uruguay round* est le 8e cycle de négociation organisé dans le cadre du GATT depuis sa signature en 1947 ; entamé en 1986 à Punta del Este, en Uruguay, ce cycle de négociation s'achève à Genève en décembre 1993.

AMF ► Voir p. 111

L'*Uruguay round* aboutit à une nouvelle baisse des tarifs douaniers. Le démantèlement des AMF est programmé comme celui des mesures de limitation quantitative des importations. Les échanges de produits agricoles font également l'objet de mesures de libéralisation progressives. De plus, la conférence de Marrakech institue l'**Accord général sur le commerce des services (AGCS)**, en anglais ***General Agreement on Trade in Services* (GATS)**, qui désigne un cadre juridique étendant le champ d'application des mesures de libéralisation aux échanges internationaux de services. Dans ce cadre, il est également prévu de mieux protéger les droits de propriété intellectuelle : les accords **TRIP's (*Trade Related Intellectual Property's Rights*)** ou, en français, **Accords sur les droits de propriété intellectuelle** touchant au commerce (**ADPIC**), sont des mesures incluses dans le GATS destinées à garantir la protection des marques, des brevets, des auteurs.

Par ailleurs, la conférence de Marrakech institue l'**Organisation mondiale du commerce (OMC)**, une nouvelle institution internationale (166 membres en août 2024) chargée de la gestion de l'accord issu de l'*Uruguay round* et du règlement des conflits commerciaux entre pays.

Techniquement, une Conférence ministérielle (composée des responsables politiques de tous les pays membres) se réunit au moins tous les deux ans et se substitue aux *rounds*. Elle constitue un organe de décision.

Un Conseil général, composé de représentants des pays membres, se réunit quand c'est nécessaire, en fonction des problèmes à traiter. Ce Conseil est chargé de la gestion de l'organisation et d'appliquer les décisions de la Conférence ministérielle. Il constitue également l'Organe de règlement des différends (ORD) qui statue sur les conflits commerciaux entre pays membres. Dans tous les cas, les décisions sont prises sur la base d'une voix par État membre. Sous la conduite du Conseil général, trois conseils spécialisés supervisent le fonctionnement des accords multilatéraux dans leur domaine respectif (trois domaines ont été retenus : marchandises, services, droits de propriété intellectuelle).

Enfin, l'OMC associe à une partie des travaux des Conférences ministérielles, des **organisations non gouvernementales (ONG)** qui sont des associations privées à but non lucratif créées pour défendre les intérêts de leurs membres ou de collectivités humaines plus larges et qui n'ont pas pour vocation à conquérir ou à exercer le pouvoir politique.

D. LES MIGRATIONS INTERNATIONALES DES TRAVAILLEURS ET L'INTERNATIONALISATION DES CAPITAUX

L'internationalisation des économies nationales et la mondialisation, entendue comme la constitution d'un vaste marché mondial faisant abstraction des frontières politiques, ne sont pas réductibles à l'essor des échanges internationaux de biens et de services. Les flux migratoires et les mouvements de capitaux entre pays y contribuent également.

LES FLUX MIGRATOIRES ET LES FLUX DE CAPITAUX

Les **flux migratoires** (ou **migrations**) sont des déplacements de populations d'un lieu à un autre. Ces flux participent à l'internationalisation des économies nationales dès lors qu'il s'agit de **migrations internationales**, c'est-à-dire de déplacements de populations d'un pays à un autre dans lequel elles désirent s'installer. Les déplacements quotidiens des travailleurs frontaliers ne sont donc pas inclus dans les flux migratoires internationaux ; les migrations touristiques non plus.

L'**émigration** correspond aux flux de personnes quittant un pays (pays d'origine des flux migratoires) pour s'installer dans un autre (pays d'accueil). Pour l'Institut national de la statistique et des études économiques (Insee), l'**immigration** désigne les déplacements de personnes étrangères nées à l'étranger venant s'installer sur le territoire d'un pays d'accueil. La définition de l'Insee invite à ne pas confondre étranger et immigré. Au sein d'un pays (par exemple, la France), un **étranger** est celui qui ne possède pas les

Nationalité ►
Voir p. 435

attributs de la nationalité (ici, la nationalité française) définis par ce pays. Un **immigré** est celui qui est venu s'installer sur le territoire national (ici, la France) après y être entré comme étranger. Un immigré peut acquérir la nationalité du pays par naturalisation : certains immigrés sont donc français ; en revanche, les étrangers nés en France ne sont pas des immigrés.

Les flux migratoires influent sur les autres flux internationaux : par exemple, les immigrés envoient une part de leurs salaires à leurs familles restées dans le pays d'origine. Celles-ci alimentent les flux d'échanges de biens et services par leur consommation de produits importés ; les immigrés freinent ou réduisent la croissance des coûts salariaux dans le pays d'accueil en augmentant l'offre de travail ; la compétitivité prix des firmes en bénéficie, impliquant, toute chose égale par ailleurs, une croissance de leurs exportations.

Offre de travail ►
Voir p. 195

Par ailleurs, les frontières des économies nationales sont franchies par des flux entrants et sortants de capitaux : plusieurs opérations sont à l'origine de ces flux.

Les **investissements directs à l'étranger (IDE)** désignent les flux de capitaux provoqués par des entreprises développant leurs activités productives à l'étranger (les flux d'IDE alimentent le stock d'IDE des firmes multinationales, c'est-à-dire le stock de capital qu'elles détiennent à l'étranger). Ces flux d'IDE revêtent plusieurs formes :

– l'implantation d'une unité de production à l'étranger ;

– l'acquisition d'une part du capital social d'une entreprise étrangère déjà existante en vue d'en contrôler la gestion (le Fonds monétaire international fixe la part minimum à 10 %) ;

Capital social ►
Voir p. 366
Fonds monétaire international ►
Voir p. 307

– le réinvestissement sur place des bénéfices réalisés par les unités de production sous contrôle (dans ce cas, il n'y a pas de mouvements de capitaux) ;

– les opérations financières (prêts, participations au capital social, avances de fonds) intervenant entre la maison-mère ou société-mère et les unités de production étrangères qu'elle contrôle, notamment ses filiales. Au sens strict, une **filiale** est une unité de production bénéficiant d'une autonomie juridique et dont le capital est contrôlé à plus de 50 % par la maison-mère.

Les mouvements internationaux de capitaux sont également alimentés par des **investissements de portefeuille**, c'est-à-dire des flux internationaux de capitaux correspondant à des opérations conduites selon une logique financière et non pas pour développer une activité productive à l'étranger. Il s'agit, par exemple, de l'acquisition d'actions ou de parts de propriété d'entreprises étrangères afin d'en retirer un revenu (des dividendes) maximum et/ou une plus-value du fait de la hausse des cours de ces titres sur les marchés financiers.

◄ **Action**
Voir p. 95

D'autres opérations concourent à l'internationalisation des capitaux : il s'agit des opérations de prêts ou d'emprunts entre agents économiques de pays différents, des transactions sur les marchés des changes nationaux dès lors que les achats ou les ventes de devises induisent des flux de capitaux entre pays : par exemple, des spéculateurs américains vendent, sur les marchés des changes européens, les dollars qu'ils détiennent contre des livres ou des euros ; dans ce cas, les Européens enregistrent une entrée de capitaux tandis que les Américains subissent une sortie de capitaux.

LA MULTINATIONALISATION DES FIRMES

L'internationalisation des mouvements de capitaux est favorisée par la déréglementation, qui réduit fortement ou supprime les entraves à la libre circulation des capitaux et participe ainsi à la globalisation financière. La multinationalisation des firmes induit également des flux de capitaux entre pays du fait des investissements directs à l'étranger (IDE).

◄ **Déréglementation**
Voir p. 232
◄ **Globalisation financière**
Voir p. 105

Une **firme multinationale (FMN)** – ou **firme transnationale (FTN)** selon la terminalogie de la CNUCED – est une entreprise, le plus souvent de grande taille, qui, à partir d'une base nationale, implante une ou plusieurs unités de production à l'étranger en fonction d'une stratégie conçue par une maison-mère.

◄ **CNUCED**
Voir p. 275

L'étendue d'un groupe multinational va au-delà des filiales et des autres unités de production qu'il détient. En effet, il fait appel à des entreprises sous-traitantes, parfois très nombreuses : celles-ci, bien que juridiquement indépendantes, sont économiquement dépendantes du groupe multinational.

La **sous-traitance** correspond à la situation d'entreprises qui, juridiquement indépendantes d'une firme (appelée donneur d'ordre), exécutent pour le compte de cette dernière des activités qu'elle aurait pu prendre en charge. Ainsi, en recourant à la sous-traitance, la firme donneuse d'ordre procède à l'externalisation d'une partie de ses activités : par exemple, Nike confie à plusieurs sous-traitants asiatiques la confection de chaussures de sport sur lesquelles seront apposées la marque de la FMN américaine. L'économiste

◄ **Externalisation**
Voir p. 35

Charles-Albert Michalet distingue trois formes de FMN correspondant à trois types de stratégies (pouvant être associées) :

– les stratégies d'approvisionnement correspondent aux **FMN primaires**, qui sont des firmes disposant d'unités de production à l'étranger dont l'activité est centrée sur la production de matières premières, des produits agricoles, etc., pour répondre aux besoins des industries de transformation ;

– les stratégies de marché sont le fait de FMN disposant de filiales-relais. Une **filiale-relais** est une filiale implantée dans un pays pour y accroître les ventes en se rapprochant des clients. C'est par exemple le cas pour les entreprises productrices de biens de consommation durables. C'est aussi le cas de nombreuses FMN de services qui constituent aujourd'hui la part la plus importante des investissements à l'étranger provenant des pays développés. Il s'agit de banques, de compagnies d'assurances, d'institutions financières, de sociétés de commerce, d'agences de publicité, de compagnies de télécommunication, etc. ;

– enfin, des FMN développent des stratégies de rationalisation en créant des filiales-ateliers. Une **filiale-atelier** est une filiale implantée dans un pays (notamment, un pays à bas salaires) pour y produire à des coûts plus bas que dans le pays d'origine et non pas pour conquérir un nouveau marché.

Cette perspective rappelle dans une certaine mesure celle de Raymond Vernon.

Raymond Vernon (1913-1999) est un économiste américain ; il développe, au cours des années 1960, une thèse qui fonde les stratégies des FMN américaines au cours des années 1950 et 1960, sur le modèle du cycle de vie du produit. Au cours des années 1980, il réduit la portée de sa propre thèse en repérant l'existence de firmes multinationales dont les stratégies ne répondent pas à son modèle. Il a publié *Les Entreprises multinationales* (1973).

Le **cycle de vie du produit** est un modèle qui décompose l'évolution des ventes d'un produit en quatre phases : le lancement (les ventes d'un nouveau produit sont dans un premier temps modestes), la percée (forte croissance des ventes), la maturité (stagnation des vente à un haut niveau) et le déclin (recul des ventes). Le lancement de produits nouveaux (phase 1 du cycle de vie du produit) par les firmes américaines assure leur suprématie sur leur marché national (années 1950). La croissance des ventes (phase

2 du cycle) est d'autant plus forte que la production trouve des débouchés sur les marchés extérieurs. Progressivement, en raison de l'intensification de la concurrence et de la saturation relative des marchés nationaux et internationaux, la progression des ventes et de la production ralentit (phases 3 et 4 du cycle). Pour renforcer leur compétitivité, les entreprises américaines localisent alors une partie de leurs unités de production dans les pays où elles exportaient jusqu'alors (années 1960 et suivantes). Elles peuvent également délocaliser leurs unités de production dans les pays à bas salaires.

◄ **Compétitivité**
Voir p. 258

La **délocalisation** est une stratégie d'entreprises consistant :

– à fermer une ou plusieurs unités de production dans un pays donné ;

– et à implanter une ou des unités de production équivalentes dans un ou plusieurs autres pays dans lesquels les conditions de production sont jugées plus favorables (coûts de la main-d'œuvre, exonérations fiscales, notamment au sein de zones franches...).

Une **zone franche** est une aire géographique au sein d'un pays, à l'intérieur de laquelle les firmes bénéficient de plusieurs avantages : exonérations ou réductions d'impôts, allégements de charges sociales, facilité d'importation d'intrants, possibilité d'expatrier les profits, accès au marché intérieur du pays d'accueil...

◄ **Charges sociales**
Voir p. 238

Au sens large, la délocalisation inclut également le recours à la sous-traitance internationale.

◄ **Sous-traitance**
Voir p. 279

Certains auteurs repèrent, depuis les années 1980, l'émergence de firmes multinationales globales. La **transnationalisation** (ou **globalisation des firmes**) désigne le processus par lequel certaines FMN tendent à devenir des firmes globales intervenant sur le marché mondial (ou de vastes zones géographiques réunissant plusieurs pays) qu'elles considèrent comme un marché unifié.

Une **firme multinationale globale** est une firme organisée autour d'une stratégie définie centralement par la maison-mère dont la direction, elle-même mondialisée, unifie la gamme de produits sur le marché mondial (ou sur de vastes zones), décide de la localisation des unités de production, constitue des réseaux avec des sous-traitants privilégiés et/ou d'autres FMN et recourt aux marchés des capitaux globalisés. Les filiales sont spécialisées dans la fabrication de composants d'un produit ou du produit fini et alimentent un marché plus large que le marché sur lequel elles sont implantées ; les échanges entre filiales sont alors nombreux.

Les firmes globales n'ignorent pas les spécificités nationales et la conception d'un produit mondial n'exclut pas certaines adaptations relevant de la responsabilité de « filiales régionales » ou d'unités plus déconcentrées. Néanmoins, la maison-mère organise la production du groupe de manière à générer des économies d'échelles, par exemple en centralisant la recherche-développement, en spécialisant des filiales de manière à ce que celles-ci alimentent plusieurs unités de production du groupe sur un marché plus vaste que celui sur lequel elles sont implantées, etc. Cette stratégie de « glocalisation » (global + local) selon la formule du fondateur de la firme Sony, Akio Morita, permet aux FMN d'accroître leur efficience au sein de l'économie mondiale.

Économies d'échelle ► Voir p. 24

Efficience ► Voir p. 20

E. L'INTÉGRATION EUROPÉENNE

LES MODALITÉS DE L'INTÉGRATION ÉCONOMIQUE

L'**intégration économique** est le processus par lequel plusieurs économies nationales constituent un même espace économique au sein duquel les obstacles aux échanges tendent à être abolis.

Au début des années 1960, l'économiste Bela Balassa établit une typologie qui repère quatre niveaux d'intégration économique.

Bela Balassa (1928-1991) est un économiste hongrois ayant émigré aux États-Unis au cours des années 1950. C'est un spécialiste de l'économie internationale qui a particulièrement étudié la constitution de blocs régionaux, en particulier la Communauté économique européenne (*The Theory of Economic Integration*, 1961 ; *European Economic Integration*, 1975).

Communauté économique européenne ► Voir p. 284

Quatre niveaux d'intégration

Une **zone de libre-échange** est un espace économique constitué par plusieurs pays qui tendent à éliminer les barrières douanières faisant obstacle à leurs échanges de biens et/ou de services au sein de cette zone. Par exemple, l'**Accord de libre-échange nord-américain (ALENA)**, en anglais ***North American Free Trade Agreement* (NAFTA)**, est un traité signé en 1992 et appliqué depuis 1994, qui met en place une zone de libre-échange entre le Mexique, les États-Unis et le Canada. C'est aussi le cas de l'**Association des nations d'Asie du Sud-Est (ANASE)** ou, en anglais, ***Association of South East***

***Asian Nations* (ASEAN)**, association entre plusieurs pays d'Asie du Sud-Est ; fondée en 1967, elle regroupe l'Indonésie, la Malaisie, les Philippines, Singapour et la Thaïlande (dès 1967), Brunei (1984), le Viêtnam (1995), la Birmanie et le Laos (1997), le Cambodge (1999). Un accord, signé en 1993, prévoit l'institution d'une zone de libre-échange entre ces pays, qui prend progressivement corps au cours des années 2000 et 2010.

Le deuxième niveau d'intégration économique, plus intense que le précédent, intervient au sein d'une **union douanière**, c'est-à-dire un ensemble de pays appartenant à une zone de libre-échange qui adoptent en outre une politique commerciale commune, notamment un tarif extérieur commun. Un **tarif extérieur commun** désigne des droits de douane identiques appliqués aux pays n'appartenant pas à l'union douanière. La Communauté andine (Bolivie, Pérou, Venezuela – jusqu'en 2006 –, Colombie et Équateur), instituée depuis 1995, est un exemple d'union douanière.

Le troisième niveau d'intégration économique approfondit le précédent. C'est celui du **marché commun** (ou **marché unique**), espace économique regroupant des pays qui, d'une part, constituent une union douanière, libéralisant de ce fait leurs échanges de biens et de services, et, d'autre part, instituent la libre circulation des capitaux et des hommes au sein de l'union. C'est le cas du ***Mercado comun del Sur* (Mercosur)** qui est un marché commun institué, en 1991, par le traité d'Asunción. Entré en vigueur depuis 1995, il réunit le Brésil, l'Argentine, le Paraguay et l'Uruguay auxquels se sont joints le Venezuela en 2006 (l'adhésion de ce pays étant toutefois suspendue en 2017) et la Bolivie en 2015 (qui, de ce fait, a quitté la CAN).

Enfin, le quatrième niveau d'intégration économique est atteint lorsque plusieurs pays forment une **union économique**, c'est-à-dire un espace économique constitué par les pays membres d'un marché commun qui, de surcroît, coordonnent leurs politiques économiques. Une **union économique et monétaire** est un espace économique constitué par les membres d'une union économique qui instaurent une coopération monétaire renforcée. Cette coopération peut aboutir à la création d'une monnaie commune, voire unique, comme c'est le cas de l'Union européenne (UE) depuis 1999. Le degré d'intégration économique atteint à ce stade la plus forte intensité.

◄ **Union européenne**
Voir p. 289

La constitution de zones d'échanges n'est pas un phénomène nouveau, mais prend une grande ampleur depuis les années 1960.

Depuis le XIXe siècle et jusqu'aux années 1950, plusieurs accords créent des zones régionales d'échanges. Par exemple, le ***zollverein*** est une union douanière entre plusieurs États allemands, mis en œuvre en 1834 ; en 1921, la Belgique et le Luxembourg forment également une union douanière. Le **Benelux** (acronyme de Belgique, Nederland, Luxembourg) est une union douanière entre la Belgique, les Pays-Bas et le Luxembourg, instituée en 1948. La **Communauté européenne du charbon et de l'acier (CECA)** désigne l'union douanière constituée en 1951 par la France, l'Allemagne fédérale, l'Italie, la Belgique, les Pays-Bas et le Luxembourg, portant sur les échanges de charbon, d'acier et de minerais de fer entre ces pays. La CECA est dirigée par une haute autorité, organisme supranational. Cette structure a permis l'expansion de la production et la reconversion industrielle. Elle a également contribué à renouer les liens entre l'Allemagne et la France, peu d'années après la fin du second conflit mondial. Cependant, la CECA a aussi connu quelques difficultés face aux crises charbonnières (concurrence du pétrole) à la fin des années 1950, et sidérurgiques au cours des années 1970.

Le **traité de Rome** est un accord signé en mars 1957 par les pays fondateurs de la CECA, instituant la Communauté économique européenne. La **Communauté économique européenne (CEE)** est une union douanière dont la réalisation a été effective en 1968 ; elle est devenue un marché commun ou marché unique en 1993.

Union douanière ►
Voir p. 283
Marché commun ►
Voir p. 283
Marché unique ►
Voir p. 283

À partir des années 1960, le mouvement d'intégration économique s'accélère.

Depuis les années 1960, de nombreuses zones régionales d'échanges ont été constituées sur tous les continents : Marché commun centre-américain (1960), Pacte andin (1966), Accord de libre-échange entre l'Australie et la Nouvelle-Zélande (1965), Communauté économique des États d'Afrique de l'Ouest (1975), etc.

En Europe, l'**Association européenne de libre-échange (AELE)** est une zone de libre-échange, instaurée en 1960, associant plusieurs pays européens : elle regroupe dans un premier temps la Grande-Bretagne, la Norvège, le Danemark, l'Autriche, le Portugal, la Suède, la Suisse et le Liechtenstein ; la Finlande et l'Islande rejoindront la zone en 1961 et 1970 respectivement. Certains de ces pays adhéreront à la CEE (Danemark et Grande-Bretagne en 1973, Portugal en 1986, Finlande, Suède et Autriche en 1995), réduisant l'importance de la zone (aujourd'hui, l'AELE est réduite à la Suisse, à la Norvège, à l'Islande et au Liechtenstein).

Le **traité de Porto** est un accord signé en 1992 par les membres de la CEE et de l'AELE ; il institue un **Espace économique européen (EEE)** qui désigne une vaste zone de libre-échange, tendant à devenir un marché unique, associant les pays signataires. Il est en vigueur depuis le 1er janvier 1994. La Suisse a refusé son adhésion à l'EEE à la suite d'un référendum, en 1992.

Aux formes d'intégration analysées par Bela Balassa, il convient d'ajouter des modalités particulières correspondant à une logique interrégionale, que ne prend pas en compte cet auteur. Par exemple, l'***Asia Pacific Economic Cooperation*** **(APEC)** est un forum de discussion, créé en 1989, réunissant 21 pays riverains du Pacifique (États-Unis, Mexique, Canada, Chili, Australie, Nouvelle-Zélande, Papouasie-Nouvelle Guinée, Japon, Taïwan, Chine, Corée du Sud, Russie, Pérou, Hong-Kong et les membres de l'ASEAN sauf le Laos, le Cambodge et la Birmanie). L'APEC souhaite constituer une zone de libre-échange et libéraliser l'investissement des firmes multinationales au sein de la zone.

◄ **ASEAN**
Voir p. 283

◄ **Zone de libre échange**
Voir p. 282

La régionalisation des échanges est-elle contradictoire avec l'essor du multilatéralisme ?

◄ **Multilatéralisme**
Voir p. 274

Plusieurs auteurs dénoncent l'effet de détournement du commerce induit par la **régionalisation des échanges**, c'est-à-dire la constitution par un groupe de pays d'un espace économique intégré (ou bloc régional) au sein duquel les barrières douanières sont réduites, puis généralement supprimées ; ces pays peuvent également prévoir d'éliminer les entraves aux flux de capitaux et de main-d'œuvre au sein du bloc régional. Pour ces auteurs, la constitution de zones d'échanges doperait les échanges entre pays membres de la zone au détriment des pays tiers. Ceux-ci, victimes de ce **détournement d'échanges** ou **détournement de trafic** (remplacement d'une partie des importations du bloc régional provenant de pays tiers par des échanges entre pays membres du bloc régional) subiraient un freinage de leur croissance qui, en retour, ralentirait leurs importations, donc le commerce mondial. Le risque de conflits commerciaux majeurs serait en outre accru : les pays hors zone pourraient en effet multiplier les mesures de protection à titre de représailles… Enfin, la régionalisation des échanges induit une spécialisation sous-optimale en regard de celle qui prévaudrait dans un contexte de libre-échange généralisé.

Spécialisation ► Voir p. 259

Toutefois, d'autres auteurs insistent sur le caractère limité du détournement de trafic dans la mesure où les pays membres de la zone d'échanges commerçaient déjà essentiellement entre eux. De plus, la croissance économique induite par l'essor des échanges intrazone stimule les importations en provenance des pays tiers et la recherche d'économies d'échelle destinées à réduire les coûts unitaires incite à exporter vers les pays hors zone. Il y a alors **création d'échanges** ou **création de trafic** (accroissement des échanges commerciaux des pays membres d'un bloc régional avec les pays n'appartenant pas à ce bloc).

Économies d'échelle ► Voir p. 24

Par ailleurs, rien n'interdit l'intégration de nouveaux membres, ni des accords entre zones d'échanges ou avec des pays. Par exemple, la Bolivie et le Chili ont signé en 1996 un accord d'association libre-échangiste avec le Mercosur.

Mercosur ► Voir p. 285
GATT ► Voir p. 274
OMC ► Voir p. 276
CEE ► Voir p. 284

Ainsi, la régionalisation des échanges ne nuit pas à l'essor du multilatéralisme promu d'abord par le GATT, puis par l'OMC.

Cependant, lorsque la régionalisation des échanges relève d'une logique d'autarcie, elle devient incompatible avec le multilatéralisme. C'est le cas de la **Politique agricole commune (PAC)**, politique définie par le traité de Rome instituant la CEE (1957) et mise en œuvre en 1962, ayant pour objectifs d'améliorer la productivité des agriculteurs européens, de leur garantir un niveau de vie équitable en regard de celui du reste de la population, de stabiliser les cours, d'assurer l'autosuffisance alimentaire de la CEE et de fixer un niveau raisonnable des prix pour les consommateurs. Pour atteindre ces objectifs, le niveau des prix de nombreux produits agricoles sont garantis aux producteurs (le niveau des prix garantis varie selon les produits) ; les débouchés de la production sont assurés (les surplus sont acquis par la Communauté, qui finance leur stockage) ou les destructions de récoltes, en cas de surproduction, sont indemnisées. Dans le cadre de la PAC, les agriculteurs bénéficient de la **préférence communautaire**, c'est-à-dire une protection du marché intérieur européen destinée à inciter les États membres de la CEE à s'approvisionner au sein de la zone plutôt qu'à l'extérieur : les prix garantis aux producteurs sont supérieurs aux prix mondiaux. Pour dissuader les acheteurs de produits agricoles de s'approvisionner à l'étranger, un prélèvement (une taxe) équivalant à un tarif douanier est appliqué aux importations de produits agricoles ; en revanche, pour permettre aux producteurs d'exporter, ceux-ci bénéficient d'une restitution, qui équivaut à une subvention à l'exportation, destinée à aligner les prix européens sur les prix mondiaux sans abaisser les revenus des producteurs.

La protection dont bénéficie l'agriculture européenne contredit les principes du multilatéralisme et du libre-échange. Toutefois, la PAC a connu de nombreuses réformes réduisant son caractère protectionniste. De plus, de nombreux accords promouvant le libre-échange ont été signés par la CEE (puis par l'Union européenne à partir de 1993) prouvent que celle-ci n'est pas la forteresse que certains dénoncent : la CEE (l'Union européenne depuis 1993) s'est largement ouverte aux autres pays (accords avec l'AELE par la constitution de l'Espace économique européen, avec les pays d'Europe centrale et orientale, avec le Mercosur…). En outre, les modalités de son intégration économique ont participé au processus de mondialisation. Il en est ainsi, par exemple, de la libre circulation des capitaux qui, au sein du marché unique, a contribué à la globalisation financière. Enfin, les politiques commerciales de l'UE s'inscrivent très nettement dans une tendance libre-échangiste. C'est pourquoi, dans sa globalité, l'intégration européenne est compatible avec l'essor du multilatéralisme.

◄ **Union européenne** Voir p. 289
◄ **AELE** Voir p. 284
◄ **Globalisation financière** Voir p. 105

Ce n'était en revanche pas le cas du **Conseil d'assistance économique mutuelle**, le **CAEM** (en anglais, ***Council for Mutual Economic Assistance*****, le Comecon**) qui est une union régionale, créée en 1949, regroupant la Bulgarie, la Hongrie, la Pologne, la Roumanie, la Tchécoslovaquie, l'Albanie (jusqu'en 1961) et l'URSS ; la RDA y adhéra en 1950, la Mongolie en 1962, Cuba en 1972 et le Viêtnam en 1978. Cette organisation, destinée officiellement à renforcer la cohésion des États membres, était un instrument de domination de l'URSS sur le camp socialiste. Les échanges intra-zones étaient planifiés. Les dirigeants socialistes, se méfiant du libre-échange, privilégiaient l'autarcie. Au début des années 1960, des tentatives pour instaurer une forme de multilatéralisme au sein du CAEM et une **division internationale socialiste du travail (DIST)**, c'est-à-dire une répartition des activités productive entre les pays socialistes, enregistrent des résultats décevants. Il en est de même des échanges commerciaux avec l'Ouest au cours des années 1970. Le CAEM ne pouvait promouvoir le libre-échange et le multilatéralisme en raison des fondements des économies socialistes centralement planifiées. Il est dissout en juin 1991 alors que, depuis la fin des années 1980, les pays d'Europe centrale et orientale et l'ex-URSS ont déjà redéployé leurs échanges vers l'Ouest et entamé, depuis 1990-1991, leur transition vers le capitalisme.

L'UNION EUROPÉENNE, L'INTÉGRATION ÉCONOMIQUE RÉGIONALE LA PLUS ABOUTIE

Traité de Rome ► Voir p. 284

En mars 1957, la signature du traité de Rome accentue l'intégration économique de l'Europe de l'Ouest par la création de la Communauté économique européenne, la CEE (ainsi qu'Euratom dans le domaine du nucléaire) qui associe six pays : l'Allemagne, la France, l'Italie, la Belgique, le Luxembourg et les Pays-Bas. Cet évènement confirme l'émergence d'une Europe communautaire qu'avait initiée la CECA. L'**Europe communautaire** désigne l'union des pays membres de la CEE (devenue Union européenne en 1993), dotée d'institutions spécifiques communes destinées à favoriser l'intégration économique, sociale et politique de ces pays.

CEE ► Voir p. 284

Union douanière ► Voir p. 283

Tarif extérieur commun ► Voir p. 283

Le traité de Rome prévoit d'instaurer, à moyen terme, une union douanière, et, à plus long terme, un marché commun. À cet effet, il est prévu de supprimer progressivement les droits de douane et les barrières non tarifaires au sein de la zone et d'instaurer un tarif extérieur commun. En outre, le traité prévoit la mise en œuvre d'une politique agricole commune ; de plus, des fonds structurels participent à l'intégration européenne.

Les **fonds structurels** sont des financements spécifiques destinés à la mise en œuvre d'actions de formation, de qualification et d'insertion professionnelle (Fonds social européen ou FSE, créé dès 1957), au développement des régions en retard (Fonds européen de développement régional ou FEDER, mis en place en 1975), à la modernisation de l'agriculture (Fonds européen d'orientation et de garantie agricole), etc.

Depuis la mise en œuvre de l'union douanière, en 1968, le renforcement de l'intégration économique européenne est passé par différentes étapes qui, tendanciellement, ont intensifié le commerce intra-communautaire.

L'approfondissement de l'intégration européenne des années 1970 aux années 1990

À partir des années 1970, la CEE s'élargit. En 1973, trois nouveaux pays y adhèrent : le Danemark, la Grande-Bretagne et l'Eire ; la Grèce les rejoint en 1981 ; le Portugal et l'Espagne, en 1986. En 1995, la Suède, la Finlande et l'Autriche deviennent membres de l'Union européenne. L'**Union européenne (UE)** est une union économique et monétaire se substituant à la CEE, conformément aux termes du traité de Maastricht.

◄ **Union économique et monétaire**
Voir p. 283

Le **traité de Maastricht** est un traité, signé en 1992, qui confirme l'instauration du marché unique, institue une coopération politique (en matière de politique étrangère) et juridique plus intense entre les pays membres ; il définit en outre les contours d'une citoyenneté de l'Union et promeut le principe de subsidiarité, stipulant que l'intervention communautaire doit être limitée aux domaines pour lesquels l'action des gouvernements nationaux serait moins efficiente. Enfin, le traité de Maastricht prévoit à moyen terme l'union monétaire (adoption d'une monnaie unique) au sein de l'UE.

◄ **Citoyenneté**
Voir p. 441
◄ **Subsidiarité**
Voir p. 443

Ce traité conditionne l'adoption de la monnaie unique européenne (l'euro) par les pays membres de l'UE au respect de **critères de convergence** qui sont un ensemble d'objectifs macroéconomiques assignés aux membres de l'UE afin de réduire leurs disparités. Cinq critères ont été retenus :

– le taux d'inflation ne doit pas dépasser de plus de 1,5 point la hausse moyenne des prix des trois pays membres de l'UE les moins inflationnistes ;

– le taux d'intérêt à long terme ne doit pas dépasser de plus de 2 points la moyenne des taux d'intérêt des trois pays membres de l'UE les moins inflationnistes ;

– le **déficit public** (déficit des administrations publiques) doit être inférieur à 3 % du PIB ;

– l'endettement des administrations publiques devant être inférieur à 60 % du PIB ;

– l'absence de dévaluation de la monnaie nationale (sur une période de deux ans) et le respect des marges de fluctuation prévues par le système monétaire européen.

◄ **Système monétaire européen**
Voir p. 298

En 1995, « l'Agenda 2000 » développe une stratégie d'approfondissement de l'Union vers plusieurs **pays d'Europe centrale et orientale (PECO)**, c'est-à-dire l'espace géographique correspondant aux pays d'Europe de l'Est qui appartenaient, avant 1990, au bloc des pays socialistes (sauf la Russie, l'Ukraine et la Biélorussie ou Belarus). Des négociations, entamées dès la fin des années 1990, y compris avec des pays autres que les PECO (Chypre et Malte), débouchent sur de nouvelles adhésions à l'UE : Pologne, Hongrie, République tchèque, Slovénie, Slovaquie, Estonie, Lituanie, Lettonie, Chypre et Malte (en 2004), Roumanie et Bulgarie (en 2007), Croatie (en 2013).

Les institutions européennes

Certaines institutions sont de nature politique.

L'**Europe politique** est l'ensemble des institutions européennes disposant du pouvoir politique (Conseil européen, Conseil de l'union européenne, Commission et Parlement).

Le **Conseil européen** est une instance créée en 1975 (mais officialisée par un traité en 1986 seulement), composée des chefs d'État et de gouvernement des États membres et du président de la Commission. Au cours des sommets européens, il fixe les grandes orientations, les priorités de l'Union, et cherche des solutions aux problèmes de fonctionnement que le Conseil de l'Union européenne n'a pas pu résoudre. Avant 2009, la présidence du Conseil européen était assurée à tour de rôle par les États membres et pour une période de six mois. Depuis 2009, le Conseil nomme son président pour un mandat de deux ans et demi, renouvelable une fois. Il conduit les travaux du Conseil et représente l'UE dans le monde.

Sommet européen ► Voir p. 290

Conseil de l'UE ► Voir p. 290

Un **sommet européen** est la réunion du Conseil européen (au moins une réunion par semestre) dans une ville du pays assurant la présidence. Par ailleurs, le Conseil européen décide de l'opportunité d'organiser une **Conférence intergouvernementale**, c'est-à-dire la réunion des représentants des États membres destinée à préparer la révision des traités qui fondent l'Union (toutefois, c'est au Conseil européen qu'il revient d'adopter les traités révisés ; ceux-ci doivent être ensuite ratifiés par les États membres).

Le **Conseil de l'Union européenne** (ou **Conseil des ministres de l'UE**) est une instance réunissant les ministres des États membres concernés par les dossiers, les questions à traiter ; il adopte des actes communautaires que la Commission met en application. Il se réunit aussi souvent que nécessaire. La présidence du Conseil de l'UE est assurée à tour de rôle par les États membres et pour une période de six mois.

Commission ► Voir p. 291

Depuis l'Acte unique européen, la procédure de décision au sein du Conseil de l'UE a été modifiée.

L'**Acte unique européen** est un accord, signé en 1986 par les pays membres de la CEE et entré en vigueur en juillet 1987, amendant le traité de Rome. Il prévoit la mise en œuvre d'un marché commun (marché unique) en 1993 qui concrétise les « quatre libertés » (libre circulation des marchandises, des services, des capitaux et des hommes) énoncées dans le traité de Rome. Par ailleurs, l'Acte unique instaure de nouvelles procédures décisionnelles : jusqu'alors, la procédure de décision reposait sur un accord unanime des pays membres au sein du Conseil des ministres de la CEE. Dorénavant, un grand nombre de décisions peuvent être prises à la **majorité qualifiée**, modalité de vote prévoyant qu'après avoir attribué un certain nombre de voix à chaque pays (en partie en tenant compte de sa taille) il ne soit plus exigé l'unanimité mais un nombre minimum de voix. Cette procédure facilite les prises de décision. Cependant, si de nombreuses décisions sont prises à la majorité qualifiée, d'autres requièrent toujours l'unanimité (par exemple, les questions relevant de la fiscalité).

◄ **Marché commun** Voir p. 283

La **Commission** est une instance composée de commissaires désignés d'un commun accord par les États membres et agréés par le Parlement ; elle vise à traduire les décisions du Conseil européen en propositions (nouvelles réglementations, nouvelles politiques...). Celles-ci sont soumises au Parlement et au Conseil de l'Union. La Commission est chargée d'exécuter les actes communautaires décidés par le Conseil de l'Union. Les commissaires exercent leur fonction pour une durée de cinq ans en toute indépendance vis-à-vis des gouvernements nationaux.

◄ **Conseil européen** Voir p. 290

Le **Parlement européen** est une assemblée composée de députés européens élus au suffrage universel (depuis 1979). Ils exercent un mandat de cinq ans. Le Parlement arrête chaque année le budget de l'Union. Il peut renverser la Commission par une motion de censure réunissant les deux tiers des députés. Il statue sur les propositions de la Commission, conjointement au Conseil de l'Union avec lequel il partage, dans de nombreux domaines, un pouvoir de codécision.

La **codécision** est un processus qui associe le Parlement au processus décisionnel en instituant des procédures permettant de concilier le point de vue du Parlement et celui du Conseil de l'UE. Lorsque la conciliation s'avère impossible, le Parlement dispose de fait d'un droit de veto sur les propositions qui lui sont soumises. Les domaines relevant de la codécision ont été étendus : elle concerne la libre circulation des travailleurs, la protection du consommateur, l'éducation, la culture, la santé, les réseaux transeuropéens…

D'autres institutions participent au fonctionnement de l'UE

La **Cour de justice des communautés européennes** est une institution chargée de contrôler la légalité des textes et des organes communautaires et le respect du droit communautaire par les États.

La **Cour des comptes** est l'instance chargée d'établir l'exactitude du budget européen, d'en contrôler l'exécution, donc de valider l'usage des ressources financières mobilisées par l'UE.

Le **Comité économique et social des communautés européennes** est un organisme regroupant des représentants de la société civile qui émettent des avis (à titre consultatif) sur les projets de la Commission et du Conseil de l'UE.

Le **Comité des régions de l'UE** est une instance dans laquelle siègent des représentants des Régions et des collectivités locales de l'Union. Ces représentants émettent des avis (à titre consultatif) en matière d'éducation, de santé, de transport…

BCE ►
Voir p. 299

Le **Système européen de banques centrales (SEBC)** est une instance regroupant les banques centrales des pays de l'Union et la Banque centrale européenne (BCE). La BCE est une Banque centrale indépendante des États membres de l'UE ; elle est dirigée par un conseil des gouverneurs (les gouverneurs des banques centrales des pays adoptant la monnaie unique et un directoire composé d'un président, de son vice-président et de quatre autres personnalités aux compétences professionnelles reconnues). Le directoire met en œuvre la politique monétaire définie par le conseil des gouverneurs. La **Banque européenne d'investissement (BEI)** est une banque communautaire dont l'objet est d'accorder des prêts à long terme pour financer des investissements contribuant à l'intégration européenne et de participer au financement de projets favorisant l'essor des pays en développement. Les ressources de la BEI proviennent des souscriptions des pays membres de l'UE à son capital et d'emprunts sur les marchés des capitaux.

La poursuite de l'intégration européenne depuis la fin des années 1990

Traité de Maastricht ►
Voir p. 289

L'intégration européenne s'accentue avec la signature du **traité d'Amsterdam**, traité signé en 1997 par les 15 membres de l'UE et entré en vigueur en 1999. Il intègre les acquis du traité de Maastricht et introduit de nouvelles règles. Le traité d'Amsterdam conforte la coopération des États membres de l'UE en matière de politique étrangère et de sécurité commune.

La **politique étrangère et de sécurité commune (PESC)** est une politique commune de l'UE regroupant un ensemble d'actions établies par le Conseil de l'UE (dans ce cas, il réunit les ministres des affaires étrangères des États membres), conformément aux orientations définies par le Conseil européen. Le Parlement émet un avis (rôle consultatif) sur ces actions. La mise en œuvre de la PESC est dirigée par un haut représentant désigné par les États membres. Définie pour la première fois dans le cadre du traité de Maastricht, la PESC est fondée sur plusieurs principes : la défense de l'indépendance et de la sécurité de l'Union, le maintien de la paix sur le continent, le respect des valeurs communes partagées par les membres de l'UE, des libertés fondamentales, des règles de la démocratie et de l'État de droit.

◄ **État de droit**
Voir p. 448

Le traité d'Amsterdam renforce la coopération juridique et policière des États, déjà envisagée dans le traité de Maastricht, notamment pour parachever la réglementation permettant la libre circulation des hommes au sein de l'Union prévue par les **accords de Schengen** (accords prévoyant la libre circulation des personnes au sein de « l'espace Schengen » – sauf clauses d'exception en cas de danger pour la sécurité publique des États signataires –, la coopération des pays membres face à la criminalité, au terrorisme, et des mesures communes pour contrôler l'immigration et mettre en œuvre une politique d'asile).

Le traité d'Amsterdam institue, par ailleurs, les modalités d'une coopération renforcée entre les États. La **coopération renforcée** est un processus permettant à une majorité d'États d'accentuer, au cours d'une période donnée et sans mettre en cause les principes généraux du traité, leur coopération dans certains domaines communautaires. Toutefois, la PESC est exclue du champ d'application de ce principe. Au sommet de Nice, en décembre 2000, le Conseil européen confirme cette opportunité et supprime le droit de veto figurant dans le traité d'Amsterdam, que pouvait exercer tout membre de l'Union à l'encontre de ce processus. Le traité d'Amsterdam contient également un « volet emploi » instituant, sans réelle contrainte, une coopération des États membres en matière de politique de l'emploi, afin de réduire le chômage au sein de l'UE.

◄ **Conseil européen**
Voir p. 290

Au traité d'Amsterdam a succédé le **traité de Nice**, traité adopté par le Conseil européen lors du sommet de Nice en décembre 2000 et signé par les pays membres en février 2001. Ce traité prolonge, mais aussi modifie certains éléments du traité d'Amsterdam et ajoute des articles nouveaux, notamment ceux qu'implique l'adhésion de nouveaux pays. Ainsi, le traité de Nice s'applique depuis 2004 aux 27 membres de l'UE après l'élargissement intervenu en mai 2004 puis en janvier 2007. Le traité confirme et renforce les orientations du traité d'Amsterdam en matière de politique européenne de sécurité commune (PESC) et de coopération juridique et policière entre les États. Les pondérations des voix intervenant dans la procédure du vote à majorité qualifiée sont modifiées pour tenir compte des nouveaux adhérents (les domaines concernant cette procédure sont plus nombreux) ; il en est de même du nombre et de la répartition par pays des députés européens ; en outre, la procédure de codécision est étendue à de nouveaux domaines. Le nombre et le mode de désignation des membres de la Commission sont également revus. Enfin, la procédure de coopération renforcée ne peut plus être entravée par le veto d'un pays membre.

Majorité qualifiée ►
Voir p. 291

Codécision ►
Voir p. 291

Enfin, le **traité de Lisbonne** est signé en 2007 et entre en vigueur en 2009 (en fait, sa pleine application ne sera effective qu'en 2014, voire 2017). Il prévoit l'approfondissement de l'intégration prévue par les traités précédents. Il institue en outre un président du Conseil européen, élu à la majorité qualifiée par le Conseil européen pour un mandat de deux ans et demi et renouvelable une fois. Il est chargé de la représentation extérieure de l'UE et de l'encadrement des travaux du Conseil européen. Celui-ci désigne aussi un haut représentant pour les affaires étrangères et la sécurité commune, vice-président de la commission et président le conseil des ministres des affaires étrangères de l'UE. La charte des droits sociaux fondamentaux fait l'objet d'une référence qui lui confère une force contraignante (sauf pour la Grande-Bretagne, la Pologne et la République tchèque). Le traité prévoit de faciliter les coopérations renforcées et instaure un droit de quitter l'Union pour les pays qui le souhaiteraient.

En revanche, suite au résultat d'un référendum intervenu en 2016, et conformément au nouvel article du traité de l'UE autorisant cette démarche, le Royaume-Uni a entamé, en 2017, les négociations qui ont abouti à sa sortie de l'Union en 2020.

De manière plus générale, les traités de l'UE semblent ouvrir de nouvelles perspectives pour une **Europe sociale**, c'est-à-dire une intégration sociale plus poussée au sein de l'UE (par exemple, en matière de droit des travailleurs, de réduction des inégalités, etc.).

Cependant, cette intégration sociale reste limitée en regard des réalisations économiques des européens : le libéralisme inspirant les choix de la Commission et le poids de la culture et de l'histoire propres à chacun des membres de l'Union qui fondent les systèmes de protection sociale, expliquent ce que certains appellent le « déficit social de l'Europe ». En outre, tout approfondissement de l'intégration sociale est soumis au principe de subsidiarité et, par conséquent, à la volonté politique des gouvernements nationaux de se dessaisir de certaines de leurs prérogatives dans le domaine de la protection sociale.

◄ **Commission**
Voir p. 291

◄ **Subsidiarité**
Voir p. 443

POLICY MIX ET COORDINATION DES POLITIQUES ÉCONOMIQUES ET SOCIALES AU SEIN DE L'UNION EUROPÉENNE

Le cas particulier du *policy mix* européen

Le *policy mix* européen est spécifique : au sein de l'Union économique et monétaire, la politique monétaire est élaborée, indépendamment des États, par les gouverneurs des banques centrales de la zone et par le directoire de la Banque centrale européenne en fonction d'un seul objectif, la stabilité des prix. Le directoire met en œuvre cette politique.

◄ ***Policy mix***
Voir p. 231

En revanche, chaque État conserve la responsabilité de sa politique budgétaire dans les limites fixées par le pacte de stabilité et de croissance. Le **Pacte de stabilité et de croissance** est un accord entre les pays de l'Union européenne, établi lors du sommet de Dublin de décembre 1996, qui fixe des règles limitant les déficits publics des pays ayant adopté l'euro et de ceux qui veulent en faire autant. Amendé en 2005, le pacte de stabilité pérennise l'un des critères de convergence prévu par le traité de Maastricht en fixant une limite au déficit public de chaque État (3 % de son PIB), sous peine de sanction (prélèvement sur le PNB du pays fautif). Cette sanction n'est pas applicable en cas de dépassement modéré du déficit public autorisé consécutif à des circonstances exceptionnelles (croissance faible ou nulle) et/ou à des facteurs pertinents (niveau des investissements publics notamment en recherche-développement, aide aux pays en développement…). L'État reconnu fautif dispose d'un délai pour corriger sa politique budgétaire avant que la sanction soit réellement appliquée.

Il est en outre recommandé aux États membres, dans le cadre du pacte de stabilité, de réduire leur déficit, voire de dégager un solde positif (en particulier le solde primaire calculé hors charges de la dette), au cours des périodes de croissance, pour bénéficier de marges de manœuvre en cas de récession. De plus, chaque année, les États membres déposent auprès de la Commission et du Conseil de l'Union européenne, un « programme de stabilité et de croissance » définissant les objectifs des finances publiques à l'horizon de trois ans.

Récession ►
Voir p. 114
Commission ►
Voir p. 291

Depuis 2012, une réforme du pacte de stabilité prévoit de prendre également en compte le seuil maximum d'endettement public et renforce la surveillance des comptes publics par la Commission et le Conseil européen.

La coordination des politiques économiques et sociales des pays de l'Union européenne

La mise en œuvre du *policy mix* européen révèle par ailleurs les difficultés à coordonner les politiques économiques et sociales entre pays : la **coordination internationale des politiques économiques et sociales** est une forme de coopération entre États nationaux qui les incite à élaborer leurs politiques économiques et sociales dans un cadre national, tout en tenant compte des interdépendances entre pays. Cette coordination est destinée à accroître l'efficience des politiques économiques et sociales en assurant leur compatibilité.

Efficience ►
Voir p. 20

Le champ de la coordination ne se réduit pas aux politiques conjoncturelles : rien n'interdit d'y inclure également les politiques structurelles. En outre, la coordination ne doit pas être confondue avec la mise en œuvre de politiques communes. Une **politique commune** est un ensemble de décisions élaborées en commun par plusieurs États et s'appliquant à l'identique à chacun d'eux ; une politique commune n'est donc pas conçue au sein de chaque État. Par exemple, la politique agricole commune (PAC) est élaborée au niveau de l'Union européenne par les États et non au niveau de chaque État ; la coordination ne doit pas non plus être assimilée à l'élaboration de politiques uniques.

Politique agricole commune ►
Voir p. 286

Une **politique unique** est un ensemble de mesures appliquées par une instance de décision supérieure aux États qui lui ont délégué leur pouvoir dans certains domaines. Par exemple, la politique monétaire appliquée par la Banque centrale européenne n'est pas le fruit d'une coordination des politiques nationales ; en revanche, elle implique au niveau de chaque État des politiques économiques et sociales qui doivent être coordonnées.

La coordination n'impose pas des politiques économiques et sociales identiques. La prise en compte des interdépendances commande parfois des politiques divergentes. Ainsi, certains pays peuvent mettre en œuvre des politiques de relance de la demande qui stimuleront leurs importations au bénéfice des pays partenaires devant freiner leur activité intérieure pour réduire leur déficit externe.

Au sein de l'Union européenne, la coordination internationale des politiques économiques et sociales est rendue plus difficile du fait d'une intégration politique insuffisante. Ainsi, l'application du principe de subsidiarité au domaine ne relevant pas des politiques communes laisse aux États la possibilité de mettre en œuvre les politiques économiques et sociales de leur choix. Cependant, ce choix n'est pas totalement libre :

◄ **Subsidiarité**
Voir p. 443

– la politique monétaire n'est plus du ressort des pays membres de l'Union économique et monétaire et leurs politiques budgétaires doivent s'inscrire dans le cadre du pacte de stabilité et de croissance ;

– des politiques communes sont définies au niveau communautaire et s'imposent aux États membres ;

– l'appartenance à l'Union européenne impose certaines contraintes : dans un espace économique constituant un marché unique, chaque État membre doit prendre en compte les interdépendances entre économies nationales.

◄ **Marché unique**
Voir p. 283

DU SERPENT MONÉTAIRE EUROPÉEN À L'EURO

Face au désordre monétaire international, causé par l'effondrement du système de Bretton Woods, les pays européens ont tenté de créer, en Europe, un îlot de stabilité des taux de change, le système monétaire européen (SME).

Le système monétaire européen

Le système monétaire européen s'est imposé progressivement ; il est possible de dégager certaines étapes clefs :

– la création de la CEE, en 1957, s'effectue dans un contexte de monnaie stable ; le traité de Rome ne traite pas précisément des questions monétaires ;

– en 1968, Raymond Barre, alors vice-président de la Commission européenne, présente le premier plan destiné à créer des liens monétaires étroits entre les pays de la communauté ;

– le **sommet de La Haye**, en 1969, est une conférence durant laquelle les six pays membres de la Communauté européenne décident la création par étape d'une union économique et monétaire ;

– le **serpent monétaire européen**, créé en 1972, est un système qui limite les fluctuations à plus ou moins 2,25 % autour d'un taux de référence représenté par une parité entre les monnaies européennes entre elles, et entre celles-ci et le dollar ; son objectif est de contribuer à la stabilisation des taux de change au sein de la CEE. Mais le dollar est très instable et les marges de fluctuations sont trop faibles, ce qui rend le système trop contraignant ;

– le **système monétaire européen (SME)**, créé en décembre 1978 à la conférence de Brême et entré en application à partir de 1979, est un système monétaire qui limite les fluctuations autour d'un panier de monnaies européennes, l'ECU. Les marges de fluctuation sont généralement de plus ou moins 2,25 % jusqu'en 1993 (elles atteignent alors plus ou moins 15 %).

L'**ECU (*European Currency Unit*)** était un panier des monnaies européennes. Il est né en 1969, mais il a vu son rôle s'élargir considérablement avec la mise en place du SME puisqu'il est devenu l'unité monétaire de référence jusqu'à la mise en place de la monnaie unique européenne : l'euro.

Le rôle principal du SME est de stabiliser les taux de change. Pour cela, il est nécessaire de fixer des limites de fluctuation ; c'est le rôle du **cours pivot**, c'est-à-dire de la parité de chaque monnaie avec l'Ecu ; cette parité n'est pas le taux de change réel de la monnaie, mais un taux de référence duquel elle ne doit pas trop s'écarter. Si une monnaie, malgré les interventions de sa banque centrale, risque de dépasser les marges de fluctuation, les autres banques centrales sont tenues à la solidarité et doivent aider cette monnaie (par la vente ou par l'achat, suivant le cas). Mais lorsqu'une monnaie a structurellement tendance à dépasser les marges de fluctuation, sa parité peut être revue à la baisse ou à la hausse : il s'agit d'une dévaluation ou d'une réévaluation. Toute dévaluation ou réévaluation est un constat d'échec pour le SME, qui a comme vocation la stabilisation des taux de change.

Banque centrale ►
Voir p. 96

Dévaluation ►
Voir p. 307

Réévaluation ►
Voir p. 307

L'Union économique et monétaire

Le traité de Maastricht (1992) est une étape importante dans le processus d'intégration européenne. Il a été décidé à Maastricht d'instaurer « la fixation irrévocable des taux de change conduisant à l'instauration d'une monnaie unique, l'Ecu, ainsi que la définition et la conduite d'une politique monétaire et d'une politique de change uniques dont l'objectif principal est de maintenir la stabilité des prix » (art. 3 A). D'autre part « la Banque centrale européenne est seule habilitée à autoriser l'émission de billets de banque dans la Communauté » (art. 105 A). La politique monétaire est du ressort de la Banque centrale européenne.

◄ **Traité de Maastricht** Voir p. 289

L'**union monétaire** est une union de plusieurs pays adoptant une monnaie unique et, par voie de conséquence, une politique monétaire et une politique de taux de change communes.

L'Union monétaire européenne a été instaurée le 1er janvier 1999. À cette date, l'**euro** devient la monnaie européenne commune. Elle devient la monnaie unique en 2002 ; les monnaies nationales n'ont alors plus cours. En 2024, la zone euro comprend 20 pays membres.

La **Banque centrale européenne (BCE)** est la banque qui coordonne les banques centrales des pays de la zone euro ; à ce titre, elle est l'autorité monétaire européenne qui émet les billets et détermine la politique monétaire.

◄ **Politique monétaire** Voir p. 223

◄ **Choc d'offre / Choc de demande** Voir p. 117

L'adoption de la monnaie unique présente de nombreux avantages : diminution de coûts de conversion, diminution du risque de change (risque lié à la fluctuation des taux de change pouvant jouer sur les prix d'achat ou de vente des entreprises en relation avec l'étranger), accroissement de la concurrence, renforcement de la solidarité européenne…

Toutefois, la politique des changes n'est plus nationale, mais européenne, ce qui peut poser des problèmes de régulation économique. En effet, l'adoption d'une monnaie unique par plusieurs pays supposent que ceux-ci forment une **zone monétaire optimale** : il s'agit selon Robert Mundell (prix Nobel d'économie en 1999) d'un ensemble de régions ou de pays constituant un espace géographique au sein duquel les facteurs de production (capital et travail) sont mobiles, notamment lors d'un **choc asymétrique**, c'est-à-dire un évenement perturbant fortement l'activité économique dans certaines régions ou dans certains pays alors que d'autres n'en ressentent pas les effets ou beaucoup moins. Par exemple, si, suite à une augmentation brutale du prix du pétrole importé, certains pays d'une même zone subissent une crise y faisant croître le chômage, l'émigration de la main-d'œuvre excédentaire vers les autres pays de la zone rétablira le plein emploi.

15

LE FINANCEMENT DE L'ÉCONOMIE MONDIALE

A LA BALANCE DES PAIEMENTS

- Présentation
- Interprétation économique

B LE SYSTÈME MONÉTAIRE INTERNATIONAL

- Étalon or et étalon de change or
- Le système de Bretton Woods
- La crise du système de Bretton Woods
- Le système des changes flottants

C LES TAUX DE CHANGE

- Les déterminants des taux de change
- Les effets des variations des taux de change

A. LA BALANCE DES PAIEMENTS

L'insertion d'un pays dans l'économie mondiale donne lieu à la multiplication des transactions financières et non financières entre les résidents du pays et les non-résidents.

PRÉSENTATION

Les **résidents** sont des agents économiques qui développent durablement leurs opérations économiques, financières et monétaires dans le pays. Les **non-résidents** sont des agents économiques ne développant pas durablement leurs opérations dans le pays. Un résident peut être étranger et un non-résident peut ne pas l'être. Ainsi, la filiale d'une firme multinationale (FMN) américaine implantée en France est considérée par la France comme un résident ; en revanche, la filiale d'une FMN française aux États-Unis est considérée comme un non-résident du point de vue français.

Filiale ► Voir p. 278
Firme multinationale ► Voir p. 279

La **balance des paiements** est un document comptable qui récapitule, pour une période donnée, les flux attachés aux transactions entre résidents et non-résidents d'un territoire économique dont les frontières sont établies par les autorités comptables. Les territoires d'outre-mer sont inclus dans le territoire économique pour l'établissement de la balance des paiements française transmise au Fonds monétaire international (FMI) ; ce n'est pas le cas pour celle qui est remise aux instances européennes.

Fonds monétaire international ► Voir p. 307

La balance des paiements comporte trois comptes :

– le **compte des transactions courantes** comptabilise les flux entrants et sortants d'échanges de biens et de services. Il inclut la balance commerciale (qui ne comptabilise que les flux entrants et sortants d'échanges de biens), les flux de revenus des facteurs de production (intérêts, dividendes, salaires…) et les flux correspondant à des transferts courants. Les **transferts courants** (ou **transferts unilatéraux**) sont la contrepartie comptable de biens, services ou capitaux exportés ou importés gratuitement (par exemple, la contribution française au budget européen, les transferts d'épargne des migrants…). Le compte des transactions courantes se substitue à la balance des transactions courantes établie pour les pays jusqu'aux années 1990. La balance des transactions courantes (ou balance des paiements courants) désignait le document comptable

Biens ► Voir p. 16-17
Services ► Voir p. 16-17
Facteurs de production ► Voir p. 19
Épargne ► Voir p. 47

regroupant la balance commerciale et la **balance des invisibles** comptabilisant les flux entrants et sortants d'échanges de services ;

– le **compte de capital** enregistre les flux entrants et sortants correspondant à des transferts en capital (dons et annulations de dettes) et à des achats ou cessions d'actifs non financiers non produits (les brevets par exemple) ;

– le **compte financier** comptabilise les flux entrants et sortants d'investissements directs à l'étranger, d'investissements de portefeuille et ceux portant sur d'autres opérations financières et monétaires (prêts ou emprunts internationaux, par exemple). Ce compte inclut également les avoirs de réserves (ou réserves de changes) détenus par la Banque centrale. C'est donc ce compte qui mesure les **flux internationaux de capitaux**, c'est-à-dire l'ensemble des mouvements de capitaux entre résidents et non-résidents, que ces capitaux soient à long terme (comme les investissements directs à l'étranger) ou à plus court terme (comme les investissements de portefeuille).

INTERPRÉTATION ÉCONOMIQUE

La somme des soldes du compte des transactions courantes et du compte de capital peut faire apparaître un excédent ou un déficit. Un déficit révèle un **besoin de financement de la nation**, c'est-à-dire une situation telle que la somme des besoins et des capacités de financement des agents résidents est négative ; au niveau macroéconomique, l'épargne nationale est alors inférieure à l'investissement national ; un excédent indique une **capacité de financement de la nation**, c'est-à-dire une situation telle que la somme des besoins et des capacités de financement des agents résidents est positive ; au niveau macroéconomique, l'épargne nationale est alors supérieure à l'investissement national. Un besoin de financement de la nation se traduit par un excédent du compte financier. En effet, les agents résidents doivent recourir aux non-résidents pour couvrir le déficit d'épargne et/ou puiser sur les réserves de changes de la Banque centrale. C'est d'ailleurs ce dernier poste, les avoirs de réserves, qui, en fin de compte, assure que la balance des paiements est équilibrée. Par exemple, si le compte financier, hors les avoirs de réserves, est excédentaire de 10 milliards d'euros alors que le besoin de financement de la nation est de 15 milliards d'euros, les avoirs de réserves diminuent de 5 milliards ; si l'excédent du compte financier, hors avoirs de réserves, est de

15 milliards d'euros et que le besoin de financement de la nation est de 10 milliards, les avoirs de réserves augmentent de 5 milliards.

Ainsi, évoquer un déficit de la balance des paiements n'a pas de sens. En revanche, les soldes partiels (celui de la balance commerciale, celui des biens et services, celui du compte des transactions courantes…) peuvent être excédentaires ou déficitaires.

De même, le solde de la balance globale des paiements peut être déficitaire ou excédentaire. La **balance globale des paiements** est un document comptable, établi pour une période donnée et un pays déterminé, qui regroupe le compte des transactions courantes, le compte de capital et les flux recensés par le compte financier hors ceux du secteur bancaire et des autorités monétaires. En cas de déficit de la balance globale, le système bancaire s'endette à l'égard de l'extérieur et/ou les réserves de changes diminuent ; en cas d'excédent, le système bancaire se désendette vis-à-vis de l'extérieur et/ou les réserves de changes s'accroissent.

Les composantes de la balance des paiements

- Compte des transactions courantes
  - Biens et services
  - Revenus des facteurs de production
  - Transferts courants (unilatéraux)
- Compte de capital
- Compte financier
  - Investissements directs à l'étranger
  - Investissements de portefeuille
  - Autres opérations financières
  - Avoirs de réserves
  - Erreurs et omissions

La balance des paiements présente, en complément du compte financier, un poste « erreurs et omissions », dont l'objet est d'établir l'équilibre comptable de la balance des paiements. En effet, la balance des paiements est par définition équilibrée : la somme des soldes des trois comptes dont elle est composée est nulle, la variation des avoirs de réserves soldant le déséquilibre. Toutefois, dans les faits, les imperfections dans la mesure des flux recensés dans la balance des paiements font que la somme des trois soldes n'est pas nulle. Le poste « Erreurs et omissions » rétablit l'équilibre : par exemple, si la somme des soldes des trois comptes fait apparaître un déficit de – 10 milliards d'euros, le poste « Erreurs et omissions » sera de + 10 milliards.

B. LE SYSTÈME MONÉTAIRE INTERNATIONAL

De même que la multiplication des échanges à l'intérieur d'un pays rend nécessaire l'utilisation de monnaie, la multiplication des échanges internationaux rend nécessaire l'utilisation d'un moyen de paiement international reconnu par tous.

◄ **Monnaie**
Voir p. 88-89
◄ **Échanges internationaux**
Voir p. 254

Le **système monétaire international (SMI)** est un système ayant pour fonction de définir les moyens de paiement et de réserve internationaux, ainsi que les modalités de conversion des monnaies nationales entre elles et avec le ou les moyens de paiement internationaux.

L'objectif de chaque SMI est d'être source de stabilité de façon à ce que la sphère monétaire ne perturbe pas la sphère réelle de la production et des échanges.

Chaque SMI peut être caractérisé par trois particularités : un étalon, qui est la base du taux de change de chaque monnaie, un ou des moyens de paiement internationaux, des modalités propres de conversion et de fixation des taux de change.

Le **taux de change** (ou **parité de change**) désigne la valeur d'une monnaie exprimée dans une autre monnaie.

Une **devise** désigne la monnaie d'un autre pays.

Le **pair** est la définition officielle d'une monnaie exprimé par rapport à l'étalon du système monétaire.

Plusieurs systèmes monétaires internationaux différents se sont succédés.

ÉTALON OR ET ÉTALON DE CHANGE OR

L'**étalon or** (ou ***gold standard***) est un système monétaire international mis en place progressivement au XIXe siècle. Il découle logiquement des systèmes monétaires nationaux qui étaient basés sur l'or. Ses caractéristiques sont les suivantes : l'or a une fonction d'étalon, chaque monnaie est définie par un poids d'or ; les monnaies sont convertibles en or ; le moyen de paiement international est l'or. Les règlements en monnaies nationales convertibles en or ne sont pas exclus ; dans les faits, en raison de la puissance économique, financière et commerciale de la Grande-Bretagne, l'or perd peu à peu sa fonction de moyen de paiement (mais pas d'étalon) au profit de la livre.

Création monétaire ► Voir p. 96

Ce système est une source de stabilité car, la base monétaire étant l'or, il limite la création monétaire et il modère la variation des taux de change.

Inflation ► Voir p. 101

La guerre de 1914 conduit à la fin de ce système. En effet, afin de couvrir leurs dépenses militaires puis leurs dépenses de reconstruction, les États font largement appel à la création monétaire, ce qui engendre une forte inflation. Les monnaies quittant leur base métallique (l'or), les États se voient dans l'obligation d'abandonner la convertibilité or de leurs monnaies, d'où le début d'une période de forte instabilité des taux de change.

L'**étalon de change or** (ou ***gold exchange standard***) est un système monétaire international établi lors de la conférence de Gênes en 1922. Ses caractéristiques sont les suivantes : l'étalon est l'or et les pays doivent établir un taux de change fixe entre leur monnaie et celui-ci ; la convertibilité avec l'or n'est pas obligatoire (seuls les grands pays ayant des réserves d'or peuvent garantir une convertibilité, le plus souvent limitée aux lingots – d'où le terme de « *gold bullion standard* ») ; les instruments de paiement et de réserve internationaux sont l'or et toutes les monnaies convertibles.

Dévaluation ► Voir p. 307
Hyperinflation ► Voir p. 102

Ce SMI fut très instable en raison, principalement, des problèmes des systèmes monétaires nationaux (dévaluation compétitive en France ; politique de déflation en Grande-Bretagne ; hyperinflation en Allemagne…). Au début des années trente, la tendance est à l'isolationnisme et le système monétaire international éclate.

LE SYSTÈME DE BRETTON WOODS

Keynes ► Voir p. 524

Le nouveau SMI devait, selon Keynes, assurer une stabilité monétaire internationale et permettre une croissance harmonieuse des économies nationales. Le **bancor** est une nouvelle monnaie internationale, proposée par Keynes, qui ne verra jamais le jour. Indépendant de toute monnaie nationale, il aurait été émis par une banque centrale mondiale.

Les Américains souhaitent que l'or conserve un rôle important (ils ont en réserve les deux tiers des stocks d'or mondiaux) et que le dollar, monnaie du seul pays en situation d'abondance, devienne la monnaie internationale.

Le **système de Bretton Woods** est un système monétaire international établi lors de la conférence de Bretton Woods en 1944. Ses caractéristiques sont les suivantes :

– c'est un système de parités fixes : chaque monnaie a un taux de change fixe avec le dollar (sa marge de fluctuation par rapport à ce taux n'est que de 1 %) et le dollar a un taux de change fixe avec l'or (35 $ l'once d'or). L'or conserve donc une fonction d'étalon ;

– chaque monnaie est convertible en dollars (elles sont aussi convertibles entre elles) et le dollar est convertible en or ;

– chaque monnaie, par une politique des changes adaptée, doit défendre sa parité avec le dollar.

Les **parités fixes**, ou **changes fixes**, désignent un système dans lequel les taux de change sont définis par les autorités monétaires et ne peuvent être modifiés que par une dévaluation ou une réévaluation. Chaque autorité monétaire est tenue de défendre sa parité par une politique des changes appropriée.

◄ **Taux de change** Voir p. 305

Une **dévaluation** est un changement de parité à la baisse décidé par les autorités monétaires dans un système de taux de change fixe. Une **réévaluation** est un changement de parité à la hausse décidé par les autorités monétaires dans un système de taux de change fixe.

Le **Fonds monétaire international (FMI)**, créé en 1944 lors de la conférence de Bretton Woods, est une caisse commune qui a pour objectif d'aider les pays en cas de déficit de leur balance globale des paiements afin de contribuer à la stabilité des taux de change. Dans les années 1970, le FMI a orienté son action vers l'assistance financière aux pays en développement.

◄ **Balance globale des paiements** Voir p. 304

◄ **Pays en développement** Voir p. 162

Les pays membres doivent verser au FMI une quote-part déterminée en fonction de leur poids économique.

Les **DTS (droits de tirage spéciaux)**, créés en 1969, sont formés par un panier de monnaies différentes. Il s'agit d'un nouvel instrument de paiement international, mais qui n'a pas remplacé le dollar dans sa fonction effective de monnaie internationale.

La **Banque mondiale**, crée en 1944 lors de la conférence de Bretton Woods, est une institution internationale du financement du développement. Instituée pour favoriser la reconstruction en

Europe après la guerre, elle contribue actuellement au financement des pays en développement.

La mise en place du système de Bretton Woods fut difficile, car les économies européennes et japonaise étaient ruinées par la guerre. Le manque de dollars et d'or à l'extérieur des États-Unis avait créé une pénurie de moyens de paiement internationaux. L'économie mondiale était en situation de ***dollar gap*** (situation dans laquelle la demande de dollars excède de beaucoup l'offre).

SMI ▶
Voir p. 305

Afin de remédier à ces problèmes, les premières années du nouveau SMI se caractérisent par la très grande souplesse de son fonctionnement ; ainsi des dévaluations très importantes sont autorisées.

De plus, pour compenser le manque de dollars dans le monde, les États-Unis mettent en œuvre le **plan Marshall** (plan américain d'aide à l'Europe annoncé en 1947 : 35 milliards de dollars composés de 11,5 milliards d'aide militaire, de 17 milliards de dons, le reste étant composé de prêts à long terme).

Entre 1950 et 1960 on assiste à une forte expansion économique et à une internationalisation des échanges. L'Europe, grâce à ses exportations, peut se constituer des réserves en dollars.

LA CRISE DU SYSTÈME DE BRETTON WOODS

Le système monétaire international de Bretton Woods reposait sur le dollar et la confiance dans le dollar reposait elle-même sur deux piliers : la puissance économique américaine et la convertibilité du dollar en or. Mais, dès 1960, dans son célèbre paradoxe, Triffin montre que le système de Bretton Woods est voué à l'échec.

Balance globale des paiements ▶
Voir p. 304

Paradoxe de Triffin : paradoxe énoncé par l'économiste belge Triffin selon lequel une monnaie nationale ne peut servir durablement de monnaie internationale. En effet, soit la balance globale des paiements du pays de la monnaie internationale est déficitaire, ce qui permet aux autres pays de disposer d'instruments de paiement, mais ce qui sape à terme la confiance dans cette monnaie, soit sa balance globale est excédentaire, ce qui provoque un manque de liquidités internationales, donc ralentit la croissance des échanges.

À partir du début des années 1960, une forte augmentation du nombre des eurodollars (un **eurodollar** est un dollar détenu à l'extérieur des États-Unis ; une eurodevise est une monnaie détenue par des non-résidents) a commencé à saper la confiance en celui-ci et à créer un mouvement de conversion des dollars en or qui obligea le président Nixon à supprimer la convertibilité. Le dollar devenu inconvertible, tout le SMI est mis en question.

◄ **Non-résident**
Voir p. 302

Les **accords de la Jamaïque**, en 1976 à Kingston, officialisent un nouveau SMI, le système des taux de change flottants, qui donne libre jeu aux mécanismes du marché. L'or est démonétisé.

LE SYSTÈME DES CHANGES FLOTTANTS

Les **changes flottants** désignent un système dans lequel les taux de change varient librement en fonction de l'offre et de la demande de devises sur le marché des changes. Dans ce système, les taux de changes ne sont pas fixés par les autorités monétaires. Les taux de change variant librement, il n'est plus possible, dans le cadre du SMI, d'effectuer une dévaluation ou une réévaluation.

◄ **Dévaluation**
Voir p. 307
◄ **Réévaluation**
Voir p. 307

La **dépréciation** désigne la baisse du taux de change, dans un système de changes flottants, lorsqu'une monnaie est plus offerte que demandée. L'**appréciation** désigne la hausse du taux de change, dans un système de changes flottants, lorsqu'une monnaie est plus demandée qu'offerte.

La flexibilité permise par les changes flottants a provoqué une grande volatilité du cours des monnaies. Le SMI s'oriente vers un polycentrisme monétaire : le dollar reste l'instrument de paiement international privilégié, mais il est de plus en plus concurrencé par le yen et par l'euro.

C. LES TAUX DE CHANGE

LES DÉTERMINANTS DES TAUX DE CHANGE

Le taux de change varie en fonction de l'offre et de la demande de la monnaie en question et résulte donc directement du solde de la balance globale des paiements : si la balance globale des paiements est excédentaire, cela signifie que la monnaie est plus demandée qu'offerte, ce qui conduit à une appréciation de la monnaie. Au contraire, une balance déficitaire conduit à une dépréciation puisque la monnaie nationale est convertie en devises pour régler le déficit.

◄ **Balance globale des paiements**
Voir p. 304

Pour analyser les déterminants de la valeur des monnaies, il faut donc examiner les deux principales composantes de la balance

Compte des transactions courantes ► Voir p. 302
Compte financier ► Voir p. 303
Compétitivité prix ► Voir p. 258
Compétitivité produit ► Voir p. 258
Compétitivité hors prix ► Voir p. 258
Appréciation ► Voir p. 309
Taux d'intérêt ► Voir p. 92

globale des paiements : le compte des transactions courantes et les flux internationaux de capitaux (enregistrés dans le compte financier) ;

– le solde du compte des transactions courantes dépend essentiellement de la croissance du pays (plus sa croissance est forte, plus il a tendance à importer), de la croissance de ses partenaires (plus leur croissance est importante, plus le pays aura tendance à exporter) et de sa compétitivité c'est-à-dire aussi bien sa compétitivité prix que sa compétitivité produit (ou compétitivité hors prix). Un excédent de la balance des transactions courantes joue donc dans le sens d'une appréciation monétaire ;

– les flux internationaux de capitaux peuvent faire varier de façon forte et rapide les taux de change ; les taux d'intérêt et les anticipations jouent alors un rôle essentiel. Ces capitaux sont en effet à la fois sensibles au taux d'intérêt proposé et au **risque de change** (risque de perte financière due à la dépréciation de la devise détenue). Toutes choses égales par ailleurs, la hausse du taux d'intérêt, en attirant des capitaux, provoque une hausse du taux de change, et inversement, une baisse du taux d'intérêt provoque une sortie de capitaux et une diminution du cours de la monnaie. Les anticipations et la confiance dans la monnaie sont aussi des déterminants importants. Le taux d'intérêt doit compenser le risque de change.

Les autorités monétaires peuvent mener une **politique de change** (politique qui consiste à agir sur les taux de change par l'achat ou la vente de devises ou de monnaie nationale et surtout par l'action sur les taux d'intérêt afin d'attirer ou non les capitaux).

Compétitivité ► Voir p. 258
Dépréciation ► Voir p. 309
Dévaluation ► Voir p. 307
Parités fixes ► Voir p. 307
Balance des biens et des services ► Voir p. 257

LES EFFETS DES VARIATIONS DES TAUX DE CHANGE

Un taux de change élevé nuit à la compétitivité extérieure en renchérissant les exportations, mais il diminue le prix des importations. Symétriquement, une dépréciation (ou une dévaluation en parités fixes) est inflationniste (car elle augmente le prix des importations), mais favorise la compétitivité en diminuant le prix des exportations et devrait améliorer le solde de la balance des biens et des services.

Cette amélioration n'est pas immédiate, elle suit la forme d'une **courbe en J** : courbe de la forme d'un J qui représente les effets d'une dépréciation, le solde commercial se détériore dans un premier temps, puis s'améliore ensuite. En effet, la baisse du taux de change provoque deux effets : un effet prix et un effet volume.

L'effet prix exprime le renchérissement des importations et l'amélioration de la compétitivité prix induite par la baisse du taux de change ; cet effet prix joue très rapidement et provoque la détérioration de la balance des biens et des services.

Dans un deuxième temps, un effet volume devrait être induit par l'effet prix : la hausse du prix des importations conduit à leur baisse et la hausse de la compétitivité prix des exportations conduit à l'augmentation de celles-ci. C'est cet effet volume qui devrait provoquer une amélioration de la balance des biens et des services.

La courbe en J

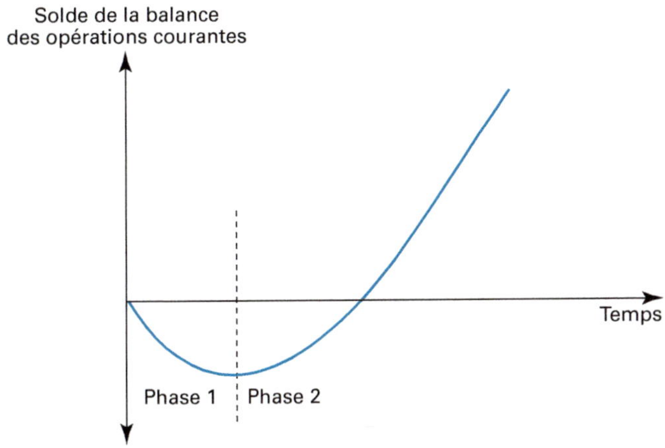

Cette amélioration ne se produit pas toujours. Une dépréciation peut n'avoir que peu d'impact sur la compétitivité et les soldes extérieurs, car ses effets peuvent être en partie neutralisés si les entreprises profitent de cette opportunité pour augmenter leurs marges bénéficiaires ou si une part importante des importations est incompressible : c'est le cas pour tous les biens qui ne sont pas produits sur le territoire national. Tout dépend donc des élasticités-prix des importations et des exportations du pays en question. C'est ce qu'énonce le **théorème des élasticités critiques** (ou **conditions de Marschall-Lerner**) : théorème selon lequel une dépréciation (appréciation) du taux de change n'améliore (ne détériore) le solde de la balance commerciale que si la somme des valeurs absolues des élasticités-prix des importations et des exportations est supérieure à 1.

◄ **Dépréciation**
Voir p. 309

Inflation importée ►
Voir p. 102

La dépréciation peut par ailleurs provoquer un cercle vicieux car, en suscitant une inflation importée, donc une perte de compétitivité, et en provoquant une défiance vis-à-vis de la monnaie, elle peut dégrader le compte des transactions courantes et provoquer une fuite des capitaux et, par voie de conséquence, dégrader la balance globale des paiements, ce qui conduit naturellement à une nouvelle dépréciation.

Balance globale des paiements ►
Voir p. 304

La sous-évaluation monétaire peut donc doper la croissance à court terme, mais elle n'est pas sans risque à long terme. En revanche, une monnaie appréciée est généralement le signe d'une économie solide qui dégage des excédents commerciaux et qui attire les capitaux étrangers.

16

SOCIALISATION ET CONSTRUCTION DES IDENTITÉS SOCIALES

Groupe social ►
Voir p. 336

Chacun d'entre nous a une **identité sociale**, produit des caractéristiques repérables par les autres (âge, sexe, profession, niveau d'instruction, appartenances diverses...) qui nous définissent à leurs yeux comme un être singulier, mais aussi comme un membre du groupe social. L'identité relève de l'**inné** (ce qui est transmis par le matériel génétique, comme la couleur des yeux), mais aussi de l'**acquis** (ce qui relève d'un processus d'apprentissage). La **socialisation** est le processus d'apprentissage par lequel un individu devient membre de la société. Par ce processus, l'individu intériorise la **culture**, ensemble des manières de faire, de penser et de sentir partagées par les membres d'un même groupe.

A. LA SOCIALISATION

MÉCANISMES ET AGENTS DE SOCIALISATION

Les mécanismes de la socialisation

Valeur ►
Voir p. 324
Norme ►
Voir p. 324

La socialisation peut être subie par l'individu. On parle alors d'**inculcation**, transmission volontaire et méthodique de valeurs et de normes par une institution. L'individu est passif dans son apprentissage, et un système de sanctions positives (rétributions) ou négatives (punitions) est utilisé par les agents socialisateurs. L'apprentissage se fait tel un conditionnement pour aboutir à des comportements réflexes. Les règles de politesse transmises par la famille constituent un bon exemple d'un tel conditionnement puisque les parents insistent parfois longuement pour que leurs enfants disent « s'il vous plaît » et « merci » lorsqu'ils obtiennent satisfaction en réponse à une demande déterminée. D'une manière plus générale, cet apprentissage fait l'objet de félicitations ou de cadeaux quand l'enfant respecte la norme et, inversement, de sanctions diverses, comme la privation de loisirs, en cas de non-respect des attentes sociales.

La socialisation n'est cependant jamais totalement passive, et c'est heureux, car les générations nouvelles doivent sans cesse s'adapter à un environnement qui change. Pour parvenir à l'**imprégnation**, intériorisation de la culture d'un groupe par un individu qui adopte le mode de vie de ce groupe, l'enfant pratique d'abord une **socialisation par imitation** (reproduction simple des gestes et des paroles de l'entourage), puis une **socialisation par interaction** (participation de l'individu aux apprentissages, où celui-ci apprend au contact des autres et grâce à ses erreurs, qui lui permettent de corriger progressivement ses attitudes). Dans les années 1930, le sociologue américain Georges Herbert Mead a bien montré comment les enfants se socialisaient en reproduisant au cours de leurs jeux les comportements des différents membres de la famille. En se mettant à la place d'un de ses parents, l'enfant s'approprie un rôle social, donc des normes et des valeurs. Dans un second temps, qui correspond à la période de scolarisation, l'enfant passe de jeux libres à des jeux plus structurés dont les règles sont décidées collectivement. Il doit, par exemple, être capable de jouer successivement le rôle du policier et celui du voleur. Par la pratique de telles activités, l'être humain fait l'expérience de la vie collective et en intériorise peu à peu les règles.

◄ **Échelle d'attitude** Voir p. 465

◄ **Rôle social** Voir p. 325

Les agents de socialisation

Un **agent de socialisation** est une institution favorisant l'intégration des individus en concourant à leur socialisation.

Une **institution** est une structure sociale ou un système de relations sociales dotés d'une certaine stabilité dans le temps. De manière plus précise, on peut opposer les définitions des institutions des deux fondateurs de la sociologie que sont Émile Durkheim et Max Weber. Une **institution au sens de Durkheim** est un fait social organisé selon des règles, qui exerce une influence collective sur les personnes. L'institution dépasse les individus et leur fournit le cadre qui structure leurs activités. Une **institution au sens de Weber** est une association d'individus dont les règles d'action s'exercent à l'intérieur d'une zone déterminée. C'est un régulateur de rapports sociaux qui naît et se transforme au cours de l'action collective.

◄ **Durkheim** Voir p. 488

Les agents de socialisation se distinguent en deux groupes : ceux qui ont pour objectif la **socialisation manifeste** (volonté systématique de modeler la personnalité d'autrui) et ceux qui produisent ce que l'on appelle une **socialisation latente** (socialisation qui découle de processus plus informels et qui n'est donc pas volontaire).

La famille, l'école ou encore l'Église revendiquent une action socialisatrice manifeste :

– dans la famille, l'enfant fait l'expérience des rythmes sociaux (veille, repas, sommeil) et des premières règles sociales (être propre). Il apprend à maîtriser le langage et découvre que tous les membres de la famille n'ont pas les mêmes droits et devoirs. Il prend

Rôle ►
Voir p. 325
Statut social ►
Voir p. 325

conscience des rôles propres à son statut social et commence à s'y exercer. Il reçoit ses premiers attributs identitaires (nom, prénom, sexe, nationalité) et de les approprie ;

– à l'école, l'enfant découvre les contraintes propres à la vie en collectivité. Il apprend peu à peu à écouter les autres enfants et à attendre d'être sollicité pour s'exprimer. Il renforce sa maîtrise de la langue en abordant l'écrit. Il acquiert enfin des connaissances relevant des disciplines les plus variées (mathématiques, histoire, langues, etc.) ;

– l'Église accomplit son action de socialisation en imposant des valeurs et le respect de règles de vie, et en dispensant une formation spécifique directement religieuse (catéchisme) ou intégrée à un parcours scolaire (écoles confessionnelles). Dans les pays développés, les Églises ont perdu une grande partie de leur capacité à imposer des règles de vie et leur rôle dans le processus de socialisation s'est progressivement réduit en raison de la **sécularisation de la société** (processus de réduction de l'influence de la religion dans l'organisation de la vie sociale, ou laïcisation, bien décrit par Max Weber au début du XXe siècle).

D'autres agents de socialisation ont une action de socialisation qu'ils ne revendiquent pourtant pas explicitement. C'est le cas des associations, des groupes de pairs, des médias et des organisations professionnelles :

– les associations sont présentes tout au long de la vie des individus. Les enfants fréquentent des crèches, des clubs de sport ou des conservatoires de musique. Les adultes peuvent adhérer à des syndicats ou à des partis politiques. Les retraités trouvent parfois dans les associations l'occasion de mettre leurs compétences à la disposition des autres ;

– un groupe de pairs est un groupe composé d'individus placés *a priori* dans une situation égalitaire (groupe d'amis, camarades d'école, etc.). Les groupes de pairs prennent toute leur place au moment de l'adolescence et permettent aux jeunes d'expérimenter certains des rôles sociaux caractéristiques du monde adulte (relations entre hommes et femmes, engagements politiques). Ils perdent de leur importance à l'âge adulte sans pour autant disparaître ;

– les **médias** (moyens impersonnels de diffusion d'informations, comme la presse, la radio ou la télévision, permettant de transférer un message vers un grand nombre d'individus) socialisent leurs spectateurs ou auditeurs en proposant des modèles de comportement qui sont la concrétisation de valeurs et de normes ;

– les organisations professionnelles (entreprises et administrations) contribuent à la socialisation en faisant partager à leur personnel stable le respect des règles inhérentes à la profession et à une déontologie professionnelle. Même si cela ne peut constituer un objectif central, certaines entreprises se donnent explicitement pour fonction de socialiser leur personnel et exigent de celui-ci le respect d'une culture d'entreprise centré autour de quelques valeurs fortes (dévouement, compétence, dynamisme, etc.).

◄ **Culture d'entreprise**
Voir p. 80

Tous ces agents de socialisation, qu'ils poursuivent des buts explicites ou implicites, ont généralement des actions complémentaires permettant de renforcer l'efficacité du processus de socialisation. Mais il peut arriver que la pluralité des agents débouche sur une concurrence entre eux. Par exemple, l'école et la famille peuvent entrer en conflit quand l'institution scolaire valorise des modes de comportement qui peuvent s'opposer à certaines traditions culturelles en vigueur dans les milieux populaires, par exemple. De même, la famille et le groupe de pairs peuvent entrer en conflit quand la famille véhicule des valeurs traditionnelles alors que le groupe de pairs affiche des valeurs résolument inscrites dans la modernité. Ces situations relèvent d'un **conflit de socialisation**, situation dans laquelle plusieurs agents de socialisation exercent des influences contradictoires sur un individu. L'individu en question a donc l'obligation de se positionner vis-à-vis de modèles de comportements qui peuvent être fort différents. Il peut adopter l'un des modèles et rejeter l'autre, réaliser un compromis entre les deux, adopter alternativement l'un puis l'autre, ou bien encore trouver dans l'évasion la possibilité de ne pas choisir. L'existence d'une pluralité d'agents de socialisation aux langages parfois discordants favorise ainsi de manière positive l'autonomie de certains individus, qui sont obligés de faire des choix, de même qu'elle peut aussi produire des échecs de socialisation quand l'opposition des valeurs entre ces agents débouche sur des comportements de déviance : alcoolisme, drogue, délinquance, suicide.

◄ **Déviance**
Voir p. 350
◄ **Délinquance**
Voir p. 351

La **trajectoire improbable** désigne le fait qu'un individu se retrouve dans une position sociale statistiquement improbable du fait de sa position sociale d'origine. C'est le cas lorsqu'une personne connaît une ascension sociale très importante et peu fréquente ou au contraire un déclassement social important et peu fréquent.

LA SOCIALISATION DIFFÉRENTIELLE

Socialisation et genre

La société attribue des caractéristiques à chaque sexe (l'homme est « fort et combatif », la femme est « faible et émotive ») qui n'ont rien d'innées : les attentes sociales vis-à-vis des hommes et des femmes sont différentes, d'où la définition de rôles précis assignés à chacun en fonction du statut de son sexe ou encore de son genre. Le **genre**, ou « **sexe social** », est l'identité construite par l'environnement des individus, produisant la « masculinité » ou la « féminité », que l'on considère non pas comme des données naturelles, mais comme le résultat de mécanismes puissants de construction et de reproduction sociale. Le concept de « genre » (*gender* en anglais) a été créé pour pouvoir distinguer le sexe anatomique des différences non anatomiques entre hommes et femmes, qui sont source de la prépondérance sociale de la « masculinité ». L'expression « **rapport social de sexe** » qualifie le rapport entre hommes et femmes comme un rapport de pouvoir, principe hiérarchique qui légitime les inégalités sociales, politiques, économiques, voire même psychologiques, que l'on peut observer entre les individus des deux sexes.

La socialisation n'est donc pas identique selon le sexe et participe à la transmission de stéréotypes, qui sont des processus de schématisation et de généralisation qui consistent à attribuer à un ensemble d'individus les mêmes caractères simplifiés à l'extrême, pour pouvoir mieux différencier les membres de cet ensemble de la société environnante (ex. : les stéréotypes féminins et masculins renvoient au soin et à la minutie pour les unes, à l'intrépidité et à l'énergie pour les autres). La différenciation entre les sexes est précoce et commence dès la naissance dans la famille. En effet, les comportements parentaux sont consciemment ou inconsciemment guidés par les représentations sociales attribuées à chaque sexe : les pleurs d'une fille ne seront pas interprétés comme ceux d'un garçon. On stimulera la sociabilité des nourrissons filles alors qu'on cherchera à développer la motricité pour les bébés de sexe masculin. À chaque fois, on prépare les enfants aux rôles qu'on leur attribue dans la société : les filles seront douces et fragiles, attentionnées et tournées vers les autres, alors que les garçons seront acteurs et moteurs dans leur vie sociale, s'affirmant face aux autres. Cette **socialisation différentielle** (socialisation différente selon le groupe d'appartenance des individus) s'observe particulièrement

Groupe d'appartenance ►
Voir p. 337

à l'occasion des cadeaux faits aux jeunes enfants : les filles sont amenées à jouer leurs futures rôles de mères et d'épouses en recevant tout un matériel destiné à la gestion de l'univers domestique alors que les garçons ont pour mission de s'occuper de la sécurité matérielle et physique du foyer en s'entraînant à des jeux de guerriers, en s'identifiant à des héros de bandes dessinées ou de séries télévisées. Les jeux destinés aux enfants ne sont donc pas choisis selon les goûts personnels, mais selon des normes sociales.

◄ **Normes sociales**
Voir p. 324

Toute dérogation aux représentations sexuelles et aux normes de comportement fait l'objet d'une sanction (remarque verbale, geste...). Les pairs ont aussi un rôle non négligeable dans le respect des normes liées à la socialisation différentielle, de même que l'institution scolaire, qui a encore parfois des attentes différentes envers les représentants de l'un ou l'autre sexe en fonction de la discipline enseignée.

Les attentes et les rôles sexués sont tellement ancrés que les individus concernés les entérinent et participent à leur perpétuation en s'empêchant d'agir autrement. C'est le principe de la **socialisation anticipatrice**, qui est le mécanisme par lequel un individu apprend et intériorise la culture d'un groupe de référence auquel il désire appartenir. Ainsi les jeunes filles osent-elles moins prendre la parole en classe ou en public, car elles ont intériorisé la prééminence des garçons en la matière. De leur côté, les garçons ne se rendent pas toujours compte qu'ils monopolisent la parole et occupent tout l'espace public conformément à ce qu'on leur a appris pendant l'enfance. Il arrive même que les médias reproduisent cette dichotomie de l'usage social de la parole et participent de ce fait à la socialisation différentielle, en reproduisant de telles situations à grande échelle.

◄ **Groupe de référence**
Voir p. 338

Socialisation et milieu social

La société est composée de différents groupes sociaux qui occupent des statuts et des rôles très différents. Par conséquent, les normes et valeurs transmises peuvent être aussi différentes, puisque la culture n'est pas la même.

◄ **Groupe social**
Voir p. 336

Si on prend l'exemple des normes du langage, on voit apparaître des différences non négligeables entre les milieux sociaux, ainsi qu'a pu le montrer dès les années 1960 le sociologue anglais Basil Bernstein en établissant l'existence d'un lien entre la classe sociale, le mode de socialisation et la compétence linguistique.

Les catégories aisées utilisent un langage explicite et précis avec un champ lexical large alors que les références implicites sont plus nombreuses dans le langage populaire, qui relève, selon Bernstein, d'un « code linguistique restreint ». En effet, dans les milieux aisés (professions libérales, cadres supérieurs...), on accorde de l'importance à la communication écrite, qui tient une place essentielle dans la vie professionnelle, et il est vrai aussi que les études longues ont favorisé l'acquisition d'un langage qui se veut académique. Au contraire, dans les milieux populaires, le rapport au langage est plus utilitaire : il s'agit avant tout d'être pragmatique et d'aller à l'essentiel. Or, à l'école, il est demandé bien souvent aux enfants d'avoir un langage qui correspond plutôt au langage des catégories aisées. Cela peut poser à l'évidence des problèmes pour les enfants de milieux populaires qui ne maîtrisent pas ce langage aussi bien que les enfants issus de milieux bourgeois. Et de fait, on constate bien souvent que les enfants en échec scolaire face à ce type d'apprentissage sont majoritairement des enfants appartenant aux milieux défavorisés.

Pratique culturelle ►
Voir p. 327

D'une manière plus générale, on peut aussi observer d'importantes différences en matière de transmission des pratiques culturelles telles que la lecture ou la fréquentation de musées selon le milieu d'origine. Les catégories les plus diplômées vont avoir plus facilement des pratiques culturelles que les autres, et ces pratiques culturelles vont permettre aux enfants de mobiliser plus facilement certaines connaissances requises à l'école. Ces enfants, habitués à fréquenter les lieux culturels dès leur plus jeune âge et à lire des livres, seront plus à même de poursuivre ces pratiques à l'âge adulte.

Déterminisme ►
Voir p. 386
Culture ►
Voir p. 314
Groupe d'appartenance ►
Voir p. 337
Groupe de référence ►
Voir p. 338

La socialisation favorise donc la reproduction sociale. Néanmoins, ce constat ne suffit pas pour en conclure à l'existence d'un déterminisme absolu. D'une part, en effet, c'est une évidence que tous les enfants d'ouvriers n'adhèrent pas à la culture ouvrière. Un individu ou sa famille peuvent se choisir comme modèle un groupe social différent de leur groupe d'appartenance et peuvent chercher à acquérir la culture de ce groupe de référence, conformément au modèle de la socialisation anticipatrice décrit plus haut. D'autre part, l'identité n'est pas figée et, à l'âge adulte, en fonction de la socialisation secondaire qu'il reçoit ou qu'il se donne, un individu peut toujours modifier l'identité qu'il s'est construite durant l'enfance.

SOCIALISATION PRIMAIRE ET SOCIALISATION SECONDAIRE

Les étapes de la socialisation

On distingue généralement la socialisation primaire et la socialisation secondaire.

La **socialisation primaire** est la socialisation centrée sur l'acquisition des modèles de comportements spécifiques aux enfants. Cette socialisation primaire est principalement le fait des agents dont l'objectif est explicitement la socialisation. Elle est caractérisée par des relations inégales entre l'enfant en situation d'apprentissage et les adultes qui font office d'éducateurs (ce qui fait, par exemple, que Durkheim définit l'éducation par l'école comme la socialisation méthodique de la jeune génération par la génération adulte). Si cette socialisation est primordiale, il n'en demeure pas moins que le processus de socialisation ne s'achève pas avec l'enfance.

La **socialisation secondaire** est la socialisation centrée sur l'acquisition des rôles sociaux caractéristiques de l'âge adulte ainsi que des savoirs professionnels. Elle permet à des individus dont la personnalité est déjà construite de s'intégrer dans le monde des adultes. Elle se fonde sur les acquis de la socialisation primaire, les conforte et, éventuellement, les transforme aussi. Cette socialisation secondaire est plus spécifiquement le fait de l'enseignement secondaire ou supérieur, des groupes de pairs, des médias et des organisations professionnelles. Elle a pour enjeu principal la création d'une identité professionnelle associant un savoir technique utilisé dans le cadre d'une activité productrice, les règles organisant cette activité, ainsi que la mise en œuvre d'un code déontologique.

La **socialisation professionnelle** désigne la socialisation qui a lieu dans la sphère professionnelle par les interactions entre individus et l'apprentissage des normes spécifiques à cette sphère.

La **socialisation conjugale** désigne la socialisation qui a lieu au sein du couple par les interactions entre les deux conjoints.

Complémentarité et rupture entre la socialisation primaire et la socialisation secondaire

Même si elle est particulièrement intense au cours des premières années de la vie, la socialisation n'est jamais achevée. En effet, les sociétés modernes laissent beaucoup de liberté aux individus qui multiplient les rôles et les statuts dans les différentes sphères de la société. Dans la plupart des cas, la combinaison des apprentissages faits dans l'enfance et à l'âge adulte est relativement heureuse et les individus se forgent ainsi une **identité plurielle**, qui est une identité associant plusieurs cultures d'appartenance. Mais il peut arriver que l'individu soit amené à rejeter certains des modèles qu'on a cherché à lui inculquer pendant l'enfance et décide de se construire une identité différente à l'âge adulte. On parle alors de **resocialisation**, processus au cours duquel la socialisation secondaire entre en contradiction avec les modèles de référence acquis dans l'enfance. Lorsqu'elle prend cette forme extrême qui est celle de la rupture, la socialisation est vécue comme une souffrance, une source de solitude et de frustration. C'est ainsi qu'Erving Goffman décrit dans *Asiles* (1961) la dynamique de resocialisation qui est à l'œuvre dans des « institutions totales » comme la prison, l'asile, ou encore les camps de concentration. Cette dynamique se manifeste d'abord par une volonté de couper l'individu de tous ses liens avec la vie antérieure par la mise en œuvre de rituels d'admission (attribution d'un matricule, changement de vêtements, etc.), puis par la prise en charge totale de la personne, un contrôle permanent du temps et de l'espace, et l'exigence d'une soumission complète aux représentants de l'institution. Elle débouche sur une destruction de la personnalité, dans le pire des cas, et, plus fréquemment, par l'apparition d'adaptations secondaires qui peuvent nuire aux buts ultimes de l'institution. Goffman cite ainsi le cas des prisonniers qui commandent des livres non pour se cultiver, mais pour impressionner la commission de libération sur parole, ennuyer le bibliothécaire, ou encore tout simplement pour « recevoir un paquet ».

B. LA CULTURE

CULTURE ET CULTURE DE MASSE

Qu'est-ce que la culture ?

Il existe de très nombreuses définitions de la culture. On peut en retenir trois parmi les plus significatives : la culture savante, la culture au sens anthropologique et la culture au sens sociologique.

La **culture savante** est l'ensemble des connaissances et des croyances partagées par l'élite des sociétés développées.

Cette conception de la culture a pris naissance au cours du XVIIIe siècle avec la philosophie des Lumières. La culture est alors associée aux progrès de la connaissance, de l'éducation, et aussi au raffinement des mœurs. Les personnes « cultivées » sont opposées à celles dont l'esprit n'a pas été mis en valeur et qui sont restées « incultes », par analogie aux terres agricoles demeurées en friche.

Dès la fin du XIXe siècle, l'anthropologie donne une autre définition du terme « culture » en rupture avec l'**ethnocentrisme** (propension à considérer sa propre culture comme étant supérieure à celle des autres civilisations, donc à privilégier sans nuance les valeurs et pratiques du groupe ethnique auquel on appartient) qui caractérisait alors la notion de « culture savante ». La définition donnée par l'anthropologue Edward Tylor fait encore référence. Selon lui, la **culture au sens anthropologique** « est une totalité complexe qui comprend les connaissances, les croyances, les arts, les lois, la morale, la coutume et toute autre capacité ou habitude acquise par l'homme en tant que membre d'une société ». Tous les individus d'un territoire donné sont imprégnés par la culture de leur société. C'est ainsi que Ruth Bénédict a pu développer le concept de **modèle culturel (*pattern of culture*)** qui désigne un ensemble de traits culturels caractérisant une société. Elle estime que la culture d'une société est orientée dans une direction unique et que tous les traits culturels vont dans ce sens. Elle en veut pour preuve les différences de comportement entre deux tribus indiennes du Nouveau Mexique : les Zunis et les Kwakiutls. Alors que les premiers sont doux, solidaires et paisibles, les seconds sont agressifs, individualistes et excessifs. Ces différences ne sont pas d'ordre biologique : elles s'expliquent par l'éducation et l'imprégnation des membres de chacune des tribus par un modèle culturel différent. De son côté, Margaret Mead s'est intéressée aux phénomènes d'**enculturation**, c'est-à-dire d'imprégnation d'un individu par un modèle culturel. Dans une étude portant sur trois tribus de Nouvelle-Guinée, les Arapesh, les Mundugumor et les Chambuli, elle a montré que les comportements masculin et féminin n'étaient pas naturels, mais s'expliquaient par l'éducation. Dans les deux premières tribus, les enfants sont élevés de la même manière, quel que soit leur sexe, mais de façon paisible chez les Arapesh et d'une manière beaucoup plus agressive chez les Mundugumor. Devenus adultes, les premiers sont doux et serviables alors que les seconds sont en perpétuelle rivalité sans qu'il n'y ait de différences entre les femmes et les hommes. À l'inverse, les Chambuli éduquent différemment

◄ **Anthropologie**
Voir p. 10

garçons et filles en valorisant l'activité chez les filles et la sensibilité chez les hommes. En conséquence, les femmes ont en charge les activités de type économique tandis que la religion et l'art sont réservés aux hommes. Cette idée d'imprégnation d'un individu par un modèle culturel sera reprise et approfondie par Ralph Linton et Abram Kardiner, qui estiment qu'un individu possède à la fois des traits psychologiques qui lui sont propres et d'autres qu'il partage avec les membres du groupe. Ils définissent la **personnalité de base** comme l'ensemble des traits psychologiques communs aux individus partageant la même culture. Dans une société donnée, il existe autant de personnalités de base que de statuts sociaux (homme-femme, aîné-cadet, dominant-dominé, etc.). Pour tous ces auteurs, la culture est ce qui définit une société et assure sa reproduction sociale. Cette conception de la culture comme un bien commun dont hérite chaque individu sera reprise quelques décennies plus tard par le fonctionnalisme.

Reproduction sociale ► Voir p. 367

Fonctionnalisme ► Voir p. 494

La **culture au sens sociologique** est l'ensemble des représentations, des valeurs et des normes qui orientent l'action des individus. Le commentaire de cette définition appelle quelques précisions de vocabulaire. Une **représentation** est une construction mentale (croyance, idée ou doctrine) élaborée par une collectivité humaine. Ces représentations prennent la forme de systèmes religieux, de mythes ou de théories portant sur la place de l'homme dans le monde et sur l'organisation de la société. Elles s'expriment dans des valeurs, une **valeur** étant une préférence ou un principe qui oriente l'action des individus.

Ces valeurs peuvent avoir une origine religieuse (l'amour du prochain, la compassion...), politique (la liberté, l'égalité...) ou économique (le travail, la richesse...). Elles sont comme des boussoles qui indiquent une direction sans pour autant donner une indication précise sur la conduite à tenir dans telle ou telle circonstance. Les valeurs se concrétisent dans des normes, une **norme** étant une règle explicite ou implicite prescrivant une conduite socialement valorisée. Alors que les valeurs restent abstraites, les normes précisent ce que doivent être les comportements des individus. Elles se déclinent sous la forme de **normes juridiques** (textes de loi, et règlements édictés par des corps spécialisés qui constituent le droit, indiquant ce qui est légal) et de **normes sociales** (comportements prescrits par la société) qui se décomposent en **mœurs** (règles découlant de la morale sociale) et **usages** (pratiques sociales que l'ancienneté ou l'habitude finit par rendre normales).

À la différence des règles juridiques, les mœurs et usages ne sont pas strictement codifiés. Rouler à moins de 50 km/h en ville ou se souhaiter la bonne année sont deux exemples de normes de nature différente. Certaines normes (ex. : les normes juridiques) s'imposent à l'ensemble de la population alors que d'autres diffèrent selon la position sociale des individus. Dans la famille, par exemple, parents et enfants ne doivent pas respecter exactement les mêmes normes. Celles-ci dépendent donc partiellement du **statut**, qui est la position occupée par un individu dans un domaine (professionnel, familial, etc.) et à laquelle sont attachés des droits et des devoirs. Ces droits et devoirs forment les rôles, un **rôle social** étant un comportement attendu d'un individu en raison de son statut social. Hommes et femmes, parents et enfants, enseignants et élèves... doivent donc respecter des normes qui leur sont spécifiques. Valeurs et normes forment un système cohérent qui encadre l'action des individus.

La culture de masse

La **culture de masse** fait référence à un ensemble de normes et de valeurs véhiculées par les mass media (presse, radio, télévision, publicité, Internet) et les autres industries culturelles (industries du cinéma, du disque, parcs de loisirs, etc.). Elle est appelée culture de masse à la fois parce qu'à l'origine elle est diffusée par les mass media, qui rendent les œuvres culturelles (livres, œuvres d'art...) accessibles à une partie sans cesse grandissante de la population, mais aussi parce qu'elle désigne un ensemble de pratiques et de valeurs qui se diffusent largement dans la société (ex. : les normes de beauté). La culture de masse est donc une culture accessible à tous, et en même temps une nouvelle forme de culture au sens sociologique, symbole de la démocratie contemporaine dans laquelle l'égalité entre les citoyens est une valeur fondamentale.

◄ **Égalité**
Voir p. 423-424

Cette culture de masse est apparue au XIXe siècle : période de profondes transformations économiques et sociales (urbanisation, industrialisation), le XIXe siècle est très tôt marqué par l'apparition de produits culturels à des prix attractifs et utilisant un style qui suscite l'intérêt du plus grand nombre : les livres et les journaux inaugurent le phénomène. La lecture de masse sera prolongée par la progression de l'accès à d'autres produits culturels standardisés grâce à la radio, au cinématographe, puis à la télévision dans la seconde moitié du XXe siècle. Ces équipements seront suivis par l'arrivée massive des nouvelles technologies de l'information et des communications et par le développement d'offres de loisirs, de

Économies d'échelle ►
Voir p. 24
Consommation de masse ►
Voir p. 204
Niveau de vie ►
Voir p. 38

spectacles, de construction de parcs d'attraction et de centres de vacances. La culture devient un bien standardisé qui se produit en grande quantité et se vend à moindre prix grâce à des procédés de reproduction qui permettent des économies d'échelle. L'art, les loisirs, les vacances deviennent objets de consommation de masse, car de plus en plus accessibles à tous.

Il ne suffit pas que les industries culturelles se mettent à produire en quantité importante pour que la population ait accès à ces produits. La culture de masse se développe également parce que la population connaît une hausse de son niveau de vie et de son niveau culturel général. L'alphabétisation généralisée permise par l'école (gratuite et obligatoire) est nécessaire à l'extension de l'édition et de la presse. La prolongation de la scolarisation et, notamment, la hausse du niveau de diplôme dans la population permettent également d'expliquer une demande accrue de consommation de biens culturels. D'autre part, les loisirs se développent au XXe siècle avec l'invention des congés payés (1936, le Front populaire) et le désir de la population de s'octroyer des temps de loisir, c'est-à-dire des temps sans obligation professionnelle ou domestique. La réduction du temps de travail tout au long du XXe siècle et le développement de l'électroménager permettent de répondre à ces revendications. Le travail ne constitue plus la seule activité de la journée et l'électroménager permet de se défaire de certaines tâches domestiques, désormais prises en charge partiellement par des machines.

Le fait que la culture de masse s'adresse au plus grand nombre ne signifie pourtant pas qu'elle soit perçue de la même façon par tous. Chaque groupe social interprète le message véhiculé par ces industries de masse en fonction de sa culture d'origine. La standardisation des produits culturels ne s'est pas traduite par l'uniformisation des pratiques culturelles.

Les pratiques culturelles

Si le **loisir** est l'activité que l'on effectue durant le temps dont on peut disposer librement, c'est-à-dire sans obligation (travail, tâches domestiques), il n'en demeure pas moins que cette activité s'inscrit dans des registres très différents (jardinage, lecture, sport, télévision...), et que, de ce fait, tout le monde n'a pas la même représentation de ce qu'est le « loisir ». C'est la raison pour laquelle l'analyse scientifique se fonde sur l'étude des pratiques culturelles menée à partir des enquêtes du ministère de la Culture depuis 1973. Les **pratiques culturelles** regroupent la fréquentation des équipements culturels, les pratiques amateurs, la lecture, l'audiovisuel domestique, les sorties, mais aussi le bricolage et le jardinage, tout en excluant le sport.

De 1973 à 2008 (date de la cinquième enquête du ministère), le centre de gravité des pratiques culturelles s'est déplacé vers le pôle audiovisuel. La progression des pratiques audiovisuelles domestiques est le phénomène le plus spectaculaire de ces trente dernières années. Cette montée de l'audiovisuel repose toujours sur la télévision, mais il faut prendre en compte aussi le « boom musical » et le développement continu de l'ordinateur domestique. De manière plus détaillée, on constate que l'évolution des pratiques culturelles comporte à la fois des éléments de rupture et de continuité.

La continuité repose sur l'importance toujours affirmée des variables sociodémographiques lourdes (sexe, âge, PCS, situation familiale) dans la segmentation des pratiques culturelles. Même si les différences de pratiques culturelles entre hommes et femmes tendent à se réduire (les femmes continuent à lire plus que les hommes, cependant), ces différences sont affirmées en fonction de l'âge : les plus jeunes écoutent beaucoup de musique, certaines pratiques augmentent avec l'âge, comme la lecture, la participation à la vie associative, le jogging, les visites de musées). C'est cependant l'appartenance à une catégorie socioprofessionnelle donnée qui reste une variable prédictive très forte des pratiques culturelles. Le développement de la culture de masse ne doit pas cacher le maintien de fortes inégalités en matière culturelle, et l'analyse sociologique de Pierre Bourdieu (*La Distinction*, 1979) – qui montrait que les **pratiques légitimes** (pratiques culturelles qui sont celles du groupe dominant, et qui constituent autant de signes d'appartenance à ce groupe) comme l'opéra, la musique classique, la fréquentation des musées, etc. sont accaparées par les classes supérieures alors que les classes moyennes se contentent de pratiques « dégriffées » et que les classes populaires demeurent exclues du champ de la culture légitime – conserve toute son actualité.

◄ **Catégorie socio-profesionnelle**
Voir p. 370
◄ **Inégalité**
Voir p. 420

La rupture porte sur l'émergence d'un indéniable mélange des genres. Si les **pratiques consonantes** (pratiques culturelles où l'on observe une stricte correspondance entre la hiérarchie des pratiques et la hiérarchie sociale) sont encore très fréquentes, on observe que certaines pratiques légitimes ne sont pratiquées en fait que par une minorité au sein des classes supérieures et, surtout, que de nombreux membres des catégories supérieures associent pratiques légitimes et pratiques peu légitimes. Les pratiques culturelles restent hiérarchisées, mais elles sont plus hétérogènes et ne séparent plus nécessairement les groupes sociaux, en traversant sans cesse la frontière entre le légitime et l'illégitime. Ce phénomène prend le nom d'**éclectisme culturel**, tendance pour un groupe ou un individu à emprunter ses pratiques de consommation à divers milieux sociaux, en fonction de celles qui apparaissent les plus adaptées dans un moment et une situation donnés.

L'interprétation de l'éclectisme culturel demeure cependant difficile. On peut certes l'interpréter comme par le fait que les individus des différents milieux sociaux sont maintenant plus exposés qu'autrefois aux mêmes instances de socialisation (l'école, les médias, le travail), mais on peut aussi y voir une forme supérieure de domination : les classes supérieures démontreraient à travers l'éclectisme leur capacité à utiliser tous les registres culturels.

LES RELATIONS INTERCULTURELLES

Les sous-cultures

Les **sous-cultures** sont des cultures propres à certains groupes sociaux à l'intérieur d'une société globale donnée : elles partagent avec cette société globale un certain nombre de caractéristiques communes, mais présentent aussi des traits spécifiques. Les sous-cultures peuvent se distinguer en fonction de l'espace (on identifie, par exemple, des sous-cultures régionales, comme les cultures basque, bretonne, corse, flamande, picarde), en fonction du sexe (sous-cultures masculine et féminine), de l'âge (sous-culture jeune), du groupe ethnique (sous-culture immigrée) et en fonction du milieu social (sous-cultures de classe : culture populaire, bourgeoise…).

Classe sociale ► Voir p. 359

Classe dominante ► Voir p. 366

Par exemple, sur la base d'une analyse de la société en termes de classes sociales, on pourra opposer la culture dominante à la culture dominée.

La **culture dominante** est la culture de la classe dominante. Elle véhicule une conception des relations sociales qui est favorable à cette classe. Dans la mesure où elle est considérée comme étant supérieure aux autres sous-cultures par l'essentiel de la population, la culture dominante légitime les pratiques de la classe dominante.

À l'opposé, la **culture dominée** est la culture d'une classe qui accepte le modèle culturel de la classe dominante et qui reconnaît donc son infériorité sociale.

Parmi les sociologues contemporains, Pierre Bourdieu est un de ceux qui font une analyse en termes de domination. Selon lui, chaque classe sociale est caractérisée par un style de vie qui lui est propre. Il oppose de la sorte la classe dominante aux classes moyenne et populaire, chaque classe se caractérisant par un *habitus* spécifique. Pour assurer sa domination, la classe dominante met en œuvre une **stratégie de distinction**, qui est un ensemble coordonné de pratiques des membres d'une classe sociale afin d'acquérir ou de préserver un prestige leur assurant une position dominante dans un domaine de la société. La fréquentation de l'opéra, de restaurants réputés ou de forums économiques célèbres peut entrer dans le cadre d'une telle stratégie. La culture de la classe dominante est aussi une **culture légitime**, culture considérée comme la référence ultime par les membres d'une société, y compris par ceux qui en sont le plus éloignés. Cette « supériorité culturelle » a une fonction précise : elle permet à la classe dominante d'imposer sa vision de l'ordre social aux autres groupes et de faire accepter sa situation privilégiée, ce qui lui permet d'en retirer à la fois du prestige et des avantages économiques.

◄ **Bourdieu**
Voir p. 498

◄ ***Habitus***
Voir p. 499

Évidemment, l'analyse en termes de domination qui vient d'être développée mérite d'être nuancée, à la fois par l'existence d'une culture de masse et aussi par l'apparition de l'éclectisme culturel (voir plus haut).

Le terme « contre-culture » désigne une sous-culture d'un caractère un peu particulier. La **contre-culture** se caractérise par une inversion des normes et des valeurs de la classe dominante en opposition de laquelle elle se définit. La culture négativiste et agressive de certaines bandes d'adolescents est un bon exemple de contre-culture.

Les relations interculturelles

Les échanges entre les différents pays et groupes ethniques ont été la source de modifications des cultures mise en présence à partir du XVIe siècle. Ces relations n'étant pas toujours équilibrées, tout un vocabulaire s'est construit pour exprimer les différents registres des transformations culturelles résultant du contact prolongé des cultures.

On appelle **acculturation** l'ensemble des phénomènes qui résultent d'un contact continu et direct entre groupes d'individus de cultures différentes et qui entraînent des changements dans les modèles culturels initiaux de l'un ou des deux groupes. Les conséquences de cette acculturation dépendent de la nature des relations entre les populations (guerre, tourisme, immigration, etc.), de la taille respective des groupes et des caractéristiques des cultures (leur niveau de complexité et de légitimité). Selon les circonstances, cette mise en contact peut déboucher sur cinq phénomènes :

– l'**assimilation**, à savoir l'intégration par un individu de la totalité de la culture dominante, est une première possibilité. Cela suppose une **déculturation**, qui se traduit par la perte, pour un individu ou un groupe, de sa propre culture ;

– l'**ethnocide** est une destruction systématique du mode de vie et de pensée d'une population. La déculturation est alors consciente et organisée de façon rigoureuse. Le terme a été utilisé pour désigner le sort réservé à certaines tribus amazoniennes au cours de la seconde moitié du xxe siècle. La déforestation a en effet détruit le cadre de vie de nombreuses tribus, réduit de façon irréversible leurs populations et, de ce fait, provoqué la disparition de leur culture. L'agriculture extensive, la prospection minière et la surexploitation de la forêt sont à l'origine de cet ethnocide ;

– la **contre-acculturation** est le rejet d'une culture dominante au nom d'une culture présentée comme étant d'origine. L'affichage ostentatoire de signes religieux chez une minorité d'enfants d'immigrés d'Afrique du Nord en France est un exemple de contre-acculturation. Dans le prolongement de la contre-acculturation, la **culture identitaire** est une culture revendiquée par des communautés ethniques ou religieuses. Le phénomène est apparu aux États-Unis dans les années 1960 avec l'affirmation des cultures noire et indienne. C'est ainsi que s'est développé l'**afro-centrisme**, qui est une doctrine visant à réaffirmer « l'identité africaine » des Noirs américains et à promouvoir la fierté d'être noir. Considérant que la société américaine n'assurait pas une réelle égalité des chances entre Blancs et Noirs, les représentants de la communauté noire ont demandé et obtenu que des places soient réservées aux Afro-américains dans les universités. C'est ainsi que sont nées les premières politiques de discrimination positive. En Europe, à partir des années 1980 et 1990, l'exemple américain a été suivi par des immigrés et des enfants d'immigrés que la crise marginalisait. Alors que la solidarité sociale semblait défaillante, certains sont allés chercher dans des communautés ethniques et religieuses, souvent confondues, à la fois une solidarité concrète et une identité sociale positive. On peut voir dans toutes ces revendications les signes du passage d'une société monoculturelle à une **société**

Égalité des chances ►
Voir p. 424

Discrimination positive ►
Voir p. 381

multiculturelle, qui est une société dans laquelle coexistent des groupes ethniques et religieux aux modes de vie et aux revendications différents ;

– le **syncrétisme** est une combinaison relativement cohérente des différents traits culturels en présence. Il y a alors transformation de la culture d'origine. Le phénomène est fréquent, y compris dans des pays réputés pour leurs traditions. Ainsi, alors que la grande majorité des Japonais est bouddhiste ou shintoïste, un rite occidental succède à une cérémonie traditionnelle au cours d'un mariage japonais sur cinq. Cela traduit à la fois le respect de la tradition et des parents et l'aspiration à plus d'individualisme de la part des jeunes. Ce syncrétisme s'explique par la mise en œuvre de plusieurs processus. Il y a d'abord un **processus de sélection culturelle**, qui est un processus permettant l'adoption d'une partie des traits culturels de l'autre culture et le maintien de certaines caractéristiques de la culture d'origine. Le noyau dur de la culture du groupe receveur (ex. : les valeurs et normes relatives aux relations entre les hommes et les femmes) est difficilement abandonné alors que des traits culturels associés à des activités technologiques sont plus facilement assimilés. Il y a ensuite un processus de **réinterprétation culturelle**, qui est un processus consistant à accorder une nouvelle signification aux traits culturels empruntés. Un exemple classique nous est donné par les esclaves noirs au Brésil, qui étaient christianisés dès leur arrivée sur le territoire, mais qui voyaient en Jésus la représentation d'Oxala, le dieu de la création, et en saint Sébastien percé de flèches l'image d'Omulu, le dieu de la variole. Enfin, dans certains cas, le syncrétisme est à l'origine d'un **processus de restructuration culturelle**, qui est un processus se traduisant par une modification en profondeur de la culture d'origine. Ainsi l'adoption d'une technique agricole imposant la sédentarisation d'une population jusque-là nomade se traduit-elle toujours par une transformation radicale de sa culture ;

– enfin, il arrive aussi que la culture dominante s'approprie des éléments de la culture dominée. La **double acculturation** est la modification mutuelle des cultures en présence, la culture dominée subissant des transformations importantes tandis que la dominante s'approprie une petite partie des traits culturels de la culture dominée. Ce concept de double acculturation débouche sur une nouvelle conception de la culture, plus dynamique que celle proposée par le **culturalisme** (courant de l'anthropologie qui a dominé la sociologie américaine des années 1930 aux années 1950, représenté notamment par Ruth Bénédict, Abram Kardiner et Ralph Linton, et qui met en évidence l'influence prépondérante de la culture sur la formation de la personnalité des individus).

Toute culture se transmet au contact des autres et il n'existe pas de « culture pure » qui se transmettrait de façon immuable d'une génération à une autre. La culture est donc une construction collective qui résulte des relations interculturelles.

La mondialisation culturelle

Dépassant le phénomène du contact des cultures et des transformations qui peuvent en résulter, la **mondialisation culturelle** est l'adoption par tous les peuples des pays suffisamment développés d'une culture commune du fait de la consommation des mêmes biens culturels (films, émissions de télévision, jeux vidéo, musique enregistrée, livres, etc.). À l'origine de ce phénomène, on trouve la constitution d'un marché mondial des biens culturels sur lequel opèrent des multinationales associant producteurs et diffuseurs de biens culturels sous toutes les formes. Cela permet de réaliser des économies d'échelle et de bénéficier des synergies offertes par la proximité des différentes activités : un même scénario peut se décliner sous la forme d'un film, d'un jeu vidéo, d'un feuilleton de télévision, puis d'un livre.

Multinationale ►
Voir p. 279
Économies d'échelle ►
Voir p. 24

Cette création d'un marché culturel mondial dominé par des entreprises principalement américaines fait craindre à la fois la disparition des industries locales concurrentes et une réduction des spécificités socioculturelles. En effet, les industries culturelles américaines sont encore les seules pour le moment à bénéficier à la fois d'un vaste marché intérieur leur permettant de réaliser des économies d'échelle et d'une puissance financière autorisant une diffusion massive au niveau mondial.

On peut donc s'attendre à une réduction des spécificités socioculturelles, une **spécificité socioculturelle** étant un trait culturel ou une pratique spécifique à un groupe social (dans le cas présent une population nationale). Certes, l'alignement de toutes les cultures nationales sur une culture américaine intangible est un phénomène impossible pour des raisons qui tiennent au processus même de l'acculturation. Un feuilleton américain diffusé dans le monde entier va être reçu de façon différente par les téléspectateurs de chaque pays en fonction de leur culture nationale. Certains se focaliseront sur l'intrigue sentimentale alors que d'autres retiendront une valorisation de la réussite individuelle ou, à l'opposé, de la solidarité familiale. Cependant, si la réinterprétation du message en fonction des cultures locales devrait éviter une uniformisation culturelle parfaite, elle n'empêchera certainement pas la réduction des spécificités socioculturelles.

Pour mieux préserver la diversité culturelle, on peut donc refuser cette mise en concurrence des industries culturelles pour des raisons identitaires (la valorisation d'une culture spécifique), politiques ou économiques (la défense d'une industrie et de ses emplois). C'est pourquoi la France, dans les négociations sur la libéralisation des services organisées par l'Organisation mondiale du commerce, a milité activement, au cours des années 1990, pour faire reconnaître le principe de l'**exception culturelle**, qui est un principe stipulant que les biens culturels ne doivent pas être soumis à une concurrence internationale totale. En application de ce principe, la France continue à subventionner son industrie cinématographique.

◄ **Organisation mondiale du commerce**
Voir p. 276

17

GROUPES ET RÉSEAUX SOCIAUX

A DÉFINITION ET DIVERSITÉ DES GROUPES SOCIAUX

- Que sont les groupes sociaux ?
- La diversité des groupes sociaux

B LE FONCTIONNEMENT DES GROUPES SOCIAUX

- L'influence de la taille du groupe
- La logique de fonctionnement des grands groupes

C LES RÉSEAUX SOCIAUX

- Réseaux sociaux et capital social
- L'importance des réseaux sociaux dans les démocraties contemporaines

A. DÉFINITION ET DIVERSITÉ DES GROUPES SOCIAUX

QUE SONT LES GROUPES SOCIAUX ?

Les individus vivent ensemble et ont des relations les uns avec les autres. Dans certains cas, un regroupement est une simple « collection » d'individus, comme, par exemple, une file d'attente pour assister à un spectacle. Dans d'autres cas, les individus réunis constituent un véritable **groupe social**, c'est-à-dire un ensemble de personnes ayant des relations directes, adhérant aux mêmes valeurs et aux mêmes normes, et ayant un sentiment d'appartenance à ce groupe. Les trois critères cités dans cette définition sont à la fois nécessaires et suffisants pour que l'on puisse parler d'un groupe social : les personnes du groupe sont en interaction, cette interaction se fait selon des règles établies et partagées par tous, et les personnes en interaction sont définies par les autres comme membres d'un même groupe. Une situation intermédiaire entre la collection d'individus et le groupe social est le groupe latent, groupe d'individus ayant un intérêt commun, mais qui n'en ont pas pris conscience : c'est le cas, par exemple, de la file d'attente qui se transforme en mouvement de protestation pour défendre une cause commune jusque-là ignorée.

Valeur ► Voir p. 324

Norme ► Voir p. 324

Il y a donc une dimension subjective dans la notion de groupe social qui se traduit par une conscience commune d'appartenance qui transforme le groupe en « unité collective réelle » (Georges Gurvitch). C'est ce sentiment d'appartenance qui crée une identité sociale à la fois pour les membres du groupe, mais aussi pour le regard de l'extérieur.

Identité sociale ► Voir p. 314

Au sens sociologique, un groupe n'est pas une **foule**, qui est un regroupement d'individus divers (bien que la **foule « psychologique »**, caractérisée par une « âme collective » très différente des traits de caractère des individus qui la composent, et bien décrite par Gustave Le Bon dans *La Psychologie des foules* (1895) se rapproche assez de la notion de groupe social), ni une catégorie statistique construite. Ainsi, les professions et catégories socioprofessionnelles (PCS) définies par l'Insee ne constituent pas forcément un groupe social. Ces catégories sont en effet élaborées à partir de caractéristiques communes (la qualification, le statut, le secteur d'activité…), elles ne sont pas pour autant des groupes sociaux « réels » ; tout dépend de la force des liens et du sentiment d'appartenance qui existe au sein d'une même PCS. Il en est de même pour les classes d'âge.

Catégories socioprofessionnelles ► Voir p. 370

LA DIVERSITÉ DES GROUPES SOCIAUX

Une plus ou moins grande proximité entre les membres

L'individu est d'abord intégré dans des groupes restreints qui lui sont proches. Il s'agit des **groupes primaires**, qui sont des groupes de petite taille dans lesquels les relations interpersonnelles sont fortes, ce qui a pour conséquence que le sentiment d'appartenance est élevé, ainsi que le lien de solidarité créé par l'adhésion à des normes et valeurs communes. La famille et le groupe d'amis proches, par exemple, sont des groupes primaires. L'individu appartient également à des groupes plus larges qu'on appelle **groupes secondaires**, groupes qui se situent un peu plus à distance de l'individu, où les relations sont plus limitées, bien souvent de nature utilitariste et s'inscrivant dans un espace social particulier. L'entreprise, une communauté villageoise, un quartier urbain où la sociabilité est forte peuvent s'analyser comme des groupes secondaires.

Le mode de fonctionnement des groupes sociaux est très varié, ne serait-ce qu'en raison du fait que la taille du groupe génère des pratiques, des relations et des degrés de cohésion différents. Dans les groupes restreints tels que la famille, les rapports entre les membres sont directs et fréquents, renvoyant à la sphère privée des individus. Les groupes de taille intermédiaire tels que les associations de quartier, les clubs sportifs, les syndicats, etc. encadrent les individus de façon plus distancée. Les membres du groupe partagent des valeurs et des normes communes ainsi qu'un cadre de référence, ce qui conduit à une certaine conformité ainsi qu'à des relations sociales relativement intenses. Les groupes de taille élevée sont généralement des groupes plus éloignés de l'individu. Ce sont, par exemple, des communautés religieuses, des classes sociales ou encore des groupes ethniques. L'appartenance à ces groupes génère des formes de différenciation culturelle et sociale.

Des critères d'adhésion différenciés

Le **groupe d'appartenance** est le groupe dont l'individu partage les conditions de vie objectives et auquel il s'identifie le plus souvent. Cette identification peut s'appuyer sur des normes morales, esthétiques, physiques et comportementales. Ainsi, l'individu adoptera un modèle de consommation, un style de vie, une façon de penser ou de s'exprimer conforme à son environnement social le plus proche. Dans ce cas, le groupe d'appartenance est aussi le **groupe de référence**, groupe social auquel l'individu souhaite s'identifier, parce qu'il lui semble porteur des valeurs et des buts qui sont les plus en conformité avec ses propres opinions. Lorsque les individus veulent changer de groupe, ils adoptent donc les codes du groupe de référence auquel ils souhaitent s'intégrer : ils réalisent une socialisation anticipatrice. Évidemment, le choix d'un groupe de référence distinct du groupe d'appartenance présente un coût psychologique non négligeable. Bien souvent, la référence aux valeurs d'un groupe distinct du groupe d'appartenance représente une forme de déviance : elle peut générer des conflits d'identité, voire même des réactions de rejet du groupe de référence, qui met alors en œuvre des comportements de fermeture sociale (pour préserver son identité, par exemple). Cette déviance est cependant inévitable dans une société complexe qui ne se reproduit pas à l'identique d'une génération à une autre.

Socialisation anticipatrice ► Voir p. 319

Déviance ► Voir p. 350

B. LE FONCTIONNEMENT DES GROUPES SOCIAUX

L'INFLUENCE DE LA TAILLE DU GROUPE

L'une des variables qui influencent significativement le fonctionnement d'un groupe est sa taille. Dans les groupes de petite taille, les relations interpersonnelles sont intenses. C'est le cas dans la famille ou dans le **groupe de pairs**, c'est-à-dire le groupe composé d'individus placés dans une situation égalitaire (groupe d'amis, de collègues de travail ou de camarades de classe). Ces relations se manifestent à l'occasion du fonctionnement habituel du groupe (par exemple, le cadre de travail), mais elles peuvent aussi déborder sur la sphère privée et renforcer ainsi les liens préexistants. Dans les groupes de grande taille, et en particulier dans ceux de très grande taille (groupes à distance tels que les syndicats, les partis politiques, les ONG, etc.), le système relationnel est plus anonyme, impersonnel et fonctionnel. Il s'appuie sur des règles plus abstraites et codifiées telles que des procédures de vote, des logiques de délégation de pouvoir… Les groupes de grande taille se dotent donc, le plus souvent, de règles institutionnelles contenues dans un règlement.

LA LOGIQUE DE FONCTIONNEMENT DES GRANDS GROUPES

La nécessaire mobilisation des membres

Dans son ouvrage *La Logique de l'action collective* (1956), Mancur Olson a contribué à un changement radical d'analyse de l'**action collective** (comportement collectif d'individus qui se mobilisent pour atteindre des buts communs, et cela à l'aide de moyens plus ou moins institutionnalisés). Il a mis en évidence le paradoxe connu depuis sous le nom de **paradoxe d'Olson**, qui énonce que, quand bien même il y aurait des intérêts collectifs à défendre, la mobilisation collective ne va pas pour autant de soi, car l'individu n'a pas forcément intérêt à y prendre part.

Adoptant la perspective de l'individualisme méthodologique, Olson met l'accent sur la logique des intérêts qui peuvent pousser les individus à participer ou pas à l'action collective. En partant de l'hypothèse selon laquelle l'individu rationnel se comporte comme un *homo œconomicus*, il montre que l'agrégation des comportements rend improbable la mise en œuvre d'une action collective. Par exemple, pour savoir s'il va prendre part à une grève, le salarié va comparer les avantages qu'il peut en retirer (une hausse du salaire) et le coût que cela représente pour lui (perte d'une journée de salaire). En raisonnant de la sorte, il est vite enclin à adopter un comportement de passager clandestin, qui consiste à bénéficier des retombées de l'action collective, qui sont un bien collectif, sans en subir le coût, qui est celui de la participation.

◄ **Individualisme méthodologique** Voir p. 385

◄ ***Homo œconomicus*** Voir p. 513

◄ **Passager clandestin** Voir p. 534

Le paradoxe d'Olson s'applique surtout dans les grands groupes, car chacun aura tendance à penser que sa contribution minime à l'action collective aura une incidence faible sur les résultats et qu'il pourra bénéficier de l'anonymat. Dans les petits groupes que sont les groupes primaires, tous les individus savent que l'action de chacun compte, et il y a aussi des pressions sociales, affectives et morales plus pesantes, car les relations interpersonnelles sont fortes. Par ailleurs, Olson évoque l'existence de mécanismes pour inciter l'individu à participer à l'action collective dans les grands groupes. Le premier est qu'une autorité suffisamment forte (comme un leader charismatique) soit capable d'imposer une discipline de participation. Le deuxième repose sur la distribution d'**incitations sélectives positives**, qui sont des ressources qui ne récompensent que les individus respectant la discipline de participation, ou d'**incitations sélectives**

◄ **Groupe primaire** Voir p. 337

négatives, qui sont des éléments permettant de sanctionner la non-participation (comme en Grande-Bretagne le ***closed shop***, dispositif dans lequel l'adhésion aux syndicats conditionnait l'embauche dans certains secteurs d'activité).

Si les analyses d'Olson sont intéressantes, d'autres analyses insistent plutôt sur la dimension sociale et morale de l'engagement. Le besoin de relations sociales et la nécessaire estime de soi peuvent aussi conduire des individus à se mobiliser pour une cause. L'action collective repose également sur des **rétributions symboliques**, qui sont des bénéfices importants de nature sociale ou psychologiques que les individus retirent de leur engagement (comme des occasions de manifester son identité collective, de développer des liens de sociabilité, d'avoir l'impression de « faire l'histoire »...). La **structure des opportunités politiques** (environnement politique spécifique qui peut exercer une influence positive ou négative sur l'action collective) peut aussi avoir un rôle dans l'action collective.

Sociabilité ►
Voir p. 341

Les groupes d'intérêt

Quand le groupe parvient à surmonter les obstacles à sa mobilisation que l'on vient d'évoquer, il peut devenir un groupe d'intérêt, qui est un groupe capable de représenter les intérêts d'une sphère sociale et qui vise à influencer non seulement les pouvoirs publics, mais aussi d'autres groupes et l'opinion publique. Parmi les groupes d'intérêt, les **groupes de pression** (ou **lobbies**) sont des organisations dont le but est d'exercer une influence sur le pouvoir politique. Lorsque les groupes d'intérêt visent les organes de décision politique, ils cherchent à participer à des discussions, à des négociations, ou encore à émettre des expertises et des rapports (c'est une pratique courante de la part des organisations non gouvernementales). Lorsqu'ils cherchent à influencer l'opinion publique, les moyens d'action sont plutôt les manifestations et la présence de représentants dans les médias. Les associations, les syndicats ou encore les partis politiques sont très présents dans ce deuxième registre.

Opinion publique ►
Voir p. 466

Les groupes d'intérêt peuvent concerner des enjeux économiques, culturels, politiques, environnementaux, etc. Un groupe ne peut devenir un groupe de pression qu'à la condition de s'organiser durablement ; certains groupes, comme les organisations non gouvernementales ou les grandes entreprises, ont donc des atouts favorisant ce type d'influence sur la décision collective.

Les entreprises de cigarettes, les viticulteurs, la grande distribution ou les groupes pharmaceutiques sont des exemples de lobbyistes particulièrement actifs, mais tous les secteurs qui défendent un intérêt économique ont aujourd'hui tendance à développer ce type de stratégie d'influence.

C. LES RÉSEAUX SOCIAUX

RÉSEAUX SOCIAUX ET CAPITAL SOCIAL

La sociologie des réseaux sociaux a pour précurseur le philosophe et sociologue allemand Georg Simmel qui, dans sa sociologie formelle, met au centre de son analyse l'étude des actions réciproques des individus. Un **réseau social** est un ensemble de relations entre un ensemble d'acteurs. L'expérience des individus ne se réduit pas en effet à leurs appartenances (sexe, âge, statut, groupe socioprofessionnel, lieu de résidence…), mais intègre également leurs relations sociales. Les membres d'une société étant reliés entre eux par des chaînes d'interconnaissance plus ou moins longues, il est possible de définir les réseaux sociaux selon leur taille (nombre de personnes reliées), leur densité (rapport entre le nombre de liens possibles et le nombre de liens effectifs), leur diversité (degré d'hétérogénéité des membres), ainsi que par la nature des liens tissés (forts ou faibles, orientés ou réciproques, unidimensionnels ou multiples). La représentation graphique des relations (ou graphes) est un outil qui permet de mettre en exergue les structures sociales et les configurations : on pourra ainsi analyser les relations à travers des notions comme celle d'**étoile** (ensemble des relations entre un individu et ses contacts directs) et de **zone** (qui ajoute à l'étoile l'ensemble des relations que les contacts de l'individu de référence entretiennent entre eux).

◄ **Simmel**
Voir p. 390

Les réseaux sociaux permettent d'appréhender la **sociabilité**, qui est l'ensemble des relations concrètes qu'un individu ou un groupe entretiennent avec d'autres. Au sein de cette sociabilité, on peut en distinguer plusieurs formes. La sociabilité formelle est le résultat d'une organisation préexistante (relations liées au groupe d'amis ou à la famille, par exemple). La sociabilité informelle émerge plus spontanément d'interactions (échanges sur Internet par exemple). On peut aussi distinguer les sociabilités individuelles (relation privilégiée entre deux collègues) ou collectives (relations du professeur avec sa classe) ou encore opposer des relations de proximité (géographique, sociale, ethnique, affinitaire) ou d'éloignement. La **sociabilité numérique** correspond au type de lien social tissé dans le cadre des technologies de l'information et de la communication (réseaux sociaux, forums, blogs, chats...).

Le repérage de toutes ces interactions témoigne de la multiplicité des types de liens qui existent dans une société. Mais, on constate aussi que les individus entrent le plus souvent en contact avec des personnes proches : l'**homophilie** est la tendance à préférer entretenir des relations avec des personnes qui nous ressemblent socialement.

Une des fonctions essentielles des réseaux est d'offrir des ressources à leurs membres. Les réseaux familiaux sont des sources d'entraide (dons, cautions, prêts, garde d'enfants), les réseaux migratoires permettent aux étrangers de s'intégrer plus rapidement dans la société d'accueil, les réseaux d'anciens élèves offrent à la fois des soutiens affectifs, matériels, mais aussi des opportunités d'emploi. Les réseaux sociaux alimentent ainsi le **capital social (au sens sociologique)**, ensemble des ressources auxquelles un acteur peut accéder grâce à toutes ses relations directes et indirectes.

L'IMPORTANCE DES RÉSEAUX SOCIAUX DANS LES DÉMOCRATIES CONTEMPORAINES

Les réseaux amicaux et familiaux peuvent jouer un rôle considérable pour l'individu, notamment en matière de recherche d'emploi. Dans un célèbre article de 1973, Mark Granovetter a ainsi mis en évidence « la force des liens faibles ». Les **liens forts** sont les liens qui existent à l'intérieur des groupes primaires, dans lesquels les personnes passent du temps ensemble, ont de l'affection les unes pour les autres, se font mutuellement confiance et se rendent des services réciproques. Les **liens faibles** sont des relations peu intenses et peu fréquentes, qui relient bien souvent des individus issus de groupes primaires différents. En étudiant de manière empirique comment les salariés américains ont trouvé un emploi, Granovetter montre que l'obtention de celui-ci dépend en priorité des relations personnelles qu'on a pu tisser. Or, ces relations personnelles concernent plus souvent des liens faibles que des liens forts. Granovetter l'explique par le fait que les individus avec lesquels on est faiblement lié évoluent dans des cercles sociaux différents et ont donc accès à des informations différentes de celles que l'on reçoit habituellement. Les liens faibles sont importants, car ils sont nombreux et plus efficaces dans le processus de transformation de l'information que les liens forts : ces derniers étant très intégrés, l'information ne sort pas du groupe et ils lui permettent donc d'atteindre moins d'individus que les liens faibles. Pour le dire autrement, les liens faibles unissent les groupes, contrairement aux liens forts que l'on retrouve à l'intérieur d'un même groupe. Granovetter démontre ainsi au passage que le marché du travail n'est pas un lieu anonyme de confrontation de l'offre de travail et de la demande de travail, mais qu'il est socialement construit.

◄ **Marché du travail** Voir p. 50

◄ **Offre / Demande de travail** Voir p. 195

À travers les **réseaux sociaux numériques**, qui sont les réseaux sociaux qui s'appuient sur les nouvelles technologies, et notamment sur les usages de l'Internet, le sociologue est invité à prendre en compte la « force des liens numériques », qui ont un impact indéniable sur les formes de la sociabilité et qui portent peut-être aussi la promesse d'un renouveau de la démocratie. Twitter, Facebook, Instagram, Tiktok, etc. présentent des particularités différentes, mais s'appuient sur la même finalité : mettre leurs membres en relation. Ces réseaux sociaux en ligne invitent à repenser le sens des mots « amis » ou « contacts » et, plus largement, les relations sociales lorsque les liens augmentent de façon exponentielle. Ils renouvellent aussi le répertoire d'actions politiques des régimes démocratiques (blogs, mailing, adhésion en ligne, etc.) et encouragent l'émergence de nouveaux espaces de délibération au nom d'un renouveau de la démocratie directe.

◄ **Répertoire d'actions politiques** Voir p. 470

◄ **Démocratie directe** Voir p. 446

18

CONTRÔLE SOCIAL ET DÉVIANCE

A. LE CONTRÔLE SOCIAL

LE CONTRÔLE SOCIAL : FONDEMENT ET FORMES

Le contrôle social, fondement de la conformité sociale

Groupe social ►
Voir p. 336
Norme ►
Voir p. 324
Valeur ►
Voir p. 324

Le **contrôle social** est l'ensemble des moyens par lesquels une société ou un groupe social réussit à faire respecter les normes nécessaires à la vie en collectivité. Il vise à obtenir une certaine **conformité sociale**, attitude qui consiste à respecter les normes en vigueur et qui est bien souvent le résultat de l'intériorisation par l'individu du système de valeurs auquel il appartient.

On distingue bien souvent le contrôle social interne et le contrôle social externe. Le **contrôle social interne** est la contrainte exercée par des règles morales intériorisées sur la conduite de l'individu. Ce contrôle social repose en grande partie sur l'intériorisation par chacun de la culture en vigueur dans la société. C'est pourquoi le respect des normes est souvent spontané et semble naturel. L'**ethos** (règles morales intériorisées par les membres d'un groupe social) est suffisamment fort pour que l'individu s'autodiscipline. Souvent, ce contrôle social interne suffit à normaliser les comportements.

Culture ►
Voir p. 314

Le **contrôle social externe** est la contrainte exercée par l'entourage et les institutions au moyen de sanctions sur la conduite d'un individu. Une **sanction** est une punition ou une récompense mise en œuvre par l'entourage ou une institution en réaction à un comportement non conforme ou, au contraire, exemplaire au regard des normes sociales. Les sanctions peuvent être positives ou négatives. On distingue trois registres de sanctions : les sanctions juridiques (ex. : une condamnation), les sanctions économiques (un licenciement ou à l'inverse une prime) et les sanctions sociales (ex. : une mise à l'écart du groupe ou, au contraire, la valorisation d'un individu). La **ségrégation** consiste en une séparation, une mise à part, d'un individu ou d'un groupe social.

Mœurs ►
Voir p. 324
Usages ►
Voir p. 324

Ces sanctions sociales diffèrent selon les normes. La violation des lois expose le contrevenant à une sanction juridique explicite, tandis que le non-respect des mœurs ou des usages peut amener un individu à subir une sanction sociale sous la forme d'une pression morale venant de son entourage. Dans ce dernier cas, il n'y a ni formalisation de la règle (elle est implicite), ni codification de la sanction (elle est laissée à l'appréciation des partenaires).

La visibilité des sanctions négatives ne doit pas nous faire oublier l'importance des sanctions positives. Certaines sont officielles et strictement réglementées : c'est le cas des décorations, par exemple. Cependant, les sanctions positives sont plus fréquemment informelles. L'éducation des enfants repose de plus en plus sur ce type de sanctions, qui visent à encourager les comportements souhaités plutôt qu'à réprimer ceux que l'on refuse.

Le contrôle social permet donc de maintenir la cohésion sociale (situation d'une société dans laquelle les liens sociaux sont stables et forts, et qui se manifeste par l'attachement au groupe dont font preuve les individus). Il s'agit donc d'encourager certaines pratiques conformes aux règles fixées et d'en décourager d'autres, celles qui sont jugées non conformes à la norme, ou celles qui sons considérées à tort ou à raison comme susceptibles de désorganiser la société. Le rôle de dissuasion du contrôle social est essentiel.

Les formes du contrôle social

Le contrôle social s'exerce à la fois dans les groupes sociaux et au niveau global.

Ce sont d'abord les groupes primaires qui se chargent du contrôle social ; l'appartenance de l'individu au groupe est conditionnée par le respect de normes et de valeurs, et les actes individuels sont encadrés par des cadres de référence. À ce stade, ce contrôle s'exercera de façon informelle par le biais de pressions, de moqueries, de félicitations. La famille et le groupe des pairs jouent un rôle intense au niveau de la réalisation du **contrôle social informel** qui est l'ensemble des pressions informelles résultant des interactions entre un individu et son entourage (ex. : un sourire). Le **contrôle social formel** est l'ensemble des pressions explicites exercées par des institutions ou des groupes sociaux afin de régulariser le comportement des individus (ex. : une sanction juridique).

◄ **Groupe primaire** Voir p. 337

◄ **Groupe de pairs** Voir p. 338

Ces pressions, qui pèsent sur les individus, visent à limiter la violence que peuvent s'infliger mutuellement les membres d'une société. Le contrôle social entretient des liens étroits avec la régulation sociale. Ce dernier concept prend des sens bien différents selon que l'on considère que la société est un ensemble bien intégré et que les règles sociales sont une donnée qui s'impose aux individus (point de vue privilégié par Durkheim et le fonctionnalisme en général) ou que l'on s'intéresse aux relations entretenues par les acteurs sociaux (ex. : syndicats patronaux et syndicats de salariés)

◄ **Durkheim** Voir p. 488

◄ **Fonctionnalisme** Voir p. 494

et à la construction de règles sociales lors de conflits et de négociations. Dans ce cas, la régulation sociale exprime, certes, le cadre qui structure et permet les relations collectives, mais surtout les adaptations incessantes des formes sociales à un environnement toujours changeant (point de vue privilégié par le sociologue français Jean-Daniel Reynaud).

Selon que l'on adopte l'une ou l'autre de ces perspectives, la **régulation sociale** est :

– soit l'ensemble des mécanismes permettant à une société de maintenir sa cohésion sociale. Cela suppose une reproduction des normes, donc un contrôle social. Socialisation et contrôle social concourent alors à la régulation sociale ;

– soit l'ensemble des mécanismes permettant l'élaboration, la transformation ou la reproduction des normes par les acteurs sociaux. De ce point de vue, la régulation sociale et le contrôle social sont deux processus complémentaires.

MODALITÉS ET EFFETS DU CONTRÔLE SOCIAL

Des modalités qui évoluent en même temps que les sociétés

Les sociétés modernes se caractérisent par la **judiciarisation des rapports sociaux**, phénomène par lequel une organisation sociale a de plus en plus recours au pouvoir judiciaire pour régler des problèmes qui relevaient autrefois d'autres modes de régulation sociale. On assiste progressivement à la mise en place d'une **société de droit**, société régie et régulée en partie par des règles juridiques.

Norme juridique ► Voir p. 324

L'importance actuelle des normes juridiques pour réguler les différents espaces sociaux que sont la famille, le travail et la vie en société de manière plus générale résulte en partie de l'intensité des échanges et de la complexité des organisations modernes. Ces normes ne relèvent plus d'un **droit coutumier** (droit qui repose sur la coutume, règle de conduite suivie par un groupe social et qui résulte d'un usage plus ou moins prolongé), mais ont pris la forme de règles écrites très formelles inscrites dans le Code civil, le Code pénal, ou encore le Code de procédure pénale.

Norme sociale ► Voir p. 324

Les normes juridiques ainsi fixées sont évidemment profondément liées à la société qu'elles régissent : elles traduisent les normes sociales en place et évoluent plus ou moins en même temps que les pratiques sociales. La législation sur le divorce illustre bien cela.

À côté de ces normes juridiques parfois considérées comme trop abondantes, les normes sociales semblent s'être allégées dans les sociétés modernes. Si le regard des autres était particulièrement présent dans les sociétés traditionnelles, on peut penser qu'il l'est moins dans les grandes villes contemporaines. De même, alors que le contrôle était explicite dans les entreprises des années 1950 et se traduisait par l'existence d'un contremaître dont le métier était la surveillance du travail des ouvriers, il semble que les salariés soient plus autonomes aujourd'hui. Les normes actuelles semblent donc plus diffuses, plus souples, plus informelles que par le passé. L'exemple du contrôle qui s'exerce au sein de la famille illustre cette tendance : les pratiques internes à la famille sont moins figées, les rôles des uns et des autres mieux répartis, la hiérarchie moins pesante, les formes juridiques de l'institution familiale plus diversifiées.

Toutefois, si les formes du contrôle social ont changé, il n'a pas disparu pour autant. Dans la famille, les lois se déplacent vers la surveillance de l'éducation donnée par les parents (loi de responsabilisation des parents promulguée en 1998 en Angleterre, par exemple). Dans la sphère du travail, le contrôle social est désormais facilité par les nouvelles technologies de l'information et de la communication (NTIC) : l'ordinateur qui garde la trace de toutes les opérations effectuées dans l'entreprise, Internet qui révèle les facettes privées dans l'espace public sans que les individus aient réellement pris conscience que, plus ils exposent leur vie privée, plus cela permet de les contrôler. Dans les villes, au nom de la sécurité, la vidéoprotection organise aussi des formes de surveillance des comportements de chacun.

Contrôle social et ordre social

Apparemment, on peut associer un niveau de contrôle social élevé avec la réalisation de l'**ordre social**, qui est l'état d'une société caractérisée par un niveau élevé de cohésion sociale et des relations harmonieuses entre les composantes de cette société que sont les groupes sociaux, les institutions diverses… Les sanctions informelles, comme celles exercées par la famille, contribuent à réactiver la règle en montrant que certains comportements ne sont pas tolérés. Inversement, tout relâchement de ces sanctions, qui se produit, par exemple, lorsque les parents n'assument plus leur

Déviance ►
Voir p. 350

mission d'éducateur, développe la déviance et également certaines formes de criminalité. De même, les sanctions formelles, comme les sanctions pénales, peuvent exercer un effet de **dissuasion** sur les criminels et délinquants potentiels, c'est-à-dire qu'elles ont pour but de les détourner du passage à la conduite déviante. Leur efficacité suppose que les délinquants se comportent en individus rationnels comparant systématiquement le bénéfice de l'action criminelle envisagée au coût que représenterait le passage à l'acte. La certitude de la peine, en accroissant ce coût, diminue la criminalité ; l'aggravation des peines amplifie cette réduction du crime.

La réalité est cependant un peu différente et il n'y pas de lien mécanique entre contrôle social et ordre social. L'ordre social dépend avant tout du degré d'acceptation des règles de la vie sociale par les individus qui composent une société donnée, et cette acceptation dépend de facteurs complexes comme la légitimité des dirigeants, le niveau de prospérité de la communauté, l'état des inégalités économiques et sociales, etc. De fait, il y a des « sociétés permissives » dans lesquelles le niveau de criminalité est bas et il existe aussi des sociétés « répressives » où l'ordre social est particulièrement dégradé.

B. LA DÉVIANCE

CONFORMITÉ ET DÉVIANCE

La **conformité** est un comportement respectueux des normes et des valeurs d'une collectivité. C'est l'objectif du contrôle social. Cependant, le respect parfait de toutes les valeurs et normes est impossible, ne serait-ce qu'en raison des contradictions éventuelles entre les systèmes normatifs, aussi parce que les sociétés sont rarement totalement figées et que le changement social, même modéré, exige que certains acteurs sociaux adoptent des normes et des valeurs légèrement différentes de celles qui sont partagées par la majorité. C'est pourquoi la violation d'une norme ne suffit pas à définir la déviance. Pour être déviant, ce comportement doit être sanctionné par la collectivité.

Changement social ►
Voir p. 406

La **déviance** est le non-respect des normes (qu'elles soient ou non légales), provoquant une sanction sociale. La déviance peut prendre plusieurs formes selon que la norme transgressée est une loi ou une coutume.

La **délinquance** est la transgression des normes légales. Pour les juristes, il existe trois catégories de délinquance classées par ordre de gravité : les contraventions, les délits et les crimes.

Une **contravention** est une infraction aux normes légales relevant d'un tribunal de police en raison du faible trouble apporté à l'ordre public. C'est le cas d'un automobiliste qui dépasse une limitation de vitesse. Les contraventions sont sanctionnées par des amendes ou une restriction, voire une privation des droits (ex. : suspension du permis de conduire). Un **délit** est une transgression des normes légales relevant des tribunaux correctionnels. Les sanctions peuvent être l'emprisonnement (de six mois à dix ans), une lourde amende ou un travail d'intérêt général. Le vol constitue un exemple classique de délit. Un **crime** est une grave infraction au droit relevant des cours d'assises et passible d'une peine d'emprisonnement pouvant aller jusqu'à la réclusion criminelle à perpétuité. C'est évidemment le cas des meurtres. La notion de crime retenue par les juristes ne doit pas être confondue avec celle des sociologues, et tout particulièrement celle de Durkheim. Le **crime au sens de Durkheim** est une violation de la conscience collective, c'est-à-dire tout acte qui transgresse les valeurs et les normes d'une société. Cette définition englobe non seulement toutes les formes de délinquance, mais aussi l'ensemble des actes qui heurtent la conscience collective, mais sont considérés comme légaux. Ainsi, à la fin du XIXe siècle, le mariage d'une femme de la bourgeoisie avec un ouvrier était certainement considéré comme un crime au sens sociologique du terme.

◄ **Durkheim**
Voir p. 488

◄ **Conscience collective**
Voir p. 489

La transgression des usages et des mœurs est un second type de déviance qui est sanctionné par une pression sociale. Cela peut être le cas de l'alcoolisme, de l'homosexualité, de certaines pratiques religieuses, voire de la maladie mentale. Mais si les normes et déviances sont inséparables, elles sont aussi relatives et varient d'un pays à un autre, ou d'une époque à une autre. Ainsi, en France, des groupes religieux que nous qualifions de « sectaires » subissent une forte pression sociale alors qu'ils sont beaucoup mieux acceptés aux États-Unis. Par contre, dans certains États américains, la majorité de la population considère qu'il est normal d'adopter une attitude discriminatoire vis-à-vis des homosexuels.

◄ **Échelle d'attitude**
Voir p. 465

Lorsque les normes changent, la déviance se transforme également. Et lorsque les normes ne font plus l'objet d'un consensus, la déviance devient difficile à cerner. La généralisation de la non-conformité à l'essentiel des activités sociales conduit à la **marginalité**, qui est la situation d'un individu qui s'écarte de l'ensemble des normes sociales, sans nécessairement violer les normes juridiques. Van Gogh, incapable de fonder une famille et d'exercer une activité « normale », fut en son temps un marginal.

L' ANALYSE SOCIOLOGIQUE DE LA DÉVIANCE

Les sociologues fonctionnalistes se sont intéressés à l'acte déviant en lui-même, tandis que les sociologues interactionnistes ont insisté sur le rôle des sanctions dans le processus menant à la déviance.

La déviance, produit de l'anomie

Anomie ► Voir p. 387

Émile Durkheim (*De la division du travail social*, 1893) a défini l'anomie comme l'absence de normes, la déficience des règles sociales communément acceptées. Elle témoigne donc d'un dérèglement social provenant d'une insuffisante coordination entre les différents organes de la société ou encore d'un décalage entre les désirs des individus et leur situation objective. L'affaiblissement des normes et la dilution des valeurs peuvent donc conduire à des situations d'anomie. Selon Durkheim, les périodes de crise économique peuvent engendrer des situations d'anomie se traduisant par une hausse des suicides ou de la délinquance.

Fonctionnalisme ► Voir p. 494

Pour Robert King Merton (*Éléments de théorie et de méthode sociologique*, 1949), une des figures dominantes du fonctionnalisme, toute société propose des buts valorisés (l'enrichissement et la réussite sociale par exemple) et des moyens légitimes pour y parvenir (le travail, le mérite mesuré par la réussite scolaire…). Les membres de la société qui acceptent ces buts et ces moyens légitimes sont considérés comme conformes. Reprenant la notion d'anomie à Durkheim, mais dans une perspective différente, Merton énonce que celle-ci résulte d'une inadaptation entre les buts valorisés par la société et les moyens légitimes pour les atteindre. Ainsi, dans la société américaine, la réussite individuelle et l'enrichissement sont des buts légitimes qui doivent être atteints par le travail et l'épargne. Les individus qui ne parviennent pas à concilier objectifs et moyens sont classés dans l'une des quatre formes de déviance suivantes : l'**innovation au sens de Merton** est une forme de déviance qui consiste à poursuivre le but légitime par des moyens illégitimes (le délinquant qui cherche à s'enrichir par des moyens illégaux est dans ce cas) ;

le **ritualisme au sens de Merton** est une forme de déviance caractérisée par un respect tellement scrupuleux des règles que les objectifs ne sont pas atteints (cas d'un employé trop zélé qui, en respectant le règlement à la lettre, retarde le fonctionnement de l'ensemble du service) ; l'**évasion au sens de Merton** est une forme de déviance qui est le fait d'individus renonçant à la fois aux buts et aux moyens proposés par la société (la figure du clochard pour qui la réussite professionnelle n'a aucun sens) ; la **rébellion au sens de Merton** est une forme de déviance qui consiste à vouloir substituer de nouvelles valeurs à celles jusque-là acceptées (exemple du révolutionnaire).

Ce type d'analyse, qui explique la déviance par les défauts de l'organisation sociale, a été approfondi par l'étude des bandes, une **bande** étant un groupe primaire composé de jeunes soudés par un territoire, une histoire commune, des leaders et des valeurs partagées. Pour ces jeunes, les pratiques délinquantes sont un moyen plus efficace que les activités considérées comme « normales » pour se procurer des gratifications matérielles (de l'argent) et symboliques (le respect du groupe).

La déviance, produit de l'interaction sociale

Avec l'interactionnisme dans les années 1960, l'intérêt se déplace vers la sanction sociale et l'interaction sociale. Ainsi, pour Howard S. Becker (*Outsiders*, 1963), la déviance n'est pas le fruit d'une défaillance de socialisation ou du contrôle social, mais le produit d'interactions sociales. Pour qu'un acte soit déviant, il faut d'abord qu'il ait été identifié comme tel par les autres acteurs. Cela implique l'édiction de normes par des **entrepreneurs de morale** (personnes qui ont pour fonction de définir la norme qui définit l'acte comme déviant et qui la font ensuite appliquer). Une fois identifié, l'individu sanctionné est victime d'un phénomène d'**étiquetage**, qui est un mécanisme mis en évidence par Becker par lequel des individus ou des groupes sont publiquement désignés comme déviants par un groupe dominant ou une institution qui leur reproche d'avoir enfreint une norme. L'étiquetage des individus déviants peut conduire les acteurs sociaux à entrer dans de véritables carrières de déviants, car la stigmatisation implique l'attribution d'une identité sociale dévalorisée, qui place les individus en marge de la collectivité et les empêche de reprendre le cours d'une vie normale. Le déviant s'inscrit alors durablement dans des comportements déviants, phénomène décrit aussi sous le nom de **prophétie autoréalisatrice au sens sociologique**, qui est un mécanisme qui concourt à modeler la personne

◄ **Interactionnisme**
Voir p. 500

◄ **Stigmatisation**
Voir p. 354

sur l'image qu'en ont les autres : par exemple, l'étranger d'un emploi « respectable », du fait de sa déviance supposée, va peu à peu dériver vers des activités professionnelles non conventionnelles, marginales ou même interdites par la loi.

Pour illustrer son analyse, Becker prend l'exemple des fumeurs de marijuana aux États-Unis après la Seconde Guerre mondiale. En 1937, le *Bureau of Narcotics*, que la fin de la prohibition de l'alcool avait privé d'une de ses activités essentielles, a obtenu le vote d'une loi punissant l'usage de la marijuana. C'est, selon Becker, cette loi qui est à l'origine de la transformation des fumeurs de marijuana en déviants puisqu'elle a permis de cataloguer comme délinquants des fumeurs jusque-là tolérés. Avec ce vote s'ouvre la possibilité d'une déviance primaire pour les fumeurs de marijuana, la **déviance primaire** étant la transgression initiale d'une norme. L'adoption d'un mode de vie spécifique à ces fumeurs peut déboucher sur une sanction informelle venant de l'entourage et sur une sanction juridique émise par les institutions chargées de faire respecter la loi. L'individu peut intérioriser cette nouvelle identité déviante et avoir des difficultés à réintégrer une vie normale en raison d'une peine de prison ou de l'inscription d'une condamnation sur son casier judiciaire. L'étiquetage initial peut conduire ensuite à une **déviance secondaire** qui, dans le processus de la déviance, est une seconde étape caractérisée par l'intégration dans un groupe déviant au sein duquel l'individu peut faire une carrière délinquante rythmée par les condamnations.

La déviance est donc analysée par la sociologie interactionniste comme le résultat d'une série d'interactions entre un individu et des groupes ou des institutions conduisant à une **stigmatisation**, c'est-à-dire l'attribution à un individu (et plus généralement à un groupe) d'une identité sociale dévalorisante en raison d'une caractéristique physique ou sociale jugée négativement par la majorité de la collectivité. Cette marque sociale dévalorisante est toujours une construction sociale, mais elle peut s'appuyer sur des caractéristiques physiques (couleur de la peau, handicap physique) qui facilitent l'identification sociale et le traitement différencié de l'individu. La **carrière déviante** désigne la trajectoire d'un individu qui le mène à la déviance.

Les théories centrées sur l'acte déviant et celles centrées sur la sanction sociale s'opposent par leurs présupposés et leurs méthodes d'analyse des phénomènes sociaux, mais se révèlent également complémentaires du fait que les unes s'attachent à expliquer la déviance primaire et les autres la déviance secondaire.

LA DÉLINQUANCE

Une nécessaire évaluation

Les **actes délinquants** sont des comportements qui dérogent aux normes sociales et juridiques en vigueur dans une société donnée. Certains comportements déviants sont sanctionnés de façon informelle par le groupe social, d'autres, plus graves donnent lieu à une sanction formelle de la part des institutions judiciaires. La mesure de cette délinquance est aujourd'hui un enjeu important, au niveau politique mais aussi sociologique.

◄ **Groupe social**
Voir p. 336

La principale source d'information est évidemment fournie par les services de police et de gendarmerie. C'est le chiffre officiel de la délinquance. Mais cette statistique est entachée d'un certain nombre de limites qui rendent son exploitation scientifique difficile. En premier lieu, le nombre d'actes délinquants comptabilisés dépend d'abord des déclarations des victimes. Or, la propension à se rendre dans un commissariat pour y porter plainte est inégale selon les quartiers, les groupes sociaux et la nature des actes délinquants. Par ailleurs, les services de police accueillent les plaintes en fonction de contraintes de résultats fixés par leur hiérarchie : si l'objectif affiché par la hiérarchie policière est de diminuer le niveau de la délinquance, certaines plaintes ne seront pas enregistrées. Il semble que ce soit surtout le cas pour les actes d'incivilité les moins graves. Enfin, certaines formes de violence n'apparaissent pas dans les statistiques officielles, car elles ne sont pas qualifiées comme crimes ou délits par le droit mais comme de simples contraventions. Une partie de la délinquance réelle échappe donc à toute comptabilisation et constitue ce que l'on appelle le **chiffre noir de la délinquance**, c'est-à-dire l'écart entre l'enregistrement statistique de la délinquance et la réalité sociale de celle-ci.

◄ **Crime**
Voir p. 351
◄ **Délit**
Voir p. 351

Du chiffre noir aux enquêtes de victimation

Depuis quelques années, une deuxième comptabilisation de la délinquance, en dehors de la statistique officielle citée plus haut, est réalisée à partir d'enquêtes de victimation. On appelle **victimation** le fait d'avoir subi un fait de délinquance sur le plan matériel, physique ou psychique. Les **enquêtes de victimation** sont des questionnaires auprès d'un échantillon de personnes interrogées représentatives de l'ensemble de la population française (plus de 16 000 personnes de plus de 14 ans), qu'elles aient ou non subi des faits délictueux. Elles étudient donc la délinquance et la criminalité du point de vue de la victime. La comparaison des statistiques officielles et des résultats de l'enquête de victimation fait apparaître des écarts importants. Les dernières enquêtes font apparaître trois fois plus d'actes de vols et cinq fois plus de violences physiques et sexuelles que ce qui est déclaré officiellement. Dans le cadre de ces enquêtes, on peut donc mieux évaluer la fréquence des violences au sein des ménages. Ainsi, en France, seuls 7 % des faits de violence exercés dans le cadre familial donneraient lieu à un dépôt de plainte. Les enquêtes de victimation sont également considérées comme un indicateur du **sentiment d'insécurité** qui est le ressenti des personnes interrogées en matière d'insécurité. La violence ressentie est nettement plus élevée que la violence reconnue.

La délinquance juvénile

La **délinquance juvénile** est l'ensemble des comportements délictueux commis par des personnes considérées comme jeunes. Les sources officielles qui permettent de mesurer la délinquance juvénile sont les statistiques policières et l'enregistrement des personnes en examen par le ministère de la Justice. Ces sources révèlent que la délinquance juvénile est plutôt le fait des garçons, entre 12 et 20 ans (avec un pic entre 18 et 19 ans), avec une surreprésentation des jeunes issus de milieux populaires. Ce « constat » fait l'objet d'un débat, qui s'appuie notamment sur les remarques méthodologiques évoquées plus haut. D'une part, la statistique est mise en cause quand on sait que les enquêtes d'autodéclaration montrent notamment que, lors des vols par exemple, les personnes issues de milieux plus favorisés trouvent plus facilement des ententes amiables avec les parties concernées et la police. D'autre part, le sentiment d'insécurité dû à la délinquance juvénile n'est pas un phénomène objectif : il est en effet partiellement construit par les médias.

19

CLASSES, STRATIFICATION ET MOBILITÉS SOCIALES

(A) L'ANALYSE DE LA STRUCTURE SOCIALE

- Deux grandes conceptions des classes sociales
- Les prolongements au cours du XXe siècle
- La multiplicité actuelle des critères de différenciation sociale

(B) LA MOBILITÉ SOCIALE

- Définitions et mesure de la mobilité sociale
- Les tendances de la mobilité sociale
- Les déterminants de la mobilité et de la reproduction sociale

A. L'ANALYSE DE LA STRUCTURE SOCIALE

L'**espace social** est constitué, selon Pierre Bourdieu des différents champs sociaux : champs économique, politique, religieux, scolaire…

DEUX GRANDES CONCEPTIONS DES CLASSES SOCIALES

Hiérarchies de droit et hiérarchies de fait

Groupe social ► Voir p. 336

Toutes les sociétés un tant soit peu complexes admettent des hiérarchies sociales, une **hiérarchie sociale** étant un classement ordonné des catégories sociales selon un critère économique (la richesse), politique (le pouvoir) ou social (le prestige). Il faut différencier la notion de catégorie sociale de celle de groupe social. Alors que les membres d'un même groupe social ont une même situation sociale et sont réunis par des activités qui leur donnent au moins une conscience partielle de leur identité de situation, la **catégorie sociale** est un regroupement d'individus ayant une ou plusieurs caractéristiques communes sans nécessairement avoir conscience de cette identité de situation. Un groupe social se distingue donc d'une catégorie sociale par le fait que ses membres ont conscience de leur communauté d'existence. De ce fait, ils seront davantage enclins à s'organiser pour défendre leurs intérêts, ce que ne feront pas les membres d'une catégorie sociale.

Dans les sociétés traditionnelles, les hiérarchies sont officielles, chaque groupe social ayant des droits et des devoirs spécifiques. Tel est le cas dans les sociétés de castes ou d'ordres.

Une **caste** est une subdivision endogame et héréditaire d'un système hiérarchique, à laquelle sont assignées des fonctions religieuses et économiques spécifiques. Les castes appliquent le **principe d'endogamie** selon lequel les membres d'un même groupe social se marient entre eux, et les enfants appartiennent à la caste de leurs parents (le statut social est donc héréditaire). L'Inde traditionnelle offrait un exemple classique de société de castes, hiérarchisée selon le degré supposé de pureté religieuse. Aux quatre grandes castes (les prêtres, les guerriers, les agriculteurs et commerçants, les artisans et domestiques) s'ajoutait un groupe hors caste : les intouchables. L'ensemble était subdivisé en près de 4 000 sous-castes correspondant à des métiers particuliers. Chacune de ces castes formait un groupe social fermé dont les membres évitaient le contact avec ceux des autres castes.

Un **ordre** est une subdivision d'un système hiérarchique fondé sur le prestige associé à des fonctions sociales (fonctions militaire, économique ou religieuse). Telle était la situation de la plupart des sociétés européennes au cours du Moyen Âge. En France, sous l'Ancien Régime, la société était partagée en trois ordres : le clergé, la noblesse et le tiers état. En principe, le statut social était hérité et l'immobilité sociale était la règle.

◄ **Statut social**
Voir p. 325

La situation est très différente dans les sociétés modernes, à la fois égalitaires et individualistes. L'affirmation de l'égalité de droit entre tous les individus a entraîné la disparition des groupes sociaux fermés sur eux-mêmes. En droit, rien ne s'oppose plus à la mobilité sociale des individus.

◄ **Égalité de droit**
Voir p. 423

Cependant, le développement de l'industrie a favorisé celui des classes sociales. Une **classe sociale** est un groupe social de grande dimension dont l'origine est économique et qui se distingue des autres classes par un niveau de vie, un mode de vie et des pratiques culturelles spécifiques.

◄ **Niveau de vie**
Voir p. 38

◄ **Pratique culturelle**
Voir p. 327

L'exemple le plus frappant est celui de la classe ouvrière. L'apparition de la grande industrie, au XIXe siècle, a rassemblé dans les usines des masses ouvrières relativement homogènes du point de vue de leurs rémunérations et de leurs conditions de travail, faisant émerger progressivement une culture et une classe ouvrières.

Globalement d'accord sur le fait qu'il existe de vastes groupes d'hommes partageant les mêmes conditions d'existence, les sociologues s'opposent quant à la nature des classes sociales et quant aux relations sociales qui en découlent. Certains font une analyse en termes de structure sociale, d'autres de stratification sociale.

Les sociologues qui pensent que les classes sociales s'intègrent dans une **structure sociale**, ensemble hiérarchisé de groupes sociaux liés par des relations permanentes, sont partisans du **réalisme**, qui est une théorie de la connaissance selon laquelle les concepts utilisés par les chercheurs sont l'incarnation de la réalité. À l'inverse, les sociologues qui font une analyse en termes de stratification sociale appartiennent plutôt au **nominalisme**, théorie de la connaissance selon laquelle les concepts ne représentent pas les phénomènes réels, mais ne sont que des outils créés par les chercheurs afin d'étudier les phénomènes sociaux. Plutôt que de parler d'une structure sociale qui évoque immanquablement les idées de domination et d'opposition entre les groupes qui composent la société, ils préfèrent retenir le concept de **stratification sociale**, différenciation d'une population en strates hiérarchiques superposées, une **strate** étant un ensemble d'individus ayant des caractéristiques communes qui permettent de les situer sur une échelle hiérarchique. Dans cette perspective de la stratification sociale, la hiérarchie entre les groupes se présente sous la forme d'un continuum et il n'y a pas de barrières infranchissables entre ceux-ci.

L'analyse de la structure sociale selon Karl Marx

Marx ►
Voir p. 517

Une **classe sociale (selon Marx)** est un ensemble d'individus respectant trois conditions :

– ils occupent une place précise dans les rapports de production ;

– ils ont conscience de leur situation commune et de leurs intérêts collectifs ;

– ils s'organisent pour les défendre.

Mode de production capitaliste ►
Voir p. 486
Rapports de production ►
Voir p. 518

Dans le mode de production capitaliste, la place dans les rapports de production se traduit par le fait de posséder ou non des moyens de production et d'échange (principalement les usines). C'est pour Marx le critère essentiel pour définir les classes sociales. Les propriétaires d'usines possèdent un capital, profitent du travail de leurs salariés et bénéficient d'une sécurité matérielle exceptionnelle pour l'époque. Les non-propriétaires sont dans l'obligation de vendre leur force de travail pour vivre.

Le critère de la place dans les rapports de production permet donc à Marx de distinguer les deux classes caractéristiques du mode de production capitaliste : les capitalistes et le prolétariat.

Les **capitalistes (selon Marx)** sont la classe sociale détentrice des moyens de production, donc en mesure d'exploiter le prolétariat.

Statut ►
Voir p. 325
Chômage ►
Voir p. 128
Paupérisation absolue ►
Voir p. 487
Paupérisation relative ►
Voir p. 487

Le **prolétariat (selon Marx)** est la classe sociale composée d'individus qui, ne possédant que leur force de travail, sont obligés de travailler pour un chef d'entreprise et subissent la précarité liée à leur statut. Chaque crise économique provoque du chômage et une baisse des salaires des prolétaires. Aussi Marx prévoit-il une paupérisation de la classe ouvrière.

La **paupérisation de la classe ouvrière (selon Marx)** est un processus d'appauvrissement de cette classe. On parle de paupérisation absolue lorsque le niveau de vie des ouvriers baisse, et de paupérisation relative lorsqu'il augmente moins vite que celui du reste de la population.

Cette relation capitalistes/prolétariat est donc défavorable aux prolétaires. Dans ses premiers ouvrages, Marx décrit leur situation en termes d'aliénation économique. Puis, à partir de 1845, il privilégie une analyse en termes d'**exploitation**, qui est le fait pour une classe de s'approprier une partie de la richesse créée par une autre classe. Quelles que soient leurs conditions de travail ou de rémunération, les ouvriers continuent d'être exploités tant qu'ils ne perçoivent pas la totalité de la richesse créée par eux. Ce critère de la place dans les rapports de production suffit à Marx pour affirmer que capitalistes et prolétariat sont des classes en soi.

Une **classe en soi (selon Marx)** est une classe définie objectivement par sa place dans les rapports de production. Dans le mode de production capitaliste, les rapports de production sont des rapports d'exploitation qui opposent capitalistes et prolétariat.

Cela ne suffit pas pour faire d'une classe sociale un acteur collectif. Il faut encore que les membres d'une classe développent une conscience de classe et qu'ils s'organisent pour se défendre en participant à la lutte des classes.

La **conscience de classe (selon Marx)** est la capacité d'une classe à identifier les intérêts communs de ses membres et à produire une idéologie justifiant leur défense. Une classe ne développe une conscience de classe que lorsque chacun de ses membres prend conscience du fait que sa situation personnelle a une origine sociale et qu'il doit s'unir avec les autres pour défendre des intérêts communs.

La **lutte des classes (selon Marx)** est l'ensemble des conflits économiques et politiques opposant des classes aux intérêts économiques divergents. Pour Marx, les conflits peuvent être économiques, et avoir pour objectif la diminution de l'exploitation (grâce à une augmentation de salaire par exemple), ou politiques, et avoir pour objectif la suppression de l'exploitation (grâce à l'abolition du capitalisme). Il estime que cette prise de conscience doit se construire dans la lutte syndicale et politique des ouvriers. C'est par la lutte que le prolétariat deviendra une classe pour soi.

Une **classe pour soi (selon Marx)** est une classe qui s'organise pour défendre ses intérêts et qui devient ainsi un acteur collectif. À la différence d'une classe en soi, une classe pour soi se dote d'organisations économiques (ex. : un syndicat) et politiques (ex. : un parti politique) qui défendent ses intérêts.

Toutes les classes ne parviennent pas nécessairement à ce stade et Marx donne les paysans français du milieu du XIXe siècle comme exemple d'une classe en soi qui ne s'est pas transformée en classe pour soi.

Lorsqu'il dénombre les classes sociales présentes dans le mode de production capitaliste, Marx ajoute au prolétariat et aux capitalistes des classes de moindre importance théorique : les propriétaires fonciers, les paysans, le sous-prolétariat et, enfin, la petite bourgeoisie.

Le **sous-prolétariat (selon Marx)** est cette partie de la population privée d'emploi en raison du fonctionnement du mode de production capitaliste (concentration de l'agriculture, développement du machinisme dans l'industrie). Le sous-prolétariat est indispensable au fonctionnement du capitalisme, car la concurrence faite par les chômeurs aux ouvriers pour occuper les emplois non qualifiés empêche les salaires ouvriers de progresser.

La **petite bourgeoisie (selon Marx)** est la classe sociale composée de propriétaires de moyens de production travaillant dans leurs entreprises (les artisans et commerçants). Le fait qu'ils soient propriétaires de leur entreprise pourrait les faire assimiler à la bourgeoisie, mais leur travail manuel les rapproche du prolétariat.

Marx est persuadé que les paysans et la petite bourgeoisie vont décliner numériquement au fur et à mesure qu'une petite partie de leurs membres (les propriétaires fonciers et les petits bourgeois enrichis) rejoindra les capitalistes et l'autre partie, bien plus importante, qui comprend les paysans, artisans et commerçants victimes de la concentration économique, rejoindra le prolétariat. Marx prévoit donc une prolétarisation de la majorité des travailleurs indépendants et une bipolarisation de la structure sociale.

La **prolétarisation des travailleurs indépendants (selon Marx)** est un processus enclenché par la concentration économique et conduisant des travailleurs indépendants (agriculteurs, commerçants et artisans) à devenir des ouvriers aux conditions de vie précaires.

La **polarisation ou bipolarisation de la structure sociale (selon Marx)** est un processus se traduisant par l'accroissement du prolétariat en raison de la diminution de la petite bourgeoisie et de la paysannerie et par l'intensification de la lutte des classes l'opposant à la bourgeoisie.

La détérioration de la situation du prolétariat, qui a vocation à devenir majoritaire, doit hâter la prise de conscience des ouvriers et déboucher sur une révolution qui supprimera le mode de production capitaliste. Selon l'expression de Marx, « la lutte des classes est le moteur de l'histoire ». Cela devrait aboutir, à terme, au communisme dans lequel exploitation et domination disparaîtraient en même temps que les classes sociales.

L'analyse de la stratification sociale selon Max Weber

Alors que Marx expliquait toutes les inégalités sociales par la structure économique, Weber distingue la hiérarchie économique de la hiérarchie sociale et de la hiérarchie politique.

Dans le domaine économique, une **classe sociale (selon Weber)** est un ensemble d'individus ayant les mêmes chances de disposer de biens et de services vendus sur un marché. Le clivage essentiel est ici celui qui oppose les propriétaires aux non-propriétaires puisque les premiers peuvent utiliser leur richesse afin d'acquérir des entreprises, acheter le travail des seconds et s'approprier légitimement le bénéfice issu de la production. Le fait qu'un ensemble d'individus ait une chance égale d'accéder à un certain nombre de biens et de services, donc à un mode de vie spécifique, ne signifie pas que chacun d'entre eux ait le sentiment d'appartenir à une communauté. Une classe sociale n'est donc qu'une catégorie sociale, à moins que ses membres ne se mobilisent de façon consciente pour défendre des intérêts communs. Cette évolution est possible, mais nullement obligatoire. La lutte des classes n'est donc qu'une éventualité spécifique aux sociétés de marché.

◄ **Catégorie sociale**
Voir p. 358

Sur la base de cette analyse, Weber distingue quatre grandes classes sociales :

– la classe ouvrière, qui s'organise et prend progressivement conscience de ses intérêts communs ;

– la petite bourgeoisie (commerçants, artisans), qui possède un capital lui assurant un profit ;

– les intellectuels et spécialistes sans biens (ingénieurs, cadres, fonctionnaires), qui ne sont pas des propriétaires, mais disposent d'une qualification leur assurant un certain niveau de revenu ;

– la classe des possédants et de ceux privilégiés par la naissance ou l'éducation, qui bénéficient d'un haut niveau de revenu sans s'astreindre pour autant à un travail.

Dans le domaine social, un **groupe de statut (selon Weber)** est un ensemble d'individus jouissant du même prestige social. Ce prestige dépend du mode de vie, donc de l'éducation, de la naissance et de la profession. Les groupes de statut ne sont qu'imparfaitement liés aux classes sociales puisque l'argent ne confère pas automatiquement un haut niveau d'honneur social : les nouveaux riches, faute d'une éducation appropriée, ont rarement un prestige social correspondant à leurs revenus. Les membres d'un groupe de statut peuvent assez spontanément prendre conscience

Endogamie ►
Voir p. 358

des intérêts qui les lient. Ainsi, les mariages y sont fréquemment endogamiques. Les groupes de statut sont donc, plus spontanément que les classes sociales, des communautés ayant une existence réelle. La constitution d'une telle communauté est favorisée lorsqu'il y a conjonction d'une classe sociale et d'un groupe de statut. Telle était, selon Weber, la situation de la classe ouvrière au début du XXe siècle.

Le troisième élément de la stratification sociale est formé par les partis politiques qui sont en compétition pour la conquête du pouvoir.

Même s'il n'exclut pas que la classe sociale la plus défavorisée prenne conscience de sa situation et s'organise politiquement, Weber estime que cette situation n'a rien d'automatique puisque ces trois dimensions de la société (économique, sociale, politique) répondent chacune à une logique qui leur est propre.

L'analyse tridimensionnelle de Weber a le mérite de montrer la complexité de la hiérarchie sociale dans les sociétés modernes. On peut très bien être en haut de l'échelle du point de vue économique (ex. : un artisan qui a fait fortune) et dans une position inférieure en termes de prestige et de pouvoir. Inversement, un noble ruiné ne sera pas au sommet de la hiérarchie sociale, dès lors que l'on considère que ce sommet est composé d'individus qui cumulent les positions les plus élevées selon les trois critères.

LES PROLONGEMENTS AU COURS DU XXe SIÈCLE

Une étude empirique : l'enquête de Warner

W. Lloyd Warner a coordonné une enquête menée entre 1930 et 1935 dans une petite ville du nord-est des États-Unis (Newburyport) afin d'y étudier la stratification sociale. Il a ordonné la population en fonction de quatre critères permettant de mesurer le prestige social des habitants (profession, source de revenu, type d'habitation, quartier habité) et a conclu à l'existence de six classes superposées (deux supérieures, deux moyennes et deux inférieures). Au sommet, la classe « supérieure-supérieure » est composée des riches familles blanches installées depuis longtemps aux États-Unis alors que, tout en bas, la classe « inférieure-inférieure » regroupe une population de couleur ou d'origine étrangère dont l'activité économique est précaire. Entre les deux, les classes moyennes (supérieure-inférieure,

Classe moyenne ►
Voir p. 368

moyenne-supérieure, moyenne-inférieure, inférieure-supérieure) ont un souci de respectabilité et de réussite sociale. En fait, Warner et son équipe nomment « classe sociale » ce que Weber appelle « groupe de statut ».

Une **classe sociale (selon Warner)** est un ensemble d'individus situés à la même place sur l'échelle du prestige social.

Ce travail a permis de mettre en valeur la différenciation sociale aux États-Unis sur la base d'une analyse en termes de stratification sociale.

Le renouveau de l'analyse des conflits sociaux chez Dahrendorf

Pour le sociologue allemand Ralph Dahrendorf (*Classes et conflits de classes dans la société industrielle*, 1957), l'analyse des classes sociales effectuée par Marx porte sur un cas particulier : l'époque capitaliste au XIXe siècle. Au XXe siècle, le critère de la propriété des moyens de production aurait perdu de sa pertinence au profit d'un critère plus général, l'autorité. L'**autorité (selon Dahrendorf)** est le pouvoir légitime de donner des ordres à autrui et est attachée à une position sociale, alors que le pouvoir s'attache plutôt à une personne. Si Dahrendorf retient la vision marxiste d'une définition des classes en termes conflictuels puisque, selon lui, l'autorité fait toujours l'objet d'une dichotomie au sein des groupes (entre ceux qui en ont l'exercice et ceux qui en sont privés), il en relativise immédiatement la portée puisqu'il constate la multiplication des groupes d'intérêt et des conflits de groupes dans les sociétés contemporaines, qui peuvent porter certes sur l'économie, mais aussi sur les questions religieuses, ethniques… Alors que, chez Marx, les institutions et les groupes étaient inscrits dans une seule classe, les groupes et les institutions sont innombrables chez Dahrendorf, puisque tout individu est membre des très nombreux groupes et institutions dans ses différentes sphères d'activité. Dans ces conditions, il n'y a plus ni parti de classe, ni culture de classe, ni religion de classe.

◄ **Groupe d'intérêt**
Voir p. 458

Le domination culturelle selon Pierre Bourdieu

Écrivant environ cent trente ans après Marx (*La Distinction* est publiée en 1979 alors que le *Manifeste du parti communiste* date de 1848), Pierre Bourdieu développe une analyse en termes de structure sociale qui tient compte à la fois des transformations opérées au sein de cette structure et du développement de la réflexion sociologique.

◄ **Structure sociale**
Voir p. 359

Weber ►
Voir p. 490
Capital économique ►
Voir p. 499

Il reconnaît, après Max Weber, que le seul critère économique est insuffisant pour analyser les pratiques sociales et il défend l'idée d'un espace social hiérarchisé en fonction du capital économique d'une part, du capital culturel d'autre part, du capital social enfin. Le capital économique est constitué d'une part des revenus, d'autre part du patrimoine détenu ou dont on a l'usage sans en être le détenteur. Le **capital culturel** est l'ensemble des ressources culturelles dont dispose un individu. Il comprend des compétences culturelles incorporées telles que les capacités langagières, les savoir-faire ou encore les capacités intellectuelles. Il se mesure par la détention de diplômes et se traduit par des pratiques culturelles (fréquentation de salles de théâtre, pratiques artistiques…), mais aussi par la détention d'objets culturels (livres, tableaux…). Le capital culturel est inégalement distribué selon les groupes sociaux. En ce sens, il structure le champ social : certains groupes sociaux détiennent des ressources culturelles importantes (bonne maîtrise de la langue, pratique courante de langues étrangères, connaissances générales…) alors que d'autres, en revanche, sont démunis devant l'écrit ou le langage soutenu.

Le **capital social** peut être défini comme l'ensemble des réseaux de relations que fréquente un individu et qu'il peut, dans certaines circonstances, mobiliser à son avantage. Le capital culturel et le capital social se combinent au capital économique pour définir la place que l'individu occupe dans l'espace social.

Une **classe sociale (selon Bourdieu)** est donc un ensemble d'agents ayant la même position dans l'espace social et des pratiques sociales proches.

À partir de cette définition très générale, Bourdieu distingue trois grandes classes :

– la **classe dominante (selon Bourdieu)** est la classe composée de l'ensemble des agents fortement dotés en capitaux et dont les pratiques sont légitimes. La légitimité (selon Bourdieu) est la capacité à être reconnu comme supérieur aux autres, donc à être accepté comme référence par l'ensemble de la population. En faisant reconnaître ses pratiques sociales comme étant supérieures à celles des autres groupes, cette classe acquiert un prestige qui justifie les bénéfices qu'elle tire de l'activité économique. Elle est composée des cadres (dont les professeurs) fortement dotés en capital culturel et des « gros » indépendants pour lesquels le capital économique est prédominant ;

– les **classes populaires (selon Bourdieu)** sont l'ensemble des agents faiblement dotés en capitaux et dont les pratiques reflètent l'intériorisation des contraintes sociales qui pèsent sur eux.

Ces contraintes sont d'ordre économique, mais surtout culturel, puisque ces agents adoptent pour l'essentiel une conception de l'ordre social qui est celle de la classe dominante et qui délégitime par avance leurs éventuelles aspirations. Bourdieu regroupe ici ouvriers, agriculteurs et contremaîtres ;

◄ **Ordre social**
Voir p. 349

– les **classes moyennes (selon Bourdieu)** sont des classes dominées dont les membres aspirent à des pratiques légitimes. Composées des employés, artisans, petits commerçants, techniciens et instituteurs, elles sont principalement caractérisées par une volonté d'ascension sociale.

Ces classes sont liées par une relation de **domination (selon Bourdieu)** qui est la capacité pour une classe de faire accepter aux autres classes une conception de l'ordre social qui le favorise. Les agents dominés subissent donc une **violence symbolique**, qui est l'imposition de choix culturels arbitraires permettant à ceux qui les édictent de maintenir leur pouvoir. Cette violence symbolique se traduirait, par exemple, par le fait qu'une partie des salariés acceptent une stagnation de leur salaire afin d'accroître les profits de l'entreprise qui les emploie. Ceux-ci auraient intériorisé une analyse économique qui assimile les intérêts des actionnaires à ceux de l'entreprise et qui ne considère le salaire que sous l'aspect de son coût. La domination étant par définition efficace, cette réflexion débouche spontanément sur une analyse en termes de reproduction sociale. La **reproduction sociale** est la tendance à perpétuer les inégalités économiques et culturelles au sein d'une population et à transmettre les positions sociales d'une génération à l'autre.

Pour Bourdieu, comme pour Marx, il existe donc une lutte des classes, mais alors que, pour Marx, elle se déroule dans le domaine économique, Bourdieu la situe dans l'ordre symbolique (le domaine des représentations et des croyances).

La moyennisation de la société française : l'analyse d'Henri Mendras

Dans *La Seconde Révolution française* (1988), Henri Mendras montre comment la **moyennisation de la société**, à savoir la diffusion d'un niveau et d'un mode de vie moyen dans l'ensemble de la population, couplée avec le développement des classes moyennes regroupant une part croissante de cette population, conduit à réactualiser les analyses en termes de stratification sociale. Il centre son analyse sur les **classes moyennes**, qui sont de manière générale un groupe social qui se trouve dans une position intermédiaire entre les classes populaires et les classes dominantes et qui recouvrent les classes moyennes traditionnelles (artisans, commerçants) et les classes moyennes salariées relativement qualifiées (instituteurs, techniciens, etc.). Négligées par Marx, ces classes moyennes salariées se sont rapidement développées après 1945.

Mendras reconnaît qu'au début du XXe siècle, quatre grands groupes sociaux se partageaient le paysage social français :

– la bourgeoisie tirait la totalité de ses revenus de ses capitaux ;

– les paysans vivaient de façon traditionnelle en marge de l'économie marchande ;

– les classes moyennes étaient largement composées de travailleurs indépendants ;

– les prolétaires vivaient de leur travail et connaissaient une précarité extrême.

Chacun de ces groupes formait un ensemble clos avec un mode de vie spécifique ; l'appartenance à chacun de ces groupes était largement héréditaire. Selon Mendras, cette situation n'existe plus. En un siècle, les paysans se sont intégrés à l'économie et à la société moderne ; la bourgeoisie a disparu en tant que classe en raison de la quasi-extinction du nombre de personnes qui vivent de leurs rentes et de la diffusion du capital des entreprises dans la population ; les ouvriers, en gagnant en sécurité et en niveau de vie, ont perdu leur statut de prolétaires et se sont mêlés au reste de la population. Le cœur de la société française est donc constitué d'une constellation centrale qui s'est développée au-dessus d'une constellation populaire.

Niveau de vie ► Voir p. 38

Une **constellation centrale (selon Mendras)** est un ensemble de groupes socioprofessionnels ayant en commun des revenus, une qualification moyenne ou supérieure et une mobilité sociale intense. Composée d'ingénieurs, de professeurs, d'instituteurs et de cadres administratifs moyens, cette constellation centrale ne forme pas une classe dans la mesure où, à l'image des étoiles qui ne forment une constellation que pour l'observateur situé sur terre, les groupes socioprofessionnels qui la composent ne sont pas liés entre eux par des relations réelles, mais sont réunis par le sociologue pour former une figure conventionnelle. De plus, cette constellation centrale n'a aucune autre classe à laquelle s'opposer et ne peut donc pas se constituer en tant que classe. Ses membres n'ont, en effet, aucune raison d'entrer systématiquement en conflit avec les différentes élites qui constituent la seule strate qui leur est supérieure.

La **constellation populaire (selon Mendras)** est un ensemble formé par les ouvriers et les employés et caractérisé par un niveau de revenu et de qualification plus faible que la moyenne. La disparition de la bourgeoisie l'ayant privée d'adversaire, cette constellation populaire ne peut former une classe. En bas, les exclus sont isolés et inorganisés.

La thèse de la moyennisation conduit à rejeter la logique du conflit et de la lutte des classes. Elle est cependant mise en cause non seulement par les sociologues qui rejettent l'idée même de l'existence des classes moyennes, mais aussi par ceux qui, tout en acceptant cette existence, font remarquer que ce troisième pôle de stratification n'a pas fait disparaître pour autant la classe ouvrière et la bourgeoisie. En effet, l'existence d'une classe moyenne est parfaitement compatible avec le maintien d'inégalités fortes, et même d'inégalités qui s'accroissent aux extrêmes de la hiérarchie sociale. Dans ce cas, moyennisation et existence d'une classe moyenne ne doivent plus être identifiés.

◄ **Inégalité**
Voir p. 420

La **distance inter-classes** désigne la distance entre les différents groupes sociaux au sein de l'espace social que l'on peut estimer par les écarts de modes de vie. Avec le processus de moyennisation, ces distances ont tendance à se réduire. Au contraire, on parle de polarisation lorsqu'elles ont tendance à augmenter.

La **distance intra-classe** désigne la distance entre des individus au sein d'un même groupe social que l'on peut estimer par les écarts de mode de vie. Elle peut être illustrée par les différences de mode de vie entre les ouvriers non qualifiés et les ouvriers qualifiés ou par les disparités entre les cadres et professions intellectuelles supérieures.

LA MULTIPLICITÉ ACTUELLE DES CRITÈRES DE DIFFÉRENCIATION SOCIALE

Les professions et catégories socioprofessionnelles

L'étude de la structure sociale française se fait souvent à l'aide d'un outil mis au point par l'Insee : la nomenclature des professions et catégories socioprofessionnelles (PCS).

Une nomenclature est une liste des catégories (d'ensembles) créées pour étudier un domaine particulier. Une **catégorie statistique** est un regroupement d'individus ayant une ou plusieurs caractéristiques communes sans nécessairement avoir conscience de cette identité de situation.

La **nomenclature des PCS** est une liste de professions agrégées en catégories socioprofessionnelles, puis en groupes socioprofessionnels.

Elle a été élaborée afin d'étudier l'évolution de la structure sociale ainsi que les pratiques économiques et sociales de la population française.

Pour réaliser cette nomenclature, l'Insee a dressé une liste de 489 professions (repérées par un code à quatre chiffres) qui constituent le niveau le plus détaillé de la nomenclature des PCS, chaque profession regroupant des métiers proche par :

– le type d'activité (ex. : activité agricole ou non agricole) ;

– le **statut (de l'emploi)**, qui est la situation juridique d'un individu au regard de l'emploi. Ce critère permet de distinguer les inactifs des actifs, les chômeurs de ceux qui ont un emploi, les indépendants des salariés et, chez ces derniers, les salariés du privé des fonctionnaires ;

Qualification
►
Voir p. 188

– la qualification ;

– la taille de l'entreprise pour les travailleurs indépendants ;

– la place dans la hiérarchie professionnelle pour les salariés.

Par exemple, les cardiologues et les rhumatologues ont été regroupés dans la profession « Médecins libéraux spécialistes ». En effet, tout ici rapprochait ces deux métiers : le type d'activité, puisqu'ils relèvent tous les deux de la spécialisation médicale ; le statut de l'emploi, puisque ce sont des travailleurs indépendants ; la qualification, puisque ce sont des métiers à très haut niveau de qualification.

Les 489 professions retenues ont ensuite été regroupées dans un ensemble de 42 catégories socioprofessionnelles (CSP) repérées par un code à deux chiffres et constituant le niveau intermédiaire de la nomenclature de l'Insee.

Une **catégorie socioprofessionnelle (CSP)** est un ensemble d'individus exerçant des professions proches, que ce soit par le type d'activité, le statut de l'emploi ou la place dans une hiérarchie. Ce niveau intermédiaire peut être présenté à un niveau détaillé qui comporte 42 CSP, dont 32 pour les actifs, ou à un niveau de présentation courante qui se réduit à 24 postes, dont 19 pour les actifs.

C'est ainsi que les « Médecins libéraux spécialistes » et les « Avocats » ont été regroupés, avec 16 autres professions, dans la CSP « Professions libérales » (CSP n° 31), dont la principale caractéristique est de rassembler des travailleurs indépendants fortement qualifiés.

Les 42 CSP ont enfin été ramenées à une liste de huit groupes socioprofessionnels repérés par un code à un chiffre.

Un **groupe socioprofessionnel** est un ensemble d'individus rassemblés dans un groupe assez vaste en raison de la proximité sociale des CSP dans lesquelles ils ont été au préalable classés. Les membres d'un groupe socioprofessionnel ont donc des caractéristiques économiques ou sociales en commun, que ce soit le type d'activité (ex. : activité agricole), le statut (ex. : salariés) ou la qualification. L'ensemble des ces huit groupes socioprofessionnels forme le niveau le plus agrégé de la nomenclature des PCS.

Avec les CSP, les sociologues disposent, pour étudier les hiérarchies sociales, d'un outil différent à la fois des classes et des strates.

Les CSP ne sont pas des classes sociales au sens où l'entendent Marx ou Bourdieu, car elles sont conçues comme des catégories statistiques. Ainsi, rien n'indique, *a priori*, que les « Ouvriers qualifiés de type industriel » et encore moins les ouvriers forment des groupes réels agissant pour la défense de leurs intérêts communs. Rien ne laisse entrevoir les éventuelles relations d'exploitation ou de domination. Cependant, il est possible, et même vraisemblable, que les CSP épousent le contour de groupes réels. Dans certains cas, l'officialisation d'une dénomination et son utilisation systématique peuvent avoir contribué à la création d'une identité collective.

◄ **Classe** Voir p. 359
◄ **Strates** Voir p. 359
◄ **Marx** Voir p. 517
◄ **Bourdieu** Voir p. 498
◄ **Catégorie statistique** Voir p. 369
◄ **Exploitation** Voir p. 361
◄ **Domination** Voir p. 162

Les CSP ne sont pas non plus des strates sociales puisque la combinaison de plusieurs critères empêche de classer l'ensemble de la population sur une échelle unique. On ne peut, par exemple, situer les « Agriculteurs sur petite exploitation » par rapport aux « Instituteurs et assimilés ». Seules les CSP regroupant des salariés se prêtent à un tel classement.

En France, cette nomenclature a fréquemment été utilisée dans des études portant sur la mobilité sociale. Dans ce cas, le découpage en groupes socioprofessionnels est préféré à celui des catégories socioprofessionnelles, qui est trop fin.

L'âge

L'affaiblissement apparent des clivages sociaux en termes de classe a attiré l'attention sur de nouvelles formes de structuration centrées sur l'âge. Les sociologues Henri Mendras (*La Seconde Révolution française*, 1988) et Jean Stœtzel (*Les Valeurs du temps présent*, 1983) affirmaient déjà dans les années 1980 que la structuration de la société française par classes d'âge leur semblait plus adéquate pour expliquer les changements affectant les opinions et les comportements que la structuration par classes sociales. Si la **jeunesse** se définit statistiquement comme les personnes dont l'âge est compris entre 12 et 25 ans, l'**adolescence** est une période variable comprise entre l'enfance et l'âge adulte, ce dernier étant toujours caractérisé par l'entrée dans la vie active et la constitution d'une famille. De même, la délimitation de la vieillesse n'est pas évidente. La **vieillesse** est une période qui correspond à la **retraite**, situation d'une personne qui n'est plus active et reçoit une pension, mais cette période varie dans le temps et comporte au moins deux moments bien différents. Le **troisième âge** correspond aux personnes qui atteignent l'âge du départ à la retraite, cet âge dépendant de l'environnement économique et social. Aujourd'hui, on parle d'un **quatrième âge** qui se définit comme la période de la vie marquée par la dépendance à l'égard de la société.

En définitive, et au-delà de sa simplicité apparente, l'âge est une variable complexe qui recouvre trois dimensions. D'abord, l'âge fait référence à l'**effet d'âge** (effet du seul vieillissement, où le comportement des individus est alors exclusivement fonction de leur âge). Ensuite, l'âge peut signifier une position dans le cycle de vie (étudiant, actif, retraité...). Selon la position dans laquelle l'individu se trouve par rapport au cycle, il connaît des contraintes spécifiques qui ont des répercussions sur sa sociabilité, et aussi sur ses pratiques sociales. Troisièmement, l'âge peut faire intervenir un **effet de génération** ou **effet de cohorte**, qui définit des comportements stables tout au long du cycle de vie et qui s'expliquent par le fait que l'individu appartient à une génération donnée. Toute analyse faisant intervenir l'âge est confrontée à l'interaction de ses différents effets. Par exemple, beaucoup de pratiques musicales que l'on a cru être le fait de classes d'âge précises se sont avérées à terme relever d'un effet de génération, dans la mesure où ces pratiques ont été poursuivies à l'âge adulte (cas par exemple du rock'n'roll).

Cycle de vie ►
Voir p. 211

Sexe et genre

La notion de genre est utilisée en sociologie pour mettre en évidence la construction sociale de la différence des sexes. Construit sur la différence, le genre se décline en termes de hiérarchie, d'inégalité et de pouvoir. La « domination masculine » se manifeste d'abord symboliquement à travers la supériorité sociale des valeurs attachées au masculin sur celles rattachées au féminin, mais elle

Genre ►
Voir p. 318

Valeur ►
Voir p. 324

s'exprime aussi matériellement dans la distribution inégale des ressources et des espaces sociaux entre les hommes et les femmes, comme le montrent les travaux analysant la place respective des hommes et des femmes dans la famille, sur le marché du travail, dans la sphère politique… Au-delà de ces inégalités, le genre s'impose aussi pour tout individu comme une contrainte à se conformer à une **norme de genre**, c'est-à-dire aux comportements socialement attendus des personnes de son sexe. Cela s'avère d'autant plus compliqué aujourd'hui que les repères se brouillent et que les identités masculine et féminine deviennent plus floues. La dimension de la norme de genre a été explorée par les sociologues (voir notamment Judith Butler, *Trouble dans le genre*, 1990) qui pratiquent la ***queer theory***, théorie qui vise à la déconstruction des normes de genre à partir de l'analyse des pratiques qui la remettent en question (pratiques transgenres, homosexuelles…).

◄ **Inégalité**
Voir p. 420

◄ **Identité**
Voir p. 314

Les styles de vie

Les approches de la différenciation sociale en termes de PCS, de sexe ou de genre, d'âge, ont en commun d'être construites à partir des critères socioéconomiques. Elles ignorent les **sociostyles**, sources de différenciation qui s'appuient sur les valeurs et les représentations sociales, une **représentation sociale** étant une façon de se représenter la réalité qui dépend des caractéristiques historiques et sociale des acteurs qui la véhiculent. Pour les chercheurs du Centre de communication avancée (Bernard Cathelat, *Styles de vie*, 1985), les Français peuvent ainsi être répartis en cinq grandes mentalités (une **mentalité** étant une façon de juger ou de réagir propre à un individu ou à un groupe social, proche de la notion de conscience collective de Durkheim). On distingue alors les « décalés », les « égocentrés », les « activistes », les « matérialistes » et les « rigoristes ». À chaque sous-ensemble correspondent des sociostyles. Par exemple, la famille des « décalés » (ceux qui refusent la crise et donnent la priorité aux aventures individuelles) contient les « profiteurs » (qui veulent jouir du confort moderne sans se laisser embrigader), les « dillettantes » (qui ont le désir de s'accomplir en dehors des sentiers battus) et les « libertaires » (qui veulent rester sans soumission ni concession).

◄ **Valeur**
Voir p. 324

◄ **Groupe social**
Voir p. 336

◄ **Conscience collective**
Voir p. 489

B. LA MOBILITÉ SOCIALE

DÉFINITION ET MESURE DE LA MOBILITÉ SOCIALE

Quelques définitions importantes

La **mobilité sociale** est le phénomène qui désigne un changement dans la position sociale d'un individu ou d'un groupe. Elle s'oppose à l'**hérédité sociale** ou **immobilité sociale**, qui est la transmission à l'identique de la position sociale entre deux générations. Cette mobilité recouvre plusieurs dimensions.

On distingue d'abord la **mobilité intragénérationnelle**, qui est le changement de position d'un individu au cours de sa vie professionnelle, et la **mobilité intergénérationnelle**, qui est le changement de position d'un individu par rapport à celle de ses parents.

Statut social ►
Voir p. 325

Une autre distinction porte sur l'ampleur de la mobilité, qui peut être verticale ou horizontale. Une **mobilité verticale** signifie que l'individu évolue au sein des statuts sociaux. La mobilité verticale est qualifiée de **mobilité sociale verticale ascendante** quand l'individu passe d'un statut moins valorisé à un statut plus valorisé. Elle est qualifiée de **mobilité sociale verticale descendante** quand l'individu passe d'un statut plus valorisé à un statut moins valorisé.

Une dernière distinction est relative à l'origine de cette mobilité. Il existe en effet une action mécanique dans la mobilité sociale qui est liée aux évolutions de la structure sociale. Par exemple, la diminution du nombre d'agriculteurs fait que tous les fils d'agriculteurs ne peuvent pas être agriculteurs eux-mêmes. On parlera alors de **mobilité sociale structurelle**, qui est la mobilité rendue obligatoire par les transformations de la structure sociale, c'est-à-dire par l'augmentation et la diminution numérique des différents groupes socioprofessionnels. Inversement, la **mobilité nette** est la mobilité qui ne s'explique pas par les transformations de la structure sociale. Elle exprime le degré de **fluidité sociale**, qui se définit comme la capacité des membres d'une société à changer volontairement de position sociale indépendamment de toute contrainte structurelle. La **mobilité brute**, ou **mobilité totale**, ou encore **mobilité observée**, est la somme de la mobilité structurelle et de la mobilité nette.

L'ampleur de la mobilité sociale observée permet de vérifier dans quelle mesure la société moderne est bien une méritocratie, société dans laquelle l'accès aux positions sociales valorisées est soumis à une concurrence qui permet la réussite des meilleurs. Cela suppose que l'on appréhende le degré de mobilité en vigueur dans une société donnée par rapport à la situation de **mobilité parfaite**, qui est une situation idéale dans laquelle la position sociale des fils est indépendante de celle des pères. Dans une telle société, les inégalités sociales reflètent strictement le mérite, à la différence des sociétés de castes ou d'ordres où la position sociale des fils est toujours presque identique à celle des pères.

◄ **Inégalités sociales**
Voir p. 420

La mesure de la mobilité sociale

Si le concept de mobilité sociale peut être attribué au sociologue américain d'origine russe Pitirim Sorokin en 1927 (*Social Mobility*), les premières tentatives de mesure de la mobilité sociale sont plus anciennes : dès 1904, Karl Pearson en Grande-Bretagne ou Paul Lapie en France élaborent les premiers tableaux destinés à comparer la position des individus à celle de leur père, ce que l'on appelle aujourd'hui les « tables de mobilité ». La **table de mobilité** sociale est un tableau à double entrée permettant de comparer la position des enfants et des parents. Elle est construite sur la base de la nomenclature des PCS à partir des enquêtes Formation et qualification professionnelle (FQP) de l'Insee, qui portent sur des échantillons d'environ 40 000 hommes âgés de 40 à 59 ans, c'est-à-dire à un moment où leur situation professionnelle est relativement stabilisée. La diagonale d'une table de mobilité permet d'identifier les personnes immobiles.

◄ **PCS**
Voir p. 369

Les tables de mobilité sont de deux sortes. Les **tables de destinée** sont des tables qui dévoilent ce que deviennent les individus qui proviennent d'une catégorie sociale donnée. Autrement dit, connaissant la position sociale du père, on observe celle du fils : c'est ainsi, par exemple, que, dans la table de destinée issue de l'enquête FQP de 2003, on pourra constater que 22 % des fils d'agriculteurs sont devenus agriculteurs eux-mêmes. Les **tables de recrutement** sont des tables qui informent sur l'origine sociale des individus. Connaissant la position sociale de quelqu'un aujourd'hui, on s'interroge sur celle de son père : toujours pour conserver l'exemple des agriculteurs en 2003, on observe que 88 % des agriculteurs ont un père qui était lui-même agriculteur. La comparaison des tables de destinée et de recrutement permet de mettre en évidence l'évolution de la structure sociale, donc de la mobilité structurelle. En effet, comme on vient de le voir, la plupart des fils d'agriculteurs qui exercent ce métier aujourd'hui sont fils d'agriculteurs, alors qu'à l'inverse peu de fils d'agriculteurs sont restés agriculteurs. Cela s'explique par le fait que le nombre d'agriculteurs dans la société a fortement diminué du fait des transformations de la structure sociale.

Toutefois, si ces tables de mobilité apportent des renseignements très précieux, de nombreux sociologues ne se satisfont pas de cette mesure pour différentes raisons : les résultats obtenus dépendent de la précision du découpage statistique (plus les catégories sont nombreuses, plus la mobilité observée sera importante), les parcours des individus sont parfois complexes et mal enregistrés par la table (on peut quitter sa catégorie d'origine puis y revenir, comme lorsque des salariés essaient de monter leur propre entreprise), les professions évoluent selon l'échelle du prestige (ex. : le métier d'instituteur), la mobilité sociale féminine est mal appréhendée (il faudrait pouvoir rapporter la profession des femmes à la profession de leurs mères, mais celles-ci appartiennent encore à une génération où l'activité féminine était peu importante) et, surtout, la mesure de la mobilité ne dit rien sur la capacité réelle des individus à connaître une mobilité voulue. Pour appréhender cette capacité, on préfère utiliser la technique des ***odd ratios***, rapport des chances relatives qui constitue un moyen de mesurer l'évolution de l'égalité des chances indépendamment de l'évolution de la structure socioprofessionnelle (par exemple, en 2014, 47 % des fils de cadres supérieurs accèdent à cette même catégorie, pour 10 % qui deviennent ouvriers : ils sont donc 4,7 fois plus souvent cadres supérieurs qu'ouvriers ; simultanément, chez les fils d'ouvriers, ces proportions sont de 9,4 % et 47,6 % : ils sont donc 5 fois moins souvent cadres supérieurs qu'ouvriers. On peut en conclure que les chances relatives de devenir cadre supérieur plutôt qu'ouvrier sont 4,7 × 5 = 23,5 fois plus grandes chez les fils de cadres supérieurs que chez les fils d'ouvriers). À partir de ces instruments, certains sociologues (en France, Louis-André Vallet) évaluent le degré de fluidité sociale, traduction de l'évolution de l'égalité des chances.

Fluidité sociale ►
Voir p. 374

LES TENDANCES DE LA MOBILITÉ SOCIALE

Une mobilité intragénérationnelle en hausse

La mobilité augmente dans la plupart des groupes socioprofessionnels. Les changements de groupe en cours de carrière sont plus fréquents qu'au début des années 1980 : entre 1998 et 2003, 20 % des hommes de 30 à 54 ans ayant un emploi ont changé de groupe socioprofessionnel, contre 13 % entre 1980 et 1985.

Au sein de ces différents groupes sociaux, la mobilité intragénérationnelle est cependant inégale. Ce sont les agriculteurs et les cadres qui sont les moins mobiles. À l'opposé de ces deux groupes, on constate une mobilité assez forte, souvent ascendante, chez les ouvriers et employés.

Il faut cependant noter que la croissance économique ne s'accompagne pas toujours d'une mobilité sociale ascendante. Les cas de **déclassement**, qui sont les cas où les individus obtiennent des positions sociales inférieures à celles de leurs pères, ne sont pas rares. Ces déclassements sont d'ailleurs plus importants dans un contexte de ralentissement de croissance. Pour les hommes, ils s'opèrent notamment entre les cadres et les professions intermédiaires, et, pour les femmes, surtout entre les professions intermédiaires et les employées qualifiées. D'une manière générale, ils concernent avant tout le haut de l'échelle sociale et interviennent souvent à la suite d'un passage par le chômage ou l'inactivité.

Une mobilité intergénérationnelle qui semble diminuer

Si, globalement, la mobilité sociale a augmenté depuis soixante ans, toute la question est de savoir si celle-ci résulte exclusivement des transformations de la structure sociale ou si elle révèle plutôt une réelle possibilité de changer de position sociale, bref, une progression de l'égalité des chances. L'interrogation porte donc sur le partage entre la mobilité structurelle et la mobilité nette.

◄ **Égalité des chances**
Voir p. 424

Les différentes enquêtes FQP révèlent que la mobilité sociale totale reste inchangée depuis 1993, se situant aux alentours de 65 %. Au sein de cette mobilité totale, la composante structurelle est très importante et n'a pas cessé d'augmenter, parce que la déformation des professions d'une génération à une autre n'a pas cessé de croître (20 % en 1977, 22 % en 1993, 25 % en 2003). Cela a pour conséquence que la mobilité nette a tendance à diminuer : elle baisse de 1993 à 2003, passant de 43 % à 40 %.

Fluidité sociale ► Voir p. 374

Cela dit, il faut rester prudent sur les commentaires globaux, car l'autre mesure de la fluidité sociale, qui est la technique des *odd ratios* évoquée plus haut, aboutit à une conclusion différente. C'est ainsi que Louis-André Vallet (« Quarante années de mobilité sociale en France. L'évolution de la fluidité sociale à la lumière des modèles récents », *Revue française de sociologie*, janvier-mars 1999) croit pouvoir observer une progression de la mobilité sociale dans la période qui suit les Trente Glorieuses. Les chances de devenir cadre plutôt qu'ouvrier en 2014 sont 23,5 fois plus fortes pour les fils de cadre que pour les fils d'ouvrier, alors que ce rapport était égal à 39 en 1993 et à 82 en 1977.

LES DÉTERMINANTS DE LA MOBILITÉ ET DE LA REPRODUCTION SOCIALE

L'ampleur de la mobilité structurelle et de la mobilité nette

Le principal facteur de la mobilité comme on l'a vu plus haut réside dans la modification de la structure des professions, du fait de l'évolution des structures productives. Les places offertes sont différentes d'une génération à une autre, et ce type de mobilité est qualifié de mobilité structurelle.

Toute fois, la mobilité structurelle n'épuise pas toute la mobilité et la mobilité nette, si elle reste modérée, existe bel et bien, s'expliquant essentiellement par la démocratisation scolaire, qui a permis à un nombre toujours plus élevé d'enfants de milieux populaires d'accéder aux études supérieures.

La démocratisation scolaire prend deux sens différents qui font l'objet d'interprétations opposées. La **démocratisation quantitative** est la croissance de l'enseignement à tous les niveaux où il est dispensé. Cette démocratisation quantitative est incontestable, comme en témoigne l'évolution du taux d'accès au baccalauréat. Alors qu'il était à peine de 10 % en France à la fin des années 1950, il est de près de 80 % en 2023, et le taux de réussite au baccalauréat toutes séries confondues est de 91 % la même année. La **démocratisation qualitative**, ou **égalité des chances à l'école**, est la réduction des écarts en matière de réussite scolaire aux différents niveaux d'enseignement qui subsistent entre les différents groupes sociaux. La démocratisation qualitative est le sens véritable des réformes éducatives que l'école a connues à la fin des années 1950 et au début des années 1960 (réforme Berthoin de 1959, qui porte l'obligation scolaire à 16 ans, réforme Capelle-Fouchet de 1963, qui crée le Collège d'enseignement secondaire, réforme Haby de 1975, qui achève l'action entreprise en supprimant les filières des collèges). En matière de démocratisation qualitative et en dépit de ces politiques scolaires volontaristes, force est de reconnaître que le bilan est modeste : si on s'intéresse aux titulaires d'un niveau égal ou supérieur au baccalauréat, on constate même que l'inégalité d'accès aux diplômes s'est accrue de façon continue entre les générations 1920-1922 et 1974-1976.

Si donc le lien entre école et mobilité sociale semble insuffisant en raison d'une démocratisation qualitative insuffisante, il n'en demeure pas moins que ce lien peut être distendu si le nombre de positions sociales de niveau élevé n'augmente pas suffisamment d'une génération à l'autre, bref si la mobilité structurelle est trop faible. C'est ce que montre bien le **paradoxe d'Anderson**, paradoxe mis en évidence en 1961 par le sociologue américain Richard Anderson qui montre que le statut social des fils apparaît comme pratiquement indépendant de leur niveau d'instruction relatif. Le fait d'acquérir un diplôme supérieur à celui de son père ne garantit pas à l'individu une position sociale plus élevée ; un diplôme équivalent peut conduire à un déclassement, et il arrive aussi qu'un diplôme inférieur ne soit pas incompatible avec une mobilité ascendante. Pour Raymond Boudon, le paradoxe s'explique essentiellement par l'**inflation scolaire**, phénomène comparable à l'inflation monétaire et qui est dû à un décalage entre le nombre de diplômes distribués et le nombre de positions sociales disponibles. Alors que le nombre de positions sociales élevées n'augmente pas ou augmente peu du fait d'une mobilité structurelle qui plafonne, le nombre de diplômes augmente fortement, car il est rationnel, au niveau de chacun, de se lancer dans la compétition scolaire dans l'espoir d'une mobilité sociale ascendante.

École et reproduction sociale

L'école, en dépit des espoirs qui étaient placés en elle, permet donc occasionnellement une mobilité sociale individuelle ascendante, mais ne corrige pas globalement les inégalités sociales. Si tous les sociologues s'accordent sur ce constat, ils ne donnent pas tous les mêmes explications.

Bourdieu, *La Reproduction* ►
Voir p. 498
Classe dominante ►
Voir p. 366

Pour Pierre Bourdieu et Jean-Claude Passeron (*Les Héritiers*, 1964 ; *La Reproduction*, 1970), l'école a comme fonction sociale de légitimer la reproduction sociale. Elle permet à la classe dominante de maintenir ses positions sociales tout en faisant accepter ces inégalités de position par l'ensemble de la population. Ce mécanisme repose sur des règles du jeu scolaire ou, du moins, universitaire (valorisation des connaissances pures et « désintéressées », de la compétence linguistique, de l'abstraction, etc.) qui donnent un avantage immédiat à ceux dont l'*habitus* est déjà formé dans ce sens. Tous les élèves et étudiants qui, par leur éducation, privilégient le travail manuel, le concret, l'utile, etc., se sentent peu d'affinité avec l'école. Sous couvert de sélection technique, s'opère donc une sélection sociale qui rend légitimes les inégalités.

Habitus ►
Voir p. 499

La perspective est tout autre dans *L'Inégalité des chances*, publié en 1973 par Raymond Boudon, même s'il reconnaît que les inégalités culturelles sont un des facteurs explicatifs de l'inégalité des chances. Conformément au cadre théorique caractéristique de l'individualisme méthodologique, il explique l'inégalité des chances à l'école par les stratégies d'acteurs. Il remarque qu'à résultats scolaires égaux, les familles populaires optent plus souvent que les familles aisées pour une fin d'études ou des études courtes. Cette **autosélection scolaire** (sortie du système scolaire ou orientation négative décidée par l'élève et sa famille sur la base de critères autres que le niveau de réussite scolaire) est, pour lui, le signe d'une stratégie menée par des acteurs rationnels. Les familles aisées trouvent au risque de mobilité descendante un coût supérieur à celui entraîné par la poursuite des études et choisissent cette dernière éventualité. L'école n'est donc pas responsable de cette inégalité des chances qui s'explique, avant tout, par les stratégies de famille.

Boudon ►
Voir p. 502
Individualisme méthodologique ►
Voir p. 385

Des travaux plus récents effectués dans une perspective microsociologique confirment également le rôle reproducteur de l'institution scolaire. Bernard Charlot (*Le Rapport au savoir en milieu populaire*, 1999) s'attache par exemple à analyser les trajectoires scolaires en reliant les échecs et les succès à ce qu'il appelle le **rapport au savoir** défini comme la façon dont chaque enfant se positionne par rapport à l'apprentissage. Selon cette analyse, le profil des élèves et leur trajectoire dépendent en grande partie de leur rapport au savoir, qui est à la fois individuel et collectif. La corrélation entre réussite scolaire et catégories sociales s'explique certes par les déterminismes sociaux, les stratégies individuelles, mais aussi par l'expérience vécue de chacun. De son côté, François Dubet ajoute un élément au débat autour de l'égalité des chances et de la justice scolaire (*Qu'est-ce qu'une école juste ?*, 2004). Selon lui, quel que soit le degré de démocratisation que l'école puisse atteindre, il y aura toujours des « gagnants » et des « perdants », et une école juste se doit de traiter dignement ceux qui échouent dans la compétition scolaire. Le lot et le destin des « mauvais élèves » pose la question du socle minimum de compétences que doit apporter le collège unique.

L'ensemble de ces travaux justifie amplement les **politiques de discrimination positive à l'école**, qui consistent à accorder plus de moyens aux établissements scolarisant des enfants issus de milieux défavorisés (politique de l'éducation prioritaire, sous la forme, par exemple, du dédoublement des CP), à donner plus de moyens aux élèves issus de milieux défavorisés pour qu'ils puissent intégrer les grandes écoles, ou encore à fixer des quotas d'admission en fonction de critères ethniques ou sociaux.

20

INTÉGRATION ET SOLIDARITÉ

A LES MUTATIONS DES FORMES D'INTÉGRATION

- Le lien social face à l'individualisme
- Les différentes définitions de l'individualisme
- L'individualisme, une menace pour le lien social ?
- L'exclusion, une problématique nouvelle ?

B DES INSTANCES D'INTÉGRATION QUI VOIENT LEUR RÔLE S'AFFAIBLIR

- La famille
- L'école
- Travail et intégration
- La protection sociale
- L'intégration citoyenne en question

A. LES MUTATIONS DES FORMES D'INTÉGRATION

LE LIEN SOCIAL FACE À L'INDIVIDUALISME

Du lien social à la solidarité

L'**intégration sociale** est le processus d'insertion d'un individu dans une communauté et/ou une collectivité grâce à l'établissement de liens sociaux. Le **lien social** est donc l'ensemble des relations économiques (les relations liées au travail par exemple), politiques (exercice de la citoyenneté) et interindividuelles (famille, amis) qu'entretient un individu avec les autres membres d'un groupe social plus ou moins proche (groupe ethnique, classe, société, etc.). L'état de ces relations à un moment donné permet d'appréhender le degré de **cohésion sociale**, caractéristique des groupes sociaux qui rend compte de la stabilité et de la force des liens sociaux à l'intérieur d'un groupe donné, et qui se manifeste par l'attachement au groupe. Ce lien social peut être plus ou moins fort selon les époques ou les lieux, mais on estime souvent qu'il y a deux axes qui structurent l'intégration des individus : le rapport à l'emploi et à la protection sociale d'une part, le rapport à la famille et aux autres groupes d'appartenance d'autre part. La **crise du lien social** est une expression qui évoque le relâchement des relations qui structurent la vie en commun et que l'on repère à travers une série d'indicateurs qui sont, par exemple, l'augmentation du nombre de personnes vivant seules, l'éclatement des familles, le déclin de la morale civique, la montée des incivilités ou encore le triomphe des valeurs individualistes. À l'origine de cette crise, on trouve évidemment les difficultés que connaissent les institutions comme l'école, la famille, l'État, l'entreprise, mais aussi la progression de l'individualisme. Toute la question est de savoir si l'individualisme peut être vraiment considéré comme un danger pour l'organisation sociale.

Groupe d'appartenance ► Voir p. 337

Institution ► Voir p. 315

LES DIFFÉRENTES DÉFINITIONS DE L'INDIVIDUALISME

L'**individualisme au sens courant** s'identifie avec l'égoïsme, c'est-à-dire avec le fait de ne penser qu'à soi-même sans se préoccuper des autres. C'est un individualisme que l'on qualifie de négatif.

L'**individualisme au sens politique** est une conception de la vie en société qui privilégie les droits de l'individu par rapport à ceux des diverses institutions sociales (famille, Église, caste…) ; cet individualisme repose sur deux principes qui sont : la liberté individuelle et l'autonomie morale. C'est un individualisme au sens positif parce qu'il se distingue de l'égoïsme précédemment défini ; en effet, alors que l'égoïste ne considère que ses intérêts privés, l'individualiste appréhende plutôt l'intérêt des individus plus globalement et non pas le sien uniquement. En d'autres termes, on peut dire que cet individualisme est un **individualisme universaliste**, à savoir qu'il est fondé sur un principe de conduite qui doit pouvoir s'appliquer de manière universelle à tous les individus. Dans cette optique, la liberté des acteurs est limitée par les contraintes qui ressortissent à la recherche du bien commun. L'individualisme universaliste s'oppose alors à l'**individualisme particulariste** qui concerne les besoins, désirs ou intérêts particuliers de chaque individu en s'appuyant sur la maxime selon laquelle les aspirations du moi passent avant tout autre chose. L'individualisme particulariste rejoint l'individualisme au sens courant, correspondant au principe du « chacun pour soi ».

L'**individualisme au sens sociologique** fait référence au processus au cours duquel les individus s'affranchissent de plus en plus des règles et des valeurs issues de la conscience collective. Dans les sociétés traditionnelles, la source des normes et des valeurs est toujours extérieure à l'individu et réside dans le groupe. C'est la société globale qui définit la position et le statut des individus. Dans les sociétés modernes, l'individu ne reconnaît plus d'autorité supérieure et sacralisée ; la position et le statut ne sont plus définis par avance : ils sont attribués en fonction des mérites de chacun et ces sociétés modernes sont également dominées par les valeurs de liberté et d'égalité.

◄ **Conscience collective** Voir p. 489
◄ **Norme** Voir p. 324
◄ **Valeur** Voir p. 324
◄ **Statut** Voir p. 325

L'individualisme tel que nous venons de le définir ne doit pas être confondu avec l'**individualisme méthodologique**, théorie selon laquelle tous les phénomènes socio-économiques sont explicables dans des termes qui se réfèrent aux individus, à leurs dispositions, croyances, relations... Pour les tenants de l'individualisme méthodologique, qui sont aussi bien des économistes comme Mises et Hayek, que des sociologues comme Boudon et Crozier, les sciences sociales ont pour objet de décrire les choix effectués par l'acteur social en fonction des contraintes qui lui sont imposées et les effets sociaux et économiques de ces choix. Pour appréhender un phénomène, il faut donc reconstruire les motivations des individus qui en sont à l'origine et considérer alors le phénomène comme le résultat de l'agrégation des comportements individuels. Il résulte de ce qui précède que

◄ **Hayek** Voir p. 531
◄ **Boudon** Voir p. 502
◄ **Crozier** Voir p. 78

Marx ►
Voir p. 517
Durkheim ►
Voir p. 488

l'individualisme méthodologique s'oppose au **déterminisme** qui postule que l'individu est le produit des structures sociales, les intentions et les objectifs des agents sociaux étant eux aussi le produit de ces structures sociales (ce postulat déterministe se retrouve, par exemple, dans certains écrits de Marx ou de Durkheim).

L'INDIVIDUALISME, UNE MENACE POUR LE LIEN SOCIAL ?

La progression de l'individualisme est un phénomène qui s'inscrit dans la durée. Dès les XIVe et XVe siècles en Europe, avec la Renaissance, se dessinent peu à peu des évolutions qui consacrent le **primat de l'individu**, c'est à dire une nouvelle manière de penser la destinée humaine, de la construire en échappant à la tutelle des clans, de la famille ou encore de la religion ; c'est alors le point de départ de la **modernité**, mouvement d'affranchissement des individus reposant sur l'émergence de valeurs nouvelles, à savoir la raison contre les croyances, l'égalité contre les privilèges, la liberté contre l'oppression. Ce mouvement très vaste accompagne l'urbanisation, l'ascension de la bourgeoisie, la conquête des droits de l'homme, le déclin de l'Église. Il a aussi une traduction dans la pensée philosophique, avec Montaigne qui affirme dans ses *Essais* que l'homme est la mesure de toute chose, avec Descartes qui proclame son célèbre « je pense, donc je suis », ou encore avec Kant au XVIIIe siècle qui propose de fonder la morale sur l'autonomie de l'individu et non sur une quelconque contrainte extérieure.

Si l'époque des Lumières a perçu le progrès de l'humanité comme pouvant résulter de l'individualisme, la sociologie naissante se constitue à la fin du XIXe siècle sur l'inquiétude inverse du maintien de l'ordre social et de la menace que représente le délitement de cet ordre social traditionnel. C'est ainsi que Durkheim, un des pères fondateurs de la sociologie, s'interroge dans *De la division du travail social* (1893) sur les causes et conséquences de l'approfondissement du principe de la division du travail à l'époque moderne. Il décrit ainsi le passage d'une **solidarité mécanique** qui est une solidarité par similitude, caractéristique des sociétés traditionnelles où la division du travail est faible et les individus peu différenciés les uns des autres, à une **solidarité organique** qui est une solidarité par différenciation où la division du travail est forte et où les individus revendiquent leur autonomie par rapport aux groupes d'appartenance. La solidarité organique caractériserait les sociétés modernes dans lesquelles l'individu est moins prisonnier

Division du travail ►
Voir p. 202

de normes sociales impératives. Dans les sociétés où domine la solidarité organique, le lien social est donc fondé sur les relations complémentaires entre les individus et sur leur coopération librement consentie.

Ces sociétés peuvent cependant connaître un risque d'**anomie** que Durkheim définit comme un dérèglement social provenant d'une insuffisante coordination entre les différents organes de la société, ou encore du fait que les désirs des individus deviennent disproportionnés par rapport à leur situation objective, cette dernière situation résultant de l'affaiblissement de l'influence des normes et des valeurs sur le comportement des individus.

Au début des années 1980, du fait des changements importants qui ont affecté l'économie et la société des pays développés depuis la fin de la Seconde Guerre mondiale, le discours sur les dangers de l'individualisme revient avec l'avènement de ce que certains sociologues ont appelé la **seconde modernité**, caractérisée par le déclin du militantisme, l'augmentation du libéralisme, le développement de la sphère privée et la dislocation de la famille traditionnelle. À cette époque, certains sociologues décrivent l'individu comme désemparé face au relâchement des régulations sociales traditionnelles (*L'ère du vide* de G. Lipovetsky qui voit l'individu comme un être à la fois narcissique et apathique).

◄ **Militantisme**
Voir p. 471

Il faut attendre le début des années 1990 pour voir surgir une analyse plus positive de l'individualisme : pour Jean-Claude Kaufmann (*Ego*) ou pour François de Singly (*Les uns avec les autres*), de même que pour des sociologues comme François Dubet ou Bernard Lahire, l'individualisme peut être en tant que tel porteur de lien social. Si on prend l'exemple de la famille, on constate en effet avec François de Singly que, s'il est vrai que la famille ne fonctionne plus à l'obligation mais à l'amour, et que l'amour est plus précaire, il n'en reste pas moins que les liens familiaux ne sont pas désagrégés ; les réseaux d'aide au sein de la famille sont bien présents, qu'il s'agisse d'une aide directe des parents, de solidarités collatérales (frères et sœurs) ou d'une aide fournie par les grands-parents.

Dans ces conditions, le bilan de l'individualisme doit être tempéré : s'il est vrai que l'individu s'affranchit de plus en plus des règles morales et des structures d'appartenance, cela ne le rend pour autant pas totalement désengagé et face à lui-même ; son engagement est différent, à la fois multiple et relatif, plus adapté à la vie moderne en cumulant un investissement important dans le travail, le couple, la famille, les amis, les réseaux associatifs…

L'EXCLUSION, UNE PROBLÉMATIQUE NOUVELLE ?

Pauvreté et exclusion

Pauvreté ► Voir p. 422

Trente Glorieuses ► Voir p. 154

La notion d'exclusion doit être distinguée de celle de pauvreté. En effet, la pauvreté matérielle n'est pas toujours source d'exclusion. Dans *La Culture du pauvre* (1957), Richard Hoggart, étudiant les classes populaires anglaises, a bien montré, par exemple, comment celles-ci, en dépit de faibles revenus et de conditions d'existence objectivement difficiles, étaient caractérisées par une forte solidarité de groupe et une vie dense et socialement riche. Ainsi, si la pauvreté existe pendant les Trente Glorieuses, elle n'est pas forcément excluante. Dans les années 1960, le terme exclusion renvoie plutôt à l'idée d'un sous-prolétariat caractérisé par la marginalité sociale, et dans les années 1970 comme une « pathologie sociale » qui rassemble tous les « laissés-pour compte » de la prospérité (handicapés physiques ou mentaux, délinquants, suicidaires, alcooliques, etc.). C'est à partir des années 1980 que la notion d'exclusion commence à désigner une nouvelle réalité, celles de personnes jusque-là intégrées dans la société, mais dont l'appartenance à la collectivité est fragilisée par la dégradation de leur situation économique et sociale. Aujourd'hui, dans une perspective statique, on définit l'**exclusion sociale** comme le fait d'être privé de lien social, et, dans une perspective dynamique, comme un processusconduisant à l'isolement des individus en raison de l'absence de travail rémunéré et de la fragilisation des groupes d'appartenance, notamment la famille.

Même si elle est désormais entrée dans le langage courant, la notion d'exclusion sociale est souvent critiquée par les sociologues qui lui reprochent d'être réductrice, car ni les « exclus » ni les « inclus » ne forment des catégories sociales homogènes. En effet, le terme exclusion laisse supposer qu'il existerait des individus à l'extérieur de la société. Or, les exclus sont parfois intégrés dans des groupes sociaux. C'est pourquoi les sociologues ont cherché d'autres concepts pour rendre compte de ce phénomène : celui de désaffiliation sociale pour Castel ou de disqualification sociale pour Paugam.

La désaffiliation sociale

Robert Castel (*Les Métamorphoses de la question sociale*, Fayard, 1995) insiste sur cette perte du lien social qu'il décrit comme un phénomène de désaffiliation sociale.

La **désaffiliation sociale (selon Castel)** est un processus de fragilisation du lien social en raison d'une précarisation de l'emploi et d'un affaiblissement des solidarités de proximité (familiales en particulier).

Castel montre que la réglementation du marché du travail et la mise en place d'une protection sociale au cours du XXe siècle ont permis de sécuriser la condition ouvrière et d'intégrer les ouvriers.

L'exclusion se développe surtout à partir des années 1980, au moment où la remise en cause de la stabilité de l'emploi prive une partie des salariés de revenus stables et de droits sociaux. Certains salariés sont alors passés d'une **zone d'intégration (selon Castel)** caractérisée par un travail permanent et la possibilité de mobiliser des relations solides à une **zone de vulnérabilité (selon Castel)** définie par la précarité de l'emploi et/ou une fragilité des relations sociales, sans pour autant basculer dans l'exclusion. La « déstabilisation des stables » produit des effets dramatiques à la périphérie du monde du travail, et surtout par rapport à ceux qui connaissent déjà des formes d'instabilité. Castel envisage ainsi l'exclusion comme le résultat d'une remise en cause de la « société salariale » : la société salariale est une société qui procurait, contrairement à ce qu'était le salariat au XIXe siècle, une protection générale des travailleurs, à la fois dans le monde du travail, mais aussi à l'extérieur de celui-ci, à travers la mise en place de la figure de l'État-providence.

◄ **Droits sociaux**
Voir p. 397

La disqualification sociale

Serge Paugam (*L'Exclusion, L'état des savoirs*, 1996) montre que l'exclusion sociale actuelle tient ses caractéristiques essentielles du traitement social de la pauvreté. Ainsi, il distingue trois formes de pauvreté. La **pauvreté intégrée** est la situation d'un groupe social très étendu dont le niveau de vie est bas, mais qui n'est pas marginalisé dans la société en raison de son importance numérique. Telle était la situation des paysans dans les sociétés traditionnelles. Ceux-ci bénéficiaient, tant que la situation ne devenait pas dramatique, d'une solidarité de proximité, familiale d'abord, communale ensuite.

La **pauvreté marginale** est le fait, dans les sociétés industrielles avancées, d'une petite frange de la population dont le niveau de vie est bas, mais qui semble numériquement en voie de disparition. C'était le cas du « quart monde » en France au cours des

Protection sociale ►
Voir p. 396

Institution ►
Voir p. 315

Trente Glorieuses. Le développement de la protection sociale (dont ils n'étaient pas les premiers bénéficiaires) favorisait alors la substitution d'une solidarité institutionnelle à une solidarité de proximité. La **pauvreté disqualifiante** est la situation d'une population assez importante, disqualifiée socialement en raison d'une prise en charge par les institutions. Le statut d'« exclus » est accolé aux pauvres par les institutions chargées de les aider. L'exclusion n'est alors qu'une pauvreté stigmatisée et les « exclus » sont victimes d'un phénomène de disqualification sociale. Pour identifier cette pauvreté disqualifiante, Paugam s'appuie notamment sur les approches interactionnistes et la réflexion de Simmel sur les pauvres (texte de 1907) : un **pauvre (selon Simmel)** rejoint la pauvreté à partir du moment où il est assisté, ce qui signifie que le groupe des pauvres ne se définit pas en lui-même, mais par l'attitude collective que la société porte à son égard.

La **disqualification sociale (selon Paugam)** est donc un processus de stigmatisation sociale des personnes aux revenus primaires faibles ou inexistants dès lors que ces individus intériorisent l'étiquette d'« exclus » que leur attribuent les différentes institutions, en particulier celles gérant les aides sociales.

Cette disqualification sociale est le résultat d'un processus rythmé par trois étapes importantes :

– une phase de fragilité du salarié en raison d'incertitudes sur le revenu liées à la précarité de l'emploi (CDD, travail intérimaire) ;

– une phase de dépendance au cours de laquelle les personnes sont régulièrement assistées par des services sociaux. Elle débouche sur un étiquetage dévalorisant pour le bénéficiaire de l'aide sociale ;

– une phase de rupture marquée par une succession d'échecs qui entraîne une marginalisation telle que l'aide sociale ne permet plus la réintégration dans la vie active (ex. : SDF).

B. DES INSTANCES D'INTÉGRATION QUI VOIENT LEUR RÔLE S'AFFAIBLIR

LA FAMILLE

Une crise de la famille ?

D'une certaine façon, on peut considérer que la famille subit de plein fouet la crise du lien social. Elle est le réceptacle de changements qui affectent la société prise dans sa globalité. C'est ainsi que Durkheim dans *La Famille conjugale* (1892) notait déjà que celle-ci, par son repli sur le domestique, le relationnel et l'affectif, risquait d'engendrer plus d'anomie.

◄ **Crise du lien social**
Voir p. 384

◄ **Anomie**
Voir p. 387

Les transformations familiales que sont l'augmentation des divorces ou la multiplication des familles monoparentales présentent des risques de désinsertion sociale, surtout lors de certains moments clés de l'existence. Les modalités de passage de la jeunesse à l'âge adulte peuvent s'en trouver compromises, car, si l'individu ne trouve pas d'emploi et ne bénéficie pas de solidarités familiales, il risque de se trouver engagé dans un processus d'exclusion sociale. De même, la séparation conjugale peut devenir un facteur de risque d'exclusion. Les statistiques montrent que les problèmes de pauvreté touchent fréquemment les familles monoparentales. La **configuration familiale** désigne la composition de la famille en fonction de son type (traditionnel, recomposé, monoparental, homoparental) et de la taille de la fratrie.

Une institution toujours structurante

Cependant, pour de nombreux sociologues, les changements de la famille sont plutôt le signe d'une transformation des normes et valeurs qui affectent la société toute entière, et qui ne méritent pas spécialement une évaluation négative. Irène Théry (*Couple, filiation et parenté aujourd'hui*, 1998) considère que l'évolution de la famille se caractérise par trois mutations majeures. La première est celle de l'**individualisation de la famille** c'est-à-dire un processus qui consiste à faire de l'individu, au sein de la famille, un centre de décision autonome. La formation et la pérennité des couples sont affectées par ce processus. Autrefois affaire de famille, le mariage est devenu l'expression de choix individuels, et sa durée dépend des gratifications qu'en tire chacun des conjoints. La progression continue des divorces est l'expression de ce

◄ **Norme**
Voir p. 324
◄ **Valeur**
Voir p. 324

Tocqueville ►
Voir p. 482

Institution ►
Voir p. 315

processus d'individualisation. Avec la montée de l'individualisme, la famille ne se pense plus comme un groupe soudé, mais comme un réseau formé d'acteurs plus ou moins autonomes. La deuxième mutation correspond à un mouvement de privatisation, déjà bien perçu par Tocqueville en son temps : progressivement, la famille se coupe de l'extérieur. La **privatisation de la famille** est un processus qui renforce le caractère privé de la famille et la met à l'abri des interventions de la société et, en particulier, des réglementations étatiques. D'institution, elle serait devenue instituante puisque c'est elle qui fixe désormais ses propres règles et amène le législateur à transformer les lois. La troisième mutation est le pluralisme des modèles : l'individu cherchant avant tout à « se réaliser », il privilégie l'échange électif et intersubjectif, ce qui peut déstabiliser les relations privées habituelles, et notamment celles qui sont instituées dans le cadre de la famille. Une autre façon d'appréhender ces mutations est de mettre l'accent sur la « conjugalisation » de la famille (François de Singly, *Sociologie de la famille contemporaine*, 1993). De plus en plus, la conjugalité s'autonomise par rapport à la parentalité et aux cadres institués. Cela ne veut pas dire que les liens de parenté ne font plus partie de l'univers social des individus, mais que le sens de ces liens a désormais changé. Ceux-ci doivent maintenant être vécus selon un principe d'élection et non de contrainte, les devoirs familiaux faisant l'objet de négociations et n'étant plus vécus comme des obligations.

Changement social ►
Voir p. 406

D'une manière plus générale, la famille apparaît comme un pôle de résistance au changement social. La tradition sociologique invite à développer un tel point de vue. Déjà au XIXe siècle Frédéric Le Play (*L'Organisation de la famille*, 1884) voyait dans la famille souche une forme idéale de famille, dans son rôle de maintien des valeurs et des traditions, menacées par la révolution industrielle de l'époque.

Aujourd'hui, par analogie, on peut mettre en relief la très forte solidarité qui existe à l'intérieur des familles. En dépit du discours sur l'individualisation et la privatisation des relations familiales, la solidarité familiale s'exerce bien souvent sur trois générations, et on constate, par exemple, que la génération pivot (génération installée dans la vie active, entre celle des jeunes qui est en formation, et celle des seniors retraités) fait des dons d'argent à ses enfants dans 64% des cas et apporte des services à ses parents dans 88 % des cas (Claudine Attias-Donfut, « Le double circuit des transmissions », in *Les Solidarités entre générations*, 1995).

Reproduction sociale ►
Voir p. 367

Dans une perspective plus macrosociologique, on peut aussi montrer que la famille reste un des principaux lieux de la reproduction sociale. Les familles les plus favorisées mettent en place des stratégies pour pérenniser leur situation privilégiée en mobilisant leur capital économique, social et culturel, afin de garantir à leurs enfants la meilleure position sociale. De fait, elles font obstacle au principe de l'égalité des chances et de la mobilité sociale basée sur le mérite, et résistent donc au changement social.

Si les transformations de la famille actuelle sont patentes, elles ne doivent pas être interprétées nécessairement comme le signe, ou comme la cause, d'une dissolution du lien social. La famille « résiste », ce qui signifie qu'elle représente bien souvent un pôle de stabilité dans un environnement économique et social qui change sans cesse. Par ailleurs, comme l'a bien montré la théorie fonctionnaliste (Parsons), quand la famille change, c'est qu'elle s'adapte aux exigences des temps nouveaux. S'il faut se méfier d'un fonctionnalisme excessif et pré-scientifique, force est d'admettre que le passage de la famille souche à la famille nucléaire était nécessaire, comme est aujourd'hui nécessaire la transition vers des formes familiales plus flexibles, et davantage soucieuses de l'épanouissement des individus. Une partie des sociologues relativisent donc la thèse de la désinstitutionalisation en constatant notamment que le droit ne se désengage pas toujours, comme le montre la mise en place du **Pacte civil de solidarité (PACS)**, institué par la loi du 15 novembre 1999, qui est un engagement contracté entre partenaires quel que soit leur sexe et qui précise les droits et devoirs de chacun en matière de fiscalité, d'héritage, et de solidarité mutuelle). La loi de 2013 ouvrant le mariage aux couples de personnes de même sexe représente, de ce point de vue, une étape de ré-institutionnalisation du mariage qui va au-delà du PACS. Plus globalement, l'État continue d'orienter les choix familiaux par le biais de la **politique familiale** qui est l'ensemble des interventions publiques visant à aider financièrement les familles (ex. : allocations familiales) ou à produire des services en concurrence ou en complémentarité avec elles (ex. : crèches).

◄ **Fonctionnalisme**
Voir p. 494

L'ÉCOLE

Une instance au cœur de l'intégration sociale

L'école républicaine, dès la fin du XIXe siècle, a été pensée comme le creuset de l'intégration citoyenne. Les « hussards noirs » de la Troisième République (les instituteurs) se sont vus attribuer une mission sociale qui dépassait largement la seule transmission de l'instruction et du savoir. Vécue comme organisant la mixité sociale, l'école est censée abolir, dans le temps scolaire, les frontières de classe et transmettre une « morale sociale » commune créatrice de lien social. Favorisant d'autre part la mobilité sociale, elle devient un des maillons forts de l'égalité des chances et du principe méritocratique, fondement de l'ordre républicain. Le **principe méritocratique** est le principe selon lequel la réussite (en terme de revenu et de statut social) est directement lié aux efforts et aux qualités personnelles de l'individu.

La massification scolaire et la démocratisation scolaire mises en œuvre à partir des années 1960 ont pu donner le sentiment que l'école remplissait cette mission de manière satisfaisante. La **massification scolaire** désigne l'augmentation des effectifs scolarisés et renvoie donc à la démocratisation quantitative alors que la **démocratisation qualitative** est la réduction des écarts en matière de réussite scolaire aux différents niveaux d'enseignement qui subsistent entre les différents groupes sociaux et renvoie à l'égalité des chances.

Les limites de l'école comme vecteur de l'intégration sociale

Cependant, le rôle intégrateur de l'école est aujourd'hui analysé comme défaillant pour une partie du corps social. En effet, la massification a consisté à intégrer à l'institution scolaire des publics nouveaux, culturellement plus éloignés des attentes traditionnelles de l'école et moins détenteurs de la culture savante. L'école ne parvient pas à répondre à ces décalages et une forte minorité de chaque génération continue à rester à l'écart de sa fonction intégratrice en sortant du système scolaire sans diplôme qualifiant.

Dans le même temps, l'attribution d'un nombre croissant de diplômes (inflation scolaire) conduit à leur relative dévalorisation comme passeport d'intégration dans la vie active ce qui est à l'origine d'un sentiment de désillusion et de frustration par rapport aux espérances. Ce décalage renvoie donc au rôle que joue l'école dans la reproduction des inégalités et à son impact ambigu sur la mobilité sociale individuelle (paradoxe d'Anderson).

Les politiques de discrimination positive dans l'univers scolaire tentent, en partie, de répondre à ces problématiques.

TRAVAIL ET INTÉGRATION

La remise en cause apparente de la valeur travail

Chômage ►
Voir p. 128
Précarité ►
Voir p. 199

Le chômage et la précarité (CDD, intérim) mettent en cause l'aspect protecteur du travail. Il devient moins possible de fonder un système de protection sociale sur le travail à partir du moment où des personnes ne cotisent pas ou pas assez. Plus généralement, c'est le salariat qui s'effrite, car même ceux qui ont un emploi n'ont plus assez de garanties sur le futur, ce que Castel appelle la « déstabilisation des stables ».

Par ailleurs, le travail semble moins central dans la vie des personnes. Depuis mars 1848 et la loi sur la durée du travail limitée à 11 heures, le temps de travail n'a cessé de diminuer : repos hebdomadaire en juin 1906, journée à 8 heures en avril 1919, 40 heures par semaine et deux semaines de congés payés en juin 1936, cinquième semaine de congés payés et semaine de 39 heures en mai 1981, semaine de 35 heures en juin 2000). Alors que, pendant la révolution industrielle, l'essentiel du temps de la vie humaine était passé à la production, aujourd'hui le temps dominant est un temps hors travail (temps libre, études, retraite, loisir). Dans ces conditions, on ne pourrait plus continuer à faire du travail le centre de la société. Les modes de vie, les identités, les représentations sociales ne seraient plus construits sur le travail. C'est au contraire dans le temps libre que les modes de vie se construiraient.

◄ **Révolution industrielle**
Voir p. 167
◄ **Loisir**
Voir p. 326
◄ **Représentation sociale**
Voir p. 373

Le travail continue d'être central dans la vie des individus

Le fait que les personnes consacrent moins de temps au travail dans leur existence n'empêche pas que celui-ci demeure central dans la vie des individus. C'est un facteur d'intégration systémique, car il permet de s'intégrer à la société de consommation de masse et de se conformer ainsi au standard de niveau de vie. C'est également toujours un facteur d'intégration communautaire, car il permet de s'intégrer dans les collectifs de travail que sont l'atelier, l'équipe, le service, ou encore le syndicat. C'est aussi un élément fondamental dans la construction des multiples identités de l'individu.

◄ **Consommation de masse**
Voir p. 204
◄ **Niveau de vie**
Voir p. 38
◄ **Syndicat**
Voir p. 408

Sur cette question, Renaud Sainsaulieu (1935-2002) distingue les identités construites dans l'entreprise et celles construites en dehors de l'entreprise. Parmi les identités construites dans l'entreprise, on distingue l'**identité fusionnelle** qui concernait les ouvriers non qualifiés et les employés de bureau des années 1960-1970 et qui consistait en une opposition brutale entre le « eux » (les patrons) et le « nous » (les ouvriers »), l'**identité de métier** qui est liée à une expertise, une connaissance exclusive du travail et une maîtrise des informations pertinentes, l'**identité d'entreprise** qui caractérise les salariés qui s'identifient à l'entreprise, adhérent à ses objectifs et à sa politique. Parmi les identités construites en dehors de l'entreprise, on distinguera l'**identité de réseau** qui concerne les salariés qui s'identifient non pas à l'entreprise ni à un métier, mais à une trajectoire, un projet professionnel construit antérieurement dans l'univers scolaire, universitaire ou familial, et l'**identité de retrait**, qui concerne les salariés qui ne s'identifient ni à leur travail, ni à leur entreprise. Cette dernière identité est souvent celle des travailleurs immigrés, des femmes qui travaillent pour un salaire d'appoint, des jeunes qui refusent la culture du travail.

Par ailleurs, en dehors de la sphère du travail proprement dite, le travail demeure le pivot des modes de vie. Même s'il ne représente plus la totalité de la vie, il participe à la construction d'un équilibre entre les différents temps de la vie (famille, loisirs, travail). Cela s'observe clairement lorsque disparaît le temps de travail. Le chômage entraîne une déstructuration de l'ensemble des temps de la vie. Le temps libre perd de son sens et la vie familiale s'en trouve perturbée.

LA PROTECTION SOCIALE

Un système au cœur du lien social

Dès la fin du XIXe siècle, dans les pays développés, la solidarité collective s'est identifiée avec une **protection sociale** qui désigne l'ensemble des institutions et des mécanismes de prise en charge collective des conséquences pour les individus de certaines situations pénalisantes. Ces risques sociaux regroupent la maladie, la perte d'emploi (chômage), la vieillesse (retraite), l'accident du travail, les charges liée à la famille. La notion de risque social a peu à peu été élargie et inclut aujourd'hui aussi la faiblesse des ressources, pouvant donner lieu au versement de revenu de compensation (allocation personnalisée au logement, RMI puis RSA) et la dépendance (allocation personnalisée d'autonomie).

Cette protection sociale a pris la forme de deux modèles : le modèle bismarkien et le modèle beveridgien. Le **modèle bismarkien** est un système d'assurances sociales qui reposent sur des cotisations donnant droit à la prise en charge financière du risque. Ce système assuranciel tient son nom du chancelier prussien (1815-1898) initiateur des assurances sociales dès la fin du XIXe siècle dans son pays. Le **modèle beveridgien** est, quant à lui, un système fondé sur une logique de solidarité : tout citoyen a droit à une protection sociale minimale. Les prestations ainsi versées sont financées par l'impôt. C'est donc un système fondé sur un principe d'universalité. Lord Beveridge (1879-1963) est considéré comme le précurseur de cette logique d'assistance dont il a énoncé les principes en 1942.

La mise en place d'un État-providence est une réponse à la contradiction entre égalité politique théorique et inégalités économiques et sociales de fait. Aux droits civils et civiques se sont ajoutés des **droits créances** (ou **droits économiques et sociaux**), qui sont des droits donnant à un individu la possibilité d'exiger une prestation de l'État.

◄ **État-providence**
Voir p. 220

Le premier de ces droits est le droit à l'éducation, dont un des objectifs est d'accroître la compétence politique des citoyens. Viennent ensuite des droits permettant une réduction de la précarité économique et sociale : droit à la santé, à un revenu minimum, à une retraite, etc. À la différence des « droits libertés », qui supposent une limitation du pouvoir de l'État, les « droits créances » impliquent, au contraire, le renforcement de son intervention sur la société civile. D'où l'ambiguïté de leur statut puisque, si certains les considèrent comme équivalant aux « droits libertés », les penseurs libéraux donnent clairement la priorité aux libertés sur l'égalité réelle.

D'après les promoteurs du *Welfare State*, celui-ci permettrait l'établissement d'une **citoyenneté sociale**, qui est la jouissance des droits économiques et sociaux garantis par l'État-providence et la participation aux décisions dans le domaine social (gestion des assurances par le biais des représentants élus) en raison d'une appartenance au monde du travail. La citoyenneté sociale suppose donc à la fois des droits sociaux et la gestion des organismes sociaux par les représentants élus des salariés. Si le premier aspect de la citoyenneté (des droits sociaux) est effectif, le second (la participation des salariés aux décisions) est un échec. Les Français assimilent le plus souvent la sécurité sociale à un organisme prestataire de services et l'élection des représentants a été supprimée après celle de 1982, faute d'une participation suffisante.

Un système remis en cause ?

Depuis la fin des années 1970, le système français de protection sociale est ébranlé par les changements de l'environnement économique et social qui conduisent à une triple crise :

– une crise financière : le déficit des comptes de la protection sociale s'est largement accru, en particulier dans la branche santé et dans la branche vieillesse. Ce constat conduit à une **fiscalisation**

des recettes, c'est-à-dire une augmentation de la part des impôts dans les ressources de la protection sociale, fondées à l'origine sur les cotisations sociales. Concrètement, cette fiscalisation se traduit par la création en 1990 de la CSG (Contribution sociale généralisée) qui est un impôt s'appliquant à la plupart des revenus (salaires, revenus non-salariaux, retraites, revenus du patrimoine, etc.) ;

– une crise de légitimité : le consensus sur la légitimité de la mise en œuvre de la solidarité collective autour des risques sociaux est fragilisée par la montée de l'individualisme, d'une part, et par la multiplication des situations sociales qui conduisent certains individus à dépendre de l'aide sociale. Le système était fondé sur le statut d'**assuré social** (individu ayant acquis des droits sociaux du fait de ses cotisations). Or, du fait de la montée du chômage et, en particulier du chômage de longue durée, la situation d'**assisté social** (individu dont les ressources dépendent essentiellement des prestations sociales) concerne de plus en plus de personnes qui sortent ainsi du système d'assurance ;

– une crise d'efficacité : les prestations sont, pour une large part, versées sans condition de ressources. En bénéficient donc largement des catégories favorisées qui ont aussi la possibilité d'y ajouter des assurances supplémentaires. Il a donc fallu ajouter aux mécanismes d'assurance des prestations fondées sur l'assistance telles que la **CMU (Couverture maladie universelle)** qui instaure, en 1999, un droit au remboursement des dépenses d'assurance maladie pour toute personne établie qui a établi de façon stable et régulière sa résidence sur le territoire national et dont les ressources sont inférieures au plafond défini.

L'INTÉGRATION CITOYENNE EN QUESTION

Citoyenneté et particularismes

L'idée d'un citoyen dégagé de ses appartenances à une communauté ne résiste pas à l'analyse. Dès les années 1960 aux États-Unis, une partie des organisations « noires » a dénoncé le leurre d'une citoyenneté égalitaire qui ne permettait pas aux Afro-Américains de sortir de leur situation d'infériorité. Ces organisations ont fait remarquer que les Noirs étaient sous-représentés à l'université et dans les emplois qualifiés et ont réclamé des mesures dérogatoires au droit commun afin de compenser cette inégalité initiale. Des quotas de places réservées aux Noirs ont alors été institués dans les universités. En France, la loi a obligé les candidats aux élections municipales à accorder la moitié des places aux femmes sur leur liste. C'était reconnaître que l'individu citoyen pouvait s'effacer devant la catégorie sociale (homme ou femme).

À l'**assimilationnisme** (doctrine qui préconise un traitement égalitaire et individuel des citoyens et le rejet dans l'espace privé des spécificités socioculturelles), les partisans de ces mesures opposent le **multiculturalisme** (doctrine qui préconise la reconnaissance des différences culturelles dans la sphère publique et, en particulier, la reconnaissance des communautés en tant qu'acteurs politiques ainsi que l'adoption de mesures de « discriminations positives »).

◄ **Discrimination positive**
Voir p. 425

Le multiculturalisme pourrait conduire à l'élection par chaque communauté (religieuse, sexuelle, socioprofessionnelle, etc.) de ses propres représentants, chargés exclusivement de défendre les intérêts de la communauté. Ce serait une forme de démocratie très différente de celle que nous connaissons puisque, de nos jours, les élus représentent l'ensemble des citoyens et non pas une minorité d'entre eux.

Les tenants de l'assimilationnisme reconnaissent l'existence d'inégalités sociales, mais adressent trois critiques majeures aux partisans du multiculturalisme :

– la première est que le fait de reconnaître l'existence de droits collectifs (droits qui ne sont pas attachés à l'individu mais au groupe) peut se faire au détriment des droits individuels, donc de la liberté des individus. En effet, un individu « appartenant » à un groupe social bénéficiant de mesures de discrimination positive aura intérêt à se conformer à son appartenance sociale et à renoncer à exercer son droit de choisir un autre groupe de référence ;

◄ **Groupe de référence**
Voir p. 338
◄ **Stigmatisation**
Voir p. 354

– la seconde est, paradoxalement, de faire courir aux individus issus de ces groupes un risque de stigmatisation sociale, leur talent personnel pouvant toujours être mis en doute s'ils bénéficient d'une mesure spécifique ;

– la dernière est d'inciter les individus en question à s'enfermer dans une communauté socialement marginalisée, donc à échouer dans leur intégration sociale.

◄ **Intégration sociale**
Voir p. 384

Plutôt que d'adopter des mesures dérogatoires au droit commun, les tenants de l'assimilationnisme préconisent des politiques visant à faire appliquer effectivement l'égalité. Ils prennent pour exemple les lois françaises contre le racisme qui tentent d'assurer une égalité effective entre les Français et les étrangers sans, pour autant, favoriser une catégorie par rapport à une autre.

Définition du modèle français d'intégration

Le **modèle français d'intégration** se définit comme un modèle qui s'appuie sur trois éléments : le premier élément est que l'intégration est individuelle et ne tolère pas l'inscription des immigrés dans des communautés d'appartenance censées mettre en péril l'unité de la nation ; le deuxième point est que l'entrée dans la citoyenneté est le pivot de l'intégration ; le troisième aspect est que l'intégration est liée à la question de l'égalité, qui n'est pas seulement une égalité juridique, mais aussi une égalité des chances.

Citoyenneté ►
Voir p. 441
Égalité juridique / Égalité de droits ►
Voir p. 423
Égalité des chances ►
Voir p. 424
Assimilation ►
Voir p. 330

Contrairement à ce qui a été parfois affirmé, le modèle français d'intégration ne vise pas l'assimilation, qui signifie que les immigrés se fondent totalement dans le pays d'accueil, oubliant complètement leur culture d'origine, mais plutôt l'**intégration**, ce qui signifie que les pratiques culturelles des différentes communautés peuvent être conservées, à condition qu'elles s'inscrivent dans la vie privée et qu'elles n'atteignent pas la vie publique où toutes les différences sont gommées à l'intérieur de l'égalitarisme républicain. En d'autres termes, le modèle français d'intégration s'appuie sur la « **communauté des citoyens** », c'est-à-dire sur une communauté visant à l'unicité de la société sur le plan culturel et ne préjugeant pas les chances de chacun d'y parvenir en fonction de son origine ou de la couleur de sa peau.

L'universalisme et ses limites

À l'opposé du **communautarisme**, qui est une idéologie qui justifie l'adoption de droits spécifiques à une catégorie d'individus au nom de l'existence d'une communauté fondée sur une religion, une langue, une couleur de peau, etc., l'**universalisme** est une vision de la société selon laquelle celle-ci repose sur des valeurs communes plus importantes que les valeurs des différentes communautés qui composent cette société ; cet universalisme se décline notamment sous la forme de l'**universalisme républicain** qui est un des principes majeurs de l'idéologie républicaine française, affirmée dans la *Déclaration des droits de l'homme et du citoyen* de 1789, selon laquelle la République est une valeur universelle parce qu'elle prône les valeurs de liberté, d'égalité et de fraternité qui ont vocation à être adoptées par tous les êtres humains et aussi à s'appliquer à tous de manière uniforme. L'universalisme républicain est à la source du modèle républicain d'intégration, ou modèle français d'intégration, qui présente la caractéristique d'offrir la promesse d'intégration aux plus démunis au prix de leur renoncement au particularisme dans l'espace public et de leur identification à l'État-nation.

Contrairement à une critique qui lui a été faite de manière récurrente, l'universalisme républicain ne nie pas les différences culturelles en cherchant à promouvoir l'uniformisation : il repose simplement sur une séparation entre l'**espace privé** qui est l'espace où chacun peut exprimer ses convictions, ses valeurs, ses coutumes et l'**espace public** qui est l'espace de l'indifférenciation où tous les individus sont égaux en droit. Cet universalisme s'appuie notamment sur la **laïcité** qui consiste à ne reconnaître officiellement aucune religion et aucun athéisme, pour faire valoir au contraire la loi commune qui dessine les contours d'une sphère publique consacrée au seul intérêt général. L'intérêt majeur de l'universalisme républicain est de garantir l'égalité de tous et la parfaite neutralité vis-à-vis des influences sociales, philosophiques et religieuses, en permettant à chacun de conserver les opinions qui sont les siennes. La République, fondée sur la laïcité et l'universalisme, est donc par essence tolérante, même et surtout si elle refuse de prendre en compte les spécificités de toute nature, qui restent dans l'ombre de la vie privée.

L'universalisme républicain est cependant largement critiqué aujourd'hui parce qu'il est qualifié d'« abstrait » ; de fait, l'idéologie de l'universalité s'est fort bien accordée, dans l'histoire, de l'inégalité entre les individus, qui remet pourtant en cause le principe même des lois et règlements uniformes pour tous les citoyens. Par ailleurs, cette idéologie débouche dans ses formes extrêmes sur la dépersonnalisation qui consiste à nier l'existence de minorités culturelles en exigeant de chacun une parfaite conformité au modèle universaliste.

Le communautarisme et ses limites

Le communautarisme, que l'on a défini plus haut, s'est développé dans le monde anglo-saxon au cours des années 1970-1980 en prenant la forme du **communautarisme identitaire** qui est un mouvement de pensée qui fait de la communauté sous toutes ses formes (ethnique, religieuse, culturelle, politique, sportive...) une valeur aussi importante que les valeurs universelles de liberté et d'égalité. Ce communautarisme identitaire, ou communautarisme

État ►
Voir p. 435

anglo-saxon, correspond à une transposition de l'anglais ***communitarianism***, expression renvoyant à un courant qui met en avant la primauté de la communauté globale sur les individus qui la composent ; dans ses formes extrêmes, le communautarisme identitaire affirme que la communauté précède l'individu, que l'État ne peut être neutre et laïc en matière de choix culturels et que les valeurs de référence sont essentiellement traditionnelles, construites sur un passé mythique. Toutefois, dans sa forme atténuée, le communautarisme est tout à fait respectueux des valeurs communes; on le désigne alors sous la forme de **communautarisme républicain**, expression du communautarisme qui repose sur des règles civiques et la défense de valeurs qu'incarne la communauté symbolisée par l'État. La différence entre ce communautarisme républicain et le modèle d'intégration républicaine réside dans le fait que, pour les communautaristes, l'État n'est plus une entité abstraite, mais une organisation qui vise sans arrêt à l'unité de l'ensemble social et qui se nourrit d'apports divers. Il ne faut donc pas confondre ce communautarisme identitaire avec le **communautarisme ethnique** qui est un terme polémique utilisé en France pour qualifier le point de vue d'une communauté minoritaire par laquelle les idées républicaines devraient s'effacer au nom d'un droit à la différence. En France, ce communautarisme ethnique est surtout vu comme un danger pour la liberté et les droits de l'homme, qui sont vus comme des droits strictement individuels alors que les droits des minorités sont plutôt perçus comme des restrictions à cette liberté fondamentale de l'individu.

Discrimination positive ►
Voir p. 425

L'argument majeur contre le communautarisme en général porte sur la menace qu'il fait peser sur l'intégration sociale. Pour les anti- communautaristes, la reconnaissance publique de groupes particuliers (sous la forme, par exemple, de politiques de discrimination positive) risque d'organiser le repli des individus sur la communauté d'origine et de les stigmatiser. En dépit de ses bonnes intentions affichées, cette reconnaissance peut déboucher sur l'inverse de ce qui était souhaité, à savoir la juxtaposition de communautés qui sont fermées les unes aux autres et n'ont plus de langage commun (Dominique Schnapper, *Qu'est-ce que la citoyenneté ?*, Gallimard, 2000). Les adversaires les plus radicaux du communautarisme prolongent cet argument en mettant en relief que celui-ci est un adversaire des droits de l'homme et qu'il conduit à défendre des droits différents en fonction de son appartenance à telle ou telle communauté, droits fondés sur la religion, sur l'ethnie ou encore sur une communauté de langue. C'est ainsi que, pour eux, l'enseignement du basque ou du breton, les revendications des indépendantistes corses ou encore le port du voile islamique, sont les signes d'un même communautarisme.

Au contraire, les partisans du communautarisme républicain, comme Michel Wieworka, soulignent les dangers du **républicanisme** qui consiste à disqualifier tout ce qui représente un modèle étranger à l'imagerie nationaliste républicaine ; ils mettent en relief que l'universel abstrait de l'intégration républicaine a perdu sa crédibilité au fur et à mesure que de nombreuses minorités se sont trouvées exclues de l'intégration économique et sociale. Il convient donc, pour les communautaristes, de reconnaître les différences culturelles qui ne se réduisent pas à l'ethnicité, mais qui reposent de plus en plus sur des particularismes de mœurs, d'âge, de handicaps physiques… Ces différences culturelles sont le signe de l'individualisme moderne qui consiste à affirmer la primauté du « sujet singulier » (Alain Touraine).

Les violences urbaines, une défaillance de l'intégration citoyenne

Les **violences urbaines** désignent des conduites délictueuses (incendies volontaires, autre modes de destruction des biens privés ou publics, affrontement avec les forces de l'ordre, mise à sac des magasins, agressions en groupe) qui se différencient des actes de délinquance en ce qu'elles sont non préméditées, généralement effectuées sous le coup de l'émotion par des groupes moins structurés que les bandes.

La question des violences urbaines n'est pas nouvelle, puisque les premières émeutes datent de 1981 aux Minguettes (banlieue de Lyon), puis à Vaulx-en-Velin (1990), Sartrouville et Mantes-la-Jolie (1991), Toulouse le Mirail et Montauban (1999), avec un pic en 2005 puisqu'elles se sont répandues dans un grand nombre de banlieues pauvres à travers la France, débouchant sur un état d'urgence déclaré le 8 novembre 2005.

Pour certains, les violences urbaines marquent le retour des « classes dangereuses » du XIXe siècle. Pour d'autres, elles sont le signe d'une crise de civilisation. Alors que la civilisation moderne a progressivement évacué la violence des rapports sociaux selon un processus lent où la violence légitime n'appartient plus qu'à l'État (Weber), le retour à la violence interpersonnelle serait le signe d'un retournement de tendance dans le processus de civilisation des mœurs. Pour d'autre encore, ces violences expriment un conflit de culture et on s'inquiète alors de la montée de l'Islam et de la crise des valeurs républicaines.

Dans les années 1980, François Dubet (*La galère. Jeunes en survie*, 1987) décrit chez les jeunes de banlieue le phénomène de la **galère**, forme de marginalité de la jeunesse à la fin d'un monde industriel qui ne peut ni créer un système d'identification stable. Si le refus et la révolte sont présents chez les jeunes, il n'y a pas d'adversaire social et pas non plus d'enjeux de conflits. On retrouve cette interprétation dans les années 1990, avec le rap comme principal support d'expression des jeunes adeptes du « hip hop ». Là aussi, et bien que dans l'expression choisie par le rappeur il y ait une dimension contestataire de l'ordre social, l'action collective fait défaut parce que le monde du rap ne présente pas de véritable unité, parce que les rappeurs n'ont pas pour objectif explicite d'agir sur le monde, et parce qu'ils ont une grande méfiance envers toute action politique.

Ordre social ►
Voir p. 349

Ces différentes situations émeutières larvées ne s'apparentent donc pas à une véritable action collective organisée, mais plutôt à une réaction collective contre les représentants de l'ordre social. Elles sont en quelque sorte le point d'apogée de représentations sociales mettant en présence des acteurs que tout semble opposer (la police comme symbole de la domination et de l'injustice dans l'esprit des jeunes, le jeune comme le symbole de la transgression de l'ordre social dans l'esprit de la police). Même si ces violences sont évidemment condamnables, elles ne relèvent pas pour autant d'un mouvement social qui ne peut pas s'appuyer uniquement sur l'identité des acteurs et leurs revendications immédiates. Un mouvement social, pour se constituer, nécessite en effet la définition d'une organisation capable de structurer le travail de ses militants, de fixer son discours, de rationaliser les actions sur la durée. Il faut donc se garder d'assimiler **incivilités** (signes d'un manque de respect, voire d'hostilité entre les membres d'une même société dans un espace public) et violences ponctuelles avec la délinquance organisée, ou encore l'action collective revendicative.

Représentation sociale ►
Voir p. 373

Mouvement social ►
Voir p. 415

21

CONFLIT ET CHANGEMENT SOCIAL

A LE CONFLIT, UN DYSFONCTIONNEMENT SOCIAL ?

- La nature du conflit social
- Les fonctions du conflit social

B SYNDICALISME ET RÉSOLUTION DES CONFLITS

- Le paysage syndical français
- Les objectifs de l'action syndicale
- Les instruments de l'action syndicale

C MÉTAMORPHOSES ET PERMANENCES DU CONFLIT SOCIAL

- Les mutations des conflits du travail
- L'émergence de nouvelles formes de conflictualité sociale

A. LE CONFLIT, UN DYSFONCTIONNEMENT SOCIAL ?

LA NATURE DU CONFLIT SOCIAL

Action collective ▶
Voir p. 339

On peut définir le **conflit social** comme une situation de rivalité entre des individus ou des groupes sociaux, dont les intérêts ou les positions statutaires sont opposés. Le conflit social se traduit par une action collective qui peut se définir comme la mobilisation d'individus ou de groupes autour d'un objectif commun. La finalité de l'action collective peut être d'obtenir un partage différent des richesses matérielles ou symboliques ou encore de peser sur certains choix stratégiques pour la collectivité. La question est alors de s'interroger sur la nature du conflit social : est-il le reflet d'une pathologie sociale de la cohésion sociale ? Témoigne-t-il d'une défaillance de l'intégration sociale du groupe mobilisé ? Doit-il, à l'inverse, être considéré comme jouant un rôle positif dans les transformations sociales en permettant de dépasser les contradictions et de vaincre la résistance au changement ? En bref, le conflit peut-il être considéré comme étant un moteur du changement social ?

Le **changement social** se définit comme l'ensemble des transformations des structures sociales ainsi que du système de valeurs et des normes propres à une société.

Les réponses théoriques apportées à ces questions sont d'une extrême variété et témoignent de divergences d'approches.

Les théories de l'intégration

Durkheim ▶
Voir p. 488

Les **théories de l'intégration** sont des théories qui posent le conflit comme un phénomène résiduel révélant la présence d'un dysfonctionnement dans la société. Ces théories, contrairement à une opinion répandue, ne nient pas l'importance du conflit. Au contraire, elles affirment qu'en révélant les tensions entre les groupes, en leur permettant de s'exprimer, le conflit est un facteur non négligeable d'équilibre. Cependant, elles n'en font pas un élément déterminant du mouvement des sociétés. L'œuvre de Durkheim est révélatrice de cette vision du monde social. La solidarité organique qui, selon lui, caractérise les sociétés modernes peut se trouver fragilisée par un affaiblissement des règles sociales débouchant sur une situation d'anomie : les individus ne se perçoivent plus comme liés par des liens de solidarité et le conflit social est alors la traduction de cet état pathologique.

◄ **Solidarité**
Voir p. 386

Les théories du conflit

Les **théories du conflit** sont des théories qui placent le conflit au cœur du mouvement de l'histoire et du changement social. Les théories du conflit sont souvent empreintes d'une certaine forme de téléologie. Marx en propose l'archétype : pour lui, le changement résulte de l'opposition irréductible des deux grandes classes sociales antagonistes. Ainsi, l'antagonisme du travail et du capital n'est pas un accident, pas plus que les crises. Ce sont au contraire des caractéristiques structurelles du capitalisme qui évolue vers sa propre destruction. Dans cette perspective, le changement est nécessaire, inéluctable et connoté très positivement.

◄ **Marx**
Voir p. 517

◄ **Capitalisme**
Voir p. 163

Ceci mérite évidemment d'être mis en perspective. En effet, il semble bien difficile de définir les classes par le seul critère des moyens de production. Ralf Dahrendorf propose ainsi de substituer les relations d'autorité aux relations de production dans la définition des classes sociales. L'autorité, selon Dahrendorf, n'est pas de même nature que le pouvoir. Alors que le pouvoir est attaché à la personne, l'autorité est associée à un rôle ou à une position sociale. Dans la société, la distribution de l'autorité n'est pas dichotomique. Les acteurs dominants dans un secteur peuvent être dominés dans un autre. Il n'y a donc pas un seul conflit fondamental, mais de multiples conflits entre des groupes innombrables qui sont de natures et de légitimités différentes.

◄ **Dahrendorf**
Voir p. 365

◄ **Autorité**
Voir p. 365

Si on peut constater que les sociétés industrielles sont des sociétés du mouvement ayant connu des transformations radicales depuis le XIXe siècle, on ne peut raisonnablement pas imputer ces transformations à la seule dynamique conflictuelle. D'autres facteurs ont contribué au changement social, par exemple, l'élévation considérable des niveaux de vie, l'augmentation de la mobilité sociale, les progrès de l'éducation, ou encore le développement fantastique des communications au sein du « village planétaire », expression inventée par Mac Luhan, désignant un monde dans lequel les moyens de communication modernes mettent en relation tous les acteurs de la planète, par analogie avec une communauté villageoise.

◄ **Niveau de vie**
Voir p. 38

◄ **Mobilité sociale**
Voir p. 374

LES FONCTIONS DU CONFLIT SOCIAL

Groupe de pairs ► Voir p. 338

Pour les individus qui y participent, le conflit social peut être analysé comme ayant une fonction socialisatrice. En effet, il a pour première vertu de renforcer la cohésion du groupe protestataire et son identité. En permettant aux participants de s'identifier à un groupe de pairs, la mobilisation sociale rend les valeurs et les normes partagées plus visibles et en renforce l'intériorisation. Par ailleurs, les situations de conflit social développent souvent les solidarités matérielles et financières entre les membres du groupe, comme en témoignent les pratiques de caisses de solidarité. La sociabilité renouvelée qui accompagne la mobilisation et les sorties de conflit témoigne d'une fonction intégratrice forte du conflit social.

Régulation sociale ► Voir p. 348

Simmel ► Voir p. 390

Une autre dimension fondamentale du conflit social réside dans sa fonction de régulation sociale. Les situations conflictuelles sont en effet l'occasion d'une reconnaissance de « l'adversaire », de la prise en compte paradoxale de son point de vue et de ses attentes. Le sociologue allemand Georges Simmel (1858-1918) a mis en avant cette dimension socialisatrice et intégratrice du conflit qui crée les conditions de la recherche et de la conclusion d'un compromis.

Les conflits engendrent des mouvements dynamiques qui permettent de dépasser des situations bloquées et sont à la source du changement social. Loin d'être dysfonctionnels ou pathologiques, ils ne sont donc pas une anomalie sociale, mais un des modes de la régulation sociale parmi d'autres.

B. SYNDICALISME ET RÉSOLUTION DES CONFLITS

LE PAYSAGE SYNDICAL FRANÇAIS

Grève ► Voir p. 414

Avec la révolution industrielle, le développement du **salariat**, relation caractérisée par la rétribution par un employeur du travail volontaire d'un salarié, s'est inscrit dans le cadre d'une relation duale, structurellement inégalitaire. Il faut attendre 1864 en France pour que le droit de grève soit reconnu, et 1884 pour que les salariés obtiennent le droit de se syndiquer. Un **syndicat de salariés** est une association de salariés qui a pour objectif la défense des droits ainsi que des intérêts matériels et moraux, tant collectifs qu'individuels, de ses adhérents. Dans les pays démocratiques, le syndicalisme s'est développé dans le respect des principes de liberté d'adhésion et de pluralisme syndical. On peut distinguer trois courants au sein du syndicalisme français : le syndicalisme issu du mouvement ouvrier, celui venant du catholicisme social et un dernier représentant des intérêts catégoriels.

Le syndicalisme issu du mouvement ouvrier

D'abord inorganisé, occasionnel et violent, le mouvement ouvrier s'est déployé sur les terrains politique et syndical au cours de la seconde moitié du XIXe siècle. Dans le domaine politique, il donne naissance à des partis qui cherchent à obtenir l'émancipation ouvrière par la prise du pouvoir (Section française de l'Internationale ouvrière en 1905 et parti communiste en 1920). Dans le domaine syndical, il œuvre pour une transformation ou une simple amélioration de la condition ouvrière dans les entreprises.

Les deux principaux syndicats issus du mouvement ouvrier sont la **Confédération générale du travail (CGT)** et la **Confédération générale du travail-Force ouvrière (CGT-FO)**. Créée en 1895 (vingt et un ans après la légalisation des syndicats), la CGT se donne immédiatement pour objectif l'amélioration des conditions de travail grâce aux luttes quotidiennes et le changement fondamental de la société au moyen de la grève générale. Le syndicalisme français s'affiche à sa création comme un **syndicalisme révolutionnaire**, syndicalisme qui cherche à obtenir l'émancipation ouvrière et, dans cette optique, la suppression du capitalisme par l'action syndicale (la grève générale) plutôt que par l'action politique (la révolution), qu'il faut distinguer du **syndicalisme réformiste**, qui est un syndicalisme qui cherche à améliorer la situation des salariés dans le cadre du système capitaliste au moyen de la négociation avec les employeurs. Cette opposition entre un courant révolutionnaire et un courant réformiste a finalement débouché en 1948 sur la scission définitive de la CGT en deux syndicats : la CGT, qui est restée proche du parti communiste et a conservé son objectif de transformation de la société, et la CGT-FO, caractérisée par sa méfiance vis-à-vis de la CGT et sa préférence pour une pratique syndicale centrée sur la négociation. Depuis le milieu des années 1990, ces deux confédérations syndicales se sont souvent retrouvées pour combattre la politique de rigueur salariale pratiquée à la fois par le gouvernement et par les entreprises.

Le syndicalisme issu du catholicisme social

Le **catholicisme social** est la doctrine sociale de l'Église catholique favorable à la mise en place de négociations entre les patrons et les salariés et à des réformes sociales qui permettent l'extinction de la lutte des classes. Elle est inspirée par l'encyclique *Rerum Novarum* : dans cette lettre envoyée à tous les évêques en 1891, le pape Léon XIII dénonce la misère ouvrière, refuse à la fois le libéralisme et la lutte des classes et prône une solidarité entre le travail et le capital.

Libéralisme ►
Voir p. 505
Lutte des classes ►
Voir p. 351

La **CFTC (Confédération française des travailleurs chrétiens)** est une confédération syndicale réformiste créée en 1919 afin de réconcilier employeurs et employés dans la perspective ouverte par le catholicisme social. En 1964, une scission interne donne naissance à la **CFDT (Confédération française démocratique du travail)**, confédération syndicale réformiste motivée par la volonté de rompre avec l'origine confessionnelle du syndicat. À la fin des années 1960, la CFDT développe un projet autogestionnaire visant à donner aux salariés un pouvoir central dans l'entreprise. L'**autogestion** est la gestion d'une organisation (une entreprise ou une ville) par le groupe d'hommes et de femmes qui y travaillent (entreprise) ou qui y résident (ville). Plus récemment, une scission à l'intérieur de la CFDT a conduit à la création des syndicats **SUD (Solidaire, unitaire, démocratique)**, ensemble de syndicats créés à partir de 1988 sur la base d'un projet à la fois révolutionnaire et autogestionnaire.

Le syndicalisme catégoriel

D'autres syndicats n'ont pas pour vocation de rassembler l'ensemble des salariés, mais seulement une catégorie d'entre eux. C'est le cas de certains syndicats catégoriels et des coordinations.

La **CGC (Confédération générale des cadres)** est une confédération syndicale créée en octobre 1944, uniquement ouverte aux cadres et destinée à défendre leurs intérêts spécifiques. Elle s'est transformée en Confédération française de l'encadrement-Confédération générale des cadres (CFE-CGC) en 1981. Dans la fonction publique, la **Fédération de l'Éducation nationale (FEN)** est une fédération syndicale créée en 1947, propre aux enseignants. Des scissions internes ont conduit à l'éclatement de cette organisation et ont débouché, en 1992, sur la création de la **FSU (Fédération des syndicats unitaires)**, dont la principale composante est le

SNES (Syndicat national de l'enseignement secondaire), et de l'**UNSA (Union nationale des syndicats autonomes)**.

Une nouvelle forme de représentation des salariés s'est développée à partir du milieu des années 1980 avec l'émergence de **coordinations**, qui sont des organisations catégorielles généralement éphémères, créées à l'occasion d'un conflit du travail.

Le syndicalisme patronal

Au syndicalisme de salariés répond un syndicalisme patronal fondé sur les mêmes principes de liberté d'adhésion et de pluralisme. Un **syndicat patronal** est une association ayant pour objectif la défense des intérêts des entreprises. De nos jours, le **Medef (Mouvement des entreprises de France)** est le principal syndicat patronal, rassemblant les grandes fédérations professionnelles. La CGPME (Confédération générale des petites et moyennes entreprises), la FNSEA (Fédération nationale des exploitants agricoles), le CNJA (Centre national des jeunes agriculteurs) sont les autres principales organisations représentatives du patronat.

LES OBJECTIFS DE L'ACTION SYNDICALE

En France, l'action syndicale s'inscrit aujourd'hui dans le cadre d'une régulation institutionnalisée des conflits du travail et de la participation à la gestion des organismes paritaires.

L'institutionnalisation des conflits du travail

Depuis la révolution industrielle, le mode de résolution des conflits du travail s'est progressivement inscrit dans un processus d'**institutionnalisation du conflit**, ce qui signifie que celui-ci, désormais réglementé, peut se résoudre de manière pacifique par la négociation et le **dialogue social**. Cette expression désigne l'ensemble des procédures qui organisent les relations entre employeurs et salariés sur la base d'une culture du partenariat. L'instrument principal de ce dialogue est la **négociation collective**, négociation bipartite (syndicats de salariés et syndicats patronaux) ou tripartite (l'État est alors le troisième partenaire) visant à organiser les relations de travail et débouchant sur des conventions collectives ou des accords d'entreprise. Une **convention collective** est un accord conclu entre des représentants des employeurs et des représentants des salariés, et portant sur l'ensemble des conditions d'emploi et de travail

◄ **Révolution industrielle**
Voir p. 167

ainsi que sur les garanties sociales liées à l'emploi. Le contenu de ces conventions collectives doit cependant s'inscrire dans le cadre plus général du Code du travail. Le **Code du travail** est un recueil de lois votées par le Parlement et de décrets élaborés par le gouvernement, définissant les droits des salariés, en particulier dans les domaines de l'égalité entre les salariés (ex. : interdiction des discriminations), de leur liberté d'expression (ex. : les droits des syndicats) et de leur dignité (ex. : interdiction du harcèlement moral ou sexuel). Le Code du travail est juridiquement supérieur aux conventions collectives dont les dispositions ne peuvent pas être moins favorables aux salariés que celles présentes dans le Code du travail. Enfin, les **accords d'entreprise** sont des textes de compromis social signés au niveau de l'entreprise, qui ont été organisés par la loi de « démocratie sociale » de 2008.

Quand les syndicats estiment que les droits des salariés ne sont pas respectés, ils peuvent, après avoir tenté une conciliation directe avec l'employeur, saisir l'inspection du travail ou accompagner le salarié dans sa plainte auprès du conseil des prud'hommes. L'**inspection du travail** est une administration chargée de contrôler l'application de la législation du travail, des règlements et des conventions collectives et, en particulier, de vérifier le respect des règles d'hygiène et de sécurité. Elle doit donner son accord lorsqu'un employeur projette le licenciement d'un représentant du personnel ou le dépassement du contingent des heures supplémentaires. Le **conseil des prud'hommes** est un tribunal compétent pour régler les litiges concernant le contrat de travail et survenant entre un employeur et un salarié. Il est composé de juges élus, dont la moitié sont des employeurs et l'autre des salariés. Les représentants des employés sont élus par l'ensemble des salariés du secteur privé sur des listes présentées par les syndicats représentatifs. Les litiges sont d'abord présentés devant une commission de conciliation, et, en cas d'échec de celle-ci, jugés par le tribunal.

En ce qui concerne la sécurité des travailleurs, les syndicats peuvent soulever les éventuels problèmes auprès du **comité d'hygiène, de sécurité et des conditions de travail (CHSCT)** qui est un organisme chargé de protéger la santé des salariés, d'améliorer les conditions de travail et de protéger l'environnement au travail. Il peut être mis en place dans les entreprises de plus de 50 salariés. Présidé par le chef d'entreprise, il est composé des représentants du personnel désignés par les élus du personnel auxquels s'ajoutent deux membres de droit : le médecin du travail et l'inspecteur du travail. Il dispose d'un droit d'alerte en cas de danger imminent auquel l'employeur est obligé de remédier.

L'ensemble de ces procédures et de ces instances ont significativement transformé la **régulation des conflits du travail**, terme qui désigne les moyens mis en œuvre pour éviter le déclenchement du conflit ou permettre sa résolution lorsqu'il n'a pu être évité.

La gestion des organismes paritaires

Les syndicats participent à la gestion des organismes sociaux, tant à l'intérieur qu'à l'extérieur de l'entreprise.

Dans l'entreprise, les syndicats gèrent le **comité d'entreprise** qui est un organisme composé du chef d'entreprise, des représentants élus du personnel ainsi que des représentants de chaque syndicat (avec voix consultative), dont les fonctions sont d'informer les salariés sur la situation économique et financière de l'entreprise et de gérer les œuvres sociales. Il doit être consulté en cas de projet de licenciement économique de plus de dix salariés et être informé de chaque OPE ou OPA concernant l'entreprise. Il gère également les œuvres sociales de l'entreprise. Cependant, d'importantes réformes du Code du travail ont été adoptées fin 2017 : elles prévoient la fusion du comité d'entreprise, des délégués du personnel et du comité d'hygiène, de sécurité et des conditions de travail (CHSTC) en un comité social et économique (CSE).

◄ **OPE**
Voir p. 107
◄ **OPA**
Voir p. 107

À l'extérieur de l'entreprise, les syndicats participent à la gestion d'organismes sociaux dans le cadre du paritarisme. Le **paritarisme** est un mode de gestion des organismes sociaux associant représentants du patronat et représentants des salariés par le biais des syndicats. Inauguré à l'occasion de la mise en place de la sécurité sociale en 1945, il a été étendu ensuite aux régimes complémentaires et aux régimes d'assurance chômage. Il permettait à des représentants des salariés et du patronat de se retrouver pour gérer des organismes qui étaient alors financés par des cotisations sociales salariales et patronales et destinés à couvrir les risques sociaux des salariés ou des anciens salariés. Ce système paritaire est aujourd'hui remis en cause, car l'État a accru son intervention dans la gestion de ces organismes, notamment le plus important d'entre eux, la CNAM (Caisse nationale d'assurance-maladie).

◄ **Sécurité sociale**
Voir p. 237

LES INSTRUMENTS DE L'ACTION SYNDICALE

Comme toutes les relations liées au travail, l'action syndicale a été progressivement réglementée. Cela s'est donc traduit par une **institutionnalisation des syndicats**, c'est-à-dire un processus de reconnaissance juridique de la présence des syndicats dans l'entreprise (ex. : section syndicale) et en dehors de l'entreprise (ex. : gestion des organismes sociaux) et qui se traduit par la participation des syndicats à l'élaboration des règles sociales.

Dans l'entreprise, tous les adhérents à un même syndicat appartiennent à une section syndicale. Plusieurs sections syndicales peuvent donc coexister. Une **section syndicale** est un regroupement des salariés d'une entreprise adhérant au même syndicat. Elle ne représente pas les seuls intérêts de ses membres, mais ceux de l'ensemble des salariés de l'entreprise face à l'employeur. Afin d'organiser collectivement les salariés, la section syndicale dispose de moyens spécifiques : un panneau syndical, l'autorisation de distribuer des tracts, le droit de réunion et un local syndical dans les entreprises de plus de 200 salariés.

Chaque section syndicale désigne un **délégué syndical**, qui est un syndicaliste représentant le syndicat et la section syndicale auprès de l'employeur. Il participe aux négociations avec l'employeur et est présent au comité d'entreprise dans lequel il n'a qu'une voix consultative.

Cette représentation des salariés par les syndicats se double d'une représentation par le biais des délégués du personnel. Un **délégué du personnel** est un représentant élu des salariés dans les entreprises de plus de dix salariés. Il présente à l'employeur les réclamations individuelles et collectives des salariés relatives aux salaires et à l'application des lois et des conventions collectives. Il peut saisir l'inspecteur du travail quand l'employeur ne respecte pas ses obligations. Pour mener à bien sa tâche, le délégué du personnel bénéficie de la liberté de circulation dans l'entreprise, d'un panneau d'affichage et d'un crédit d'heures dans les entreprises de plus de 50 salariés.

Enfin, lorsque l'ensemble de ces instruments ne permet pas d'éviter le conflit, les salariés peuvent avoir recours à la **grève**, arrêt concerté du travail des salariés afin d'obtenir la satisfaction de revendications professionnelles. Le droit de grève est reconnu par la Constitution de 1946 (c'est un droit fondamental) et la grève ne rompt pas le contrat de travail.

Constitution ►
Voir p. 436
Contrat de travail ►
Voir p. 190

C. MÉTAMORPHOSES ET PERMANENCES DU CONFLIT SOCIAL

LES MUTATIONS DES CONFLITS DU TRAVAIL

Le travail est un lieu de conflit par excellence

À partir de la seconde moitié du XIXe siècle, et jusqu'au milieu du XXe siècle, les conflits du travail occupent une place centrale, aussi bien au niveau de la sphère productive que de la construction des identités individuelles et collectives dans les pays développés. Le **mouvement ouvrier** est ainsi un phénomène qui accompagne l'industrialisation, caractérisé par des conflits parfois violents où la grève joue un rôle essentiel, dont l'objectif n'est pas seulement d'obtenir des augmentations de salaires et à de meilleures conditions de travail, mais aussi de dénoncer la propriété capitaliste en définissant un nouveau projet de société. Le mouvement ouvrier n'est pas simplement porteur de revendications catégorielles ; il est aussi la source du changement social. Parce qu'il est porteur de revendications, ce mouvement ouvrier est un **mouvement social** que l'on définit comme une forme d'action collective concertée, c'est-à-dire marquée par le projet explicite des acteurs de se mobiliser dans la perspective de promouvoir un intérêt matériel ou une cause plus large. Mais, parce qu'il est porteur d'un projet de société alternatif, il peut s'appréhender aussi comme un **mouvement social au sens d'Alain Touraine**, qui est un type d'action collective qui s'appuie sur le dépassement de revendications particulières propres à un groupe donné pour viser la direction générale de la société. Selon Alain Touraine, en effet, les mouvements sociaux sont les moteurs du développement historique et se caractérisent par trois principes, à savoir le principe d'identité qui permet de reconnaître sa spécificité, le principe d'opposition qui identifie l'adversaire, et le principe de totalité qui propose un contre-projet alternatif (*Production de la société*, 1973).

◄ **Changement social**
Voir p. 406

◄ **Touraine**
Voir p. 500

Le déclin relatif des conflits du travail

Depuis les années 1970, le nombre de conflits du travail connaît un net recul. Même si des pics de conflictualité sont repérables en 1995 et 2003, on constate une diminution tendancielle du nombre de journées perdues pour fait de grève, diminution affectant particulièrement le secteur privé. Les causes de ce déclin sont multiples. Concernant le secteur privé, les principaux facteurs sont la désindustrialisation, qui démantèle les bastions ouvriers, l'extension des formes de travail atypique qui ne facilitent pas l'action collective, la tertiarisation et la féminisation du marché du travail. Ce déclin s'explique aussi par des facteurs culturels, comme la progression de l'individualisme dans la société contemporaine ou l'institutionnalisation des conflits décrite plus haut. Ce sont maintenant des procédures institutionnalisées qui organisent la résolution des conflits du travail. D'ailleurs, on constate, parallèlement à cette diminution des conflits ouverts, une progression des accords d'entreprise.

Emploi atypique ► Voir p. 190
Tertiarisation ► Voir p. 34
Individualisme ► Voir p. 483
Accord d'entreprise ► Voir p. 412

La crise du syndicalisme

Depuis le milieu des années 1970, le syndicalisme français est en déclin. La **crise du syndicalisme** est un affaiblissement de la légitimité des syndicats et de leur influence dans l'entreprise. Elle se traduit, entre autres, par une diminution du nombre des syndiqués (moins d'un salarié sur dix est aujourd'hui syndiqué) et par la progression des listes de non-syndiqués lors des élections aux comités d'entreprise.

Comité d'entreprise ► Voir p. 413

Plusieurs facteurs peuvent expliquer ce déclin.

L'organisation des syndicats et leurs orientations sont une première explication. L'opacité du financement de certains syndicats, les limites de la démocratie interne, le brouillage éventuel de l'action syndicale par des enjeux politiques, la priorité donnée à l'action nationale sur l'action locale ont parfois alimenté la méfiance des salariés. Les coordinations ont profité de cet état de fait.

Coordination ► Voir p. 411

Les syndicats ont ensuite été pénalisés par la crise économique. Le déplacement de l'emploi des bastions du syndicalisme (sidérurgie, automobile) vers les petites entreprises où ils ne sont pas implantés a sapé la base sociale des syndicats. De plus, en période de chômage de masse, l'action syndicale a été freinée par la crainte de la perte d'emploi. Dans certaines entreprises, le traitement défavorable réservé aux responsables syndicaux a affaibli l'action syndicale.

Enfin, le syndicalisme, comme toutes les grandes organisations, est fragilisé par la progression de l'individualisme. L'adhésion à un syndicat a longtemps été vécue par une partie des salariés comme un signe « obligé » d'appartenance à une classe, une profession ou une entreprise. L'autonomie croissante des individus et, parfois, le repli sur leur vie privée au détriment de la vie publique a rompu ce lien entre une situation sociale et l'adhésion à un syndicat. Certains sociologues interprètent ce phénomène comme le signe d'une rationalisation croissante des activités sociales. Ainsi le paradoxe d'Olson démontre-t-il que l'action collective fait les frais d'un calcul coûts/avantages opéré par des individus rationnels.

◄ **Paradoxe d'Olson**
Voir p. 339

Vers de nouveaux conflits du travail

Si la grève décline en tant que figure emblématique du mouvement collectif, on voit aussi apparaître de nouvelles formes de conflictualité qui reposent sur un recours croissant aux tribunaux. Cette évolution est en phase avec l'évolution générale de la société qui va dans le sens d'une individualisation croissante des relations de travail et aussi d'une judiciarisation des rapports sociaux, expression qui signifie que les formes traditionnelles de régulation des rapports sociaux (par la coutume, par la négociation entre les acteurs...) s'affaiblissent au profit du recours à une instance extérieure de régulation qui est le droit. De plus, les acteurs de ces conflits changent : c'est ainsi que les cadres, longtemps réticents à l'action collective, s'y engagent désormais davantage. Ce qui est sûr, c'est qu'avec les transformations de l'emploi, les conflits du travail ne sont plus fondamentalement des **conflits offensifs**, c'est-à-dire des conflits visant à obtenir des nouveaux droits ou des augmentations de salaires, mais des **conflits défensifs**, c'est-à-dire des conflits visant à préserver les acquis sociaux.

L'ÉMERGENCE DE NOUVELLES FORMES DE CONFLICTUALITÉ SOCIALE

Dans les années 1960 apparaissent de **nouveaux mouvements sociaux**, mouvements qui portent sur des enjeux sociétaux dépassant le seul champ économique et impliquant de nouveaux acteurs sociaux et de nouvelles formes d'action collective. Pour Ronald Inglehart (*The Silent Revolution*, 1977), ces mouvements sociaux inédits traduisent la mutation vers un nouveau type de société où s'affirment des **revendications post-matérialistes**, ce qui signifie que, puisque les besoins matériels sont désormais satisfaits pour l'essentiel de la population, les revendications deviennent désormais plus qualitatives et se déplacent vers des valeurs comme la préservation de l'autonomie, la quête de l'estime de soi, la qualité de la vie... À titre d'exemple, les mouvements féministes débordent

◄ **Valeur**
Voir p. 324

la sphère de la production pour s'intéresser à la condition féminine dans la famille et dans la société. Leurs revendications portent, par exemple, sur leur exclusion du monde politique, mettant en avant le principe de parité en exigeant un nombre de places identique pour les femmes et les hommes dans l'espace public. Les femmes posent, de ce fait, la question de l'équité et de la justice sociale. On assiste également à l'émergence du mouvement des banlieues qui pose la ville comme un espace politique. À travers ce phénomène se dessine une interrogation plus générale portant sur la marginalisation des groupes ethniques, l'immigration, le racisme ou encore l'exclusion. Le combat des minorités sexuelles est une autre illustration de ces nouvelles formes de conflictualité sociale. Alors que les luttes s'inscrivaient, dans les années 1970, dans une posture de transgression face aux normes imposées, elles sont maintenant axées sur la reconnaissance de droits matrimoniaux et familiaux. Les revendications concernant la préservation de l'environnement ou les risques engendrés par certaines technologies modernes sont d'autres illustrations de ce renouvellement des espaces de conflictualité sociale. La **consommation engagée** est une forme d'engagement politique qui consiste à effectuer ses choix de consommation en fonction de considérations éthiques ou politiques ainsi que pour marquer son soutien ou son désaccord vis-à-vis des pratiques des entreprise.

Parité ► Voir p. 458

Justice sociale ► Voir p. 427

La multiplication de ces formes nouvelles de conflit témoigne de l'irruption de nouveaux acteurs sociaux sur les terrains de la revendication (femmes, minorités, jeunes, mouvement des indignés, etc.). Le renouvellement du répertoire de l'action collective (actions festives, occupations, mobilisation des médias, etc.) traduit la transformation des enjeux du conflit : il s'agit moins d'affronter un adversaire clairement identifiable que d'en appeler à l'opinion publique et, à travers elle, de peser sur les décideurs économiques ou politiques.

Opinion publique ► Voir p. 466

22

JUSTICE SOCIALE ET INÉGALITÉS

(A) LES INÉGALITÉS ÉCONOMIQUES ET SOCIALES

- Le caractère multiforme et cumulatif des inégalités
- La mesure des inégalités économiques
- L'évolution des inégalités
- La pauvreté

(B) ÉGALITÉS ET ÉQUITÉ

- Les formes d'égalité
- L'équité

(C) JUSTICE SOCIALE DISTRIBUTIVE ET INÉGALITÉS

- Inégalités justes et injustes
- Les différentes conceptions de la justice sociale distributive
- L'intervention des pouvoirs publics sur les inégalités

A. LES INÉGALITÉS ÉCONOMIQUES ET SOCIALES

Revenu ►
Voir p. 38
Patrimoine ►
Voir p. 48
Biens et services ►
Voir p. 16-17

L'**inégalité** désigne la répartition non uniforme au sein d'une population des ressources socialement valorisées. Les ressources sont tout ce dont un individu peut tirer avantage : revenu, patrimoine, biens et services, prestige social, culture, pouvoir… L'inégalité ne doit pas être confondue avec la **différence**, qui est un caractère permettant de distinguer un individu d'un autre sans pour autant entraîner un classement hiérarchique. Ainsi, le sexe ou la couleur des yeux sont des différences, mais pas des inégalités.

LE CARACTÈRE MULTIFORME ET CUMULATIF DES INÉGALITÉS

Les inégalités sont diverses. On distingue notamment les **inégalités économiques** (qui désignent la répartition non uniforme au sein d'une population des ressources économiques : inégalités de revenu et de patrimoine) des **inégalités sociales** (qui désignent la répartition non uniforme au sein d'une population des ressources sociales valorisées : inégalités des chances, inégalité culturelle et inégalités devant les risques sociaux – maladie, accidents, vieillesse, chômage…). Les inégalités face à l'emploi, les inégalités de consommation, de niveau de vie ont des dimensions à la fois économiques et sociales. Des inégalités devant le numérique aux inégalités devant la mort, la liste des inégalités est aussi longue que celle des ressources socialement valorisées. Les inégalités sont donc plurielles et multiformes.

Emploi ►
Voir p. 186
Consommation ►
Voir p. 42
Niveau de vie ►
Voir p. 38
Répartition primaire ►
Voir p. 39
Redistribution ►
Voir p. 242
Revenu disponible ►
Voir p. 42
Pratiques culturelles ►
Voir p. 327

Les inégalités sont d'abord économiques. Les inégalités de revenu apparaissent à l'occasion de la répartition primaire des revenus (inégalités de salaire, par exemple) ; le système de redistribution (prélèvements obligatoires et versement de revenus sociaux) permet de réduire ces inégalités. Les inégalités de revenu disponible (c'est-à-dire approximativement de pouvoir d'achat) sont importantes. Le patrimoine est l'ensemble des avoirs d'un agent économique (actifs financiers, actifs professionnels, logements) et de ses dettes à un moment donné.

Les inégalités sociales sont aussi nombreuses : pratiques culturelles, réussite scolaire, participation et la représentation politique, exposition aux risques divers…

Les inégalités se cumulent. D'abord les inégalités économiques s'autoentretiennent : les inégalités de revenus provoquent des inégalités de patrimoine, qui aggravent les inégalités de revenu. Ces dernières induisent des inégalités d'accès au crédit et au logement, donc des inégalités dans l'accès à l'emploi stable, d'où une nouvelle aggravation des inégalités de revenu et de patrimoine. Par ailleurs, les inégalités économiques s'accompagnent le plus souvent d'inégalités sociales (inégalités d'exposition aux risques divers, par exemple) et d'inégalités culturelles (inégalités scolaires, par exemple). En retour, les inégalités sociales aggravent aussi les inégalités économiques : les différences d'éducation, de santé jouent fortement sur les inégalités face à l'emploi et sur les inégalités de revenu.

LA MESURE DES INÉGALITÉS ÉCONOMIQUES

Pour étudier l'importance des inégalités (de salaire, de revenu de patrimoine...) dans une société, on recourt à un indicateur de dispersion. Les principaux instruments permettant de mesurer la dispersion sont les écarts interquartiles et les écarts interdéciles. Les déciles sont les valeurs d'une variable quantitative qui partagent la population en dix parties d'un même effectif. Ainsi, le premier décile de revenu (D1) est le revenu tel qu'un dixième des salariés gagne moins et neuf dixièmes gagnent plus ; à l'opposé, le neuvième décile de revenu (D9) est le revenu tel que neuf dixièmes gagnent moins et un dixième gagne plus. Le cinquième décile (D5) partage la population en deux parties de même effectif : c'est la médiane.

◄ **Dispersion** Voir p. 546

◄ **Écart interquartile** Voir p. 547

◄ **Écart interdécile** Voir p. 546

◄ **Médiane** Voir p. 546

Le rapport interdéciles est un indicateur de dispersion. Il se calcule en faisant le rapport entre le neuvième décile et le premier décile. Plus il est élevé, plus la dispersion est importante. Les quartiles relèvent de la même logique que les déciles, mais ils partagent la population en quatre parties d'un même effectif. Ces mesures permettent de constater que, parmi les pays développés, les pays du nord de l'Europe sont les moins inégalitaires tandis que les pays anglo-saxons le sont plus, la France étant dans une position intermédiaire. Les inégalités sont aussi dynamiques (d'une génération à l'autre) : la **corrélation de revenu parents-enfants** désigne l'influence du revenu relatif passé des parents sur le revenu relatif de leurs enfants. Elle rend compte d'une forme de mobilité sociale avec un critère de revenu et non de catégorie socioprofessionnelle.

◄ **Quartile** Voir p. 546

L'ÉVOLUTION DES INÉGALITÉS

D'une manière générale, les inégalités de revenu disponible se réduisent durant les Trente Glorieuses. La courbe des inégalités suit une évolution en U renversé analysée par Kuznets. La **loi de Kutznets** est une loi énonçant que la croissance économique provoque une augmentation des inégalités de revenu lorsqu'un pays commence à se développer et une diminution de ces mêmes inégalités au-delà d'un certain niveau de développement. Les inégalités de revenu suivent donc une courbe en « cloche » caractérisée par une augmentation lors de la première phase du développement et une diminution ensuite. Durant les

◄ **Revenu disponible** Voir p. 42

◄ **Développement** Voir p. 159

Trente Glorieuses, les inégalités de patrimoine restent plus fortes que les inégalités de revenu et de consommation, mais se réduisent également.

Les inégalités sociales et culturelles ont aussi tendance à diminuer grâce à la démocratisation de l'école et aux interventions de l'État-providence, qui réduit fortement les inégalités en termes de protection contre les risques.

État-providence ► Voir p. 220
Salaire ► Voir p. 190
Emploi ► Voir p. 186
Chômage ► Voir p. 128
Emploi précaire ► Voir p. 190
Exclusion ► Voir p. 388

Les observations réalisées depuis 1980 fragilisent ou contredisent la loi de Kuznets. En France, la diminution des inégalités de salaire s'est arrêtée au début des années 1980. Dans les pays anglo-saxons, les inégalités de revenu ont augmenté au cours des trois dernières décennies. En raison de la récession, les inégalités face à l'emploi se renforcent : certains bénéficient encore d'un emploi stable alors que d'autres vivent dans la précarité, car ils alternent des périodes de chômage et d'emploi précaire et que d'autres encore sont victimes d'un chômage de longue durée qui peut les mener à l'exclusion. Ainsi, de nouvelles formes de pauvreté apparaissent et se développent.

LA PAUVRETÉ

La **pauvreté** est la situation d'une personne ou d'une population dont les ressources (matérielles, culturelles et sociales) sont si faibles qu'elle est exclue des modes de vie considérés comme acceptables dans la société où elle vit.

On distingue la pauvreté absolue et la pauvreté relative :

– la **pauvreté absolue** est la situation d'une personne (ou d'une population) dont les revenus ne lui permettent pas de satisfaire ses besoins élémentaires. Cela revient à définir la personne pauvre comme une personne qui ne bénéficie pas du **minimum vital**, à savoir l'ensemble des biens et services indispensables à la survie d'un individu ;

– la **pauvreté relative** est la situation d'une personne (ou d'une population) dont les revenus ne lui permettent pas d'accéder à un niveau de vie considéré comme normal dans une société. Pour cela est défini un seuil de pauvreté, seuil en dessous duquel une personne est considérée comme pauvre, généralement 60 % (pour Eurostat, par exemple) ou 50 % (pour l'Insee, par exemple) du revenu médian du pays en question.

Ménage ► Voir p. 131

L'application d'une telle définition aux ménages (et non plus aux individus) oblige le statisticien à prendre en compte leur taille. Le plus simple consisterait à diviser le revenu des ménages par le nombre de personnes qui les composent, mais certaines dépenses (ex. : l'automobile) n'augmentent pas proportionnellement au nombre de personnes vivant ensemble. C'est pourquoi le revenu des ménages est mesuré par **unité de consommation** (consommateur fictif dont la consommation équivaut à celle d'un adulte vivant seul). Cette convention permet de comparer le niveau de vie de ménages de tailles différentes. Le premier adulte est comptabilisé comme 1 unité de consommation, les autres adultes de 14 ans et plus pour 0,5 unité et les enfants pour 0,3 unité.

La pauvreté est un phénomène multidimensionnel que l'on ne peut pas réduire à un phénomène monétaire. Telle était déjà la situation du quart-monde lors des Trente Glorieuses, le **quart-monde** étant cette partie de la population des pays riches exclue du mode de vie considéré comme normal en raison de revenus insuffisants et de problèmes de logement.

Au cours des Trente Glorieuses, la pauvreté était le fait d'une large partie des personnes âgées, des salariés non qualifiés et de personnes handicapées. L'augmentation du salaire minimum après 1968, l'arrivée à l'âge de la retraite de générations ayant des droits complets aux allocations retraite et les lois en faveur des handicapés ont fait régresser ces formes de pauvreté.

◄ **Salaire minimum**
Voir p. 239

Mais l'apparition d'un chômage de masse à partir du milieu des années 1970 a provoqué le développement d'une nouvelle forme de pauvreté différente de la précédente en pénalisant des individus qui, jusque-là, semblaient intégrés dans l'économie marchande. La **nouvelle pauvreté** désigne la pauvreté provoquée par l'augmentation du nombre des chômeurs et par la précarisation du travail.

Les gouvernements des pays développés ont favorisé le développement d'emplois atypiques (temps partiels, intérim, etc.) et parfois accepté une baisse des rémunérations des salariés les moins qualifiés. Cela a réduit la pauvreté directement liée au chômage, mais favorisé l'augmentation du nombre des travailleurs pauvres. Un **travailleur pauvre** est une personne qui travaille, mais qui vit dans un ménage dont le revenu est inférieur au seuil de pauvreté.

◄ **Emploi atypique**
Voir p. 190

B. ÉGALITÉS ET ÉQUITÉ

LES FORMES D'ÉGALITÉ

Il est possible de distinguer trois, voire quatre, formes d'égalité :

– l'**égalité des droits** est le principe selon lequel les hommes sont égaux devant la loi, celle-ci étant la même pour tous. Ils bénéficient des mêmes droits et sont soumis aux mêmes devoirs. Leurs positions sociales, qu'elles soient valorisées ou non, sont ouvertes à la concurrence sur la base de règles, en principe, objectives, connues et les mêmes pour tous. La situation est donc bien différente de la société féodale qui, souvent, instaurait des privilèges ;

– l'**égalité des chances** est le principe selon lequel la situation sociale acquise par les individus est indépendante de la situation sociale héritée (de leur milieu social d'origine ou de leur sexe). L'école est, par excellence, le domaine où l'égalité des chances s'impose, la formation initiale influençant grandement la position sociale ultérieure. Si l'égalité des chances est un idéal incontournable, son éventuelle réalisation ne suffirait pas à produire l'égalité sociale. En effet, une société dans laquelle la situation sociale des plus misérables ne serait pas héréditaire pourrait tout de même admettre des inégalités sociales extrêmement importantes. C'est pourquoi une société qui se veut égalitaire ne peut s'éloigner de façon excessive de l'égalité réelle ;

– l'**égalité réelle** (ou **égalité des situations**) se définit par une répartition uniforme des ressources valorisées (revenu, patrimoine, etc.) entre les membres d'une société.

Il existe une quatrième forme d'égalité, mais que se situe à un niveau différent ; il s'agit de l'**égalité de traitement** : tous les individus sont traités de la même façon, quels que soient leurs besoins, leurs dons ou leurs chances de réussir.

L'égalité des chances et l'égalité des situations sont en interaction :

Capital culturel ► Voir p. 366

Capital économique ► Voir p. 499

Reproduction sociale ► Voir p. 367

– les inégalités de situation accentuent généralement les inégalités des chances : si la dotation des parents en capital culturel, capital social et capital économique est faible, les enfants auront moins de chance d'accéder à des positions valorisées ;

– les inégalités des chances accentuent généralement les inégalités de situations : dans les sociétés figées, dans lesquelles la reproduction sociale est forte, les inégalités réelles sont importantes (ne serait-ce que parce que les inégalités de patrimoine s'accentuent de génération en génération).

Mais une société qui respecte le principe d'égalité des chances n'est pas forcément une société idéale. En effet :

– les places socialement valorisées peuvent être rares ;

– la compétition peut être très vive et très éprouvante pour les individus ;

– ceux qui ne gagnent pas la compétition peuvent se retrouver dans des conditions très défavorables.

Une forte égalité des chances et une faible égalité des situations peuvent donc coexister dans une société.

L'ÉQUITÉ

L'**équité** désigne le respect des droits de chacun – ce concept est donc relatif à chaque conception particulière de justice sociale. Certains opposent parfois ce concept à celui d'égalité, car ils veulent affirmer qu'il peut être juste, être équitable, d'accepter certaines inégalités. Pourtant, il n'y a pas lieu d'opposer ces notions qui se situent à deux niveaux totalement différents :

– l'équité est une notion normative ; c'est ce que l'on considère comme juste ;

– l'égalité est une notion positive, objective, mesurable (par exemple, les inégalités réelles se mesurent par des indicateurs de dispersion et le degré d'égalité des chances se mesure par les tables de mobilité).

◄ **Dispersion** Voir p. 546

◄ **Table de mobilité** Voir p. 375

Tous les individus ne sont pas d'accord sur le degré idéal d'inégalité, mais tous considèrent que leur point de vue sur l'inégalité est légitime et correspond à leur conception de ce qui est équitable.

Au sein de la société démocratique, il existe un consensus sur les principes suivants : l'égalité des droits est indispensable ; l'égalité des chances est un idéal à atteindre. En revanche, il existe des désaccords sur les moyens de favoriser l'égalité des chances.

Pour certains, l'équité exige que chacun soit traité de façon spécifique selon la situation dans laquelle il se trouve. Ainsi, les **discriminations positives** (actions visant à corriger une inégalité des chances en accordant un traitement particulièrement favorable à une catégorie considérée comme défavorisée) sont considérées comme légitimes. L'inégalité de traitement est alors considérée comme juste. Cela consiste, par exemple, à mettre en place des mesures qui favorisent les femmes pour l'obtention de places politiques ou, dans le cas de l'école, à accorder plus de moyens aux établissements scolarisant des enfants issus de milieux défavorisés.

Pour d'autres, ce qui est équitable c'est que tous les individus soient traités de façon identique (égalité des traitements) – on considère alors que l'égalité des droits est suffisante pour favoriser l'égalité des chances.

C. JUSTICE SOCIALE DISTRIBUTIVE ET INÉGALITÉS

INÉGALITÉS JUSTES ET INJUSTES

Inégalité des droits ► Voir p. 420

Alors que, dans une société démocratique, les inégalités des droits et les inégalités des chances sont considérées comme injustes, certaines inégalités des situations sont généralement jugées légitimes. Ainsi, dans une société de marché un certain niveau d'inégalité de revenu est toléré, ne serait-ce que pour récompenser les efforts de certains (la **méritocratie** est un principe selon lequel la réussite – en termes de revenu et de position sociale doit être fonction des efforts et des qualités personnelles des individus). De fait, dans tous les pays, même les plus développés, des inégalités de revenu existent, mais, jusqu'à un certain point, elles ne sont pas estimées injustes. Il peut être juste (donc « équitable ») de tolérer certaines inégalités.

En revanche dans certains cas, l'inégalité est considérée comme injuste dans une société démocratique :

– lorsque l'inégalité provient d'attributs hérités sur lesquels les individus n'ont pas de contrôle (inégalités provenant du genre, de l'origine ethnique…) ; ces inégalités sont généralement considérées comme injustes, car elles découlent de l'inégalité des chances ;

– lorsque que le degré d'inégalité est très élevé ; c'est le cas par exemple des situations de pauvreté extrême. Ces inégalités sont considérées comme injustes, car elles portent atteinte à la dignité humaine.

Patrimoine ► Voir p. 48

Rawls ► Voir p. 428

L'acceptation ou non de certaines inégalités ne doit pas porter uniquement sur les inégalités de revenu ou de patrimoine. Elle doit porter sur l'ensemble des ressources que les individus ont à leur disposition.

Pour définir ces ressources, Rawls utilise la notion de « biens premiers ». Les **biens premiers** sont, chez Rawls, les biens dont les différences de dotation permettent de mesurer l'importance des inégalités : les droits et libertés de base ; la liberté de mouvement et le libre choix d'une occupation ; les pouvoirs et les prérogatives attachés aux fonctions et aux positions d'autorité et de responsabilité ; le revenu et la richesse ; les bases sociales du respect de soi-même.

Sen considère que les individus, en raison de leurs caractéristiques sociales et individuelles, ont des aptitudes inégales à exploiter les mêmes opportunités. Une personne dialysée va, par exemple, dépenser une grande partie de son revenu et de son temps pour ses soins. La **capabilité** est, selon Sen, la liberté et la capacité de mener différents modes de vie.

D'un côté, trop d'inégalités nuisent à l'efficacité économique. Un degré trop élevé d'inégalités est en effet préjudiciable à la cohésion sociale (situation d'une société dans laquelle les individus sont unis par des liens sociaux – marchands, politiques et personnels – et par une forme de solidarité) et fait naître un sentiment d'injustice. L'action de l'État-providence pour réduire les inégalités est donc un facteur de cohésion sociale et d'efficacité économique. Si la pauvreté est importante, un certain nombre d'individus sont mis de côté et ne participent pas – ou participent de façon peu efficace – à la production ; peu formés, peu éduqués, en mauvaise santé, ils ont une faible productivité ou sont sans emploi.

Par ailleurs, la redistribution (donc la réduction des inégalités) est un facteur d'efficacité, car elle soutient la demande (augmentation des revenus de ceux qui ont la plus forte propension à consommer au détriment de ceux qui ont la plus faible).

D'un autre côté, les inégalités peuvent être efficaces si elles sont un aiguillon, un facteur d'émulation. Les **incitations** sont les moyens – parmi lesquels figure le gain monétaire – qui incitent les agents économiques à travailler et à produire davantage. La méritocratie est une source d'efficacité individuelle, donc d'efficacité collective. Une trop forte égalisation des situations par la redistribution est désincitative, comme l'illustrent la courbe de Laffer ou la mise en évidence d'une **trappe à inactivité** (situation dans laquelle les chômeurs n'ont pas d'intérêt à retravailler dans la mesure où ils considèrent le gain de revenu net occasionné par la reprise d'un emploi comme insuffisant) ou d'une **trappe à pauvreté** (situation dans laquelle des personnes pauvres – souvent inactives – n'ont pas d'intérêt à rechercher du travail dans la mesure où elle profitent d'aides diverses).

Certaines inégalités sont justes, trop d'inégalités nuisent à la cohésion sociale et ont donc des effets pervers, mais une réduction trop forte des inégalités peut être désincitative ; pourtant, il n'existe pas de répartition idéale. Le degré d'inégalité réelle acceptable dépend des différentes conceptions de la justice sociale.

LES DIFFÉRENTES CONCEPTIONS DE LA JUSTICE SOCIALE DISTRIBUTIVE

La **justice sociale** est un idéal qui se traduit par des principes précisant ce qu'est une répartition équitable (juste) des ressources matérielles ou symboliques (revenus, biens et services, honneur) d'une société. La **justice sociale distributive** est un idéal qui se

◄ **État-providence** Voir p. 220
◄ **Pauvreté** Voir p. 422
◄ **Production** Voir p. 16
◄ **Productivité** Voir p. 21
◄ **Redistribution** Voir p. 242
◄ **Demande** Voir p. 53
◄ **Propension à consommer** Voir p. 554
◄ **Méritocratie** Voir p. 426
◄ **Courbe de Laffer** Voir p. 248

traduit par des principes précisant ce qu'est une répartition équitable (juste) des ressources matérielles, essentiellement du revenu.

Utilitarisme ►
Voir p. 514

On peut distinguer quatre grandes familles de conception de la justice sociale distributive : le libertarisme, l'utilitarisme, l'égalitarisme strict et l'égalitarisme libéral.

Hayek ►
Voir p. 531

Égalité des situations / Égalité réelle ►
Voir p. 424

Les libertariens ou ultralibéraux considèrent que ce qui est juste n'a pas à être défini, car c'est nécessairement ce qui provient spontanément de l'ordre naturel du marché. Ainsi, Hayek affirme que pour atteindre l'égalité des situations, il faudrait mettre en place une très grande inégalité des traitements, ce qui nécessiterait une politique totalitaire et arbitraire de l'État ; donc, selon les libertariens, dans une société de marché, la justice sociale n'a pas de sens.

Utilité ►
Voir p. 53

Optimum ►
Voir p. 516

Pauvreté ►
Voir p. 422

Les utilitaristes pensent que l'objectif d'une société doit être de maximiser la somme des utilités individuelles (celles-ci ne sont pas uniquement matérielles, mais englobent toutes les satisfactions) ; l'objectif est que la satisfaction totale (ou utilité totale) soit la plus élevée possible. L'optimum est atteint lorsqu'il est impossible d'ajouter une satisfaction à un individu sans réduire la satisfaction d'un autre individu. Dans ce cadre, la justice sociale est indépendante du degré d'inégalités et la réduction de la pauvreté n'est un objectif que lorsqu'elle permet d'augmenter la satisfaction globale. Les utilitaristes ne formulent pas de jugement normatif en ce qui concerne les utilités : celles-ci dépendent de critères individuels, matériels ou pas.

L'**égalitarisme** est une doctrine qui stipule que la justice sociale commande d'égaliser les situations des différents individus, l'État étant le plus souvent considéré comme l'acteur de cette égalisation. L'objectif des égalitaristes est donc de réduire, voire de supprimer, les inégalités. Il ne s'agit pas d'opter pour l'organisation qui soit la plus favorable aux plus défavorisés, mais bien de réduire au maximum les écarts entre les plus riches et les plus pauvres.

L'**égalitarisme libéral** désigne la doctrine élaborée par John Rawls qui met en avant trois principes de justice sociale afin de concilier liberté, égalité des chances et inégalités à conditions que ces dernières permettent d'améliorer la situation des moins favorisés. **John Rawls**, philosophe américain né en 1921 et mort en 2002, est connu pour sa conception de la justice sociale. L'**égalitarisme strict** a le même sens que l'égalitarisme ; c'est une doctrine prônant l'égalité des situations, c'est-à-dire l'égalité réelle de tous les individus. Il est nommé « strict » pour le différencier de l'égalitarisme libéral. John Rawls accepte des inégalités, mais considère que la société la moins injuste est celle qui offre les conditions les moins défavorables aux plus défavorisés.

Rawls met en avant le **principe de différence**, principe selon lequel les inégalités doivent profiter aux plus défavorisés. Ce principe est parfois présenté sous le terme de **maximin** (principe selon lequel il faut rendre maximal ce que reçoivent ceux qui ont le minimum).

Pour Rawls, le principe de différence n'est que la troisième priorité ; il énonce trois principes hiérarchisés : respect des libertés fondamentales, respect de l'égalité des chances (à don égal) et principe de différence.

Rawls considère que les choix de répartition des biens doivent être définis démocratiquement, mais, pour que chacun puisse prendre position sur la répartition idéale, il importe qu'il le fasse sous un **voile d'ignorance** (situation dans laquelle un individu opte pour une répartition idéale de ressources sans connaître sa situation particulière afin de ne pas être influencé).

L'INTERVENTION DES POUVOIRS PUBLICS SUR LES INÉGALITÉS

En fonction de la conception de justice sociale, le degré de redistribution préconisé sera différent :

◄ **Redistribution**
Voir p. 242

	Principe de justice sociale	Objectif en termes de revenu moyen et/ou de revenu minimum	Degré de redistribution
Libertariens	Laisser faire le marché	Aucun	Aucune redistribution
Utilitaristes	Maximiser la satisfaction totale	Maximiser le revenu moyen (ce qui revient au même que de maximiser le revenu total pour une population donnée)	Redistribution limitée : l'État ne doit redistribuer que tant que cela permet d'augmenter la production totale, donc le revenu total
Conception rawlsienne	Maximiser le sort des plus défavorisés	Maximiser le revenu minimum	Redistribution jusqu'à ce que le revenu minimum soit maximal
Égalitarisme	Réduire, voire éliminer les inégalités	Égaliser le revenu moyen et le revenu minimum	Redistribution jusqu'à l'égalité

La lutte contre les inégalités s'effectue selon des modalités différentes. La **charité** est une forme de solidarité fondée sur une action librement consentie d'acteurs privés, pouvant prendre la forme d'aide financière ou de bénévolat. Dans ce cas, un individu fait le choix personnel d'agir contre la pauvreté en donnant de l'argent à une personne pauvre, en participant au financement d'une association de lutte contre la pauvreté ou en y travaillant bénévolement. À elle seule, cette logique caritative n'est pas suffisante, car elle ne garantit pas à toutes les personnes défavorisées l'accès à une aide.

Fiscalité ► Voir p. 226
Protection sociale ► Voir p. 396

Une action globale contre la pauvreté suppose de mettre en place une solidarité collective à l'aide de la fiscalité et de la protection sociale, qui peut prendre la forme de l'assurance ou de l'assistance et qui consiste aussi à offrir des **services collectifs** (services d'intérêt général fournis simultanément à tous les membres d'une collectivité) gratuits ou à prix faible à la population.

Prestation sociale ► Voir p. 237
Cotisation sociale ► Voir p. 226
Retraite par répartition ► Voir p. 242
Pauvreté ► Voir p. 422

L'**assurance** est une forme de solidarité consistant à couvrir des risques éventuels en contrepartie d'une cotisation. Les prestations sociales sont versées aux ménages ayant préalablement cotisé et qui subissent une baisse de leur revenu (chômage, retraite) ou une hausse de leurs dépenses (frais médicaux, charge d'enfants). Ainsi, les chômeurs anciennement salariés perçoivent des allocations après avoir cotisé à l'assurance chômage à l'époque où ils avaient un emploi. C'est le principe de la sécurité sociale de type bismarckien financée par des cotisations sociales prélevées sur les revenus du travail et bénéficiant à ceux qui, grâce à leur travail, ont contribué à l'effort de solidarité. En France, le système de retraite par répartition mis en place dans l'immédiat après-guerre a permis de réduire sensiblement la pauvreté chez les personnes âgées dès que sont arrivées à l'âge de la retraite les générations qui avaient suffisamment cotisé en ce sens. Cependant, cette logique d'assurance a été prise en défaut par le développement récent de la pauvreté chez des populations qui, faute d'avoir pu travailler, n'ont acquis aucun droit à ce type de solidarité.

C'est pourquoi la solidarité sociale française répond de plus en plus à une logique d'assistance. L'**assistance** est une forme de solidarité qui consiste, pour la collectivité, à couvrir les besoins vitaux, et ceci sans contrepartie préalable des individus qui en bénéficient. Ces revenus sont des minima sociaux, un **minimum social** étant une prestation sociale visant à garantir un revenu minimum à une catégorie d'individus. Il s'agit, par exemple, du revenu de solidarité active (RSA), du minimum vieillesse ou de l'allocation adulte handicapé (AAH).

Le **revenu de solidarité active (RSA)** est l'allocation destinée à garantir à ses bénéficiaires, qu'ils soient ou non en capacité de travailler, un revenu minimum avec, en contrepartie, l'obligation de chercher un travail ou de définir un projet professionnel. Depuis 2009, il se substitue au revenu minimum d'insertion et à l'allocation de parent isolé.

◄ **Revenu minimum**
Voir p. 248

Il faut distinguer le **RSA socle**, qui est le RSA qui procure un filet de sécurité minimal pour les personnes sans ressources, du **RSA activité** (ou **RSA chapeau**), qui est le RSA qui constitue un complément de revenu pour les travailleurs recevant un revenu trop faible.

Certains proposent la mise en place d'un **revenu d'existence** (ou **impôt négatif sur le revenu**, ou **revenu de citoyenneté**) : allocation qui remplacerait les minima sociaux existants par un transfert unique versé à tous les individus sans conditions de ressources, qui prendrait la forme d'un revenu pour les individus les plus pauvres et d'une diminution des impôts pour les autres. Pour Milton Friedman, à l'origine de cette idée, cela permettrait de concilier solidarité nationale et neutralité de l'intervention de l'État puisque tous les membres de la société seraient placés sur un plan d'égalité.

23

ORDRE POLITIQUE ET LÉGITIMATION

A. DE L'ÉTAT À L'ÉTAT-NATION

L'INSTITUTIONNALISATION D'UN ORDRE POLITIQUE

Les sphères politique, sociale et économique n'ont pas toujours été identifiées séparément comme cela peut être le cas aujourd'hui. Elles ont longtemps été entremêlées. Ainsi, au Moyen Âge le pouvoir féodal n'était pas séparable de la personne physique qui le détenait et s'exerçait dans de nombreux domaines. L'**ordre politique** qui se définit comme un espace de relations, d'instances et d'institutions qui gèrent la vie de la cité, s'est autonomisé dans un mouvement d'institutionnalisation du pouvoir politique.

L'**institutionnalisation du pouvoir politique** est le processus qui aboutit à dissocier la personne physique du gouvernant de sa fonction et à délimiter et généraliser les statuts juridiques de l'ensemble des détenteurs de l'autorité publique. Les personnes qui exercent le pouvoir politique le font, non pas en leur nom propre, mais au nom du collectif et en raison de la fonction qu'elles occupent.

Ce processus d'institutionnalisation du politique s'est réalisé à travers la construction de l'État, d'une part, et sa **légitimation**, d'autre part. La **construction étatique** désigne l'émergence historique d'institutions politiques disposant de l'autorité reconnue sur un territoire et une population. Le **processus de légitimation** consiste en l'affirmation par les acteurs politiques des fondements sur lesquels s'appuie la reconnaissance de cette autorité par l'ensemble des acteurs sociaux.

Le pouvoir politique n'est qu'un pouvoir parmi d'autres, mais il occupe une place particulière dans la vie des sociétés. Le **pouvoir politique** est constitué de l'ensemble des institutions qui permettent à une société d'organiser les modalités de la vie collective et, notamment, de trouver des solutions aux tensions et aux conflits qui la traversent. Le pouvoir politique doit permettre la coexistence de tous les membres d'une société au-delà de tout ce qui peut les opposer (inégalités économiques, religions, ethnies, etc.).

L'acceptation du pouvoir politique peut se fonder sur les trois types de légitimité dégagées par Max Weber :

– la **légitimité traditionnelle**, qui s'appuie sur le caractère sacré des dispositions transmises par le temps ; on obéit au chef en vertu de la dignité personnelle qui lui est conférée par la tradition ;

– la **légitimité charismatique**, qui repose sur la personnalité d'un individu doté d'un charisme qui peut reposer sur diverses sources (parole, force physique, capacité de mobilisation, etc.) ;

– la **légitimité rationnelle** ou **légale**, fondée sur l'existence d'un système de règles valables pour tous, conformément à des principes connus et respectés parce que rationnels, et mises en œuvre par un appareil administratif et judiciaire. Cette dernière forme de légitimité est au fondement de l'État moderne.

L'ÉTAT

Les spécialistes de droit constitutionnel et les sociologues étudient l'État sous des angles différents.

L'**État (au sens du droit constitutionnel)** est la juxtaposition d'un territoire aux frontières délimitées, d'une population vivant sous sa juridiction et d'un appareil administratif. La population considérée ici est celle qui a la nationalité du pays, la **nationalité** étant le lien juridique qui relie l'État et ses ressortissants. Mais, les résidents d'origine étrangère sont aussi soumis à la juridiction de l'État du territoire où ils vivent.

L'**appareil d'État** est l'ensemble des institutions chargées d'administrer une population vivant sur un territoire. Dans le cas français, il se compose du pouvoir exécutif (président de la République et gouvernement), du pouvoir législatif (Assemblée nationale et Sénat), du pouvoir judiciaire (tribunaux, Conseil Constitutionnel…) et des administrations.

◄ **Pouvoir exécutif**
Voir p. 449
◄ **Pouvoir législatif**
Voir p. 449

Pour les sociologues, l'État est une institution politique qui s'incarne dans l'appareil d'État et qui est distincte de la **société civile**, ensemble des activités extérieures à la sphère politique (par exemple, activités économiques, culturelles, sociales…). Les formes qu'il revêt sont le résultat d'une construction historique ainsi que l'ont décrit les sociologues Max Weber ou Norbert Elias.

◄ **Weber**
Voir p. 490

L'**État (selon Weber)** est une « entreprise politique de caractère institutionnel » qui se distingue par l'exercice du monopole de la contrainte physique légitime. En effet, dans toute société construite autour d'un État, l'utilisation de la force par l'État est la seule à être légitime, car elle est de type légale-rationnelle. Cela signifie d'une part, que le pouvoir politique s'est institutionnalisé et, d'autre part,

État de droit ►
Voir p. 448

que l'État est un État de droit, c'est-à-dire que son droit de recourir à la violence est borné par la loi.

L'État de droit est fondé sur une **Constitution**, qui est l'acte juridique formalisant les grands principes politiques, les relations entre les différents pouvoirs (législatif, exécutif et judiciaire) et les règles de l'accès au pouvoir politique (les procédures de vote, d'éligibilité, etc.) et les limites de son exercice.

Hobbes ►
Voir p. 478
Rousseau ►
Voir p. 479
Contrat social ►
Voir p. 478

La violence exercée par l'État est donc d'une tout autre nature que celle exercée par des organisations illégales (par exemple, la mafia), car elle est, en principe, l'expression de la volonté générale et du respect des libertés fondamentales. Pour certains philosophes des XVIIe et XVIIIe siècles (Thomas Hobbes, John Locke et Jean-Jacques Rousseau), tout se passe comme si l'État résultait d'un contrat social liant l'ensemble des citoyens.

Classe sociale ►
Voir p. 359

Cette conception de l'État comme dépositaire de la volonté générale est critiquée par Marx, qui lui reproche de négliger les clivages sociaux. Selon lui, la volonté générale est un leurre puisque les classes sociales ont des intérêts antagonistes. L'**État (au sens marxiste)** se définit comme un instrument de domination au service de la classe capitaliste. Dans le mode de production capitaliste, l'État a pour fonction de perpétuer l'exploitation du prolétariat par la bourgeoisie. Dans ces conditions, l'avènement du communisme doit aboutir à l'abolition de l'État. Toutefois, une transition s'impose pour passer du capitalisme au communisme. Dans cette transition, le pouvoir de la classe capitaliste est remplacé par la **dictature du prolétariat**, force d'oppression de la bourgeoisie par les travailleurs.

LA NATION

La nation est elle aussi le résultat d'une évolution historique. On peut parler d'un processus de **construction nationale** pour désigner la dynamique de cette construction sous l'influence des pouvoirs politiques d'une part, des forces culturelles et sociales d'autre part. La nation est une communauté. Cependant, les avis divergent quant à la nature première de cette communauté : culturelle pour les uns, politique pour les autres. Selon que l'on privilégie une conception ethnoculturelle ou élective, on fera référence à la première ou à la seconde des définitions suivantes :

La **nation (dans sa conception ethnoculturelle)** est un ensemble d'êtres humains vivant sur un territoire et liés par la conscience d'avoir une langue, une religion, une histoire, une culture et un art de vivre en commun.

Elle se rapproche de l'ethnie, qui est une communauté culturelle à laquelle on s'intègre de façon involontaire par la naissance et l'éducation. Cette conception est illustrée par la nation allemande dont les membres avaient conscience de leur unité linguistique et culturelle bien avant leur unification politique en 1871.

La **nation (dans sa conception élective)** est une communauté politique composée de citoyens égaux devant la loi qui résolvent leurs conflits par l'adoption de décisions communes. Ce qui fonde l'appartenance à une nation repose moins sur la culture que sur la participation à la vie politique et l'adhésion volontaire des individus. Cette conception de la nation a été développée par les révolutionnaires français lorsqu'ils ont affirmé que le pouvoir n'émanait plus du roi mais de la nation, c'est-à-dire de l'ensemble des citoyens. Elle est à la fois individualiste et égalitaire.

◄ **Culture**
Voir p. 314

Elle est individualiste, car chaque individu citoyen est un être raisonnable détenteur d'une parcelle de la **souveraineté nationale**, c'est-à-dire l'autorité suprême de la nation. Il ne doit donc pas y avoir d'intermédiaires entre le citoyen et la communauté politique. C'est une des raisons pour lesquelles les corporations, qui représentaient les corps de métier, ont été supprimées lors de la Révolution. Elle est égalitaire, car tous les citoyens sont dotés des même droits et soumis aux mêmes lois. Cette égalité des individus citoyens suppose que tout ce qui les différencie est évacué de l'espace public (lieu fictif où les citoyens s'expriment directement ou indirectement par l'intermédiaire de partis politiques et s'informent afin de participer aux prises de décisions politiques). L'existence d'un espace public suppose que les droits civiques sont reconnus (droit d'expression, de réunion, etc.) et que les citoyens ont une langue commune. Les particularismes sont, en principe, refoulés dans l'espace privé, qui est le lieu où s'expriment les appartenances sociales de toutes sortes. Cela concerne tout particulièrement les appartenances religieuses. Ainsi, un catholique ou un juif doit pouvoir vivre conformément à sa religion dans le domaine privé, mais ne doit pas intervenir en tant que membre d'une communauté religieuse dans le domaine public. On retrouve ici la priorité donnée à l'individu citoyen sur les différentes communautés.

Pour la sociologue Dominique Schnapper, la nation est une machine à intégrer des individus dans une communauté politique en

Exclusion ►
Voir p. 388
Égalité ►
Voir p. 423-424

dépassant des appartenances sociales qui les différencient et les hiérarchisent. La philosophe Dominique Méda ajoute que l'appartenance à une société moderne ne se fait pas principalement par l'économique, qui est le domaine de l'inégalité et, parfois, de l'exclusion, mais par le politique, qui est le domaine de l'égalité.

Ces deux conceptions de la nation se traduisent par des procédures différentes d'obtention de la nationalité qui peut se faire soit à la naissance (par filiation) soit de façon ultérieure par une **naturalisation**, qui est un acte par lequel un individu acquiert une nationalité qui n'était pas la sienne auparavant.

Dans chaque pays, le droit de la nationalité combine un droit du sang et un droit du sol.

Le **droit du sang** est le droit d'un individu à la nationalité de ses parents ou, à défaut, de l'un d'entre eux. Ce droit est fondé sur une parenté biologique qui forge l'appartenance au groupe.

Le **droit du sol** est le droit d'un individu à une nationalité du moment qu'il est né sur le territoire auquel est rattachée cette nationalité.

Les pays qui assimilent la nation à une communauté culturelle accordent une place prépondérante au droit du sang. C'était le cas de l'Allemagne jusqu'à la réforme du code de la nationalité en 1999. Alors que les populations de langue allemande (en particulier les ressortissants de la RDA) recevaient automatiquement la nationalité de la RFA une fois sur le territoire de la République fédérale, les autres non-nationaux installés depuis longtemps dans le pays obtenaient difficilement leur naturalisation.

À l'inverse, les pays qui, telle la France, voient dans la nation une communauté politique, accordent une plus large place au droit du sol. Ainsi, le code de la nationalité de 1998 attribue le bénéfice de la nationalité de naissance à l'enfant né d'un parent français (droit du sang), mais également à l'enfant né en France de parents inconnus et à l'enfant né d'un parent né lui-même en France (droit du sol). De plus, la naturalisation est prévue pour les enfants nés en France de parents étrangers, les enfants adoptés ou recueillis, les adultes étrangers qui se marient avec un ressortissant français. Enfin, les étrangers présents sur le territoire depuis plus de cinq ans peuvent demander la nationalité française.

En même temps qu'elle intègre ses ressortissants, la nation opère une distinction entre les nationaux et les étrangers. Cela se traduit par le développement du **nationalisme**, qui est une doctrine faisant de la nationalité le critère fondamental de différenciation des êtres humains et affirmant souvent la supériorité d'une nation sur les autres. Nationalisme et internationalisme s'opposent donc. Le nationalisme comme le patriotisme est l'exaltation de la nation. Le **patriotisme** signifie à l'origine la défense du territoire des ancêtres ; il prend une forme pacifique dans l'intérêt pour la chose publique, le respect des symboles nationaux ou l'amour du drapeau. Le nationalisme peut s'accompagner d'une certaine forme d'agressivité vis-à-vis des peuples extérieurs. Pour les nationalistes, il s'agit de valoriser (souvent à l'excès) certaines particularités ethniques, linguistiques, religieuses propres à un groupe donné, tout cela contribuant à donner une impression d'unité à des individus qui sont d'origines très diverses.

Les sociologues distinguent généralement trois formes de nationalisme :

– un nationalisme émancipateur développé par des communautés qui ne se sont pas encore dotées d'un État et qui cherchent à obtenir leur indépendance (le nationalisme des Kurdes ou des Palestiniens) ;

– un nationalisme intégrateur propre aux État-nations qui veulent renforcer une identité nationale, c'est-à-dire un sentiment d'appartenance à une communauté politique (le nationalisme tel qu'il est généralement pratiqué en France) ;

– un nationalisme conquérant qui exprime une volonté de domination extérieure (le nationalisme mussolinien en est un exemple).

S'il est vrai que de nombreuses guerres ont été et sont encore alimentées par l'un ou l'autre de ces nationalismes, cela ne signifie pas que toute forme de nationalisme soit porteuse de guerre. Le nationalisme intégrateur a une fonction pacificatrice dès lors qu'il fortifie la citoyenneté moderne.

L'ÉTAT-NATION

L'**État-nation** est la symbiose entre un État et une nation, l'État puisant sa légitimité dans la nation et exerçant son pouvoir sur elle.

Un État-nation suppose la coexistence d'une population suffisamment homogène pour se considérer comme une nation et d'un État qui l'administre. La France en est un exemple pratiquement parfait.

La relation entre l'État et la nation est double. D'un côté, l'État est « la nation juridiquement organisée ». On suppose alors que la nation existe avant l'État et que celui-ci est un instrument qu'elle se donne pour se protéger. De l'autre côté, l'État exerce son pouvoir sur la nation et, d'une certaine manière, la crée en fabriquant un sentiment national. Tel était un des objectifs principaux de l'école en France au cours des IIIe et IVe Républiques. Cette création étatique de la nation passe non seulement par un appel au patriotisme, mais également par un aménagement du territoire visant à désenclaver les régions limitrophes.

L'État-nation n'est pas la seule façon de vivre ensemble. Il existe également des États plurinationaux, un **État plurinational** étant la combinaison d'un État et de plusieurs nations. C'est le cas, en Europe, de la Suisse, de la Belgique ou encore du Royaume-Uni.

L'État-nation est aujourd'hui menacé par le haut et par le bas.

Mondialisation
► Voir p. 254

Il est menacé par l'ouverture des frontières aux marchandises puis aux capitaux a entraîné une dissociation entre l'espace politique, qui reste national, et l'espace économique, qui obéit maintenant à la mondialisation des activités. De ce fait, le pouvoir politique n'est plus toujours à même de résoudre des problèmes qui échappent à sa compétence territoriale. La construction d'organismes internationaux (ex. : le FMI), ou d'institutions supranationales (ex. : la Banque Centrale Européenne) réduit encore ses marges de manœuvres.

L'État-nation est ensuite fragilisé par le développement de mouvements régionalistes ou communautaristes. Le **régionalisme** est une doctrine qui affirme la nécessité d'accorder davantage de pouvoir, voire la totalité du pouvoir, pour chacune des régions qui composent le pays, en s'appuyant sur la volonté de reconnaissance des identités culturelles locales. Le communautarisme est une idéologie qui justifie l'adoption de droits spécifiques à une catégorie d'individus au nom de l'existence d'une communauté fondée sur une religion, une langue, une couleur de peau, etc.

L'Histoire montre cependant que nation et État ne se conjuguent pas toujours de manière univoque. Il est des nations sans État (nation indienne aux États-Unis, nation maorie en Nouvelle-Zélande, nation palestinienne au Moyen Orient, etc.). Il existe aussi des États composés de plusieurs nations (Belgique, Royaume-Uni, Turquie etc.). Certaines nations sont éclatées entre plusieurs États (nation irlandaise, nation kurde, etc.).

B. LA CITOYENNETÉ

LA CITOYENNETÉ, UN IDÉAL POLITIQUE

Les mots de « citoyenneté » et de « citoyen » sont de nos jours fréquemment utilisés dans des expressions dans lesquelles leur sens se dilue : « entreprise citoyenne, « café citoyen », « consommateur citoyen ». Il semble donc nécessaire de préciser ce qui constitue le noyau dur de la citoyenneté moderne.

La **citoyenneté** est la jouissance des droits civiques (vote, éligibilité, etc.) attachés à la nationalité.

Un **citoyen** est un individu qui bénéficie de droits civiques lui permettant de participer directement ou indirectement aux prises de décisions politiques.

Être citoyen comporte un ensemble de droits et de devoirs. La citoyenneté moderne s'est élaborée dans l'Angleterre du XVIIIe siècle et s'est affirmée lors de la Révolution française. La notion de citoyen s'est alors substituée à celle de **sujet**, qui désigne un individu ne bénéficiant pas des droits civiques et ne détenant aucun pouvoir politique. Historiquement, la citoyenneté moderne est liée au développement des États-nations.

LES COMPOSANTES DE LA CITOYENNETÉ

La citoyenneté est à la fois un idéal et une pratique. Le sociologue Fred Constant distingue quatre composantes à une citoyenneté idéale.

La citoyenneté est d'abord un attribut de la nationalité La nationalité découle de l'appartenance d'un individu à un État. Cela ne signifie pas que tous les nationaux soient des citoyens. La loi fixe les conditions de la citoyenneté. Ainsi sont citoyens français tous les adultes de nationalité française qui n'ont pas été déchus de leurs droits civiques.

La citoyenneté procure ensuite à chacun des droits et des devoirs. Tous les individus assujettis à un État de droit sont titulaires de **droits civils** (ou **droits-libertés**) qui sont des droits dont bénéficient tous les hommes sans distinction d'âge, de sexe et de nationalité et qui garantissent la liberté de l'individu en limitant le pouvoir de l'État. Ces droits sont à la base de la liberté de parole, de pensée, de religion, de propriété, etc. Valables pour tous les hommes, ils ne suffisent pas à définir le citoyen. Les droits caractéristiques de la citoyenneté sont les **droits civiques** (ou **droits politiques** ou encore, **droits-participation**) : droits qui permettent à un individu de participer à l'exercice du pouvoir politique. Les plus connus sont le droit de vote et d'être élu, mais il faut également citer l'égalité devant la loi ou la souveraineté nationale. Ces droits permettent l'exercice concret de la citoyenneté. À ces droits sont associés des devoirs : respecter la loi qui émane de la nation et qui est la même pour tous. Il faut, par exemple, payer ses impôts, à la base du fonctionnement de l'État.

Participation politique ► Voir p. 470

La citoyenneté permet également une participation active (notamment une participation politique) à la vie de la cité. Un citoyen idéal est un individu qui s'intéresse aux affaires publiques, s'informe, débat avec d'autres, fait ses propres choix en tenant compte des arguments adverses et vote. Telle est la représentation que nous nous faisons de nos jours d'une **citoyenneté active**, qui est la situation d'un citoyen intervenant fréquemment dans l'espace public. Par opposition à cet idéal de citoyenneté, le citoyen qui se contente de voter par devoir, mais sans s'intéresser à la politique est, la plupart du temps, comparable à un non-citoyen. On parle de **citoyenneté passive** pour désigner la situation d'un citoyen qui se contente de remplir son devoir électoral et renonce, en dehors de cette occasion, à exercer son pouvoir de décision.

Espace public ► Voir p. 401

La citoyenneté implique enfin une obligation morale. En effet, la participation active à la vie de la cité suppose un certain nombre de qualités morales que l'on regroupe sous le terme de **civisme**, qui désigne les qualités qui permettent à un individu de jouer au mieux les rôles attachés à la citoyenneté (dévouement à l'intérêt général, sens des devoirs collectifs). Les trois principales obligations attachées au civisme sont traditionnellement le vote, le paiement des impôts et la défense de la patrie. La citoyenneté suppose la civilité, si l'on entend par **civilité** le respect des normes qui éliminent la violence et l'agressivité des relations en public entre les membres d'une même société. La civilité peut donc être assimilée à la politesse ou à la courtoisie. Dans cette optique, les incivilités (signes d'un manque de respect, voire d'hostilité entre les membres d'une même société dans un espace public) rendent difficile la communication entre les citoyens. Il ne faudrait pourtant pas assimiler toute contestation, même virulente, à de l'incivilité. L'expression des désaccords peut parfois emprunter d'autres voies que celle de la politesse ou de la courtoisie.

La citoyenneté en tant qu'idéal doit être confrontée à la citoyenneté en tant que pratique. De cette confrontation sont nées deux critiques majeures : la première consiste à dénoncer l'illusion d'une égalité des citoyens, la seconde à nier la possibilité d'un citoyen qui soit dégagé de ses appartenances sociale.

C. L'ORDRE POLITIQUE EUROPÉEN

LES INSTITUTIONS POLITIQUES EUROPÉENNES

Voir pages 288 à 295.

L'UNION EUROPÉENNE ET LE FÉDÉRALISME

La construction européenne a renouvelé le débat sur le **fédéralisme**, qui est un mode de regroupement des collectivités politiques visant à assurer à la fois l'autonomie de chacune d'entre elles et une solidarité entre toutes. Schématiquement, trois projets sont en présence :

– les souverainistes refusent les transferts de souveraineté en direction d'une institution supranationale au nom de la défense des États-nations. Ils réclament une application très stricte du **principe de subsidiarité** qui est une règle selon laquelle le pouvoir supranational n'intervient qu'en complément du pouvoir national ; chaque problème devant être traité au niveau de l'échelon politique compétent situé le plus près possible des citoyens ;

– les partisans d'une confédération souhaitent une coopération renforcée entre les pays européens. En effet, une **confédération** est une association d'États strictement égalitaire dans le cadre de laquelle les États, tout en conservant une souveraineté de principe, coopèrent dans les domaines énumérés par l'acte fondateur : le traité. Dans cette logique, il n'y a donc pas d'État européen, chacun des États membres conservant l'essentiel de sa souveraineté ;

– les partisans d'une fédération veulent créer un État européen, une **fédération** étant une union d'États au sein de laquelle une nouvelle collectivité étatique se superpose aux États créateurs. L'État fédéral obtient les compétences internationales (défense, relations internationales, monnaie…) tandis que les États fédérés gardent une large autonomie dans les autres domaines. Dans cette hypothèse, il y aurait création d'un État européen qui chapeauterait les États nationaux.

24

LE SYSTÈME POLITIQUE DÉMOCRATIQUE

A DÉFINITION ET RÈGLES DU JEU

- Qu'est ce qu'une démocratie ?
- Les modes de fonctionnement des régimes démocratiques

B LES ORGANISATIONS POLITIQUES

- Les partis politiques
- Les groupes d'intérêt

C UN CONTRE-MODÈLE : LES RÉGIMES NON DÉMOCRATIQUES

- Les régimes autoritaires
- Les totalitarismes

A. DÉFINITION ET RÈGLES DU JEU

QU'EST CE QU'UNE DÉMOCRATIE ?

La **vie politique** désigne la manière de conduire les affaires de l'État. Elle s'organise en France de façon démocratique car la Constitution définit les attributions du « gouvernement du peuple, par le peuple et pour le peuple ».

Les **institutions politiques** regroupent à la fois les différents organes du pouvoir politique (exécutif, législatif, conseil constitutionnel…) et les différentes lois et règles politiques.

Les principes

Citoyen ►
Voir p. 441

Le **système politique démocratique** est un système dans lequel le pouvoir est issu de la souveraineté populaire que les citoyens exercent par l'intermédiaire du vote. Une autre caractéristique est l'existence de libertés individuelles respectées par le pouvoir politique. Abraham Lincoln a synthétisé la nature de la démocratie dans sa célèbre formule, reprise par l'article 2 de la Constitution française : « La démocratie, c'est le gouvernement du peuple, par le peuple et pour le peuple. »

Cet exercice de la souveraineté peut se faire dans le cadre de deux formes différentes de démocratie. La **démocratie directe** est une forme de gouvernement où les citoyens participent en permanence à la décision. L'exemple le plus connu est la démocratie athénienne. Le mandat confié aux élus est alors impératif : ceux-ci n'ont pas le choix des moyens et doivent rendre compte à la base de leurs actes, car ils peuvent être révoqués à tout moment. Actuellement, le modèle suisse de la votation (référendum) rappelle cette forme ancienne de la démocratie directe : un nombre limité de signatures (de 10 % à 30 % des électeurs selon la taille de la commune) est suffisant pour qu'une décision municipale ou cantonale soit soumise au vote. La **démocratie représentative** est un système politique dans lequel les citoyens désignent des représentants qui gouvernent en leur nom. C'est le principe qui a cours, de nos jours, dans tous les pays démocratiques. Par rapport à la démocratie athénienne, deux transformations majeures sont à noter. La première est que les restrictions à l'accès à la citoyenneté ont considérablement diminué avec l'adoption du suffrage universel. La seconde est que les citoyens renoncent à la gestion effective de leur ville ou de leur État : ils élisent des représentants qui sont libres de leurs décisions. L'élection est alors le principal moyen dont disposent les citoyens pour sanctionner (positivement ou négativement) leurs représentants.

Face à certaines manifestations de crise de la démocratie représentative (abstention en particulier), certaines initiatives visent à réintroduire la prise en compte de la volonté des citoyens dans la décision politique et à opter pour une **démocratie semi-directe**, système politique dans lequel les citoyens désignent leurs représentants, mais peuvent parfois se prononcer directement sur une mesure publique, par le biais d'un référendum. Un **référendum** est une consultation par laquelle des électeurs sont appelés à se prononcer sur une mesure publique ou sur une disposition liée à un traité international. En France, l'usage du référendum a été étendu et peut concerner aujourd'hui la politique économique et sociale, les services publics, l'organisation des pouvoirs publics et la ratification des traités internationaux. La réforme de 2003 introduit un référendum décisionnel local qui permet aux collectivités locales d'organiser une consultation sur les questions relevant de leurs compétences.

La **démocratie participative** (ou **délibérative**) désigne une forme d'organisation du pouvoir qui associe le citoyen à la décision par le biais de débats et de délibérations. Ces initiatives ont été mises en œuvre au niveau local, en particulier sur des questions d'aménagement du territoire.

Cette démocratie représentative peut s'exercer dans le cadre d'une république ou d'une monarchie constitutionnelle. Selon les situations, on désigne par **république** :

– un régime dans lequel le chef de l'État est élu pour une durée déterminée ;

– une démocratie représentative dont le chef de l'exécutif est un président ;

– une démocratie représentative laïque dont le chef de l'exécutif est un président et dans laquelle l'État est le garant de l'intérêt général.

La première définition permet d'opposer la république à la monarchie. Cependant, toutes les républiques ne sont pas des démocraties, car l'élection du président de la République n'est pas forcement libre. Ainsi, les États-Unis d'Amérique (première république moderne) et la République populaire de Chine ou la République islamique instaurée en Iran n'ont que l'appellation en commun. La seconde définition réserve le terme de République aux régimes politiques dont les présidents sont élus librement. Conformément à cette définition, la France et les États-Unis sont deux exemples de républiques. La troisième définition fait référence à la conception française de la république. Elle se distingue de la république au sens américain du terme par son attachement à la laïcité et par la certitude que l'État peut exprimer l'intérêt général. La **Cinquième République** est le régime politique en vigueur en France depuis le 4 octobre 1958, date de la Constitution qui la régit.

Une **monarchie** est le gouvernement d'un homme seul (le monarque) tenu de respecter certaines lois, que ce soit celles de Dieu ou celles inscrites dans une constitution. On distingue donc les monarchies de droit divin des monarchies constitutionnelles. Seules les **monarchies constitutionnelles**, qui sont des monarchies dans lesquelles le pouvoir du roi est limité par une constitution qui donne le pouvoir effectif à un parlement, sont des démocraties représentatives. Les **monarchies de droit divin** sont des régimes politiques où le pouvoir du roi est légitimé par la volonté divine (à cet égard, on distinguera le **droit divin providentiel** dans lequel la désignation du monarque est indirecte, nécessitant l'intervention d'un clerc qui a tendance à contrôler le pouvoir, et le **droit divin surnaturel**, dans lequel la désignation du monarque est directe, ce qui signifie que celui-ci à tendance à centraliser tous les pouvoirs.

Union européenne ► Voir p. 289

Sur les vingt-huit démocraties représentatives qui forment l'Union européenne, sept sont des monarchies constitutionnelles (Belgique, Danemark, Espagne, Luxembourg, Pays-Bas, Royaume-Uni et Suède) et vingt sont des républiques (Allemagne, Autriche, Finlande, France, Grèce, Irlande, Italie, Portugal ainsi que tous les États incorporés depuis 2004).

L'État de droit

L'élection des représentants ne prend son sens que si les citoyens sont à l'abri des pressions éventuelles des gouvernants. L'État dans les démocraties est un **État de droit**, État soumis à des lois protégeant les libertés individuelles. Pour éviter que l'État, qui fait les lois, ne les manipule à son avantage, son pouvoir est limité par les **lois constitutionnelles** (articles de la Constitution qui déterminent la forme de gouvernement d'un pays et énoncent les droits et les devoirs des individus vis-à-vis de l'État). Le gouvernement ne peut donc pas, à lui seul, modifier les lois qui servent de référence à toutes les autres.

Les **lois ordinaires** (normes écrites de portée générale adoptées par le parlement) sont, le plus souvent, présentées par le gouvernement, et doivent respecter les lois constitutionnelles. Les **règlements** (décisions d'ordre juridique prises par l'exécutif) doivent être conformes aux lois ordinaires et, de ce fait, aux lois constitutionnelles. Ils prennent la forme de décrets, lorsqu'ils émanent du chef de l'État, et d'arrêtés, lorsqu'ils sont pris par un ministre ou une autorité administrative. Outre l'énoncé des droits des individus et des citoyens, la Constitution a pour objet d'organiser les pouvoirs publics sur la base d'une **séparation des pouvoirs**, principe selon lequel les pouvoirs exécutif, législatif et judiciaire doivent être exercés par des instances séparées dont les pouvoirs s'équilibrent au bénéfice des individus, ce qui préserve leurs libertés.

Le **pouvoir exécutif** est le pouvoir qui conçoit et dirige la politique de la nation et fait appliquer la loi. Il fait des choix qui se traduisent éventuellement par des projets de lois déposés au parlement (ex. : la loi de finances). L'exécution de la loi passe par l'adoption de décrets, par l'affectation de crédits et par des mesures coercitives. Ce pouvoir exécutif peut être monocéphale lorsqu'il n'existe qu'un seul dirigeant (ex. : le président américain), ou bicéphale lorsqu'il est partagé entre deux fonctions (ex. : en France). Le chef de l'État est le personnage (monarque ou président) qui représente l'État. Dans les régimes parlementaires, le chef de l'État a essentiellement une fonction symbolique (incarner l'unité et la permanence de l'État) et l'essentiel du pouvoir est détenu par le chef du gouvernement. Le chef du gouvernement est le personnage qui dirige le gouvernement, que ce soit un premier ministre (France, Royaume-Uni), un président du conseil des ministres (Italie) ou un chancelier (Autriche, Allemagne). Le gouvernement est une notion que l'on peut employer dans trois sens différents. Le **gouvernement** (dans son sens le plus large) est assimilé au pouvoir politique qui dirige un État ; dans un sens plus restreint, il désigne le pouvoir exécutif ; dans les régimes où l'exécutif est bicéphale (cas de la France), il désigne l'ensemble des ministres (dont le premier ministre) et des secrétaires d'État qui exercent effectivement le pouvoir exécutif. Il est à noter que, lors des réunions des chefs d'État et de gouvernement qui ont lieu deux fois par an dans le cadre de l'Union européenne, seuls se déplacent ceux qui exercent effectivement le pouvoir exécutif. Ainsi, le président et le premier ministre français sont invités, alors que ni le premier ministre anglais ni le chancelier allemand ne sont accompagnés de leur chef d'État.

◄ **Loi de finances**
Voir p. 225

Le **pouvoir législatif** est le pouvoir qui vote les lois et contrôle l'exécutif. Il est confié au **parlement**, qui est l'assemblée ou les assemblées qui exercent le pouvoir législatif. Ce parlement est formé par la ou (le plus souvent) les chambres qui adoptent le budget, élaborent la loi et contrôlent l'exécutif. Selon que le parlement est composé d'une ou de deux chambres, on est dans le cas d'un monocaméralisme ou d'un bicaméralisme. Le **monocaméralisme** est un régime politique dans lequel le parlement est composé d'une seule chambre (Israël, Finlande, Suède ou Danemark). Le **bicaméralisme** (ou bicamérisme) est un régime politique dans lequel le parlement est composé de deux chambres. Dans ce système le plus courant, la chambre basse (en France, l'Assemblée nationale) assure la représentation directe des citoyens, et la chambre haute (en France, le Sénat) est souvent élue à un suffrage indirect. La première fonction du parlement est de voter des lois présentées par le gouvernement (on parle alors de projet de loi) ou par le parlement lui-même (proposition de loi). Projets ou propositions sont présentés à l'Assemblée puis au Sénat et étudiés par des commissions parlementaires. Une **commission parlementaire** est un groupe restreint de parlementaires (dirigé par un rapporteur) chargé de préparer la discussion et le débat sur un sujet donné. En cas de désaccord entre les deux chambres, l'Assemblée nationale a le dernier mot puisqu'elle est la seule à être dépositaire de la souveraineté populaire en raison de son mode d'élection. Après avis favorable du Conseil constitutionnel lorsqu'il est sollicité, le texte est promulgué par le président de la République, puis publié au journal officiel. La seconde fonction du parlement est de contrôler l'exécutif. Ce travail se fait d'abord dans le cadre des commissions parlementaires. Lorsqu'une situation est inédite, les parlementaires ont la possibilité de créer une commission sur des sujets particuliers (ex. : la crise de la « vache folle »). Ce contrôle passe également par des **questions parlementaires**, qui sont des questions écrites ou orales posées par les parlementaires au gouvernement.

Le **pouvoir judiciaire** est le pouvoir qui a pour fonction de faire respecter le droit. Ce pouvoir est confié à des juridictions, c'est-à-dire des institutions chargées de dire le droit (des tribunaux). Il existe deux ordres de juridiction : l'ordre judiciaire est composé de la justice civile, qui traite des litiges entre particuliers (affaire entre deux commerçants ou entre un employeur et un salarié), et de la justice pénale, qui traite des troubles à l'ordre social (délits, crimes) ; l'ordre administratif s'occupe des litiges concernant la puissance publique (conflit entre un fonctionnaire et son administration).

Chacun de ces ordres comporte deux degrés de juridictions. Les juridictions de première instance rendent des jugements dont il est possible de faire appel, tandis que les juridictions de seconde instance rendent des arrêts. Ainsi, un délit peut être jugé par un tribunal correctionnel, puis rejugé par une cour d'appel. Les arrêts ne sont pas susceptibles d'appel, mais il est possible de faire vérifier par la Cour de cassation (ordre judiciaire) ou le Conseil d'État (ordre administratif) que la juridiction de second degré a bien respecté les lois.

LES MODES DE FONCTIONNEMENT DES RÉGIMES DÉMOCRATIQUES

Deux types de régime : parlementaire ou présidentiel

Selon que les pouvoirs exécutif et législatif sont dépendants l'un de l'autre ou, au contraire, indépendants, on a affaire à un régime parlementaire ou présidentiel. Il existe un régime intermédiaire entre les deux premiers.

Un **régime parlementaire** est un régime politique caractérisé par une interdépendance entre le gouvernement et le parlement. Dans un tel régime, les citoyens élisent une chambre basse qui nomme le chef du gouvernement tandis que le chef de l'État, sans rôle politique majeur, est le symbole de l'État. Le gouvernement, responsable devant la chambre basse, est susceptible d'être renversé par elle s'il n'est plus soutenu par une majorité de députés. En retour, le gouvernement peut dissoudre la chambre basse et provoquer de nouvelles élections. Il peut également tester la solidité de sa majorité parlementaire et l'obliger à se ressouder en posant une question de confiance, qui est un acte permettant à un gouvernement de vérifier s'il est soutenu par l'assemblée. En cas d'échec, de nouvelles élections parlementaires ont lieu. Le Royaume-Uni, la Belgique, les Pays-Bas, l'Espagne, l'Italie, l'Allemagne ou la Suède ont opté pour un régime parlementaire.

Un **régime présidentiel** est un régime politique caractérisé par une indépendance de fond entre l'exécutif et le parlement. Le parlement ne peut renverser le chef de l'exécutif et celui-ci ne peut dissoudre le parlement. Les États-Unis sont l'exemple même d'un régime présidentiel. L'exécutif est représenté par un président élu au suffrage universel indirect. Il est élu par des grands électeurs, eux-mêmes élus par les citoyens. Le congrès, composé d'une chambre des représentants et d'un sénat, est élu au suffrage universel direct. Obligés de composer, l'exécutif et le législatif possèdent des moyens de pression l'un sur l'autre. Le parlement donne son assentiment sur le choix des secrétaires d'État (les ministres) et peut bloquer les décisions du président en refusant de voter une loi ou le budget. Enfin, le parlement peut, mais le fait est rare, entamer une procédure d'***impeachment*** (procédure judiciaire mise en œuvre par le parlement afin de destituer le chef de l'exécutif en cas de faute grave commise dans l'exercice de ses fonctions).

De son côté, le président peut user de son **veto** (possibilité donnée au pouvoir exécutif de s'opposer à un texte voté par le pouvoir législatif) à l'encontre d'une loi votée par le congrès.

Institué en France avec la Cinquième République, le **régime mixte** est un régime à la fois parlementaire et présidentiel. C'est un régime parlementaire, car le président de la République peut dissoudre l'assemblée tandis que celle-ci peut renverser le gouvernement au moyen d'une **motion de censure** (acte par lequel les députés mettent en jeu la responsabilité du gouvernement et tentent de le renverser). C'est aussi un régime présidentiel, car le président ne peut être renversé par l'assemblée. En principe, un tel régime donne la prééminence au président, qui dispose de pouvoirs importants : il nomme le premier ministre, est le chef des armées, peut dissoudre l'assemblée et dispose de pouvoirs exceptionnels quand il considère que les circonstances l'exigent. Certains spécialistes préfèrent parler de **régime semi-présidentiel** pour mettre l'accent sur la présence simultanée de trois caractéristiques : le chef d'État est élu au suffrage universel direct, il dispose de prérogatives propres, mais le gouvernement est responsable devant le parlement, ce qui tempère la nature du système.

L'adoption du quinquennat en France en 2000 a contribué à renforcer le caractère présidentiel du régime politique.

Les systèmes électoraux

Il n'y a pas de démocratie sans **élection**, c'est-à-dire un mode de désignation des détenteurs du pouvoir politique permettant aux membres de la collectivité politique d'exercer un choix.

Le **taux d'inscription** mesure la part d'une population en âge de voter qui s'est inscrite sur les listes électorales.

Le **taux de participation** mesure la part des personnes inscrites sur les listes électorales qui sont allées voter.

Le **taux d'abstention** mesure la part des personnes inscrites sur les listes électorales qui se sont abstenues d'aller voter.

La **représentation politique** signifie que des individus (les représentants) prennent les décisions au nom et à la place de la population. Le choix des représentants s'effectue par le biais du vote direct ou indirect. Le déroulement de l'élection s'appuie sur le **mode de scrutin**, qui désigne les règles utilisées pour organiser l'expression des choix des électeurs (scrutin à un ou deux tours, par exemple) et permettre la traduction du nombre de voix en une désignation des élus (scrutin majoritaire ou proportionnel). Les élections se déroulent au **suffrage universel**, qui est un mode de suffrage ouvert à tout détenteur des critères de la citoyenneté (nationalité, âge et jouissance des droits civiques). Le suffrage universel s'oppose au **suffrage censitaire**, mode d'élection réservant le droit de vote à ceux qui ont payé un impôt (le cens) et qui bénéficient donc d'un revenu relativement élevé. Ce système a été aboli en France en 1848.

La volonté des électeurs peut s'exprimer par le biais d'un suffrage direct ou indirect. Le **suffrage direct** permet aux électeurs de voter directement pour des candidats, donc de choisir eux-mêmes leurs représentants (en France, élection des maires et des députés, par exemple). Le **suffrage indirect** permet aux électeurs de choisir des « grands électeurs » qui éliront, dans un second temps, le candidat de leur choix. En France, les sénateurs sont élus par les conseillers municipaux, généraux et régionaux et les députés.

Le scrutin peut prendre deux formes : uninominal ou de liste. Le **scrutin uninominal** est une modalité de vote qui permet à l'électeur de choisir un seul candidat par circonscription. Ainsi, en France, les élections présidentielles, législatives et cantonales se déroulent au scrutin uninominal à deux tours.

Le **scrutin de liste** est une modalité de vote qui permet à l'électeur de choisir une liste de candidats par circonscription. Les élections municipales en sont un exemple classique. Dans les communes de plus de 3 500 habitants, les électeurs votent pour des listes entières, toute rature entraînant la nullité du vote. Une variante du scrutin de liste est le **scrutin plurinominal**, qui est une modalité de vote qui autorise l'électeur à établir lui-même la liste des candidats pour qui il vote. C'est le système retenu dans les communes de moins de 3 500 habitants et qui autorise l'électeur à faire sa propre liste en puisant des candidats dans les différentes listes en présence et, même, à voter pour un citoyen qui ne se présente pas.

Dans le cas d'un scrutin de liste, on peut opter pour un scrutin majoritaire, proportionnel ou mixte. Le **scrutin majoritaire** est une façon de comptabiliser les votes qui permet de déclarer élu le candidat ou la liste ayant obtenu le plus de voix. Le scrutin majoritaire est évidemment toujours retenu dans le cas d'un scrutin uninominal. Le président de la République française est élu selon cette modalité. Le scrutin majoritaire peut être retenu dans le cas du scrutin de liste. Ainsi, les députés français sont élus de cette façon. Cela permet, en principe, de dégager une majorité stable, mais défavorise les « petits » partis qui doivent, pour être représentés, s'allier avec des partis de gouvernement. C'est pourquoi certains « petits » partis sont favorables à un **scrutin proportionnel**, mode d'élection permettant d'attribuer à chaque liste un nombre d'élus proportionnel aux voix qu'elle a recueillies. Ce scrutin est déjà utilisé pour élire les députés européens. Il permet l'expression de toutes les sensibilités, mais peut être un élément de blocage lorsqu'aucune coalition n'obtient la majorité absolue. Le **scrutin mixte** est un mode de scrutin combinant le scrutin majoritaire et le scrutin proportionnel. Il permet d'accorder une majorité des sièges à la liste ayant recueilli le plus de voix et de réserver quelques sièges aux autres listes, à partir du moment où elles dépassent un seuil de voix déterminé à l'avance. Il est pratiqué lors des élections municipales dans les communes de plus de 3 500 habitants. Nous sommes alors dans le cas d'un scrutin de liste à deux tours où seules les listes ayant obtenu plus de 10 % des voix peuvent se maintenir. Au second tour, la liste qui arrive en tête obtient la moitié des sièges et le reste est partagé proportionnellement aux résultats de toutes les listes. Cela permet à la liste majoritaire de détenir nettement plus que la moitié des sièges et aux listes minoritaires d'être représentées au conseil municipal. Un tel principe a été retenu depuis 2004 pour les élections des conseillers régionaux.

L'organisation administrative

Les régimes politiques démocratiques se différencient enfin par l'organisation administrative de l'État. On oppose alors l'État unitaire à l'État fédéral.

L'**État unitaire** est un État dans lequel le gouvernement exerce son pouvoir sur l'ensemble des citoyens. La France est l'exemple même d'un État unitaire. Pour un État unitaire, la difficulté réside dans la satisfaction des demandes que les citoyens expriment au niveau local. C'est pourquoi la France a, dans un premier temps, déconcentré son État en déléguant le pouvoir central à des représentants locaux de l'État : les préfets.

L'**État unitaire déconcentré** est un État unitaire dans lequel des agents locaux nommés par le pouvoir central, soumis à son pouvoir hiérarchique et responsables devant lui, ont un pouvoir de décision. La **déconcentration** est donc un processus politique par lequel un État centralisé délègue à des agents locaux qui sont sous sa dépendance une partie de son pouvoir de décision.

Un pas de plus a été réalisé en 1982 avec les lois de décentralisation qui accordent une autonomie aux collectivités territoriales. Depuis cette date, la France est un État unitaire décentralisé, doté de quatre niveaux hiérarchiques : État central, région, département et commune. Un **État unitaire décentralisé** est un État unitaire dans lequel des collectivités territoriales sont autonomes et s'administrent elles-mêmes dans le cadre des lois qu'elles sont chargées d'appliquer. Les administrations des collectivités locales peuvent donc prendre des décisions sans en référer à l'État, à condition, bien évidemment, de respecter les lois, qui restent les mêmes pour tous les Français. On distingue alors l'administration centrale de l'administration territoriale. L'**administration centrale** est l'ensemble des services centraux des administrations chargés d'appliquer les décisions gouvernementales dans le cadre de la loi. Ces services centraux sont organisés en ministères, puis en directions. L'**administration territoriale** est l'ensemble des services déconcentrés de l'État (services régionaux et départementaux) et des administrations des collectivités locales (communes, départements et régions). Les services déconcentrés de l'État ont pour fonction de faire appliquer les décisions gouvernementales au niveau local ; les services dépendant des collectivités locales ont pour fonction de faire appliquer les décisions des exécutifs locaux. Les **collectivités locales**, qui sont des circonscriptions administratives ayant une personnalité morale et qui sont responsables de leurs actes (régions, départements, communes, DOM, TOM), sont donc partie prenante des administrations territoriales. La **décentralisation** est un processus politique aboutissant à l'autonomie des collectivités locales dans le cadre de lois générales qu'elles sont chargées d'appliquer.

L'**État fédéral** est un État dans lequel les unités territoriales qui le composent disposent d'une large autonomie dans le domaine législatif, mais pas de compétence internationale. Ainsi, les États-Unis sont une fédération de cinquante États dans laquelle l'État central ne s'occupe que de la défense, des relations internationales et de la monnaie. Chaque État fédéré a sa propre constitution, un exécutif et un parlement qui vote ses propres lois. La seule contrainte imposée aux parlements fédérés est de respecter la Constitution américaine. La République fédérale d'Allemagne, la Suisse, le Canada ou encore la Belgique sont également des États fédéraux.

La construction européenne a renouvelé le débat sur le fédéralisme, qui est un mode de regroupement des collectivités politiques visant à assurer à la fois l'autonomie de chacune d'entre elles et une solidarité entre toutes.

B. LES ORGANISATIONS POLITIQUES

LES PARTIS POLITIQUES

Définition

Les **organisations politiques** sont l'ensemble des groupes qui, de manière directe ou indirecte, tentent d'influencer l'exercice du pouvoir politique. Il peut s'agir de partis politiques, de syndicats, d'associations ou de groupes d'intérêts.

Un **parti politique** est un groupe organisé et permanent dont les membres se rassemblent afin de conquérir le pouvoir politique ou, au moins, d'exercer une influence politique sur la société. Dans une démocratie, la création de partis politiques est libre et la pluralité est la règle. Ils sont des instruments indispensables à l'exercice des droits civiques. La typologie la plus classique des partis politiques est celle proposée par Maurice Duverger (*Les partis politiques*, 1951) : d'après cet auteur, il faut distinguer les **partis de cadres**, qui sont des partis de notables regroupant peu de membres et de militants, dirigés par leurs élus et qui sont bien souvent l'expression politique des classes dominantes, et les **partis de masse**, qui tirent leur origine de l'extension du suffrage universel et sont liés historiquement à l'essor du mouvement ouvrier. Les partis de masse sont des partis démocratiques, bien qu'ils connaissent comme les autres partis la **loi d'airain de l'oligarchie**, loi énoncée par Robert Michels (1876-1936), qui énonce que tous les partis politiques connaissent une centralisation administrative et une concentration des pouvoirs qui les coupent de leur base et empêchent également le développement d'une opposition interne. La distinction entre partis de cadres et partis de masse n'est plus valable aujourd'hui, et on voit surtout apparaître des **partis « attrape-tout »**, définis par O. Kircheheimer comme des partis plus tournés vers leurs électeurs que vers leurs adhérents, situés idéologiquement au centre de l'échiquier politique parce qu'ils cherchent à concilier un maximum d'intérêts et dominés par des parlementaires qui privilégient la démocratie externe à la démocratie interne.

Suffrage universel ► Voir p. 453

Le **bipartisme** est un système de partis dans lequel seuls deux « grands » partis sont susceptibles d'accéder au pouvoir. Les États-Unis, avec le couple démocrates/républicains, ou le Royaume-Uni, avec celui formé par les travaillistes et les conservateurs, nous en offrent deux exemples. Cette bipolarisation est favorisée par le mode de scrutin qui, dans les deux cas, est de type majoritaire au suffrage universel direct. Seuls les deux principaux partis sont susceptibles d'accéder au pouvoir et les électeurs sont incités à se détourner des « petits » partis.

Le **multipartisme** est un système de partis dans lequel trois partis au moins exercent une influence réelle sur la vie politique et établissent entre eux des alliances plus ou moins solides. Dans ce cas, un parti a peu de chance d'obtenir, à lui seul, la majorité des sièges et les alliances entre partis deviennent la règle. La Belgique, qui compte plus de vingt partis, et les Pays-Bas sont des exemples de multipartismes favorisés par des élections législatives à la proportionnelle.

La France se singularise à cet égard, puisqu'elle connaît à la fois un multipartisme et une bipolarisation de la vie politique : il existe sept partis susceptibles de participer à un gouvernement (Parti communiste, Verts, Parti socialiste, Radicaux de Gauche, Mouvement démocrate [MoDem], Nouveau Centre et Union pour un Mouvement Populaire [UMP]).

Le rôle des partis politiques

Dans un système démocratique, l'existence des partis est la traduction concrète du principe de **pluralisme politique**, principe qui reconnaît la nécessité d'un éventail d'opinions politiques diversifiées. Ils sont par ailleurs l'instrument de la **compétition politique**, qui désigne la confrontation des prétendants à l'exercice du pouvoir, à l'intérieur de règles fixées par les institutions, règles qui légitiment le pouvoir du vainqueur. Ils mettent en place les conditions de la **mobilisation électorale**, qui est le résultat de l'ensemble du travail d'information et d'incitation des électeurs à se rendre aux urnes. En multipliant les réunions publiques, en faisant du porte à porte, en distribuant des tracts, les militants créent ce que Daniel Gaxie appelle « l'effervescence politique ».

Les partis politiques ont donc des fonctions importantes, comme la **fonction électorale** (organisation des campagnes électorales), la **fonction programmatique** (définition des programmes aboutissant à l'articulation et à l'agrégation des intérêts particuliers ainsi qu'à la formation de l'opinion), la **fonction de sélection des candidats** (recrutement du personnel politique et, plus largement,

◄ **Opinion**
Voir p. 466

Socialisation politique ►
Voir p. 462

socialisation politique des membres du parti), la fonction d'encadrement des élus (relais entre électeurs et élus, donc encadrement idéologique des élus). De ce point de vue, l'une des fonctions importantes des partis politiques français, ces dernières années, a été de traduire dans la réalité du choix des candidats les nouvelles exigences des lois sur la **parité homme/femme** qui désigne le principe d'un accès égalitaire des hommes et des femmes aux mandats électoraux. Aux élections municipales, les partis politiques doivent présenter des listes faisant se succéder hommes et femmes. Aux élections cantonales, une candidature masculine doit être accompagnée d'une suppléance féminine (ou inversement). Le non-respect de ces obligations est assorti, pour les partis qui ne les respectent pas, de pénalisations financières.

LES GROUPES D'INTÉRÊT

Définition

Comme leur nom l'indique, les **groupes d'intérêt** se définissent comme des groupes qui ont pour fonction de défendre des intérêts spécifiques auprès des instances qui ont des pouvoirs décisionnels en matière de politiques publiques. De la même manière que pour les partis politiques, ont peut distinguer des **groupes d'intérêt de masse**, qui sont des groupes qui utilisent l'action ouverte, qui se fait au grand jour dans le cadre de négociations ou d'instances consultatives où siègent leurs représentants, et des **groupes d'intérêt de cadres**, qui utilisent plutôt le lobbying et s'appuient sur les ressources que sont l'argent, les relations, la compétence et l'information, ou encore l'utilité économique et financière. Une autre classification consiste à opposer les **groupes d'intérêt matériel**, qui sont des groupements d'intérêt proprement dits, comme les organisations professionnelles ou syndicales, et les **groupes d'intérêt de propagande**, qui sont des organisations à vocation idéologique, comme les clubs ou encore les groupes chargés d'alimenter la réflexion au sein des partis politiques.

Lobbying ►
Voir p. 340

Rôle des groupes d'intérêt

Par définition, le pouvoir effectif des groupes d'intérêt est difficile à mesurer. En effet, quand une décision est prise, c'est sous l'influence de facteurs multiples parmi lesquels il est impossible de mesurer le poids effectif de chacun. Ce phénomène est renforcé par le fait que bon nombre de groupes d'intérêt cherchent à convaincre l'administration, les parlementaires ou les membres du gouvernement, avec des méthodes d'action qui préfèrent demeurer occultes.

Parmi ces facteurs, les plus importants sont cependant l'équilibre des soutiens et des oppositions dans l'ensemble des groupes d'intérêt concernés, la cohésion interne du groupe d'intérêt, et la capacité d'action du pouvoir politique, qui laisse des ouvertures plus ou moins grandes aux groupes d'intérêt en fonction de sa détermination sur certains dossiers, voire de sa capacité à mobiliser la force publique.

◄ **Pouvoir politique**
Voir p. 434

C. UN CONTRE-MODÈLE : LES RÉGIMES NON DÉMOCRATIQUES

LES RÉGIMES AUTORITAIRES

Les **régimes autoritaires modernes** sont des régimes politiques établis et maintenus par la force, voire par la violence dans lesquels le pouvoir politique est concentré dans les mains d'un homme ou d'un petit groupe refusant la démocratie.

Ces régimes possèdent deux caractéristiques en commun :

– la première est qu'il n'existe pas de vraie compétition politique. Certaines dictatures interdisent les partis (ainsi que les syndicats) et les élections. D'autres autorisent certains partis et mettent en place des élections tout en réprimant les groupes susceptibles de contester le pouvoir. En cas de besoin, le résultat des élections est truqué ;

– la seconde caractéristique de ces régimes est qu'il n'existe pas d'expression publique des opinions et que les médias sont contrôlés par le pouvoir. Faute de liberté d'expression, d'association, etc., les mouvements d'opposition ne peuvent s'exprimer.

◄ **Opinion**
Voir p. 465

Au-delà de ces deux caractéristiques, les régimes autoritaires modernes sont extrêmement diversifiés :

– les bureaucraties communistes ont succédé au totalitarisme et se sont, pour la plupart, éteintes après 1989. Ce type de régime subsiste pourtant, en Chine, au service d'une classe dirigeante qui fait de moins en moins référence aux idéaux communistes ;

– les dictatures anticommunistes ont, le plus souvent, été des régimes militaires et ont parfois accompagné leur autoritarisme

Libéralisme ►
Voir p. 505

politique d'un libéralisme économique (exemple du Chili après le coup d'État de 1973) ;

– le nationalisme autoritaire a souvent été le lot des pays du tiers-monde au moment de la décolonisation ;

– les dictatures patrimoniales, enfin, n'ont d'autre objet que l'enrichissement du dictateur et de ceux qui l'entourent. Les dictatures africaines, dans lesquelles la fortune du dictateur dépasse la dette extérieure du pays, en sont des exemples.

LES TOTALITARISMES

Idéologie ►
Voir p. 471

Au cours des années 1930, en Allemagne comme en URSS, se sont affirmés des régimes politiques opposés par leurs idéologies, mais convergeant par leur façon de diriger la société.

À la différence des régimes politiques autoritaires classiques, qui se « contentent » d'assurer l'ordre public sans volonté réelle de dominer l'espace privé, ces régimes ont voulu contrôler l'ensemble des activités sociales par un appareil policier omniprésent et assurer leur emprise sur les esprits. La Corée du Nord est aujourd'hui l'un des derniers représentants de ce type de régime.

Le **totalitarisme** est un système politique caractérisé par une tentative de contrôle de l'ensemble des activités sociales par un appareil répressif.

Ces systèmes totalitaires ont trois principales caractéristiques en commun : le culte du chef, le monopole idéologique et la toute-puissance de l'appareil policier :

– le chef, dans un système totalitaire, est l'incarnation de l'unité d'une société à qui l'on ne reconnaît pas le droit d'être divisée. La négation des clivages sociaux rend illégitime l'expression d'une discordance et justifie la répression. Le pouvoir du chef est alors sans limites puisque tout ce qui n'émane pas directement ou indirectement de lui est considéré comme une menace à l'encontre de l'unité de la société ;

– le monopole idéologique de l'État est l'expression de la volonté d'une emprise sur les esprits ;

– la toute-puissance de l'appareil policier et la répression sont inséparables du totalitarisme, car l'unité du peuple ne peut être préservée que par la découverte et par la punition, ou plus simplement l'extermination, de supposés ennemis. L'État totalitaire est donc un État de police qui ne connaît pas la séparation des pouvoirs et ne laisse aucune place à un espace public.

Espace public ►
Voir p. 401

25

LA PARTICIPATION POLITIQUE

A LA SOCIALISATION POLITIQUE

- Définition et processus de socialisation politique
- Les agents de la socialisation politique

B DE L'OPINION INDIVIDUELLE À L'OPINION COLLECTIVE

- Un construit équivoque
- Mesurer l'opinion publique
- Opinion et démocratie

C LA PARTICIPATION POLITIQUE : UNE DIVERSITÉ DE PRATIQUES

- La participation conventionnelle
- Les déterminants du vote
- En marge du champ politique, la participation non conventionnelle

A. LA SOCIALISATION POLITIQUE

DÉFINITION ET PROCESSUS DE LA SOCIALISATION POLITIQUE

Un déterminisme tempéré

Norme ►
Voir p. 324
Socialisation ►
Voir p. 314
Groupe primaire ►
Voir p. 337
Groupe secondaire ►
Voir p. 337

La **socialisation politique** est l'ensemble des mécanismes par lesquels un individu intègre les normes et les codes culturels qui déterminent son action dans le champ politique. Cette socialisation n'est pas figée au cours de l'existence : c'est pourquoi on distingue communément la **socialisation politique primaire**, socialisation acquise au sein des groupes primaires par les enfants et les adolescents, et la **socialisation politique secondaire**, socialisation acquise au sein des groupes secondaires par les adultes.

C'est dans les années 1950-1960 que des sociologues américains se sont préoccupés de la socialisation politique. Ils mettent à cette époque en évidence un paradigme qui demeurera dans l'histoire sous le nom de **paradigme de Michigan**, théorie qui énonce que la socialisation politique se fait avant tout au sein de la famille, où se transmet une préférence partisane forte et durable qui constitue une grille de lecture des événements passés et futurs. Cependant, étant donné que les identifications partisanes des enfants se sont avérées ensuite moins influencées par la famille qu'on ne le pensait initialement, d'autres thèses ont pris ensuite le relais, et notamment des thèses qui s'attachent à démontrer que l'apprentissage politique est avant tout lié au milieu social dans lequel se développe l'enfant. C'est ainsi que Pierre Bourdieu démontre que l'apprentissage politique est très différent d'une PCS à une autre et risque de déboucher sur l'« incompétence statutaire » (l'**incompétence politique** n'est pas une absence d'opinion, mais une opinion qui est formulée dans des termes qui ne sont pas politiques, comme le registre affectif par exemple) des catégories à faible capital culturel. Au contraire, les enfants socialisés dans des milieux à fort capital culturel seront, une fois devenus adultes, susceptibles de participer pleinement à la vie politique du pays. Bourdieu peut ainsi en conclure que la socialisation politique assure la reproduction de l'ordre établi, en légitimant aux yeux des gouvernés des systèmes de représentations, d'opinions et d'attitudes conformes aux exigences de la classe dominante.

Bourdieu ►
Voir p. 498
Capital culturel ►
Voir p. 366
Opinion ►
Voir p. 465

Si la socialisation politique obéit à des déterminismes sociaux, ceux-ci ne suffisent pourtant pas à expliquer totalement la compétence ou l'incompétence politique. C'est pourquoi on admet généralement aujourd'hui que l'individu a un rôle à jouer dans son apprentissage de la politique. La socialisation politique dépend des cadres fournis par les différents groupes sociaux au cours de l'enfance et de l'adolescence, mais aussi des cadres donnés par les groupes que l'individu intègre au moment de sa vie d'adulte (groupes d'appartenance), et aussi des groupes qu'il souhaite intégrer (groupes de référence).

◄ **Compétence politique** Voir p. 472

◄ **Groupe de référence** Voir p. 338

Une illustration : la socialisation politique des jeunes

Dans l'ensemble, les jeunes sont relativement méfiants vis-à-vis des autorités politiques, et cette méfiance s'étend aux partis politiques et aux syndicats. Elle se traduit par une participation politique conventionnelle relativement faible par rapport aux autres groupes sociaux. L'inscription sur les listes électorales augmente avec l'âge, de même que la participation au vote.

◄ **Participation politique conventionnelle** Voir p. 470

Les données ci-dessus ne doivent pourtant amener à la conclusion d'une **dépolitisation**, qui se définit comme un désintérêt pour la chose politique. Les jeunes s'intéressent à la politique, mais sous des formes non conventionnelles : ils sont capables de réagir contre des projets qui ne leur plaisent pas sous la forme de la manifestation et ils sont souvent plus prêts que la moyenne de la population à s'engager dans divers mouvements sociaux (lutte contre le racisme, défense des droits de l'homme, actions en faveur de la paix dans le monde, de la préservation de l'environnement, etc.).

◄ **Mouvement social** Voir p. 415

De plus, tous les jeunes ne sont pas à égalité en matière de participation politique. Ce sont les étudiants qui votent le plus, les chômeurs qui votent le moins. L'engagement des jeunes montre par ailleurs l'importance de la socialisation secondaire : si la famille joue un rôle non négligeable en matière de positionnement gauche/droite de la jeunesse, l'identité politique n'est pas figée pour autant et les effets de génération demeurent très importants sur la structuration idéologique des individus. À cet égard, la participation à des mouvements sociaux joue souvent un rôle déterminant.

◄ **Effet de génération** Voir p. 372

LES AGENTS DE SOCIALISATION POLITIQUE

La famille

Socialisation ►
Voir p. 314

Opinion ►
Voir p. 465

De manière générale, la transmission par les parents aux enfants de leurs préférences politiques est forte. Cette transmission est d'autant plus forte qu'elle se fait en milieu homogène, c'est-à-dire que les parents sont d'accord entre eux et en phase avec leur environnement. Toutefois, la socialisation politique familiale est en fait une **socialisation réciproque** : si les parents socialisent les enfants, les enfants aussi, inversement, notamment lorsqu'ils parviennent à l'adolescence contribuent à l'éducation politique de leurs parents. En outre, toutes les études montrent que, si cette socialisation se fait mieux que celle des opinions ou des attitudes de manière générale, elle demeure tout de même moins efficace que la transmission des croyances et des pratiques religieuses.

L'école

Durkheim ►
Voir p. 488

L'influence de l'école est triple. Elle provient tout d'abord du contenu de l'enseignement (programmes, manuels scolaires), qui n'a cependant pas un poids considérable : l'influence des professeurs est très inférieure à celle des parents. Elle émane ensuite de la participation politique en milieu scolaire (élection de délégués de classe par exemple), dont l'influence est également limitée. Elle provient enfin de l'apprentissage des relations de pouvoir et d'autorité qui se réalise dans le système scolaire : apprentissage des relations entre pairs (relations horizontales), des relations entre adultes et enfants (relations verticales). Cette dernière influence est probablement la plus importante : Durkheim ne décrivait-il pas l'institution scolaire comme un « milieu moral organisé » ?

Le rôle des médias

Le rôle des médias dans la socialisation politique secondaire se situe à un triple niveau.

En premier lieu, on peut considérer que les médias modernes, notamment la télévision, permettent à l'opinion publique de se construire en concrétisant l'espace public, que l'on peut définir comme un lieu virtuel où circulent et se confrontent les idées et les opinions, contribuant à créer et à maintenir le lien politique, élément du lien social. La question est alors de savoir si les médias maîtrisent cet espace public ou n'en sont que des vecteurs relativement passifs.

◄ **Lien social**
Voir p. 384

Par ailleurs, les médias fixent l'agenda de l'actualité politique en pesant sur le calendrier, les enjeux et la mise en scène du débat politique. Ils contribuent à trier, sélectionner les enjeux qui « méritent » de faire l'objet d'un débat entre les professionnels de la politique. C'est ce qu'on appelle l'effet d'agenda.

Enfin, la question de l'influence directe des médias sur le choix électoral a été posée dès les années 1940 par Lazarsfeld. Ses travaux ont montré que l'influence directe des médias est assez limitée. En fait, les medias renforcent les convictions politiques existantes et les modifient rarement. Les individus sélectionnant les medias auxquels ils s'exposent à partir de filtres idéologiques, ils seraient peu influencés par des messages politiques dissonants.

B. DE L'OPINION INDIVIDUELLE À L'OPINION COLLECTIVE

UN CONSTRUIT ÉQUIVOQUE

L'**opinion** est un jugement subjectif porté sur un sujet. Elle est l'expression verbale d'une attitude, c'est-à-dire d'une disposition individuelle acquise et orientée vers un objet du monde social. L'attitude est inobservable : elle est interne à l'individu. Pour la mesurer, les psychosociologues ont élaboré des échelles d'attitude. Une **échelle d'attitude** est constituée d'une série de questions ordonnées et hiérarchisées relativement à un sujet donné débouchant sur l'attribution d'un « score » qui permet de quantifier l'attitude d'un acteur par rapport à un sujet (on peut ainsi élaborer des échelles de « racisme »).

L'opinion se différencie du **préjugé**, que l'on définit comme un jugement arrêté sans que l'on puisse en donner une justification rationnelle, de la **prénotion**, qui est une vision spontanée et immédiate de la réalité sociale, souvent fausse parce qu'elle exprime une représentation subjective du monde, ou encore du **stéréotype**, résultat d'un processus de schématisation et de généralisation qui consiste à attribuer à un ensemble d'individus les mêmes caractères simplifiés à l'extrême. L'opinion n'est pas le **savoir**, c'est-à-dire une connaissance acquise par une démarche rationnelle. Les opinions individuelles sont donc un des éléments de la culture politique des citoyens.

L'**opinion individuelle** est l'avis d'une personne interrogée sur une question précise alors que l'**opinion publique** est généralement définie comme un ensemble de jugements sur les problèmes auxquels adhèrent une grande partie des membres de la société. Le terme « publique » renvoie ici à différents sens. Une opinion publique peut être une opinion portée à la connaissance de tous, donc soumise au jugement de chacun (publicité), ou bien être l'opinion d'un auditoire dispersé (le public) ou encore être une **opinion partagée**, c'est-à-dire faisant l'objet d'une large adhésion.

Dans tous les cas, l'opinion dépend de la situation dans laquelle elle s'exprime. C'est la **contrainte sociale** (force exercée par la collectivité sur l'individu) qui pousse à s'exprimer sur tel ou tel sujet. Ce qui s'exprime alors dans l'individu, ce n'est pas son **moi profond** (personnalité intime), mais son **moi social** (moi correspondant aux différents rôles sociaux : rôle de père de famille, de travailleur...).

La **théorie de la dissonance cognitive**, que l'on doit à Festinger, énonce le principe selon lequel, face à un message en contradiction avec son système de référence, l'acteur n'hésitera pas à changer d'opinion pour résoudre l'état de tension psychologique résultant de l'écart entre une information donnée et des représentations personnelles. Ainsi, une secte ayant prédit la fin du monde persiste dans sa croyance en attribuant le sursis apparemment accordé à l'efficacité des prières émises !

Si les Grecs n'avaient aucune notion équivalant à notre opinion publique, ils connaissaient néanmoins la **rumeur** (nouvelle ou récit d'origine anonyme, porté par un sentiment d'évidence rendant inutile l'opération de vérification et dont la diffusion s'appuie sur des contacts de personne à personne). Quant à l'expression latine ***vox populi*** (la voix du plus grand nombre), elle désignait, sous Rome, la toute-puissance de l'opinion majoritaire, symbolisée par les clameurs du cirque décidant du sort des gladiateurs vaincus.

Plus proche de nous, Machiavel n'hésite pas à faire de l'opinion la base du pouvoir puisque « c'est du peuple qu'il importe de mériter l'affection, car il est le plus fort et le plus puissant » (*Le Prince*, 1513).

Rousseau ►
Voir p. 479

Au XVIIIe siècle apparaît le concept d'opinion publique dans son acception moderne, sous la plume de Rousseau (*Discours sur les sciences et les arts*, 1750), bien que celui-ci ne la conçoive pas encore comme l'expression d'une volonté politique.

S'inspirant de la philosophie des Lumières, « l'opinion éclairée » est une opinion véhiculée au XVIIIe siècle dans les salons, les clubs, par une élite. Au XIXe siècle, on qualifiait d'« **opinion criée** » une opinion exprimée dans les manifestations et la presse (« J'accuse », de Zola, publié dans le journal *L'Aurore*).

MESURER L'OPINION PUBLIQUE

L'**enquête** est une investigation selon certains critères dans le but d'obtenir des renseignements précis sur une population donnée. Historiquement, les premières enquêtes sont à l'initiative du pouvoir politique. La première enquête que l'on connaît date de 3000 av. J.-C., c'est le **recensement** (dénombrement exhaustif d'une population, qui permet de connaître ses principales caractéristiques) de la population égyptienne. En 1745, l'administration de Louis XV réalise la première enquête d'opinion pour dresser l'inventaire des ressources, calculer le nombre de garçons en vue de l'exercice du service militaire et connaître les conditions de vie dans les provinces. Il faut attendre l'année 1855 pour voir apparaître la première enquête réalisée dans un but scientifique (Le Play, *Les Ouvriers européens*).

Les **votes de paille**, réalisés aux États-Unis à partir du XIXe siècle, sont des simulations d'élections réalisées par les journaux avec pour finalité de saisir les intentions de vote.

Les sondages apparaissent pour la première fois aux États-Unis, où l'institut Gallup prévoit la réélection du président Roosevelt en interrogeant 5 000 personnes. Un peu plus tard, en France, Jean Stœtzel fonde l'IFOP (Institut français d'opinion publique) dont l'objectif est de parvenir à une connaissance objective des faits sociaux par le recours à des investigations statistiques **quantitatives**.

Le **sondage** se définit comme une technique d'investigation consistant à analyser un échantillon représentatif (modèle réduit, mais fidèle, de la population de départ) afin d'en déduire les tendances caractéristiques de l'ensemble dont il est issu. Un **sondage d'opinion** consiste à interroger un échantillon représentatif de personnes afin de connaître l'opinion de l'ensemble de la population avec une marge d'erreur calculable. Le sondage mesure l'état de l'opinion à un instant donné. Il ne permet pas de prévoir celui-ci à un moment ultérieur.

Le sondage s'appuie sur des techniques bien précises. On distingue la méthode aléatoire et la méthode des quotas. La **méthode aléatoire** est une méthode qui consiste à extraire les personnes interrogées par tirage au hasard d'un fichier de la population que l'on veut étudier. Il faut donc disposer d'une base du sondage, c'est-à-dire d'un recensement exhaustif de l'ensemble de référence. Mais ceci n'est pas toujours possible. On s'en remet alors à la **méthode des quotas**, méthode consistant à établir une liste de personnes se répartissant selon les mêmes caractéristiques et les mêmes proportions que l'ensemble de la population à étudier. Le questionnement obéit aussi à des protocoles très précis. Une **question fermée** est une question où l'éventail des réponses est uniformisé. On demande à chaque sujet d'enquête de choisir sa réponse dans une liste préétablie. Une question ouverte est une question où le sujet formule librement sa réponse. Si les questions fermées sont faciles à traiter pour l'enquêteur, les questions ouvertes présentent l'avantage de faire apparaître des perspectives auxquelles on n'aurait pas pensé spontanément.

Quota ►
Voir p. 265

L'entretien peut être directif, semi-directif ou non directif. Un **entretien non directif** est un entretien où on laisse s'exprimer librement le sujet interrogé, en intervenant simplement pour relancer ou canaliser la discussion. L'**entretien directif** est un entretien qui s'appuie sur des questions ouvertes ou fermées. Il présente l'avantage d'être facile à analyser. L'**entretien semi-directif** est un entretien dans lequel, s'il existe un schéma d'entretien, l'ordre des thèmes abordés est libre et l'expression du sujet n'est pas totalement bornée selon un schéma fixé *a priori*.

Dans tout sondage, on présente les résultats selon les variables classiques (âge, sexe, position sociale). Ces trois dimensions sont capitales pour analyser les comportements sociaux, la difficulté majeure étant, pour le sociologue, de traiter leur interaction. Les variables ne sont en effet pas indépendantes entre elles. Par exemple, il est évident que le sexe et l'âge interagissent avec la position sociale.

Position sociale statut ►
Voir p. 325

Les erreurs que l'on attribue aux sondages leur sont souvent faussement attribuées. Il peut y avoir, d'une part, des erreurs portant sur des aspects techniques, mais qui ne remettent pas en cause le bien-fondé de l'opération : soit l'échantillon n'est pas pertinent (non représentatif ou trop petit), soit les questions sont mal posées. D'autre part, contrairement à une représentation répandue, le sondage n'a pas pour finalité de prévoir l'état du monde à l'instant t + 1, mais de mesurer des mouvements d'opinion. Les résultats sont ainsi toujours publiés avec une marge d'erreur incompressible. Or, les prévisions de résultats d'élection, puisque ce sont souvent elles qui font l'objet des commentaires les plus âpres, se jouent souvent à quelques points près, se situant ainsi dans la marge d'erreur évoquée.

OPINION ET DÉMOCRATIE

L'opinion publique, telle qu'elle est présentée par les sondages, est parfois dénoncée comme un **artefact**, c'est-à-dire une construction sans consistance réelle. Bourdieu (*Questions de sociologie*, 1980) montre ainsi que l'enquête d'opinion s'appuie sur trois postulats contestables : l'idée que tout le monde peut avoir une opinion sur n'importe quel sujet ; l'hypothèse selon laquelle toutes les opinions se valent ; l'affirmation qu'il y a un consensus sur les problèmes, autrement dit un accord sur les questions qui méritent d'être posées.

◄ **Bourdieu**
Voir p. 498

Dans ces conditions, ce que l'on présente comme l'opinion publique n'est qu'un discours visant à légitimer la force d'un pouvoir politique et l'on peut parler d'une domination dans laquelle les médias manipulent la construction de l'opinion publique, au service de l'appareil d'État.

La **démocratie d'opinion** désigne un mode de fonctionnement du pouvoir politique qui consiste à chercher à satisfaire directement l'opinion publique et à recourir aux sondages pour connaître ses souhaits. Elle minimise le rôle des partis politiques et peut mener à la démagogie.

Dans une sphère politique marquée par l'omniprésence des médias, Mc Combs et Shaw ont montré que ces derniers maîtrisaient la fonction d'agenda : ils disposent du pouvoir considérable de définir le calendrier des sujets abordés ainsi que leur hiérarchie. Par ailleurs, Noëlle Neumann a mis en évidence l'existence d'une spirale du silence pour analyser les relations entre les opinions majoritaires et minoritaires. Persuadés que leur opinion est minoritaire, les individus, redoutant avant tout l'isolement social, préfèrent se taire, laissant ainsi le champ libre à des opinions qui n'étaient peut-être pas majoritaires, mais qui vont le devenir en raison de cette « spirale du silence ».

◄ **Agenda politique**
Voir p. 221

Cependant, l'opinion publique peut aussi être considérée comme un des instruments de l'exercice de la démocratie. Les sondages donnent en effet aux hommes politiques des moyens d'information à la fois plus réguliers et plus ciblés que les consultations électorales. Il y a d'ailleurs des controverses sur l'impact réel des sondages et de l'écho que leur donnent les médias : certaines études montrent que la réception des messages par les lecteurs/auditeurs/téléspectateurs est active et comporte des filtres qui limitent cette influence supposée. Ainsi, Lazarsfeld a mis au jour le **principe du *two-step***

◄ **Démocratie**
Voir p. 482

flow of communication, selon lequel le processus de communication n'est pas mécanique et s'articule en deux temps : dans un premier temps, le message atteint les « leaders d'opinion », mieux informés que les autres membres du groupe ; dans un deuxième temps, ces relais influents répercutent l'information en l'assortissant d'un jugement qui lui donne du sens. Le message est filtré par un jeu complexe de relations interpersonnelles qui dépassent de loin le schéma élémentaire émetteur/récepteur.

C. LA PARTICIPATION POLITIQUE : UNE DIVERSITÉ DE PRATIQUES

LE RÉPERTOIRE DE LA PARTICIPATION CONVENTIONNELLE

Citoyenneté ►
Voir p. 441

La **participation politique** est l'ensemble des activités par lesquelles les citoyens entrent en relation avec l'univers du politique. Elle renvoie à une conception active de la citoyenneté et vise, en particulier, à agir sur la sélection du personnel politique ainsi que sur ses décisions. La **participation conventionnelle** reflète l'implication du citoyen dans la vie politique institutionnalisée et se traduit par la **participation électorale** (participation au vote), mais aussi par d'autres formes d'activités, comme l'adhésion à un parti politique, l'écoute d'émissions électorales, le suivi de meetings ou de débats politiques, etc. La **participation non conventionnelle** désigne l'ensemble des actions collectives mobilisant des citoyens unis par des revendications communes. Il peut s'agir de manifestations légales (certaines formes de grève, signature de pétitions, manifestations, etc.) ou illégales (occupations de locaux, destructions, mouvements insurrectionnels, etc.). La participation politique s'inscrit donc dans un **répertoire d'actions politiques**, c'est-à-dire un continuum de comportements qui vont du plus impliqué au plus distancé vis-à-vis de la sphère politique. Les principaux jalons en sont : être candidat, être militant, participer à une manifestation, être sympathisant, suivre les émissions et les débats politiques et électoraux, voter (y compris par procuration), voter de façon intermittente, s'abstenir de voter, ne pas s'inscrire sur les listes électorales, etc.

Le militantisme est donc une des formes de la participation politique. Le **militant politique** est un individu qui appartient à une organisation politique et participe à des actions diverses de promotion de son parti et de ses idées. Le **militantisme** désigne les actes mis en œuvre (participation à des réunions, animation de réunions, distribution de tracts, collage d'affiches, etc.). Il est déterminé en partie des motivations idéologiques, l'**idéologie** étant un système d'idées et de représentations permettant d'expliquer et de justifier une situation ou une vision du monde. Mais Daniel Gaxie, dans son ouvrage Le Cens caché (1978), a montré que le militantisme repose aussi sur un système de rétributions composées de stimulants matériels (accès à des postes de permanents, accès à des postes électifs, avantages en nature, accès à des réseaux, etc.) et symboliques (prestige social, reconnaissance, responsabilités, etc.). De véritables **carrières militantes** (au sens de Howard Becker dans *Outsiders*) se construisent donc : il s'agit d'une succession d'étapes et de séquences qui, petit à petit, infléchissent la trajectoire personnelle. Ces parcours sont d'autant plus visibles que les partis politiques ont, le plus souvent, une organisation pyramidale. La part des motivations idéologiques et des incitations sélectives (au sens d'Olson) est évidemment très inégale d'un militant à l'autre.

◄ **Becker**
Voir p. 535

◄ **Parti politique**
Voir p. 456

◄ **Olson**
Voir p. 339

La participation politique semble aujourd'hui en crise et cela se mesure par une augmentation tendancielle de l'**abstention électorale** (attitude des citoyens qui ne participent pas aux consultations électorales alors qu'ils sont inscrits sur les listes électorales), par une diminution globale du nombre des adhérents aux partis politiques et par un désintérêt affiché des Français vis-à-vis de la politique. Aujourd'hui, deux tiers des Français déclarent qu'à leurs yeux, la politique n'a que très peu, voire pas d'importance.

Plusieurs types d'explications se rejoignent pour expliquer cette crise de légitimité :

– une explication de nature sociologique : la montée de l'individualisme et l'affaiblissement du sens du collectif ;

◄ **Individualisme**
Voir p. 483

– des explications de nature politique : d'une part, un relatif effacement des clivages programmatiques sur certains enjeux, d'autre part, les doutes qu'un certain nombre d'affaires de corruption peuvent laisser planer sur la sincérité de l'engagement des professionnels de la politique ;

– des explications de nature institutionnelle : les transferts de compétences politiques et économiques aux institutions européennes au détriment des États nationaux peuvent, pour certains citoyens, vider les consultations électorales nationales d'une partie de leurs enjeux ;

Exclusion ►
Voir p. 388
Espace public ►
Voir p. 401
Abstention ►
Voir p. 471

– une explication sociale : la montée de la précarité, y compris sous sa forme la plus extrême (l'exclusion), a favorisé le retrait d'une partie de la population de l'espace public. L'égalité politique semble aujourd'hui vidée de son sens pour les populations en situation d'exclusion économique, sociale et culturelle. Les études portant sur l'abstention montrent que les électeurs qui renoncent à exercer leur citoyenneté sont ceux dont la **compétence politique** (capacité d'un citoyen à comprendre l'univers politique) et la **culture politique** (normes et valeurs susceptibles d'orienter des comportements spécifiquement politiques) sont les plus faibles.

Selon D. Gaxie, la citoyenneté serait limitée par un **cens caché** (phénomène de domination qui amène un individu, jugeant sa compétence politique insuffisante, à renoncer à son rôle de citoyen) fonctionnant comme une « barrière à l'entrée » de l'espace politique. Cela se traduit par une **faible culture civique** qu'on peut définir comme la connaissance minimale qu'un citoyen doit avoir des institutions de son pays (nom du président de la République, connaissance des partis politiques et de leur programme, etc.).

Cette crise de la participation traduit, à l'évidence, une prise de distance à l'égard du champ politique, à laquelle correspond une plus grande **volatilité du vote** (changement dans le choix partisan d'une élection à l'autre, voire même entre les deux tours d'un même scrutin). Cette volatilité peut se faire d'un extrême à l'autre de l'échiquier politique (gauche/droite et inversement) ou au sein d'un « camp » entre des partis politiques proches. Cette deuxième forme se révèle la plus fréquente.

Enfin, le caractère tardif du choix électoral par rapport à la date de l'élection semble concerner des proportions croissantes de citoyens.

LES DÉTERMINANTS DU VOTE

Le **comportement électoral** est constitué à la fois de la décision de voter ou de ne pas voter et de l'orientation du choix effectué. Il peut être analysé sous différents angles.

L'approche sociologique

Les enquêtes sociologiques ont mis au jour les **variables lourdes du comportement électoral**, variables socioéconomiques qui sont, statistiquement, prédictives de l'orientation du vote. Elles constituent une sorte d'indice de prédisposition politique :

– le genre : les femmes ont longtemps voté plus à droite que les hommes, comportement probablement lié à leur situation de « femme au foyer » et à leur moindre sociabilité externe. Le taux d'activité des femmes se rapprochant maintenant de celui des hommes, cette spécificité a disparu. Néanmoins, il reste une particularité du vote féminin, qui réside dans une grande réticence par rapport aux extrêmes de la vie politique ;

◄ **Genre**
Voir p. 318

◄ **Taux d'activité**
Voir p. 187

– l'âge : les enquêtes révèlent que les jeunes votent plus souvent à gauche et les plus âgés à droite. L'analyse de cette corrélation est difficile. La plupart des analyses postulent que l'effet du vieillissement se traduirait par des positions plus conservatrices au fur et à mesure de l'avancée en âge d'un même individu, mais aussi par une implication plus forte dans l'acte de voter (moindre taux d'abstention) ;

– les PCS : le « vote de classe » chez les ouvriers s'est fortement atténué et n'est plus aussi facilement repérable. Cependant, le statut professionnel reste un élément de clivage politique : globalement, les indépendants votent plus à droite et les salariés plus à gauche. Parmi les salariés, le clivage secteur public/secteur privé est particulièrement marqué (vote à gauche plus fréquent pour les fonctionnaires) ;

– mais la pratique religieuse reste la variable la plus prédictive de l'orientation du vote. Les catholiques pratiquants votent plus à droite que la moyenne des Français, ce qui est encore plus vrai des pratiquants réguliers. À l'inverse, les individus se déclarant sans religion votent massivement à gauche.

Ce modèle d'analyse, issu des travaux de P. Lazarsfeld (*The People's Choice*, 1944) insiste sur les dimensions non politiques du vote ; l'électeur étant avant tout un être social dont l'opinion est largement déterminée par son environnement social, la campagne électorale est finalement peu susceptible d'engendrer un déplacement des votes dans le champ politique.

Le modèle psychosociologique

D'après le paradigme de Michigan, le vote est d'abord un acte politique, influencé par la perception qu'ont les électeurs des principaux enjeux politiques. Le facteur le plus prédictif du vote est, dans cette perspective, l'**identification partisane**, que l'on peut définir comme une fidélité durable à l'un des partis politiques en présence. Cet attachement s'est, le plus souvent, forgé dans la famille. La socialisation politique joue le rôle d'un filtre, rendant les individus peu réceptifs aux arguments des adversaires politiques. Si ce modèle

◄ **Paradigme de Michigan**
Voir p. 462

◄ **Socialisation politique**
Voir p. 462

explique la relative stabilité des votes tout au long de l'existence, son pouvoir d'explication décroît toutefois de nos jours du fait de la crise de la représentation : les électeurs s'identifient de moins en moins aux partis qui sont censés les représenter, et les votes sont toujours plus instables en fonction des enjeux des élections.

Le modèle du choix rationnel

Public Choice ► Voir p. 533

Homo œconomicus ► Voir p. 513

Dans ce modèle, notamment développé par les membres de l'école néolibérale du *Public Choice* (du nom de la revue américaine qui a diffusé le modèle individualiste d'analyse du comportement politique), on considère que l'électeur est capable de transposer à la sphère politique un calcul rationnel de type économique (comparaison coûts-avantages). Comme il y a un *homo œconomicus*, il y aurait, toutes choses égales par ailleurs, un *homo politicus*. L'électeur ferait son choix sur un « marché » où les offreurs seraient en position de concurrence. Le vote de l'électeur dépendrait donc de l'offre politique, de la probabilité de peser sur les résultats de la consultation électorale et des bénéfices que l'on peut retirer de l'élection d'un candidat, que ces bénéfices soient matériels ou symboliques. Les partis politiques sont également censés agir de la même façon : ce sont donc des entreprises politiques qui ont intérêt à proposer des « produits » peu différenciés pour graviter autour de l'**électeur médian**, électeur dont le vote n'est jamais acquis d'avance et qui fait son choix, pas en fonction de la socialisation qu'il a reçue, mais des bénéfices qu'il compte retirer de son vote.

Utilitarisme ► Voir p. 514

Ce raisonnement utilitariste, pour intéressant qu'il soit, débouche sur le **paradoxe de l'électeur**, paradoxe selon lequel, puisque l'action de vote a un coût bien supérieur à celui des bénéfices personnels que l'on peut en retirer, personne n'a intérêt à aller voter (la probabilité qu'une seule voix puisse déterminer le résultat d'une élection est infinitésimale). Or, les électeurs votent : c'est donc que le comportement électoral dépend aussi d'autres éléments, notamment des facteurs de socialisation politique évoqués ci-dessus.

Un vote sur enjeu

Volatilité électorale ► Voir p. 472

Le déclin de l'appartenance partisane et la montée de la volatilité électorale ont réactivé les analyses du vote à partir des enjeux électoraux. Le **vote sur enjeu** désigne un choix électoral fondé sur une préférence en faveur de telle ou telle politique publique. Les études montrent que les enjeux du débat politique peuvent avoir différents types d'effets. D'une part, la visibilité des enjeux peut favoriser la mobilisation électorale. Elle peut aussi tout simplement conduire à un renforcement des préférences partisanes existantes, les déterminants traditionnels du vote étant finalement renforcés quand les enjeux sont clairement identifiés (en général, enjeux de proximité tels que l'emploi, la sécurité, etc.). Mais cette approche est surtout mobilisée pour comprendre la volatilité électorale, que les analyses sociologiques ou psychosociologiques du vote ne permettent pas d'expliquer. Les travaux récents de sociologie électorale fondés sur ce point de vue permettent notamment de comprendre les logiques des choix en faveur des écologistes ou de l'extrême droite.

EN MARGE DU CHAMP POLITIQUE, LA PARTICIPATION NON CONVENTIONNELLE

La participation au champ politique peut se faire par des voies non conventionnelles telles que l'engagement dans des associations ou dans des actions collectives (manifestations, signature de pétitions, etc.). La **mobilisation collective** est le processus par lequel des acteurs sont amenés à se rassembler, que ce soit pour défendre leurs intérêts, promouvoir des idées, exprimer leur soutien à une cause ou encore manifester leur mécontentement. C'est donc une forme non conventionnelle de participation politique puisqu'elle est à la frontière du champ politique et de la défense des intérêts dans le champ économique et social. Si les moyens se situent en dehors du répertoire classique de l'action politique, les enjeux de ces formes de participation sont le plus souvent de peser sur les choix politiques. Les NMS (nouveaux mouvements sociaux) ont conduit à repenser la frontière entre les questions politiques et les questions sociales (mouvement féministe, mouvement écologiste, etc.). Ces mobilisations ont donné lieu à différents types d'analyse. Si, pendant longtemps, on a mis l'accent sur les phénomènes de contagion ou sur les déterminants sociaux des conduites, l'hypothèse du caractère rationnel des agents sociaux a conduit à renouveler la problématique de l'action collective : comment un **groupe latent**, ensemble d'individus ayant un intérêt en commun, mais n'en ayant pas pris conscience, devient-il un **groupe organisé**, c'est-à-dire d'un groupe capable d'action collective pour promouvoir son intérêt ?

◄ **Nouveaux mouvements sociaux**
Voir p. 417

◄ **Action collective**
Voir p. 339

Hirschman, dans son ouvrage *Face au déclin des entreprises et des institutions* (1972), distingue plusieurs types de réactions face à une situation de conflit : « *exit, voice, loyalty.* ». En l'absence d'accord entre les protestataires, certains agents sociaux réagissent par la défection (*exit*). Si le groupe parvient à s'organiser, la revendication s'exprime (*voice*). Enfin, si les individus sont soumis à un fort contrôle social, ils réagiront par la loyauté à l'égard de l'institution mise en cause (*loyalty*) et abandonneront la revendication.

Olson (*Logique de l'action collective*, 1978) parvient à des conclusions analogues. Dans beaucoup de circonstances de la vie quotidienne, le coût de la participation à l'action collective est non négligeable alors que les bénéfices sont incertains et ne dépendent pas toujours de la participation individuelle. Dans ces conditions, le « ***free-rider*** » est un individu qui a intérêt à faire cavalier seul ou à prendre un « **ticket gratuit** », expression désignant l'attitude de celui qui entend bénéficier de l'action collective tout en n'y participant pas lui-même. Cette logique explique la pratique du *closed shop*.

Closed shop ►
Voir p. 340

Incitations sélectives ►
Voir p. 339

L'action collective ne se produit donc que lorsque les organisations mobilisatrices proposent des incitations sélectives, avantages réservés à des sous-groupes particuliers. Ces derniers peuvent se regrouper sous deux formes : les incitations négatives, qui sont par nature coercitives (adhésion obligatoire, grèves), et les incitations positives, qui consistent à produire des services à l'usage exclusif des membres de l'organisation.

26

THÉORIES SOCIOLOGIQUES

Comte ► Voir p. 480
Marx ► Voir p. 517
Durkheim ► Voir p. 488

La sociologie a été conçue par ses fondateurs comme la science de la société. Que l'on recherche les grandes lois d'évolution de l'histoire (Comte, Marx), les régularités historiques (Weber), les relations fonctionnelles entre phénomènes sociaux (Durkheim), c'est finalement la même ambition généralisatrice qui est à l'œuvre.

Si, aujourd'hui, certains de ses secteurs évoluent quasiment comme des disciplines autonomes, il n'en reste pas moins que ce champ scientifique tient une place de choix dans l'ensemble des sciences humaines.

A. LES PRÉCURSEURS

LES THÉORICIENS DU CONTRAT

Les théoriciens du contrat sont les premiers à voir la société comme le produit de l'interaction des hommes et non comme l'émanation de la volonté divine ou l'expression d'un ordre qui les dépasse. En ce sens, ils sont considérés comme les précurseurs de la sociologie.

La doctrine du contrat social domine les XVIIe et XVIIIe siècles.

Le **contrat social** est un pacte par lequel les individus consentent à renoncer à leur liberté immédiate au profit de droits fondamentaux (liberté, sécurité, propriété) et acceptent l'autorité d'un État, dépositaire de la volonté générale et garant de ces nouveaux droits. Cette doctrine repose sur l'idée que l'individu est le fondement de la société, de l'État ou de l'autorité politique. La société n'est pas un phénomène naturel. Elle a pour acte fondateur une décision librement consentie des hommes qui la composent. Parmi les théories du contrat social, deux noms retiennent généralement l'attention : Hobbes et Rousseau.

Thomas Hobbes (1588-1679), philosophe anglais, s'est intéressé avant tout à la morale et à la politique, auxquelles il veut donner un véritable statut scientifique. Dans ses œuvres majeures, *Elements of Law* (1640), *De cive* (1642), et *Le Léviathan* (1651), il montre que la société est une réalité artificielle et fragile qui dépend du consentement des hommes. Contemporain de Descartes (1596-1650), il établit que l'ordre moral s'explique par des lois mécaniques.

L'**état de nature** est défini par Hobbes comme un état où les hommes vivent à l'état sauvage et se contentent de satisfaire les besoins fondamentaux, ne connaissant ni le langage, ni l'inégalité. Dans l'état de nature, les hommes sont à la fois égoïstes et égaux. Dans ces conditions, la méfiance mutuelle est la règle et il peut même arriver que, par ruse ou par coalition, le plus faible finisse par triompher du plus fort. C'est un « état de guerre de chacun contre chacun » où « l'homme est un loup pour l'homme ». Les **lois de nature (au sens de Hobbes)** sont un ensemble de règles découvertes par la raison qui permettent la vie en société. La première loi nous invite à réaliser la paix plutôt que la guerre pour assurer la survie et la protection de l'espèce humaine. Ces lois ne s'imposent pas d'elles-mêmes. Elles sont le fruit d'un pacte fondateur par lequel chacun remet à l'État le pouvoir qu'il a sur lui-même, à condition que les autres en fassent autant.

Jean-Jacques Rousseau (1718-1778), écrivain et philosophe, dénonce l'aliénation de l'homme et la contradiction entre la nature et la société dans quelques ouvrages fondamentaux : *Le Discours sur l'origine et les fondements de l'inégalité parmi les hommes* (1755), *Du contrat social* (1762).

Il inverse la problématique de Hobbes puisqu'il affirme que « l'homme est un être naturellement bon, aimant la justice et l'ordre ». Avec la civilisation apparaît la corruption humaine. Néanmoins, il n'en déduit pas que le retour à l'état de nature est souhaitable. La fondation d'une nouvelle cité exige que chacun renonce à ses droits naturels et se soumette au souverain. Mais cette soumission est en fait le degré suprême de la liberté, car elle affirme la primauté de la volonté générale qui émane de la communauté des sujets. L'existence d'une société libre suppose que chacun accepte et intériorise le contrat qui le lie aux autres.

CHARLES-LOUIS DE SECONDAT, BARON DE MONTESQUIEU

Après des études de droit, **Montesquieu** (1689-1755) devient conseiller au parlement de Bordeaux en 1724. À partir de 1731, il se consacre à la rédaction de ses œuvres politiques essentielles : *Les Considérations sur les causes de la grandeur des Romains et de leur décadence* (1734), *De l'esprit des lois* (1748), *Défense de l'« Esprit des lois »* (1750). Il introduit la méthode comparatiste en science politique en proposant une théorie des formes de gouvernement. Il a, par ailleurs, ébauché une théorie du déterminisme historique en soutenant que l'histoire est rationnelle et en proposant une définition

◄ **Science politique** Voir p. 13

moderne de la notion de loi : « Les lois sont des rapports nécessaires qui dérivent de la nature des choses. »

Dans sa théorie des gouvernements, Montesquieu définit trois types de régimes politiques caractérisés par leur nature et leur principe :

– la **république (selon Montesquieu)** est le régime où le peuple exerce la souveraineté et dans lequel la vertu est le principe fondateur ;

– la **monarchie (selon Montesquieu)** est le régime où un seul gouverne selon des lois fixes et établies et dans lequel l'honneur est le principe fondateur ;

– le **despotisme (selon Montesquieu)** est le régime où un seul gouverne sans lois et sans règles et dans lequel la crainte est le principe fondateur.

Par ailleurs, Montesquieu analyse la diversité des lois et des mœurs en les inscrivant dans une perspective résolument déterministe. Le **déterminisme (au sens général)** est une doctrine qui énonce que, lorsque les conditions d'un phénomène sont établies, ce phénomène ne peut pas ne pas se produire. Cette philosophie laisse évidemment peu de place à la liberté humaine. Il conçoit une théorie des climats, qui s'inscrit dans un cadre déterministe puisqu'elle pose que le climat a des effets sur la psychologie des peuples et leur organisation politique.

AUGUSTE COMTE

Auguste Comte, philosophe et sociologue français (1798-1857) est le père du **positivisme**, qui est une doctrine énonçant la nécessité de ne s'en tenir qu'aux faits. Les autres principes de cette doctrine sont : le refus de tout *a priori* aussi bien philosophique que scientifique, la valorisation de la démarche des sciences expérimentales et, corrélativement, l'affirmation que le critère de vérité est la vérification empirique. Il expose sa doctrine dans *Cours de philosophie positive* (1830-1842), *Discours sur l'esprit positif* (1844), *Catéchisme positiviste* (1852) et *Système de politique positive* (1852-1854). Comte crée en 1838 le mot « sociologie ».

La **sociologie (selon Comte)** est la vraie science de la nature humaine, se rapportant à l'étude positive de l'ensemble des lois fondamentales propres aux phénomènes sociaux. Pour Comte, il y a à la fois unité et hiérarchie des sciences. L'unité des sciences s'appuie sur le postulat que tous les domaines de connaissance doivent être étudiés selon les mêmes règles et les mêmes méthodes. La hiérarchie des sciences s'appuie sur le postulat que la sociologie est la science « finale », discipline totale de l'entendement humain. Selon la double loi qui énonce que « l'inférieur conditionne le supérieur » et que « le supérieur explique l'inférieur », la sociologie est tributaire des acquis des sciences de la nature, en même temps qu'elle finit par éclairer les autres sciences.

Il sépare la sociologie en deux branches : la statique sociale, qui est l'étude de l'anatomie de la société et des fondements de l'ordre social, et la dynamique sociale, qui est l'étude du développement de l'humanité, en route vers le progrès.

ANALYSES EMPIRIQUES ET MATHÉMATIQUE SOCIALE

Au début du XIXe siècle, la « question sociale » se pose avec acuité devant l'extension de la misère ouvrière consécutive au mouvement d'industrialisation. On voit alors apparaître un certain nombre de monographies. Une **monographie** est une analyse descriptive de phénomènes restreints. Elle se présente souvent sous la forme d'enquête de terrain. Ces monographies s'inscrivent dans des préoccupations d'ordre politique et éthique visant à mieux connaître les « classes dangereuses » qui sont une menace pour l'ordre social. Plusieurs d'entre elles sont restées célèbres :

◄ **Ordre social**
Voir p. 349

– en 1840, le médecin Louis Villermé (1782-1863) publie le *Tableau de l'état physique et moral des ouvriers employés dans les manufactures de coton, de laine et de soie*, qui décrit méticuleusement, en même temps qu'il les dénonce, les conditions de travail déplorables dont sont victimes les ouvriers de ces industries ;

– à la même époque, Friedrich Engels est à l'origine d'une enquête sur les conditions de vie des ouvriers de Manchester : *La Situation des classes laborieuses en Angleterre* ;

◄ **Engels**
Voir p. 485

– en 1855, Fréderic Le Play (1806-1882) fait paraître *Les Ouvriers européens*, résultat d'une observation détaillée des modes de vie des familles ouvrières réalisée dans toute l'Europe.

Ce recours aux observations empiriques se double d'un intérêt renouvelé pour la statistique puisque c'est à ce moment que l'on voit naître des instituts de recherche dans les différents pays d'Europe. Le Bureau de la statistique générale est créé en France en 1834.

Moyenne ►
Voir p. 545
Écart-type ►
Voir p. 547

Parallèlement, on voit aussi apparaître une **mathématique sociale**, science dont l'objet est de dégager des lois générales du comportement humain à partir des régularités observées, en s'appuyant sur le calcul des probabilités ainsi que sur certains outils statistiques (moyenne, écart-type).

Représentatif de ce courant d'analyse, Auguste Quetelet (1796-1874), statisticien belge, jette les bases d'une sociologie quantitative en appliquant la théorie des probabilités aux sciences morales et politiques.

B. DEUX AUTEURS CHARNIÈRES

Alexis de Tocqueville et Karl Marx ne sont pas, à proprement parler, des fondateurs de la sociologie ; ils n'ont pas participé à l'institutionnalisation de cette science sociale nouvelle. Mais la nature de leurs analyses de la société de leur époque et leur démarche donnent à leurs travaux une portée qui a nourri la sociologie.

ALEXIS DE TOCQUEVILLE

Alexis de Tocqueville (1805-1859) appartient à une vieille famille aristocratique du Cotentin, assez conservatrice. Son projet original est de décrire les origines et l'avenir des sociétés démocratiques. Après un séjour de neuf mois en Amérique (1831-1832), il rédige deux livres, en 1835 et en 1840, qui, réunis, constitueront son ouvrage *De la démocratie en Amérique*. Son but est d'étudier la société américaine, décrite comme la société démocratique idéale, et de réfléchir à l'avenir de ce type d'organisation sociale. Son deuxième ouvrage, *L'Ancien Régime et la Révolution* (1856), porte sur les origines de la Révolution française. Contrairement à l'opinion admise à son époque, il ne présente pas la Révolution comme une « rupture », mais plutôt comme une « évolution ». Selon lui, l'épisode révolutionnaire n'a rien apporté de fondamental.

Démocratie et mobilité sociale

La **démocratie au sens de Tocqueville** est définie comme un type de société caractérisée par l'égalisation des conditions. L'**égalisation des conditions** est le résultat d'un processus multiséculaire au terme duquel les distinctions traditionnelles de la société en ordres et classes sont abolies et où tous les individus qui composent cette société sont socialement égaux. Cette définition met donc l'accent sur la mobilité sociale entre les groupes sociaux ; elle ne signifie pas la disparition des inégalités économiques (il y a toujours des riches et des pauvres) et elle ne se réduit pas à une simple égalité juridique formelle entre citoyens.

La démocratie, qui est un mouvement irréversible dans les sociétés modernes, présente quelques avantages par rapport à la **société aristocratique**, qui est une société où il y a des distinctions héréditaires entre les individus, ce qui signifie que la position sociale de ceux-ci est assignée par la naissance et qu'il existe donc une hiérarchie sociale tout à fait rigide. Le premier de ces avantages est l'existence d'une mobilité sociale. Dans la démocratie, toutes les positions sociales sont ouvertes à tous et ces positions ne se transmettent pas de génération en génération. La démocratie est théoriquement un système méritocratique reposant sur le principe de la promotion des meilleurs, « d'où qu'ils viennent » (principe de l'égalité des chances). Le deuxième de ces avantages est la réduction des inégalités : dans une organisation démocratique, à la différence de la société aristocratique, on observe une diminution du nombre des individus très riches et également des individus très pauvres et, simultanément, le développement d'une importante classe moyenne qui devient ainsi le groupe social le plus important.

◄ **Mobilité sociale** Voir p. 374
◄ **Principe méritocratique** Voir p. 394
◄ **Égalité des chances** Voir p. 424
◄ **Inégalité** Voir p. 420

Les dangers qui guettent la démocratie

Si la démocratie représente un progrès sur le plan politique et social, Tocqueville insiste néanmoins sur les dangers qu'elle peut présenter.

Le premier de ces dangers est l'**individualisme (au sens de Tocqueville)**, tendance qui amène chaque citoyen à s'isoler de la masse de ses semblables et à se replier sur le groupe restreint que constituent sa famille et ses amis. En conduisant le citoyen à se désintéresser de la chose publique et des enjeux collectifs, l'individualisme attaque le principe même de la démocratie. Il constitue donc une menace pour le lien social.

◄ **Individualisme** Voir p. 483

Le deuxième danger est, selon Tocqueville, le **despotisme démocratique**, processus par lequel le repli des individus sur la sphère privée s'accompagne du développement d'un État centralisé et tout-puissant qui réglemente la vie des citoyens et supprime la liberté au sens positif du terme. Le désengagement vis-à-vis des affaires publiques conduit le citoyen à abdiquer de son droit de peser sur le destin collectif en en confiant la responsabilité à un État tutélaire supposé bienveillant en échange d'une certaine forme de tranquillité.

Tocqueville évoque un troisième risque pour la démocratie qu'il qualifie de **tyrannie de la majorité**, principe s'appuyant sur la légitimité de l'opinion majoritaire qui peut conduire à la négation des droits des minorités.

Pouvoir politique ►
Voir p. 434

Groupe social ►
Voir p. 336

Enfin, pour Tocqueville, la liberté est la valeur noble par excellente, qui incarne la fidélité par rapport à soi-même, la capacité de résistance par rapport au pouvoir politique. Mais, dans la société démocratique, la passion pour l'égalité devient plus forte que le goût pour la liberté, et il est donc à craindre que la contradiction entre égalité et liberté ne finisse par se résoudre par la suppression de la liberté. Le désir d'égalité devient toujours plus insatiable à mesure que l'on avance dans la direction de l'égalité. Le paradoxe n'est qu'apparent : quand les inégalités sont très fortes, les groupes sociaux sont à ce point éloignés les uns des autres que la revendication d'égalité est inexistante ; en revanche, quand les situations sociales se rapprochent (égalisation des conditions), les inégalités subsistantes deviennent intolérables, ce qui crée une **frustration relative**, écart entre les biens et les avantages sociaux auxquels un individu estime avoir droit et ceux qu'il possède réellement.

Décentralisation ►
Voir p. 455

Si ces dangers sont bien présents, Tocqueville n'affirme cependant pas que la démocratie est inéluctablement vouée à disparaître. Prenant appui sur l'expérience américaine, il énonce que la pérennité du système démocratique repose sur trois conditions, qui sont l'existence d'associations servant d'intermédiaires entre l'individu et l'État, la décentralisation de l'appareil politique, qui permet aux citoyens de gérer localement les affaires politiques, et l'influence de mœurs favorables à la démocratie.

KARL MARX

Né à Trèves en Allemagne, Karl Marx (1818-1883) a fait des études de philosophie avant de se retrouver écarté de l'enseignement pour des raisons politiques. Après avoir découvert le socialisme et lu les œuvres des grands classiques anglais, il a mené une vie de militant politique, de journaliste et de chercheur, et a passé les trente dernières années de sa vie en Angleterre. L'ambition de son œuvre est de créer une synthèse entre la philosophie, l'économie et l'histoire.

En tant que philosophe, Marx s'inspire du **matérialisme dialectique**, qui est une théorie générale du monde (selon Marx) ayant pour but de décrire les lois d'évolution du monde objectif et leur reflet dans la conscience humaine. À la différence de Hegel qui professe l'**idéalisme**, théorie qui affirme qu'il existe des idées antérieures à l'expérience et que l'accès à la connaissance se fait par la raison et le langage, Marx s'inscrit dans le **matérialisme**, conception qui postule que la réalité matérielle existe indépendamment de la pensée. Avec **Engels** (philosophe allemand proche de Marx, né en 1820 et mort en 1895, avec qui il a écrit de nombreux ouvrages et dont les contributions propres portent sur la condition ouvrière, sur la domination masculine, et aussi sur le socialisme allemand), Marx est à l'origine du **matérialisme historique**, doctrine philosophique donnant la priorité à l'économique sur le juridique, au politique sur le culturel. Selon cette pensée, il faut partir des structures et non des individus pour comprendre le monde. C'est ainsi qu'une société est d'abord caractérisée par son **infrastructure (selon Marx)**, base économique de la société constituée des forces productives et des rapports de production. Cette infrastructure commande la **superstructure (selon Marx)**, ensemble des institutions juridiques et politiques ainsi que des façons de penser. L'œuvre de Marx est immense : son livre principal est *Le Capital* (publié en trois tomes, de 1867 à 1894), mais il a aussi écrit de nombreux ouvrages de référence, dont *L'Idéologie allemande* (1846), *Misère de la philosophie* (1847), *Le Manifeste du parti communiste* (1848), *La Lutte des classes en France* (1849), *Le 18 Brumaire de Louis Bonaparte* (1851), dernier ouvrage dans lequel il développe son analyse empirique des classes sociales.

◄ **Forces productives**
Voir p. 517

◄ **Rapports de production**
Voir p. 518

Conflits et changement social

Les modes de production sont, selon Marx, des étapes bien déterminées du développement des sociétés, qui se succèdent dans l'histoire et sont caractérisés par des rapports de production et des forces productives spécifiques. Les forces productives rassemblent tout ce qui permet à une société de produire et se composent des ressources humaines et des ressources matérielles. Les rapports de production sont les rapports que les hommes nouent à l'occasion de la production, qui sont marqués par l'existence d'un droit qui règle les rapports de propriété, d'une

◄ **Mode de production**
Voir p. 517

Idéologie ►
Voir p. 471

idéologie qui structure la pensée des individus, etc. Le **mode de production capitaliste** se définit, selon Marx, par l'existence de la propriété privée des moyens de production et de la liberté de main-d'œuvre. En d'autres termes, il se caractérise par l'existence de classes sociales que l'on peut appréhender comme des groupes d'hommes qui occupent la même place dans les rapports de production, qui ont une conscience de classe, sentiment d'appartenir à un groupe ayant des intérêts communs, et qui s'organisent pour défendre leurs intérêts. À l'intérieur de cette définition globale, on parlera de **classe en soi** quand le seul lien qui unit les individus est cette similitude de positionnement dans les rapports de production, et de **classe pour soi** quand, en plus du positionnement objectif dans les rapports de production, les acteurs sociaux ont le sentiment d'avoir des intérêts en commun et qu'ils se mobilisent pour les défendre. Dans le mode de production capitaliste, les deux classes fondamentales sont les capitalistes, qui sont les personnes qui possèdent les moyens de production, et le prolétariat, composé des ouvriers qui vendent leur force de travail aux capitalistes. Même si Marx décrit parfois l'existence d'autres classes sociales, comme la paysannerie (qui est un exemple de classe en soi) et la petite bourgeoise (artisans, commerçants), le phénomène fondamental du capitalisme est pour lui la lutte des classes, à savoir l'affrontement entre le prolétariat et les capitalistes du fait de leurs intérêts économiques strictement antagonistes. En effet, seule la **force de travail au sens de Marx**, qui est l'ensemble des capacités physiques et intellectuelles que les travailleurs mettent à la disposition de leur employeur, est créatrice de valeur, et le profit qu'obtiennent les capitalistes résulte exclusivement d'une ponction sur la valeur créée par le travail, conformément à la théorie de la valeur travail. Ce profit provient donc de l'appropriation de la **plus-value**, que Marx définit comme la différence entre la valeur créée par la force du travail et la valeur de la force du travail (le salaire). Le **capital, au sens de Marx,** se compose ainsi de deux parties, à savoir le **capital constant au sens de Marx** (machines, matières premières, qui ont la propriété de ne pas créer de valeur, d'où l'appellation de capital mort) et le **capital variable, au sens de Marx**, à savoir la force du travail, seule créatrice de valeur. C'est donc l'exploitation qui consiste, pour les capitalistes, à s'accaparer d'une partie de la richesse créée par les travailleurs, qui ouvre la possibilité d'un conflit irréductible entre ces deux groupes sociaux. Pour augmenter leur part dans la richesse produite, les

Classe sociale ►
Voir p. 360

Capitaliste ►
Voir p. 360

Prolétariat ►
Voir p. 360

Lutte des classes ►
Voir p. 361

Profit ►
Voir p. 27

Théorie de la valeur travail ►
Voir p. 507

Exploitation ►
Voir p. 361

capitalistes cherchent toujours à augmenter soit la plus-value absolue, qui est l'augmentation de la plus-value qui résulte de l'allongement de la journée de travail, soit la plus-value relative, qui est l'augmentation de la plus-value par la hausse de la productivité du travail.

Capitalisme et paupérisation

La succession des modes de production est pour Marx irréductible parce que chaque mode de production engendre ses propres contradictions. Dans un premier temps, les rapports de production existants favorisent le développement des forces productives, puis, peu à peu, ces rapports font obstacle à leur extension. Il faut alors changer de mode de production. C'est ainsi que le mode de production antique, fondé sur l'esclavagisme, c'est-à-dire sur le fait que le travailleur n'est même pas propriétaire de son être, a été remplacé par le mode de production féodal basé sur le servage, où le serf est attaché à une terre et, de ce fait, dépendant du seigneur qui l'emploie, puis par le mode de production capitaliste. Le mode de production capitaliste génère lui aussi des contradictions qui aboutissent à l'aggravation de la lutte des classes, sous l'influence de deux lois :

– la première loi est la **loi de baisse tendancielle du taux de profit** : loi présentée par Marx selon laquelle, sous la pression de la concurrence, les capitalistes substituent le capital au travail ; ils remplacent le travail vivant par du travail mort. Comme le taux de profit est le rapport entre la plus-value et le capital engagé, celui-ci ne peut que diminuer, d'où l'extinction programmée du capitalisme ;

– la seconde loi est la **loi de paupérisation des travailleurs** : loi présentée par Marx qui énonce que, puisque le profit est toujours prélevé sur la valeur produite par la force du travail, les capitalistes ont intérêt à maintenir les salaires à leur niveau minimal ; cette paupérisation prend parfois des formes différentes et on distinguera la **paupérisation absolue** (selon Marx, appauvrissement réel des travailleurs se traduisant par une baisse de leur niveau de vie) et la **paupérisation relative** (selon Marx, détérioration de la situation des prolétaires par rapport à celle des autres acteurs de la vie économique).

◄ **Salaire**
Voir p. 190

◄ **Niveau de vie**
Voir p. 38

Ces contradictions du capitalisme doivent déboucher, selon Marx, sur sa disparition et sur l'avènement du mode de production socialiste, qui est le règne des producteurs associés, supprimant l'exploitation de l'homme par l'homme.

C. LES FONDATEURS

ÉMILE DURKHEIM

Philosophe de formation et héritier d'Auguste Comte, **Émile Durkheim** (1895-1917) n'aura de cesse, au cours de toute sa carrière, de convaincre la communauté scientifique de la légitimité et du bien-fondé de cette discipline nouvelle qu'est la sociologie. Il rédige quatre ouvrages qui feront date : *De la division du travail social* (1893), *Les Règles de la méthode sociologique* (1895), *Le Suicide* (1897), *Les Formes élémentaires de la vie religieuse* (1912).

La sociologie comme étude du fait social

Durkheim définit la sociologie à la fois par son objet et par sa méthode.

L'objet d'étude spécifique à la sociologie est le **fait social** qu'il définit, dans Les règles de la méthode sociologique, comme un phénomène extérieur à l'individu (l'individu n'est pas à son origine) et contraignant (le fait social s'impose à l'individu). Le suicide, par exemple, objet d'étude privilégié par Durkheim, est un fait social bien que résultant d'une action individuelle : en effet, les régularités statistiques qui l'accompagnent (taux de suicide masculin supérieur au taux féminin, corrélation positive avec l'avancée en âge, corrélation avec l'état matrimonial, etc.) prouvent que des variables sociales l'influencent profondément et qu'il échappe donc à la seule explication par la psychologie individuelle.

Une autre spécificité de la sociologie durkheimienne est que l'explication d'un fait social mobilise nécessairement un ou plusieurs autres faits sociaux.

On dit de cette démarche durkheimienne qu'elle est holiste. Le **holisme méthodologique** est une méthode sociologique qui affirme le primat de la société sur l'individu, ou encore du tout sur la partie, pour mettre en évidence les dimensions structurelles des comportements humains.

Intégration et solidarité

Dès 1893, dans *De la division du travail social* (1893), Durkheim pose une question fondamentale, celle de la nature du lien social. Contrairement à la tradition de la philosophie politique contractualiste (Rousseau), pour qui ce lien dépend avant tout des décisions volontaires des agents, et à la tradition des économistes libéraux (*Smith*) qui fait de la société la résultante des actions des individus recherchant leur intérêt privé, Durkheim énonce l'idée que le lien social est un lien moral issu de la **division du travail social**, c'est-à-dire de la différenciation des fonctions qui caractérisent les sociétés modernes. Elle présente ainsi toutes les caractéristiques d'un fait social.

◄ **Lien social**
Voir p. 384

Selon Durkheim, la cohésion sociale ne disparaît pas avec l'avènement de la société moderne, mais change de forme ; ce changement est résumé dans le passage de la solidarité mécanique à la solidarité organique. Dans les sociétés traditionnelles, la solidarité est mécanique, ce qui correspond à une société qui repose sur la similitude de ses éléments constitutifs. La spécialisation des tâches y est peu affirmée, de même que celle des individus. La **conscience collective**, qui est l'ensemble des sentiments et des croyances communs à la moyenne des membres d'une société, y est forte et le droit en vigueur est un **droit répressif**, droit qui sanctionne les fautes et les crimes. Au contraire, dans la société à solidarité organique, la différenciation des tâches et des individus existe et la présence de sous-groupes spécialisés ouvre la possibilité d'une autonomie individuelle. Cette solidarité est appelée organique par analogie avec les organes de l'être vivant qui, tout en remplissant chacun une fonction propre, participent néanmoins à la survie de l'ensemble. Dans la société à solidarité organique, le droit est un **droit restitutif**, droit qui ne sanctionne pas les fautes commises, mais qui a pour fonction de remettre les choses en l'état pour mieux organiser la coopération des individus. Le passage de la société à solidarité mécanique à la société à solidarité organique s'explique par l'accroissement de la **densité démographique** (selon Durkheim, nombre d'individus appartenant à une collectivité donnée), qui entraîne une augmentation de la **densité morale** (intensité des communications et des échanges entre les individus). Lorsque la population se concentre en certains lieux ou lorsque les moyens de communication s'accroissent, la concurrence s'affirme entre les différentes parties du

◄ **Solidarité mécanique**
Voir p. 386

◄ **Solidarité organique**
Voir p. 386

◄ **Crime**
Voir p. 351

corps social, et la spécialisation ainsi que la différenciation des fonctions sont une réponse adaptée à cette augmentation de la densité morale.

Division du travail ► Voir p. 202

Bureaucratie ► Voir p. 77

Anomie ► Voir p. 387

Si la division du travail produit de la solidarité, il n'en demeure pas moins qu'il en existe des formes anormales, qui sont des situations où le travail ne produit pas suffisamment de solidarité. Parmi ces formes, Durkheim distingue la bureaucratie, qui désigne le fait que les fonctions sont distribuées de façon qu'elles n'offrent pas de matière suffisante à l'activité de l'individu, l'inégalité des chances, qui recouvre à la fois l'inégalité dans l'accès aux positions sociales et l'inégalité dans les contrats (les objets ou valeurs échangés ne sont pas estimés à leur juste prix), l'anomie dans la sphère du travail, qui est l'absence d'une réglementation capable d'assurer la coopération entre des fonctions spécialisées. Il existe aussi une **division du travail anomique**, que Durkheim identifie avec les crises industrielles ou commerciales qui sont autant de ruptures de la solidarité organique, l'antagonisme du travail et du capital, qui devient plus fort avec la spécialisation des fonctions industrielles et la croissance des grandes unités de production, et la spécialisation, qui s'est introduite dans le travail scientifique au terme de laquelle la science n'a plus le sentiment de son unité.

Pour remédier à ces situations anormales, l'auteur de *De la division du travail social* suggère de mettre en place une institution nouvelle qui est la **corporation (selon Durkheim)**, groupement professionnel réunissant les ouvriers et les patrons par secteur d'activité pour créer un groupe social plus solidaire.

MAX WEBER

Sociologue allemand (1864-1920) dont la démarche est souvent opposée à Émile Durkheim. L'œuvre de **Weber** est considérable : elle comporte des études de méthodologie (*Essais sur la théorie de la science*, recueil d'écrits parus entre 1904 et 1919), des écrits historiques, des travaux de sociologie de la religion (*L'Éthique protestante et l'esprit du capitalisme*, 1904-1905). Son livre majeur, *Économie et société*, sera publié après sa mort, en 1922.

Une sociologie compréhensive

Max Weber a institué une démarche sociologique totalement différente de celle de Durkheim.

En effet, sa théorie de l'individualisme méthodologique, conception qui considère les faits sociaux comme la résultante de l'interaction d'un ensemble de comportements individuels, valorise le point de vue de l'acteur en cherchant à découvrir quelle signification celui-ci donne à ses actes. Cette démarche, qui considère l'acteur social comme autonome, va donc à l'encontre des présupposés holistes de Durkheim, qui affirment l'influence de la société sur les comportements individuels. Cette approche visant à comprendre le comportement social nécessite, selon Weber, une méthodologie spécifique : l'**idéal-type**, construction théorique obtenue en sélectionnant les caractéristiques permanentes d'un phénomène social au-delà de la diversité de ses manifestations.

◄ **Individualisme méthodologique**
Voir p. 385

Une théorie du désenchantement du monde

La **rationalisation des activités sociales** est, selon Weber, une des grandes tendances des sociétés modernes, caractérisées par l'élargissement du champ de l'action rationnelle. L'action rationnelle s'inscrit dans une typologie idéal-typique. Weber distingue quatre types d'**actions sociales** (activités qui sont menées en fonction du comportement des autres et qui ont une signification pour ceux-ci), qui sont les **actions affectives** (selon Weber, réactions instinctives guidées par la passion, comme la gifle donnée sous le coup de l'émotion), les **actions traditionnelles** (selon Weber, comportements guidés par la coutume ou encore croyances de longue date comme, le fait de fêter l'arrivée du printemps dans une société rurale), les **actions rationnelles en valeur** (selon Weber, actions fondées sur les valeurs et qui ne tiennent pas compte des avantages et des inconvénients liés à la poursuite de cette action ; c'est le cas lorsqu'on risque sa vie pour défendre son honneur ou quand le capitaine d'un navire en perdition se laisse couler avec le navire), et les **actions rationnelles en finalité**, qui sont, selon Weber, les actions motivées par un calcul où l'individu se fixe un objectif et détermine le moyen le plus efficace pour l'atteindre (ex. : lorsqu'un ingénieur veut construire un pont, il combine les éléments matériels sans s'interroger sur la valeur symbolique que peut représenter ce pont ; cette activité est sans « état d'âme », obéissant à l'utilitarisme).

◄ **Utilitarisme**
Voir p. 514

La rationalisation des activités économiques et sociales, qui met particulièrement en relief l'action rationnelle en finalité évoquée plus haut, a pour conséquence le **désenchantement du monde**, qui est le fait, selon Weber, que la science remplace progressivement la religion sous ses différentes formes comme facteur explicatif des phénomènes dont les hommes sont les témoins, ce qui signifie concrètement la disparition de la magie et du surnaturel comme explications du monde. La rationalisation s'inscrit dans l'ordre politique avec la transformation de la domination et l'émergence de la domination rationnelle, que l'on retrouve dans les organisations bureaucratiques et dans le système capitaliste de manière plus générale.

La **domination (selon Weber)** est la chance qu'a un acteur d'obtenir le consentement d'un autre acteur. Weber se demande pourquoi des individus acceptent d'obéir à un autre et trouve trois raisons stylisées (trois idéaux-types) qui correspondent à trois formes de domination :

– la **domination traditionnelle** est fondée, selon Weber, sur le caractère sacré des traditions et de ceux qui les incarnent ; on obéit au détenteur du pouvoir en vertu du respect qui lui est dû et de l'étendue de la coutume ;

– la **domination charismatique** est fondée, selon Weber, sur les qualités exceptionnelles d'une personne : on obéit alors au chef en tant que tel, en vertu de son héroïsme ou de sa valeur exemplaire ;

– la **domination rationnelle** est fondée, selon Weber, sur la croyance en la légitimité des décisions et du droit de ceux qui exercent la domination. Dans le cas de cette domination, qualifiée parfois de domination statutaire, on obéit à l'ordre impersonnel, objectif, en vertu de la légalité formelle des règlements et de leur étendue.

La rationalisation des activités sociales se traduit par une régression de la domination traditionnelle au profit de la domination rationnelle. Quant à la domination charismatique, elle apparaît bien souvent dans des périodes troublées de l'histoire et ne dure pas puisqu'elle est liée à la grâce d'un individu, se transformant assez vite en domination traditionnelle ou en domination rationnelle.

La bureaucratie est l'expression de la domination rationnelle dont la légitimité repose sur la validité des lois et des règlements. La **bureaucratie (au sens de Weber)** se caractérise par l'existence d'une division précise du travail, le fait que chaque fonction soit occupée par une personne dont la compétence est reconnue par des diplômes et des concours, l'impersonnalité de ces fonctions (les travailleurs ne sont pas propriétaires de leur emploi), l'existence d'une carrière du fonctionnaire dépendant du jugement de leurs supérieurs et la soumission à une discipline stricte et homogène ainsi qu'à un contrôle des activités. L'administration bureaucratique, par sa précision, sa permanence, sa discipline et aussi la confiance qu'elle inspire, est un modèle d'efficacité économique et sociale qui s'est imposé à partir de la révolution industrielle aussi bien dans l'État que dans les entreprises privées, ou même l'Église, les associations ou encore les partis politiques. Weber oppose notamment la bureaucratie à l'administration féodale, qui était fondée sur des relations personnelles et inégalitaires, sur des charges achetées et non sur une attribution des postes en fonction des compétences, et sur des tâches mal délimitées.

◄ **Révolution industrielle**
Voir p. 167

Le capitalisme est un autre exemple de la domination rationnelle. Par **capitalisme**, Weber entend l'existence d'entreprises combinant de façon rationnelle le travail et le capital afin de réaliser un profit. Ce capitalisme s'étant développé en Occident et prioritairement dans les pays protestants, Weber se demande si une certaine interprétation de la morale protestante (l'éthique protestante) n'est pas entré en convergence avec un état d'esprit privilégiant le calcul rationnel (l'esprit du capitalisme), ce qui serait un des facteurs explicatifs du décollage industriel. L'**esprit du capitalisme** est, selon Weber, une nouvelle façon de penser centrée sur la volonté d'utiliser ses ressources (le temps, l'argent, le travail, etc.) de la façon la plus efficace dans un but de rentabilité et d'accumulation. Cela se traduit par la recherche rationnelle du profit à travers l'exercice d'une profession, d'une vie sobre et de l'épargne. L'**éthique protestante** est une doctrine religieuse que Weber résume en cinq points :

◄ **Profit**
Voir p. 27

1 : il existe un Dieu tout-puissant qui gouverne le monde ;

2 : ce Dieu décide du salut ou non de chacun (théorie de la prédestination) ;

3 : Dieu a créé le monde pour sa propre gloire ;

4 : Dieu assigne à l'homme la tâche de créer son royaume sur terre ;

5 : le monde terrestre et ses plaisirs sont de l'ordre du pêché.

Cette éthique protestante serait, selon Weber, une incitation permanente à adopter un comportement rationnel reposant sur le travail sans relâche, sur le goût pour l'épargne et l'accumulation du capital. Il y a donc bien, selon Weber, une relation étroite entre l'éthique protestante et l'esprit du capitalisme, ce qui ne signifie pas que le protestantisme est la cause du capitalisme, mais qu'il y a une « affinité élective » entre ces deux ordres de réalité.

◄ **Épargne**
Voir p. 47
◄ **Accumulation du capital**
Voir p. 155

D. LES GRANDES THÉORIES SOCIOLOGIQUES CONTEMPORAINES

LE FONCTIONNALISME

Définition et origines du fonctionnalisme

Le **fonctionnalisme** est une théorie qui s'interroge sur la fonction que remplissent les phénomènes sociaux et qui rapporte chaque élément à la totalité à laquelle il appartient. Le courant fonctionnaliste doit beaucoup à l'ethnologie. Il fait suite à deux mouvements de pensée qui ont accompagné la naissance de cette discipline au XIXe siècle : l'évolutionnisme et le diffusionnisme.

L'**évolutionnisme** est une philosophie de l'histoire marquée par la croyance au destin ascendant de la civilisation et par la recherche d'une explication monocausale du devenir des groupes humains. L'évolutionnisme a connu son essor en ethnologie dans la seconde moitié du XIXe siècle, avec des auteurs comme L. Morgan, F. B. Tylor ou J. G. Frazer. Pour ces auteurs, les systèmes sociaux s'améliorent progressivement au fur et à mesure du déroulement de l'histoire, et cette amélioration concerne tous les domaines : économique, politique, religieux et social. D'un point de vue scientifique, les postulats de départ de l'évolutionnisme sont très discutables. Il n'y a pas de trajectoire unique de l'humanité, avec un point initial et un stade ultime de développement. Toute **téléologie** (explication des faits par une cause finale) doit être rejetée dès lors qu'il est question des affaires humaines. L'histoire n'est pas faite de gains cumulatifs : il y a des moments de stagnation, de retour en arrière, de dégénérescence.

Ethnologie ▶ Voir p. 10

Le **diffusionnisme** est une théorie qui interprète les similitudes d'organisation sociale comme le fruit d'un processus de diffusion à partir de quelques aires déterminées alors que, pour les évolutionnistes, l'explication doit être recherchée du côté de l'existence de lois de l'évolution. Le diffusionnisme est né d'une opposition à l'évolutionnisme, à la fin du XIXe siècle. La problématique commune des deux courants est de rendre compte de l'existence de traits communs entre des sociétés au même stade d'évolution.

La pensée diffusionniste est représentée par plusieurs écoles. Pour l'école britannique (G. Elliot-Smith, W. J. Perry), l'ensemble des civilisations a pris naissance en Égypte pharaonique.

Cette approche extrême et réductrice est qualifiée d'hyperdiffusionnisme. Pour l'école germano-autrichienne (E. Graebner, W. Schmidt), les différentes cultures ont pour origine un nombre limité de foyers culturels. On formulera, par exemple, l'hypothèse d'influences méditerranéennes sur les civilisations africaines. Enfin, l'école américaine (F. Boas, R. H. Lowie, C. Wissler, A. C. Kroeber, E. Sapir, M. J. Herkovits) met l'accent sur les phénomènes d'emprunt et d'acculturation. Lowie définit la culture comme « un manteau d'Arlequin fait de pièces rapportées » ; Wissler introduit le concept « d'aire chronologique ». Si l'approche diffusionniste a permis des apports significatifs par l'étude des contacts interculturels, elle a l'inconvénient d'exagérer l'ampleur du mécanisme de diffusion ainsi que d'émettre des hypothèses fantaisistes issues du rapprochement d'analogies superficielles entre civilisations.

◄ **Acculturation**
Voir p. 330

Un fonctionnaliste : Robert Merton

Sociologue américain, **Merton** (1910-2003) a prolongé le travail des ethnologues et élaboré les principes d'une analyse fonctionnelle dans son ouvrage fondamental, *Éléments de théorie et de méthode sociologique* (1949). Il y récuse à la fois l'empirisme excessif d'une certaine sociologie (**empirisme** : théorie selon laquelle la connaissance provient des faits, s'opposant ainsi au **rationalisme**, théorie qui affirme que la raison fonde la connaissance et que l'accès à la vérité découle de la seule logique de la pensée) et le fonctionnalisme abstrait qui évite la confrontation avec les données. Le fonctionnalisme de Merton cherche donc à dépasser à la fois l'accumulation aveugle de données statistiques et les théories produites sans support factuel.

Merton fait porter la critique sur ce qu'il considère comme les trois postulats de l'analyse ethnologique :

– le postulat de l'unité fonctionnelle, qui consiste à appréhender la société comme un ensemble homogène. Merton préfère mettre l'accent sur la diversité des groupes sociaux dans les sociétés modernes ;

◄ **Groupe social**
Voir p. 336

– le postulat de l'universalité, selon lequel tous les usages sociaux ont une fonction. Pour Merton, il y a des **survivances**, usages qui se maintiennent dans une société sans avoir de fonction apparente, voire entravent le fonctionnement de la société. Par exemple, si on partage une vision à la fois égalitaire et progressiste, on pourrait dire que la fonction de sélection de l'école est une survivance.

À une certaine époque, pas si lointaine, l'école avait pour fonction de sélectionner une élite. Elle a aujourd'hui pour mission de promouvoir le plus grand nombre. Mais les filières qui reproduisent l'élite demeurent : s'agit-il d'une survivance ?

– le postulat de la nécessité fonctionnelle des activités sociales, pour lequel toutes les activités sont indispensables au bon fonctionnement de la société. Merton affirme plutôt qu'une même fonction peut être remplie par plusieurs activités organisées et que la disparition de l'une d'entre elles ne menace pas le système. C'est ce qu'il appelle l'équivalent ou le substitut fonctionnel des activités (par exemple, l'entreprise est un lieu de production ; elle peut devenir aussi un milieu de socialisation).

Critère de réfutabilité ►
Voir p. 8

Bureaucratie ►
Voir p. 77

Merton a mis en évidence quelques points de méthode qui feront date. Le premier consiste à promouvoir un fonctionnalisme moderne qui s'appuie sur des **théories à moyenne portée**, qui sont des théories qui n'ont pas d'ambition généralisante (il ne s'agit plus de dégager des « lois » valables en tous temps et en tous lieux) et qui sont soumises au critère de réfutabilité. Le second démontre l'existence de relations fonctionnelles et dysfonctionnelles à l'intérieur d'une même activité sociale (**dysfonction** : fonctionnement pathologique d'un système donné). Par exemple, la bureaucratie est à la fois fonctionnelle par son efficacité et dysfonctionnelle par la rigidité et la routine qu'elle engendre. Le troisième pointe les fonctions latentes et les fonctions manifestes des phénomènes sociaux. Si ceux-ci ont, pour Merton, une **fonction manifeste**, c'est-à-dire une fonction qui correspond à leur finalité objective, ils ont aussi une **fonction latente**, c'est-à-dire une fonction différente de l'objectif recherché. L'école, par exemple, a pour fonction manifeste d'élever le niveau de formation de la population ; elle peut avoir pour fonction latente de reproduire les classes sociales.

LE STRUCTURALISME

Le **structuralisme** est une théorie qui tente d'expliquer les faits sociaux en considérant la primauté du tout sur les parties.

Le structuralisme de Claude Lévi-Strauss

◄ **Anthropologie**
Voir p. 10

En anthropologie, le structuralisme se confond avec l'œuvre de **Lévi-Strauss** (1908-2009), anthropologue et ethnologue français qui a exercé une influence décisive sur les sciences humaines de la seconde moitié du XXe siècle en étant le promoteur de l'analyse structurale. Ses principaux ouvrages sont *Les Structures élémentaires de la parenté* (1949), *Tristes tropiques* (1955) et *Anthropologie structurale* (1958).

Afin d'appliquer la méthode structurale de la linguistique à l'ethnologie, Lévi-Strauss considère la réalité comme un « système de signes ». La **structure** est un mode de formalisation qui revêt un caractère de système parce que le tout prime sur les composants : les liens entre les différents termes sont plus importants que les termes eux-mêmes. Appliquée à l'anthropologie, cette démarche consiste à partir des pratiques sociales observées, des mythes, des rites, des coutumes, et à retrouver les structures élémentaires sous-jacentes.

Lévi-Strauss dévoile les invariants structuraux à partir de l'étude des règles de la parenté. La prohibition de l'inceste est une règle universelle qui n'a pas de fondement biologique. Elle est le point de passage entre la nature et la culture et a pour finalité d'instaurer la circulation des femmes dans un espace donné. En effet, la règle d'exogamie permet de constituer de nouvelles formes de lien social.

L'analyse des mythes obéit à la même logique. Au-delà de la narration des histoires, il s'agit de dégager la « matrice de signification » permettant de mieux connaître la pensée objectivée et ses mécanismes.

L'inconvénient du structuralisme est lié à la méthode employée. Par définition, le structuralisme est plus attentif à l'étude de formes abstraites qu'à celle des rapports réels. Ainsi l'histoire et les rapports de domination sont-ils mis entre parenthèses au profit de la recherche de lois universelles. En outre, une question demeure : si l'esprit humain est invariable, comment expliquer l'existence de la diversité culturelle ?

Valeur ►
Voir p. 324

Le structuro-fonctionnalisme de Talcott Parsons

Le **structuro-fonctionnalisme** est une théorie qui aborde l'étude des phénomènes sociaux envisagés dans leur globalité, à partir de leur fonction.

Talcott Parsons (1902-1979), sociologue américain, a construit une théorie sociale qui insiste sur l'intériorisation des systèmes de valeurs, mais qui a pour inconvénient de surestimer la capacité des sociétés à maintenir leur identité. Très connu aux États-Unis dans les années 1960, il a tenté de construire une synthèse des œuvres de Durkheim, Pareto et Weber. Ses principaux ouvrages sont : *The Structure of Social Action* (1937), *The Social System* (1951), *Economy and Society* (1956).

Parsons relie les fonctions à un ensemble intégré formant système. C'est en ce sens qu'il s'agit d'une **théorie structuro-fonctionnaliste**, c'est-à-dire une théorie qui pose que la société moderne est un système global. Elle est structurée selon lui en quatre sous-systèmes qui ont chacun leur fonction particulière. Ces quatre fonctions définissent le système AGIL :

– le sous-système économique répond aux besoins d'adaptation au milieu extérieur (A, pour *adaptation*) ;

– le sous-système politique remplit la fonction de réaliser les fins (G, pour *goal attainment*) ;

– le sous-système intégratif permet de coordonner les différentes parties et de stabiliser l'ensemble (I, pour *integration*) ;

– le sous-système culturel remplit la fonction de maintenir des modèles latents de valeurs (L pour *latency*).

Le structuralisme constructiviste de Pierre Bourdieu

Pierre Bourdieu (1930-2002) appartient au structuralisme constructiviste, courant de pensée insistant sur les structures objectives qui, indépendamment de la volonté des agents, orientent leurs pratiques et leurs représentations. Il développe également l'idée qu'il y a une genèse sociale des schèmes de perception. Ses principaux ouvrages sont : *Les Héritiers* (1964), *Le Métier de sociologue* (1968), *La Reproduction* (1970), *La Distinction, critique sociale du jugement* (1975).

D'après Bourdieu, l'espace social est structuré en différents champs. Un **champ social (selon Bourdieu)** est un espace délimité par des pratiques et des institutions sociales (sport, travail, mode...).

Chaque champ est organisé par des positions dominantes qui déterminent les règles à respecter et les luttes pour la conquête de situations sociales. Sur chaque champ, les luttes des agents s'organisent en **stratégies de subversion** (stratégies visant à renverser les rapports de forces) et en **stratégies de conservation** (stratégies visant à maintenir ces mêmes rapports).

Un **capital (selon Bourdieu)** est une ressource rare dont un individu tire un avantage matériel (principalement un revenu) ou symbolique (prestige social). Les individus cherchent à valoriser ce capital et à le transmettre à leurs enfants.

Bourdieu distingue trois capitaux essentiels : les capitaux économique, culturel et social :

– le **capital économique** est le patrimoine (biens mobiliers et immobiliers) qu'un individu cherche à valoriser parce qu'il lui procure des avantages matériels ;

– le capital culturel est l'ensemble des ressources culturelles qu'un individu peut utiliser dans une stratégie de reproduction ou d'ascension sociale. Les familles cherchent à améliorer ce capital culturel principalement grâce à la scolarisation de leurs enfants. Le capital culturel se décline sous trois formes : l'*habitus*, les biens culturels (objets d'art par exemple) et les diplômes, qui sont des reconnaissances administratives d'un *habitus*.

◄ **Capital culturel**
Voir p. 366

L'***habitus*** est l'ensemble des goûts et aptitudes acquis lors du processus de socialisation. Cet *habitus* permet à l'individu d'exprimer des préférences et de faire des choix, même en face d'une situation inédite. Selon Bourdieu, ce concept d'*habitus* permet d'expliquer l'influence qu'exerce la culture sur le comportement humain, sans pour autant postuler un déterminisme culturel. En effet, la socialisation ne transmet pas des comportements stéréotypés, mais des goûts et des aptitudes qui font que les choix individuels gardent une part d'indétermination tout en étant sous influence culturelle ;

◄ **Socialisation**
Voir p. 314

– à ces deux formes essentielles de capital, Bourdieu ajoute le capital social, qui résulte des deux premiers et en favorise l'accumulation. Le **capital social (selon Bourdieu)** est l'ensemble des relations qu'un agent peut mobiliser afin de maintenir ou d'améliorer sa position sociale.

Un **agent (selon Bourdieu)** est un individu dont les choix sont influencés par ses capitaux (en particulier l'*habitus*), donc par sa place dans l'espace social. Bourdieu utilise le terme d'« agent » pour signifier que cet individu agit, mais également « qu'il est agi », c'est-à-dire que ses actions résultent de sa place dans la structure sociale.

La place des agents dans l'espace social, leur capital culturel et, tout particulièrement, leur *habitus* favorisent des pratiques sociales et un **style de vie (selon Bourdieu)**, qui est un ensemble de goûts, de croyances et de pratiques caractéristiques d'une classe sociale.

D'AUTRES THÉORIES SOCIOLOGIQUES

Alain Touraine et la sociologie de l'action

Né en 1925, **Alain Touraine** développe une théorie sociologique particulière : l'actionnalisme. L'**actionnalisme** est une théorie qui énonce que l'organisation sociale ne préexiste pas à l'action sociale. Le sociologue étudie la production de la société à travers l'analyse du système d'acteurs, acteurs qui se définissent par rapport à des orientations culturelles et à des rapports sociaux. Ses principaux ouvrages sont : *L'Évolution du travail ouvrier aux usines Renault* (1955), *La Société post-industrielle* (1969), *Production de la société* (1973), *La Voix et le Regard* (1978), *Le Retour de l'acteur* (1984).

Au cœur de sa démarche, on trouve le concept d'**historicité**, qui est la « capacité d'une société à produire ses propres règles ».

La méthode sociologique prônée par Touraine repose sur l'**intervention sociologique**, qui est « l'action du sociologue pour faire apparaître les rapports sociaux et en faire l'objet de l'analyse ». Par conséquent, le sociologue n'est pas neutre : il est suffisamment engagé pour saisir les enjeux de la lutte et favoriser la prise de conscience et l'action. Il doit aussi conserver une distance critique lui permettant de comprendre et de questionner le mouvement social.

Mouvement social ►
Voir p. 415

Interactionnisme symbolique et ethnométhodologie

Le terme interactionnisme symbolique a été employé la première fois par Blumer dans les années 1930, dans le prolongement des travaux de l'école de Chicago. L'**école de Chicago** est un groupe de sociologues des années 1920 qui se sont penchés sur la croissance urbaine de cette ville et la cohabitation de plusieurs communautés ethniques. En se plaçant du point de vue des immigrés eux-mêmes, ils montrent comment ceux-ci perçoivent leur condition et quelle représentation ils ont de la société qu'ils intègrent.

L'**interactionnisme symbolique** est une théorie sociologique qui postule que la société est le produit des interactions ou actions réciproques des individus. Si l'ordre culturel normatif existe, il a surtout besoin d'être intériorisé au cours d'interactions qui fondent l'identité. L'interaction est une relation entre individus, temporaire, fragile, toujours reconstruite, pour comprendre et agir sur le monde.

◄ **Identité**
Voir p. 314

Erving Goffman (1922-1982), le plus connu des représentants de l'interactionnisme symbolique, a porté une attention privilégiée aux rites d'interaction qui se dévoilent dans les conduites les plus ordinaires (quotidiennetés). Les **rites d'interaction** sont les façons dont les individus mettent en scène leur vie tout en étant attentifs à l'image qu'ils donnent d'eux-mêmes et en s'efforçant de ne pas perdre la face par rapport à autrui. Le respect de ces règles s'apparente à un véritable rituel. Ce sont, par exemple, des « rites d'évitement » (ne pas poser de questions dérangeantes ou ne pas s'imposer à autrui) ou des « rites de présentation » (salutations, félicitations lors d'un heureux événement...). L'interaction sociale s'inscrit donc dans des règles strictes qui la rendent possible, mais elle peut être menacée par les stigmates dont chacun est porteur. Un **stigmate (selon Goffman)** est une caractéristique propre à l'individu qui le discrédite aux yeux des autres, le faisant passer pour une personne d'un statut moindre ou qui l'empêche d'être pleinement accepté par la société.

L'**ethnométhodologie** est une théorie sociologique qui s'attache à étudier les méthodes cognitives auxquelles les individus recourent dans les situations de la vie quotidienne. Cette approche refuse la distinction entre savoir profane et savoir scientifique et analyse la relation sociale comme une création permanente des acteurs à travers des accomplissements pratiques. Parmi les concepts qu'elle a développés, on retiendra surtout ceux de réflexivité et d'indexicalité :

– la réflexivité fait référence aux interactions langagières qui décrivent et constituent simultanément la vie sociale ;

– l'indexicalité est l'ensemble des déterminations contextuelles qui s'attachent à une matière ou à une signification.

Un autre représentant éminent de l'interactionnisme est Howard Becker, qui s'est particulièrement intéressé à l'étude de la déviance dans *Outsiders* (1963).

◄ **Déviance**
Voir p. 350

L'individualisme méthodologique de Raymond Boudon

Né en 1934, **Raymond Boudon** a été à l'origine de l'essor du paradigme de l'individualisme méthodologique en France depuis le début des années 1970. Il s'est d'abord intéressé à l'étude des méthodes quantitatives en sociologie (*L'Analyse mathématique des faits sociaux*, 1967), puis à la sociologie de l'éducation et de la mobilité sociale (*L'Inégalité des chances*, 1973) ainsi qu'à l'analyse des processus du changement social (*Effets pervers et ordre social*, 1977 ; *La Place du désordre*, 1984). Plus récemment, ses recherches ont porté sur les croyances collectives pour lesquelles il fournit un modèle d'explication rationnelle (*L'Idéologie*, 1986 ; *L'Art de se persuader,* 1990 ; *Le Juste et le Vrai*, 1995).

La sociologie de Boudon est une sociologie de l'action baptisée **actionnisme**, théorie sociologique qui repose sur l'individualisme méthodologique et sur une certaine conception de la rationalité.

L'individualisme méthodologique de Boudon suppose de considérer que l'individu est le point de départ de l'investigation sociologique, à condition de considérer que celui-ci n'agit pas dans un vide social, mais dans un contexte plus ou moins contraignant. À partir d'informations sur ce contexte et sur sa psychologie, on explique le comportement de l'acteur en reconstituant de manière schématique sa motivation. Par **rationalité située**, il entend une rationalité qui énonce le principe suivant : le comportement de l'agent est rationnel chaque fois que celui-ci se donne de bonnes raisons d'agir de telle ou telle sorte. Cette conception de la rationalité est très extensive puisqu'elle vise même les actes émotionnels ou traditionnels que Weber rangeait à part.

Weber ►
Voir p. 490

Pour Boudon, la sociologie a pour finalité d'analyser les **effets émergents** qui sont les effets résultant de l'agrégation des comportements individuels. On distinguera l'**agrégation simple**, qui est la sommation simple de comportements individuels, de l'**agrégation complexe**, qui est la somme de comportements susceptibles d'engendrer des effets pervers. Par exemple, l'accroissement de l'investissement scolaire de chacun correspond à un calcul rationnel (désir de promotion sociale par l'école). Il débouche sur la dévalorisation des titres scolaires et le relâchement du lien entre école et mobilité sociale (effet pervers ou non voulu).

Mobilité sociale ►
Voir p. 374

27

THÉORIES ÉCONOMIQUES

A. INTRODUCTION : L'ÉMERGENCE DE LA PENSÉE ÉCONOMIQUE

LE COURANT MERCANTILISTE

Le **mercantilisme** est un courant économique qui a débuté au XVIe siècle et qui a duré jusqu'au XVIIIe siècle. Les mercantilistes considèrent que la richesse est avant tout monétaire et fondée sur la possession des métaux précieux. Ils pensent que l'État doit intervenir dans l'économie pour favoriser cet enrichissement monétaire.

La pratique mercantiliste diffère suivant les pays :

– le **mercantilisme espagnol** est une forme de mercantilisme qui considère qu'il faut accroître les richesses en or grâce aux mines des colonies ;

– le **mercantilisme anglais** est une forme de mercantilisme qui considère qu'il faut exporter le plus possible aux prix les plus élevés, et importer le moins possible. Cela permet de dégager un excédent commercial, qui fait rentrer de l'or dans le pays. Le mercantilisme anglais est donc avant tout un mercantilisme protectionniste ;

Protectionnisme ► Voir p. 265

– le **mercantilisme français** est une forme de mercantilisme qui cherche à développer l'activité manufacturière. Les importations doivent se limiter aux matières premières, tandis qu'il faut exporter des produits manufacturés à prix élevé. Le mercantilisme français, qui a connu son apogée avec le colbertisme, préconise donc un protectionnisme sélectif et une politique industrielle de création et de développement de manufactures d'État et de manufactures royales.

Politique industrielle ► Voir p. 234

Les trois mercantilistes français qui ont le plus marqué l'histoire de la pensée économique sont Jean Bodin, Antoine de Montchrestien et Jean-Baptiste Colbert.

Penseur politique français, **Jean Bodin** (1530-1596) est connu pour ses contributions à la pensée mercantiliste et pour avoir posé les premières bases de la théorie quantitative de la monnaie. Ses principaux ouvrages sont *La Réponse aux paradoxes de Malestroit* (1568) et *Les Six Livres de la République* (1576).

Théorie quantitative de la monnaie ► Voir p. 99

La pensée de Jean Bodin se différencie de celle de son époque, car il affirme que l'abondance des métaux précieux n'est pas un facteur d'enrichissement. Au contraire, celle-ci provoque une augmentation des prix. Il considère que c'est la croissance démographique qui fait la prospérité et le dynamisme des nations.

Solde démographique ► Voir p. 208

Mercantiliste français, **Antoine de Montchrestien** (1575-1621) a créé le terme d'« économie politique ». Il préconise une politique industrielle, protectionniste et coloniale menée par un État interventionniste (*Traité d'économie politique*, 1615).

◄ **Politique industrielle**
Voir p. 234

Il pense qu'il sort davantage de métaux précieux de France qu'il n'en rentre, car les traités de commerce ne sont pas équitables et défavorisent la France au profit des autres pays. La politique royale doit donc chercher à rétablir la balance du commerce. Pour cela, l'État doit favoriser l'établissement de manufactures, renforcer la réglementation protectionniste et assurer l'essor du commerce maritime en créant des compagnies de commerce et en menant une politique d'expansion coloniale.

La politique protectionniste, manufacturière et coloniale préconisée par Montchrestien a été timidement engagée par Henri IV, mais elle n'est réellement appliquée qu'un demi-siècle plus tard par Jean-Baptiste Colbert.

Contrôleur général des finances, secrétaire d'État à la maison du roi et à la marine, **Jean-Baptiste Colbert** (1619-1683) a conduit une politique industrielle et commerciale (protectionnisme) inspirée du mercantilisme. Ses Lettres, instructions et mémoires ont été publiées en 1861.

◄ **Protectionnisme**
Voir p. 265

Les principes de Colbert sont assez libéraux, mais il considère que l'État a de nombreux devoirs, dont les principaux sont de gérer sainement l'économie en se gardant de s'endetter (la collecte des impôts doit être centralisée et menée avec rigueur), de mener une politique protectionniste dont les principales modalités sont le relèvement systématique des droits de douane – notamment afin de protéger les nouvelles industries – et l'interdiction d'exporter des céréales, d'encourager la création de manufactures et de compagnies de commerce et d'améliorer les infrastructures.

LES PREMIERS LIBÉRAUX : LES PHYSIOCRATES FRANÇAIS

Le **libéralisme** est une pensée économique qui considère qu'il faut respecter l'ordre naturel de l'économie et qui critique les interventions économiques de l'État. Selon les libéraux, les comportements individuels s'agrègent harmonieusement : chaque individu en recherchant son intérêt personnel œuvre pour l'intérêt général.

Les principales écoles libérales sont les écoles physiocrate, classique, néoclassique et néolibérale.

La **physiocratie** est un courant économique français du XVIIIe siècle qui considère que l'État ne doit pas intervenir dans l'économie et qu'il doit respecter les lois physiques qui la guident. Selon cette école de pensée libérale, la production est uniquement agricole.

On peut considérer que Cantillon est un précurseur du courant physiocrate.

Économiste français, **Richard Cantillon** (sa vie est une énigme : naissance entre 1680 et 1690 et décès officiel par accident en 1734, mais son décès a peut-être été maquillé pour échapper aux poursuites judiciaires dont il faisait l'objet) est le premier à se démarquer de la pensée mercantiliste et à poser les fondements de la théorie classique (*Essai sur la nature du commerce en général*, 1755).

Le chef de file de la physiocratie est **François Quesnay** (1694-1774) ; il est surtout connu pour son libéralisme qui rompt avec la pensée mercantiliste et pour son tableau économique qui représente le premier circuit économique (*Le Tableau économique*, 1758). Il considère que seule l'agriculture crée des richesses.

Économiste français lié au mouvement physiocrate, **Anne Robert Turgot** (1727-1781) a été contrôleur général des finances. Il est le premier à affirmer que le salaire est de subsistance et que les rendements de l'agriculture sont non proportionnels aux dépenses engagées (*Réflexions sur la formation et la distribution des richesses*, 1766).

Les physiocrates considèrent que ce qui compte c'est la production de richesses, pas les richesses monétaires comme l'entendent les mercantilistes, mais les richesses agricoles. Seule l'agriculture est en mesure de produire un surplus au-delà des matériaux utilisés, c'est-à-dire un produit net. L'activité manufacturière est stérile, car elle ne dégage aucun produit net : elle transforme les richesses, mais n'en crée pas. L'industrie est tout de même utile, puisqu'elle fournit à l'agriculture des biens de production que les physiocrates nomment « avances » et dont l'utilisation permet d'augmenter les rendements.

Comptabilité nationale ► Voir p. 130

Le **tableau économique** (1758) de Quesnay est une représentation de la circulation des flux réels et monétaires ; il est considéré comme la première tentative de comptabilité nationale. Par le jeu des échanges, les dépenses des uns constituent les gains des autres.

Les physiocrates sont à l'origine de trois avancées considérables de la théorie économique : ils sont les premiers libéraux, ils prônent l'enrichissement matériel et non monétaire et ils ont créé le premier circuit économique.

B. LES CLASSIQUES ET LES NÉOCLASSIQUES

L'**école classique** est le courant qui est à l'origine du libéralisme moderne. Elle s'échelonne de la fin du XVIIIe siècle au milieu du XIXe siècle. Les idées principales de l'école classique sont l'harmonie des intérêts individuels, le respect de l'ordre naturel, donc la nécessaire non-intervention de l'État dans l'économie. L'école classique a fondé la théorie de la valeur travail.

Le fondateur de l'école classique est Adam Smith.

LES PRINCIPAUX AUTEURS CLASSIQUES

Adam Smith

Économiste classique britannique, **Adam Smith** (1723-1790) est considéré comme le fondateur de la pensée libérale moderne. Il affirme que, pour favoriser l'enrichissement des nations, il faut encourager la division du travail, laisser les individus œuvrer pour leur intérêt personnel et libéraliser les échanges. Ses principaux ouvrages sont *Théorie des sentiments moraux* (1759) et *Recherches sur la nature et les causes de la richesse des nations* (1776).

Adam Smith considère que, contrairement à ce qu'affirment les mercantilistes, la véritable richesse n'est pas l'or, mais le produit que l'on peut consommer. Il pose la **théorie de la valeur travail** qui est un principe affirmant que la valeur des marchandises résulte de la quantité de travail nécessaire pour les produire. La richesse provient donc de la production matérielle. Smith présente dans son ouvrage les moyens d'accroître cette production afin d'enrichir la nation :

– la division du travail ;

◄ **Division du travail**
Voir p. 202

– la liberté de s'enrichir : Smith énonce le principe de la « **main invisible** » (principe selon lequel en œuvrant pour leur intérêt personnel, les individus enrichissent la nation tout entière). L'État doit donc laisser les individus libres. Le rôle de cet État minimal se limite à trois fonctions : protéger la nation contre les autres nations (armée), protéger les individus contre l'injustice et l'oppression (justice et police) et s'occuper des travaux d'infrastructures nécessaires pour le développement économique et non rentables pour le secteur privé ;

Libre-échange ► Voir p. 264

– le libre-échange et la spécialisation internationale, qui permettent d'acheter à l'extérieur ce qui y est moins cher. Smith comprend que le libre-échange mène inévitablement à la spécialisation internationale ; celle-ci est fortement souhaitable, car elle permet d'optimiser les avantages de chaque pays. Sa théorie des avantages absolus (l'expression n'est pas de Smith) montre que chaque pays a intérêt à se spécialiser dans les produits pour lesquels il est le plus avantagé (ceux qui nécessitent le moins de travail pour les produire) et à abandonner la production des autres produits en recourant aux importations.

Avantage absolu ► Voir p. 266

Division du travail ► Voir p. 202

La division du travail est le meilleur moyen d'accroître la richesse des nations, car elle augmente la force productive du travail. Pour illustrer ce phénomène, Smith prend l'exemple d'une manufacture d'épingles. Sans division du travail, un ouvrier seul aurait bien du mal à produire 20 épingles dans une journée ; en revanche, dans la petite manufacture prise en exemple par Smith, les 10 ouvriers qui se partagent les 18 opérations nécessaires pour faire une épingle parviennent à produire 48 000 épingles par jour, soit une moyenne de 4 800 épingles par ouvrier. Trois principales raisons expliquent que la division du travail permette d'augmenter la force productive : l'accroissement de l'habileté dû à la spécialisation dans une opération très simple ; le temps gagné à ne pas passer continuellement d'une tâche à une autre ; l'emploi des machines que la division du travail rend possible. On peut remarquer que selon Smith, le changement technologique est endogène dans la mesure où c'est la division du travail qui conduit à l'amélioration des techniques.

L'**extension des marchés** (c'est-à-dire, selon Smith, la croissance des échanges) résulte de différents facteurs :

– le penchant naturel que les hommes ont à échanger : naturellement les hommes ont tendance à échanger, donc à se spécialiser dans les travaux dans lesquels ils sont les plus habiles. C'est la recherche de leur intérêt personnel qui permet de développer les échanges, la production, donc la consommation ;

– la liberté dans le commerce : cela est vrai pour le commerce intérieur, mais aussi pour le commerce avec le reste du monde ; le libre-échange accroît la taille du marché, donc encourage à produire ;

– la division du travail : en augmentant la production, elle permet d'accroître les échanges.

À son tour, le degré de division du travail résulte de l'étendue du marché : lorsque les échanges sont nombreux, la production peut être importante, donc la division du travail peut être forte. On est donc en présence d'un cercle vertueux : la division du travail accroît les richesses, donc induit une extension des marchés qui permet un approfondissement de la division du travail.

Thomas Robert Maltus

Économiste classique anglais, **Thomas Robert Malthus** (1766-1834) est connu pour sa loi de la population qui condamne l'aide aux pauvres et pour sa réfutation de la « loi des débouchés » de Jean-Baptiste Say (*Essai sur le principe de la population*, 1798 ; *Principes d'économie politique*, 1820).

◄ **Say**
Voir p. 512

En 1795, à Speenhamland, village du centre de l'Angleterre, les juges du Comté décident de créer une sorte de revenu minimum. Malthus, pasteur et économiste britannique libéral, s'oppose à ces aides sociales. Il affirme que, s'il existe en Angleterre des misérables qui n'ont pas assez pour s'alimenter, c'est à cause d'un manque de blé. Or, ce n'est pas les lois pour les pauvres qui fabriquent du blé. Malthus pense même que ces dernières créent des pauvres en encourageant la natalité.

La **loi de la population** est un principe énoncé par T. R. Malthus selon lequel, en l'absence d'obstacle à sa croissance, la population suit une progression géométrique de raison deux tous les vingt-cinq ans, tandis que la production suit une progression arithmétique de même raison.

Malthus rejette par conséquent toute action sociale de l'État, qu'il accuse de nuire à la régulation démographique. Il croit en « l'utilité de la misère » et il préconise la suppression de toute charité en faveur des pauvres, pour ne pas les encourager dans leur comportement nataliste. La sélection naturelle et sociale est le plus sûr moyen d'enrayer l'augmentation rapide de la population.

Malthus est aussi l'un des premiers à se rendre compte de l'importance de la demande comme stimulant de la production ; cette thèse infirme pourtant en partie son principe de population.

David Ricardo

Économiste classique anglais, **David Ricardo** (1772-1823) est surtout connu pour sa théorie de la répartition et pour sa défense du libre-échangisme, qu'il justifie par la théorie des avantages comparatifs et par l'équilibrage automatique de la balance des comptes (*Principes de l'économie politique et de l'impôt*, 1817).

Théorie de la valeur travail ► Voir p. 507

La théorie de la répartition de Ricardo se fonde sur la théorie de la valeur travail qu'il a reprise à Smith en l'approfondissant. Ricardo affirme qu'il faut non seulement prendre en considération le **travail direct** (selon Ricardo, travail qui produit directement la marchandise), mais aussi le **travail indirect**, qui est, selon Ricardo, le travail nécessaire pour produire les outils et machines.

D. Ricardo affirme que trois catégories sociales se partagent trois sortes de revenu. Les salariés vendent leur travail et reçoivent en contrepartie un salaire de subsistance. Ricardo reprend donc la « **loi d'airain** » (principe formulé en premier par Turgot et selon lequel le salaire du travailleur est celui qui permet tout juste de le nourrir, ainsi que sa famille).

Les capitalistes reçoivent un profit qui est égal à la différence entre la valeur des marchandises (qui dépend de la quantité de travail) et le montant des salaires versés. Les propriétaires fonciers reçoivent une rente qui est déterminée par l'écart de rendement entre leur terre et la terre la moins fertile (cette dernière ne donne pas lieu à un paiement de rente).

Loi de la population ► Voir p. 509

Pour faire face à l'accroissement de la demande induit par l'augmentation de la population (loi sur la population de Malthus), il est nécessaire de cultiver de nouvelles terres de moins en moins fertiles, dont le rendement est donc décroissant. Les terres moins fertiles nécessitant plus de travail pour les cultiver, le prix du blé augmente ainsi que, par voie de conséquence, les salaires, puisque l'achat de blé est nécessaire à la subsistance. Il en résulte que la rente foncière versée aux propriétaires fonciers s'accroît, au détriment des profits qui diminuent. Or, le profit étant la motivation principale de la production, celle-ci tend vers un état stationnaire, c'est-à-dire la situation d'une économie sans croissance.

Libre-échange ► Voir p. 264

La seule façon d'écarter le spectre de l'état stationnaire est de stopper l'augmentation du prix du blé de façon à stopper celle des salaires. Ricardo est favorable au libre-échange, car il pense que seules les importations de blé permettent de retarder la tendance à la baisse du taux de profit, mais aussi parce que chaque pays a intérêt à se spécialiser et que les échanges s'équilibrent automatiquement.

David Ricardo affirme par ailleurs que le libre-échange et la spécialisation sont toujours favorables, même pour les pays les moins compétitifs, qui *a priori* ne pourraient pas participer au commerce mondial. Il justifie en effet le libre échange par la loi des avantages comparatifs : quelle que soit la situation d'un pays, la spécialisation et l'échange international procurent un gain. Les pays ont intérêt à se spécialiser dans les produits pour lesquels ils sont les plus avantagés ou les moins désavantagés. Pour que les pays gagnent à l'échange international, il suffit que le rapport d'échange international se situe entre le rapport des coûts de chaque pays.

◄ **Loi des avantages comparatifs** Voir p. 266

◄ **Spécialisation** Voir p. 259

Le commerce ne peut pas être source de déséquilibres durables en raison du **rééquilibrage automatique de la balance des comptes** : principe énoncé par Ricardo selon lequel un déficit de la balance des comptes provoque une sortie d'or qui fait baisser les prix intérieurs, rendant le pays plus compétitif, d'où une augmentation des exportations et une diminution des importations. Au contraire un excédent provoque une entrée d'or qui fait augmenter les prix intérieurs et nuit donc à la compétitivité.

La théorie du commerce international de Ricardo retient certaines hypothèses :

– les facteurs de production sont mobiles à l'intérieur de chaque pays (c'est ce qui permet d'employer le mieux possible le capital et le travail et aux pays de se spécialiser), mais immobiles entre les pays (s'ils étaient mobiles, les pays désavantagés risqueraient de perdre leurs capacités productives au profit des autres pays) ;

– le rapport d'échange international doit se situer entre le rapport des coûts de chaque pays pour que chacun y gagne ;

– les avantages comparatifs sont durables ; un pays avantagé le restera. Cela signifie implicitement que les rendements ne sont pas décroissants (s'ils l'étaient, l'augmentation de la production due à la spécialisation risquerait de provoquer une diminution de la productivité, donc une perte de l'avantage).

David Ricardo raisonne dans le cadre d'un échange entre deux nations et dans le cadre d'un commerce interbranche, or il s'agit d'un modèle qui n'est pas toujours conforme à la réalité.

John Stuart Mill

Économiste classique anglais, **John Stuart Mill** (1806-1873) accepte une certaine intervention de l'État lorsqu'elle permet le progrès social. Ainsi, il considère que l'État doit favoriser l'instruction, aider les pauvres et contribuer à l'émancipation des femmes. Ses principaux ouvrages sont *Principes d'économie politique* (1848), *L'Utilitarisme* (1861) et *De l'assujettissement des femmes* (1869).

Théorie quantitative de la monnaie ►
Voir p. 99

John Stuart Mill a formulé l'équation de la théorie quantitative de la monnaie, qui sera reprise plus tard par Fischer, selon laquelle la quantité de monnaie multipliée par sa vitesse de circulation est égale au niveau général des prix multiplié par le nombre de transactions.

Marx ►
Voir p. 517

L'école classique anglaise a posé les fondements de la théorie économique moderne. Elle a annoncé Marx, qui a repris la théorie de la valeur travail et la tendance à la baisse du taux de profit, mais surtout l'école néoclassique qui en constitue un prolongement et qui ne s'en éloigne que par la définition d'une nouvelle théorie de la valeur.

LA PENSÉE NÉOCLASSIQUE

Microéconomie ►
Voir p. 52

L'école néoclassique est un courant théorique économique libéral né au troisième tiers du XIXe siècle, à l'origine de la microéconomie.

Deux économistes français sont considérés comme les précurseurs de l'école néoclassique : Jean-Baptiste Say et Frédéric Bastiat.

Économiste classique français, **Jean-Baptiste Say** (1767-1832) est surtout connu pour sa « loi des débouchés ». Il a aussi développé une théorie de la valeur utilité qui aboutit à considérer certains services comme productifs. Ses principaux ouvrages sont *Traité d'économie politique* (1803) et *Catéchisme d'économie politique* (1815).

La **loi des débouchés** est un principe qui affirme que les produits s'échangent contre les produits et que l'offre crée sa propre demande ; il y a donc équilibre entre la demande et l'offre. Puisque la production se transforme en revenus, qui eux-mêmes se transforment en demande, tout déséquilibre durable entre l'offre et la demande est impossible. Cette théorie annonce l'équilibre général des néoclassiques et sera reprise par des théoriciens contemporains : les théoriciens de l'offre.

Théorie de l'offre ►
Voir p. 535

J.-B. Say annonce aussi les néoclassiques par sa loi de la valeur ; selon lui, la valeur des marchandises ne dépend pas de la quantité de travail nécessaire pour les produire, mais de leur utilité, c'est-à-dire de la satisfaction qu'elles procurent au consommateur.

Il offre une nouvelle définition à la production : il ne la limite plus à la création de biens matériels (comme le faisait Smith), mais il considère que certaines activités de service sont productives.

Économiste français libéral, **Frédéric Bastiat** (1801-1850) présente la doctrine libérale sous forme de paraboles amusantes ou de pamphlets (*Sophismes économiques*, 1846). Il est un humaniste qui considère que la production n'est pas une fin en soi ; ce qui importe c'est le consommateur et sa satisfaction (*Les Harmonies économiques*, 1850).

L'équilibre des marchés

Dans son livre *Éléments d'économie politique pure*, Léon Walras explique que, si les conditions de la concurrence pure et parfaite sont réunies, c'est-à-dire si l'ordre naturel est respecté, l'économie se maintient automatiquement en équilibre. Walras et Vilfredo Pareto exposent les caractéristiques de cet équilibre.

◄ **Concurrence pure et parfaite** Voir p. 52

Économiste néoclassique français, **Léon Walras** (1834-1910) est un des fondateurs du courant libéral moderne. Il explique que, grâce à la concurrence et à la flexibilité des prix, l'économie tend naturellement vers l'équilibre général (*Éléments d'économie politique pure*, 1874).

L'**économie pure**, concept rendu célèbre par Walras, désigne un modèle d'économie de marché dont l'étude peut être menée scientifiquement grâce aux mathématiques.

Économiste et sociologue libéral italien, **Vilfredo Pareto** (1848-1923) prend la succession de Léon Walras à l'Université de Lausanne. Il est l'un des fondateurs de l'école néoclassique à laquelle il a largement contribué, notamment par la définition des concepts d'optimum économique et d'ophémilité (ou utilité ordinale). Il a aussi bâti une théorie sociologique de circulation des élites. Parmi ses œuvres principales, on peut citer *Manuel d'économie politique* (1907) et *Traité de sociologie générale* (1915).

◄ **Optimum** Voir p. 516

◄ **Ophémilité** Voir p. 515

Par hypothèse, chaque agent économique est un ***homo œconomicus*** : un individu rationnel qui cherche à maximiser son profit s'il est producteur et à maximiser sa satisfaction s'il est consommateur. Il est capable de décider en connaissance de cause, donc de prévoir les conséquences de chacune de ses décisions. La **rationalité au sens économique** est la capacité d'un individu de toujours œuvrer pour son intérêt et de pouvoir juger et anticiper parfaitement.

On peut noter que, plus tard, Herbert Simon mettra en cause cette rationalité parfaite de l'agent économique. Il considère que la rationalité est limitée, car, dans la réalité économique, les individus ne recherchent pas la solution optimale, mais s'arrêtent consciemment ou non à la première solution satisfaisante qu'ils entrevoient.

Économiste américain, **Herbert Simon** (1916-2001) a reçu le prix Nobel d'économie en 1978. Ses recherches portent surtout sur l'organisation des entreprises et sur le comportement des agents économiques. Selon lui, les agents économiques ont une « rationalité limitée ». Il a publié, avec James G. March, *Les Organisations* (1958).

Walras considère qu'en situation de concurrence pure et parfaite, l'économie est en **équilibre général** : situation d'équilibre global entre l'offre et le demande. L'offre est une fonction croissante du prix et la demande en est une fonction décroissante. La libre variation des prix permet d'assurer l'équilibre. Si une modification intervient sur l'un des marchés, elle se répercute immédiatement sur les autres marchés, qui compensent la variation de façon à maintenir l'équilibre.

La fixation des prix s'effectue par **tâtonnement** : ajustements successifs qui permettent de fixer le prix d'équilibre, égalisant la quantité offerte et la quantité demandée sur chaque marché. L'équilibre général est ainsi atteint. Un déséquilibre ne peut être ponctuel. La loi de Walras stipule que la demande totale est forcément égale à l'offre totale : un déséquilibre sur un marché suppose donc un déséquilibre symétrique sur un autre marché.

Walras et Pareto montrent que l'équilibre général est mathématiquement possible.

Marshall quant à lui privilégie l'étude de l'**équilibre partiel**, qui est une approche consistant à étudier un marché en laissant de côté les influence des autres marchés.

Pigou ► Voir p. 516
Keynes ► Voir p. 524

Économiste néoclassique anglais, **Alfred Marshall** (1842-1924) a fondé l'école de Cambridge. Il fut le professeur d'économistes illustres comme Arthur Cecil Pigou et John Keynes. Il a publié *Principes d'économie politique* (1890).

Le marginalisme des néoclassiques

Les néoclassiques sont des utilitaristes. L'**utilitarisme** est un principe qui stipule que toutes les actions des individus sont motivées par la recherche de leur intérêt personnel. Le **marginalisme** est une méthode d'analyse, fondée par les néoclassiques, qui stipule que les agents économiques rationnels ne raisonnent pas sur des quantités globales, mais sur des quantités additionnelles, appelées marginales.

Le principe de l'**utilité marginale**, c'est-à-dire du degré de satisfaction procuré par la dernière unité consommée (ou par une unité additionnelle) a été découvert presque simultanément par Léon Walras en France, Carl Menger en Autriche et William Stanley Jevons en Grande-Bretagne.

Économiste anglais, **William Stanley Jevons** (1835-1882) est un des fondateurs de l'école néoclassique. Il a contribué à la définition de l'utilité (Théorie de l'économie politique, 1871).

Économiste autrichien, **Carl Menger** (1840-1921) est un des fondateurs de l'école néoclassique autrichienne. Il est notamment connu pour sa table d'intensité qui présente la satisfaction procurée par chaque bien en fonction de son importance (besoin fondamental ou pas) et de la quantité consommée (*Principles of Economics*, 1871).

La valeur est fondée sur l'utilité subjective qu'apporte au consommateur une unité additionnelle d'une marchandise acquise. Son coût n'est qu'une contrainte dont le producteur doit tenir compte. En effet le consommateur rationnel consomme jusqu'à ce que son utilité marginale, qui décroît au fur et à mesure de la consommation, soit égale à la désutilité (perte de satisfaction) induite par le prix. Les premiers auteurs développent une théorie de l'**utilité cardinale** (utilité dont le degré peut être mesuré par le consommateur). Pareto considère quant à lui que l'**ophémilité** (terme utilisé par Pareto pour désigner l'utilité ordinale) n'est pas mesurable. L'**utilité ordinale** est une utilité dont le degré ne peut être mesuré ; le consommateur sait seulement si un bien lui procure plus d'utilité qu'un autre bien.

Les facteurs de production sont rémunérés à leur **productivité marginale**, c'est-à-dire le produit qu'une unité additionnelle de facteurs permet d'obtenir. En effet, le producteur rationnel embauche tant que la production du dernier salarié est supérieure au salaire qu'il lui verse, c'est-à-dire jusqu'à ce que la productivité marginale

◄ **Facteurs de production**
Voir p. 19

(qui est décroissante) soit égale au salaire. De la même façon, il achète de nouvelles machines tant que la productivité marginale de celles-ci est supérieure à leur coût. Ces mécanismes ont notamment été décrits par Böhm-Bawerk et Clark.

Économiste libéral autrichien, **Eugen von Böhm-Bawerk** (1851-1914) est un des fondateurs de l'école néoclassique autrichienne. Il est connu pour sa contribution à l'analyse marginaliste et pour son concept de « détour de production » (*Histoire critique des théories de l'intérêt du capital*, 1884 ; *Théorie positive du capital*, 1889).

Économiste néoclassique américain, **John B. Clark** (1877-1938) est surtout connu pour ses théories de la productivité marginale et de la croissance (*Distribution of Wealth*, 1902).

L'optimum de Pareto et l'école du bien-être

Pareto ►
Voir p. 513

Pareto définit l'**optimum** comme la meilleure situation possible. À l'optimum (au sens de Pareto), il est impossible d'améliorer la situation d'un individu sans détériorer celle d'un autre.

L'**école du bien-être** est un courant économique représenté notamment par Arthur Cécil Pigou, qui pose comme principes que le marché ne permet pas toujours d'atteindre l'optimum et qu'il est nécessaire dans certains cas que l'État intervienne. Ainsi, le marché ne peut tenir compte des externalités et une redistribution des revenus peut parfois être nécessaire pour atteindre l'optimum.

Effet externe ►
Voir p. 70
Redistribtion ►
Voir p. 242

Économiste néoclassique anglais, **Arthur Cecil Pigou** (1877-1959) est connu pour ses contributions à la théorie néoclassique du chômage et à l'école du bien être. Ses principaux ouvrages sont *The Theory of Unemployment* (1905), *The Economics of Welfare* (1920) et *The Analysis of Supply* (1928).

L'État doit prendre en charge les « externalités ». Selon Pigou, l'État doit internaliser les effets externes en taxant les agents dont l'activité crée un effet externe négatif et en subventionnant les agents victimes d'un effet externe négatif.

Le bien-être dépend aussi de la répartition des revenus. Pigou considère qu'une unité monétaire apporte plus de satisfaction à un pauvre qu'à un riche (utilité marginale décroissante de la monnaie). La redistribution est donc légitime.

Micro-économie ►
Voir p. 52

Les néoclassiques sont donc les fondateurs de la microéconomie, analyse de l'économie basée sur les comportements des agents économiques.

Le courant néoclassique compte de nombreux prolongateurs, comme par exemple, Maurice Allais.

Maurice Allais (1911-2010) est un économiste français dont les travaux s'inscrivent dans le cadre de la théorie de l'équilibre général de Walras. Il a reçu le prix Nobel en 1988. Il a notamment travaillé sur la prise de risque et affirme que la préférence pour la sécurité est d'autant importante que la certitude est forte (*Économie pure et rendement social*, 1945).

C. CRITIQUE DU COURANT LIBÉRAL ET CONSTITUTION DES HÉTÉRODOXIES

LES MARXISTES

Karl Marx

Philosophe, économiste et sociologue allemand, **Karl Marx** (1818-1883) est aussi un militant dont la pensée a marqué les XIXe et XXe siècles. Son analyse repose principalement sur le matérialisme historique, l'aliénation du travail, la plus-value, le problème de la valeur et la critique du capitalisme. Parmi ses principaux ouvrages, on peut citer : *L'Idéologie allemande* (1846), *Misère de la philosophie* (1847), *Le Manifeste du parti communiste* (avec F. Engels, 1848), *La Lutte des classes en France* (1849), *Le 18 Brumaire de Louis Napoléon Bonaparte* (1852) et *Le capital* (1867).

◄ **Marx**
Voir p. 517

◄ **Engels**
Voir p. 485

Théoricien socialiste allemand, Friedrich Engels (1820-1895) est un ami de Marx et a contribué à la création de la IIe Internationale. Il a publié *La Situation des classes laborieuses en Angleterre* (1845), *Le Manifeste du parti communiste* (avec Marx, 1848) et *Anti-Dühring* (1878).

Chaque société doit passer par différents modes de production. Un **mode de production** est, selon Marx, une étape bien déterminée du développement des sociétés, caractérisée par un rapport de production et par des forces productives spécifiques. Ces différentes étapes sont : le communisme primitif, l'esclavagisme, le féodalisme, le capitalisme, le socialisme et le communisme. Le **socialisme** est une étape transitoire vers le **communisme**, qui est une société d'abondance sans classes sociales ni État.

Les **forces productives** sont, selon Marx, l'ensemble des ressources matérielles (matières premières, outils, machines, entreprises) et des ressources humaines (la main-d'œuvre, caractérisée à la fois par le nombre de travailleurs et par leurs qualifications) qui interviennent dans la production.

Les **rapports de production** sont, selon Marx, les rapports de propriété sur les ressources matérielles et les relations entre les différents agents qui participent d'une façon ou d'une autre à l'activité productive. De ces rapports de production naissent les rapports d'exploitation. La classe sociale qui ne possède que sa force de travail doit la mettre au service de la classe qui a la propriété des moyens de production. De cette exploitation dérive la lutte des classes.

Classe sociale ► Voir p. 360

Dans le système capitaliste, deux classes antagonistes s'opposent : les bourgeois et les prolétaires. Ces deux classes sont en lutte, car leurs intérêts divergent, elles se disputent la richesse créée et les prolétaires sont exploités par les capitalistes en étant rémunérés en dessous de la valeur réelle de leur production. Seul le travail est une source de valeur ; la **plus-value, selon Marx,** est une ponction sur la valeur créée par le travail, qui provient de la différence entre la valeur des marchandises produites par le travail et le salaire (appelé valeur de la force de travail par Marx).

Salaire ► Voir p. 39

Le salaire est un salaire de subsistance, tout juste suffisant pour permettre aux ouvriers et à leurs familles de survivre. Le capitaliste tente d'augmenter au maximum sa plus-value ; pour cela, il dispose de trois moyens : il peut augmenter l'intensité et la durée du travail (plus-value absolue), augmenter la productivité du travail (plus-value relative) ou vendre durant un temps limité les marchandises à un prix supérieur à leur valeur (plus-value extra).

Le capitalisme crée une **armée industrielle de réserve** (concept marxiste désignant l'importance du chômage créé par le système capitaliste afin de répondre aux besoins éventuels de la production).

Marx rejette le capitalisme qui, selon lui, génère trois contradictions fondamentales : il mène à la paupérisation des prolétaires et à l'aggravation de la lutte des classes, il provoque des crises de surproduction et il suscite la baisse du taux de profit.

Surproduction ► Voir p. 115

Le capitalisme doit donc disparaître et laisser la place au socialisme, qui lui-même annonce le communisme.

Les prolongements de la théorie marxiste

Le **marxisme** est un courant de pensée qui prolonge et développe les analyses de Karl Marx.

Après la mort de Marx, les marxistes attendent et espèrent en vain l'achèvement du mode de production capitaliste. Rosa Luxemburg et Lénine expliquent que l'impérialisme est venu au secours du capitalisme.

Impérialisme ► Voir p. 270

Économiste marxiste polonaise, **Rosa Luxemburg** (1871-1919) a fondé le parti social démocrate polonais. Elle vit en Allemagne à partir de 1897 où elle lutte notamment contre les tendances révisionnistes de certains anciens marxistes (*L'Accumulation du capital*, 1925).

Vladimir Illitch Oulianov, dit Lénine, affirme, comme Rosa Luxemburg, que l'impérialisme est un moyen de reculer la chute du capitalisme en neutralisant temporairement certaines des contradictions que Marx jugeait inhérentes au système. Mais, contrairement à Rosa Luxemburg, Lénine ne met pas l'accent sur les aspects commerciaux de l'impérialisme, mais surtout sur ses aspects financiers. Un intérêt fondamental de l'impérialisme est de retarder la tendance à la baisse du taux de profit. Ainsi, l'exportation de capitaux vers des pays moins développés permet d'augmenter les profits et d'utiliser la masse excédentaire de capitaux.

◄ **Lénine**
Voir p. 270

La théorie du **capitalisme monopoliste d'État (CME)**, dont les principaux auteurs sont les économistes français Paul Boccara et Philippe Herzog, est une théorie apparue dans les années 1970 qui affirme que ce sont les interventions de l'État qui permettent d'enrayer, sinon de freiner, la principale contradiction du capitalisme, c'est-à-dire la tendance à la baisse du taux de profit. L'État aide le capital en nationalisant les entreprises en difficulté dans les secteurs où la baisse du taux de profit est la plus forte, en offrant, par ses commandes, des débouchés aux entreprises, en prenant en charge la formation de la force de travail grâce à l'éducation nationale et en favorisant sa reproduction grâce à la protection sociale.

SCHUMPETER

Économiste d'origine autrichienne, **Joseph Alois Schumpeter** (1883-1950) est classé parmi les hétérodoxes. Il fut ministre des Finances autrichien d'un gouvernement socialiste. Très marqué par la lecture de Marx (même s'il ne partageait pas ses idées), il est surtout connu pour sa contribution à l'analyse de l'évolution du capitalisme. Il s'exila aux États-Unis à la suite de la montée du nazisme. Il a notamment publié *La Théorie de l'évolution économique* (1912), *Les Cycles des affaires* (1939) et *Capitalisme, socialisme et démocratie* (1942).

Profit ►
Voir p. 27

Schumpeter considère que la recherche du profit est au cœur de la croissance du système capitaliste. Le profit récompense l'entrepreneur dynamique et innovant. La recherche du profit est donc le moteur du progrès technique, qui lui-même est le moteur de la croissance.

Progrès technique ►
Voir p. 155
Voir aussi Cycles
p. 114-115

C'est l'irrégularité du progrès technique qui explique les irrégularités de la croissance. Des périodes à fort progrès technique succèdent à des périodes à faible progrès technique. En effet, les innovations se manifestent par grappes ; une innovation dans un secteur crée des goulets d'étranglement dans les secteurs complémentaires (une innovation dans le tissage nécessite, par exemple, des innovations complémentaires dans le filage), qui sont ainsi incités à innover à leur tour.

Développement ►
Voir p. 159

Schumpeter affirme que le développement qu'il appelle « évolution » entraîne une augmentation générale des richesses créées, un élargissement de la consommation et du progrès social. Ce développement est un phénomène qualitatif « spontané et discontinu ».

Circuit économique ►
Voir p. 132
Innovation ►
Voir p. 142

Selon Schumpeter, l'économie serait statique tel un circuit économique si le système ne produisait pas spontanément de nouvelles combinaisons productives ; celles-ci sont dues à l'innovation, c'est-à-dire au progrès technique.

Sous ce terme d'innovation, Schumpeter englobe cinq catégories de faits :

1. la fabrication d'un produit nouveau ;
2. l'introduction d'une méthode de production nouvelle ;
3. l'ouverture d'un débouché nouveau, c'est-à-dire pour une industrie, de pénétrer sur un marché où elle n'était pas présente auparavant ;
4. la conquête d'une nouvelle source de matières premières ;
5. la création d'une nouvelle organisation comme, par exemple, la création d'une situation de monopole ou une nouvelle organisation du travail.

Destruction créatrice ►
Voir p. 155

Chaque nouvelle innovation crée une nouvelle combinaison, mais détruit l'ancienne. Schumpeter considère donc que la croissance est « un processus de destruction créatrice qui révolutionne incessamment de l'intérieur la structure économique en détruisant continuellement des éléments vieillis et en créant continuellement des éléments neufs ».

En continuité avec les théories classique et néoclassique, Joseph Schumpeter affirme que la recherche du profit de la part de l'entrepreneur (l'**entrepreneur** est pour Schumpeter le chef d'entreprise qui met en œuvre l'innovation ; son dynamisme et sa volonté de créer sont nécessaires à la croissance et au capitalisme) est au cœur de la croissance du système capitaliste. Afin d'augmenter son profit, « le rôle de l'entrepreneur consiste à réformer ou à révolutionner la routine de la production ». Le profit récompense l'entrepreneur dynamique et innovant, c'est grâce à cette motivation que l'entrepreneur est le moteur du progrès technique et est incité à innover.

Le profit n'est pas la seule motivation : l'entrepreneur est un créateur, un aventurier qui trouve du plaisir et de la joie à découvrir de nouvelles combinaisons productives et à l'emporter sur ses concurrents.

Selon la théorie microéconomique traditionnelle, en raison de la concurrence que se livrent les entreprises, le profit a tendance à diminuer et même à devenir nul. Une des façons pour un entrepreneur de réaliser un profit malgré cette concurrence est d'innover. L'innovation dans un nouveau produit le mettra dans une situation de monopole (il sera le seul à fabriquer ce produit durant un moment) et l'innovation de procédé lui permettra d'avoir des coûts inférieurs à ceux du marché. Mais cette rente de monopole ou ce surprofit ne seront que temporaires, car d'autres entreprises imiteront rapidement l'entreprise innovatrice.

◄ **Monopole d'innovation**
Voir p. 64

◄ **Rente de monopole**
Voir p. 64

◄ **Surprofit**
Voir p. 60

Schumpeter pense donc que les pratiques monopolistiques doivent être acceptées. La concurrence parfaite apparaît comme un cadre théorique. L'initiative capitaliste doit être concurrentielle, mais le monopole est dans de nombreux cas un puissant moteur du progrès. C'est la recherche du monopole provisoire qui permet la croissance et pour conserver ou pour conquérir de nouveau une position de monopole il est nécessaire d'investir et d'innover. L'évolution technique rend instable la position de monopole ; ce dernier doit donc constamment progresser.

Le problème est que cette fonction d'entrepreneur-innovateur tend à disparaître. L'innovation, pourtant indispensable à l'évolution capitaliste, souffre d'une certaine routine. Schumpeter pense que le progrès technique a tendance à se dépersonnaliser, à s'automatiser, ce qui élimine progressivement la motivation à « révolutionner la routine de production » et ce qui réduit l'initiative individuelle. Cela

◄ **Progrès technique**
Voir p. 155

est dû au fait que le système s'habitue à l'innovation (« au romantisme des aventures d'antan succède le prosaïsme ») et qu'avec la disparition, du fait de la concentration, des petites et moyennes entreprises, la figure emblématique de l'entrepreneur et le prestige de la bourgeoisie s'effacent progressivement. Le capitalisme, victime de son succès, va laisser la place au socialisme.

Capitalisme ►
Voir p. 163

Les innovations surviennent par « grappes » ou « essaims » et se généralisent par diffusion, entraînant le circuit dans une évolution cyclique.

Une grappe d'innovations désigne un nombre important d'innovations qui surviennent durant une même période, car elles sont dépendantes. Ainsi, une innovation dans un secteur crée des goulets d'étranglement (un goulet d'étranglement est un déséquilibre dû aux différences de capacités productives de deux secteurs liés entre eux) dans les secteurs complémentaires (une innovation dans le tissage nécessite, par exemple, des innovations complémentaires dans le filage) qui sont ainsi incités à innover à leur tour.

Goulet d'étranglement ►
Voir p. 115

C'est l'irrégularité du progrès technique qui explique les irrégularités de la croissance. Des périodes à fort progrès technique succèdent à des périodes à faible progrès technique. En effet, les grappes d'innovation suscitent des anticipations de profit élevé dans les branches innovatrices, ce qui attire de nouveaux entrepreneurs sur ces marchés. Mais la généralisation de l'innovation et l'accroissement de la production dans ces branches innovantes entraînent la baisse de profit ; l'impulsion finit par s'épuiser ; les entreprises les moins solides disparaissent ; c'est la dépression.

Les innovations étant différentes (Schumpeter explique que l'on ne peut pas mettre sur le même plan l'amélioration d'une diligence et l'invention de la locomotive), elles ont des périodes d'introduction variées et leur résorption par le système ne sera pas de durée égale. Schumpeter distingue les cycles longs, qui sont appelés cycles Kondratiev (55 ans environ) des cycles des affaires, appelés aussi cycles majeurs ou cycles Juglar (6 à 10 ans), des cycles mineurs ou cycles Kitchin (40 mois environ).

Cycle ►
Voir p. 114
Cycle long ►
Voir p. 114

Selon Schumpeter, la crise des années 1930 était un phénomène inéluctable se situant au point de retournement d'un cycle Kondratiev et d'un cycle Juglar.

DEUX ÉCONOMISTES HÉTÉRODOXES : LIST ET GALBRAITH

Économiste allemand, **Friedrich List** (1789-1846) préconise une union douanière réunissant les États allemands et propose un protectionnisme éducateur (*Système national d'économie politique*, 1841).

◄ **Protectionnisme éducateur**
Voir p. 270

Friedrich List reconnaît que le libre-échange est avantageux lorsqu'il permet de se procurer des produits à prix moindre, mais il pense qu'il est aussi nécessaire de raisonner en terme de potentiel industriel national. Ainsi, pour développer sa capacité productive, un pays qui n'est pas encore développé peut avoir intérêt à recourir au protectionnisme ; il est souvent nécessaire de protéger les industries naissantes pour qu'elles ne soient pas étouffées par la concurrence étrangère et leur permettre ainsi de parvenir à maturité.

◄ **Protectionnisme**
Voir p. 265

Économiste américain d'origine canadienne, **John Kenneth Galbraith** (1908-2006) sera un membre influent du parti démocrate et le principal conseiller économique du président John Kennedy. Il a contribué à la définition d'un programme nettement influencé par le keynésianisme. Il est connu pour sa critique de la théorie libérale. Ses principaux ouvrages sont *L'ère de l'opulence* (1961), *Le Nouvel État industriel* (1968), *Voyage dans le temps économique* (1993).

◄ **Keynésianisme**
Voir p. 526

Dans la théorie néoclassique, « le consommateur est roi » parce que l'entreprise répond à sa demande et contribue, en produisant et en offrant des produits, à sa satisfaction, mais aussi parce que la concurrence lui permet de se procurer les produits au meilleur prix. John Kenneth Galbraith présente au contraire sa théorie de la « **filière inversée** » : approche développée par Galbraith qui affirme que les consommateurs se font manipuler par les entreprises qui créent les besoins ; ils sont victimes d'une pression à la consommation (par la publicité), d'une désinformation sur les produits et de conditions de prix très éloignées de celles que leur apporterait le libre jeu du marché.

◄ **Concurrence**
Voir p. 52

◄ **Besoin**
Voir p. 17

La propriété des grandes entreprises est souvent très morcelée et il semble qu'elles soient en réalité dirigées par la **technostructure**, c'est-à-dire par un ensemble de responsables qui, selon Galbraith, « englobe tous ceux qui apportent des connaissances spécialisées, du talent, ou de l'expérience aux groupes de prise de décision ». Le profit n'est alors souvent plus le but principal de l'entreprise. La technostructure œuvre pour l'intérêt supposé de l'entreprise et non des propriétaires ; le mobile est, le plus souvent, l'augmentation de la taille de celle-ci. Les grandes entreprises ont donc tendance à devenir de plus en plus grandes.

◄ **Profit**
Voir p. 27

D. KEYNES ET LES KEYNÉSIENS

Keynes et les keynésiens s'opposent à la théorie néoclassique, car ils considèrent que les déséquilibres sont possibles et que l'État doit intervenir dans l'économie pour la réguler.

KEYNES

Économiste britannique, **John Maynard Keynes** (1883-1946) a profondément marqué la pensée économique. S'opposant à l'analyse microéconomique développée par les néoclassiques (qu'il nomme classiques), il a fondé la macroéconomie moderne. Il considère que le chômage peut être involontaire et que la meilleure façon d'atteindre le plein emploi est d'augmenter le niveau de la production grâce à l'intervention de l'État. Il affirme que la demande est le moteur essentiel de l'économie. Il a participé aux débats concernant la création du système monétaire international de Bretton Woods et a notamment publié *Traité sur la monnaie* (1930) et *Théorie générale de l'emploi, de l'intérêt et de la monnaie* (1936).

SMI / Système monétaire international ► Voir p. 305

Sous-emploi et demande pour Keynes

École néoclassique ► Voir p. 512

Ce qui fonde le libéralisme des néoclassiques, c'est l'autorégulation de l'économie ; Keynes démontre au contraire que des déséquilibres peuvent se former et persister.

Chômage involontaire ► Voir p. 192

Un chômage involontaire peut se produire. Keynes considère que l'analyse néoclassique du marché du travail (la libre variation du salaire réel permet d'équilibrer l'offre et la demande de travail) est erronée. Les salariés sont victimes de l'illusion monétaire et ne réagissent pas à des modifications du salaire réel, mais à des modifications du salaire nominal ; de plus, les entreprises n'embauchent que si elles peuvent vendre.

Salaire réel ► Voir p. 195
Salaire nominal ► Voir p. 195

De ce fait, il faut inverser la relation entre salaire et emploi. Ce n'est pas, comme le pensent les néoclassiques, le niveau de l'emploi qui dépend du salaire, mais le salaire qui dépend du niveau de l'emploi. Le niveau de l'emploi résulte du niveau de la production qui lui-même dépend du niveau de la **demande effective** qui est, selon Keynes, la demande globale (composée de la consommation et de l'investissement) anticipée par les entreprises.

Le plein-emploi n'est pas systématiquement atteint ; il peut exister un équilibre de sous-emploi, situation, décrite par Keynes, dans laquelle le niveau de la demande, donc de la production est insuffisant pour pouvoir employer toute la population active.

◄ **Sous-emploi**
Voir p. 191

◄ **Population active**
Voir p. 186

Pour les néoclassiques, la libre variation du taux d'intérêt permet d'égaliser, sur le marché du capital, l'épargne et l'investissement. Keynes pense quant à lui que l'épargne dépend surtout du niveau des revenus.

La **préférence pour la liquidité** désigne, selon Keynes, la tendance qu'ont les agents économiques à conserver des encaisses liquides, donc à demander de la monnaie. Elle a plusieurs motifs :

– les **encaisses de transaction**, qui sont les encaisses qui permettent de combler l'intervalle entre la réception du revenu et sa dépense ;

– les **encaisses de précaution**, qui sont les encaisses constituées par les ménages pour se prémunir contre les risques, comme ceux liés à la maladie, à la famille, à la vieillesse et à l'emploi ;

– les **encaisses de spéculation**, qui sont des encaisses constituées dans l'attente de meilleures conditions de placement.

La théorie de Keynes est souvent appelée « théorie de la demande », car elle accorde à la demande un rôle central.

La demande de consommation dépend du niveau de revenu et de la propension à consommer (part du revenu destinée à la consommation). La « **loi psychologique fondamentale** » est un principe énoncé par Keynes selon lequel plus le revenu augmente plus la propension à consommer diminue, car une part croissante du revenu se destine à l'épargne. Ainsi, la **propension à épargner** (part du revenu destinée à l'épargne) augmente.

La demande d'investissement résulte surtout du taux d'intérêt.

◄ **Taux d'intérêt**
Voir p. 92

Les interventions de l'État

Pour pallier les déséquilibres du système, l'État doit intervenir dans l'économie. Ainsi, en cas de sous-emploi, l'État doit mener une politique de relance afin d'augmenter la demande effective.

◄ **Politique de relance**
Voir p. 222

L'État doit favoriser la demande d'investissement en agissant sur les taux d'intérêt. La baisse des taux d'intérêt incite les entreprises à investir ; pour cela, l'État doit mener une politique de création monétaire afin d'accroître l'offre de monnaie.

Déficit budgétaire ►
Voir p. 229

L'État peut aussi augmenter ses propres investissements, donc ses dépenses, mais sans augmenter ses recettes afin de ne pas nuire à la demande des autres agents économiques par une imposition plus forte. Dans ce cas, il opte pour le déficit budgétaire.

L'État peut aussi favoriser la demande de consommation en créant des emplois publics, en augmentant, par mesure réglementaire, les salaires, ou en redistribuant les revenus.

Keynes ne rejette pas le système capitaliste, il croit au contraire que l'État doit intervenir pour en assurer la pérennité en corrigeant la répartition primaire des revenus et, en période de crise et de sous-emploi, en contribuant à la baisse des taux d'intérêt et en acceptant un déficit budgétaire.

LES COURANTS KEYNÉSIENS

Les quatre principaux courants qui revendiquent l'héritage de Keynes sont le keynésianisme, la théorie du déséquilibre, la théorie post-keynésienne et la nouvelle économie keynésienne (voir les prolongements actuels). Le théorie de la régulation prend aussi en partie ses sources dans le courant keynésien.

Le keynésianisme

Le **keynésianisme** (appelé aussi **courant de la synthèse néoclassique** ou **synthèse classico-keynésienne**) est un courant qui a fondé la macroéconomie traditionnelle. Il a créé une nouvelle orthodoxie, ni totalement keynésienne ni vraiment néoclassique, qui a dominé la pensée économique de l'après-guerre jusqu'au milieu des années 1970 et qui a largement inspiré les politiques économiques de cette période.

Les deux principaux fondateurs du keynésianisme sont Paul Anthony Samuelson et John Hicks.

Modèle IS/LM ►
Voir p. 243

Économiste britannique, **John Hicks** (1904-1989) a reçu le prix Nobel d'économie en 1972. Il est surtout connu pour sa contribution fondamentale à l'analyse et l'interprétation de la théorie keynésienne sous la forme du modèle IS/LM, point de départ d'un courant dit de la synthèse néoclassique. Il a particulièrement étudié les questions monétaires dans ses ouvrages *Valeur et Capital* (1939) et *Monnaie et marché* (1989).

Économiste américain, **Paul Anthony Samuelson** (1915-2009) est célèbre pour avoir largement contribué au courant de la synthèse grâce notamment à son diagramme à 45° et son oscillateur. Il a obtenu le prix Nobel d'économie en 1970. Il a publié *L'Économique* (1948).

La théorie du déséquilibre

La **théorie du déséquilibre** est un courant de pensée néokeynésien qui remet en cause l'équilibre néoclassique en affirmant que les prix sont rigides à court terme.

Les deux fondateurs de la théorie du déséquilibre sont Clower et Leijonhufvud. Ce courant s'est développé à partir des travaux de Don Patinkin.

Économiste israélien né aux États-Unis, **Don Patinkin** (1922-1995) est considéré à la fois comme un représentant du keynésianisme et comme l'initiateur des recherches sur la théorie du déséquilibre (*La Monnaie, l'intérêt et les prix*, 1956).

Économiste américain, **Robert Clower** (1926-2011) est un des fondateurs de la théorie du déséquilibre et un important contributeur à la théorie monétaire au travers de la théorie des « encaisses préalables » (*La Contre-révolution keynésienne : une évaluation théorique*, 1965).

Économiste d'origine suédoise, **Axel Leijonhufvud** (né en 1933) est, avec Clower, le fondateur de la théorie du déséquilibre (*L'Économie keynésienne et l'économie de Keynes*, 1968).

Clower avait démontré que les différents marchés ne pouvaient connaître instantanément les prix d'équilibre lorsque les offreurs et les demandeurs ne sont pas réunis dans un même lieu; ses travaux ont débouché sur la théorie du déséquilibre.

Économiste français, **Edmond Malinvaud** (1923-2015) a été nommé professeur au Collège de France. Ses recherches ont porté sur les analyses microéconomiques et macroéconomiques, mais sa contribution majeure à la théorie économique reste son analyse du chômage qui en fait l'un des chefs de file de la théorie du déséquilibre. Avec Jean-Jacques Carré et Paul Dubois, il a publié *La Croissance française* (1972), puis *Réexamen de la théorie du chômage* (1977).

Selon la théorie du déséquilibre, les prix ne réagissent pas instantanément aux évolutions du marché, car ils sont rigides à court terme. Une raison de cette rigidité réside dans les coûts de transaction. L'obéissance à la loi du marché nécessiterait de multiples et fréquents changements de fournisseurs, qui alourdirait énormément les coûts des transactions.

◄ **Coût de transaction**
Voir p. 72

La modification des prix peut, en effet, avoir un coût important ; l'« **effet de catalogue** » désigne le fait, par référence à la vente par correspondance, que chaque déséquilibre entre l'offre et la demande concernant un produit ne peut pas conduire à chaque fois à une modification des prix (donc à l'édition d'un nouveau catalogue).

Les prix étant rigides, ils ne permettent pas l'égalisation de l'offre et de la demande. En cas de déséquilibre, l'ajustement se réalise par les quantités, ce qui signifie que le volume échangé s'ajuste au « **côté court du marché** », c'est-à-dire au niveau le plus faible de l'offre ou de la demande (si, par exemple, la demande est supérieure à l'offre, la quantité échangée sera celle de l'offre).

À chaque fois, un rationnement s'effectue. Si la demande est supérieure à l'offre il n'y aura pas de hausse de prix, mais un rationnement de la demande. Dans le cas du marché du travail, l'excès d'offre par rapport à la demande ne se traduit pas par une baisse du salaire, mais par la fixation de la quantité échangée au volume de la demande de travail ; ce rationnement provoque donc du chômage.

Malinvaud considère que les différents états des deux marchés principaux (marché des biens et marché du travail) peuvent créer neuf régimes macroéconomiques distincts, dont trois déséquilibres principaux.

Le **chômage keynésien** est un type de chômage, mis en évidence par Malinvaud, qui se caractérise par une offre supérieure à la demande sur le marché des biens et des services et sur le marché du travail. Dans ce cas, le chômage est dû à une insuffisance de la demande de biens et de services qui dissuade les entreprises d'embaucher.

Le **chômage classique** est un type de chômage, mis en évidence par Malinvaud, qui se caractérise par une demande supérieure à l'offre sur le marché des biens et des services et une offre supérieure à la demande sur le marché du travail. Dans ce cas, les salaires trop élevés favorisent la demande des ménages, mais dissuadent les entreprises d'embaucher.

L'**inflation contenue** est une situation, mise en évidence par Malinvaud, qui se caractérise par une demande supérieure à l'offre sur le marché des biens et des services et sur le marché du travail. Malgré leurs débouchés, les entreprises ne peuvent produire plus et répondre à la demande à cause d'une pénurie de main-d'œuvre.

L'école post-keynésienne

Le **courant post-keynésien** est un courant qui regroupe différents économistes ayant en commun de prolonger l'analyse keynésienne en reprenant plus particulièrement le principe de la demande effective. Ce courant est loin d'être unifié et les différentes analyses sont souvent éloignées.

◄ **Smith**
Voir p. 507

Les représentants les plus illustres de cette école sont Michael Kalecki, Joan Robinson et Nicholas Kaldor.

Économiste polonais, **Michal Kalecki** (1899-1970) a joué un rôle essentiel dans la naissance du courant post-keynésien en influençant des auteurs comme Kaldor ou Robinson.

Économiste britannique, **Joan Robinson** (1903-1983) est une représentante du courant post-keynésien. Elle a renouvelé la théorie de la croissance et de l'accumulation en cherchant à rapprocher les idées de Keynes, Marx et Kalecki. Elle a notamment publié *The Accumulation of Capital* (1956) et *Economic Growth* (1962).

◄ **Keynes**
Voir p. 524
◄ **Marx**
Voir p. 517

Économiste britannique d'origine hongroise, **Nicholas Kaldor** (1908-1986) est l'un des principaux inspirateurs de la théorie post-keynésienne. Il a construit une théorie de la croissance et des cycles faisant référence à l'existence d'un rapport conflictuel entre salariés et capitalistes.

Selon les post-keynésiens, l'analyse keynésienne a été détournée par le courant de la synthèse. Ce qui importe chez Keynes, c'est l'incertitude, la place de la monnaie qui est loin d'être neutre et l'analyse du sous-emploi. Les post-keynésiens considèrent que la politique monétaire n'est pas la priorité ; il faut lui préférer la politique de revenu qui est la plus appropriée pour jouer sur les prix et sur le niveau de la demande.

◄ **Politique monétaire**
Voir p. 223

La théorie de la régulation

La **théorie de la régulation** est une théorie d'origine française qui présente, dans une perspective historique, les principes généraux du fonctionnement de l'économie. Inspirés de Keynes et de Marx, les auteurs de la régulation (notamment Michel Aglietta et Robert Boyer) considèrent que si, au XIXe siècle, la concurrence permettait de réguler l'économie, à partir de la Seconde Guerre mondiale, la régulation devient monopoliste ; et celle-ci est remise en cause depuis la crise des années 1970.

Économiste français, **Michel Aglietta** (né en 1938) est un des représentants de l'école de la régulation. Il a publié *Régulation et crise du capitalisme* (1976, réédité en 1997), puis, avec Anton Brender et Virginie Coudert, *La Globalisation financière : l'aventure obligée* (1990).

Économiste français, **Robert Boyer** (né en 1943) est un représentant de l'école de la régulation. Il a écrit *Inflation, accumulation, crises* (1983) et *La Théorie de la régulation : une analyse critique* (1986).

La **régulation concurrentielle** est, selon la théorie de la régulation, un mode de régulation caractéristique du XIXe siècle. Les conditions de la concurrence sont réunies et la faiblesse, voire l'inexistence, des syndicats ainsi que le peu d'engagement des États permettent une flexibilité des prix et des salaires. Grâce à la concurrence et à la recherche du profit, la croissance économique est assez élevée et l'économie ne connaît pas de crise majeure ; les déséquilibres économiques sont donc de faible amplitude. La grande dépression est la première grande crise du mode de régulation concurrentiel et la crise des années 1930 en est la crise majeure, car elle met fin à ce mode de régulation pour laisser la place à un nouveau : le mode de régulation monopoliste.

Grande dépression ► Voir p. 120

Crise des années 1930 ► Voir p. 120

La **régulation monopoliste** est, selon la théorie de la régulation, un mode de régulation caractéristique de la période des Trente Glorieuses. Les entreprises se sont concentrées et les conditions de la concurrence ne sont plus respectées. Les États interviennent massivement dans les économies et prennent en charge la régulation économique. Le rapport salarial s'est transformé, les salaires deviennent rigides à la baisse et les négociations collectives se multiplient ; ainsi, sous la pression des syndicats, l'augmentation des salaires a tendance à suivre celle de la productivité. La croissance importante de l'après-guerre est permise par le fordisme. La **croissance fordiste** désigne, selon la théorie de la régulation, la forte croissance induite par les gains de productivité dégagés par l'organisation fordiste du travail et par la production de masse qui permettent des augmentations importantes de salaires (soutien de la demande de consommation) et de profits (soutien de la demande d'investissement).

Négociation collective ► Voir p. 411

Fordisme ► Voir p. 203-204

Production de masse ► Voir p. 204

La crise du début des années 1970 marque la crise de la croissance fordiste (elle est due à la baisse de la productivité du capital et au ralentissement de la productivité du travail) et de la régulation monopoliste (les États se révèlent incapables de lutter efficacement contre les déséquilibres économiques).

E. LE RENOUVEAU DE LA THÉORIE LIBÉRALE

Le **courant néolibéral** est un courant économique, apparu dans la seconde moitié du XXe siècle, qui renouvelle la théorie libérale. Il reconnaît certaines imperfections du marché, mais considère qu'elles ne justifient pas, contrairement à ce que pensait Keynes, les interventions de l'État. Ce courant est composé d'écoles multiples comme le monétarisme, la théorie de l'offre ou l'école des choix publics.

HAYEK

Économiste autrichien, **Friedrich August von Hayek** (1899-1992) a reçu le prix Nobel d'économie en 1974. Fervent opposant de l'interventionnisme étatique, il condamne toutes les interventions des autorités publiques dans la vie économique. Il pense que la politique monétaire de l'État provoque une distorsion du système des prix qui crée des déséquilibres économiques et du chômage. Ses principaux ouvrages sont *Prix et Production* (1931) et *La Route de la servitude* (1943).

Pour Hayek, l'intervention de l'État est par nature partiale et arbitraire, l'allocation des ressources doit être effectuée par le marché. La redistribution ne bénéficie jamais aux plus faibles, mais à ceux qui ont été capables de créer un groupe d'influence pour que les interventions de l'État leur profitent. L'État est le responsable du chômage, car la fixation du niveau de salaire (notamment du salaire minimum) conduit à une discrimination en provoquant l'exclusion des travailleurs ayant une productivité inférieure au salaire qu'ils recevraient.

◄ **Redistribution** Voir p. 242

Une politique de relance par le crédit et par la création de monnaie aboutit à la récession, car elle crée un **allongement de la durée moyenne de production** (concept créé par Hayek et désignant l'augmentation de la production de biens de production au détriment de celle de biens de consommation). Cela provoque une distorsion, un déséquilibre dans le processus de production.

◄ **Politique de relance** Voir p. 222

LE MONÉTARISME

L'**école monétariste** (ou **monétarisme**), dont le chef de file est Milton Friedman, est un courant qui s'oppose ouvertement à l'analyse keynésienne. Les monétaristes reconnaissent les imperfections du marché, mais ils ne croient pas que l'État soit efficace pour corriger ces imperfections. Au contraire, l'État est responsable de l'inflation.

Économiste américain, **Milton Friedman** (1912-2006) a reçu le prix Nobel d'économie en 1976. Néolibéral, il est le chef de file des monétaristes. Il s'oppose à la théorie keynésienne et considère que les interventions de l'État doivent être limitées. Il affirme que la quantité de monnaie doit suivre exactement l'évolution de la production et il est un fervent partisan du système des changes flottants. Ses principaux ouvrages sont *Théorie de la consommation* (1957) et *Inflation et systèmes monétaires* (1969).

La théorie monétariste de la monnaie

L'inflation est le mal principal de l'économie parce qu'elle perturbe les anticipations des agents économiques et qu'elle nuit à la compétitivité extérieure (quand les taux de change ne sont pas flexibles).

Compétitivité ► Voir p. 258

La lutte contre l'inflation passe forcément par une réduction de la création monétaire. Le délai entre les variations de la masse monétaire et celles de l'inflation est assez long. Toute politique discrétionnaire de court terme est donc déstabilisante. Les autorités monétaires doivent mener avec détermination une politique de règles fixant un taux fixe de croissance de la quantité de monnaie en accord avec le taux de croissance à long terme de l'économie.

Une politique monétaire de relance est inflationniste et peu efficace, car le chômage est naturel.

Chômage frictionnel ► Voir p. 192

Le **chômage naturel** est le chômage difficilement compressible qui résulte du chômage frictionnel et de l'inadaptation de certains individus aux réalités du marché du travail. Lutter contre le chômage naturel ne passe pas par des politiques de soutien à la croissance, mais par des mesures d'amélioration du marché du travail comme l'accentuation de la mobilité, la flexibilisation et l'incitation au travail.

La théorie du revenu permanent

La théorie du revenu permanent de Friedman est une argumentation supplémentaire contre les politiques de relance de la consommation de type keynésien. La consommation dépend essentiellement du **revenu permanent** qui est, selon Friedman, le revenu de toute une vie que chaque individu anticipe. Chaque individu le prévoit en tenant compte de ses actifs (patrimoine et capital humain). La composante transitoire du revenu comme le résultat d'événements chanceux, accidentels ou d'une politique keynésienne de relance, ne modifie pas la consommation. Le consommateur n'intègre dans sa consommation les modifications de revenu qu'à partir du moment où elles semblent durables, donc permanentes.

L'ÉCOLE DES CHOIX PUBLICS (OU *PUBLIC CHOICE*)

L'**école des choix publics** (ou ***Public Choice***) est un courant néolibéral qui prend le parti d'expliquer les actions de l'État à partir du comportement rationnel de ses agents (hommes politiques et fonctionnaires). Sur cette base, ce courant, représenté principalement par Buchanan, construit une critique globale de l'intervention de l'État.

Économiste américain néolibéral, **James Buchanan** (1919-2013) a reçu le prix Nobel d'économie en 1986. Il est, avec Gordon Tullock, le fondateur de l'école des choix publics qui met l'accent sur les dysfonctionnements de l'intervention publique. Il a publié avec GordonTullock, *The Calculus of Consent* (1962) et *Les Limites de la liberté* (1975, édition française 1992).

Accepter l'intervention de l'État suppose de façon arbitraire, qu'elle sera plus efficace que le marché ; or il convient d'adopter vis-à-vis de l'État la même attitude critique qu'à l'égard du marché d'autant plus que Arrow a démontré que les choix collectifs ne peuvent pas toujours être déduits des préférences individuelles. L'État perd ainsi la légitimité que lui confère la démocratie.

Économiste américain, **Kenneth Arrow** (1921-2017) a reçu le prix Nobel d'économie en 1972. Ses principales contributions portent sur la théorie des choix collectifs et sur la théorie de la croissance avec le modèle d'apprentissage par la pratique (*learning by doing*). Ses principaux ouvrages sont *Choix collectifs et préférences individuelles* (1951) et *The Economics Implications of Learning by Doing* (1962).

Selon Buchanan, les individus, intéressés et rationnels lorsqu'il s'agit de la production et de la consommation de biens marchands, ne deviennent pas inintéressés et irrationnels dès qu'il s'agit de sphère non marchande. L'école des choix publics a mené de nombreuses études sur des services publics américains et canadiens pour, à chaque fois, conclure que, dans les mêmes conditions, des entreprises privées auraient été plus efficaces.

Le problème principal réside dans le dilemme du **passager clandestin**, c'est-à-dire de celui qui souhaite profiter d'une situation sans en supporter le coût. En économie marchande, le paiement d'un prix permet de connaître les préférences de chacun et d'allouer efficacement les ressources. Le problème est plus ardu en ce qui concerne les services non marchands.

La solution est de rendre au domaine marchand tout ce qui peut l'être.

Pour éviter les dérives budgétaires, il faudrait interdire, par un pouvoir supérieur à celui du gouvernement (par exemple, la constitution), les déficits budgétaires et fixer des seuils maximaux de prélèvements obligatoires.

Déficit budgétaire ► Voir p. 229
Prélèvements obligatoires ► Voir p. 226
Pigou ► Voir p. 516
Effet externe ► Voir p. 70
Droit de propriété ► Voir p. 50

Depuis Pigou, la théorie libérale acceptait l'idée que le marché est inefficient dans le cas d'externalités et que l'État doit taxer les agents à effets externes négatifs et subventionner les agents à effets externes positifs.

Au contraire, Ronald Coase explique qu'il suffit de définir les droits de propriété de chacun. Les droits de propriété désignent, selon Coase ou Buchanan, l'ensemble des droits individuels s'appliquant aussi bien à la possession proprement dite qu'au droit de vivre comme chacun l'entend. Ainsi, chacun a le droit de disposer d'air pur ; dans une économie de marché, si une entreprise pollue, les ménages du voisinage se mobilisent pour faire valoir leurs droits et ainsi obtenir de l'entreprise, soit l'arrêt de la pollution soit l'achat de leur droit à l'air pur. C'est le marché et non l'État qui serait efficace en cas d'externalités. L'État n'a à intervenir que si les droits de propriété ne sont pas respectés ; il retrouve son rôle traditionnel, défini par Smith, de police et de justice. Le **théorème de Coase** est un principe qui stipule que tous les droits de propriété doivent être définis et pouvoir être échangés ; si les coûts de transaction sont nuls, l'intervention économique de l'État en cas d'externalités est inutile.

Marché ► Voir p. 50

Économiste britannique, **Ronald Coase** (1910-2013) a reçu le prix Nobel en 1991. Sa première contribution majeure explique l'existence de la firme par l'importance des coûts de transaction. Puis, il s'intéresse aux procédures mises en œuvre pour corriger les externalités. Il a notamment publié *The Nature of the Firm* (1937) et *The Problem of Social Cost* (1960).

LA THÉORIE DE L'OFFRE

La **théorie de l'offre** est un courant néolibéral qui reprend la loi des débouchés de Jean-Baptiste Say ; elle s'oppose à la théorie de la demande de Keynes et considère que ce n'est pas la demande qui détermine l'offre, mais l'offre qui crée la demande. Les théoriciens de l'offre considèrent que les politiques sociales encouragent l'incivilité et l'oisiveté. Les principaux représentants de ce courant sont Laffer et Gilder.

◄ **Say** Voir p. 512
◄ **Keynes** Voir p. 524

Économiste américain, **Arthur Laffer** (né en 1940) est le représentant principal de la théorie de l'offre. Il est principalement connu pour sa courbe qui montre comment les recettes fiscales évoluent en fonction du taux d'imposition. Il a publié, avec Jan P. Seymour, *The Economics of the Tax Revolt* (1979).

Économiste américain, **George Gilder** (né en 1939) s'oppose à l'intervention de l'État, notamment aux politiques sociales (*Richesse et pauvreté*, 1981).

Pour les théoriciens de l'offre, il est nécessaire de favoriser l'investissement. Pour cela, il faut mettre en place une politique favorisant le profit et restaurant la part de celui-ci dans la valeur ajoutée (taux de marge). Des prélèvements obligatoires élevés sont dissuasifs. La courbe de Laffer montre qu'à partir d'un certain seuil l'augmentation du taux d'imposition provoque une baisse des recettes fiscales.

◄ **Taux de marge** Voir p. 135
◄ **Courbe de Laffer** Voir p. 248

LA THÉORIE DU CAPITAL HUMAIN

La **théorie du capital humain** est un courant néolibéral qui applique les méthodes de l'analyse microéconomique aux différents choix individuels. Elle considère que toute activité humaine est le fruit d'un calcul rationnel comparant les bénéfices et les coûts. Cette théorie a été annoncée par Schultz, qui le premier a défini le concept de capital humain, puis elle a été développée par Becker.

◄ **Schultz** Voir p. 157
◄ **Capital humain** Voir p. 535

Le capital humain est le stock des capacités humaines économiquement productives qui s'améliore grâce aux dépenses d'éducation, de formation, mais aussi de santé et d'alimentation et qui se déprécie avec le temps.

Économiste néolibéral américain, **Gary Becker** (1930-2014) a reçu le prix Nobel en 1992. Principal représentant de la théorie du capital humain, il explique l'ensemble des comportements humains au moyen des principes de base de la microéconomie néoclassique.

◄ **Microéconomie** Voir p. 52

Les dépenses d'éducation sont ainsi comprises comme un investissement (en temps et en argent) qu'il faut rentabiliser. L'objectif de cet investissement est essentiellement de pouvoir espérer un salaire plus important. L'individu rationnel cherche à optimiser ses dépenses d'éducation et à égaliser leur coût marginal avec leur productivité marginale (que l'on peut considérer comme décroissante puisque plus le niveau général d'éducation est élevé moins une unité supplémentaire d'investissement en éducation à d'effets sur le salaire espéré).

Productivité marginale ► Voir p. 515

Becker a appliqué sa théorie à l'étude de la consommation, de la discrimination raciale, des activités criminelles, du mariage et de la division du travail entre l'homme et la femme au sein de la famille.

F. LES PROLONGEMENTS ACTUELS

La théorie économique a été profondément remaniée à partir des années 1970-1980. Les nouveaux économistes classiques considèrent que les individus sont parfaitement rationnels et que le déséquilibre ne peut être que rare et temporaire. Les nouveaux économistes keynésiens pensent que les agents économiques sont rationnels, mais ils considèrent que les déséquilibres peuvent être durables et que le chômage peut être involontaire.

LA NOUVELLE ÉCONOMIE CLASSIQUE

La **nouvelle économie classique** est un courant néolibéral né aux États-Unis dans les années 1970. Les nouveaux économistes classiques considèrent que les agents économiques sont parfaitement rationnels (anticipations rationnelles), que l'économie est en état constant d'équilibre, donc que l'État doit abandonner toutes les politiques conjoncturelles discrétionnaires.

Son chef de file est Robert Lucas, de l'université de Chicago, et, parmi ses théoriciens les plus connus, on peut citer Thomas Sargent, Neil Wallace, Edward Prescott et Robert Barro.

Économiste américain, **Robert Lucas** (né en 1937) a reçu le prix Nobel d'économie en 1995. Il est considéré comme le chef de file de la nouvelle économie classique. Il est le premier à utiliser l'hypothèse des anticipations rationnelles dans l'étude des fluctuations de l'activité économique.

Les hypothèses de la nouvelle économie classique

La nouvelle macroéconomie classique reprend les hypothèses fondamentales de la théorie néoclassique de l'équilibre et ajoute l'hypothèse des anticipations rationnelles.

◄ **École néoclassique** Voir p. 512

Ce courant considère que l'économie est en état constant d'équilibre. Les marchés s'ajustent continuellement et spontanément. Toute variation des prix, de l'offre ou de la demande résulte de ce processus d'ajustement. Pour les nouveaux économistes classiques, le chômage est nécessairement volontaire, car tout individu peut trouver un emploi au taux de salaire du marché.

◄ **Chômage volontaire** Voir p. 192

Le concept d'anticipations rationnelles a été introduit par John Muth en 1961. L'hypothèse des anticipations rationnelles signifie que les individus utilisent au mieux les informations dont ils disposent. Ils anticipent, aussi bien que les économistes et le pouvoir politique, les événements futurs. Ils ne peuvent être trompés par une politique de création monétaire, car il savent qu'elle conduit à l'augmentation de tous les prix, donc qu'elle n'a aucun effet sur la sphère réelle.

◄ **Anticipation rationnelle** Voir p. 250

Seul un **effet de surprise** (il s'agit, selon Lucas, de l'effet d'une décision inhabituelle de l'État qui trompe des individus pourtant rationnels ; par exemple, l'augmentation de tous les prix dans un contexte de stabilité peut faire croire temporairement à chaque individu que seul le prix de la marchandise qu'il vend a augmenté) peut avoir à court terme un effet sur le niveau de l'emploi et le niveau de la production.

Les cycles économiques sont des cycles d'équilibre

Le cycle économique est un **cycle d'équilibre**, c'est-à-dire une fluctuation s'expliquant par la tendance spontanée de l'économie à revenir à son niveau d'équilibre. Il est dû à une politique monétaire provoquant un effet de surprise ou, plus souvent, à un choc réel.

◄ **Politique monétaire** Voir p. 223

L'**école du cycle réel** est un courant de la nouvelle économie classique qui considère qu'aucune variation de la quantité de monnaie n'est susceptible de modifier l'équilibre réel. Ce courant confirme que les anticipations sont rationnelles et que les cycles sont des cycles d'équilibre. Les origines du cycle doivent être recherchées dans la sphère réelle ; ils peuvent être des chocs exogènes (choc pétrolier, accident naturel…) ou des chocs technologiques dus aux irrégularités du progrès technique.

◄ **Facteur exogène** Voir p. 120

L'abandon de la politique économique conjoncturelle

La politique monétaire est inefficace, car toute modification prévisible de la quantité de monnaie est rationnellement anticipée et n'a donc aucun effet sur l'emploi et la production, qui demeurent à leur niveau naturel ; seul le niveau général des prix est modifié.

Les seuls effets possibles résultent de l'effet de surprise, mais celui-ci ne fonctionne que lorsque les individus sont habitués à une certaine orthodoxie monétaire et, de toute façon, ses effets sur la production et le chômage ne sont que très temporaires.

Politique budgétaire ► Voir p. 225

Déficit budgétaire ► Voir p. 229

La politique conjoncturelle budgétaire n'est pas non plus efficace selon le **principe d'équivalence ricardien**, principe présenté par Robert Barro, selon lequel les effets de l'augmentation des dépenses publiques sont les mêmes, qu'elle soit financée par une hausse des impôts ou par le déficit budgétaire, car, dans le second cas, les individus anticipant une augmentation future des impôts, réduisent leur consommation.

LA NOUVELLE ÉCONOMIE KEYNÉSIENNE

La **nouvelle économie keynésienne** est un courant théorique né dans les années 1980 en réaction à la nouvelle économie classique. Pour les nouveaux keynésiens, les individus sont rationnels, mais des déséquilibres existent et se propagent, car les marchés ne peuvent s'autoréguler, essentiellement du fait de la viscosité (rigidité) des prix et des salaires. Parmi les nombreux nouveaux économistes keynésiens, il est possible de citer Edmund Phelps, Gregory Mankiw, Joseph Stiglitz ou George Akerlof.

Friedman ► Voir p. 532

Chômage naturel ► Voir p. 532

Coûts de catalogue ► Voir p. 539

Edmund Phelps (né en 1933) est un économiste américain du courant de la nouvelle économie keynésienne qui a consacré une part importante de ses travaux à la recherche des fondements microéconomiques de la macroéconomie. Il a reçu le prix Nobel en 2006. Il a, parallèlement à Friedman, introduit le concept de chômage naturel. Il a publié *Microfoundations of Employment and Inflation Theory* (1970).

Économiste américain, **Gregory Mankiw** (né en 1958) est un des principaux représentants du courant de la nouvelle macroéconomie keynésienne. Il a notamment développé le modèle des coûts de catalogue (*Small Menu Costs and Large Business Cycles*, 1985).

Joseph Stiglitz (né en 1943) est un des principaux représentants de la nouvelle économie keynésienne. Il a reçu le prix Nobel en

2001 avec George Akerlof et Michael Spence. Il est surtout connu pour ses contributions à l'économie de l'information et l'analyse des imperfections du marché.

George Akerlof (né en 1940) est un des principaux représentants de la nouvelle économie keynésienne. Il a reçu le prix Nobel en 2001 avec Joseph Stiglitz et Michael Spence. Il est surtout connu pour ses contributions à l'économie de l'information. Son article de 1970 sur les voitures d'occasion est l'exemple le plus célèbre des conséquences de l'information asymétrique.

La viscosité des prix et des salaires

De nombreux modèles de la nouvelle économie keynésienne présentent la rigidité des prix comme l'explication de la non-neutralité de la monnaie et du non-ajustement continu des marchés.

Tous les marchés ne sont pas des marchés à prix flexible. Les entreprises évoluent davantage dans un contexte de concurrence imparfaite que dans un contexte de concurrence pure et parfaite ; elles sont donc plus souvent des « *price makers* » que des « *price takers* », contrairement à ce que soutient la théorie libérale. De plus, les nouveaux économistes keynésiens considèrent qu'il peut être rationnel pour des entreprises de ne pas ajuster systématiquement leurs prix aux modifications de la demande. Ils expliquent notamment les **rigidités nominales** (les prix nominaux ne s'ajustent pas librement en fonction de l'état de l'offre et de la demande) par les **coûts de catalogue** qui désignent l'ensemble des coûts liés à une modification de prix. Ils considèrent que l'impact macroéconomique de la décision microéconomique de ne pas ajuster en continu les prix peut être considérable.

◄ **Marché**
Voir p. 50

◄ **Concurrence imparfaite**
Voir p. 65

◄ ***Price-maker* / Faiseur de prix**
Voir p. 64

Les nouveaux économistes keynésiens cherchent à démontrer que le chômage peut être involontaire, car des rigidités salariales nuisent à l'ajustement du marché et parce que les entreprises peuvent avoir intérêt à rémunérer leurs salariés au-delà du salaire d'équilibre.

◄ **Chômage involontaire**
Voir p. 192

De nombreux modèles expliquent pourquoi les agents économiques peuvent s'entendre sur des salaires différents du salaire d'équilibre, tout en étant parfaitement rationnels. Ainsi, la **théorie des contrats implicites** est une théorie qui explique que les salariés attendent de l'entreprise qu'elle joue un rôle d'assurance et ils acceptent des salaires inférieurs aux salaires d'équilibre en échange de la garantie d'une stabilité de ceux-ci.

La **théorie du salaire d'efficience** est une théorie qui montre que l'entreprise peut avoir intérêt à offrir des salaires plus élevés que ceux du marché, pour diminuer le *turn-over*, pour motiver les salariés par reconnaissance envers l'entreprise ou par peur de perdre un salaire élevé en cas de licenciement, et pour attirer les salariés les plus qualifiés.

D'un autre côté, la théorie « *insiders/outsiders* » affirme que les salariés en place dans l'entreprise, connaissant les coûts du *turn-over*, peuvent exiger des salaires plus élevés que ceux du marché.

Les nouveaux économistes keynésiens considèrent que les interventions de l'État sont nécessaires, mais craignent qu'elles soient trop fréquentes ou trop lourdes. Même s'ils pensent que le chômage n'est pas volontaire, ils s'accordent avec les monétaristes et les nouveaux classiques pour préconiser une flexibilisation du marché du travail de façon à baisser le niveau du chômage naturel.

École monétariste ►
Voir p. 531
Nouvelle économie classique ►
Voir p. 536
Concurrence pure et parfaite ►
Voir p. 52

L'information asymétrique

Une des conditions de la concurrence pure et parfaite est la transparence du marché, c'est-à-dire l'information complète et gratuite pour tous les agents économiques. Les néokeynésiens mettent au contraire l'accent sur l'imperfection de l'information et traitent surtout du cas particulier de l'information asymétrique (ou asymétrie d'information) qui désigne la situation dans laquelle un seul des deux agents se livrant à la transaction dispose d'une information complète.

La théorie étudie essentiellement deux cas d'information asymétrique : tout d'abord la sélection adverse (ou anti-sélection), qui désigne la situation où l'agent, victime de manque d'information, risque de sélectionner uniquement les mauvais produits ; et, ensuite, l'aléa moral, qui est une situation dans laquelle l'agent non informé ne peut pas contrôler l'action de son partenaire ou bien n'a pas les moyens d'en évaluer l'opportunité. Ce partenaire peut en profiter pour tricher ou « tirer au flanc ».

Les deux principaux exemples de sélection adverse sont celui des voitures d'occasion (présenté par Akerlof) et celui des assurances (présenté par Rothschild et Stiglitz). Dans les deux cas, la sélection adverse a tendance à chasser les bons produits du marché (seul les mauvais produits sont sélectionnés) et les bons assurés (ceux dont le risque est le plus faible) et peut même, à terme, faire disparaître le marché.

Les deux modèles d'aléa moral les plus connus sont :

– le **modèle du « tire-au-flanc »** (qui désigne les cas où il est difficile de contrôler la bonne volonté d'un agent qui peut adopter un comportement opportuniste) ; par exemple, les dirigeants d'une entreprise peuvent être accusés de tirer au flanc par les actionnaires si ces derniers ne sont pas absolument sûrs qu'ils mettent tout en œuvre pour maximiser les dividendes ou les salariés par les chefs d'entreprise s'ils ne sont pas sûrs qu'ils font tous les efforts attendus) ;

– le **modèle des professions d'expert**, qui désigne les cas où il est difficile d'évaluer l'opportunité d'une action (interventions des chirurgiens ou des dentistes, par exemple).

Dans les deux cas, le coût du contrôle est très élevé, donc le meilleur moyen est de rendre la sanction assez forte pour qu'elle compense la faible probabilité d'être démasqué. Les auteurs montrent que, pour modérer les coûts de surveillance, il faut alourdir la sanction.

28

INDICATEURS STATISTIQUES

A. LES PROPORTIONS ET POURCENTAGES DE RÉPARTITION

Les données chiffrées peuvent être présentées en **valeur réelle** (valeur correspondant à un nombre d'unités de mesure : milliers d'euros, nombre d'habitants...) ou en **valeur relative**, c'est-à-dire une valeur correspondant à la proportion d'une partie par rapport à un ensemble.

La proportion peut être exprimée sous deux formes : la **fraction** (rapport de deux nombres) et le **pourcentage** (rapport d'un nombre à un autre exprimé en centièmes).

Ainsi, imaginons que dans une population de 10 000 individus (valeur absolue), 2 500 individus (valeur absolue) ont plus de 60 ans, alors, on peut affirmer que les plus de 60 ans représentent 1/4 de la population totale (valeur relative exprimée en fraction), c'est-à-dire 25 % (valeur relative exprimée en pourcentage).

Pourcentage de variation ► Voir p. 548

En sciences économiques et sociales, le pourcentage est plus utilisé que la fraction. Les pourcentages peuvent être utilisés de deux façons distinctes : le **pourcentage de répartition** désigne la part relative d'une partie dans un ensemble et le pourcentage de variation désigne une augmentation ou une diminution relative.

Pour calculer un pourcentage, il est nécessaire de déterminer au préalable ce qui est le total (à ramener à 100) et ce qui est la partie (à ramener à x %).

On peut poser : Total → 100
Partie → x %

Il suffit alors de faire le « produit en croix » ou la « règle de trois » pour trouver la valeur de x (ou une autre des trois valeurs). Ainsi :

Total × x % = Partie × 100

Trois calculs peuvent être demandés :

- le pourcentage (la partie et le total étant connus) ;
- le total (la partie et le pourcentage étant connus) ;
- la partie (le total et le pourcentage étant connus).

Il est important de connaître certaines proportions fréquentes :

1/100 = 1 %	1/10 = 10 %	1/5 = 20 %	1/4 = 25 %
1/3 = 33,33 %	1/2 = 50 %	3/4 = 75 %	la totalité = 100 %

B. LA VALEUR CENTRALE

La **valeur centrale** est le nombre qui permet de caractériser de la façon la plus synthétique possible une série statistique. Il s'agit du mode, de la moyenne ou de la médiane.

LE MODE

Le **mode** est un indicateur de valeur centrale ; c'est la valeur de la variable la plus fréquemment observée. L'avantage du mode est de pouvoir être déterminé très facilement, mais son inconvénient est qu'il peut exister deux voire plus de sommets dans certaines distributions ; dans ce cas, le mode n'est pas réellement significatif.

LA MOYENNE ARITHMÉTIQUE

L'utilisation des moyennes arithmétiques est fréquente en sciences économiques et sociales, car elles permettent de résumer des informations, donc facilitent les comparaisons.

La **moyenne** est un indicateur de valeur centrale que l'on calcule en divisant la somme des valeurs d'une série statistique par leur nombre.

La moyenne peut être simple ou pondérée.

Moyenne simple : moyenne pour laquelle à chaque valeur est associé un effectif égal à l'unité :

$$\frac{x_1 + x_2 + \ldots + x_n}{N}$$ (où x_1, x_2, ..., xn sont les valeurs des N variables)

Moyenne pondérée : moyenne pour laquelle certaines valeurs ont un effectif différent de l'unité. La moyenne pondérée se calcule avec des coefficients ; il s'agit de pondérer chaque valeur par son effectif :

$$\frac{n_1x_1 + n_2x_2 + \ldots + n_nx_n}{n_1 + n_2 + \ldots + n_n}$$ (où x_1, x_2, ..., x_n sont les valeurs des variables et n_1, n_2, ..., nn leur effectif respectif)

L'analyse des moyennes pondérées doit être réalisée avec précaution, car une variation de la moyenne peut être due à une variation des valeurs ou des pondérations. Toutes les notes d'un élève peuvent augmenter, mais sa moyenne baisser si la pondération des notes les plus faibles augmente fortement.

Un **effet de structure** est la conséquence d'une modification de pondération sur le calcul de la moyenne.

LA MÉDIANE

La **médiane** est un indicateur de valeur centrale ; c'est la valeur du caractère qui partage en deux l'effectif global tel qu'il y a autant de valeurs inférieures que de valeurs supérieures.

Pour déterminer la médiane, il faut donc ordonner la série statistique en valeurs croissantes ou décroissantes et choisir la valeur qui occupe le rang central. Lorsque le nombre de valeurs est pair, aucune valeur n'occupe exactement un rang central ; on choisit alors la valeur qui est juste en dessous, ou juste au-dessus, ou on fait la moyenne de ces valeurs. L'avantage de la médiane est de correspondre à une vraie valeur de la série, alors que la moyenne correspond à une valeur théorique.

C. LES INDICATEURS DE DISPERSION

Dès que l'on cherche à étudier l'importance des inégalités (de salaire, de revenu, de patrimoine...), on doit recourir à un indicateur de dispersion. La **dispersion** désigne l'écart entre différents éléments d'un même ensemble alors que la **disparité** désigne l'écart entre des caractéristiques d'ensembles différents. Les principaux instruments permettant de mesurer la dispersion sont l'étendue, les écarts interquartiles et interdéciles, et l'écart-type. L'**étendue** mesure la différence entre la plus grande valeur et la plus petite valeur du caractère.

LES DÉCILES ET LES QUARTILES

Les **déciles** sont les valeurs d'une variable quantitative qui partagent la population en dix parties d'un même effectif. Ainsi, le premier décile de revenu (D1) est le revenu tel qu'un dixième des individus gagne moins et neuf dixièmes gagnent plus ; à l'opposé, le neuvième décile de revenu (D9) est le revenu tel que neuf dixièmes gagnent moins et un dixième gagne plus. Le cinquième décile (D5) partage la population en deux parties de même effectif : c'est la médiane.

L'**écart interdécile** est un indicateur de dispersion. Il se calcule en faisant le rapport entre le neuvième décile et le premier décile. Plus il est élevé plus la dispersion est importante.

Les quartiles relèvent de la même logique que les déciles. Les **quartiles** sont les valeurs d'une variable quantitative qui partagent la population en quatre parties d'un même effectif. L'**écart interquartile** est un indicateur de dispersion. Il se calcule en faisant le rapport entre le troisième quartile et le premier quartile. Plus il est élevé, plus la dispersion est importante. Ainsi, pour les revenus, le rapport interquartile se mesure en faisant le rapport entre le revenu au-dessus duquel se trouvent les 25 % des individus les mieux rémunérés et le revenu en dessous duquel se trouvent les 25 % des salariés les moins bien rémunérés.

Les déciles et les quartiles sont des **quantiles** (valeurs d'une variable quantitative qui partagent une population en un nombre donné de parties d'un même effectif).

L'ÉCART-TYPE

L'**écart-type** est un indicateur de dispersion par rapport à la moyenne. Il se mesure en faisant la racine carrée de la moyenne des écarts par rapport à la moyenne. L'écart-type est forcément positif et, en cas de distribution relativement régulière et unimodale, sa valeur est relativement proche du quart de l'étendue.

LA COURBE DE LORENZ

La **courbe de Lorenz** est une courbe qui représente la concentration d'une variable pour une population donnée. On mesure ainsi la concentration d'une distribution en la comparant à une distribution où la masse totale du caractère serait répartie également entre les individus. La courbe de Lorenz se présente sous la forme d'un graphique rectangulaire sur lequel on porte en abscisse le pourcentage cumulé des effectifs et en ordonnée, le pourcentage cumulé de la masse globale du caractère. Dans une répartition égalitaire, un pourcentage donné des individus est titulaire d'un pourcentage égal de la masse totale du caractère. Si 20 % des individus possèdent 20 % de la masse totale du caractère, 50 % en possèdent 50 %…

Dans ces conditions, tout écart par rapport à cette distribution s'analyse comme une situation inégalitaire.

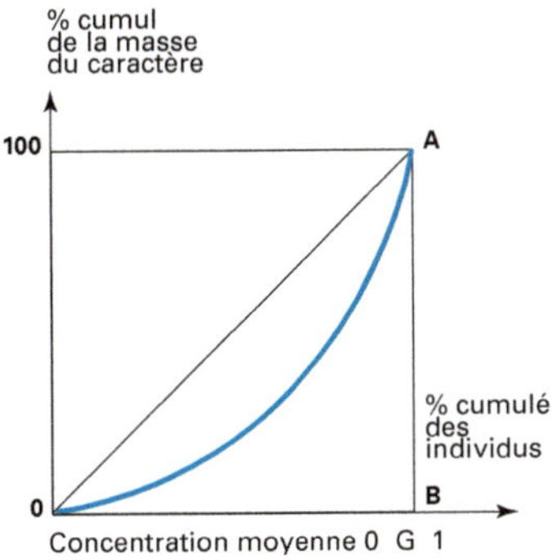

D. LES MESURES DES VARIATIONS

Pour mesurer les évolutions des grandeurs économiques, il est possible de calculer une **variation absolue** (valeur finale – valeur de départ) ou une **variation relative** (poids de la variation absolue par rapport à la valeur initiale). Pour cela, on dispose de trois outils : les coefficients multiplicateurs, les taux de variation et les indices.

LE COEFFICIENT MULTIPLICATEUR

Le **coefficient multiplicateur (CM)** est le nombre par lequel il faut multiplier la valeur de départ (V_0) pour obtenir la valeur finale (V_1).

Ainsi : $V_1 = V_0 \times CM$ et : $CM = V_1 / V_0$

L'usage est de réserver le coefficient multiplicateur à des hausses importantes, et de préférer dans la plupart des cas le taux de variation.

LE TAUX DE VARIATION

Le **taux de variation** (ou **pourcentage de variation**) indique, en pourcentage, une augmentation ou une diminution relative.

Pour calculer un taux de variation, on utilise la formule suivante :

$$Tv = \frac{(V_1 - V_0)}{V_0} \times 100$$

où V_0 représente la valeur initiale et V_1 la valeur finale.

Pour appliquer un taux de variation, on utilise la formule suivante : $V_1 = V_0 \times (Tv / 100 + 1)$.

L'expression (Tv / 100 + 1) correspond au coefficient multiplicateur. En cas de variations successives, il ne faut pas additionner les taux de variation, mais multiplier entre eux les coefficients multiplicateurs. Ainsi :

$$V_n = V_0 \times (Tv_1 / 100 + 1) \times (Tv_2 / 100 + 1) \times \ldots \times (Tv_n / 100 + 1)$$

Si les taux de variation sont identiques tous les ans :

$$V_n = V_0 \times (Tv / 100 + 1)^n$$

Le calcul du taux de variation annuel moyen doit aussi s'effectuer à partir des coefficients multiplicateurs. Formule du taux de variation annuel moyen à partir des valeurs initiale et finale :

$$Tv = \left(\sqrt[n]{\frac{V_n}{V_0}} - 1\right) \times 100$$

Formule du taux de variation annuel moyen à partir des taux de variation annuels :

$$Tv = \left(\sqrt[n]{[(Tv_1 / 100 + 1) \times (Tv_2 / 100 + 1) \ldots (Tv_n / 100 + 1)]} - 1\right) \times 100$$

On parle de **corrélation** lorsqu'il existe une relation statistique entre deux variables. Il s'agit d'une **corrélation positive** quand les deux variables évoluent dans le même sens et d'une **corrélation négative** lorsque les deux variables évoluent dans le sens opposé.

Une corrélation n'implique pas nécessairement une causalité. On parle de **causalité** lorsqu'en plus d'être corrélées, il y a un lien de cause à effet entre les deux variables.

LES INDICES

Un **indice** est un nombre qui mesure une variation relative entre deux (ou plus de deux) valeurs prises à des périodes différentes, l'une étant choisie comme base (référence). L'indice permet de visualiser facilement la variation. Si une variable passe de l'indice 100 à l'indice 105, cela signifie que l'augmentation est de 5 %. Les indices ne donnent pas d'indication sur la valeur absolue de la variable étudiée, mais ils permettent de comparer les évolutions de variables différentes.

Un **indice élémentaire** est un indice simple n'utilisant pas de pondérations : pour chaque valeur, on calcule un indice (I1) en divisant cette valeur (V1) par la valeur qui sert de base (Vb) et en multipliant le résultat par 100.

Il est possible de changer de base, c'est-à-dire de choisir une autre année de référence, en divisant chaque indice par celui qui correspond à la nouvelle base puis en multipliant le résultat par 100.

Un **indice synthétique** associe des indices élémentaires en leur donnant à chacun une certaine pondération. C'est le cas de l'indice des prix à la consommation de l'Insee qui effectue une moyenne pondérée de 265 indices élémentaires. Chaque indice est pondéré selon son importance dans la consommation moyenne des ménages.

◄ **Moyenne pondérée**
Voir p. 545

E. ÉVOLUTION EN VALEUR / EN VOLUME

Les évolutions en valeur doivent être distinguées des évolutions en volume. L'évolution en volume tient compte uniquement de l'effet-quantité alors que l'évolution en valeur tient compte à la fois de l'effet-quantité et de l'effet-prix. En effet, l'étude de l'évolution d'une variable mesurée en unités monétaires pose un problème dans la mesure où la valeur de cette unité monétaire varie avec l'évolution des prix.

Avec effet-prix	Sans effet-prix
En valeur	En volume
Nominal	Réel
En euros courants	En euros courants

Déflater signifie supprimer les effets-prix des évolutions, c'est-à-dire chercher à connaître ce que serait une variable si les prix n'avaient pas varié. Pour cela, il faut utiliser la formule suivante :

Variable en volume = (Variable en valeur / indice des prix) × 100.

Quelques exemples

	Calcul
PIB en euros constant de l'année t	(PIB en euros constants / Indice des prix de base 100 en t) × 100
Salaire réel (euros de l'année t)	(Salaire nominal / Indice des prix base 100 en t) × 100
Taux d'intérêt réel	Taux d'intérêt nominal / Indice des prix de l'année en cours) × 100
Indice en volume (d'une variable quelconque), base 100 en t	(Indice en valeur base 100 en t / Indice des prix base 100 en t) × 100

PIB ►
Voir p. 18
Salaire réel ►
Voir p. 195
Salaire nominal ►
Voir p. 195
Taux d'intérêt réel ►
Voir p. 93
Taux d'intérêt nominal ►
Voir p. 93

F. LES ÉLASTICITÉS

L'**élasticité** est un coefficient mesurant la réaction d'une variable (offre ou demande par exemple) à la variation d'une autre variable (prix ou revenu par exemple).

$$\text{Élasticité} = \frac{\text{Variation relative de l'effet}}{\text{Variation relative de la cause}}$$

$$= \frac{(\text{Variation absolue de l'effet / Valeur initiale de l'effet})}{(\text{Variation absolue de la cause / Valeur initiale de la cause})}$$

Si y est l'effet et x la cause, l'élasticité de y par rapport à x se calcule de la façon suivante :

$$e_{y/x} = \frac{(\text{Variation absolue de y / Valeur initiale de y})}{(\text{Variation absolue de x / Valeur initiale de x})}$$

ou encore : $e_{y/x} = \frac{(\Delta y / y)}{(\Delta x / x)}$

L'élasticité peut aussi se calculer en faisant le rapport des taux de variation :

$$e_{y/x} = \frac{\text{Taux de variation de y}}{\text{Taux de variation de x}}$$

ANALYSE DES ÉLASTICITÉS

Pour comprendre la signification de l'élasticité, il faut tenir compte de deux indicateurs :

• Le signe de l'élasticité indique si la variable « effet » varie dans le même sens que la variable « cause » :

– si elles varient toutes les deux dans le même sens, l'élasticité est positive. C'est par exemple généralement le cas de l'élasticité de la demande par rapport au revenu : lorsque le revenu augmente, dans la plupart des cas la demande augmente aussi ;

– si elles varient en sens opposé, l'élasticité est négative. C'est par exemple généralement le cas de l'élasticité de la demande par rapport au prix : lorsque le prix augmente, dans la plupart des cas la demande diminue.

• La valeur absolue de l'élasticité indique si l'incidence est forte ou faible :

– si la variable « effet » évolue au même taux que la variable « cause » (les deux variations relatives sont égales), la valeur absolue de l'élasticité est de 1 ;

– si la variable « effet » évolue à un taux moindre que la variable « cause », la valeur absolue de l'élasticité est inférieure à 1 ; dans ce cas : $0 < |e| < 1$;

– si la variable « effet » évolue à un taux supérieur à la variable cause, la valeur absolue de l'élasticité est supérieure à 1 ; dans ce cas : $1 < |e| < +\infty$.

LES PRINCIPALES ÉLASTICITÉS

Il est possible de calculer un grand nombre d'élasticités, mais les deux plus courantes sont l'élasticité de la demande par rapport au prix (appelée aussi élasticité-prix) et l'élasticité de la consommation par rapport au revenu (appelée aussi élasticité-revenu).

L'élasticité-prix

Élasticité-prix
Voir p. 552

L'**élasticité-prix** mesure la réaction de la demande aux variations des prix. Elle se calcule de la façon suivante :

$e_{d/p} = (\Delta d / d) / (\Delta p / p)$ ou : $e_{d/p} = \dfrac{\text{Taux de variation de la demande}}{\text{Taux de variation des prix}}$

Remarques :

– l'élasticité de la demande par rapport aux prix est en principe négative ;

– la demande des produits de première nécessité a une élasticité faible, alors que celle des biens de luxe est fortement élastique ;

– la demande des produits qui n'ont pas de concurrents et sont donc non substituables est relativement inélastique.

L'**élasticité-prix croisée** mesure la réaction de la demande d'un produit aux variations du prix d'un autre produit. Elle se calcule de la façon suivante :

$$e_{d1/p2} = \frac{(\Delta d1 / d1)}{(\Delta p2 / p2)}$$

ou : $e_{d1/p2} = \dfrac{\text{Taux de variation de la demande du produit 1}}{\text{Taux de variation des prix du produit 2}}$

Elle est négative lorsque les biens sont complémentaires (skis et chaussures de ski) et positive lorsque les biens sont substituables (pommes de terre et pâtes).

L'élasticité-revenu

L'**élasticité-revenu** mesure la réaction de la consommation d'un produit particulier à la variation du revenu. Elle se calcule de la façon suivante :

$$e_{c/r} = \frac{(\Delta c / c)}{(\Delta r / r)}$$

ou : $e_{c/r} = \dfrac{\text{Taux de variation de la consommation}}{\text{Taux de variation du revenu}}$

Remarques :

– l'élasticité-revenu est généralement positive ;

– un **bien supérieur** est un bien ou un service qui a une élasticité-revenu supérieure à 1, les loisirs, par exemple ;

– un **bien inférieur** est un bien ou un service qui a une élasticité-revenu inférieure à 1 ; c'est un bien de première nécessité qui peut être remplacé par d'autres biens (ainsi, avec l'augmentation du revenu, la consommation de pain diminue au profit d'autres aliments).

G. LE CALCUL À LA MARGE

LE CALCUL À LA MARGE EN MICROÉCONOMIE

Microéconomie Voir p. 52

Certaines analyses théoriques, notamment l'analyse microéconomique, ne raisonnent pas sur des quantités globales ou moyennes, mais sur des quantités additionnelles, appelées marginales (c'est soit la dernière unité soit l'unité supplémentaire qui est prise en compte).

Le raisonnement à la marge s'applique dans trois cas principaux.

L'utilité marginale

Utilité marginale Voir p. 515

Le principe de l'utilité marginale a été découvert pratiquement simultanément par Léon Walras en France, Carl Menger en Autriche et Stanley Jevons en Grande-Bretagne. Ces auteurs considèrent qu'il ne faut pas raisonner en termes d'utilité totale ou moyenne, mais en termes d'utilité marginale, c'est-à-dire de degré de satisfaction procuré par la dernière unité consommée.

Chaque consommateur rationnel n'achète un produit que s'il lui procure davantage d'utilité que ne lui coûte la **désutilité du prix** (insatisfaction liée au fait de payer). Or, chaque unité supplémentaire consommée a une utilité inférieure à la précédente ; l'utilité marginale est donc décroissante. Le consommateur rationnel consomme tant que son utilité marginale est supérieure à la désutilité du prix. Pour maximiser sa satisfaction, il devra donc consommer le nombre d'unités exact qui permet d'égaliser l'utilité marginale du produit et la désutilité marginale du prix.

La productivité marginale

Productivité marginale Voir p. 515

L'utilisation des facteurs de production permet de produire. À long terme, les deux facteurs sont variables (l'entreprise peut en modifier la quantité), mais sur courte période on considère que le capital est fixe et seul le travail est variable.

Productivité marginale du n^{ième} salarié = Production totale de n salariés = Production totale (n – 1) salariés

Lorsque l'on dispose de fonctions mathématiques de production, la fonction de productivité marginale correspond à la dérivée de la fonction de production totale. L'entreprise a pour objectif de maximiser son profit. Elle n'embauche donc que si la productivité du salarié est supérieure au salaire, autrement dit si ce qu'apporte le travailleur est supérieur à ce qu'il coûte. Elle aura donc intérêt à embaucher jusqu'au nombre de salariés (l'analyse raisonne en réalité en heures de travail) qui permet d'égaliser la productivité marginale et le salaire.

Le coût marginal

Les coûts de production sont la somme des dépenses engagées par l'entreprise pour produire.

Coût marginal ► Voir p. 58

Le coût marginal est le coût induit par la production d'une unité supplémentaire. En raison de la loi des rendements décroissants, il est d'abord une fonction décroissante (les coûts fixes sont de mieux en mieux rentabilisés), puis croissante (loi des rendements décroissants) de la quantité produite.

Coût marginal de la $n^{ième}$ unité produite = Coût total pour n unités = Coût total pour (n – 1) unités

Lorsque l'on dispose de fonctions mathématiques de coût total, la fonction de coût marginal correspond à la dérivée de la fonction de coût total. L'entreprise rationnelle cherche à maximiser son profit. Pour cela, elle compare ce que lui rapporte et ce que lui coûte chaque unité produite. Il s'agit alors de comparer le coût marginal et le prix et de produire la quantité qui permet exactement d'égaliser ces deux termes.

LES PROPENSIONS MARGINALES

La **propension marginale à consommer** (c') indique la façon dont la consommation varie lorsque le revenu varie ; elle mesure la part de la variation du revenu consacrée à la consommation. Elle se calcule de la façon suivante :

$$c' = \frac{\text{Variation de la consommation (C2 – C1)}}{\text{Variation du revenu (R2 – R1)}}$$

La **propension marginale à épargner** (s') mesure la façon dont l'épargne varie lorsque le revenu varie. Elle se calcule de la façon suivante :

$$s' = \frac{\text{Variation de l'épargne (S2 – S1)}}{\text{Variation du revenu (R2 – R1)}}$$

Keynes affirme que plus le revenu est élevé plus la propension marginale à consommer est faible et la propension marginale à épargner est forte (loi psychologique fondamentale).

◄ **Keynes**
Voir p. 524

◄ **Loi psychologique fondamentale**
Voir p. 525

La **propension marginale à importer** (m') mesure la façon dont les importations varient lorsque le PIB varie. Elle se calcule de la façon suivante :

◄ **PIB**
Voir p. 18

$$m' = \frac{\text{Variation des importations (M2 – M1)}}{\text{Variation du PIB (PIB2 – PIB1)}}$$

Elle indique le degré de contrainte extérieure subie par une économie.

◄ **Contrainte extérieure**
Voir p. 258

H. LES TABLEAUX À DOUBLE ENTRÉE

Les **tableaux statistiques** sont des représentations permettant de concentrer méthodiquement dans un espace réduit des données statistiques nombreuses. On distingue les tableaux à simple entrée des tableaux à double entrée.

Un **tableau à simple entrée** est un tableau qui ne présente qu'un seul des caractères de la population statistique étudiée.

Titre (présentant notamment la population et le caractère)

1re modalité	Valeur de la 1re modalité
2e modalité	Valeur de la 2e modalité
3e modalité	Valeur de la 3e modalité
4e modalité	Valeur de la 4e modalité
Ensemble	Valeur totale

Un **tableau à double entrée** est un tableau qui présente deux caractères reliés entre eux d'une même population. Il permet de croiser des informations : chaque modalité de l'un des caractères étudiés peut correspondre à plusieurs modalités de l'autre caractère.

Titre (présentant notamment la population étudiée)

	1re modalité du 2e caractère	2e modalité du 2e caractère	3e modalité du 2e caractère	Ensemble
1re modalité du 1er caractère				
2e modalité du 1er caractère				
3e modalité du 1er caractère				
Ensemble				Effectif total

Pour analyser un tableau à double entrée, il est nécessaire de passer par certaines étapes :

1 : lire et analyser le titre qui indique le sujet abordé et, parfois, le champ étudié ;

2 : lire et analyser la source et les annotations éventuelles ;

3 : rechercher les unités. S'il s'agit de pourcentages, se demander si ce sont des pourcentages de répartition (lorsque c'est le cas, il peut être important de vérifier si une colonne ou une ligne correspond à 100 %) ou des pourcentages de variation. S'il s'agit de milliers, de millions, de milliards, etc., se demander à quelle variable cela correspond : des personnes, des euros courants, des euros constants... ?

4 : lire et analyser les intitulés des lignes et des colonnes qui correspondent aux caractères et à leurs modalités. Il est conseillé de faire une phrase avec une donnée chiffrée de façon à vérifier la compréhension ;

5 : étudier les marges du tableau, c'est-à-dire les lignes ou colonnes « ensemble » ou « total » quand elles existent. Les marges offrent les informations souvent les plus importantes, car les plus générales ;

6 : étudier le reste du tableau en recherchant les cas particuliers ou les exceptions. On peut parfois être amené à réaliser des calculs.

I. LES REPRÉSENTATIONS GRAPHIQUES

Les graphiques sont fréquemment utilisés en sciences économiques et sociales. Ils permettent de remplacer des tableaux parfois volumineux et de visualiser des tendances souvent noyées dans la masse des données.

LES DIFFÉRENTES REPRÉSENTATIONS GRAPHIQUES

Le diagramme en bâtons

Le **diagramme en bâtons** (ou **graphique en bâtons**) est une représentation graphique utilisée pour représenter des phénomènes qualitatifs (par exemple, une comparaison entre plusieurs pays) ou discontinus (par exemple, le nombre d'enfants par famille). La longueur de chaque segment est proportionnelle à l'effectif de la valeur qu'elle représente.

L'histogramme

L'**histogramme** est une représentation graphique de séries statistiques dont les valeurs sont continues et regroupées par classes ; il est composé de rectangles dont les surfaces sont proportionnelles aux effectifs de chaque classe. L'histogramme est peu utilisé car, s'il est de lecture facile lorsque l'importance des classes est identique (il suffit alors de comparer la hauteur des rectangles), il est de lecture difficile lorsque l'importance des classes est diverse, puisqu'il faut alors être en mesure d'estimer la surface de chaque rectangle.

Les graphiques de répartition

Le **graphique de répartition** (ou **diagramme de répartition**) est une représentation graphique ayant pour objet de représenter des répartitions en pourcentage, l'ensemble du graphique équivalant à 100 %. Pour cela, on utilise soit des rectangles soit des disques ; les représentations circulaires sont plus fréquentes, mais les représentations rectangulaires sont plus utiles pour effectuer des comparaisons.

- **Le graphique circulaire**

Le disque est partagé en secteurs dont les surfaces sont proportionnelles aux pourcentages des différents constituants de la population statistique. Pour construire une représentation circulaire, on exprime chaque pourcentage en degré en multipliant sa valeur par 3,6 (puisque 360° → 100 %).

- **Le graphique rectangulaire**

Comme dans la représentation circulaire, les surfaces des secteurs sont proportionnelles aux pourcentages qu'elles représentent.

Les courbes

Le **graphique en courbes** est une représentation graphique qui représente généralement l'évolution de séries chronologiques. Le temps est indiqué en abscisse et la valeur de la variable est indiquée en ordonnée. Plusieurs courbes sur un même graphique permettent d'effectuer des comparaisons.

Il est possible de distinguer deux principales sortes de graphiques en courbes selon leur échelle :

– le graphique arithmétique est un graphique en courbes ayant une échelle arithmétique sur chacun de ses axes ;

– lorsque l'effectif de la série est de grande amplitude, la représentation à l'aide de la graduation arithmétique devient difficile ; il est alors souhaitable d'utiliser un **graphique semi-logarithmique** (graphique en courbes qui conserve une graduation arithmétique sur l'axe des abscisses, mais qui se caractérise par une graduation logarithmique sur l'axe des ordonnées).

Une échelle arithmétique fait correspondre, pour deux distances égales sur la graduation, une suite arithmétique d'une raison donnée (par exemple : 1, 2, 3 pour la raison 1, ou 10, 20, 30 pour la raison 10). En revanche, l'échelle logarithmique fait correspondre, pour deux distances égales sur la graduation, une suite géométrique de raison 2 (par exemple : 1, 2, 4, 8, 16, 32...).

Taux de variation ►
Voir p. 548

Dans une échelle semi-logarithmique, la pente des courbes représente les rythmes de croissance. Des évolutions correspondant à des taux de variation égaux se traduisent par des courbes parallèles.

LIRE ET INTERPRÉTER LES GRAPHIQUES

Il est nécessaire de passer par certaines étapes :

1. lire et analyser le titre ;

2. lire et analyser la source et les annotations éventuelles ;

3. rechercher les unités (indiquées sur les axes en cas de diagramme en bâtons et de courbe) ;

4. faire ressortir l'idée principale que l'on peut tirer du graphique. Il s'agit de repérer la tendance générale en faisant abstraction des données secondaires ou anecdotiques ;

5. isoler quelques idées secondaires mais importantes. S'il s'agit de plusieurs courbes, on les comparera ; s'il s'agit d'une courbe isolée, on cherchera à périodiser l'évolution (il ne faut pas retenir trop de périodes afin de ne pas se perdre dans les détails).

TABLE DES MATIÈRES

INDEX

B

C

D

E

F

G

H

I

J

K

L

M

N

O

P

S

Achevé d'imprimer en septembre 2024
dans les ateliers d'Evoluprint
31150 Bruguières